服务型制造运作管理

江志斌　李　娜　王丽亚　苗　瑞　著

科 学 出 版 社

北 京

内 容 简 介

本书在介绍制造与服务基本概念和发展史的基础上,系统性地阐述了服务型制造企业的运行机理与运作管理模式,提出了服务型制造现阶段研究的关键问题,并从其价值形成机理、产品服务定制、运作管理及供应链等角度进行了有针对性的深入研究,建立了新的管理模型和决策方法,为制造业和服务业融合发展服务型制造提供借鉴。

本书的语言简洁明快、清晰易懂,内容深入浅出,几乎涵盖了目前服务型制造的所有主要领域,不仅能够帮助读者纵览服务型制造企业管理相关研究主题的国内外研究概貌和研究前沿,而且可以由此了解作者解决相关复杂问题的创新思路和方法。此外,本书注重理论研究结合具体案例,能够有效指导服务型制造企业的运作管理实践,为中国制造业向服务型制造模式转变、促进服务型制造的发展提供理论指导。

本书适合机械工程领域研究人员、企业管理人员和决策者阅读,也可以作为高等院校相关专业研究生的参考读物。

图书在版编目(CIP)数据

服务型制造运作管理/江志斌等著. —北京:科学出版社,2016
ISBN 978-7-03-051311-3

Ⅰ.①服… Ⅱ.①江… Ⅲ.①制造工业-服务模式-研究-中国
Ⅳ.①F426.4

中国版本图书馆 CIP 数据核字(2016)第 321767 号

责任编辑:裴 育 陈 婕 罗 娟 / 责任校对:桂伟利
责任印制:张 倩 / 封面设计:蓝 正

科 学 出 版 社 出版
北京东黄城根北街 16 号
邮政编码:100717
http://www.sciencep.com

北京通州皇家印刷厂 印刷
科学出版社发行 各地新华书店经销

＊

2016 年 12 月第 一 版 开本:720×1000 1/16
2016 年 12 月第一次印刷 印张:31 3/4
字数:620 000

定价:180.00 元
(如有印装质量问题,我社负责调换)

序　　一

　　服务型制造是全球行业未来 20 年的一个重要发展方向,其运行机理与运作管理是工业工程领域极具挑战性的前沿课题。服务型制造之所以成为制造业转型的重要模式,根本原因在于其体现了企业、顾客、环境、社会价值的多重统一,对提高企业效益、顾客价值、资源利用率和社会效益具有重要的意义。江志斌教授是我目前任职的香港城市大学校友,作为母校校长及工业工程学界同行,我欣喜地看到多年来他在服务型制造企业管理领域进行了开创性的深入研究,取得了一系列创见性的结果,并据此撰写了《服务型制造运行管理》一书。

　　服务型制造作为一种新型制造形态,其运作与传统制造业相比具有不同的特性。该书从服务型制造的价值形成机理、产品服务定制、运作管理及供应链等角度进行了深入研究,建立起新的管理模型和决策方法,如基于混合逻辑和 JESS 的产品服务配置推理、面向客户感知的产品服务配置决策、两类产品生产与服务系统能力分配策略等,并针对多个实际案例进行研究分析,如紧固件企业服务型制造转型案例研究(制造+物流)、上海工具厂基于物联网的存储系统规划研究(制造+仓储)、西门子电梯服务型制造模式的论证和规划(制造+维修维护服务)、上海电气的服务型制造转型、辽宁三三工业有限公司服务型制造推行模式开发、法国米其林产品服务系统解决方案,形成了服务型制造模式转型及运营管理的系统方法,有效指导了服务型制造企业的运作管理实践,为中国制造业向服务型制造模式转变、促进服务型制造的发展提供了理论指导。该书的大部分内容都曾发表于相关的重要国际期刊,可以说达到了该领域国际先进水平,产生了重要的影响。

　　该书内容深入、翔实,不仅阐述了理论方法,还配有数值试验及案例分析;不仅帮助读者纵览服务型制造企业管理相关研究主题的国内外研究概貌和研究前沿,而且可以由此了解作者解决相关复杂问题的创新思路和方法。在今后相当长的历史时期,中国内地不仅要发展现代服务业,而且要发展先进制造业,势必会带来制造业和服务业的并存和发展。但是发展先进制造业,不能靠廉价劳动力、能源消耗和以牺牲环境为代价,必须通过创新驱动和转型升级来发展。服务型制造作为制造与服务融合的新业务模式,对于促进制造业创新发展和带动服务业发展,将提供重要的发展模式。我相信,也期待着该书的出版对于提高中国企业推进服务型制造这一新业务模式、提高制造与服务的融合生产管理水平、提高其市场竞争能力，将提供重要的理论指导，也将产生重要影响。

美国工程院院士、中国工程院外籍院士、台湾中央研究院院士

香港城市大学校长及大学杰出教授

2016 年 7 月

序　二

　　21世纪,随着生产力的发展以及生产方式的变革,服务作为社会运行与发展的重要手段与形式,日益成为现代制造业、服务业等各种产业的基础与核心,服务业和制造业的界限越来越模糊。传统制造业正在向服务型制造转型,当前服务型制造理论体系研究亟待完善。

　　在这样的背景下,该书作者结合多年的理论实践经验,根据其承担的国家自然科学基金重点项目研究成果,将服务型制造运行机理与运作管理新方法的研究成果以及多个案例和应用研究撰写成书,以此诠释当代服务型社会发展的新情况、新问题以及新需求。书中通过深入浅出的语言阐述了一套完整的服务型制造理论体系,包括:服务型制造的价值形成内涵与价值形成机理;服务型制造产品服务融合的规划及优化配置;考虑顾客参与和体验的服务型制造计划与调度新方法;服务/制造混合供应链建模与分析方法、服务流传递机制以及混合供应链的协调与优化决策。难能可贵的是,该书在理论研究的基础上开展了应用研究并记录了多个案例,实现了案例所涉及企业向服务型制造的转型,产生了重大经济效益。这些理论和实践研究无疑将提供一种观察当代服务型制造社会发展的新视角、新方法,对于丰富已有的服务型制造理论和应用实践具有启迪意义。

　　在该书的写作过程中,江志斌教授数次与我讨论和交流,但该书的重要观点或者说真知灼见,是他独立钻研的结果。书稿完成以后,他又能汲取其他老师的建议,及时加以补充与完善,展现了一位学者勤于学习、勇于探索的品格。

　　当然,作为一种探索性的新作,该领域许多更为广泛的研究工作需要该书作者及他人继续深入研究,需要更多学者的共同努力。祝愿该领域能够呈现更多有意义、有价值的思考和研究,协助中国制造业完成服务型制造的华丽转型。

　　创新驱动、转型发展是中国未来经济发展的主旋律。向服务经济转型是历史之必然,但是在今后未来相当长的时期内,中国还不能摒弃制造业,也不能按照老的模式发展制造业,必须要走创新之路。创新不仅是技术创新,而且更重要的是管理创新。服务型制造将服务与制造融合,借服务之力促制造业发展,同时推进服务业发展,是一种业务模式创新、管理创新,需要新的管理理论与方法指导。因此,我相信该书的出版对于推进服务型制造这一创新业务模式发展，在发展先进制造业的同时，发展现代服务业，必将产生深远的影响！

中国工程院院士

合肥工业大学教授

2016 年 7 月

前　　言

20世纪中后期,随着制造业的快速发展,物质产品极大丰富,顾客的消费文化产生深刻的变革,需求趋于多样化,从传统产品功能的需求转移到个性化、体验化等更高层次的需求,传统的制造模式已经不能满足这种需求形式,亟待新的制造模式来解决供需之间的新矛盾。同时,在中国这样的制造业大国,制造业作为中国经济的重要支撑,却是以高能耗、高污染、低附加值、低劳动效率的方式增长的,其价值创造和增值处于一种低端模式,需要新的制造增值模式来带动我国制造业的全面提升。服务型制造正是在这种内在需求和外在需求共同驱动的历史背景下产生的。

服务型制造是一种全新的制造模式,通过制造向服务的拓展和服务向制造的渗透实现制造和服务的有机融合,企业在为顾客创造最大价值的同时获取自身的利益。生产型制造向服务型制造转型,实现了企业、顾客、环境、社会价值的多重统一,在企业效益、顾客价值、资源利用率以及社会效益的提高方面起到重要作用。

作者在国家自然科学基金委员会、教育部以及上海市教育委员会支持下,历时5年完成国家自然科学基金重点项目等3个项目研究,从服务型制造价值形成机理、产品服务定制、运作管理及供应链等角度进行有针对性的深入研究,在国内外重要学术期刊和会议上发表了70余篇论文,初步建立了服务型制造运作管理理论体系。本书正是在这些研究成果的基础上撰写而成。书中在回顾制造模式演变历史的基础上,综述和分析国内外与服务型制造相关的研究现状,介绍服务型制造的相关概念;揭示服务型制造的价值形成机理并阐述服务型制造价值增值机理的理论研究;论述服务型制产品与服务建模方法以及客户体验下的产品服务系统配置;在给出生产与制造系统管理框架的基础上,介绍考虑不耐烦的服务型服务能力与库存优化控制策略;给出混合供应链建模方法,分析混合供应链牛鞭效应,阐述面向服务型制造的混合供应链服务与制造协调机制;同时在相关章节中穿插了案例研究。

彼得德鲁克说过,"一切管理活动都应该是可以测量的,如果不能测量,就应该舍去"。本书侧重从微观和定量的角度阐述服务型制造相关理论和方法,力图解决制造企业向服务型制造转型的一系列科学问题。全书的写作特点是问题驱动、逐步深入,内容从工厂层面到企业层面,然后又拓展到价值链层次,行文具有极强的层次感,各个问题自成体系而又相辅相成。读者既可以针对特定领域进行研究,又可以追根溯源从总体上把握服务型制造。本书的出版使得服务型制造的运作管理不再是定性的经验总结,而成为定量化的科学描述,使得企业的运作行为成为可预测、可测度、可操作以及可控制的管理行为。

管理是一门艺术,更是一门基于科学的艺术,科学为艺术提供基础。本书的出版必然推动中国服务型制造的研究向定量化方向深化发展,促进服务型制造企业运作管理向精细化、科学化和精确化发展,为中国制造企业的管理艺术提供扎实的科学基础。

本书是江志斌教授和李娜博士、王丽亚教授、苗瑞博士合作的结晶。林文进、王康周、谢文明等博士生也参与了相关章节的撰写工作。江志斌教授统筹全书,与李娜博士共同负责第1章撰写,并负责第8、9、10、11章撰写;李娜博士负责第6、7章撰写;王丽亚教授负责第4、5章撰写;苗瑞博士负责第2、3章撰写;博士生林文进参与了第9、10章撰写,王康周参与了第6、7、8章撰写,谢文明参与了第11章撰写;此外,还有其他博士生为本书的撰写,从不同程度上做出了贡献。与本书内容相关的研究工作获得国家自然科学基金重点项目(70932004)、教育部博士点基金项目(20090073110035)以及上海市教育委员会项目(09ZZ19)的大力支持。在此一并表示衷心的感谢!

服务型制造在当今时代的重要性不言而喻。一是,工业4.0风起云涌,制造服务化是工业4.0的两大核心理念之一,服务型制造就是制造服务化的重要模式。二是,《中国制造2025》明确提出,要加快制造与服务的协同发展,推动商业模式创新和业态创新,促进生产型制造向服务型制造转变。发展服务型制造,对推动制造业跨越式发展具有重要战略意义。国务院总理李克强曾在2016年5月4日主持召开的国务院常务会议上强调:"要发展个性化定制、服务型制造等新模式。"为此,作者有理由相信,本书的出版从运作管理的角度将为进一步推进服务型制造模式应用、实施工业4.0和实现《中国制造2025》提供理论指导。

作　者

2016年5月于上海交通大学

目　　录

第1章　服务型制造概述

21 世纪,全球经济社会正在发生深刻的变革。世界各主要发达国家正逐渐迈入"服务经济社会",服务业在国民经济中占有的比重越来越大,服务业和制造业的界限越来越模糊。据世界银行统计,世界发达国家服务业占 GDP 比例均高于70%(表 1.1)。与此同时,中国的制造业在历经了改革开放 30 年的快速发展后,也面临劳动力附加值低、资源消耗大、环境污染严重和创新能力低、处于产业链底端等问题,为此中国政府提出制造业需要经济转型,调整结构,并加大服务业比重。虽然中国的服务业投资和产业规模经过了改革开放 30 年的增长,但还是存在着GDP 占比偏低、现代服务有效需求不足以及服务业竞争力低下等问题(表 1.1)。因此,在这样的背景下,研究制造业和服务业的发展历程,探讨制造业和服务业融合的机理,探索国际化的、持续多变的和不可预测的市场竞争环境下新的生产服务模式,建立服务型制造的基础概念框架,研究服务型制造现阶段的研究状况和未来研究的关键问题,具有重要的理论和现实意义。本章在介绍制造与服务基本概念和发展史的基础上,提出服务型制造这一全新的先进制造模式,并对服务型制造的国内外研究现状进行综述,提出服务型制造现阶段研究的关键问题,为制造业和服务业融合发展服务型制造提供借鉴。

表 1.1　2009～2013 年若干国家服务业占 GDP 比例　　　(单位:%)

年份 国家	2009	2010	2011	2012	2013
澳大利亚	69.9	69.8	69.6	69.8	69.8
中国	43.4	43.2	43.4	44.6	46.1
印度	54.5	54.6	54.9	56.3	57.0
法国	79.0	79.3	79.2	79.2	79.4
英国	78.2	77.8	77.9	78.7	79.0
日本	72.9	71.4	72.7	73.1	73.2
美国	79.3	79.0	78.6	79.2	79.4

1.1　制造与服务的发展史

1.1.1　制造及制造模式的演变

1. 制造的概念

制造可以理解为制造企业的生产物质产品的各类生产活动的集合,包括市场开发、产品研发、原材料供应、零部件加工、产品装配、产品销售和售后服务,以及公司的财务、人力资源管理、信息化等辅助性环节。从系统的角度,制造也是一个一个转换过程,将原材料、资金、人力、技术等作为输入的生产要素,转换为作为输出的具有使用价值的产品和非物质的服务。

关于制造企业的界定目前还没有统一标准。按国际惯例,生产企业通常可以划分为三种大的类别:第一产业、第二产业和第三产业。第一产业是指直接利用自然资源的种植业、养殖业和采矿业,如农业、林业、渔业、畜牧业、矿业、采石业、石油业等。第二产业是指将第一产业生产的原料转化为产品的企业,如冶金、钢铁、化工、石油精炼、机械、电子、轻工、纺织、制药、建筑、能源、电力、食品、出版等。第三产业通常指金融和服务行业,如金融、保险、交通、运输、商业、通信、教育、法律、医疗、保健、娱乐、餐饮、旅游、服务、房地产等。制造业属于第二产业的范畴,美国将第二产业中除了建筑业和能源工业以外的其他行业均视为制造业。

上面所说的"制造"是一个"大制造"的概念,是对"制造"的广义理解。按照这样的理解,制造应包括从市场分析、经营决策、工程设计、加工装配、质量控制、销售运输直至售后服务的全过程。在当今的信息时代,广义制造的概念已为越来越多的人所接受。

但传统上,制造及制造过程常被理解为原材料或半成品经加工和装配后形成最终产品的具体操作过程,包括毛坯制作、零件加工、检验、装配、包装、运输等。这是一个"小制造"的概念,是对"制造"的狭义理解。按照这种理解方式,制造过程主要考虑企业内部生产过程中的物质流,而较少涉及生产过程中的信息流。显然,在新的形势下,狭义理解制造存在着严重不足。尽管如此,从专业和技术的角度出发,制造的狭义理解仍然是合理的,因为物料形态的变化始终是制造活动的核心,如何使物料形态按照人们预期的目标发生转变,是工程技术研究的永恒主题。

引入"大制造"的概念,旨在给读者一个全局的观点。而在其余部分内容讨论中,为了区别服务与制造的概念,则主要以"小制造"概念为基础,这是由本书的内容和性质所决定的。

2. 制造模式的演变概貌

制造模式是指企业体制、经营、管理、生产组织和技术系统的形态和运作的模式。从更广义的角度看,制造模式就是一种有关制造过程和制造系统建立和运行的哲理和指导思想。制造模式的研究具有重要意义。

从理论角度而言,现代制造过程、制造系统的体系结构以及制造系统的优化管理与控制等虽然错综复杂,但是它们均受到制造模式的制约,必须遵循制造模式确定的规律,先进的制造模式决定了企业生产制造系统的运行结果和性能表现,并最终直接对企业的效益产生作用。

　　从实践的角度出发，国内外众多的经验表明，以提高制造业产品市场竞争力为目标的技术进步与企业改造工程的成功实施，不仅仅是技术问题，先进的制造技术必须在与之相匹配的制造模式里运作才能发挥作用。举例来说，一个企业要采用CAD/CAM并获得实效，就需要对企业现有的生产组织和运作方式进行调整，技术和技术运作的模式必须互相匹配并共同进步。

　　从人类历史发展的角度而言，对制造模式演变发展历史的研究和对现代先进制造模式的探索同样重要。制造模式总是与生产发展水平及市场需求相联系的，制造模式是制造业的灵魂与核心，而制造业又是国民经济的基础产业和国民社会不断前进的不竭动力，其发达程度体现了一个国家科学技术和社会生产力的发展水平。从18世纪英国爆发工业革命开始，制造业走出手工作坊阶段，迅速发展壮大，逐渐成为世界各国国民经济中的主导产业。特别是20世纪50年代，大批大量生产模式的确立使制造业达到了一个前所未有的巅峰。但是近十几年来，随着世界经济的快速发展和人们生活水平的不断提高，市场环境发生了巨大的变化，消费者需求日趋主体化、个性化和多样化，制造厂商面对一个变化迅速且无法预测的买方市场，传统的大批大量的生产模式不再适应新的市场形势的需要。在这种情况下，对市场需求的快速反应能力就开始成为企业能否在激烈的市场竞争中占得一席之地的重要标志。在这种形势下，探索适合现阶段生产力和市场需求的制造生产模式对实现我国伟大战略目标意义重大。总之，对制造模式进行深入研究，为制造系统建立先进的制造模式具有重要意义，从人类制造生产模式的演变中可能会得到有益的启示。

　　纵观近300年来世界先进制造生产模式的发展史，制造业经历了少品种单件小批生产—少品种大批大量生产—多品种大批量生产—多品种小批量生产模式的过渡发展。计算机等先进技术的出现使得人机关系有效改善，发挥出巨大潜能，一批先进制造模式相继产生。总体来说，世界制造模式主要经历了以下几个阶段的变迁。

　　17世纪至18世纪30年代，在专业化协作分工、蒸汽动力机和工具机的基础上，出现了制造企业的雏形工场式的制造厂，人类社会的生产率开始出现大幅度的飞跃。大约到了1900年，制造业成为一个重要的产业，其主要生产模式是"少品种单件小批生产"。例如，汽车行业，当时处于世界领先地位的轿车公司P&L每年只制造几百辆汽车，而且所造的汽车没有两辆是完全相同的，原因在于P&L所有的承包商都不采用标准的计量器具，装配时，依靠装配工的熟练，修整零件，使之配合良好。到1905年，欧洲已有几百家这类公司采用单件修配式生产方式少量地制作汽车，这些独立承担大部分生产任务的小工厂没有能力开发新技术，产量低，成本高，且成本不随产量而下降。这种生产模式当然无法满足市场需求。

　　19世纪20年代，在亚当·史密（Adam Smith，1723～1790年）的"劳动分工"

理论和惠特雷(Eli Whitney,1765～1825 年)提出的"互换性"和"大批大量生产"基础上,在伊文思(Oliver Evans,1755～1819 年)把传送带引入制造系统的技术革新以及泰勒(Frederick Winslow Taylor,1856～1915 年)提出的"科学管理"支撑下,结合当时的电气化、标准化与系列化,亨利·福特(Henry Ford,1863～1947 年)开创了汽车装配的机械自动流水线生产,形成了"少品种大批大量生产"的模式,又称为底特律式自动化,成为各国纷纷效仿的制造生产模式,制造业开始了第一次生产模式的转换。这种新的生产模式带给了制造业一场重大变革,它推动了工业化的进程和经济高速发展,为社会提供了大量的经济产品,促进了市场经济的发展。其主要特征是:少品种大批大量生产、塔形多层次的垂直领导和严格的产品节拍控制。其市场特征与少品种单件小批生产模式相同,都是卖方市场。刚性生产线大大提高了生产效率,从而降低了产品成本,但这是以损失产品的多样性为代价的。

到 19 世纪 50 年代,大量生产方式达到了顶峰。但是,50 年代以后,人们对"少品种大批大量生产方式"的优缺点有了进一步的认识。大批量生产模式产品的竞争表现为效率加质量的竞争。一方面,大批大量生产方式的规模效益使企业受益匪浅。例如,在日本,由于政府的干预与调控,制造企业进行管理改革,大量引进和采用高新技术成果,狠抓商品化生产,发挥人的因素作用,发展企业间的合作,对外开拓国际市场,在汽车、家电、钢铁及微电子器件等产量大的行业,利用批量法则,以规模生产的产品和营销优势迅速扩大在国际市场的占有份额,发展成为能与美国抗衡的经济大国。另一方面,人们也认识到刚性自动流水线存在许多自身难以克服的缺点,市场的多变性和产品品种、过程的多样性对刚性生产线提出了挑战,为此人们从技术角度形成成组技术和以计算机与系统技术为基础的制造自动化,试图改进这一模式的不足。柔性自动化生产模式就是在这一阶段形成发展起来的。1952 年,美国麻省理工学院试制成功第一台数控铣床,揭开了柔性自动化生产的序幕。1968 年,英国莫林公司和美国辛辛那提公司建造了第一条由计算机集中控制的自动化制造系统,定名为柔性制造系统。20 世纪 70 年代出现了各种微型机数控系统、柔性制造单元、柔性生产线和自动化工厂,其主要特征是:①工序集中,无固定节拍,物料非顺序输送,将高效率和高柔性融为一体;②生产成本低,具有较强的灵活性和适应性。

但是实践证明,单纯技术上的某些改进不是振兴制造业的良策。到 20 世纪 80 年代,人们已经将少品种大批大量生产模式的优点发挥到了极限,同时依靠技术进步也无法有效解决少品种大批量的生产模式同市场需求变化间越来越明朗和激烈的矛盾,此时,人们又在系统整体优化思想的指导下,将眼光投向大批量定制化生产。这一概念于 1987 年由达维斯(Stan Davis)在他的"*Future Perfect*"一文中第一次提出,后来被约瑟夫·派恩(B. Joseph Pine II)在其著作《大规模定制——企业竞争的新前沿》中进一步发展。大规模定制(mass customization,MC)是一种集企业、客户、供应商、员工和环境于一体,在系统思想指导下,用整体优化的观点,充分利用企业已有的各种资源,在标准技术、现代设计方法、信息技术和先进制造技术的支持下,根据客户的个性化需求,将定制产品的生产问题,通过产品结构和制造过程的重组全部或部分转化为批量生产的生产方式,从而一方面解决少品种大批量生产模式与市场需求剧烈变化之间的矛盾,另一方面充分利用大批量生产的低成本、高质量、高效率红利。

然而,大规模定制的生产方式具有高度的不确定性、普适程度低,无法从本质上解决生产方式和市场需求波动的固有矛盾。解决这对矛盾的唯一出路只能是进行制造生产模式的实质转换。由前面所述可知,生产模式的变革是在市场需求推动下以相应的技术进步为支持的,因此生产管理模式和相应的技术进步是推动社会进步的两个方面。我们也看到,在近 30 年,信息技术对制造业所起的作用越来越大。产品由"大量生产"过渡到"中小批量生产",可以设想,当最终又过渡到能完全满足用户需求且性能价格比优良的产品的单件小批生产时,会有一种新的生产模式和全方位的信息技术的支持。从 20 世纪 80 年代后期开始,美国、日本、加拿大、澳大利亚等国及西欧各国都先后提出新模式的制造战略、研究开发计划。1988年,美国通用汽车公司(GM)和里海(Leigh)大学共同提出敏捷制造战略,于 1990年向社会半公开;1990 年,美国、日本、加拿大、澳大利亚等国及西欧各国联合进行10 年期的智能制造系统(IMS)的研究与开发;1992 年,德国、美国提出精益生产(lean production,LP);1994 年,德国人提出改变工业组织结构的分形公司(fractal company)。上述模式中具有代表性、社会反响最大的两种制造模式是"精益生产"和"敏捷制造"。近十几年来,这两种先进的制造模式引起了社会各界的一致关注,不仅在科技界,而且在企业界,也成为研究的热点之一。

精益生产这一概念,是由美国麻省理工学院(MIT)倡导,国际机动车研究小组(IMVP)用了五年时间全面总结日本丰田公司等 90 余家汽车企业生产方式后提出来的。精益生产是相对大批量生产而言的,其注重时间效率,其焦点是识别整个价值流,使价值增值流动并应用顾客拉动系统,使价值增值行为在最短的时间内流动,找出创造价值的源泉,消除浪费,在稳定的需求环境下以最低的成本及时交付高质量的产品。精益生产以准时制(just in time,JIT)为核心,寻求精益的方式进行产品开发、生产和销售。

敏捷制造(agile manufacturing,AM)战略是由美国通用汽车公司(GM)和里海(Leigh)大学的雅柯卡(Iacocca)研究所于 1988 年共同提出的,并于 1990 年向社会半公开。之后,在国防部的资助下,组织了百余家公司,由通用汽车公司、波音公司、IBM、德州仪器公司、AT&T、摩托罗拉等 15 家著名大公司和国防部代表共 20人组成了核心研究队伍。此项研究历时三年,于 1994 年底提出了"21 世纪制造企业战略"。从 1994 年开始,由 AMEF 牵头,有近百家公司和大学研究机构就敏捷制造的六个领域(集成产品与过程开发/并行过程、人的问题、虚拟企业、信息与控制、过程与设备、法律障碍)进行了研究与实践相结合的深入工作。敏捷制造旨在将柔性生产技术有技术、有知识的劳动力与能够促进企业内部和企业之间合作的灵活管理(三要素)集成在一起,通过所建立的共同基础结构,对迅速改变的市场需求和市场实际做出快速响应。其主要特性:①并行特性,把时间上有先后顺序的活动转变为同时考虑和尽可能同时进行处理的活动;②整体特性,将制造系统看成一个有机整体,设计、制造、管理等过程不再是一个个相互孤立的单元,而是将其纳入一个系统考虑;③协同特性,特别强调人们的群体协调作用,包括与产品全生命周期(设计、工艺、制造、质量、销售、服务等)的有关部门人员组成的小组协同工作。

可见,现代设计理论和方法与计算机科学的发展使得先进制造生产模式不断涌现,然而各种新兴的先进生产模式特点如何、普适性如何、是否适合各类型制造企业发展的制造模式乃至适合整个中国制造国情的制造模式,值得各界学者的研究和商榷。因此,本节接下来的部分主要对大规模生产这种在制造业历史上占据重要地位的生产方式以及两种新兴的 21 世纪生产模式——精益生产和敏捷制造模式进行详细介绍和探讨。

3. 福特流水线与大规模生产

1) 福特流水线的建立

流水线之前,汽车工业完全是手工作坊型的。每装配一辆汽车要 728 个人工小时,当时汽车的年产量大约 12 辆,这一速度远不能满足巨大消费市场的需求,使得汽车成为富人的象征。1913 年,福特提出在汽车组装中应用创新理念和反向思维逻辑,汽车底盘在传送带上以一定速度从一端向另一端前行。前行中,逐步装上发动机、操控系统、车厢、方向盘、仪表、车灯、车窗玻璃、车轮,一辆完整的车组装成了,这一创新标志着流水线的出现。

流水线是把一个重复的过程分为若干个子过程,每个子过程可以和其他子过程并行运作,生产效率大大提高,再辅之以科学管理的有效运用,使得装配速度成百倍地增长。流水线的科学运用,使得福特在一年之中可以生产几十万辆汽车,汽车的价格削减了一半,降至每辆 260 美元。1913 年,美国人均收入为 5301 美元;1914 年,一个工人工作不到四个月就可以买一辆 T 型汽车。

流水线的发明使产品的生产工序被分割成一个个的环节,工人间的分工更为细致,生产成本下降、生产效率提高,产品的质量和产量大幅度提升,极大促进了生产工艺过程和产品的标准化,使得汽车以及多种多样的日用品在流水线上变成了标准化商品,汽车工业迅速成为美国的一大支柱产业。流水线生产方式的出现,还使得每一个生产岗位有了标准化和通用性。由此,只有少数技术工人才能生产汽车的历史被彻底颠覆,普通的体力劳动者的工作效率提高到了技术工人的水平之上。在工业时代,体力劳动者的生产率正是通过流水线制生产方式而体现的,大规模生产方式也因为流水线的大规模应用而成为可能,这是流水线生产方式本身的功劳和胜利。

2) 从福特流水线到大规模生产

福特建立了汽车业的第一条生产线之后,年产量达到 1700 多辆,生产成本大大降低。离自己要实现一分钟生产一辆汽车,让造车工人也买得起汽车,让汽车成为大众代步工具的梦想更接近了一步,福特开始琢磨在任何一个细节当中节省成本。福特的发展思路是上量—降成本,大规模生产,大规模采购,以规模效益以及低成本优势提高竞争力。当时包括汽车在内的工业市场刚刚起步,物质资料短缺,基本的市场需求还没有得到满足,且顾客都是基本需求,相同倾向很大。因此,包括福特汽车在内的很多工业生产企业认为,以最低的成本卖出最多的产品就能获得最大的利润。

规模生产的本质在于:①通过规模经济,增加产量可以急剧降低成本,从而可以降低价格;而需求是有弹性的,价格越低,就会有更大的销量;当销量增加之后,随着生产规模的增加,会进一步加速成本的下降,这就使得汽车等工业消费品有进一步降低价格的空间;随着价格的降低,市场扩大了,在细分市场上的消费者会屈从于低价格,在差别化和低价格之间,更多消费者会选择更低的价格,消费者向统一的市场转变,这就增加了消费市场的一致性。②为了实现尽可能低的成本和更大的市场,生产过程应当尽量自动化,由此增加的固定成本被规模经济所消化,因而新的工艺技术也就能有力地推动成本的降低。③时刻保持生产过程的效率,其中最重要的就是稳定,包括输入、转化、输出过程的稳定,以保障每一个环节的流畅运转。在此种经营模式下,产品的生命周期会被尽量延长,以降低单位产品的生产成本,并减少对技术和工艺的平均投入。产品生命周期的延长,使得有更多的时间进行产品改进,这又推动了更大规模市场的形成。在这样的生产系统支撑下,福特的 T 型汽车虽然款式单一,颜色也比较少,却占据了很大的市场份额,取得了极大的成功。

从 19 世纪 20 年代开始,“少品种大批大量生产”的模式不断发展,从福特 T 型流水线发展而来的大批量生产方式除了从美国制造系统中继承的部件互换、专用设备和工具、劳动分工等特性,还有流水线生产、致力于低成本和低价格、规模经济、零件标准化、产品标准化、专业化程度高和致力于运作的效率等特性。这种生产方式大大提高了生产的效率,极大地满足了市场大量需求的需要。经过多年的发展,在现代化社会大生产中,以汽车加工等产业为代表的大量生产方式已经是一种主要的生产类型,它为社会的发展起到了加大的推动作用。

3) 从大规模生产到大规模定制

大批量生产使得美国在 20 世纪取得了制造业的垄断地位,大规模生产模式的采用者也获得了巨大的利益,其中福特、通用汽车等更是跻身世界 500 强企业。然而大规模生产的顺利运行是建立在图 1.1 所示的动态循环之上的。图中影响这种方式最关键的几个因素是:单一的产品市场、稳定的市场需求、长的产品生命周期和长的产品开发周期,其中任何一个因素的变化将直接影响这个生产循环的顺利进行,即大批量生产方式的成功与否。

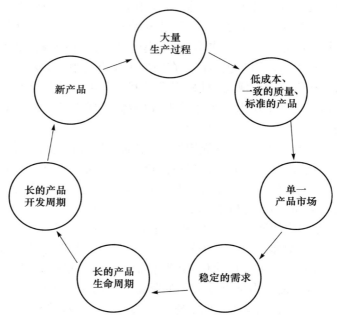

图 1.1　大批量生产动态循环图[1]

随着社会的发展,企业面临的市场已经发生了很大的变化(表 1.2),曾经支持大批量生产方式的几个市场要素已经发生了很大的改变。面对新经济形势下的市场细分、个性化需求等客观变化,大规模生产面向统一的市场生产标准化产品的模式受到市场饱和、输入不稳定、变化需求及产品和工艺技术落后等的冲击,失去了原有的效率、稳定性和调控能力。

表 1.2　市场变化比较

序号	以前的市场(稳定的市场)	目前的市场(动荡的市场)
1	稳定、可预测的需求	不稳定、不可预测的需求
2	易说明的需求	不易说明的需求
3	生活必需品	享受品＋必需品
4	相同的需求	不同的、个性化的需求
5	慢的需求变化	快的需求变化

序号	以前的市场(稳定的市场)	目前的市场(动荡的市场)
6	低价格意识	高价格意识
7	低质量意识	高质量意识
8	低时尚意识	高时尚意识
9	低水平的售前、售后服务	高水平的售前、售后服务
10	低的顾客权利(选择和设计产品的权利)	高的顾客权利(选择和设计产品的权利)
11	低的竞争强度	高的竞争强度
12	以产品驱动的竞争为主	以时间驱动的竞争为主
13	不饱和的市场,卖方市场	饱和的市场,买方市场
14	产品替代品较少	产品替代品较多
15	长的、可预测的产品生命周期	短的、不可预测的产品生命周期

在丰厚的利润背后,大规模生产模式的衰退已初露端倪。对许多行业的许多企业来说,大规模生产在20世纪60年代开始衰退,在20世纪70年代衰退的速度更快,最终在20世纪80年代形成新的管理思想——大规模定制。

大规模定制通过灵活性和快速响应实现多样化和定制化,进而实现多样化和定制化产品对标准化产品的替代。在汽车行业,丰田对客户承诺五天交货,并且客户可在CAD系统亲自设计自己定制的汽车;在信息技术产业,IBM向客户提供可定制的计算机产品;在电信业,美国电报电话公司(AT&T)向客户提供可定制电话服务;在个人用品业(香皂、牙刷)乃至饮料业、早餐食品业、快餐业、金融服务业等社会的各个角落,无不透着新模式的气息,通过灵活性和快速响应实现多样化和定制化的大规模定制时代悄然来临。大规模定制是两个长期竞争的管理模式的综合:个性化定制产品和服务的大规模生产。表1.3是大规模生产模式与大规模定制模式的比较。

表1.3 大规模生产模式与大规模定制模式的比较

区别	类型	
	大规模生产	大规模定制
焦点	通过稳定性和控制力取得高效率	通过灵活性和快速响应来实现多样化和定制化
目标	以几乎人人买得起的价格开发、生产、销售、交付产品和服务	开发、生产、销售、交付具有足够多样化和定制化的产品和服务以满足大多数人需要
关键特征	稳定的需求、统一的大市场、低成本、质量稳定、标准化的产品和服务、产品开发周期长、产品生命周期长	分化的需求、多元化的细分市场、低成本、高质量、定制化的产品和服务、产品开发周期短、产品生命周期短

从表1.3中不难看出,技术创新在大规模定制中起了重要作用。新产品技术的应用增强了产品的适应能力,增加了产品的多样化,缩短了开发周期。相比较而言,大规模定制更能适应不保持稳定性和控制力的世界,而那些由于在多样化和定

制化方面比竞争对手有显著优势的企业,就可以充分满足客户的个性化需求,从而获得更高的销售额,实现企业新的增长。在大规模生产中,低成本主要是通过规模经济实现的——通过高产量和生产过程的高效率降低产品和服务的单位成本。在大规模定制中,低成本主要是通过范围经济实现的——应用单个工艺过程便可更便宜、更迅速地生产多种产品和服务。

4. 丰田生产方式与精益生产

20世纪初,从美国福特汽车公司创立第一条汽车生产流水线开始,大规模的生产流水线一直是现代工业生产的主要特征,被称为生产方式的第二个里程碑。这种方式适应了美国当时的国情,但是第二次世界大战以后,社会进入了一个市场需求向多样化发展的新阶段,相应地要求工业生产向多品种、小批量的方向发展,单品种、大批量的流水生产方式的弱点就日渐明显了。为了顺应这样的时代要求,由日本丰田汽车公司首创的精益生产,作为多品种、小批量混合生产条件下的高质量、低消耗进行生产的方式在实践中摸索、创造出来了。精益生产方式是在实践应用中根据丰田实际生产的要求而被创造、总结出来的一种革命性的生产方式,称为"改变世界的机器",是继大量生产方式之后人类现代生产方式的第三个里程碑。

精益生产,既是一种生产方式,又是一种理念和文化。实施精益生产方式就是决心追求完美、追求卓越,就是精益求精、尽善尽美,为实现7个零(零过量生产、零等待时间、零运输浪费、零库存、零过程(工序)浪费、零动作浪费、零产品缺陷)的终极目标而不断努力。其实质是管理过程,包括人事组织管理的优化,大力精简中间管理层,进行组织扁平化改革,减少非直接生产人员;推行生产均衡化同步化,实现零库存与柔性生产;推行全生产过程(包括整个供应链)的质量保证体系,实现零不良;减少和降低任何环节上的浪费,实现零浪费;最终消除一切无效劳动和浪费,实现拉动式准时化生产方式。精益生产把目标确定在尽善尽美上,通过不断地降低成本、提高质量、增强生产灵活性、实现无废品和零库存等手段确保企业在市场竞争中的优势,同时,精益生产把责任下放到组织结构的各个层次,采用小组工作法,充分调动全体职工的积极性和聪明才智,把缺陷和浪费及时地消灭在每一个岗位。精益生产的核心是拉动式准时化生产(just in time, JIT),要求以最终用户的需求为生产起点,强调物流平衡,追求零库存,认为上一道工序加工完的零件必须立即可以进入下一道工序,任何过早过晚的生产都会造成损失和浪费,过去丰田使用"看板"系统来拉动(现在辅以ERP或MRP信息系统则更容易达成企业内外部的物资拉动),即由看板传递下道工序向上道工序需求的信息(看板的形式不限,关键在于能够传递信息)。精益生产有别于大规模生产的另一个显著特点是全面质量管理(total quality management, TQM)。全面质量管理强调质量是生产出来而非检验出来的,由生产中用质量管理来保证最终质量。如果在生产过程中发现质量问题,根据情况,可以立即停止生产,直至解决问题,从而保证不出现对不合格品的无效加工。精益生产的实施(图1.2)要求企业从下而上推行精益思想,通过整理(seiri)、整顿(seiton)、清扫(seiso)、清洁(seiketsu)、素养(shitsuke),实现5S现场管理目标;在此基础上,通过对产品开发设计系统重组、生产计划与物流系统重组、现场IE作业研究、生产的均衡化与同步化改进、构建柔性生产系统、进行全面质量管理与自动化、实现生产的快速切换与维护、改革生产机制与标准化作业等改革最终实现7个"零"极限目标。

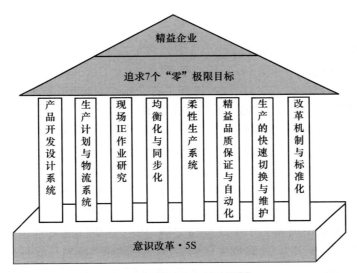

图1.2　精益生产的步骤[2]

进入21世纪,精益生产已经成为全球制造业甚至是服务行业竞相追逐的生产模式,其产生和发展的历史反映了20世纪国际化的、持续多变的和不可预测的产品市场竞争需求变化的历史。总体来说,根据精益生产方式的形成过程可以将其划分为三个阶段:丰田生产方式形成与完善阶段,丰田生产方式的系统化阶段(即精益生产方式的提出),精益生产方式的革新阶段(对以前的方法理论进行再思考,提出新的见解)。

1)丰田生产方式的形成与完善阶段

1950年,一个年轻的日本工程师丰田英二到底特律对福特的鲁奇厂进行了三个月的参观,当时鲁奇厂是世界上最大而且效率最高的制造厂。但是丰田英二对这个庞大企业的每一个细微之处都进行了审慎的考察,回到名古屋后和生产制造方面富有才华的大野耐一一起很快得出了结论:大量生产方式不适合当时的日本制造现状。第一,日本国内市场狭小,所需汽车的品种又很多,大规模的生产方式不适合多品种、小批量市场的要求;第二,战后的日本缺乏外汇资金来大量购买西方的技术和设备,不能单纯地仿效鲁奇厂并在此基础上改进;第三,缺乏大量廉价劳动力。由此丰田英二和大野耐一开始了适合日本国情的生产方式的革新。大野耐一先在自己负责的工厂实行一些现场管理方法,如目视管理法、一人多机、U形设备布置法等,这是丰田生产方式的萌芽。随着大野耐一式的管理方法取得初步实效,其管理方式在更大的范围内得到应用,同时他的周围也聚集了一些追随者,对生产方式和方法进一步完善和创新。他们通过对生产现场的观察和思考,提出了一系列革新,如三分钟换模法、现场改善、自动化、五问法、供应商队伍重组及伙伴合作关系、拉动式生产等。这些方法在不断地完善中,最终建立起一套适合日本的丰田生产方式。

1973年秋天发生石油危机以后,日本经济下降到负增长的状态,但丰田公司不仅获得高于其他公司的盈利,而且与年俱增,拉大了同其他公司的距离。于是,丰田生产方式开始受到重视,在日本得到了普及推广,得到了学术界的认可,吸引了一些教授对其进行研究,完成了内容的体系化。

随着日本汽车制造商大规模海外设厂,丰田生产方式传播到了美国,并以其在成本、质量、产品多样性等方面的巨大效果得到了广泛的传播,同时经受住了准时供应、文化冲突的考验,更加验证了丰田生产方式的适宜性,证明了丰田生产方式不只适合于日本的文化,也是普遍适用于各种文化、各种行业的先进生产方式。

2) 丰田生产方式的系统化阶段——精益生产方式的形成

为了进一步揭开日本汽车工业成功之谜,1985年美国麻省理工学院筹资500万美元,确定了一个名为"国际汽车计划"(IMVP)的研究项目。在丹尼尔·鲁斯教授的领导下,组织了53名专家、学者,从1984年到1989年,用了五年时间对14个国家的近90个汽车装配厂进行实地考察,查阅了几百份公开的简报和资料,并对西方的大量生产方式与日本的丰田生产方式进行对比分析,最后于1990年著成 *The Machine That Changed the World:The Story of Lean Production*(《改变世界的机器》)一书,第一次把丰田生产方式定名为 lean production,即精益生产方式。这个研究成果在汽车业内的轰动,掀起了一股学习精益生产方式的狂潮。精益生产方式的提出,把丰田生产方式从生产制造领域扩展到产品开发、协作配套、销售服务、财务管理等各个领域,贯穿于企业生产经营活动的全过程,使其内涵更加全面、丰富,对指导生产方式的变革更具有针对性和可操作性。

接着在1996年,经过四年的"国际汽车计划"(IMVP)第二阶段研究,James Womack 等著成《精益思想》一书。该书弥补了前一研究成果并没有对怎样能学习精益生产的方法提供多少指导的问题,描述了学习丰田方法所必需的关键原则,并且通过例子讲述了各行各业均可遵从的行动步骤,进一步完善了精益生产的理论体系。

在此阶段,美国企业界和学术界对精益生产方式进行了广泛的学习和研究,提出很多观点,对原有的丰田生产方式进行了大量的补充,主要从 IE 技术、信息技术、文化差异等方面对精益生产理论进行完善,以使精益生产更具适用性。

3) 精益生产方式的新发展阶段

精益生产的理论和方法是随着环境的变化而不断发展的,特别是在 20 世纪末,随着研究的深入和理论的广泛传播,越来越多的专家学者参与进来,出现了百花齐放的现象,各种新理论的方法层出不穷,如大规模定制(mass customization)与精益生产相结合、单元生产(cell production)、JIT2、5S 的新发展、TPM 的新发展等。很多美国大企业将精益生产方式与本公司实际相结合,创造出了适合本企业需要的管理体系,如 1999 年美国联合技术公司(UTC)的获取竞争性优势(achieving competitive excellence,ACE)管理、精益六西格玛管理、波音的群策群力、通用汽车 1998 年的竞争制造系统(GM competitive MFG system)等。这些管理体系的实质是应用精益生产的思想,将其方法具体化,以指导公司内部各个工厂、子公司顺利地推行精益生产方式,并将每一种工具实施过程分解为一系列的图表,员工只需要按照图表的要求一步步实施即可,并且每一种工具对应有一套标准以评价实施情况,也可用于母公司对子公司的评估。

在此阶段,精益思想跨出了它的诞生地——制造业,作为一种普遍的管理哲理在各个行业传播和应用,先后成功地在建筑设计和施工中应用,并逐步在服务行业、民航和运输业、医疗保健领域、通信和邮政管理以及软件开发和编程等方面应用,这促使精益生产系统更加完善。

5. 敏捷制造

从 20 世纪 70 年代开始到 80 年代初结束,由于片面强调第三产业的重要而忽视了制造业对国民经济健康发展的保障作用,美国的制造业严重地衰退,逐步丧失了其世界霸主的地位,出现巨额的贸易赤字。1986 年,在美国国家科学基金会(NSF)和企业界支持下,美国麻省理工学院(MIT)的工业生产率委员会开始深入研究衰退原因和振兴对策。在所提出的一系列制造业发展战略中,以 1988 年由美国通用汽车公司和美国里海大学工业工程系共同提出的一种新的制造企业战略——“敏捷制造”最受重视。为此成立了国家制造科学中心和制造资源中心,得到美国国家科学基金会、国防部、商业部和许多公司的支持,经国会听证后向联邦政府提出建议,现已成为由政府部门主持,企业和大学共同参与,具有重要影响的研究、开发和应用领域,称为“21 世纪制造企业战略”。

敏捷制造思想的出发点是基于对市场发展和未来产品以及自身状况的分析:一方面,随着生活水准的不断提高,人们对产品的需求和评价标准从质量、功能的角度转为最大客户满意、资源保护、污染控制等,产品市场总的发展趋势从当今的标准化和大批量转为未来的多元化和个人化;另一方面,在工业界存在一个普遍而重要的问题,那就是商务环境变化的速度超过了企业跟踪、调整的能力,加上美国的信息技术系统比较发达,因此,提出敏捷制造这一思想应用于制造业,旨在以变应变。敏捷性意指企业在不断变化、不可预测的经营环境中善于应变的能力,它是企业在市场中生存和领先能力的综合表现。敏捷制造是指制造企业采用现代通信手段,通过快速配置各种资源(包括技术、管理和人),以有效和协调的方式响应用户需求,实现制造的敏捷性。敏捷制造依赖于各种现代技术和方法,而最具代表性的是敏捷虚拟企业(简称虚拟企业)的组织方式和拟实制造的开发手段。

虚拟企业(也称动态联盟)——对竞争环境的快速变化做出快速反应的企业。现在产品越来越复杂,一个企业已不可能快速、经济地独立开发和制造某些产品全部。因此,根据生产任务的不同,由一个公司内部某些部门或不同公司按照资源、技术和人员的最优配置,快速组成临时性企业,即虚拟企业,才有可能迅速完成既定目标。这种动态联盟的虚拟企业组织方式可以降低企业风险,使生产能力前所未有地提高,从而缩短产品的上市时间,减少相关的开发工作量,降低生产成本。

拟实制造(也称拟实产品开发)——综合运用仿真、建模、虚拟现实等技术,提供三维可视交互环境,对从产品概念产生、设计到制造全过程进行模拟实现,以期在真实制造之前,预估产品的功能及可制造性,从而大大缩短产品上市时间,降低产品开发、制造成本。其组织方式是由从事产品设计、分析、仿真、制造和支持等方面的人员组成"虚拟"产品设计小组,通过网络合作并行工作;其应用过程是在计算机上用数字形式"虚拟"地创造产品,并在计算机上对这一模型产生的形式、配合和功能进行评审、修改,这样常常只需做一次最终的实物原形,并可使新产品开发一次性成功。

可以说,以上两项方法和技术是敏捷制造区别于其他生产方式的显著特征。但敏捷制造的精髓在于提高企业的应变能力,所以对于一个具体的应用,并不是说必须具备这两方面内容才算实施敏捷制造,而应理解为通过各种途径提高企业响应能力都是在向敏捷制造前进。

1) 敏捷制造的研究现状

从 1991 年开始,以美国为首的各发达国家就对敏捷制造进行了大量广泛的研究。1992 年,由美国国会和工业界在里海大学建立了美国敏捷制造企业协会(AMEF)。该协会每年召开一次有关敏捷制造的国际会议。1993 年,美国国家自然科学基金会和国防部联合分别在纽约州、伊利诺伊州、得克萨斯州建立敏捷制造国家研究中心,分别研究电子工业、机床工业和航天国防工业中的敏捷制造问题。除此之外,还配套支持了工业界进行的七项敏捷化商务实践(agile business practice)、四项敏捷企业决策支持研究(agile enterprise decision support)、八项敏捷化智能设计与制造系统(agile intelligent design and manufacturing system)和十项敏捷供应链管理系统(agile supply chain management)。从 1994 年开始,由 AMEF牵头,有近百家公司和大学研究机构就敏捷制造的六个领域(集成产品与过程开发/并行过程、人的问题、虚拟企业、信息与控制、过程与设备、法律障碍)进行了研究与实践相结合的深入工作。此外,在其他国家也开展了大量敏捷制造的研究,如日本发起的 MATIC 计划,以汽车、电子和服装为典型对象产品开展敏捷制造的研究。

迄今为止,敏捷制造的研究是在两个层次上进行的,第一层侧重从企业组织、结构和管理、营销策略的角度研究敏捷制造的实现;第二层则侧重从技术的角度研究敏捷制造的实现方法和关键使能技术。最初,敏捷制造的研究大多集中于第一层的研究,到 20 世纪 90 年代中期,获得了一批较为成熟的研究成果,提出了一系列新的制造概念与模式,如企业重组、动态联盟、虚拟组织等;另外,90 年代信息技术的飞速发展(如分布式计算技术、网络通信技术、万维网技术),为实施新的制造概念和模式提供了更有效的手段,一些技术有可能突破原有第一层研究的限制,为创造更新一代的制造思想和模式提供了空间。近几年,第二层次的研究在美国已经展开,一个例子是美国 NIIIP(National Industrial Information Infrastructure Protocols)正在从事的关于虚拟企业方面的研究工作,研究企业间合作的方案使得合作者之间消除由不同的数据结构、不同的过程和不同的计算环境所造成的障碍。该项研究认为虚拟企业的组成单位就如同属于一个组织一样,协同工作,资源共享,完成任务,而实质上这些组成单位是彼此独立的公司,遍布美国各地。该项研究的一个演示系统就是基于 INTERNET、CORBA、STEP、WORKFLOW 的一个应用范例。国内学术界有关敏捷制造的研究起步于 90 年代初,主要在企业组织和结构层次上,研究取得了一定的成果,但在技术层次上的研究还未见报道。

2)敏捷制造的应用情况

目前,美国已有上百家公司、企业在进行敏捷制造的实践活动。欧洲也有不少公司进行企业改造和重组。举实例如下。

美国 Ingersoll-R 公司主要生产工业压缩机,原来开发新产品仅设计就耗时 8~12 个月,从样机制造到试验评定花费一年到一年半时间,耗资 50 万美元。1988 年建立动态公司采用敏捷制造过程后,开发技术水平更高的压缩机只需原来 1/3~1/2 的时间,花费只需 12.5 万~25 万美元。

美国康柏公司 1996 年启动虚拟生产计划,与中国台湾制造商达成合作关系,由台湾制造商在其深圳分厂附近建设新厂,其产品质量、技术、研究开发、运送、存货都要符合康柏公司全球统一标准,连员工的技术水平和工作态度也要达到其要求。这种虚拟生产方式使其计算机产品每台成本平均降低 57 美元。这种虚拟生产、全球运筹的策略使这些财力大、品牌知名度高、市场基础成熟、分销渠道完善的大公司更成功地经营,而没有品牌行销能力但能有效生产的计算机制造商得到巨额订单,赚取稳定可观的利润。这正是敏捷制造所提倡的优势集成组织原则的应用。

由上可见,国际化的、持续多变的和不可预测的市场竞争正给我国制造业带来新的问题,而敏捷制造则给我们带来了新思想和新技术。运用敏捷制造思想及技术,实施适合我国实际情况的敏捷制造,无疑是提高我国制造业竞争力的可行方法。

综合本节的内容,制造生产模式的演变同市场环境的变化息息相关。在当前的市场环境下,在信息技术的强有力支持下,精益性和敏捷性是现代制造企业必不可少的特征,精益生产模式和敏捷制造模式是 21 世纪制造业生产模式,这一点已成为国内外众多有关专家的共识,并且国外很多公司已经自觉应用两种制造思想改造企业,取得了良好的效果。对我国制造业来说,精益制造和敏捷制造的出现是一个机遇,因为可以避免西方发达国家走过的弯路;但从另一方面看也是一个挑战,毕竟我们的信息化程度同发达国家相比还有很大的距离,如何在新形势下的市场竞争中求生存与发展是我们面临的重大课题。所以,利用先进生产制造技术及思想提高我国企业的精益性、敏捷性和竞争力是一项刻不容缓的工作。

1.1.2 服务及服务管理

1. 服务的概念

关于服务的定义,最早可以追溯到亚当·斯密,他从区分生产性劳动和非生产性劳动的角度对货物和服务加以区分。通常,生产物质的、有形的商品的劳动被视为生产性劳动,服务活动被视作非生产性劳动。从萨伊(Jean Baptiste Say,1767～1832 年)和马歇尔(Alfred Marshall,1842～1924 年)开始,许多学者从效用价值论的观点出发,认为凡是创造效用的活动都是生产性的,并把创造物性产品的服务活动与创造有形产品的劳动等量齐观。霍尔(Theo Peter Hill)于 1997 年提出的服务概念得到了大部分学者的认可,"服务是指人或隶属于一定经济单位的物在事先合意的前提下由于其他经济单位的活动所发生的变化",这种变化包括服务给消费者带来的身体变化和心理变化。霍尔进一步指出,"服务的生产和消费同时进行,即消费者单位的变化和生产者单位的变化同时发生,这种变化是同一的"。此外,从 20 世界 60 年代开始对服务管理的研究之后,40 多年来学者还提出了不少见仁见智的服务定义,列举如表 1.4 所示。

表 1.4　服务概念的几个经典定义

序号	定义	所强调服务业的特性
1	福克斯:服务在生产的一刹那消失,在消费者在场参与的情况下提供,不能运输、积累和储存,缺少实质性	生产与消费同时进行、交互性、不可储存性、无形性
2	格伦罗斯:服务就是一种或一系列的工作,这些工作作为一种解决问题的方法被提供给顾客。这些工作或多或少是一种无形的自然行为,该行为产生于顾客与提供服务的职员之间,或产生于顾客与物质资料、产品或提供服务的某个系统之间	过程性、无形性、交互性

续表

序号	定义	所强调服务业的特性
3	菲利普·科特勒:服务是一方能够向他方提供在本质上是无形的、不带来任何所有权的某种活动或利益,其生产也许受到物质产品的约束,或不受约束	无形性、所有权不可转移性
4	美国市场营销学会(AMA):服务是一种无形的或主要是无形的产品,服务生产者与消费者直接进行交易,在生产出来的同时,很快就会消失,不能以所有权转移的方式实现交易。服务包含不可分离的无形部分,不能运输或储存,顾客在很多方面参与服务生产过程	无形性、生产与消费同时性、所有权不可转移性、交互性、不可存储性
5	菲茨西蒙斯:服务是行动、流程和绩效;服务是具有或多或少无形特征的一项活动或一系列活动,它通常但并非一定是发生在顾客和服务雇员与物质资源之间或商品与服务供应商系统之间的交互活动,它为顾客提出的问题提供解决方案;服务提供的是不可触摸的、看得到和感觉得到的有形物品,而是无形的行动和表现	过程性、无形性、交互性
6	ISO 9004-2000:服务是指"通常是无形的,并且是在供方和顾客接触面上至少需要完成一项活动的结果"。构成服务的三要素为顾客、供方和发生在供方与顾客之间的活动。这种活动可认为是服务提供过程,其结果就是作为一种产品形态的服务	过程性、交互性

可见,对服务本身的认识是一个不断深化的过程。早期,人们一般认为,服务产品的基本性质如下:非实物性(区别于一般物质产品)、生产与消费的同时性(补课传递性或不可运输性)、不可储存性等(早期的定义中还有"不可贸易性")。这种定义建立在传统服务业研究的基础上。随着现代服务业,尤其是信息服务的迅速发展,传统的服务概念表现出了越来越强烈的不适应性:①信息产品虽然是无形的,却可以累积,与传统定义的"不可储存性"矛盾;②在现代通信与信息技术的支持下,传统服务的生产与消费的同时性的特点也在改变;③传统定义认为服务是不可运输或不可贸易的,但当今世界的"服务贸易"却日益发达;④传统定义认为,无形是服务的主要特征,主要用"有形"和"无形"来区分服务和产品,但是,随着现代科技的发展,实物与非实物的界限越来越模糊,"非实物产品"并不都是服务,如软件通常是无形的、非实物的,但它却不是服务。

因此,服务的概念可以通过将传统服务概念与现代服务概念结合起来界定:服务是一个经济主体使另外一个经济主体增加价值,并主要以活动形式表现其使用价值。这一定义有三个要点:①服务首先具有使用价值,是一种无形产品;②服务是交易对象,应当反映不同经济主体之间的关系;③服务是运动形态的客观使用价值,一般不表现为静态的客观对象。

2. 服务的特征

关于服务产品的特征学术界说法不一,但是一般认为其与一般商品相比具有无形性、不可拥有性、即时性、异质性、结合性、知识性等六个基本特征。服务与一般物品的区别如图 1.3 所示。

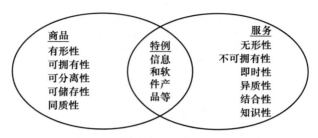

图 1.3　服务与一般物品的区别

(1) 无形性。服务的无形性是服务最主要的特性。与有形的消费品或工农业产品比较,服务的空间形态基本上是不固定的,很多情况下,人们摸不到、看不见;有些服务的使用价值或效果短期内不易感受到,使用或享用服务的人通常一段时间后才能感受到服务所带来的利益,如教育服务、一种品牌作为无形资产的价值等。

(2) 不可拥有性。服务与物品在经济关系上的主体在可拥有性方面存在差异。可以对物品确立所有关系,而对服务则不能,即无法脱离服务供给者而独立地拥有特定服务。例如,我们在参观一次性购买了食物及相关服务,但无法对餐馆服务本身建立独立持有的关系。

(3) 即时性。服务的即时性主要表现在两个方面:①生产与消费的同时性,即服务的生产与消费通常是同时发生的,它不像有形产品在生产、流通、消费过程中一般要经过一系列中间环节,服务产品与其供应者大多无法分割;②不可储存性,指服务生产的成果只能以过程的形式存在,因而不能储存。

(4) 异质性。服务具有高度的异质性,即使是同一种服务,受到提供服务的时间、地点及人员等因素的影响很大。尤其是必须有人员接触的服务,其服务的品质异质性就相当大,通常会视服务人员、顾客的不同而有所差异,服务的构成成分及其质量水平变动较大。

(5) 结合性。在现代市场经济体系中,特别是随着知识经济的到来,服务与物品存在一定的替代性和统一性。不少情况下,替代性表现在服务可以替代物品,如运输服务可以替代工农业生产者的自备运输工具;反过来,物品也可以代替一部分服务,如自动售货机。另外,当前人们对于物品和服务的需求都是通过货币购买来实现的,而且一部分服务与物品已连为一体,不可分离,这充分体现了两者的统一性。

(6) 知识性。近几年来,发达国家和新兴工业化国家的产业结构呈现"由硬变软"的趋势,这实质上是传统的以物质生产为主的经济发展模式向以新兴的服务为主的经济发展模式转换,即从物质经济到服务经济的转换。信息服务业已成为服务业中的主要产业,以至于有人把信息服务业称为第四产业,而信息服务业的主要特征就是知识性。

3. 服务的分类

服务分类的研究无论对服务经济还是服务管理来说都是基础性的研究,具有重要的意义。然而,多年来出现了大量的分类标准,学者的观点很难达成一致。总的来说,服务分类研究由两类学者推动:一是经济学领域的学者;一是管理领域的学者,特别是营销管理领域中的学者。

维克托·福克斯(Victor R. Fuchs)[3]在 1968 年发表的《服务经济学》中认为服务业有三种划分方式:一是根据生产者与消费者的距离来划分;二是根据生产结果是否有形来划分;三是根据"剩余部门"来划分。

辛格曼(Singlemann)[4]将服务业分为四大类:流通服务(distributive services),包括交通运输、仓储、通信、批发、零售、广告及其他销售服务;生产服务(production services),包括银行、信托、保险、房地产、会计、法律及其他营业服务;社会服务(social services),包括医疗、教育、福利和宗教机构、政府、非盈利组织及其他社会部门提供的服务;个人服务(personal services),包括家政服务、餐饮、修理、娱乐休闲等个人服务。

国内学者对服务的分类也进行了深入研究,提出了自己的分类方法。如黄少军根据功能将服务业分为经济网络型服务(物质网络、资本网络、信息网络)、最终需求型服务(个人服务、社会服务)、生产服务(工程建筑、研发设计、信息处理)和交易成本型服务(政府服务、企业服务)四类;谷永芬等将服务业分为生产性服务业、消费性服务业和公共性服务业,并总结了它们的功能特性(表 1.5)。

表 1.5　生产性服务业、消费性服务业与公共性服务业的描述[5]

类型	生产性服务	消费性服务	公共性服务
功能	满足厂商生产需求的中间服务	满足个人最终需求	提供公共产品
需求性质	中间需求	最终需求	最终需求或中间需求
行业细分	交通、物流、批发、研发、设计、技术咨询、信息服务、金融保险会计、法律、工程和建筑服务、广告	娱乐休闲、文化艺术、饮食、房地产、医疗、教育	政府服务、公共服务、义务教育、社会福利部门、公立医院等

类型	生产性服务	消费性服务	公共性服务
特点	可标准化	个性化、人性化	难以标准化
要素性质	资本、技术密集、知识密集	劳动力密集	不明确,受政府功能及财产收入影响交大

经济学家的分类主要为经济统计、构建经济发展模型提供便利,为政府决策提供依据。例如,通过对英国、美国、日本等国家的历史数据的分析可得出以下结论[6]:

发达国家在工业化初期,服务业产出比重就在 40% 以上,工业化进程中产出比重变化不大,但就业比重大幅上升,工业化后期就业与产出比重达 70% 以上。

发达国家工业化进程中,个人服务业就业与产出比重先升后降,公共服务业就业与产出比重上升,商业、运输、金融保险就业比重上升,且这三类服务的产出比重在服务业中居首位,在中后期其就业与产出比重达 50%~80%,超过个人服务和公共服务。

20 世纪 90 年代服务业对经济增长的贡献率在七八十年代的基础上大幅攀升,达 70% 以上,基金工业贡献率三倍。

管理学界对服务的分类研究是最近二三十年的事,时间虽然不长,分类方法却很多,例如,按照服务内容来分,有金融服务(资金的存贷、转账等)、信息服务(信息的发布、收集、存储等)、医疗服务(诊断、手术、理疗等)及其他各种具有行业性质的服务;对精神上的服务(教育、音乐、影视等)、对所属物品的服务(维修、安装、货运等)、对组织的服务(会计、法律、保卫等)。按照服务传递方式来分,有固定场所的服务(剧院、洗衣店等)、上门服务(保洁、邮递等)和远程服务(电话、电视及网络购物等)。

除此之外,还能列出很多分类方式,如按照服务的生产技术特点分类,按照服务消费的特点分类等。下面具体介绍两种引用较多的分类方法。

施曼纳(Roger W. Schmenner)[7]根据企业的劳动密集程度和服务定制化程度对服务进行分类,其中,劳动密集程度为劳动力成本和资本成本的比例,定制程度是指顾客个人影响要传递的服务性质的能力(表 1.6)。

表 1.6　服务过程矩阵

类型		相互交往和定制化程度	
		低	高
劳动密集程度	低	服务工厂 航空公司 运输公司 旅馆 度假村	服务车间 医院 汽车修理 餐饮

续表

类型		相互交往和定制化程度	
		低	高
劳动密集程度	高	大众化服务 零售业 批发业 学校 银行门店	专业服务 医生 律师 会计师 建筑师

基于服务企业战略的考虑,拉夫洛克(Lovelock)[8]在 1983 年提出五种方法,希望对超越行业界限认识战略要素提供帮助。

1) 基于理解服务行为性质的分类

该方法是最基本的分类方式,分类的方法为服务活动的接受者及服务活动的性质两个层次互相作用构成的二维分析模型(表 1.7)。该模型的优点在于,对无形的服务活动,可以考虑更方便的传递方式,甚至是可代替的服务产品。

表 1.7 理解服务行为的性质

类型		服务的直接接受者	
		人	物
服务行为的性质	有形活动	作用于人体的服务 健康护理 客运 健身 餐馆	作用于实物的服务 货运 维修 仓储 零售
	无形活动	作用于人的精神的服务 教育 信息服务 艺术 博物馆	作用于无形资产的服务 银行 法律 会计 保险

2) 基于理解服务需求性质的分类

该方法考虑需求与供给两相作用构成的二维模型。库存是制造业中使生产能力和顾客需求达到平衡最好的方法。然而,由于服务不可存储的特性,企业不能有效地调节生产能力,以适应需求的波动,再加上不同服务行业的供需失衡的程度也有很大的差异性,有必要从供给和需求两个方面来考虑服务业的类型(表 1.8)。

3) 基于理解服务组织与顾客关系的分类

现在,许多服务企业与顾客达成长期协议,让顾客具备该企业的"会员资格"。

一方面,企业拥有稳定的客源;另一方面,顾客也能获得诸如价格优惠、额外赠品等好处。但并非所有的服务机构都能与顾客建立"会员"关系,因此有必要了解哪些企业容易形成这种关系,如何才能从这类关系当中获取长期利益(表1.9)。

表 1.8　相对于供给的服务需求的性质

类型		需求波动幅度	
		大	小
供给受限制的程度	通常能满足高峰需求	电话 天然气 消防	保险 法律 银行
	通常无法满足高峰需求	会计 运输 旅馆	快餐 加油站 电影院

表 1.9　服务组织与顾客间的关系

类型		服务组织与顾客关系	
		会员关系	非正式关系
服务传递性质	持续传递	保险 有线电视 电力 银行	广播电台 灯塔 公安
	间隔传递	电话 健身俱乐部 保修	收费高速公路 汽车租赁 电影院 餐馆

4) 基于理解服务定制化程度的分类

该分类方式按照服务定制程度和服务人员自主性的二维模型进行。由于服务业与制造业不同,没有办法享受规模经济和标准化生产带来的效益,且具有生产与消费同时进行、顾客参与其中的特点。因此,服务业提供定制化产品的比例更大。定制化服务应考虑的首要问题在于如何在满足顾客要求的同时,降低服务成本。此外,服务定制程度往往对服务人员的自主程度有所要求,从而对服务企业员工的素质要求较高。更多的定制及允许服务人员行使判断的战略选择对改进服务传递系统具有重要意义(表1.10)。

5) 基于理解服务传递方式的分类

这里主要考虑的问题是服务传递方式的选择及服务质量的一致性。对于多场所的交互,能够长久吸引顾客的一条就是服务质量的一致性,如麦当劳、肯德基等快餐连锁店。现在,由于互联网的普及,远程交易也越来越多成为许多企业实现高速优质服务传递不可或缺的选择(表 1.11)。因此,综合考虑顾客与企业交互和服务可获得性两个因素的分类方式尤为重要。

表 1.10　服务传递中的定制与判断

类型		服务定制程度	
		低	高
服务人员的自主性	低	公共交通 电影院 快餐	旅馆 餐馆 保险
	高	教育 保健	医疗 咨询 出租车服务

表 1.11　服务传递方式

类型		服务的可获性	
		单一场所	多个场所
顾客与企业的交互	特定场所	剧院 理发店	公共汽车 快餐连锁
	上门服务	灭虫服务 出租车	邮递 维修
	远程交易	信用卡 电视台	电话 有线电视

除此之外,管理学界和经济学界还给出了很多关于服务分类的划分,在此不再一一赘述。

4. 服务管理

尽管很早以前人们就了解服务对社会和经济的作用,但直到 20 世纪中期,在西方发达国家服务经济占国民生产总值比重超出一半时,人们才开始将服务纳入研究的视野。早期的研究主要集中在经济领域,从管理的角度研究"服务"要追溯到 20 世纪 70 年代。

1) 服务管理的产生及定义

随着服务业在社会经济活动中的重要性越来越突出,人们开始希望了解服务的运作、服务的特点及服务的营销等问题。特别是在西方发达国家的政府放松了对服务业管制以后,基于市场竞争的需求,服务企业希望寻求更好的方法来理解和划分它们的顾客,因而催生了服务营销这门新的学科。

服务的一个最基本的特点就是服务的生产与销售是同时进行的。因而,围绕"营销"这个中心,学者们开始对服务的运作管理、人力资源管理及服务质量管理进行了深入的探讨和研究,取得了大量的成果,如沙瑟的《服务运作管理》、格朗鲁斯的《服务业的战略管理与营销》等。

这期间,最具突破性的研究成果是对服务质量的定义以及对服务质量的评测和管理。芬兰学者格朗鲁斯提出了"顾客感知服务质量"的概念,论证了服务质量是顾客的服务期望与实际服务经历相比较的结果。此后,美国学者 Zeithaml、Parasuraman、Berry 创建了一种服务质量差距模型,给出了服务质量测量的方法。

1989 年,*International Journal of Service Industry Management* 的创刊标志着服务管理的研究进入了一个崭新的时期。1990 年在法国召开了首届服务管理国际会议,明确了服务管理的多学科交叉的性质,最终确定以"服务管理"作为该学科的名称,其内容涵盖服务的运作管理、组织管理、人力资源管理、质量管理及营销管理等领域。

在不到半个世纪的研究探索过程中,有两股重要的研究力量一直引领着该学科的发展,且逐渐形成了两个学派:北欧学派和北美学派。北欧学派从关系营销的角度出发,提出了服务营销的基本理论。其代表人物格朗鲁斯教授从认知心理的角度提出了顾客感知服务质量的概念,用企业的总效用的管理理念替代传统生产企业的内部效率管理理念,为服务管理理论体系的构建打下了坚实的基础。

格朗鲁斯认为,由于服务管理体系尚未成熟,所以把服务管理看成一种管理视角可能更为恰当。他在 1990 年给服务管理下了一个相对全面的定义。

所谓服务管理是指:①认识在消费或使用组织提供物(offerings)时顾客得到的效用以及服务单独地或与实体产品(或其他有形物)一起如何对该效用产生贡献,也就是说,认识全面质量管理在顾客关系中是如何被感知的,是如何随时间变化的;②认识组织(人员、技术和物质资源、系统和顾客)怎样生产和传递该效用和质量;③认识如何开发和管理组织以便实现希望的效用或质量;④组织以何种方式运作能够实现效用、质量以及各方(组织、顾客、其他各方的社会)的目标。

格朗鲁斯认为,服务管理视角意味着管理重点的四个转移:①从基于产品的效用向顾客关系中的总效用转变;②从短期交易向长期关系的转变;③从核心产品质量或产出的技术质量向持续的顾客关系中的全面顾客感知质量的转变;④从把产品技术质量的生产作为组织关键过程向把开发和管理全面效用和全面质量作为关键过程的转变。

从本质上看,格朗鲁斯认为应从五个方面认识服务管理的观点:全面管理、重视顾客、系统研究、重视质量、内部发展和促进:①服务管理是一种全面管理的观点,它将指导各个管理领域里的决策,而不仅仅只在诸如为顾客服务这一单项功能领域内提供管理原理指导;②服务管理不是靠内部效率优先推动,而是重在顾客驱动或市场导向;③服务管理是一个系统的观点,它强调组织内部协作,尤其强调职能部门间相互协作的重要性,而不是专业化或劳动分工;④质量管理是服务管理的一个组成部分,而不是一个独立的问题;⑤服务管理不仅仅只是行政管理的任务,它与企业员工的自身发展密切相关。公司员工在企业内部的发展和强化员工对公司目标与战略的承诺,这两者是获得成功的战略前提。

2)从科学管理到服务管理

1994 年,格朗鲁斯发表了一篇题为"从科学管理到服务管理:服务竞争时代的管理视角"的论文,该文在详细分析了科学管理的局限性和服务管理的一般特性之后认为,服务管理是一种适应目前竞争形势的管理视角或观念,这种视角为面临服务竞争的企业通过了解和管理顾客关系中的服务要素来获得持久的竞争优势提供指导原则。

他认为,斯密在《国富论》中主张的专业化和劳动分工及泰勒在《科学管理》中提出的类似原则,没有关注工人的福利和与顾客的关系。实现这种管理原则的结果是出现短期的、操纵性、交易导向的市场关系,在企业内部各职能间、企业与外部伙伴间产生敌对关系。

长期以来,产品制造业大都奉行泰勒的科学管理理论。科学管理以发展规模经济和降低成本与管理费用为主流管理原则,推动了企业管理水平的提高,促进了工业经济的迅猛发展。然而,对服务业来说,如果过分强调降低成本和规模经济,会造成服务质量下降,企业员工士气低落,进而导致顾客关系的破坏,最终出现利润下降。瑞典学者诺曼(Norman)和格朗鲁斯把这种现象称为"管理陷阱"。因此,服务业的管理需要不同于制造业的新的管理理论和方法。此外,随着制造业在制造技术、产品功能及产品方面的趋同,市场竞争已经进入到服务竞争的时代,服务管理和服务竞争对所有的企业都具有重要的意义。

作为一般的管理视角,服务管理将企业的外部效率置于重要地位,强调顾客对产品和企业总的满意度,而不仅仅是企业的内部效率、规模经济和成本降低,主要表现为顾客驱动、顾客感知质量导向、长期关系及员工满意的综合管理理念。

3)服务科学、管理和工程

2004 年 12 月,在美国华盛顿特区召开的国家创新峰会(National Innovation Summit)上,美国竞争力委员会发布了题为《创新美国:在充满挑战和变化的世界中持续繁荣》的国家创新计划(NII)报告,其中"服务科学"概念作为 21 世纪美国国家创新战略之一而被首次提出。此后,"服务科学"日益受到学界和业界推崇。2005 年 7 月,此研究领域被正式命名为"服务科学、管理与工程(SSME)"。同时,IBM 与众多高校展开合作,积极推动对 SSME 的深入研究,在此过程中,SSME 的概念和内涵不断得到丰富,研究对象和技术路线渐渐明晰。

2007 年 1 月,美国运筹与管理学会(INFORMS)成立服务科学部(Section on Service Science),这标志着 SSME 已作为未来重要研究领域而受到高度关注。在我国,以 2006 年 11 月教育部部长周济院士与 IBM 总裁兼首席执行官彭明盛先生签署的《开展"现代服务科学方向"研究合作项目备忘录》为标志,SSME 研究在国内学界受到高度重视。此后,以清华大学等为代表的国内高校开始积极参与 SSME 方面的学术活动,积极融入 IBM 高校计划(IBM Academy Initiative)中。

对于 SSME,《创新美国》报告中给出的定义:服务科学是已有的计算机科学、运筹学、工业工程、数学、管理科学、决策科学、社会科学和法学等诸多领域的交叉。它能在商务和技术的交叉点上促成整个企业的转型、推动创新。这个新学科致力于解决 21 世纪创新的核心问题,如组织再造、技术创新管理和复杂行为系统仿真等。IBM Almaden 服务研究小组负责人 SPOHRER 等给出的定义:SSME 是"将科学、管理和工程的原理应用在一个人、组织或系统,或与另一个人、组织或系统共同完成营利性的特定任务(即服务)中的学科"。通过工作共享、风险共担的合作生产关系,提高对生产力、质量、绩效、柔性、增长以及知识积累的可预见性。他们认为,SSME 本质上是对服务系统的研究,包括服务系统演进与设计、服务系统交互与价值共同创造,以及服务系统专业化与协调。

1.2　服务型制造简介

1.2.1　服务型制造的产生背景及其概念

20 世纪中后期,随着全球经济的发展和制造业的繁荣,物质资料极大丰富,顾客的消费习惯趋向多样化、个性化和体验化等更高层次的需求,传统的大规模生产方式已经不能满足这种多样化的顾客需求形式,供需矛盾日益突出、亟待解决。同时,制造业也在资源和环境双重压力下开始缓慢发展、止步不前,高能耗、高污染、低附加值、低劳动效率的增长方式成为阻碍中国走向制造强国的最大问题。服务型制造正是在这种内在需求和外在需求共同驱动的历史背景下产生的。

2006 年年底,国内学者正式独立提出了服务型制造的概念。这种新的产业形态将服务和制造相融合,制造企业通过相互提供工艺流程级的制造过程服务,合作完成产品的制造;生产性服务企业通过为制造企业和顾客提供覆盖产品全生命周期的业务流程级服务;共同为顾客提供产品服务系统[9-12]。这种更深入的制造与服务的融合模式,被称为"服务型制造"[12,13]。

服务型制造是服务与制造相融合的先进制造模式,是传统制造产品向"产品服务系统"和"整体解决方案"的转变。在服务型制造系统中,制造企业和服务企业以产品的制造和服务的提供为依托,向客户提供覆盖从需求调研、产品设计、工程、制造、交付、售后服务、产品回收及再制造等产品服务系统全生命周期的价值增值活动。

国内学者孙林岩等[14]从概念、形式、组织形态和属性四个层次对服务型制造的概念和内涵加以解释(图 1.4)。

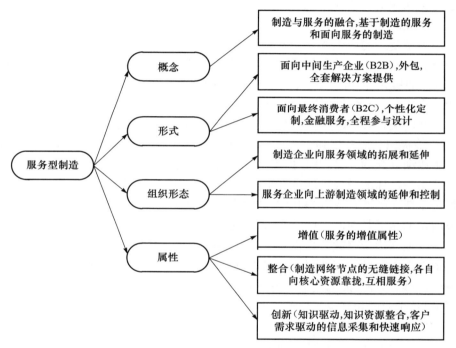

图 1.4　服务型制造的概念结构图

（1）从概念角度,服务型制造是制造与服务在新的世界经济条件下历史性融合的产物,是基于制造的服务和面向服务的制造,是基于生产的产品经济和基于消费的服务经济的融合。

（2）从表现形式,服务型制造包括制造企业面向中间企业的服务（B2B）（如外包、一揽子解决方案）和面向最终消费者的服务（B2C）（个性化定制、客户全程参与设计等）。

（3）从组织形态,表现为制造企业与服务企业的交叉融合和互相渗透,制造企业向服务领域拓展（DELL 的直销模式,IBM 的方案解决）和服务企业向制造领域的渗透（沃尔玛对制造企业的控制等）。

（4）从属性来讲,服务型制造具有整合、增值、创新三大属性。整合来源于企业间的相互服务、互相外包,制造网络节点企业内部资源向核心竞争优势转移,企业间的联系更加紧密和共享资源,使得资源在网络间优化动态分配;增值来源于服务型制造中的服务属性,企业由以前的关注产品功能生产,到关注顾客需求服务,通过服务增值活动,使得依附于产品上的价值大大增加,单位产品价格提高,增加企业获取价值的能力;创新来源于对知识资源的整合和对消费需求信号的采集和处理,通过整合服务制造网络间的分布式知识资源以及在变化条件下需求和研发信息的交互冲击,不断产生适应新经济条件的知识信息,相应的整体网络的创新能力也大大提高。

服务型制造的产生和发展可以追溯到生产性服务业的兴起。美国经济学家Greenfield 于 1966 年在研究服务业分类时最早提出了生产性服务业(producer services)的概念,即可用于商品和服务进一步生产的非最终消费服务[15,16]。在其后的几十年间,众多学者从生产性服务业对国民经济的促进作用、生产性服务和制造业的互动关系,以及生产性服务的产业形态等方面进行了持续研究。Berger 和Pappas 等提出了服务增强(service enhancement)[17,18]的概念,指出服务业在发达国家中逐渐兴起的趋势,并且提出了关于新型制造业的一系列概念,对生产性服务在企业组织层面的微观机理进行了探索[19,20,21]。这些研究普遍认为生产性服务能够促进制造业的增长,制造和服务的融合是产业发展的新趋势[22,23]。然而,生产性服务所站的角度是面向生产,为生产服务,只解决了依托生产展开的服务问题,而不是解决如何为最终顾客提供服务,并没有真正找到服务的目标。仅仅靠关注企业价值链上下游的生产性服务不足以塑造整条价值链上的竞争力,有必要在价值链的中游(即物理产品的制造环节)塑造竞争优势。产品制造环节则要求通过顾客全程参与、企业间相互提供生产性服务和制造服务,为最终顾客提供符合其个性化需要的广义产品(产品+服务)。

孙林岩教授在《21 世纪的先进制造模式——服务型制造》一书中分别从价值实现、作业方式、组织模式、运作方式四个层次阐述了服务型制造不同于以往制造模式的特点,认为服务型制造是知识资本、人力资本和产业资本的聚合物,是三者的黏合剂。知识资本、人力资本和产业资本的高度聚合,使得服务型制造摆脱了传统制造低技术含量、低附加值的形象,使其具有和以往各类制造方式显著不同的特点。

(1)在价值实现上,服务型制造强调由传统的产品制造为核心,向顾客提供具有丰富服务内涵的产品和依托产品的服务转变,直至为顾客提供整体解决方案。

(2)在作业方式上,由传统制造模式以产品为核心转向以人为中心,强调客户、作业者的认知和知识融合,通过有效挖掘服务制造链上的需求,实现个性化生产和服务。

(3)在组织模式上,服务型制造的覆盖范围虽然超越了传统的制造及服务的范畴,但是它并不去追求纵向的一体化,更关注不同类型主体(顾客、服务企业、制造企业)相互通过价值感知主动参与到服务型制造网络的协作活动中,在相互的动态协作中自发形成资源优化配置,涌现出具有动态稳定结构的服务型制造系统。

(4) 在运作模式上,服务型制造强调主动性服务。主动将顾客引进产品制造、应用服务过程,主动发现顾客需求,展开针对性服务。企业间基于业务流程合作,主动实现为上下游客户提供生产性服务和制造服务,协同创造价值。

可见,生产性服务、制造服务及顾客的全程参与构成了服务型制造的三个基石(服务型制造的概念模型如图 1.5 所示),三者协同创造企业价值和顾客价值,服务型制造模式使得价值链的各个环节都成为价值的增值环节,使得整个价值链成为价值增值的聚合体。

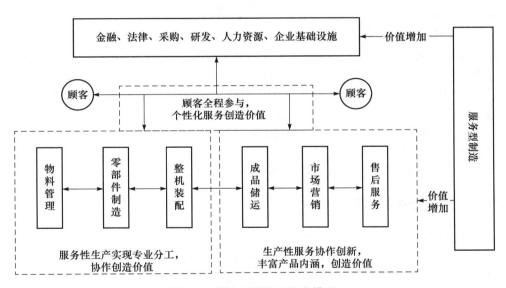

图 1.5　服务型制造的概念模型

1.2.2　服务型制造的分类

服务型制造是一种全新的制造模式,通过制造向服务的拓展和服务向制造的渗透实现制造和服务的有机融合,企业在为顾客创造最大价值的同时获取自身的利益。服务型制造可以从其需求类型、融合方式、服务对象几个角度来理解和分类。

(1) 从满足顾客需求的类型看,服务型制造提供的是产品加服务,即所谓的产品服务系统(product service system,PSS),可分为如表 1.12 所示三种形态。

表 1.12　PSS 分类形态图

PSS 分类	特征	应用案例
面向产品的 PSS	顾客购买产品,企业在出售产品的同时提供附加于产品功能上的服务,从而在一定时间内保障产品的效用	霍尼韦尔(Honeywell)公司在提供飞机引擎的同时,开发了嵌入式飞机信息管理系统(AIMS),对于飞机故障进行自动检测,取代先前由机械师人工进行的飞机设备测试,提前识别及排除故障,给产品带来更好的保障,同时也产生增值
面向使用的 PSS	顾客无需购买产品,而是购买产品的使用权或者服务	惠普公司向太平洋保险公司提出"打印先锋"金牌服务方案,用户除纸张外无需承担消耗易损件、维修费及耗材等产品相关额外成本,只需为其享受的打印服务付费。采用这种模式的还有英特飞(Interface)公司、电梯巨擘迅达(Schindler)公司、陶氏化学和开利(Carrier)公司
面向结果的 PSS	顾客购买的不是产品也不是产品的使用权,而是直接面向产品的使用结果	陕西鼓风机(集团)有限公司(简称陕鼓)与宝钢集团有限公司签订了"TRT"工程成套项目,以自己的产品为核心,连同配套设备、基础设施、厂房等一起完成"交钥匙"工程,其保障的是产品使用的结果

(2)从制造与服务的融合方式看,服务型制造包括面向服务的制造和面向制造的服务。前者以满足顾客的服务需求为目的来设计与制造产品。例如:中国移动为了抢占 3G 市场,以服务为先导(service dominant),让手机制造厂商为其定制手机,产品成为服务的载体。后者属于生产性服务,最典型的是制造企业的业务外包[10],如市场开发外包、IT 外包、物流外包等。

(3)从服务的对象看,服务型制造的服务对象可以是最终消费者,也可以是生产企业。后者也就是面向制造的服务,如汽车制造厂不仅可以从机床厂购买设备,而且可以获得其生产线设计、机床耗材供应、机床维护等服务。

1.2.3　服务型制造的理论体系

服务型制造是制造与服务相融合的新产业形态,是新的商业模式和生产组织方式。服务型制造是为了面向顾客效用的价值链中各利益相关者的价值增值,通过产品和服务的融合、客户全程参与、制造企业相互提供工艺流程级的制造流程服务、服务企业为制造企业提供业务流程级的生产性服务,实现分散化的制造与服务资源的整合,不同类型企业核心竞争力的高度协同,实现产品服务系统的高效创新,共同为顾客提供产品服务系统,实现企业价值和顾客价值。

从概念内涵来看,服务型制造是基于物质产品生产的产品经济和基于消费的服务经济的融合。它通过产品生产、服务提供和消费的融合将知识资本、人力资本和产业资本聚合在一起,形成价值增值的聚合体。它既是一种新的商业模式,也是一种新的生产组织方式。其体系架构如图 1.6 所示。

1. 服务型制造的商业模式

经济环境的改变促进了新商业模式的产生。首先,经济的全球化和信息技术

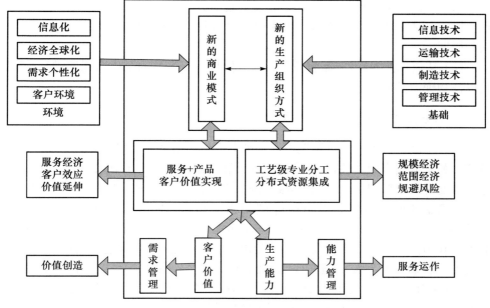

图 1.6　服务型制造理论体系[24]

的发展,使得企业可以在全球范围内组织发展制造及服务业务的各类资源。各类稀缺资源在全球经济市场的快速可得降低了企业进入新领域(制造或者服务)的壁垒,促使了企业业务链的延伸。其次,顾客需求和价值观的变化,也驱动着制造及服务企业的转型。一方面,顾客的需求越来越个性化,顾客需要个性化的产品和服务;另一方面,顾客正在从单纯的购买产品或者服务向购买"效用"转变,而非产品及服务本身。供给条件和顾客需求的变化,使得服务型制造这种新的商业模式应运而生。服务型制造作为一种新商业模式,具有以下特征。

(1)顾客和企业能够在服务型制造模式下实现双赢。顾客通过主动参与生产及消费过程,使得企业能够更好地感知顾客的个性化需求;通过专业化分工和分散资源的集成,企业能够以更低的成本、更快的速度为顾客提供个性化的产品服务系统,提高顾客价值;企业实现了以低成本方式延伸价值链,扩展了价值创造的空间和时间,带动了企业价值的提升。

(2)从表现形式上,服务型制造表现为制造企业之间的生产过程服务(如制造过程外包)协作、服务企业针对制造企业的生产性服务(如设计、营销服务等业务流程外包)、制造和服务企业交叉融合以及为最终消费者提供的效用服务(个性化定制,客户全程参与设计)。

(3)从业务模式看,它表现为制造企业向服务领域延伸和转型(如 IBM 转型成为综合服务供应商),以及服务企业向制造领域的渗透(如神州数码发展制造业务)。

（4）从交易模式看，服务型制造企业通过展开面向产品全生命周期的服务，实现了以往制造企业一次性交易的模式向多次重复交易模式的转变，延长了企业的获利周期。

（5）从定价模式看，产品服务系统的定价将基于产品的全生命周期进行，而不是以往物理产品的一次性交易定价模式。

2. 服务型制造的生产组织方式

服务型制造也是在先进制造技术基础上产生的新型生产组织方式。①现代信息技术和制造技术的发展，使得产品的设计和制造过程实现了分离，企业之间的协作关系变得日益精细化，工艺流程级别的分工和协作逐渐成为现实。例如，以往集中于一家企业的集成电路制造被分解为由承担 IP 核设计、IC 设计、晶圆制造（Fab），光刻、封装、测试等工艺流程的多家企业协作完成。②信息技术也使得服务的生产和消费可以在一定程度上得以分离，出现了业务流程外包等的服务工业化模式。③以柔性生产线、快速成型、敏捷制造、CAD、CAPP 为代表的先进制造技术的运用，使得制造企业能够为协作伙伴快速提供个性化的制造过程服务。④现代快速交通运输技术的发展，也为企业之间相互提供制造流程服务奠定了坚实基础，进一步促进了企业的分工协作。⑤以 ERP 和知识管理为代表的运作管理技术的运用，为以知识为基础的服务型制造奠定了坚实的基础，提高了生产及服务过程信息的可获得性和可视性，降低了不同主体之间的信息不对称性，驱动着制造及服务企业之间协作接口的规范化，进一步促进了不同主体之间自发形成新的生产组织——服务型制造系统。

这种新型的生产组织方式有以下特征。

（1）从参与主体来看，表现为制造企业、服务企业和顾客的主动参与，实现产品服务系统的生产过程和消费，使得顾客从传统制造系统中的被动接受者转变为合作生产者。

（2）从组织形态来看，它并不一定以纵向一体化的方式实现，而是不同类型主体（顾客、服务企业、制造企业）相互通过价值感知，在互利协作中涌现出具有动态稳定结构的服务型制造系统。这种动态结构通常表现为两种，一种是以大企业为主导的产品服务系统供应商模式，中小企业通过为大企业提供配套的制造过程及业务流程服务，和大企业实现协作；另一种是"专、精、新、特"的中小型制造及服务企业聚集形成的企业群团，相互之间通过平等、细致的业务分工，实现低成本、高效率的制造及服务流程分散化协作模式。

（3）从产品及服务的生产和消费过程看，服务型制造主要以产品和服务的大规模定制方式展开。通过对产品制造工艺流程的分解，以及服务业务流程的分解，每个企业承担起流程中的一个或者几个模块，相互之间以规范的接口进行协作，实现和其他企业活动的即插即用。

（4）基于工艺流程和业务流程的分工协作模式，实现了分散化制造及服务资源的集成，也增强了企业之间的依赖性，使得服务型制造系统的稳定性得以增强。

（5）基于工艺流程和业务流程的分工协作，服务型制造企业能够为更多的、不同领域的企业提供个性化的制造过程及业务过程服务，也能够从多个渠道获得需要的资源，为多元化顾客提供价值，促进了自身和合作伙伴的规模经济和范围经济效应，降低了资产专用性风险、需求变动风险和市场供给风险，使得服务型制造企业的抗风险能力得以增强。

1.2.4　服务型制造的国内外应用案例

1. 国际商用机器公司（IBM）

IBM 在 1911 年诞生之时是一个典型的制造企业，以生产穿孔卡片设备起家。在此后的近百年时间里，IBM 的产品线逐步扩展到计算机、服务器、硬盘，以及集成电路制造等多个领域，并在 20 世纪中后期成为全球最大的电子信息产品制造企业。然而，20 世纪 90 年代初不乏 IT 界技术精英的 IBM，几乎濒临破产；在 1992 年亏损高达 49.7 亿美元，成为美国当时亏损额度最大的公司。随后，郭士纳出任 IBM 公司 CEO，在他的率领下，IBM 从企业文化和服务创新入手，开始了一场从制造商到服务商转变的战略转型。

1）企业文化的改变，是根本的改变

"IBM 之道"——"尊重个人、竭诚服务、一流主义"是 IBM 从创始人沃森父子以来一直强调的文化理念。因此，IBM 的转型首先对企业文化进行了再造，以服务充实了自身企业文化的内涵。

第一，"以客户为中心"，持续技术创新。

第二，树立了合作共赢的观念，强调与竞争对手和上下游厂商的合作。

第三，改变了业绩文化。

第四，业务人员的密集训练和各种培训也是围绕企业文化展开的。

郭士纳明确提出，IBM 优秀员工应当从三个方面衡量，这就是 IBM 的 PBC 考核系统（personal business commitment）：第一是 Win，力争制胜。胜利是第一位的，无论过程多艰辛，到达目的最重要。第二是 Executive，执行力。不要追求完美，快速而有效地做事是所有成功的前提，执行本身反映了员工的素质，因为执行构成了非常重要的过程监控。第三是 Team，团队精神。在 IBM，必须学会以一个完整的 IBM 而不是一个人或一个部门在行动，必须在全公司范围内合作。

2）服务创新，走差异化服务道路

第一阶段：保持 IBM 的完整，不分散实力，同时通过降价、技术更新等手段重新建立 IBM 在传统产品的领导地位。

第二阶段：重组核心流程，发展服务、软件等新业务，让大家面向市场，提出"客户中心"模式，对内进行组织机构改革，改变原有的"地域分割，各自为政"的组织体系，组建以客户为导向的组织机构。

第三阶段：通过流程、IT 和网络的整合，进入电子商务和知识管理时代。

第四阶段：为配合公司战略目标的调整，IBM 通过兼并、分立、剥离等各种手段对 IBM 的业务进行重新组合，从而突出 IBM 适应全球竞争环境变化的核心业务。

在四阶段策略的指导下，IBM 首先通过出售、并购、重组等一系列手段将产业重点从硬件制造转向软件和服务：2002 年后 IBM 先后将硬盘生产部门出售给日立公司，将 PC 生产部门出售给 LV 公司，将打印机生产部门出售给理光，将复印机出售给柯达。与此同时，IBM 不断并购重组服务、咨询、软件等业务部门，先后收购了普华永道咨询公司、Rational 软件、莲花公司、马士基数据等，不断加强其在战略咨询、中间件、数据库、网络管理等领域的实力。通过整合内外部资源，提出"四海一家的解决之道"，为客户提供硬件、软件、服务三位一体的解决方案，标志着 IBM 向提供解决方案转型。

目前，IBM 已成功转型为"为客户解决问题"的信息技术服务公司。2004 年，在"与 IT 相关的咨询服务"排名中，IBM 全球服务部以 330 亿美元雄踞榜首，EDS 和埃森哲等老牌咨询公司难以望其项背。当前，IBM 服务业务收入占总收入的比例由 1992 年的 23％上升到 2005 年的 52％，而硬件制造下降到了 27％。纵观 IBM 服务转型的整个过程，其中的关键是经营理念从"产品中心"转为"客户中心"，提供整体的解决方案，为客户提供高的客户让渡价值。他首先改变了过往的"产品导向"为"客户导向"，接受服务营销的理念，从客户的角度出发考虑问题，再整合自己的资源来满足客户的需求，最终为客户提供高的客户让渡价值。

2. 陕西鼓风机(集团)有限公司

陕西鼓风机(集团)有限公司，是中国设计制造以透平机械为核心的大型成套装备的集团企业。1968 年，成立陕西鼓风机厂，1975 年建成投产，到了 1996 年改制成为陕西鼓风机(集团)有限公司，2007 年重组兼并西安仪表厂与西安锅炉厂。目前，除控股公司西安陕鼓动力股份有限公司外，陕鼓集团旗下还设有陕鼓实业、陕鼓备件、陕鼓西仪、陕鼓西锅以及陕鼓能源与动力自动化工程研究院五家全资子公司。截至 2010 年年底，陕鼓集团拥有在岗员工 4976 人(其中陕鼓动力为 2975 人)。

从 GE 公司的转型中得到启示，陕鼓认识到制造业并非"夕阳产业"，然而如果仍旧按照传统的模式发展，则难以摆脱低利润"红海"处境。传统制造企业需要转型，陕鼓也需要转型。在董事长印建安的带领下，从 2001 年开始，陕鼓开始了其服务化战略转型：从传统制造企业向服务型制造企业转变。其中，包括两个转变：第一,从提供单一产品(风机、锅炉、仪表)的供应商,向全方位提供动力设备系统问题的解决方案商和系统服务商转变;第二,从产品经营向品牌经营、资本运作转变。

在服务型制造战略的指导下,陕鼓开始从需求管理、能力管理、企业网络、风险管理等方面展开企业的服务化历程。

在需求管理方面,陕鼓通过深度挖掘明确客户的需求,进而设计出不同的产品服务系统来满足客户需求,提高客户效用。通过不断分析探索,陕鼓总结出目前客户需求中影响客户效用的几个重要问题,并开始向客户提供专业化维修、专业化的备品备件管理服务、设备远程诊断服务和担保融资等金融服务,其中考虑到客户的个性化需求,陕鼓针对不同客户提供不同形式的金融服务,包括"卖方信贷买方付息"融资模式、"陕鼓+配套企业+金融企业"委托贷款融资、"预付款+分期付款+应收账款保理"融资、网上信用证融资、法人按揭贷款融资、金融企业部分融资等11种融资模式。此外,陕鼓还借助自己对透平设备的知识,为客户提供工程成套服务。在提供自产主机的基础上,还负责进行设备成套设计(包括系统设计、系统设备提供、系统安装调试)和工程承包(包括基础、厂房、外围设施建设)。在这一过程中,客户控制了投资资金以及项目周期,减少了管理费用,而陕鼓则扩大了市场领域,利润空间增大,同时陕鼓满足市场需求的能力也获得了提升,实现了真正的双赢局面。综合以上的各种产品服务系统,陕鼓为客户提供的是一种全生命周期的系统服务,涵盖了从系统设计方案,到设备制造及系统集成、安装调试、系统维护,到最后系统升级的各个环节。

能力管理方面,在发现客户需求、设计产品服务系统满足客户需求的同时,陕鼓也开始从自身出发,分析其自身各方面的能力,进行能力的转移和提升。一方面,陕鼓着力进行工序流程再造,放弃非核心的、低附加值的制造环节;另一方面,陕鼓加快进行重心转移,把精力向市场和客户所需要的、高端的、有价值的环节转移。通过业务流程再造活动,陕鼓在组织结构、人员编制方面发生了较大的改变。这些改变为陕鼓服务型制造的顺利实施提供了支持,同时也大大提高了其满足客户需求的能力。

为了向客户提供高质量、低成本、定制化、全面的解决方案。陕鼓充分运用社会资源实现了能力聚集。在这一过程中,陕鼓通过与重点客户、重点配套商、重点外协厂商、金融机构、原材料供应商、社会科研机构等进行战略合作,实现了从单一制造企业向服务型制造网络转变。通过构建企业网络,整合网络中各企业的优势,为满足客户需求提供保障。

最后,陕鼓通过风险管理降低企业风险,保证服务型制造网络的稳定性。

近年来,陕鼓调整其经营战略,通过创新商业运行模式,转变经济增长方式,市场份额不断扩大,取得了显著的经济效益:企业工业总产值从2001年的4亿元迅速增长到2008年的50亿元,增长了12倍多,年增长率达到43%。同时,品牌价值不断提升,2006 年陕鼓牌商标被授予"中国驰名商标"称号,陕鼓在"2009 中国品牌 500 强"评选中位居第 58 位。

1.2.5　服务型制造的研究意义

服务型制造之所以成为制造业转型的重要模式,其根本原因在于体现了企业、顾客、环境、社会价值的多重统一,对提高企业效益、顾客价值、资源利用率和社会效益具有重要的意义,具体阐述如下。

(1) 服务型制造拓展了企业的业务空间,增强了竞争能力:在服务型制造模式下,企业通过关注服务实现价值增值,脱离了传统制造基于价格竞争的红海模式;服务的差异化和个性化以及顾客在服务过程的情感投入,可以增强顾客满意度和品牌忠诚度,增加市场占有率;服务型制造企业以提供产品服务系统的方式为顾客服务,有效地避开替代品的威胁,构筑了较高的行业壁垒,从而降低了企业的竞争风险;服务型制造通过对产品资源有效利用和回收管理,降低了企业的制造成本。

(2) 服务型制造模式使顾客的价值最大化:当顾客是价值链中的企业时,服务型制造使顾客企业能够专注于自己的核心竞争力,实现战略聚焦;当顾客为最终消费者时,服务型制造通过提供产品服务系统满足顾客需求,使最终顾客可以享受到更加个性化、更加符合自身需求的服务和产品,获得更大的顾客价值。

(3) 服务型制造是一种可持续发展的商业模式:服务型制造提供产品服务系统,而不仅仅是产品,在上述面向结果的 PSS 中,企业对提供服务所需要的产品全生命周期负责,可对产品进行回收和再制造,从而有效地减少资源消耗,提高资源利用率。

(4) 服务型制造有利于促进中国制造业向价值高端转移,变中国制造为中国创造,并促进服务业发展:通过服务提升制造,可以促使有条件的企业向价值高端转移,并通过服务主动寻找新的价值空间,进行产业定位,聚焦核心竞争力。制造和服务融合,拓展服务空间,促使更高程度的劳动分工,增加就业岗位,加速服务业的发展。

综上所述,服务型制造是我国制造业发展的必然趋势。然而,服务型制造作为一种新型制造形态,其运作与传统制造业相比具有不同的特性。因此需要从其价值形成机理、产品服务定制、运作管理及供应链等角度进行有针对性的深入研究。本书将建立新的管理模型和决策方法,有效指导服务型制造企业的运作管理实践,为中国制造业向服务型制造模式转变,促进服务型制造的发展提供理论指导。

1.3　服务型制造国内外研究现状

国内外对服务型制造的研究是一个新的热点,代表了全球行业未来 20 年的一个重要发展方向[25,26]。在国内,服务型制造也已受到国家自然科学基金委以及学者和企业的重视。在国家自然科学基金委的大力支持下,国内学者相继开展了关于服务型制造的研究,孙林岩、江志斌等首先提出服务型制造这一先进生产模式[14],随后对服务型制造进行了概念综述,提出了服务型制造模式的理论框架[12,13,27]。吴国升、程大中等针对产品服务化进行了探讨[28,29]。叶勤、刘平、郑吉昌等分别对产品服务增值理念的兴起、理论基础、特征等进行了阐述[30]。蔺雷和吴贵生则通过一系列研究对制造业服务增强的起源、现状、发展以及内在机理进行了系统分析,并构建了一个服务延伸产品差异化的完全信息动态博弈模型[31,32]。林文进和江志斌等对服务型制造的理论研究进行了文献综述[33]。李刚等对服务型制造的起源、概念和价值创造机理进行了研究[34]。文献[14]、[25]介绍了服务型制造在企业中的具体应用和实践。此外,国内学者陈荣秋和王晶等的研究也涉及服务型制造相关的概念,如顾客参与下的定制等,国外相关研究可参见文献[33]。以中国知网(www. cnki. net)为数据来源对 2007 年至 2012 年期间发表论文进行历史数据统计,以"服务型制造"为"主题"进行搜索,共得到 143 条结果,具体数据分布如图 1.7 所示。

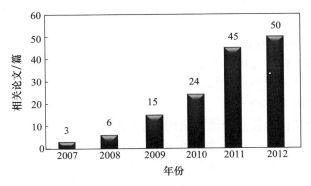

图 1.7　2007～2012 年服务型制造中文研究成果

　　由图 1.7 可以看到,自 2007 年以来,服务型制造的研究呈现出显著的增长趋势,几乎每年都呈现倍增的趋势。纵观这些研究,大部分集中在服务型制造模式、增值机理和案例研究方面。此外,针对服务型制造的研究也得到了国家自然科学基金委的大力支持。在国家自然科学基金委信息系统以"服务型制造"为主题进行查询,自 2008 年以来,已有 9 项申请获得资助,其中 1 项获得重点项目资助。以上发展态势充分说明,对服务型制造进行研究的必要性和重要性在我国学术界已得到认同。

　　在国外,各国学者围绕服务型制造中服务与制造的结合展开了丰富的理论研究,分别提出了产品服务化(servicization)、产品服务系统(product service system)[26,35-37]、服务增强(service-enhanced)[38],面向服务的产品(service-oriented product)[39],产品服务包(product-service packages)[40]等各种新的概念。Gann 和

Salter 讨论了知识经济环境下制造业的发展理论问题,并对服务增强的宏观表现、微观机理和运作模式等进行了定性研究[38]。Howells 提出制造企业将有形产品和相关服务结合在一起形成一个包,并在不同时间段将服务附加在产品上进行销售[39]。

1.3.1　服务型制造价值增值机理研究

服务型制造是产业结构从"工业型经济"向"服务型经济"转型过程中诞生的新型制造模式,针对全面分析服务型制造的价值的研究较少,相关的文献主要在顾客感知价值的概念、内涵、特点、结构、评估、因果等方面进行了研究。

"顾客感知价值"这个名词存在多种表述方式,归纳起来不外乎"效用观点""理性观点"以及"经验观点"等三种类型[41]。效用视角下,Zeithaml 认为顾客感知价值包含四个方面的含义,即低价格、从产品中所获得的效用、价格和质量的权衡、付出后的获利[42]。理性视角下,Monroe 指出,在信息不充分的情况下,消费者会衡量所获得的产品或服务的质量和获得的利益,以及购买此产品或服务所付出的价格或牺牲。基于此,他认为顾客感知价值=感知利益/感知牺牲,感知价值是一种感知利益与感知牺牲的抵换关系[43]。经验视角下,Woodruff 认为,顾客价值是顾客与产品或服务之间互动的结果,强调顾客价值的经验性;顾客价值是顾客在特定的使用情境中对产品属性、产品功效以及使用结果三个方面达成(或阻碍)其目标和意图的感知偏好及评价[13]。

顾客感知价值的内涵是非常丰富的,主要体现在其利得成分和利失成分的复杂性和发展性,总体上说,顾客感知价值的利得成分包括产品突出的内外在属性、感知质量和其他高层次的抽象利益,利失成分包括货币和非货币的牺牲[44]。Ravald 和 Grönroos 进一步指出,顾客感知利得包括物态因素、服务因素、与产品使用相关的技术支持等同顾客感知质量有关的要素,顾客感知利失包括顾客购买产品(服务)时所付出的所有成本,如购买价格,获取成本、交通、安装、订单处理、维修以及失灵或表现不佳的风险等。对于企业顾客,Jozee Lapierre 认为顾客感知付出还应该包括为了获得产品或服务与供应商建立和维持关系而作出的货币投入和非货币牺牲,如时间、精力、冲突等。由于顾客感知价值的利得成分和利失成分的复杂性和发展性,顾客感知价值内涵是难以穷尽的[45]。不同类型的行业,顾客感知价值的利得成分和利失成分都会有所不同。

综观国外顾客感知价值文献,关于顾客感知价值的特点,多数学者强调其个性化和动态性。Bolton 和 Drew 认为,不同的货币付出、非货币付出、评价参考框架以及不同的顾客品位、特征都会影响顾客感知价值[46]。Zeithaml 指出,顾客感知价值非常个体化且随环境变化,顾客评价框架的差异以及不同的消费阶段而表现出不同的含义[44]。除了上述的个性化和动态性,国外有一些学者还强调顾客感知价值的层次性特征。Woodruff 指出顾客感知价值包括属性层次的价值、结果层次的价值和终极目标价值[13]，他运用手段-目的链（means-end）研究顾客价值，认为顾客以手段-目的的方式形成期望价值。Brax[47] 认为感知价值由交易效用与获得效用构成。与之相应，有学者将顾客感知价值分为获得价值和交易价值，其中，获得价值是顾客对消费过程中与获得产品或服务有关的净所得的感知[48,49]，交易价值是顾客对自己内在参考价格与实际成交的价格之间差异的感知[49]。Sheth 等[50] 将顾客价值区分为功能性价值、社会性价值、情感性价值、认知价值和条件价值等五个方面。Sweeney 和 Soutar[51] 将顾客对产品的感知价值分成质量因素、情感因素、价格因素以及社会因素等四个维度。Parasuraman 和 Grewal[52] 认为顾客感知价值包括购买价值、交易价值、使用价值和折旧价值。Kristina[53] 认为顾客感知价值的评判应该包括时间、空间、功能性及技术性等四个维度。

关于顾客感知价值测量最常见的方法是：从总体上利用单维度、单一项目量表来测度顾客价值[54-56]。利用多个维度，使用多题项量表来衡量顾客感知价值，如 Grewaletal 从获得价值和交易价值两个维度出发，发展出 12 个题项价值量表来度量自行车顾客感知价值，Sweeney 和 Soutar[57] 将顾客感知价值分为情感价值、社会价值、功能性价值（包括价格和质量两个方面效用）等维度，发展出包括 19 个题项的价值量表（PERVAL）测度耐用品顾客感知价值等。

学者对顾客感知价值前因的探索，主要基于顾客的感知利得和感知付出的成分进行分析。顾客感知质量被认为是顾客最重要的感知利得[47,49,52]，也是学者公认的顾客感知价值的前因。顾客感知质量对顾客感知价值有直接的和积极的影响，顾客感知牺牲（通常指感知货币价格）对顾客感知价值有直接的负向影响[44,48,56,58-61]。也有学者将顾客满意感视为顾客感知价值的直接或间接前因[46,62,63]。关于顾客感知价值的后果，很多学者认为顾客感知价值是决定顾客行为意向的重要因素，顾客感知价值直接影响顾客的购买意愿、行为意向和重复购买行为[44,48,56,58-61]。不仅如此，顾客感知价值还可以通过顾客满意感间接影响顾客的购买意愿、行为意向和重复购买行为[59]。至于企业顾客，顾客感知价值也是其行为意向的决定性因素[54,64]。此外，也有不少学者认为顾客感知价值是直接或间接影响顾客忠诚的重要因素[52,60]。

综上所述，目前还没有对服务型制造的价值内涵和形成机理进行全面、系统的研究，尤其尚未从服务型制造的本质——通过服务与制造的融合形成新的价值内容和含义的角度进行整体研究。对于服务型制造中的服务相关顾客感知价值有了较多的研究，但研究主要停留于概念模型方面，虽然就测量方面有一定的研究，但是仍属于定性分析范畴，对于直接指导服务型制造进行运作优化管理不具备现实意义。同时，从服务型制造的角度不仅是服务价值和传统价值的简单融合，服务增强理论还一定程度地给出了服务对于提升制造价值的系统分析，但是目前尚无全面的定量化指标体系,且服务型制造的形态不同对应不同的价值内容和含义,但是目前也无全面的分析。因此,需要针对不同服务型制造价值形成机理进行研究,并进行总结归纳,用于服务型制造的运作与管理的决策指导。

1.3.2　产品服务系统配置研究

产品服务系统作为服务型制造企业为客户提供的最终产品,是服务型制造研究的重要内容。因此在众多研究中,产品服务系统的研究最受关注。国际期刊 *Journal of Cleaner Production* 曾在 2003 年和 2006 年分别组织了两次专刊,引发各国学者对这一课题展开不同角度的研究。目前,对 PSS 的研究主要可以分为几个方面:定义和概念研究[65]、特征和分类[66]、应用研究[67]、优势益处[33,68]、实施障碍[69]和设计方法[70,71]。然而,这些研究主要还是基于案例证据的,并且大多聚焦于 PSS 的潜在环境利益,而不是它的商业利益。此外,不论 PSS 研究还是其他关于服务型制造的研究,都停留在概念、意义、作用等宏观层面的探讨,缺乏具有实践指导性的运作管理理论和方法的研究,缺乏定量的解决方案和技术,需要更深入的探讨。从研究内容上看,大多限于对概念的介绍和引进,现象特征的表述,动因机理的分析,实施战略的一般性对策等较浅层的分析,而对于实施产品服务化所面临的各种挑战,如定制化所带来的配置难题,以及克服这些挑战的具体对策和方法等则缺乏较深层次的理论探讨。导致企业在实际运作中不知道如何向客户提供个性化服务。因此,需要从工程科学的角度,研究具有实践指导性作用的运作管理方法。研究方法比较单一,主要是基于案例研究和深度访谈的定性分析,缺乏定量的方法和技术,也忽视了知识管理在服务研究中的重要性。

目前有关可配置服务的研究相当有限。Becker 等提出了一个支持大规模定制策略的可配置服务工程工具 Adapt(X),用于生成定制的服务流程、组织架构和 IT 架构[72];Wetzel 和 Klischewski 为服务创新和服务产品开发中的服务包以及服务产品模块化水平引入了一些概念和假设,将产品配置技术运用到面向服务计算中的服务合成[73]。然而,他们讨论的服务实际是指计算机服务,与本章定义的面向客户的产品延伸服务有所差别。Meier 和 Massberg 为了有效提供面向客户的服务,建立了一个服务配置器[74],但是该研究提出的是描述性步骤而不是工程化方法;Aurich 等提出了一个包括客户、制造商、产品生命周期在内的,可引导产品服务系统进行系统化配置的指导框架[75],然而这种基于矩阵的方法无法直接生成配置方案,并且也没有深入研究产品和服务的相互关系。

除此之外,学者还提出了若干服务配置模型。例如,Winter 提出了一种应用于金融服务的开放性可变产品模型,能够很方便地表达配置规则[76],但是这种模型不能被机器识别,而且过于简单;Dausch 和 Hsu 为实现服务合同的大规模定制提出一种参考模型,该模型提供了与服务过程、服务资源、服务成本和服务风险相关的静态知识[77]，但该模型的建模目的并不在于解决配置问题，并且模型缺乏普遍性；Cao 等提出了一个交互式服务定制模型，该模型中的内容是可定制的，且定制过程也是动态构建的[69]，但该研究的贡献主要在于提出了基于事件-条件-行为规则（event-condition-action rule）的针对 Web 服务合成的流程构建方法，与本章定义的服务配置问题有所不同；Heiskala 等的研究与本章比较相近，他们为配置器中对服务配置有用的知识建立了概念模型[68]，然而该研究使用的建模语言是 UML，由于 UML 没有清晰定义形式化语义，因此很难系统化、（半）自动化地推理出配置方案。

综上所述，虽然应用于产品的配置技术已受到来自学术界和工业界的多年关注，但在服务领域的配置研究仍处于萌芽阶段[67]。考虑到产品延伸服务配置问题的特点，如可配置对象的无形性、产品密切关联性，大量在产品配置中成功应用的方法和技术并不能完全适用于该问题，需要新的解决办法。

1.3.3　服务型制造系统和供应链

服务型制造系统和供应链的管理是服务型制造企业为客户高效地提供产品服务系统的重要保障，所以服务型制造运作管理的研究非常重要。而生产和服务能力的协同分配，以及制造商与服务商共同组成的供应链成员之间的协调管理问题的研究目前很少。

在企业为客户提供产品和服务组合的经营模式下，企业生产产品，然后基于产品提供附加服务，最终将产品和服务提供给客户。企业所面对的运作系统称为生产服务系统[33]。生产服务系统由于生产库存子系统和服务子系统之间的耦合，其动力学特征不同于传统的生产库存系统和服务系统。对于生产服务系统最优控制的研究起源于文献[66]。随后，各种更为一般化的系统受到了关注，如具有随机提前期和服务时间，顾客具有重试和变换队列行为等。该类研究均关注于库存管理中的最优补库策略，如文献[78]和[79]。唯一涉及服务能力管理研究的是文献[80]，作者 Berman 和 Sapna 研究了一个具有易腐产品的库存服务系统中的最优服务率控制问题。对生产服务系统中生产和服务能力共同管理问题的研究，参见文献[65]和[81]。Krishnamoorthy 和 Narayanan 在生产决策由（s,S）策略决定的假设下，考虑了一个具有正的服务时间的生产服务系统的稳定性和性能评估[33]。然而，这些研究大部分在库存管理策略给定时对系统性能、系统稳态概率以及控制参数优化等进行了分析，而非最优控制问题。而且，以上研究的对象均为单一产品和顾客的系统。

此外，服务型制造区别于传统制造的一些新特点有：顾客的广泛参与和体验、强调主动性服务等，这些新特点导致服务型制造的运作与管理必须考虑顾客的行为，特别是顾客对时间的敏感性行为，如顾客止步、中途退出等不耐烦行为。顾客不耐烦行为在服务系统的研究中已有大量文献,详见 Wang 等的综述性文献[82]。具体地,绝大多数考虑止步行为排队系统的文献是在给定的控制策略下对系统的性能进行分析,少数关于最优控制的文献有[41]、[70]、[71]、[83]。研究结果表明,顾客的各种不耐烦行为会使系统的性能指标发生显著改变。生产库存系统可以看成 MTS 版本的排队系统,关于考虑顾客止步行为的生产库存系统的研究,已有研究文献中主要有两类方法用来建模具有止步行为生产库存系统,排队模型和连续流模型。San Jos 等研究了具有不耐烦库存系统的批量订货水平[84]。Toews等给出了具有线性止步函数的 EOQ 模型[85]。Economopoulos 等考虑了同时具有止步和中途退出行为的制造系统[44]。然而,以上均研究给定控制策略(基本库存和基本积压策略)下系统的性能分析。对于连续流模型,Gershwin 等研究了具有止步行为顾客的生产库存系统最优生产控制策略[42],得到最优策略为阈值型策略。Veatch 随后发现,顾客的止步行为可通过单一参数表示[43]。而服务型制造企业面对的是生产与服务混合系统,生产与服务系统的独特性质导致顾客不耐烦行为对系统的影响必将不同于对传统系统的影响,目前针对生产与服务混合系统考虑顾客不耐烦行为的研究还未发现。

关于服务型制造混合供应链管理的研究极少,仅有的研究介绍如下。何哲等从多方面辨别了与传统供应链体系的差异[13]。目前还未见其他相关文献。Viswanadham 等通过系统动力学研究了服务型制造系统中由于制造子系统和服务子系统之间的信息不匹配和时间延迟引起的牛鞭效应[45]。Kameshwaran 等提出了一个用于制造企业进行产品服务绑定和定价的决策框架,其中的服务包括售后修理和维护服务[46]。Huang 等给出了一个针对服务型制造系统综合的性能评价方法,并设计了有效的算法以找到服务选择和组合的最优方案[54]。但是,以上研究均为针对特定情形的案例研究或仿真研究,而没有针对较为一般情形的解析研究。

通过本节对服务型制造研究现状的分析,发现目前绝大多数的研究集中在服务型制造的概念、商务设计、作用、意义、应用和案例研究方面等宏观层面的探讨[47,48]。缺乏具有实践指导性的运作管理理论和方法的研究,更缺乏定量的解决方案和技术,需要更深入的探讨。为此,本书通过建立定量模型,注重对服务型制造运作管理问题的定量分析,以便对服务型制造运作管理的研究提供科学指导和建议。

1.4　服务型制造研究的关键问题

1.4.1　服务型制造的价值形成内涵与价值形成机理研究

服务型制造是将服务与制造融合,由于产品与服务的组合、服务的无形与不可存储等特征,以及客户参与和体验,导致其价值的内涵和价值形成机理既不同于传统的产品制造,又不同于传统的服务提供,因此需要从新的视角研究不同形态服务型制造的价值内涵、顾客参与和体验对服务型制造的价值作用机理研究以及服务型制造价值传递与增值机理。通过这一关键问题的研究,从物质与非物质、主观与客观、有形与无形的角度准确把握服务型制造价值形成的内涵和价值形成规律,是服务型制造运作管理研究的基础。

提出服务型制造的价值形成内涵与价值形成机理,探讨了三个问题。①不同形态服务型制造的价值内涵研究:针对产品服务系统的价值体系进行实证研究,主要创新点在考虑顾客感知价值(考虑完整顾客价值形态:突出情感价值、关系价值等)的结构要素,研究表明推进服务与产品整合有助于增加顾客感知价值。②顾客参与和体验对服务型制造的价值作用机理研究:研究顾客参与对顾客感知价值的影响,结果显示一定条件下顾客参与有助于增加顾客感知价值。③服务型制造价值传递与增值机理:应用博弈论研究制造企业开展服务时不同策略(企业延伸进入服务领域、售后服务外包及考虑顾客风险规避)的增值理论模型,研究表明延伸进入服务领域能够有效增加企业效益。主要创新点在于考虑顾客感知(体验)因素的影响。

1.4.2　产品服务系统配置问题

产品服务配置是实现服务型制造中制造与服务融合、顾客价值最大化必不可少的重要环节。服务型制造中,顾客需求的多样化决定了以客户化定制作为交付产品服务的主要形式,因此研究与客户化定制有关的产品服务规划和配置是服务型制造运作管理的重要前提。

提出服务型制造产品服务融合形态的层次化规划和客户化配置,主要包括:①基于本体的产品服务建模和形式化描述,提出基于本体的方法来表达产品服务的信息和语义知识,最终得到的知识化模型可以明确地表达产品服务领域中的知识,为客户化配置提供可重用和扩展的领域本体模型。②基于本体和规则的产品服务配置模型,提出以服务子本体为核心的多本体结构模型,以及服务路径、服务绑定、服务接口等适用于服务配置领域的新概念。同时,基于本体和规则混合表达的配置知识,利用 JESS 推理机设计开发能自动完成配置推理的产品服务配置系统。③基于神经网络的产品服务配置规则抽取,研究采用 LCNN 进行多维局域函数构造,通过数据挖掘得到考虑客户个性的服务配置规则,采用 RULEX 技术对 LCNN 网络行为进行符号主义解释以使其隐含的配置规则显性化。④客户感知下基于支持向量机的产品服务配置方法,提出将客户需求分为功能需求和感知需求,并将两种需求同时作为需求输入,以提高通过支持向量机算法实现客户需求到产品服务配置的映射和转化效率。⑤考虑客户感知的产品服务系统配置的规则提取方法,通过提出一种基于优势关系粗糙集的方法,主要包括:信息表建立、客户细分和规则提取三个阶段,从而产生可以表示产品服务组件和客户感知之间关系的一组规则。⑥产品服务配置的关键影响因素识别,通过建立产品服务配置需求模型,然后提出基于粗糙集的混合属性约简方法,并以此来识别产品服务配置的关键影响因素。

1.4.3　生产服务系统生产计划与调度方法

企业为了提供面向产品的产品服务包,须首先生产产品,然后将产品和基于产品的服务,如物流配送服务和安装调试服务作为整体提供给客户,这些企业的显著特征是服务活动在生产活动之后发生。因此,整体的生产与服务系统是由生产库存子系统和服务子系统串行组成的,而不再是简单的生产系统或服务系统,为生产系统与服务系统融合而形成的生产与服务系统。生产与服务系统的运作管理不同于传统制造系统或传统服务系统的管理,需要同时对制造和服务进行有效管理,以高效地提供给客户产品服务包。生产与服务的融合将产生生产运作管理新问题。对于传统的制造管理,库存管理是最基本也是最重要的问题。而在生产与服务系统中,则需要考虑配套的出入货服务,从而实现库存水平的变化。如果库存水平较高而服务能力不足,或者产品缺货导致服务设施空置,都将会出现以下不愿看到的情形:顾客等待与高库存或服务能力闲置同时并存。

此外,传统的面向制造的生产计划与调度很少考虑用户参与和体验,即便考虑人的参与,也只是将人物化,看做被动的、机械的对象,而服务型制造系统中用户广泛参与到制造和服务过程中,其展示出丰富的主观能动性,成为系统中的主动资源。这些因素决定了基于传统运筹学的制造系统生产计划与调度运作管理方法不再适应服务型制造系统的新形态,需要新的理论方法。运作管理研究内容十分宽泛,而生产计划与调度是其最基本、最核心及最关键内容,研究顾客参与和体验下服务型制造系统生产计划与调度方法这一关键问题,将构建服务型制造运作管理理论内核。

研究顾客参与和体验为特征的服务与制造混合系统计划调度新问题,主要包括:①研究服务型制造系统中的顾客体验,在考虑顾客时间感知情形下研究不耐烦体验及其建模,以及其他体验及其建模。②服务型制造系统的制造与服务能力协同控制,分别对服务型制造系统建模、服务补充能力协同策略、服务补充能力与库存协同控制优化进行研究。③分析考虑不耐烦的批次服务型制造系统的库存与批次计划问题,首先对批次服务型制造系统建模,然后考虑批次服务型制造系统优化问题,最后提出批次与库存联合优化策略。④服务型制造系统能力管理与调度优化,首先将服务型制造系统建模为生产与服务系统,然后分析提供一种产品和两种产品的生产与服务系统的最优管理策略问题,并通过数值分析对各种策略进行对比。⑤考察不耐烦行为的服务型制造系统性能和能力分配策略的影响。

1.4.4　服务型制造混合供应链管理研究

供应链管理是在经济全球化下,企业依托电子商务广域配置与利于优势资源,聚焦核心竞争力,合作共赢的需要。服务型制造供应链既传递产品又传递服务,同时由于顾客的参与和体验使得供应链的结构和运行规律上出现新的特征。第一,传统供应链以物流管理为核心,物流以实物载体在供应链上传递,而服务型制造供应链中引入了服务流,服务具有无形性,缺乏传递的物质载体,其实质是一种能力的转移。因此,需要提出以能力管理为核心的服务流管理方法。第二,服务的传递势必受顾客参与和体验的影响,而顾客参与和体验的主观性、环境依赖、心理波动导致需求信息获取和传递的随机性、不确定性、动态性,造成了新的需求信息畸变。第三,制造供应链的产品原材料和零部件物流之间通过产品结构和相关性需求来耦合,而服务型制造供应链同时存在实体产品与无形服务的需求,服务流和物流之间通过新的机制来耦合,如基于产品服务系统(PSS)结构,其供应链管理不仅要考虑库存管理与能力管理,还要考虑两者之间协调。因此,服务型制造供应链管理必须要考虑服务流及其与物流的耦合影响,提出新的建模、分析及优化方法。因此,本书拟将服务型制造混合供应链管理作为关键问题之一进行深入研究。

研究混合供应链的建模和运作优化管理问题,包括:①构建系统动力学模型,提出不同的信息共享策略对于混合供应链中牛鞭效应的影响,提出测量混合供应链牛鞭效应的定量指标,给出相应的策略;②顾客参与和体验对需求信息畸变的影响分析及应对策略研究;③用合同协调制造商与服务商的研究;④基于售后服务供应链的设备维护外包的制造商与服务商协调问题;⑤混合供应链企业合作协调机制与利益分配研究;⑥合作提供 PSS 的混合供应链激励问题研究。

1.5　本书框架

本书针对产品与服务融合、顾客参与和体验产生的新问题,研究服务型制造运作机理和运作管理新方法。本书共 12 章,各部分内容如下:第 1 章介绍制造与服务的发展史及服务型制造的内涵,综述服务型制造的国内外研究现状,并在此基础上提出服务型制造研究的四个科学问题。第 2、3 章阐述第一个科学问题——服务型制造的价值形成内涵与价值形成机理、增值机理研究,其中第 2 章为服务型制造的价值形成机理研究,第 3 章为服务型制造价值机理的实证研究。第 4、5 章阐述第二个科学问题——产品服务系统配置问题,其中第 4 章介绍基于本体的产品服务建模与配置,第 5 章介绍客户体验下的产品服务系统配置。第 6、7、8 章阐述第三个科学问题——生产服务系统生产计划与调度方法研究,分别为考虑不耐烦的服务型制造系统的服务能力与库存优化控制、考虑不耐烦的批次服务型制造系统的库存与批次计划优化、生产与服务系统管理研究。第 9、10、11 章阐述第四个科学问题——服务型制造混合供应链管理研究,分别研究顾客参与对混合供应链价值传递机制的影响、顾客参与对混合供应链牛鞭效应的影响以及面向产品服务系统的供应链合同设计。各部分之间逻辑关系如图 1.8 所示。

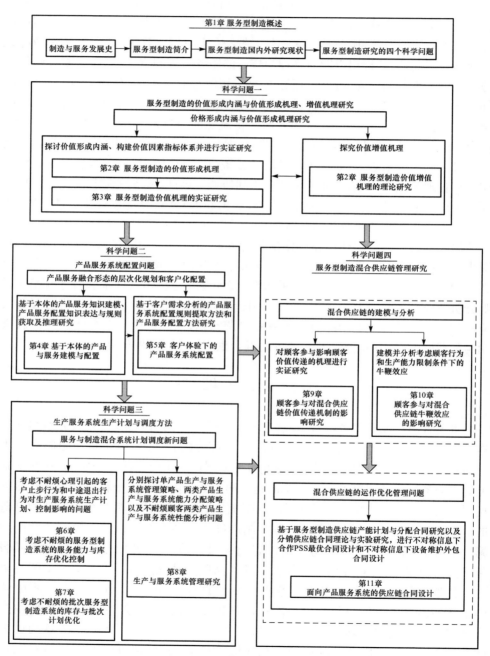

图 1.8　本书研究内容关系图

参 考 文 献

[1]　丹尼斯. 什么是精益：全面掌握丰田生产方式. 北京：中国财政经济出版社，2009.

[2]　黄文，成波，柴宝亭. 丰田管理模式全集. 武汉：武汉大学出版社，2007.

[3]　维克托·R·福克斯. 服务经济学. 许微云，等，译. 北京：商务印书馆，1987.

[4]　Singlemann J. From Agriculture to Services：The Transformation of Industrial Employ-ment. Beverly Hills：Sage Publisher，1978.

[5]　谷永芬，费军伟，李松吉. 长三角都市圈生产性服务业分工必要性研究. 商业研究，2007，(12)：52-55.

[6]　邓于君. 服务业内部结构演变趋势研究. 广州：广州人民出版社，2006.

[7]　Schmenner R W. Howcan service businesses survive and prosper? Sloan Management Re-view，1986，(27)：25.

[8]　Lovelock C H. Classifying services to gain strategic marketing insights. Journal of Market-ing，1983，(47)：12.

[9]　Drucker PE. The future of manufacturing. Interview for Industry，1998，21：9-16.

[10]　孙林岩，高杰，朱春燕，等. 服务型制造：新型的产品模式和制造范式. 中国机械工程，2008，19(21)：2600-2604.

[11]　Drucker P E. The emerging theory of manufacturing. Harvard Business Review，1990，(5-6)：105-120.

[12]　孙林岩，李刚，江志斌，等. 服务型制造模式. 中国机械工程，2007，18(19)：2307-2312.

[13]　何哲，孙林岩，贺竹磬，等. 服务型制造的兴起及其与传统供应链体系的差异. 软科学，2008，(4)：77-81.

[14]　孙林岩. 服务型制造理论与实践. 北京：清华大学出版社，2009.

[15]　王敬荣. 国内外生产性服务业研究述评. 商场现代化，2006，(488)：39，40.

[16]　格鲁伯·沃克. 服务业的增长：原因和影响. 上海：上海三联书店，1993.

[17]　Berger S，Lester R. Made by Hong Kong. Oxford：Oxford University Press，1997.

[18]　Pappas N，Sheehan P. The New Manufacturing：Linkages Between Production and Services Activities，Working for the Future：Technology and Employment in the Global Knowledge Economy. Melbourne：Victoria University Press，1998.

[19]　Carson I. The worldas a single machine. The Economist，1998，11(2)：12-23.

[20]　Garcia M T，McGuire T J. A note on the shift to a service-based economy and the conse-quences for regional growth. Journal of Regional Science. 1998，12 (1)：23-35.

[21]　Quinn J B. Intelligent Enterprise：A Knowledge and Service Based Paradigm for Industry. New York：The Free Press，1992.

[22]　顾乃华，等. 生产性服务业与制造业互动发展：文献综述. 经济学家，2006，(6)：35-41.

[23]　顾乃华，毕斗斗，任旺兵. 中国转型期生产性服务业发展与制造业竞争力关系研究. 中国工业经济，2006，(9)：14-21.

[24]　李刚,孙林岩,高杰. 服务型制造的体系结构与实施. 科研管理,2008,12:45-50.

[25]　周进. 服务型制造在上海三菱电梯的科学实践. 城市建设与商业网点,2009,37(23):276-279.

[26]　Baines T S,Lightfoot H W,Evans S,et al. State-of-the-art in product-service systems. Proceedings of the Institution of Mechanical Engineers,Part B:Journal of Engineering Manufacture,2007,221(10):1543-1552.

[27]　林文进,江志斌,李娜. 服务型制造理论研究综述. 工业工程与管理,2009,(6):1-6,32.

[28]　吴国升,刘建和. 软件产业服务化——互联网环境下软件企业市场定位. 商业研究,2001,(10):156-157.

[29]　宋高歌,黄培清,帅萍. 基于产品服务化的循环经济发展模式研究. 中国工业经济,2005,(5):13-20.

[30]　刘平. 基于产品服务的制造企业战略选择. 江西社会科学,2006,(1):138-140.

[31]　蔺雷,吴贵生. 服务延伸产品差异化:服务增强机制探讨——基于 hotelling 地点模型框架内的理论分析. 数量经济技术经济研究,2005,(8):138-148.

[32]　蔺雷,吴贵生. 制造业的服务增强研究:起源、现状与发展. 科研管理,2006,(1):91-99.

[33]　Krishnamoorthy A,Narayanan V C. Production inventory with service time and vacation to the server. IMA Journal of Management Mathematics,2011,22(1):33-45.

[34]　李刚,孙林岩,李健. 服务型制造的起源、概念和价值创造机理. 科技进步与对策,2009,26(13):68-72.

[35]　Mont O,Tukker A. Product-service systems:Reviewing achievements and refining the research agenda. Journal of Cleaner Production,2006,14(17):1451-1454.

[36]　Tukker A. Eight types of product-service system:Eight ways to sustainability? Experiences from suspronet. Business Strategy and the Environment,2004,13(4):246-260.

[37]　Williams A. Product service systems in the automobile industry:Contribution to system innovation? Journal of Cleaner Production,2007,15(11):1093-1103.

[38]　Gann D M,Salter A J. Innovation in project-based,service-enhanced firms:The construction of complex products and systems. Research Policy,2000,29(7-8):955-972.

[39]　Howells J. Innovation,consumption and services:Encapsulation and the combinatorial role of services. The Service Industries Journal,2004,24(1):19-36.

[40]　Marceau J,Martinez C. Selling solutions:Product-service packages as links between new and old economies. Colindancias Revista De La Red Regional De Hispanistas De Hungr,2013:289-303.

[41]　Movaghar A. Optimal control of parallel queues with impatient customers. Performance Evaluation,2005,60(1-4):327-343.

[42]　Gershwin S B,Tan B,Veatch M H. Production control with backlog-dependent demand. IIE Transactions,2009,41:511-523.

[43]　Veatch M H. The impact of customer impatience on production control. IIE Transactions,2009,41:95-102.

[44] Economopoulos A A,Kouikoglou V S,Grigoroudis E. The base stock/base backlog control policy for a make-to-stock system with impatient customers. IEEE Transactions on Automation Science and Engineering,2011,8(1):243-249.

[45] Viswanadham N,Desai V,Gaonkar R. Bullwhip effect in integrated manufacturing and service networks. Proceedings of the IEEE International Conference on Robotics and Automation,Barcelona,2005:2994-2999.

[46] Kameshwaran S,Viswanadham N,Desai V. Bundling and pricing of product with after-sale services. International Journal of Operational Research,2009,6(1):92-109.

[47] Brax S. A manufacturer becoming service provider—Challenges and a paradox. Managing Service Quality,2005,15(2):142-155.

[48] Baines T S,Lightfoot H W,Benedettini O,et al. The servitization of manufacturing:A review of literature and reflection on future challenges. Journal of Manufacturing Technology Management,2009,20(5):547-567.

[49] Grewal D,Monroe K B,Krishnan R. The effects of price-comparison advertising on buyers' perceptions of acquisition value, transaction value and behavioral intentions. Journal of Marketing,1998,62(2):46-59.

[50] Sheth J N,Newman B L,Gross B L. Why we buy what we buy:A theory of consumption values. Journal of Business Research,1991,22(2):159-170.

[51] Sweeney J C,Soutar G N,Johnson L W. The role of perceived risk in the quality-value relationship:A study in a retail environment. Journal of Retailing,1999,75(1):77-105.

[52] Parasuraman A,Grewal D. The impact of technology on the quality-value-loyalty chain:A research agenda. Journal of the Academy of Marketing Science,2000,28(1):168-174.

[53] Kristina H. Reconceptualizing customer perceived value:The value of time and place. Managing Service Quality,2004,14(2-3):205-215.

[54] Huang S,Zeng S,Fan Y,et al. Optimal service selection and composition for service-oriented manufacturing network. International Journal of Computer Integrated Manufacturing, 2011,24(5):416-430.

[55] Jayanti R K,Ghosh A K. Service value determination:An integrative perspective. Journal of Hospitality & Leisure Marketing,1996,3(4):5-25.

[56] Kashyap R,Bojanic D C. A structural analysis of value,quality,and price perceptions of business and leisure travelers. Journal of Travel Research,2000,39(1):45-51.

[57] Sweeney J C,Soutar G N. Consumer perceived value:The development of a multiple item scale. Journal of Retailing,2001,77(2):203-220.

[58] Brady M K,Cronin J J. Customer orientation:Effects on customer service perceptions and outcome behaviors. Journal of Service Research,2001,3(3):241-251.

[59] Cronin J J,Brady M K,Brand R R,et al. A cross-sectional test of the effect and conceptualization of service value. Journal of Services Marketing,1997,11(6):375-391.

[60] Fornell C A. National customer satisfaction barometer:The Swedish experience. Journal of

Marketing,1992,56(1):6-21.

[61] Chang T Z,Wildt A R. Price,product information,and purchase intention:An empirical study. Journal of the Academy of Marketing Science,1994,22(1):16-27.

[62] Petrick J F. An examination of the relationship between golf travelers' satisfaction,perceived value and loyalty and their intentions to revisit. Clemson:Clemson University, 1999.

[63] Petrick J F,Morais D D,Norman W C. An examination of the determinants of entertainment vacationers' intentions to revisit. Journal of Travel Research,2001,40(1):41-48.

[64] Grisaffe D B,Anand K. Antecedents and consequences of customer value:Testing a expanded framework. Marketing Science Institute Working Paper,Report No. 98-1Q7,1998.

[65] Schwarz M,Sauer C,Daduna H,et al. M/M/1 queueing systems with inventory. Queueing Systems,2006,54(1):55-78.

[66] Berman O,Kaplan E H,Shevishak D G. Deterministic approximations for inventory management at service facilities. IIE Transactions,1993,25(5):98-104.

[67] Yu M,Zhang W,Meier H. Modularization based design for innovative product-related industrial service. IEEE International Conference on Service Operations & Logistics,2008: 48-53.

[68] Heiskala M,Tiihonen J,Soininen T. A conceptual model for configurable services. The Configuration Workshop at IJCAI,2005:1-6.

[69] Cao J,Wang J,LawK,et al. An interactive service customization model. Information and Software Technology,2006,48(4):280-296.

[70] Blackburn J D. Optimal control of a single-server queue with balking and reneging. Management Science,1972,19(3):297-313.

[71] Ward A R,Kumar S. Asymptotically optimal admission control of a queue with impatient customers. Mathematics of Operations Research,2008,33(1):167-202.

[72] Becker J,Beverungen D,Knackstedt R,et al. Configurative service engineering:A rule-based configuration approach for versatile service processes in corrective maintenance. The 42nd Hawaii International Conference on System Sciences,Hawaii,2009:1-10.

[73] Wetzel I,Klischewski R. Serviceflow beyond workflow? It support for managing inter-organizational service processes. Information Systems,2004,29(2):127-145.

[74] Meier H,Massberg W. Life cycle-based service design for innovative business models. CIRP Annals—Manufacturing Technology,2004,53(1):393-396.

[75] Aurich J C,Wolf N,Siener M,et al. Configuration of product-service systems. Journal of Manufacturing Technology Management,2009,20(5):591-605.

[76] Winter R. Mass customization and beyond:Evolution of customer centricity in financial services. Moving into Mass Customization,2002:197-213.

[77] Dausch M,Hsu C. Engineering service products:The case of mass-customising service agreements for heavy equipment industry. International Journal of Services,Technology

and Management,2006,7(1):32-51.

[78]　Berman O,Kim E. Stochastic models for inventory management at service facilities. Communications in Statistics. Stochastic Models,1999,15(4):695-718.

[79]　He Q M,Jewkes E M,Buzacott J. Optimal and near-optimal inventory control policies for a make-to-order inventory-production system. European Journal of Operational Research, 2002,141(1):113-132.

[80]　Berman O,Sapna K P. Optimal service rates of a service facility with perishable inventory items. Naval Research Logistics,2002,49(5):464-482.

[81]　Yadavalli V S S,Sivakumar B,Arivarignan G. Inventory system with renewal demands at service facilities. International Journal of Production Economics,2008,114(1):252-264.

[82]　Wang K,Li N,Jiang Z. Queueing system with impatient customers:A review. Proceedings of IEEE International Conference on Service Operations and Logistics, and Informatics, Qingdao,2010:82-87.

[83]　Ata B,Olsen T L. Near-optimal dynamic lead-time quotation and scheduling under convex-concave customer delay costs. Operations Research,2009,57(3):753-768.

[84]　San Jos L A,Sicilia J,Garc-Laguna J. The lot size-reorder level inventory system with customers impatience functions. Computers & Industrial Engineering,2005,49(3):349-362.

[85]　Toews C,Pentico D W,Drake M J. The deterministic EOQ and EPQ with partial backordering at a rate that is linearly dependent on the time to delivery. International Journal of Production Economics,2011,131(2):643-649.

第2章　服务型制造的价值形成机理

随着市场环境变化,客户对供应商的要求越来越高,不仅表现在对产品质量要求的提升,而且对与产品相关的服务项目,如物流配送、维修维护、回收等也表达了更高的期望。传统的制造模式已经难以满足这样的竞争态势,企业开始将产品与服务项目结合起来以满足客户的要求。在买方市场环境下,客户对产品的期望不只是能够实现期望的功能这类要求,而对产品外观的美观性、性能稳定性、使用便利性等均有期望,营销学中称为顾客感知价值。产品与服务的不同组合方式,使得服务型制造的顾客感知价值表达非常复杂。而且,从生产管理角度讲,服务型制造模式下企业需要和供应商合作,共同实现价值链的传递,才能高效地实现价值创造。本章在回顾服务型制造的价值研究现状基础上,利用案例分析和数据挖掘方法研究服务型制造的价值驱动因素,然后利用价值链理论和系统动力学方法分析这些价值驱动因素之间的影响关系及对服务型制造模式的影响。

2.1　服务型制造的价值内涵

2.1.1　制造、服务与产品层次模型

长期以来,制造业与服务业都被分离对待,这是经济发展到一定阶段后社会化大分工的结果,但世界各国经济发展史表明,两个产业在其发展过程中并不完全相互独立。生产性服务作为一种重要的资源投入,可以促进制造业的产业结构升级和向产业链高端的转移,并且从根本上改变中国制造业大而不强的尴尬局面[1]。现阶段,很多制造企业迫于成本压力,将一些与生产相关程度较低的环节外包,使其内部所提供的服务外部化,促进了服务业部门中生产性服务业的发展[2]。于是,有学者指出,制造业与服务业可以融合发展,表现为相互依赖、相互支持发展的互补性关系[3]。制造企业通过向服务领域延伸,可以增加原有产品的附加值,提高企业收益,同时,利用营销、广告等服务技术,改善企业对市场的反应能力;同样,服务业为了提高生产效率,摆脱过去的小生产方式而逐渐融入更多的工业化生产方式。随着经济发展程度的提高,制造与服务之间彼此依赖的程度会逐步加深,服务渗透到制造企业价值链的各个环节,制造业日益变得"服务密集",任何制造产品的生产都会融入越来越多的服务作为中间投入要素。与此同时,传统意义上的制造与服务之间的边界越来越模糊,两者出现了一定程度的融合[4],制造的服务化和服务的

工业化也越来越成为一种发展趋势。

制造和服务的有机融合,向顾客提供了满足其需求的整体解决方案,帮助顾客实现了价值的最大化,同时获取了企业利益。它不再是单一实体产品(汽车)或者核心服务(安全的航空飞行服务)等,而是关注顾客的动态需求,在更大范围上提供全面的需求(图 2.1),或者是产品与服务的结合体。图 2.1 中,核心产品代表产品的核心利益;有形产品代表附加诸多特性,如质量水平、特性、风格、品牌名称及包装的核心产品;附加产品代表附加了服务的有形产品,即消费者购买有形产品时获得的全部附加服务和利益。如安装、传递和信用、担保服务以及售后维修服务等;核心服务代表服务企业向顾客提供的主要内容,它体现了企业最基本的功能;便利性服务代表为让顾客使用核心服务而附加的服务,它具有方便核心服务使用的作用,离开了便利性服务,顾客就无法得到核心服务,因此它是必需的,例如,航空公司的订票服务,即为了使顾客便捷使用其核心的航空运输服务而开展的便利性服务;支持性服务的作用是增加服务的价值或者使企业的服务同其他竞争者的服务区分开,经常被企业作为一种差别化战略来使用。

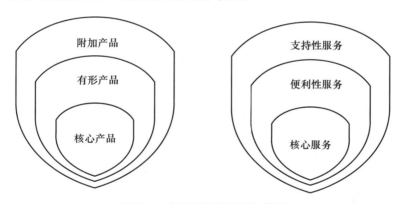

图 2.1　产品与服务的层次模型

图 2.1 是在科特勒(Philip Kotler)的产品层次模型基础上改进得到的。通过科特勒的产品层次模型可以清楚理解传统的制造与服务概念之间的区别与联系[5]。大约在 20 世纪 80 年代之前,人们认为产品仅是有形的物品,即产品的实体部分代表了它的全部含义,这种对产品概念完全"物化"的理解仅仅反映了消费者对产品需求最初始和表面的认识,或者说是从生产者的角度去认识和理解产品,已被公认是片面的和不准确的。1988 年,科特勒提出了一个产品的三层结构理论。该理论认为,任何一种产品都可被分为三个层次:核心利益(core benefit),即使用价值或效用;有形产品(form product),包括式样、品牌、名称、包装等;附加产品(extra product),即附加服务或利益,这三个层次是相互联系的有机整体。科特勒产品的三层次结构理论较好地反映了消费需求的多层面性,特别是解释了消费需

求的动机,以及实体产品与服务的不可分割性。1994 年,科特勒将产品概念的内涵由三层次结构说扩展为五层次结构说,即包括核心利益(core benefit)、一般产品(generic product)、期望产品(expected product)、扩大产品(augmented product)和潜在产品(potential product)。

　　商品(实体产品或者服务)并不是静态的实物,而是一个内涵丰富、动态和有生命的概念,它所产生的效用和价值以及对效用和价值的判断是不断变化的。五层次结构理论能完整地解释消费者选购和消费产品的全部心理过程,即如何从“核心利益”向“潜在产品”逐层扩展。具体而言,消费者选购和消费产品,首先必须有能够满足其自身需要的使用价值,即产品的核心利益(core benefit);其次才是寻求具备这些使用价值的实物形态,这就是所谓的一般产品(generic product);再次在寻找和选购过程中,逐步形成对该产品属性和功能的认知和心理要求,这就是所谓的期望产品(expected product),这也可以理解为对“核心利益”和“一般产品”的感知和要求,如产品属性要求、价格要求、使用性要求和保质期要求等。在景点景物的游览活动中,游客对旅游产品的满意度评价,常是用出发之前心理认知的“期望产品”与实际观赏之后的“一般产品”进行比较,如果一般产品高于期望产品就产生消费者满意,反之则产生消费者抱怨。但是,在现代产品设计日趋完善和消费市场由卖方市场向买方市场转化的趋势下,消费者在寻求和选购产品的过程中,还会发现产品带有超出自身期望的附加利益,这就是所谓的扩大产品(augmented prod-uct)。例如,在商店和经销商处购买产品,可能会有价格折扣、礼品包装和礼遇服务等;在某些景区景点组团旅游的过程中,团体旅游会有价格折扣、免费导游和馈赠纪念品等服务。最后,在购买并消费已选定产品时,还会发现具有购销双方未曾发现的效用和使用价值,这就是所谓的潜在产品(potential product)。

　　由此看来,产品并不是局限于有形实体的物品,它包括了与此相关的商业服务、文化内涵和消费者体验;它并不是一个僵死而固定的概念,包含了在产品购销过程中的全部意义,即从核心利益、期望产品到一般产品,从一般产品到扩大产品和潜在产品的转化过程,直到购买之后的消费活动,产品的效用和消费价值仍在发生变化。三层次结构说是对产品的静态描述,侧重于企业和生产者对产品的主导作用,注重核心利益、形式产品和附加产品的分析,缺乏面向市场和客户的经营意识,忽视了消费者对产品需求和选购的根本决定权,因而也不可能对产品有动态解释。五层次结构理论从全新的角度去分析产品,强调消费者选购和使用对产品的决定性,具有面向市场和客户的意识,从产品的使用和消费过程进行分析,揭示了效用构成和价值实现的动态性。

　　因此,企业应该摒弃传统的制造与服务的形式化约束,通过加强与顾客的联系获取顾客动态的真实的需求并为其提供合适的解决方案,通过帮助顾客实现价值提升而获得自己的价值回报。

2.1.2　服务型制造价值研究回顾

伴随制造业与服务业的融合理论发展,一种新的理论——服务型制造的研究成为一个新的热点,代表了全球行业未来 20 年的一个重要发展方向[6,7]。在国内,赵晓雷指出服务型制造是指生产与服务相结合的制造业产业形态,是世界先进制造业发展的新模式[8]。孙林岩、江志斌等对服务型制造进行了概念综述[9,10]。在国外,各国学者围绕着服务和制造的融合开展了更为丰富的研究,分别提出了产品服务化[11]、产品服务系统[12]、服务增强[13]、面向服务的产品[14]、产品-服务包[15]等各种新的概念。例如,Gann 和 Salter 探讨了知识经济环境下制造业的发展道路问题,并对服务增强的宏观表现、微观机理及模式等作了定性研究[13];Howells 提出制造企业将有形产品和相关服务捆绑在一起形成一个"包"或在不同时间段将服务附加在产品上进行销售[16]。应该说通过开展服务型制造来提高制造企业利润需要多方面的配合,对于当前面临困境的制造业,积极向服务型制造转变最好的方式便是开展依托于产品的服务,延长价值链以寻找新的利润增长点。

自从 1966 年美国经济学家 Greenfield 提出生产者服务业(producer services)的概念后,几十年间,众多学者从服务型制造对国民经济的促进作用、生产性服务和制造业的互动关系,以及服务型制造的产业形态等进行了持续研究。Pappas 等首次提出服务加强(service enhancement)和服务型制造,强调服务业在发达国家中逐渐兴起的趋势,并对服务型制造对企业、顾客和自然环境的影响机理进行了分析[17,18]。Tukker 按照服务内容在服务型制造中占比从低到高将服务型制造系统分为面向产品的服务型制造系统、面向使用的服务型制造系统和面向结果的服务型制造系统[19]。Jegou[20]指出至少有八种服务型制造模式。这八种服务型制造模式在经济特征和环境特征上存在显著差异,其中经济特征包括对需求方的有形或无形价值、供给方的有形成本和危险溢价、投资收益期望、供给方在价值链中的位置等,环境特征包括产品使用率提高、鼓励供需双方的可持续发展行为等减少对环境冲击的机制,不同的经济特征和环境特征就表示不同形态的服务型制造系统。Morelli[21]认为服务型制造系统是"社会构造"和"人+文化+技术产品"的网络,他提出设计服务型制造系统应关注产生凝聚力的催化因素,包括界定网络中的成员、确定服务型制造模式场景、成员角色、动作序列,定义逻辑和组织结构,确定服务型制造系统中各组成要素的表达方式,如物理元素、逻辑联系和次序等。Wu 等[22]总结了服务型制造模式的开发过程并提出了一个概念模型。Romero-Hernandez 等统筹考虑多方面因素[23]。他从工程设计、环境效应和物流规划方面出发实现面向产品全生命周期的最优设计并提出了相应的计算机辅助工程架构。Tan 等总结了七大服务型制造系统特征[24],他通过总结设计思路提出了收益来源、所有权转移时间等作为战略特征。张祥和陈荣秋提出了顾客参与链模型并对参与链的相关增值活动、方法以及所产生的独特竞争力进行了论述[25]。Aurich 等提出了对服务型制造系统进行全生命周期管理的设计思路和实施步骤[26]。这些研究定性地描述了服务型制造系统的主要特征和设计思路,但没有提炼出影响服务型制造系统价值的核心要素集合,使其在实际设计中较难把握。

服务与产品的最大不同是顾客直接感受服务的作用和效果,因此要定量研究服务收益,必须定量考虑顾客对于服务的感受,"顾客感知价值"便是对这种感受的一种研究。这个名词存在多种表述方式,归纳起来不外乎"效用观点"、"理性观点"以及"经验观点"等三种类型[27]。Zeithaml[28]认为顾客感知价值包括四个方面的含义,即低价格、从产品中所获得的效用、价格和质量的权衡、付出后的获利。Woodruff[29]认为,顾客价值是顾客与产品或服务之间互动的结果,强调顾客价值的经验性,他认为顾客价值是顾客在特定的使用情境中对产品属性、产品功效以及使用结果三个方面达成其目标和意图的感知偏好及评价。

综观国外顾客感知价值文献,关于顾客感知价值的特点,多数学者强调其个性化和动态性。Bolton 和 Drew[30]认为不同的货币付出、非货币付出、评价参考框架以及不同的顾客品位、特征都会影响到顾客感知价值。Thaler[31]认为感知价值是由交易效用与获得效用构成的。与之相应,有学者将顾客感知价值分为获得价值和交易价值,其中,获得价值是顾客对消费过程中与获得产品或服务有关的净所得的感知。关于顾客感知价值的测量,最常见的方法是从总体上利用单维度、单一项目量表来测度顾客价值[30]。利用多个维度,使用多题项量表来衡量顾客感知价值,如 Grewal 等[32]从获得价值和交易价值两个维度出发,发展出 12 个题项价值量表来度量自行车顾客感知价值,Sweeney 和 Soutar[33]将顾客感知价值分为情感价值、社会价值、功能性价值(包括价格和质量两个方面效用)等维度,发展出包括19 个题项的价值量表测度耐用品顾客感知价值等。在服务表现、定价等方面进行定量研究时必须要考虑顾客感知价值。

1. 顾客感知价值定义

从顾客感知价值理论的提出到研究的兴起,不同学者对顾客感知价值给出了不同的定义。这里对过去 30 多年国内外学者关于顾客感知价值定义的研究进行回顾与总结,如表 2.1 所示。

表 2.1　顾客感知价值定义

学者	顾客感知价值的定义
Porter[34]	顾客感知价值是买方感知性能与购买成本的一种权衡
Zeithaml[28]	顾客感知价值是顾客对感知到的利益与其在获取产品或服务时所付出的成本进行权衡后对产品或服务效用的评价

续表

学者	顾客感知价值的定义
Zeithaml,Parasurama,Berry[35]	顾客感知价值是顾客基于所得与所失的感知对产品效用所做的总体评价
Monroe[36]	顾客感知价值是感知利得与感知利失的比值
Andeson,Jain,Chintagunta[37]	顾客感知价值是购买方企业参照可选供应商的产品和价格,对某一产品为其带来以货币单位计量的经济、技术、服务和社会利益中的感知溢价
Chang,Wildt[38]	顾客感知价值是顾客从购买的产品中所获得的价值与所要付出的所有成本的"净收益"
Wodruff,Gardial[39]	顾客感知价值是期望属性与利失属性间的权衡结果
Flint,Woodruff,Gardial[40]	顾客感知价值是在一个具体的使用情景下,顾客对给定的所有相关利益和付出权衡后,对供应商为他们创造的价值的评估
董大海等[41]	顾客感知价值是顾客在购买和使用某一个产品的整个过程中所获得的效用与所付出的成本的比较,简单概括为 $V=U/C$,式中 U 为顾客得到的效用,C 为购买付出的成本,V 为顾客价值
Gronroos[42]	感知价值=核心价值±附加价值
Ulaga,Chacour[43]	顾客感知价值是在具体使用情形下,顾客组织中的关键决策者参照竞争产品对其供应商所提供的产品的多重利得与利失的权衡
马玉波、陈荣秋[44]	产品/服务价值是指企业在产品和服务中创造、传送的功能、效用被普遍顾客感知、认可、接受的程度;它是以产品/服务客观性能为基础的主观认定,对大多顾客有客观收益,同时又是主观认知的结果
刘合友、冷明月[45]	顾客感知价值是指不同的顾客对企业提供的产品或服务所具有价值的主观认知,是顾客感知所得与感知付出比较的结果,通过功能价值、情感价值和社会价值体现出来
刘文波[46]	顾客感知价值是在购买、使用和消费产品/服务的过程之中,顾客基于对感知利得(感知收益)和感知利失(感知成本)的权衡而形成的对产品或服务效用的总体评价

以上定义中的感知利得是指在产品购买和使用中产品的物理属性、服务属性、可获得的技术支持等;感知利失包括购买者在采购时所面临的全部成本,如购买价格、获得成本、运输、安装、订购、维护修理以及维护与供应商的关系所耗费的精力和时间等。

仔细研究可以发现这些定义有以下几个突出的共同特点:①多数学者都认可顾客感知价值的核心是感知利得与感知利失(或称感知成本)之间的权衡,也有少数人认为感知价值就是感知利得;②随着定义的不断演变与完善,感知利得与感知利失的内涵越来越全面,利得不仅仅包括产品或服务的质量,利失也不仅仅包括产品或服务的价格;③顾客感知价值紧密联系于产品或服务的使用,是在特定的使用情景下产生的;④顾客的感知价值具有主观性,由顾客而非供应商决定,因此顾客感知价值也可称为顾客价值;⑤价值的测量性是其自身的特点,也就是说价值与我们对满意的理解一样,它应是人们对事物比较的一种反应,这种比较是自发的。

2. 顾客感知价值的维度

在对顾客感知价值进行定义的同时,许多学者还对顾客感知价值所包含的维度进行了探讨,并根据自己的研究结果提出各自的观点。这里对近 30 年国内外学者关于顾客感知价值维度的观点和研究进行回顾与总结,如表 2.2 所示。

表 2.2　顾客感知价值维度

学者	顾客感知价值的维度
Sheth,Gross,Newman[47]	任何产品或服务所提供的价值无外乎就是以下几种价值的组合:功能性价值、社会性价值、情感性价值、认知价值和情景价值
Bruns[48]	结合顾客评价过程,把顾客价值分为产品价值、使用价值、占有价值和全部价值
Holbrook[49]	提出体验观点,强调在功利性要求之外,顾客在消费过程所得到的象征、愉悦和美感等体验也十分重要,顾客是通过功利和体验两方面来进行价值判断的
Parasuraman,Grewal[50]	顾客感知价值主要由产品质量、服务质量和价格等因素构成
Chandon[51]	功利主义价值主要是帮助消费者追求最大化效益、提高效率以及节省金钱、时间成本等;而享乐主义价值主要是提供内在刺激、娱乐以及自我尊重等
Rust[52]	顾客价值有三个驱动因素,即一般价值、品牌价值和关系价值。其中一般价值驱动因素由质量、方便程度和价格构成;品牌价值驱动因素由顾客品牌意识、顾客品牌认同以及顾客品牌忠诚等构成;关系价值驱动因素由情感联系、情感氛围和转移成本等构成
Sweeney,Soutar[33]	顾客感知价值具有情感价值、社会价值、功能性价格价值和功能性质量价值四个维度
Barnes[53]	顾客感知价值驱动因素包括:产品价格价值、便利价值、以选择为基础的价值、以员工为基础的价值、信息价值、关联价值、功能价值、关系价值、特别顾客价值、惊喜价值、社区价值、记忆价值和体验价值
Huber[54]	产品或服务蕴涵的潜在风险是顾客感知价值的新维度
Woodruff,Flint[55]	顾客感知价值包含感知价值和期望价值。感知价值是具体产品使用中感受到的价值,期望价值是顾客渴望得到的价值
马云峰、郭新有[56]	产品价值、品牌价值和关系价值对顾客价值有驱动作用,并提出顾客价值驱动因素和亚因素的概念

学者	顾客感知价值的维度
郑立明[57]	依据产品或服务与其供给者的依附程度,整理和归纳顾客感知价值的驱动因素,总结出三类因素:与产品相关的价值因素、与品牌形象相关的价值因素和与传递相关的价值因素
Wang,Lo,Chi[58]	顾客感知价值包含五个维度,分别是社会价值、情感价值、功能价值、认知价值和感知牺牲
杨晓燕、周懿瑾[59]	以绿色化妆品为例,通过探索性因子研究,提出顾客感知价值,包括功能价值、情感价值、社会价值、绿色价值和感知付出五个维度

虽然不同的学者基于不同行业、不同研究目的对顾客感知价值的维度持不同观点,有些学者从价值类别出发认为顾客感知价值应该包含功能价值、情感价值、社会价值等价值类别,也有学者从产品给顾客提供的收益角度出发认为顾客感知价值包含与产品相关的价值要素、与品牌形象相关的价值要素和与传递相关的价值要素,但他们都认同顾客感知价值包含多个维度。因此,本部分在后继的研究中将通过实证研究确定产品服务系统的顾客感知价值所包含的维度。

3. 顾客参与对消费者感知价值的影响

产品服务系统作为一种新的产品形式,不仅其本身具有物理产品和服务的双重特性,而且生产商在运作模式上也发生着改变。为了使产品服务系统能够很好地满足顾客的需求,提高顾客对产品服务系统的价值感知,很多企业积极鼓励顾客参与到产品的生产、销售和维护过程等环节。然而对于顾客参与是否有利于企业发展,不同学者的研究结论存在一定的差异。先前学者的研究主要集中于服务业,关于顾客参与是否有利于制造企业开展产品服务系统制造营销模式的研究,尤其是实证研究,几乎还是空白的。当前顾客参与对价值的影响研究包含如下内容。

1) 顾客参与的定义

关于顾客参与,很多学者基于自身的研究视角和研究目的对顾客参与的概念进行了界定,其中国外学者的研究相对较多,国内学者的研究较少。目前,国内外学术界对于顾客参与尚未形成统一的定义。通过梳理现有文献发现,对顾客参与概念的定义或描述主要有两类。

一类是从行为角度来描述顾客参与,认为顾客参与是与服务的生产和传递相关的顾客行为。例如,Silpakit 和 Fisk[60]用顾客"精神上"、"智力上"、"实体上"以及"情感上"的具体行为和投入来描述顾客参与;刘文波和陈荣秋[61]认为,顾客参与是指顾客在购买和消费产品和服务的过程中,在情感、认知、行为和精力等方面的付出。另一类是从结果或状态的角度来定义顾客参与,强调顾客在参与过程中所扮演的角色、作用和贡献。例如,Gruen 等[62]认为顾客参与衡量的是顾客在企业中的贡献程度,以使用企业的产品、服务或者活动的频度高低来反映顾客在服务中的贡献程度;Namasivayam[63]认为顾客参与是指在生产过程中的顾客角色,不论服务还是有形产品。表2.3总结了过去学者对顾客参与的定义。

表2.3 顾客参与的定义

角度	学者	顾客参与的定义与描述
从行为角度定义	Silpakit,Fisk[60]	顾客参与是顾客的一些具体行为,包括顾客在"精神上"、"智力上"、"实体上"以及"情感上"的努力和投入
	Kelly,Donnelly,Skinner[64]	顾客参与行为可通过获取服务相关信息或发挥实质的努力等形式表现
	Dabholkar[65]	顾客参与是顾客卷入到服务的生产与传递过程中的程度,涉及被动地涉入服务传递过程以及主动地合作生产服务产品
	File,Judd,Prince[66]	顾客参与是指行为的类型和水平,通过这些行为顾客明确自己在服务传递过程中的角色和他们期望的价值
	Cermak,File,Prince[67]	顾客参与是顾客的特定行为,反映顾客的实际行为涉入
	Lee[68]	顾客参与指服务提供过程中,顾客承担决策责任和努力程度上体现出来的合作程度
	Claycomb,Lengnick-Hall,Inks[69]	顾客参与指通过服务顾客自己或与共同服务的人员合作,顾客实际涉入以帮助创造服务价值
	Rodie 和 Kleine[70],Anitsal[71]	顾客参与是在服务的产生或传递过程中,顾客提供的活动或资源,包含心理上、身体上,甚至是情感上的付出
	张祥[72]	顾客参与可以引申为顾客和企业在互动过程中的实体参与和信息交流,既包括顾客参与到企业的运作活动中,又包括企业主动接触顾客,以共同创造价值
	Auh[73],Etgar[74]	顾客参与是顾客在服务过程中的实际配合行为
	Fang,Palmatier,Evans[75]	新产品开发中顾客参与是顾客在新产品开发过程中行为涉入的深度和宽度
	Payne,Storbacka,Frow[76]	顾客参与是一种合作生产,共同创造的行为
	刘文波、陈荣秋[61]	顾客参与是指顾客在购买和消费产品和服务的过程中,在情感、认知、行为和精力等方面的付出
	崔嘉琛[77]	顾客参与表示顾客(包括个人或企业)和企业在互动过程中所发生的实体接触,信息与人际关系上的交流等行为
	耿先锋[78]	顾客参与是指在服务过程中顾客所有与服务相关的行为总和

续表

角度	学者	顾客参与的定义与描述
从结果或状态的角度定义	Gruen,Summers,Actio[62]	顾客参与衡量的是顾客在企业中的贡献程度,以使用企业的产品、服务或者活动的频度高低来反映顾客在服务中的贡献程度
	Claycomb,Lengnick-Hall,Inks[69]	顾客参与不仅是顾客在服务中的表现行为,更多的是他们在服务中所担任的角色和所发挥的作用
	Namasivayam[63]	顾客参与是指在生产过程中的顾客角色,不论服务还是有形产品
	Lloyd[79]	顾客参与是顾客在服务过程中做出的所有贡献,最终会影响他们所接受的服务和服务质量

虽然不同的学者基于自己的研究目的对顾客参与做出了不同的定义,但从表
2.3(表达方式保持一致)可以看出,大部分的学者把顾客参与作为一种行为来进行
定义,本研究同意这种观点。本书中顾客参与是指顾客为了更好地做出产品购买
选择和最大限度地享受产品效用而做出的努力行为,包括顾客单方面的努力以及
顾客与企业间的互动行为。

2) 顾客参与的维度

对于顾客参与的内涵,学者也已经进行了比较深入的研究。不过,对于顾客参
与的具体维度或构成顾客参与的具体要素,目前学术界仍然没有达成共识。学者
具体的研究成果经总结整理,如表 2.4 所示。

表 2.4　顾客参与的维度

学者	顾客参与的维度
Silpakit,Fisk[60]	顾客参与可分为精神方面的投入(顾客在信息和心智上所做的努力)、体力方面的投入(包括有形实物和无形的体能劳力)和情绪方面的投入(顾客所投入的感情)三个维度
Kellogg,Youngdahl,Bowen[80]	依照一般服务产品的生产流程,从服务前的准备,服务中的交流和关系建立,到最后服务传递中的信息反馈,将顾客参与划分为事前准备、建立关系、信息交换行为、干涉行为四个维度
Bettencourt[81]	顾客在服务中扮演着赞助者、人力资源与企业顾问三种角色,并会依据不同的角色而产生三种自愿性表现行为:忠诚、合作行为和信息分享
Kellogg,Youngdahl,Bowen[80]	顾客参与包含三个维度:接触时间、接近程度和信息
Ennew,Binks[82]	通过主成分分析表明,顾客参与可以划分为信息分享、人际互动和责任行为三个维度
Claycomb,Lengnick-Hall,Inks[69]	顾客参与可以划分为三个维度:出席、信息提供和共同生产

学者	顾客参与的维度
Lloyd[79]	顾客参与可以划分为工作认知、付出努力和搜寻信息三个维度
Hsieh,Yen,Chin[83]	服务传递过程中,顾客会以四种形式参与到服务过程中:时间、努力程度、信息供应和共同制造
易英[84]	顾客参与可划分为工作认知、搜寻信息、付出努力、人际互动四个维度
陈荣秋、朱俊[85]	顾客参与应是顾客全方位参与、全过程参与和最有价值顾客的终生参与
彭艳君、景奉杰[86]	顾客参与量表可分为事前准备、信息交流、合作行为、人际互动四个维度

从表 2.4 中可以看出,关于顾客参与的维度划分存在异同。差异的原因在于他们是从不同的角度进行描述,按照不同的标准和角度将顾客参与划分为不同的维度。另外,导致顾客参与维度划分不同的另一个重要原因是学者以不同的行业为背景进行实证研究,因此得到的顾客参与维度也不同。顾客在不同时间段的参与行为存在一定的差异,如在购买产品前顾客参与行为主要是搜寻跟该类产品相关的信息,在购买产品时顾客参与行为主要是与企业员工之间的信息交流和产品体验,而在购买产品后的服务阶段顾客参与行为主要是与企业员工的信息交流和人际互动。

因此,本书将顾客参与划分为搜寻信息、信息交流、产品体验、人际互动四个维度。其中,搜寻信息指顾客在购买产品前对产品和服务信息的搜寻行为;信息交流指顾客在购买和使用产品或服务的过程中将自己的需求等信息与企业进行交流的行为;产品体验指顾客在购买产品前对企业的产品或服务进行体验,以了解企业的产品或服务进而帮助顾客做出正确的产品选购行为;人际互动指在购买和使用产品过程中与企业进行的互动行为,如接触过程中表现出的支持、信任、合作等行为。

3) 顾客参与的影响

由于顾客参与是顾客为了更好地做出产品购买选择和最大限度地享受产品效用而做出的努力行为,包括顾客单方面的努力以及顾客与企业间的互动行为,它涉及产品的生产过程、销售过程和售后服务过程。因此,顾客参与必定会给企业带来一系列的影响。国内外的学者对顾客参与是否会对服务质量、顾客满意度和顾客感知价值造成影响进行了研究,其中国内针对顾客参与的研究起步较晚,大都局限于介绍国外研究成果和对该理论的初步探讨。表 2.5 总结了过去学者对顾客参与对服务质量、顾客满意度和顾客感知价值造成影响的研究。

表 2.5　顾客参与对服务质量、顾客满意度和顾客感知价值的影响

	关系	学者	影响
顾客参与对服务质量的影响	正相关	Kelly,Donnelly,Skinner[64]	在服务业中,由于在服务传递前,顾客被要求以分享信息或付出精力的方式参与其中,因而信息和精力的付出会影响顾客对服务质量的评价
		Bowers,Martin,Luker[87]	将顾客视为企业的"临时员工",认为可以通过顾客工作、训练顾客执行工作和奖励顾客三个步骤来提高顾客的参与程度,前两个步骤使得顾客明晰自己在服务过程中该做什么及如何去做,因此会在很大程度上影响参与的效果,进而影响服务质量感知
		File,Judd,Prince[66]	顾客参与会对服务质量产生积极影响
		Cermak,File,Prince[67]	对法律和金融类顾客进行研究,发现顾客参与和服务质量呈正相关关系
		Bettencourt[81]	由于顾客经常为自己感知的服务质量付出努力,顾客参与和感知服务质量是正相关关系
		Bitner,Faranda,Hubbert[88]	顾客参与对服务质量会产生积极影响
		Ennew,Binks[82]	服务传递结果取决于顾客和服务提供者的行为,顾客的积极参与让服务提供者更加了解自身的需求和环境,顾客因此也获得更加适合自身需求的服务和更好的服务质量,并对英国的银行与小型企业进行实证研究,实证结果支持了顾客参与和服务质量是正相关关系的结论
		范秀成、张彤宇[89]	顾客参与会提高服务质量、顾客满意,同时会降低服务获取成本
	负相关或不显著	Silpakit,Fisk[60]	由于服务质量是对服务提供者表现的一种衡量,而顾客参与使得顾客感知到的服务绝大多数是由自身完成的,因而使得顾客参与和服务质量呈现一种负相关的关系
		Lloyd[79]	通过对旅游和电话银行两个行业的实证研究对比发现,顾客参与和服务质量呈负相关关系
顾客参与对顾客满意或顾客感知价值的影响	正相关	Bateson[90],Mills 和 Morris[91]	顾客参与和顾客满意的增加有关
		Kelly,Donnelly,Skinner[64]	发现在银行交易行为中,顾客投入程度与满意程度呈正相关关系
		Reicheld,Sasser[92]	顾客参与对顾客满意度和忠诚度均有显著贡献
		Cermak,File,Prince[67]	通过实证研究发现顾客参与和满意度存在正相关关系
		Kellogg,Youngdahl,Bowen[80]	顾客参与本质上是追求其自身满意过程,通过实证研究发现事前准备、建立关系和信息交换与满意度呈正相关关系

	关系	学者	影响
顾客参与对顾客满意或顾客感知价值的影响	正相关	Raaij,Pruyn[93]	顾客参与可以带来控制感感知的增加,控制感上升则责任上升,由此带来满意度增加
		Ennew,Binks[82]	顾客实际参与服务的生产过程,对于服务也就有更实际、正确的预期,有助于缩小服务质量期望和认知的差异,达成顾客满意
		望海军、汪涛[94]	探讨了顾客参与、感知控制与顾客满意的关系,关注感知控制在顾客参与和顾客满意关系中所发挥的作用,认为顾客参与水平越高,顾客的控制感知水平越高,则获得更高的满意度
		刘文波、陈荣秋[61]	顾客的适度和有效参与可以增强顾客对产品的价值感知,减少产品获取成本
		Li,Xu[95]	通过对房地产行业的实证研究发现顾客参与对顾客满意度起到积极的促进作用
		Xu,Zhao[96]	顾客参与对顾客感知电子服务质量起促进作用,可以提高顾客的满意度
		Fang,Palmatier,Evans[75]	通过对不同行业的 188 个生产者进行数据分析,发现顾客参与通过加强信息共享和顾客-供应商协作,可以提高新产品开发效率,从而影响新产品价值
		Ouschan,Sweeney,Johnson[97]	顾客参与可以给顾客带来价值,从而使顾客更满意
		Ramani,Kumar[98]	参与基金投资选择的顾客会获得更高的满意度
	负相关或不显著	File,Judd,Prince[66]	对 23 家法律机构使用财产规划服务的顾客进行调查,研究结果表明顾客参与和满意度间的关系不显著
		Claycomb,Lengnick-Hall,Inks[69]	顾客参与和服务质量正相关,而与顾客满意度间的关系不确定
		Bendapudi,Leone[99]	在合作生产状态下,自我服务偏见会影响顾客对服务满意度的归因,在这种额外心理机制的影响下,当服务结果比预期好时,顾客参与对满意度有消极影响;当服务结果比预期差时,顾客参与对满意度不会产生影响
		Yen,Gwinner,Su[100]	基于公平理论,从服务失败的角度对顾客参与和顾客满意的关系进行了研究,认为随着参与程度的提高,顾客在参与活动中的投入和付出也随之增加,因而高参与度的顾客会将服务失误的责任更多地归因于服务提供者,也就是说,对高参与度的顾客来说,服务失败会加剧这类顾客对组织的不满意度

从表 2.5 可以看出,学者在顾客参与对质量和满意度的影响是正相关还是负相关的问题上的看法存在一定的差异,但大部分学者的观点还是支持顾客参与可以提高企业服务质量和顾客满意度。但是,产品服务系统作为一种新的产品形式,不同于从前的纯物理产品或纯服务产品,没有学者对顾客参与是否能够提高顾客对产品服务系统顾客感知价值进行过研究,但是企业要想在市场上取得竞争优势,这又是一个必须解决的问题。因此,本部分(第 2 和 3 章)将探讨顾客参与对产品服务系统顾客感知价值的影响。

综上所述,目前价值研究大部分仍然是制造业与服务业分开的独立分析,缺少关于服务型制造的价值内涵研究。该领域内已知的研究大都为宏观方面的经济学分析或者行业分析,这些研究成果对传统企业的服务转型缺乏足够的实际指导作用。因此,本书致力于探究制造业的服务转型过程中,顾客参与对相关利益方价值传递及增值的影响。

2.2　服务型制造价值指标体系研究框架

2.2.1　价值因素驱动的服务型制造类型分析

服务型制造的一些属性,如服务强度、服务对象、产品与服务的融合深度、产品所有权是否转移等会影响系统的价值,任何一个属性的变化都会造成整个系统价值的改变。因此,服务型制造价值影响因素的构成及通过价值因素数据驱动模型预测系统价值是企业在设计和改善服务型制造系统时需要解决的重要问题。目前对服务型制造系统配置和价值机理的研究处于定性描述阶段,提出了部分关键系统配置因素和系统结构,定量研究了局部系统的环境效益或经济效益,但未形成系统配置和系统价值之间的量化分析方法。针对服务型制造系统涉及顾客、生产商、环境等多种实体,关联关系难以明确界定的特点,本节把企业效益、顾客效益和社会效益作为整体,融合产品和服务,以描述样本数据特征为准则,依对象的输入/输出数据建立定量数据驱动模型,挖掘和学习服务型制造系统内部规律,分析和预测系统配置价值,进而可以通过该模型得到价值因素组合而成的不同服务型制造类型。

1. 辅助价值因素分析

Tan 等[24]通过总结设计思路提出服务型制造的七大战略特征,包括收益来源、所有权转移时间、使用期的责任、生命周期内管理的活动、产品的易得性、收益延伸和经济价值来源。通过为七大特征选取不同情境就能描述一个特定的服务型制造系统,但是特征之间存在明显的不独立现象,如收益来源和经济价值来源相关联,收益延伸也可以通过所有权转移时间、使用期的责任和生命周期内管理的活动联合推导得出。结合 Morelli[21] 的"人＋文化＋技术产品"社会网络的理念,本节提出服务型制造价值的数据驱动模型辅助变量有:产品基础功能 v_1、服务质量 v_2、产品自身对服务的适应性 v_3、使用期企业承担的责任 v_4、产品所有权的转移时间 v_5、企业在产品的全生命周期中管理的活动 v_6、顾客需要时广义产品的易得性 v_7、顾客的受益来源 v_8、顾客的参与程度 v_9 和服务环境 v_{10}。

由于数据驱动建模需要直接输入数据,对于新设计的或已有的服务型制造系统,本节将根据 Delphi 专家意见法对上述辅助变量以比例尺度量化。

产品基础功能指服务型制造的基础产品的核心性能,报废时为 0,全体最优为 5,其余情况在 $(0,5)$ 取值。服务质量由直接接触顾客的各种服务是否舒适、贴心决定,可分为质量好(1,表示量化后的值,下同)、无所谓(0)和质量差(-1)。产品自身对服务的适应性会影响产品和服务融合的效果,有些产品在某些情况下可能不适合附加服务。例如,对该行业的经营发展有很大的负面作用或者产品和服务不能较好地融合,据此把产品自身对服务的适应性定量为:适合(1)、没影响(0)和不适合(-1)。产品生产出来后企业可能在所有权通过出售等方式转移给顾客或经销商,企业可以快速回笼资金并规避很多风险,如库存资金占用和价格波动风险,但是也会遇到顾客购买意愿不强、销售不畅的问题。而且,如果企业较早将产品所有权转移出去,企业将失去后端服务的高额利润,也没有意愿从全生命周期考虑企业盈利模式和社会效益,容易造成社会资源浪费的现象,即影响了系统价值中的社会价值。所有权转移时间越早,企业需要承担的社会责任越小,产品全生命周期的设计价值越小,企业参与后续流程优化的意愿越低,系统社会价值越小。令原材料生成的时间为 0,之后按照原材料采购到厂→开始加工→包装→出厂→运至经销商→至第一批顾客、第二批顾客→……→报废的顺序依次加 1 作为产品所有权的转移时间轴。一旦产品的所有权转移出去,顾客的受益来源通常情况下也就确定了,包括拥有物理产品(1)、使用产品(2)和使用产品的结果(3)。同时,所有权的转移时间也关系到使用期企业承担的责任,在所有权转移之前,企业承担全部的责任(1),转移出去以后,企业可能承担安装(2)、安装维护(3)或安装维护并回收(4)的责任。企业在产品的全生命周期中管理的活动有公司配置产品(1)、采购和安装(2)、公司管理运营和维护(3)、公司管理升级(4)、公司管理继续改善(5),这和企业承担的责任有很强的相关性。产品和服务的融合深度无法直接测量,但是可以由所有权的转移时间和企业在产品的全生命周期中管理的活动间接获得。无论使用期企业不承担保管和维护责任并且已经转移了所有权的情况下(卖车),还是在使用期企业承担保管和维护责任并且尚未转移所有权的情况下(如惠普打印服务),广义产品都可能在顾客手上,因此顾客需要时广义产品的易得性不可以由所有权转移时间与使用期企业承担的责任间接确定。顾客的受益范围延伸本质上是由顾客的受益来源和使用期企业承担的责任决定的,因此不列为辅助变量。由于服务型制造具有一定的服务属性,顾客参与会影响其感知到的价值和满意度,因此顾客参与的程度是重要的辅助变量,分为消极参与(1)、无参与(2)、低度参与(3)、中度参与(4)和高度参与(5)。服务环境包括顾客和社会对服务型制造模式的看法、政府政策的支持引导等内容,有时直接关系到服务型制造的可行与否,因此认定是辅助变量,分为有利(1)、无影响(0)和不利(-1)。

因此,本节提出服务型制造价值的数据驱动模型辅助变量有:产品功能 v_1、服务质量 v_2、产品自身对服务的适应性 v_3、服务环境 v_4、使用期企业承担的责任 v_5、产品所有权的转移时间 v_6、企业在产品的全生命周期中管理的活动 v_7、顾客需要时广义产品的易得性 v_8、顾客受益来源 v_9 和顾客参与程度 v_{10}。根据 Delphi 专家意见法对上述辅助变量以比例尺度量化,如表 2.6 所示。

表 2.6　辅助价值因素定量对应表

指标	1	2	3	4	5	文献来源
v_1	非常差	较差	中等	较好	非常好	Tan 等[24]
v_2	非常差	一般差	无所谓	一般好	非常好	
v_3	非常不适合	一般不适合	无影响	一般适合	非常适合	
v_4	非常不利	一般不利	无影响	一般有利	非常有利	
v_5	安装	安装维护	全权运营	—	—	Morelli[21]
v_6	原材料	生产完成	新品上市	使用较短时间后	使用较长时间后	
v_7	配置	配置安装	配置安装运营	配置安装运营维护	配置安装运营维护再制造	
v_8	在公司	在顾客和公司中间	在公司和第三方之间	在第三方	在顾客	
v_9	拥有	使用	使用的结果			
v_{10}	深度负参与	中度负参与	无参与	中度正参与	深度正参与	林文进等[101]

以某汽车厂商为例说明该模型的计算过程,它希望开拓电动汽车租赁市场,满足顾客的用车需求,同时为保护环境做出贡献,顾客、企业和社会价值是其关键因素。采用基于 LS-SVM 的方法建立电动汽车租赁的数据驱动模型,可以预测新设计的电动汽车租赁系统价值并优化。组织一个企业界人士、顾客和社会相关方构成的服务型制造专家小组,其中各方的人数都是 20 人。电动汽车租赁作为一种服务型制造模式,不同品牌型号的电动汽车就有不同的续航里程、最高时速等基础功能,其所在的国家不同就面临不同的税收政策、顾客习惯等服务环境;同样,其余辅助变量也会因为企业、社会和顾客的具体情况而在不同的电动汽车租赁系统中有所不同。记电动汽车租赁系统为 S,每一个具体的电动汽车租赁系统 S_i 在 10 个辅

助变量维度上随机取值 $v_{i1},v_{i2},\cdots,v_{i9},v_{i10}$,其价值为 F_i。按品牌、国别、企业技术实力等类别确定 10 个电动汽车租赁系统样本($S_1,S_2,S_3,S_4,S_5,S_6,S_7,S_8,S_9,S_{10}$),用 Delphi 专家意见法为每个系统确定电动汽车产品功能 v_1、服务质量 v_2、产品自身对服务的适应性 v_3、服务环境 v_4、使用期企业承担的责任 v_5、产品所有权的转移时间 v_6、企业在产品的全生命周期中管理的活动 v_7、顾客需要时广义产品的易得性 v_8、顾客受益来源 v_9 和顾客参与程度 v_{10} 的值,如表 2.7 所示。其中,$S_1\sim S_{10}$ 的价值由专家确定作为实际值;$S_{11}\sim S_{20}$ 的价值由专家确定实际值,由模型计算预测值;$S_{21}\sim S_{25}$ 的价值由模型计算预测值。

表 2.7　电动汽车租赁系统数据驱动数据表

指标	S_1	S_2	S_3	S_4	S_5	S_6	...	S_{21}	S_{22}	S_{23}	S_{24}	S_{25}
电动汽车基础功能 v_1	2	2	3	3	4	4	...	4	4	4	4	4
服务质量 v_2	1	2	3	4	5	4	...	4	4	4	4	1
电动汽车对服务的适应性 v_3	1	2	3	4	5	1	...	4	4	4	4	4
服务环境 v_4	1	2	3	4	5	2	...	2	3	4	4	4
使用期企业承担的责任 v_5	1	2	2	2	3	4	...	2	2	2	2	2
电动汽车所有权的转移时间 v_6	4	4	4	4	4	4	...	4	4	4	4	4
企业在电动汽车全生命周期中管理的活动 v_7	3	3	4	4	4	3	...	4	4	4	4	4
顾客需要时广义产品的易得性 v_8	1	2	3	4	5	2	...	4	4	4	5	5
顾客的受益来源 v_9	2	2	3	3	3	2	...	2	2	2	2	3
顾客的参与程度 v_{10}	1	2	3	4	5	1	...	1	2	3	4	1
电动汽车租赁系统的价值 F	65	70	76	73	83	60	...	F_{21}	F_{22}	F_{23}	F_{24}	F_{25}

2. 系统价值分析

服务型制造系统的价值体现在企业效益,顾客和社会利益[92]。本书邀请企业界、顾客和社会相关方的代表对服务型制造系统进行满意度打分,以满意度得分表示该服务型制造系统价值的经济价值、顾客价值和社会价值。令企业界的满意度为 I_{Ei},顾客群的满意度为 I_{Ci},社会的满意度为 I_{Si},其中 $I_{Ei},I_{Ci},I_{Si}\in[0,100]$,$i=1,2,\cdots,n$。令企业价值、顾客价值和社会价值分别为 f_1,f_2,f_3,其在总价值中的权重相应为 w_i,$i=1,2,3$,则服务型制造系统的价值为

$$F=w_1 f_1+w_2 f_2+w_3 f_3=\frac{w_1}{n}\sum_{i=1}^{n}I_{Ei}+\frac{w_2}{n}\sum_{i=1}^{n}I_{Ci}+\frac{w_3}{n}\sum_{i=1}^{n}I_{Si} \quad (2.1)$$

在电动汽车租赁系统的研究中,专家小组中的企业界人士、顾客和社会相关方分别对样本 $S_1,S_2,S_3,S_4,S_5,S_6,S_7,S_8,S_9,S_{10}$ 进行满意度打分,得分均值为相应的满意度 I_{Eij}、I_{Cij} 和 I_{Sij}。取 $w_1=0.2,w_2=0.4,w_3=0.4$,则电动汽车租赁系统 S_i

的价值是

$$F_i = \frac{1}{100} \sum_{j=1}^{20} I_{Eij} + \frac{1}{50} \sum_{j=1}^{20} I_{Cij} + \frac{1}{50} \sum_{j=1}^{20} I_{Sij} \tag{2.2}$$

3. 计算过程

对以上确定的辅助变量 $v_1, v_2, v_3, v_4, v_5, v_6, v_7, v_8, v_9, v_{10}$ 和 F 的值进行归一化处理,将其变换为均值为 0,方差为 1 的数据集。选取训练集合 $\{x_k, y_k\}_{k=1}^n$,其中 $x_k \in \mathbf{R}^d, y_k \in \mathbf{R}, d$ 为辅助变量的个数。由于 LS-SVM 在小样本下也有较好的泛化能力[89],所以本节使用 LS-SVM 为服务型制造系统建立数据驱动模型。

采用式(2.1)的函数对模型函数进行估计

$$f(x) = \mathbf{W}^{\mathrm{T}} \boldsymbol{\phi}(x_k) + b, \quad \mathbf{W} \in \mathbf{R}^{d_n}, b \in \mathbf{R} \tag{2.3}$$

根据问题求解目标和结构化风险最小为原则,式(2.3)需要满足下面两个条件:

$$\begin{cases} | y_k - \mathbf{W}^{\mathrm{T}} \boldsymbol{\phi}(x_k) + b | \leqslant \varepsilon \\ \min J = \frac{1}{2} \mathbf{W}^{\mathrm{T}} \mathbf{W} \end{cases} \tag{2.4}$$

采用 LS-VSM 的方法即定义误差损失函数为误差的二次项 e_k^2,上述问题可以表述为在空间 $\mathbf{W}$ 内,有

$$\min J(\mathbf{W}, \boldsymbol{e}) = \frac{1}{2} \mathbf{W}^{\mathrm{T}} \mathbf{W} + \frac{1}{2} \gamma \sum_{i=1}^n e_k^2 \tag{2.5}$$

$$\text{s. t.} \quad y_k = \mathbf{W}^{\mathrm{T}} \boldsymbol{\phi}(x_k) + b + e_k, \quad k = 1, 2, \cdots, n$$

式中,γ 为误差惩罚因子,用 Lagrange 方法求解上述优化问题,定义 Lagrange 函数如下:

$$L(\omega, \gamma, \boldsymbol{e}, \boldsymbol{a}, b) = \frac{1}{2} \mathbf{W}^{\mathrm{T}} \mathbf{W} + \frac{1}{2} \gamma \sum_{i=1}^n e_k^2 + a_k (\mathbf{W}^{\mathrm{T}} \boldsymbol{\phi}(x_k) + b + e_k) \tag{2.6}$$

其中,$a_k (k=1, 2, \cdots, n)$ 为 Lagrange 乘子。

上述问题归结为二次规划问题,令 $\frac{\partial L}{\partial e_k}=0, \frac{\partial L}{\partial \mathbf{W}}=0, \frac{\partial L}{\partial a_k}=0, \frac{\partial L}{\partial b}=0$,消除 $\mathbf{W}, \boldsymbol{e}$,有

$$\begin{bmatrix} \mathbf{0} & \boldsymbol{l}^{\mathrm{T}} \\ \boldsymbol{l} & \boldsymbol{\Omega} + \frac{1}{\gamma} \boldsymbol{I} \end{bmatrix} \begin{Bmatrix} b \\ \boldsymbol{a} \end{Bmatrix} = \begin{Bmatrix} 0 \\ \boldsymbol{y} \end{Bmatrix} \tag{2.7}$$

式中

$$\boldsymbol{y} = [y_1, \cdots, y_n]; \quad \boldsymbol{I} = [1, 1, 1, \cdots, 1]; \quad \boldsymbol{a} = [a_1, \cdots, a_n];$$
$$\Omega_{kl} = \boldsymbol{\phi}(x_k)^{\mathrm{T}} \boldsymbol{\phi}(x_l), \quad k = 1, 2, \cdots, n$$

定义核函数 $k(x_k, x_l) = \boldsymbol{\phi}(x_k)^{\mathrm{T}} \boldsymbol{\phi}(x_l), k(x_k, x_l)$ 为满足 Mercer 条件的任意对称函数,则该数据驱动模型表达为

$$y(x) = \sum_{k=1}^{n} a_k k(x, x_k) + b \tag{2.8}$$

本节采用径向基核函数（RBF），形式为

$$k(x_k, x_l) = \exp\left(\frac{\| x_k - x_l \|}{2\delta^2}\right) \tag{2.9}$$

模型误差取决于惩罚系数 γ 和 δ 的值，分别定义 S 中总的误差项和最大误差项为

$$e_1 = \sum_{i=1}^{l} e_i^2 = \sum_{i=1}^{l} \left[y_i - \left(\sum_{k=1}^{n} a_k k(x_i, x_k) + b \right) \right]^2 \tag{2.10}$$

$$e_2 = \max \left[y_i - \left(\sum_{k=1}^{n} a_k k(x_i, x_k) + b \right) \right]^2, \quad i = 1, 2, \cdots, l \tag{2.11}$$

选择最终误差评价函数

$$e(\gamma, \sigma) = \min(e_1 + \eta e_2) \tag{2.12}$$

选择 $\eta=1$，在参数区间内搜索满足式(2.12)的惩罚系数 γ 和 δ 宽度值，则 $y(x)$ 的输出值即为对服务型制造系统价值的预测值。

通过归一化处理将辅助变量值变换为均值为 0，方差为 1 的数据集，联合 S_1，$S_2, \cdots, S_{10}$ 的价值数建立式(2.8)的数据驱动模型。

4. 结果说明

确定 10 个新电动汽车租赁系统 $(S_{11}, S_{12}, \cdots, S_{20})$，并采集其辅助变量和价值值 $(v_{i,1}, v_{i,2}, \cdots, v_{i,9}, v_{i,10}, F_i)$，其中 $i = 11, 12, \cdots, 20$。从 $S_{11}, S_{12}, \cdots, S_{20}$ 对应的 10 组数据中选择 5 组用于求式(2.11)的误差评价函数，确定 γ 和 δ 参数，得 $\gamma = 0.5$ 和 $\delta = 0.8$。用 MATLAB 的 LS-SVMlab 工具箱编程，计算得到 a, b 的值分别为

$$\boldsymbol{a} = [-2.6, -1.8, -3.1, -1.1, -3.0, -0.7, 2.6, 1.8, 17.4, 5.4]$$
$$b = 19.4587$$

则采用上述参数建立的数据驱动模型为 $y(x) = \sum_{k=1}^{n} a_k k(x, x_k) + b$。

图 2.2 为表 2.7 配置的电动汽车租赁 $S_1, \cdots, S_{20}$ 的实际系统价值和 $S_{11}, \cdots$，S_{25} 根据 LS-SVM 得到的系统价值输出值。其中，$S_1, \cdots, S_{10}$ 的系统价值实际值用于训练模型，$S_{11}, \cdots, S_{15}$ 的系统价值实际值和模型输出值用于求使误差评价函数最小的边界参数，$S_{16}, \cdots, S_{20}$ 的系统价值实际值和模型输出值用于验证所提模型的误差。由此可见，用 LS-SVM 模型可以比较准确地预测电动汽车租赁系统的价值水平。S_{21} 的价值水平为 70，如果新服务型制造系统的设计指标是"价值水平＞65"，则 S_{21} 对应的设计方案符合设计要求。$S_{21}, \cdots, S_{24}$ 的价值逐渐递增，表明 S_{22} 的设计配置可以实现比 S_{21} 更高的系统价值，即 S_{22} 是 S_{21} 的一个优化方案；同理，S_{24} 更是

S_{21}的优化方案。

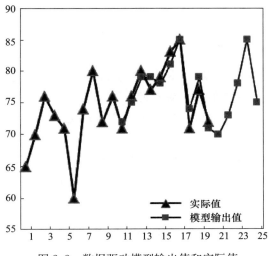

图 2.2　数据驱动模型输出值和实际值

　　本节基于产品功能、服务质量、产品自身对服务的适应性、服务环境、使用期企业承担的责任、产品所有权的转移时间、企业在产品的全生命周期中管理的活动、顾客需要时广义产品的易得性、顾客受益来源和顾客参与程度作为辅助变量的服务型制造系统配置方法,建立基于 LS-SVM 的服务型制造价值数据驱动模型,构建服务型制造系统配置和系统价值的量化因果机制,解决了设计和优化服务型制造系统时难以量化判断系统方案价值水平的问题和服务型制造分类依据问题,例如,以产品所有权是否转移区分,服务型制造可以分为:所有权转移后提供服务支持的产品延伸服务类型(面向产品的产品服务系统)和所有权不发生转移的面向服务的产品服务系统,后一大类包括面向过程和面向结果两类产品服务系统。

2.2.2　服务型制造的价值链分析

　　服务型制造使得企业的价值环节增多,价值体系更加复杂,为清晰分析其价值链各环节,本节以电动车租赁系统为例,应用系统动力学理论,从企业价值、顾客价值和社会价值来衡量评价服务型制造。在广泛查阅关于企业价值、顾客价值和社会价值模型构建文献的基础上,分析服务型制造系统中企业价值、社会价值、客户价值等的组成因素。因果关系图能表明要素之间存在的因果关系,且这种因果关系均可以传递。在详细分析服务型制造价值结构的基础上,以电动汽车租赁为对象绘制系统动力因果关系图,先从企业价值、社会价值、客户价值三个角度来绘制电动车租赁的因果关系图,再绘制综合三个角度的整体因果关系图。之后再根据具体情况综合因果关系图进行进一步修改和扩充,将许多实际的因素纳入考虑范围。因果关系图可以清晰描述价值因素并理解各个变量之间相互影响的机理。

1. 社会价值角度的因果图

对于社会角度的可持续发展,本节主要关注点在于其环境价值,并据此定义两个指标:一个是使用了电动车之后对资源的节约;另一个是使用了电动车之后,机动车尾气排放物的减少,两个指标都是侧重于使用电动车相对于使用机动车的减少量。

图 2.3 表明,用车需求会使租赁电动车的需求上升,减少使用其他交通工具的使用,这两方面都会引起汽油能耗减少量的增加,同时也增加了废气排放减少量,从两方面增加环境价值。

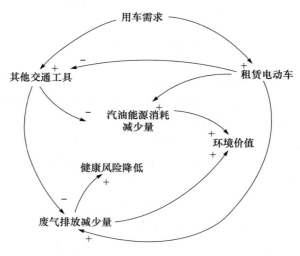

图 2.3　社会价值角度的因果图

2. 顾客价值角度的因果图

关于顾客价值,本节参照相关参考文献,将顾客价值定义为:顾客基于顾客参与、购买、使用以及售后服务过程形成的感知得失的比较,对产品综合效用能够满足客户需求的程度以及为了获得这些产品效用所付出的成本的综合评价。服务型制造系统中的顾客价值形成过程是复杂的,但归根结底是受服务型制造系统的产品质量、服务质量、价格和非货币型成本这四个基本因素的影响。

顾客参与指的是顾客为了更加了解产品的属性、表达自己的需求从而获得更好的产品效用而主动参与到企业的生产经营中去,因此导致顾客和企业之间经常性的互动,并且顾客的需求会对企业的经营策略和生产计划的制定产生很大影响。本节选取顾客参与中对顾客价值影响较大的充电耗时、透漏计划、推荐网点、过程互联、停车服务、租赁便利性、服务成本、租赁单价这些影响因素。又因为服务型制造系统中的顾客价值归根结底是受服务型制造系统的产品质量、服务质量、价格和非货币型成本这四个基本因素的影响,所以将过程互联、停车服务以及租赁便利性归结为服务质量,服务成本和租金归结为租赁单价。此外,又考虑到电动车是刚发展起来的新兴产业,其基础设施还不够完善,因此基础设施的完善程度也会影响顾客对于电动车使用的满意度。顾客价值角度的因果图如图 2.4 所示。

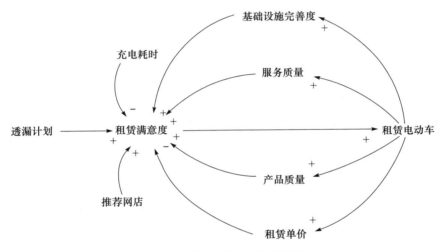

图 2.4　顾客价值角度的因果图

租赁电动车产业的蓬勃发展会增加基础设施完善度、租赁行业的服务质量、电动车产品质量,同时也会增加租赁单价。基础设施完善度、租赁行业的服务质量、电动车产品质量的提升会提升租赁满意度,但是租赁单价的提升和充电耗时会降低顾客满意度。租赁行业提供透漏计划,向顾客推荐网点也能提高顾客满意度。最终,顾客满意度的提高将促进电动车租赁行业的进一步发展。

3. 企业价值角度的因果图

用车需求会增加电动车租赁量,增加电动车保有量,保有量的增加会增加汽油能耗的减少量以及废气排放的减少量,这两个减少量的增加会使企业声誉上升,从而积累企业价值。电动车的租赁也会带来租赁收入,增加利润,从而增加企业价值。另外,电动车租赁的增加也会增加服务成本和折旧费用,降低利润,造成企业价值的减少。企业价值角度的因果图如图 2.5 所示。

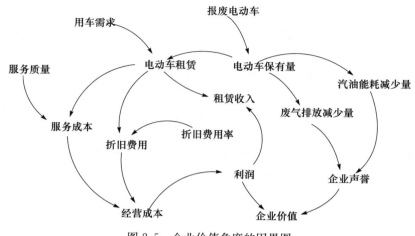

图 2.5　企业价值角度的因果图

4. 电动汽车租赁综合因果图

在这一步中三个角度的部分因果关系图被整合成为最终的因果关系图。在部分因果关系图交叉变量以及它们关系的基础之上，新的变量以及关系用以加入整合这三个部分因果关系图。三个角度之间的关系已有很多文献进行了研究。图 2.6显示了文献中用以揭示服务型制造可持续性三个角度联系因果关系图的一般模型。根据已经定义的服务型制造可持续性每一维度的指标，引入的联系可以由参数和因果关系确定。

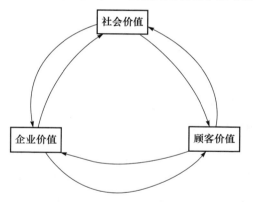

图 2.6　综合因果关系图一般模型

根据一般模型的结合案例以及上文中绘制出的三个角度的因果关系图，来绘制电动车租赁的综合因果关系图，同时要开始仔细考虑建立系统动力学流图可能需要的补充。

从企业方面来讲，由于系统动力学流图需要考虑很多实际的因素，因此会比只用抽象概念来表达系统的因果关系图复杂许多，也会多出很多因果关系图中所未考虑到但也是必要的因素。考虑到本系统主要关心的是电动车租赁的系统，而其他交通工具系统也像电动车租赁系统一样复杂，因此不将其他交通工具列入考察范围，但单单是租赁又没有考虑到竞争的关系，而且本系统突出考虑的是服务对于服务型制造增值情况的研究，综合以上因素，本系统考虑了电动车租赁与电动车销售这两个具有竞争关系的电动车供应方式。

从社会方面来讲,由于废气排放中有许多污染物,本节只选择排放量最大的两个有害化学物质 CO 与 CO_2 作为主要研究对象来研究使用电动车之后的废气排放减少量,并且选择 CO 作为废气排放物中对人体危害较大的污染物。单位废气排放减少量由 CO 平均排放因子、CO_2 平均排放因子和一辆车平均行驶公里来决定,废气排放减少量由单位废气排放减少量和电动车保有量的乘积决定。汽油能耗减少量由汽车每百公里耗油量、平均行驶公里和电动车保有量的乘积确定。健康风险降低由 CO 平均排放因子、平均行驶公里和电动车保有量的乘积决定。

从顾客方面来讲,会有两种获得电动车使用权的模式,一种是租车,而另一种是买车。将两种模式下的顾客满意度进行比较,顾客会选择满意度较高的那种方式来获得电动车的使用权,同时,顾客价值也就取租赁满意度和购买满意度之间较高的值。顾客价值的提升会促进用车需求,同时从宏观的角度来看,用车需求也与中国 GDP、总人口数这些因素相关。

最后,考虑到增长的极限,当电动车保有量达到一定数量的时候,道路的限制便会体现出来,因此引入道路承载能力这个概念,将会抑制住电动车保有量的无限增长,最终电动车保有量将会稳定在一个均衡状态。图 2.7 是最终的综合因果图。

通过因果关系图,可以分析服务型制造价值链的影响关系,围绕顾客价值有四个反馈回路,表明顾客价值会影响用车需求,继而影响电动车保有量,再会降低健康风险。

(1)顾客价值→用车需求→电动车销售→电动车保有量→健康风险降低→购买满意度。

(2)顾客价值→用车需求→电动车销售→电动车保有量→健康风险降低→租赁满意度。

(3)顾客价值→用车需求→电动车租赁→电动车保有量→健康风险降低→购买满意度。

(4)顾客价值→用车需求→电动车租赁→电动车保有量→健康风险降低→租赁满意度。

(5)顾客价值→用车需求→电动车销售→报废电动车→电动车保有量→健康风险降低→购买满意度。

(6)顾客价值→用车需求→电动车销售→报废电动车→电动车保有量→健康风险降低→租赁满意度。

(7)顾客价值→用车需求→电动车租赁→报废电动车→电动车保有量→健康风险降低→购买满意度。

(8)顾客价值→用车需求→电动车租赁→报废电动车→电动车保有量→健康

风险降低→租赁满意度。

　　围绕电动车租赁有 17 个反馈回路,表明电动车保有量会降低健康风险,继而增加顾客价值,促进用车需求,再次促进电动车行业的发展;同时电动车的发展也会受到承载能力的限制,产生负反馈。

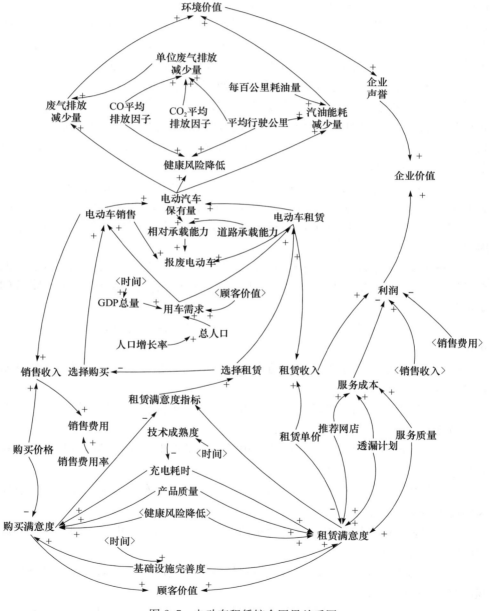

图 2.7　电动车租赁综合因果关系图

（1）电动车保有量→相对承载能力→报废电动车。

（2）电动车保有量→健康风险降低→购买满意度→顾客价值→用车需求→电动车销售。

（3）电动车保有量→健康风险降低→购买满意度→顾客价值→用车需求→电动车租赁。

（4）电动车保有量→健康风险降低→租赁满意度→顾客价值→用车需求→电动车销售。

（5）电动车保有量→健康风险降低→购买满意度→租赁满意度指标→选择租赁→电动车租赁。

（6）电动车保有量→健康风险降低→租赁满意度→顾客价值→用车需求→电动车租赁。

（7）电动车保有量→健康风险降低→租赁满意度→租赁满意度指标→选择租赁→电动车租赁。

（8）电动车保有量→健康风险降低→购买满意度→顾客价值→用车需求→电动车销售→报废电动车。

（9）电动车保有量→健康风险降低→购买满意度→顾客价值→用车需求→电动车租赁→报废电动车。

（10）电动车保有量→健康风险降低→租赁满意度→顾客价值→用车需求→电动车销售→报废电动车。

（11）电动车保有量→健康风险降低→购买满意度→租赁满意度指标→选择租赁→电动车租赁→报废电动车。

（12）电动车保有量→健康风险降低→租赁满意度→顾客价值→用车需求→电动车租赁→报废电动车。

（13）电动车保有量→健康风险降低→租赁满意度→租赁满意度指标→选择租赁→电动车租赁→报废电动车。

（14）电动车保有量→健康风险降低→购买满意度→租赁满意度指标→选择租赁→选择购买→电动车销售。

（15）电动车保有量→健康风险降低→租赁满意度→租赁满意度指标→选择租赁→选择购买→电动车销售。

（16）电动车保有量→健康风险降低→购买满意度→租赁满意度指标→选择租赁→选择购买→电动车销售→报废电动车。

（17）电动车保有量→健康风险降低→租赁满意度→租赁满意度指标→选择租赁→选择购买→电动车销售→报废电动车。

电动汽车租赁模式下的全部有关用车需求的反馈回路如下。

（1）用车需求→电动车销售→电动车保有量→健康风险降低→购买满意度→

顾客价值。

（2）用车需求→电动车销售→电动车保有量→健康风险降低→租赁满意度→顾客价值。

（3）用车需求→电动车租赁→电动车保有量→健康风险降低→购买满意度→顾客价值。

（4）用车需求→电动车租赁→电动车保有量→健康风险降低→租赁满意度→顾客价值。

（5）用车需求→电动车销售→报废电动车→电动车保有量→健康风险降低→购买满意度→顾客价值。

（6）用车需求→电动车租赁→报废电动车→电动车保有量→健康风险降低→租赁满意度→顾客价值。

（7）用车需求→电动车租赁→报废电动车→电动车保有量→健康风险降低→购买满意度→顾客价值。

（8）用车需求→电动车租赁→报废电动车→电动车保有量→健康风险降低→租赁满意度→顾客价值。

关于相对承载能力有一个因果回路，相对承载能力上升之后会增加报废电动车的速率，进而将电动车保有量稳定在承载极限范围之内：相对承载能力→报废电动车→电动车保有量。

另有关于健康风险降低的 16 个因果回路，关于报废电动车的 9 个因果回路等，此处不再赘述。

5. 电动汽车租赁系统量化分析

建立因果关系图之后，为了更加精确地了解各价值因素之间的关系，继续使用系统动力学理论中的流图建立量化仿真模型，定量化描述价值因素之间的影响。本系统中包括电动车保有量、所有者权益、充电设施资产三个水平变量，它们均按照系统运行时间以其变化速率进行积分。其中，电动车保有量每年净增量为每年新增租赁电动车与每年新增销售电动车再减去报废车辆。所有者权益通过经营业务利润累计而成，每年增加速率为利润；总人口随着每年的增长而积累，将每年人口出生率与死亡率合并成年增长率，降低系统复杂度。系统流图如图 2.8 所示。

本节首先进行模型的稳定性检验，模型检验合格之后，又利用该模型预测了今后 20 年电动车租赁系统顾客价值、企业价值和环境价值等的发展趋势，最后深入研究顾客价值与企业价值之间的传递效率。对不同的推荐网点水平、透漏计划、服务质量和产品质量对企业、环境、顾客带来不同的影响进行对比分析，发现在电动车租赁服务水平为零的情况下，会降低顾客价值，造成租赁顾客的流失，进而降低环境价值和企业价值。

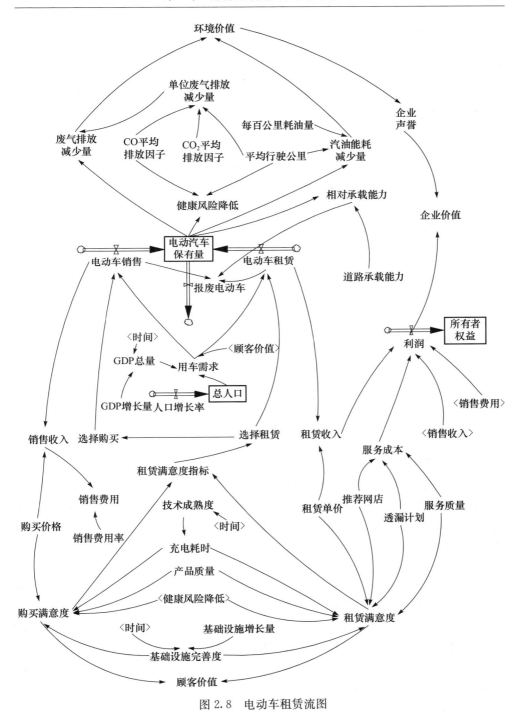

图 2.8　电动车租赁流图

1）模型稳定性检验

对模型选取不同时间步进行仿真,时间步＝0.25 代表每季度仿真一次,时间步＝0.5 代表每半年仿真一次,时间步＝1 代表每年仿真一次,结果如图 2.9 所示。比较三种情况下的顾客价值,可看出结果基本稳定,模型的结果没有对积分运算间隔的选择很敏感,因此本节构建的电动车租赁模型具有积分间隔变动不敏感性,通过了模型稳定性检验。

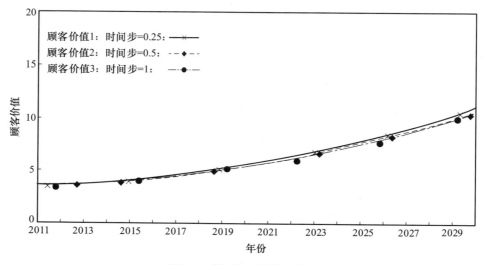

图 2.9   模型稳定性检验结果

2）数据预测

必须强调,本模型注重的是对服务型制造发展变化趋势与特性的研究,尽管设计的模型能够同时从趋势与规模上对电动车行业的发展行为进行大致的把握,但是不能进行精确的数据预测。对于全中国范围的电动车租赁系统预测结果如图 2.10～图 2.15 所示。

3）政策分析

对电动车租赁系统发展的一个政策研究,主要考察在有关电动车租赁的各个变量之间的变化会如何影响顾客对于租赁或购买的选择,以及提高电动车租赁服务和产品的质量会如何影响电动车保有量。在电动车租赁的系统动力学模型的基础上,考察加强服务中的推荐网点、透漏计划和服务质量三个指标对顾客价值、企业价值的影响以及产品质量这个属性对于顾客价值、企业价值的影响。保持其余变量不变,调整推荐网点、透漏计划、服务质量和产品质量这四个输入变量,形成表 2.8 所示的 8 个不同方案,运行系统 20 年,查看输出结果,如表 2.9 和表 2.10 所示。

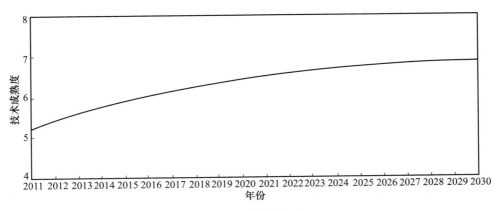

图 2.10　技术成熟度

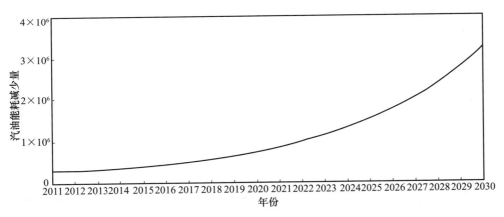

图 2.11　汽油能耗减少量

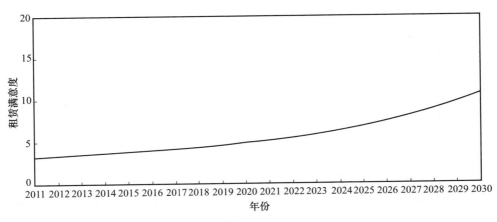

图 2.12　租赁满意度

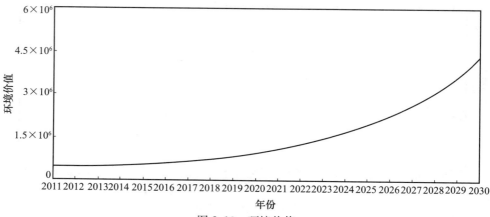

图 2.13　环境价值

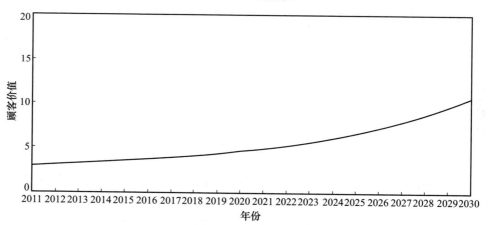

图 2.14　顾客价值

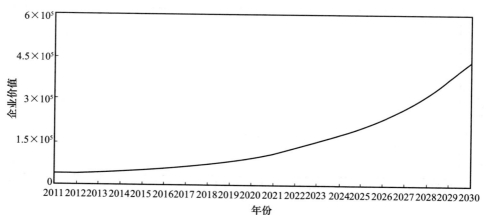

图 2.15　企业价值

表 2.8　仿真方案表

序号	推荐网点	透漏计划	服务质量	产品质量
1	10	10	10	15
2	15	10	10	15
3	10	15	10	15
4	10	10	15	15
5	10	10	10	20
6	10	10	10	10
7	5	5	5	15
8	0	0	0	15

表 2.9　顾客价值

年份	方案							
	1	2	3	4	5	6	7	8
2011	3.26	3.46	3.56	3.76	3.76	2.76	2.26	1.46
2012	3.34	3.54	3.64	3.84	3.84	2.84	2.34	1.54
2013	3.45	3.66	3.76	3.96	3.96	2.95	2.45	1.64
2014	3.59	3.80	3.90	4.11	4.11	3.08	2.57	1.75
2015	3.75	3.96	4.07	4.28	4.28	3.23	2.71	1.87
2016	3.94	4.15	4.26	4.47	4.47	3.40	2.87	2.01
2017	4.14	4.36	4.47	4.69	4.69	3.59	3.05	2.15
2018	4.38	4.60	4.72	4.94	4.94	3.81	3.24	2.31
2019	4.64	4.87	4.99	5.22	5.22	4.05	3.47	2.49
2020	4.93	5.18	5.30	5.54	5.54	4.32	3.71	2.67
2021	5.26	5.52	5.65	5.90	5.90	4.63	3.99	2.88
2022	5.57	5.84	5.98	6.24	6.24	4.91	4.24	3.04
2023	5.92	6.20	6.35	6.63	6.63	5.22	4.51	3.22
2024	6.32	6.61	6.76	7.06	7.06	5.57	4.82	3.41
2025	6.77	7.08	7.24	7.56	7.56	5.97	5.17	3.62
2026	7.28	7.62	7.79	8.13	8.13	6.43	5.58	3.86
2027	7.95	8.32	8.50	8.87	8.87	7.02	6.10	4.16
2028	8.73	9.13	9.34	9.74	9.74	7.72	6.71	4.51
2029	9.65	10.10	10.32	10.76	10.76	8.54	7.43	4.91
2030	10.75	11.24	11.49	11.98	11.98	9.52	8.28	5.37

表 2.10　企业价值

年份	方案							
	1	2	3	4	5	6	7	8
2011	41808	41814	41819	41830	41835	41781	41769	41718
2012	41845	41853	41859	41872	41877	41813	41796	41732
2013	43970	44090	44152	44277	44282	43657	43359	42842

续表

年份	方案							
	1	2	3	4	5	6	7	8
2014	47480	47777	47928	48231	48236	46724	45984	44689
2015	52238	52767	53034	53568	53573	50902	49582	47191
2016	58358	59177	59590	60414	60419	56296	54249	50393
2017	65990	67165	67755	68935	68940	63041	60107	54362
2018	75150	76742	77540	79137	79142	71157	67180	59091
2019	86046	88125	89168	91252	91257	80835	75640	64677
2020	98943	101590	102916	105567	105572	92313	85698	71245
2021	114168	117475	119131	122443	122448	105886	97620	78946
2022	132114	136190	138230	142311	142316	121911	111722	87959
2023	152368	157321	159800	164759	164764	139971	127589	97772
2024	175387	181346	184328	190292	190297	160475	145577	108584
2025	201730	208849	212410	219532	219537	183921	166125	120625
2026	232168	240632	244866	253334	253339	210993	189830	134199
2027	271748	281978	287095	297328	297333	246156	220573	151869
2028	318144	330447	336601	348907	348912	287365	256593	172061
2029	373023	387780	395161	409920	409925	336104	299186	195383
2030	438536	456224	465069	482755	482760	394287	350029	222602

　　在初始方案1,顾客满意度从3.3逐渐增加到10.8左右。当推荐网点、透漏计划和服务质量增加时满意程度提高,当推荐网点、透漏计划和服务质量程度较低时满意度随之降低。产品质量对顾客满意度也有很大影响,对照方案5和方案6,产品质量的提高明显提升了顾客满意度。8个方案的顾客价值比较结果如图2.16所示。

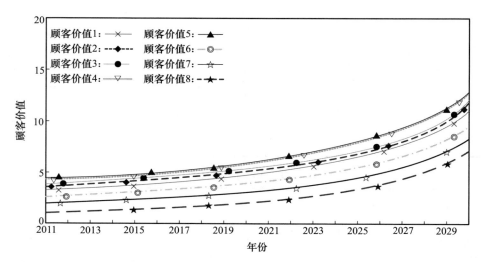

图 2.16　顾客价值方案比较

环境价值的变化趋势与顾客价值大致相同。当推荐网点、透漏计划和服务质量增加时,环境价值提高;当推荐网点、透漏计划和服务质量程度较低时,环境价值随之降低。产品质量对环境价值也有很大影响,对照方案 5 和方案 6,产品质量的提高明显提升了环境价值。从系统流图究其本质还是因为顾客满意度的提升促进了电动车租赁行业的发展,从而提升了环境价值。8 个方案的环境价值比较结果如图 2.17 所示。

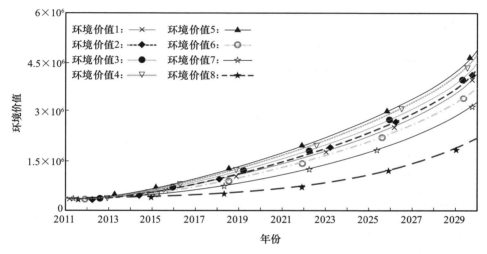

图 2.17　环境价值方案比较

在初始方案 1 下,所有者权益逐年增加,说明电动汽车生产商每年都在盈利,其企业声誉也在不断积累,因此企业价值不断上升。当推荐网点、透漏计划和服务质量分别增加时,其三个指标都有不同程度的提升。比较几条曲线值的大小发现,方案 4＝方案 5＞方案 3＞方案 2,表明产品质量和服务质量对企业价值的有同样重要的影响,之后是透漏计划,然后是推荐网点。8 个方案的所有者权益和企业价值比较结果分别如图 2.18 和图 2.19 所示。

4) 顾客价值与企业价值传递效率

由因果关系图可知,企业通过增强推荐网点、透漏计划和服务质量来增加顾客的租赁满意度,从而使顾客价值得到提升,顾客价值的提升促进了电动车租赁系统的使用需求,进一步又使企业价值得到提升。使用表 2.8 中的 8 个方案的数据结果进行数据分析。将顾客价值向企业价值的传递效率定义为:企业价值 20 年之间的增加值除以顾客价值增加值的结果。从 Vensim 软件中拉出数据,表 2.11 为其计算结果。

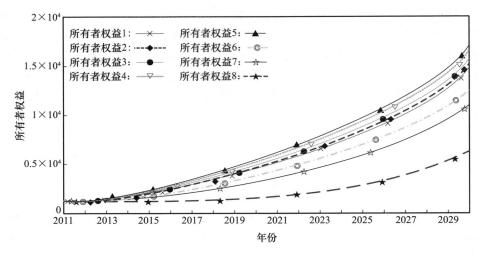

图 2.18　所有者权益方案比较

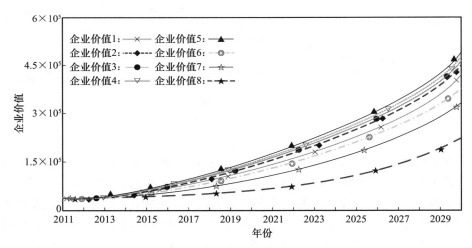

图 2.19　企业价值方案比较

表 2.11　传递效率

指标	1	2	3	4	5	6	7	8
顾客价值增加值	7.49	7.78	7.93	8.22	8.22	6.76	6.02	3.91
企业价值增加值	396728	414411	423250	440925	440925	352506	308260	180884
传递效率	52968	53266	53373	53641	53641	52146	51206	46262

　　结果显示,增加服务质量与产品质量的传递效率是最高的,表明增加产品质量与增加服务质量有着同样的重要性,其次是透漏计划,最后是推荐网点。

2.2.3　服务型制造的价值机理研究框架

服务型制造中产品的价值主要通过服务的最终提供来实现,而服务本身是无形的、不可存储的,服务的价值蕴含在顾客的参与和体验中,其价值取决于顾客的感知。顾客除了对产品相关的客观属性的评判,还依靠其获得产品或服务时付出的时间、体能的消耗、过程中的感知感受等主观要素的评价。服务型制造的价值特性使其增加了分析和评价的不确定性,对于其价值的界定和衡量出现了与传统制造业价值完全不同的异质性。因此,在服务型制造的价值内涵和增值机理方面存在以下值得思索的问题。

1. 不同形态服务型制造的价值内涵研究

拟研究基于服务型制造的产品与服务融合方式的服务型制造的形态类型,采用聚类分析等方法,从不同角度分类服务型制造,如从服务强度、服务对象、产品与服务的融合深度、产品所有权是否转移等角度,研究其分类标准、类别属性、特征和表现形态,并对各服务型制造形态建立形式化表达体系,为系统化分析不同形态服务型制造的价值内涵及其形成机理等建立框架体系。

2. 顾客参与和体验对服务型制造的价值作用机理研究

拟基于服务型制造形态分类框架体系,针对服务型制造价值的主观与客观、物质与非物质、理性与非理性要素共存的特征,对顾客参与和体验产生的非物质、主观、感性要素,拟结合行为统计学方法,分析其价值性态,通过设计指标体系以定量描述其价值贡献量,并建立与物质、客观、理性要素价值贡献量转换策略,最终形成基于不同类别服务型制造的统一形式化表达体系,为定量化、形式化评估服务型制造价值内涵提供框架,为服务型制造实现增值的管理决策提供可行性指导基础。

服务型制造顾客参与和体验中顾客包括企业组织和最终消费者,拟针对服务型制造的顾客深入参与和体验,顾客参与分别考虑低度参与、中度参与、高度参与三个层面,顾客体验分别考虑感官体验、情感体验、思想体验、行动体验、关联体验多种角度,考虑个体(包括最终消费者和企业员工)的主观能动性,以及企业组织特征(企业文化、企业风险类别)等因素对顾客参与和体验感受价值的影响,设计调研问卷框架,采用行为统计学、模糊分析等方法,分析参与和体验的交互频次、交互时间、交互场所、交互节点位置、交互者关系稳定性、交互是否持续等各种参与或体验参数对于最终价值形成的作用机理,研究服务型制造中不同参与者个体或组织价值影响特性,并从企业价值、顾客价值、社会价值等角度,分类地、系统地分析整理顾客参与和体验对于服务型制造价值形成的影响规律和作用机理。

3. 服务型制造价值传递与增值机理

拟研究服务型制造不同类别价值要素的运动规律及其对于增值的影响。针对不同类型的服务模式,以全生命周期为限度,在制造企业独自开展服务时,考虑市场环境中的影响变量,结合顾客感知作用,以顾客理性感知为出发点,建立起制造企业进入产品服务领域和独立服务企业的博弈模型。在制造企业采用服务外包模式时,建立制造企业与服务承包企业的服务承包合同,考虑其影响变量,建立起制造企业培训服务承包企业,而服务承包企业进入服务领域和独立服务企业进行竞争的博弈模型。针对服务的无形性和易逝性,分析价值要素的作用类型,价值要素对最终价值的影响不仅体现在最终结果,也依赖于过程,分析这类价值要素的传递规律。研究价值要素间的相关性,采用敏感性分析方法研究价值要素对于增值力度的影响,建立定量的关系表达。

通过对以上研究内容的分解,本部分的研究框架如图 2.20 所示。为了提高从纷繁复杂案例中提取服务型制造价值指标体系的效率,本部分从理论分析和实证验证两部分分别进行,两部分工作相互支撑、相互验证。

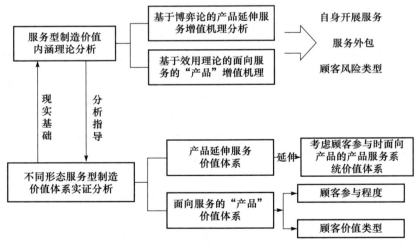

图 2.20 服务型制造价值机理部分研究框架

2.3 服务型制造价值增值机理的理论研究

2.3.1 服务差异化的顾客感知模型

生产商向消费者出售保修服务是生产服务系统的一种形式,生产商通过向消费者出售一定时间的保修期可以拓展自身的利润空间。为了得到售保修服务对生产商的影响,首先要对消费者的购买行为进行分析,影响消费者决策的因素不仅有产品价格还有产品质量,而消费者对产品质量的感知要素包括产品、氛围以及服务等。当生产商开展保修服务时,消费者可以选择从生产商处购买产品和保修期,仅购买产品不购买保修期以及不购买产品,消费者如何根据自身对产品的感知选择购买不同的产品;同时,生产商进入维修市场势必会影响到当前市场上的独立维修商,双方不断调整自身的价格实现利润最大化。生产商通过开展保修服务会影响消费者对产品的感知,从而对自身的市场也会造成影响,生产商出售保修期的策略对产品的销售量和生产商的利润均会产生影响。这些都是随着生产商开展保修服务产生的问题,而这些问题也直接影响生产商对出售保修期的决策。

1. 参数设定及顾客感知效用

设制造企业提供了市场上的全部产品,总量为 Q,制造企业通过延伸相关业务开展服务,并与独立服务企业进行竞争,制造企业和独立服务企业分别提供的服务量为 Q_1 和 Q_2,有 $Q=Q_1+Q_2$,且 Q_1 和 Q_2 在服务过程中会发生变动。顾客对产品服务质量的偏好特性具有随机性,可设其服从均匀分布,用 φ 表示,φ 在 $[0,1]$ 上均匀分布。当 φ 接近 0 时,表示顾客对服务质量要求较低,此时顾客选择低质量服务,对应着低端价位;反之,当 φ 接近 1 时,表示顾客对服务质量要求较高,此时顾客选择高质量服务,对应着高端价位。设产品生命周期为 1,产品使用时间为 t,有 $t\in[0,1]$,服务质量和服务价格对顾客所产生的累积效用分别用服务质量感知系数 α 和服务价格感知系数 β 衡量。随着耐用品使用时间的延长,顾客对耐用品质量关注度下降,对价格关注度上升,有 $\alpha=1-t$ 和 $\beta=\beta_0+t$,其中,β_0 为顾客的初始服务价格感知系数。顾客由顾客感知效用确定是否转变服务提供商,顾客感知效用可表示为 $u=\varphi\alpha q-\beta p+u_0$,其中,$q$、$p$ 分别表示服务质量和服务定价;u_0 表示产品为顾客带来的基础效用。服务边际成本 c 与服务质量成正比,即 $c=kq+c_0$,其中,k 为服务质量边际成本系数;c_0 为基础服务边际成本。制造企业和独立服务企业开展服务需要在前期投入的固定成本分别为 M_1 和 M_2,其服务定价分别为 p_1 和 p_2,服务质量分别为 q_1 和 q_2,服务收益分别为 π_1 和 π_2。

2. 顾客感知效用模型

设制造企业和独立服务企业能够提供的服务质量最高水平和最低水平分别为 $\overline{q}$ 和 $\underline{q}$。在服务市场中,当 $q_1=q_2$ 时,由 Bertrand 竞争模型可知,每个参与者都想通过降低较小的收益幅度来打击竞争者,从而获得 100% 的市场份额和收益,竞争的结果可能会出现每个参与者最终将获得零收益。为了避免这种情况,竞争企业会尽可能地差异化服务质量,从而使得制造企业和独立服务企业能够在竞争环境下生存,即两家企业通过获取不同消费人群,确保都获得尽可能多的收益。由于产品是由制造企业生产出来的,顾客认为制造企业对产品更加熟悉,能够提供更好的服务,制造企业也乐意通过提供高质量服务,增加顾客对企业的忠诚度,因此可设制造企业的服务质量 $q_1 = \bar{q}$ 和独立服务企业的服务质量 $q_2 = \underline{q}$,进而有制造企业和独立服务企业的服务边际成本分别为 $c_1 = k\bar{q} + c_0$ 和 $c_2 = k\underline{q} + c_0$。

服务质量偏好系数 φ 反映了顾客对服务质量的偏好,随着耐用品使用时间 t 的增长,顾客对产品质量的要求不断降低,对产品价格的要求不断提高。产品的顾客感知效用 u 随使用时间 t 的增长而减小,可表示为 $u = \varphi(1-t)q - (\beta_0 + t)p + u_0$。当产品生命结束,即 $t = 1$ 时,有 $u = -(\beta_0 + 1)p + u_0$,此时 u 与 p 成反比,顾客都将选择低质量服务,从而获取较大感知效用;当在产品开始使用时,即 $t = 0$ 时,有 $u = \varphi\alpha q - \beta p + u_0$,获取高质量服务的顾客能够获得的顾客感知效用 $u = \varphi \bar{q} - \beta_0 p_1 + u_0$,而获取低质量服务的顾客能够获得的顾客感知效用 $u' = \varphi \underline{q} - \beta_0 p_2 + u_0$,且从 φ 的定义显示出 $p_1 > p_2$,此时若 $u < u'$,则在初期顾客选择低质量服务提供者,即独立服务企业,而当 $u > u'$ 时,即在初期顾客选择了高质量服务提供者,即制造企业。由 $t = 0$ 和 $t = 1$ 两个时刻分析可知,初始选择高质量服务的顾客群有一个临界值,他们将从高质量服务转向低质量服务提供商,在产品生命周期结束前,获取高质量服务的顾客将全部转为获取低质量服务。在临界 φ^* 值处,顾客选择制造企业为服务提供商的感知效用 u_1 与选择独立服务企业为服务提供商的感知效用 u_2 相同,则有 $\varphi^* = \beta_0(p_1 - p_2)/(q_1 - q_2)$。

由此可得,获取高质量服务顾客群和低质量服务顾客群的数量分别为 $Q\varphi^*$ 和 $Q(1 - \varphi^*)$。随使用时间 t 的延长,获取高质量服务的顾客逐渐转为获取低质量服务的顾客,任取高质量服务顾客群 $Q(1 - \varphi^*)$ 中的一员,寻找其转变服务提供商的时间拐点,令其对两种服务质量感知效用相同,即 $\varphi(1-t)q_1 - (\beta_0 + t)p_1 + u_0 = \varphi(1-t)q_2 - (\beta_0 + t)p_2 + u_0$,可得转变服务提供商的时间拐点为 $t^* = [\varphi(q_1 - q_2) - \beta_0(p_1 - p_2)]/[\varphi(q_1 - q_2) + (p_1 - p_2)]$,而在 $t = t^*$ 时刻顾客感知效用可表示为 $u^* = \varphi(1-t^*)q_1 - (\beta_0 + t^*)p_1 + u_0 = \varphi(1-t^*)q_2 - (\beta_0 + t^*)p_2 + u_0$。对于初期接受高质量服务的顾客(其 $\varphi > \varphi^*$),随着产品使用时间的延长,顾客感知效用 u 在不断降低,当 $u = u^*$ 时,顾客将转换服务提供商,整个过程如图 2.21 所示。

由于初期接受高质量服务的顾客群体中服务质量偏好 φ 位于 φ_m 到 1 之间的顾客在产品使用过程中不断转向低服务提供商,从而使得接受高质量服务的人数线性递减,而接受低质量服务的人数线性递增,并且在某一时刻两者将保持不变,如图 2.22 所示。

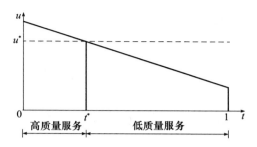

图 2.21　顾客感知效用随时间变化及服务供应商选择

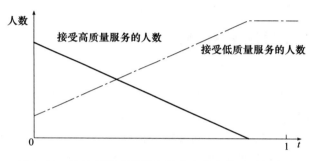

图 2.22　接受不同质量服务供应商的人数随时间变化

3. 供应商利润模型

获取低质量服务的顾客群的服务都只能由独立服务企业来提供,记该收益为 π_2^1,有

$$\pi_2^1 = Q\beta_0\left(\frac{p_1-p_2}{q_1-q_2}\right)\int_0^1 (p_2-c_2)\mathrm{d}t - M_2^1 \tag{2.13}$$

其中,M_2^1 表示独立服务企业对恒定顾客提供低质量服务的前期固定投入。获取高质量服务的顾客群在后期转向低质量服务提供商,即独立服务企业在后期能够从该顾客群处获取一定收益,记该收益为 π_2^2,有

$$\pi_2^2 = Q\int_{\varphi^*}^1 (1-t^*)(p_2-c_2)\mathrm{d}\varphi - M_2^2 \tag{2.14}$$

其中,M_2^2 表示独立服务企业对后期转换顾客提供低质量服务的前期固定投入,且有 $M_2^1 + M_2^2 = M_2$,则独立服务企业的利润为

$$\pi_2 = \pi_2^1 + \pi_2^2$$

$$= Q\beta_0\left(\frac{p_1-p_2}{q_1-q_2}\right)\int_0^1 (p_2-c_2)\mathrm{d}t + Q\int_{\varphi^*}^1 (1-t^*)(p_2-c_2)\mathrm{d}\varphi - M_2 \tag{2.15}$$

制造企业只能获取高质量服务顾客群前期生命周期的收益,有

$$\pi_1 = Q\int_{\varphi^*}^{1} t^* (p_1 - c_1)\mathrm{d}\varphi - M_1 \tag{2.16}$$

整理得

$$\pi_1 = Q(p_1 - c_1)\left[1 - \varphi^* - \varphi^*\left(\frac{1+\beta_0}{\beta_0}\right)\ln\left(\frac{\beta_0 + \varphi^*}{\beta_0\varphi^* + \varphi^*}\right)\right] - M_1 \tag{2.17}$$

$$\pi_2 = Q\varphi^*(p_2 - c_2) + Q(p_2 - c_2)\left[1 - \varphi^* - \varphi^*\left(\frac{1+\beta_0}{\beta_0}\right)\ln\left(\frac{\beta_0 + \varphi^*}{\beta_0\varphi^* + \varphi^*}\right)\right] - M_2 \tag{2.18}$$

其中，$\varphi^* = \dfrac{\beta_0(p_1 - p_2)}{q_1 - q_2}$，$t^* = \dfrac{\varphi(q_1 - q_2) - \beta_0(p_1 - p_2)}{\varphi(q_1 - q_2) + (p_1 - p_2)}$。

2.3.2 服务差异化的博弈策略分析

1. 制造商垄断产品供应情况

2.3.1节结合服务质量和服务定价的顾客感知效用，以顾客的理性判断为基础，在产品生命周期上产生的不同服务模式下建立博弈模型。通过对该模型求解，可以分析制造企业延伸服务时不同策略的优缺点，此处主要讨论制造企业独自开展服务和将服务业务外包两种策略下的服务定价决策模型。

1）制造企业独自开展服务模型

在求解出制造企业和独立服务企业收益如式（2.17）和式（2.18）后，由于在模型分析和建立阶段已经获知二者最优服务质量分别为 $\bar{q}$ 和 $\underline{q}$，通过 Nash 均衡求解能够得出二者最优定价策略。由式（2.17）和式（2.18），令 $\dfrac{\mathrm{d}\pi_1}{\mathrm{d}p_1} = 0$ 和 $\dfrac{\mathrm{d}\pi_2}{\mathrm{d}p_2} = 0$ 可得

$$1 - \varphi^* - \varphi^*\left(\frac{1+\beta_0}{\beta_0}\right)\ln\left(\frac{\beta_0 + \varphi^*}{\beta_0\varphi^* + \varphi^*}\right) + (p_1 - c_1)$$
$$\cdot\left[-L - L\left(\frac{1+\beta_0}{\beta_0}\right)\ln\left(\frac{\beta_0 + \varphi^*}{\beta_0\varphi^* + \varphi^*}\right) + \left(\frac{1+\beta_0}{\beta_0 + \varphi^*}\right)L\right] = 0 \tag{2.19}$$

$$\varphi^* + \varphi^*\left(\frac{1+\beta_0}{\beta_0}\right)\ln\left(\frac{\beta_0 + \varphi^*}{\beta_0\varphi^* + \varphi^*}\right) + (p_2 - c_2)$$
$$\cdot\left[-L - L\left(\frac{1+\beta_0}{\beta_0}\right)\ln\left(\frac{\beta_0 + \varphi^*}{\beta_0\varphi^* + \varphi^*}\right) + \left(\frac{1+\beta_0}{\beta_0 + \varphi^*}\right)L\right] = 0 \tag{2.20}$$

其中，$L = \dfrac{\mathrm{d}\varphi^*}{\mathrm{d}p_1} = \dfrac{\beta_0}{\bar{q} - \underline{q}} = -\dfrac{\mathrm{d}\varphi^*}{\mathrm{d}p_2}$。

联立式（2.19）和式（2.20）可得均衡定价 p_1^* 和 p_2^*。

2）制造企业服务外包模型

当制造企业采用服务外包模式时，制造企业与服务承包企业之间制定协议，制造企业负责培训服务承包企业，培训效果决定服务承包企业能够提供的服务质量，

制造企业在培训过程中产生的成本支出与培训后的服务质量成正比,系数为 σ。服务承包企业接受培训后需支付制造企业培训费用,该费用与服务承包企业在市场中初期的服务占有量成正比,系数为 θ。服务承包企业和独立服务企业开展服务需要在前期投入的固定成本分别为 M_3 和 M_2,其服务定价分别为 p_3 和 p_2,服务质量分别为 q_3 和 q_2,服务收益分别为 π_3 和 π_2,制造企业服务收益则为 π_1。

通过 2.3.1 节 Bertrand 竞争模型分析可知,服务承包企业的服务质量 $q_3 = \tilde{q}$,独立服务企业的服务质量 $q_2 = \underline{q}$,其中 $\tilde{q}$ 是制造企业对服务承包企业的培训服务质量,而制造企业能够培训的最高服务质量为自己直接开展服务的最高服务质量,即为 $\bar{q}$,显然有 $\underline{q} \leqslant \tilde{q} \leqslant \bar{q}$,进而有服务承包企业和独立服务企业的服务边际成本分别为 $c_3 = k\tilde{q} + c_0$ 和 $c_2 = k\underline{q} + c_0$。按照 2.3.1 节分析过程可知,获取低服务质量的顾客群的服务都只能由独立服务企业来提供,记该收益为 π_2',有

$$\pi_2' = Q\beta_0 \left(\frac{p_1 - p_2}{q_1 - q_2} \right) \int_0^1 (p_2 - c_2) \mathrm{d}t - M_2' \tag{2.21}$$

其中,M_2' 表示独立服务企业对恒定顾客提供低服务质量的前期固定投入。获取高服务质量的顾客群在后期转向低服务质量提供商,即独立服务企业在后期能够从该顾客群处获取一定收益,记该收益为 π_2'',有

$$\pi_2'' = Q\int_{\varphi^*}^1 (1 - t^*)(p_2 - c_2)\mathrm{d}\varphi - M_2'' \tag{2.22}$$

其中,M_2'' 表示独立服务企业对后期转换顾客提供低服务质量的前期固定投入,且 $M_2' + M_2'' = M_2$,独立服务企业收益为

$$\pi_2 = \pi_2' + \pi_2'' = Q\beta_0 \left(\frac{p_3 - p_2}{q_3 - q_2} \right) \int_0^1 (p_2 - c_2)\mathrm{d}t + Q\int_{\varphi^*}^1 (1 - t^*)(p_3 - c_3)\mathrm{d}\varphi - M_2 \tag{2.23}$$

服务承包企业收益来自于获取高服务质量顾客群转变服务提供商前产品生命周期上的服务,记该部分收益为 π_3',有

$$\pi_3' = Q\int_{\varphi^*}^1 t^*(p_3 - c_3)\mathrm{d}\varphi - M_3 \tag{2.24}$$

根据服务承包企业与制造企业的协议,服务承包企业向制造企业支付培训费用,记为 π_3'',有

$$\pi_3'' = \theta Q(1 - \varphi^*) \tag{2.25}$$

服务承包企业收益为

$$\pi_3 = \pi_3' - \pi_3'' = Q\int_{\varphi^*}^1 t^*(p_3 - c_3)\mathrm{d}\varphi - \theta Q(1 - \varphi^*) - M_3 \tag{2.26}$$

制造企业的服务收益来自服务承包企业的培训报酬,记为 π_1',有

$$\pi_1' = \pi_3'' = \theta Q(1 - \varphi^*) \tag{2.27}$$

制造企业的培训成本支出记为 π_1'',有

$$\pi_1'' = \sigma q_3 \tag{2.28}$$

制造企业的服务收益为

$$\pi_1 = \pi_1' - \pi_1'' = \theta Q(1 - \varphi^*) - \sigma q_3 \tag{2.29}$$

整理可得服务承包企业、独立服务企业和制造企业的服务收益分别为

$$\pi_3 = Q(p_3 - c_3)\left[1 - \varphi^* - \varphi^*\left(\frac{1+\beta_0}{\beta_0}\right)\ln\left(\frac{\beta_0 + \varphi^*}{\beta_0 \varphi^* + \varphi^*}\right)\right]$$
$$- \theta Q\left[1 - \beta_0\left(\frac{p_3 - p_2}{q_3 - q_2}\right)\right] - M_3 \tag{2.30}$$

$$\pi_2 = Q\varphi^*(p_2 - c_2) + Q(p_2 - c_2)\left[\varphi^*\left(\frac{1+\beta_0}{\beta_0}\right)\ln\left(\frac{\beta_0 + \varphi^*}{\beta_0 \varphi^* + \varphi^*}\right)\right] - M_2$$
$$\tag{2.31}$$

$$\pi_1 = \theta Q(1 - \varphi^*) - \sigma q_3 \tag{2.32}$$

其中,$\varphi^* = \beta_0(p_3 - p_2)/(q_3 - q_2)$,$t^* = \dfrac{\varphi(q_1 - q_2) - \beta_0(p_1 - p_2)}{\varphi(q_1 - q_2) + (p_1 - p_2)}$,$q_3 = \tilde{q}$,$q_2 = \underline{q}$。

　　由于在模型分析阶段已经获知服务承包企业和独立服务企业的最优服务质量分别为 $\tilde{q}$ 和 $\underline{q}$,按照 Nash 均衡子博弈中的"序贯理性",先将 $\tilde{q}$ 作为定值进行分析,通过 Nash 均衡求解能够得出服务承包企业和独立服务企业最优定价策略,再根据制造企业和服务承包企业的地位关系,确定最优培训服务质量 $\tilde{q}^*$。对 π_3 和 π_2 进行博弈求解,可得

$$\theta L + 1 - \varphi^* - \varphi^*\left(\frac{1+\beta_0}{\beta_0}\right)\ln\left(\frac{\beta_0 + \varphi^*}{\beta_0 \varphi^* + \varphi^*}\right) + (p_3 - c_3)$$
$$\cdot\left[-L - L\left(\frac{1+\beta_0}{\beta_0}\right)\ln\left(\frac{\beta_0 + \varphi^*}{\beta_0 \varphi^* + \varphi^*}\right) + \left(\frac{1+\beta_0}{\beta_0 + \varphi^*}\right)L\right] = 0 \tag{2.33}$$

$$\varphi^* + \varphi^*\left(\frac{1+\beta_0}{\beta_0}\right)\ln\left(\frac{\beta_0 + \varphi^*}{\beta_0 \varphi^* + \varphi^*}\right) + (p_2 - c_2)$$
$$\cdot\left[-L - L\left(\frac{1+\beta_0}{\beta_0}\right)\ln\left(\frac{\beta_0 + \varphi^*}{\beta_0 \varphi^* + \varphi^*}\right) + \left(\frac{1+\beta_0}{\beta_0 + \varphi^*}\right)L\right] = 0 \tag{2.34}$$

其中,$L = \dfrac{\mathrm{d}\varphi^*}{\mathrm{d}p_1} = \dfrac{\beta_0}{\bar{q} - \underline{q}} = -\dfrac{\mathrm{d}\varphi^*}{\mathrm{d}p_2}$。

　　按照 Nash 均衡子博弈"序贯理性"进行数值分析,均衡求解步骤如下。

(1) 获取 c_0、u_0、Q、M_1、M_2、$\bar{q}$、Δq、$\underline{q}$、β_0、k、θ 和 σ 的值。

(2) 初始值 $\bar{q} = \underline{q}$,并将此值代入式(2.33)和式(2.34)。

(3) 联立式(2.33)和式(2.34),解得均衡定价 p_3^* 和 p_2^*,计算出 π_3^*、π_2^* 和 π_1^*。

(4) 令 $\bar{q} = \underline{q} + \Delta q$。

(5) 重复步骤(2)~(4)直到 $\tilde{q} = \bar{q}$,计算终止。

(6) 寻找对不同企业最优的 $\tilde{q}^*$ 及对应的均衡定价 p_3^*、p_2^* 与收益 π_3^*、π_2^*

和 π_1^*。

　　3）数值模拟与动态分析

　　（1）数值模拟。

　　运钞车使用的 GPS 实时定位、大型设备的实时监控等都属于持续服务收费模式，试用上述模型进行制造企业独自开展服务和制造企业采用服务外包两种策略的求解与分析。在应用模型之前，需要根据实际市场情况确定模型参数变量的取值。模型中的参数变量分为两类：一类是市场环境具体参数，另外一类是与顾客感知效用及服务提供商有关的变量。对于市场环境具体参数主要包括 c_0、u_0 和 Q 等，这些参数变量可以通过实际市场调查来获取。在获取实际数据后需按照模型要求进行数据转化，即实现所有变量取值的统一化处理，确保其能够在模型中直接使用，考虑本节主要研究模型的有效性及均衡结果的变化趋势，此处不再展示参数具体获取过程。模型中市场环境具体参数变量范围、含义及具体取值如表 2.12 所示。

表 2.12　与市场环境相关变量的取值

变量	取值范围	取值含义	具体取值
c_0	$[0,+\infty)$	"0"表示没有基础服务边际成本	5
u_0	$[0,+\infty)$	"0"表示产品没有给顾客带来基础效用	200
Q	$(0,+\infty)$，取整	产品实际市场占有量，为正整数	1000

　　在制造企业独自开展服务时，与顾客感知效用及服务提供商有关的变量主要包括 $\bar{q}$、$\underline{q}$、M_1、M_2、β_0 及 k 等，这些参数变量不能直接获取，当前主要依靠调查的方式获取，模型中相关参数变量范围、含义及具体取值如表 2.13 所示。

表 2.13　与顾客感知效用及服务提供商相关变量的取值（独自开展服务）

变量	取值范围	取值含义	具体取值
$\bar{q}$	$(\underline{q},+\infty]$	选取市场中同类产品中最高服务质量，最小取值不低于 $\underline{q}$	100
$\underline{q}$	$(0,\bar{q})$	选取市场中同类产品中最低服务质量，最大取值不超过 $\bar{q}$	10
M_1	$[0,+\infty)$	"0"表示不需要投入固定服务成本	50
M_2	$[0,+\infty)$	"0"表示不需要投入固定服务成本	50
β_0	$[0,1]$	"0"表示顾客没有初始价格敏感系数；"1"表示所有顾客中能够达到的最大初始价格敏感系数	0.3
k	$[0,1]$	"0"表示服务成本仅有基础服务边际成本；"1"表示所有产品服务能够达到的最大服务边际成本系数	0.3

　　在对各变量进行相关数值设定后，将各值代入式（2.19）和式（2.20）中，使用 MATLAB 模拟求解出不同参数 β_0 和 k 取值下的均衡定价和收益如表 2.14 所示。

表 2.14　博弈均衡定价与收益

均衡结果	β_0			k		
	0.1	0.3	0.5	0.1	0.3	0.5
p_1^*	97.4477	78.7762	68.6350	54.8186	78.7762	101.6196
p_2^*	69.0235	55.5618	48.4863	37.8097	55.5618	73.0008
π_1^*	31534	20931	15213	22085	20931	19777
π_2^*	30110	24716	22064	13188	24716	37306

由表 2.14 可知,制造企业和独立服务企业的所有收益均为正值,这表明制造企业在产品全生命周期上开展服务后,制造企业和独立服务企业都能够获取收益,从而使这种服务延伸策略持续开展下去。同时,通过观察相关数值发现,在不同市场环境(由 β_0 和 k 决定)下,服务定价和收益差异也很明显。数值对比指出了高质量的服务水平对应着较高的服务定价,但未必对应着较高的服务收益。

当制造企业采用服务外包方式开展服务时,与顾客感知效用及服务提供商有关的变量主要包括 $\bar{q}$、Δq、$\underline{q}$、M_3、M_2、β_0、k、θ 和 σ 等,这些参数变量同样不能直接获取,主要依靠调查的方式获取。模型中相关参数变量范围、含义及具体取值如表 2.15 所示。

表 2.15　与顾客感知效用及服务提供商相关变量的取值(外包服务)

变量	取值范围	取值含义	具体取值
$\bar{q}$	$[0,+\infty]$	"0"表示没有基础服务边际成本	100
Δq	$(0,\bar{q}-\underline{q}]$	"0"表示没有递进量,"$\bar{q}-\underline{q}$"表示递进一次即结束	1
$\underline{q}$	$[0,\bar{q}]$	选取市场中同类产品中最低服务质量,最大取值为 $\bar{q}$	10
M_2	$(0,+\infty)$,取整	"0"表示不需要投入固定服务成本	50
M_3	$(0,+\infty)$,取整	"0"表示不需要投入固定服务成本	50
β_0	$[0,1]$	"0"表示顾客没有初始价格敏感系数;"1"表示所有顾客中能够达到的最大初始价格敏感系数	0.3
k	$[0,1]$	"0"表示服务成本仅有基础服务边际成本;"1"表示所有产品服务能够达到的最大服务边际成本系数	0.3
θ	$[0,\bar{\theta}]$	"0"表示不需支付培训费用;"$\bar{\theta}$"表示服务承包企业收益全部都转化为培训费用时的支付系数	5
σ	$[0,\bar{\sigma}]$	"0"表示不需投入培训成本;"$\bar{\sigma}$"表示制造企业服务收益全部转化为培训支出时的培训服务质量系数	5

在对各变量进行相关数值设定后,将各值代入式(2.33)和式(2.34)中,按照模型求解中给出的步骤可获得在 $\bar{q}=100$ 时不同参量变化下的均衡定价和收益,如

表 2.16 和表 2.17 所示。

表 2.16　$\bar{q}=100$ 博弈均衡定价与收益(β_0, k 变化时)

均衡结果	β_0			k		
	0.1	0.3	0.5	0.1	0.3	0.5
p_3^*	98.3515	80.6017	70.9843	56.3576	80.6017	103.7322
p_2^*	69.6941	56.8964	50.1969	38.8935	56.8964	74.5883
π_3^*	27031	16958	11550	17972	16958	15930
π_2^*	30557	25672	23358	14765	25672	37376
π_1^*	4340.8	4104.9	3922.6	4208.9	4104.9	4014.3

表 2.17　$\bar{q}=100$ 博弈均衡定价与收益(θ, σ 变化时)

均衡结果	θ			σ		
	1	5	9	1	5	9
p_3^*	79.1352	80.6017	82.1051	80.6017	80.6017	80.6017
p_2^*	55.8237	56.8964	57.9984	56.8964	56.8964	56.8964
π_3^*	20134	19586	13797	16958	16958	16958
π_2^*	24904	25672	26466	25672	25672	25672
π_1^*	422.295	4104.9	7776.8	4504.9	4104.9	3704.9

由表 2.16 和表 2.17 可知,服务承包企业、独立服务企业和制造企业的所有收益均为正值,这表明制造企业在产品全生命周期上开展服务外包后,三家企业都能够获取收益,从而使这种服务延伸策略持续开展下去。同时,通过观察相关数值发现,在不同市场环境(由 β_0 和 k 决定)和不同的服务培训协定(由 θ 和 σ 决定)下,服务定价和收益差异也很明显。

按照表 2.15 模型参数设定,在相同的市场环境(由 β_0 和 k 决定)和服务培训协定(由 θ 和 σ 决定)下,不同的培训服务质量 $\bar{q}$ 也会导致均衡定价和收益变化,如表 2.18 所示。

表 2.18　不同培训质量 $\bar{q}$ 时均衡定价与收益

$\bar{q}$	p_3^*	p_2^*	π_3^*	π_2^*	π_1^*
100	80.6017	56.8964	16958	25672	4104.9
75	60.9548	43.6955	11135	18801	4226.7
38	31.9123	24.1856	2531	8657	4396.1

由表 2.18 可知,当服务培训质量变化时,不同企业收益变化亦不同,这会导致制造企业和服务承包企业在培训质量选择上的冲突,选择何种服务培训质量也成为了决定两家企业收益的关键点。

(2)制造企业独自开展服务动态分析。

按照表 2.12 和表 2.13,求解出均衡定价和均衡收益随顾客初始服务价格感知

系数 β_0 和服务质量边际成本系数 k 的变化趋势如图 2.23～图 2.26 所示。

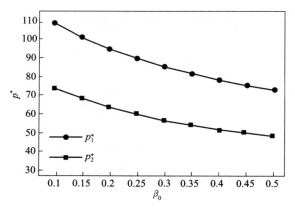

图 2.23　服务均衡定价随 β_0 变化

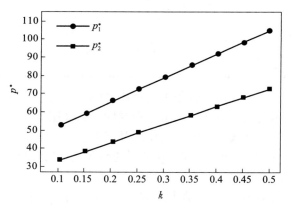

图 2.24　服务均衡定价随 k 变化

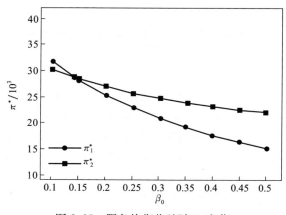

图 2.25　服务均衡收益随 β_0 变化

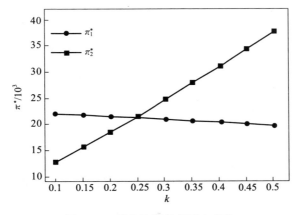

图 2.26　服务均衡收益随 k 变化

由图 2.23 和图 2.24 可知,制造企业服务定价高于独立服务企业的定价,制造企业和独立服务企业的服务定价随顾客初始服务价格感知系数 β_0 的增加而递减,随服务质量成本系数 k 的增加而增加,两家企业趋势基本相同。由图 2.25 和图 2.26 可知,制造企业和独立服务企业的服务均衡收益随顾客初始服务价格感知系数 β_0 的增加而递减,但递减速率不同,制造企业的收益递减速率更快,独立服务企业则相对较慢,二者收益出现相交。而制造企业和独立服务企业随服务质量成本系数 k 的变化表现出不同的趋势,制造企业收益随服务质量成本系数 k 的增加而递减,独立服务企业收益随服务质量边际成本系数 k 的增加而递增,二者收益出现相交。以上分析指出,在不断变换的市场环境中存在相交点,此时制造企业和独立服务企业的服务收益相同,对于不断竞争的制造企业和独立服务企业,服务收益相交点是两家企业共存的最优点。

（3）制造企业开展服务外包动态分析。

按表 2.12 和表 2.14 的数值设定,进行数值求解结果的动态分析,研究模型中变量 β_0、k、θ 和 σ 对均衡服务定价和服务收益的影响。数值模拟指出制造企业和服务承包企业对培训服务质量的要求是不同的,最终决定培训服务质量的是制造企业和服务承包企业的地位与合作策略,下面分为制造企业处于主动地位、服务承包企业处于主动地位及两家企业联合起来三种情形进行动态分析。

① 制造企业主动情形。

制造企业主动是指制造企业控制对服务承包企业的培训质量 $\bar{q}$ 来达到使自身利益最大化,仍按照模型求解部分给出的求解步骤对制造企业最有利的最优培训服务质量进行求解,最优服务质量随 β_0 和 k 的变化状况如图 2.27 和图 2.28 所示。

由图 2.27 和图 2.28 可知,对制造企业最有利的服务质量的变化趋势是随着 β_0 的增加而递增,变化趋势明显。但其随着 k 的增加而递减,变化趋势比较平缓。

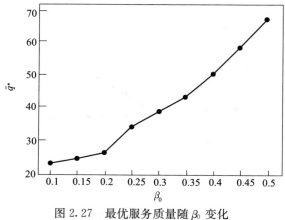

图 2.27　最优服务质量随 β_0 变化

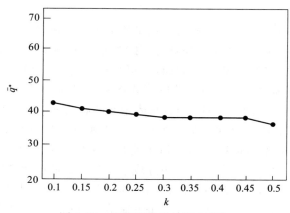

图 2.28　最优服务质量随 k 变化

对制造企业最有利的服务质量不随 θ 和 σ 变化,这说明协议的制定并不会对培训质量产生影响。在确定出对制造企业最有利的服务质量之后,能够获取对应的均衡服务定价和三家企业的服务收益。均衡服务定价与服务收益随 β_0、k、θ 和 σ 的变化趋势如图 2.29~图 2.36 所示。

　　由图 2.29 和图 2.30 可知,服务承包企业的均衡服务定价 p_1^* 高于独立服务企业的均衡服务定价 p_2^*,这符合高服务质量对应高服务定价的逻辑,且两家企业的均衡服务定价随 β_0 和 k 的增加表现出递增趋势,且增速接近。由图 2.31 和图 2.32 可知,服务承包企业的均衡服务定价随 θ 和 σ 的增加而小幅度地递增,增加幅度较小,而独立服务企业的均衡服务定价保持不变。由图 2.33 和图 2.34 可知,制造企业收益随 β_0 和 k 的增加均表现出极小的下降趋势,独立服务企业收益随 β_0 和 k 的增加均递增,增长趋势比较接近,服务承包企业收益随 β_0 递增,却随 k 递减。由图 2.35 和图 2.36 可知,制造企业收益随 θ 的增加而迅速增长,服务承包企业收益

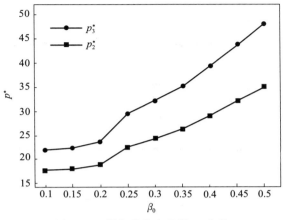

图 2.29 服务均衡定价随 β_0 变化

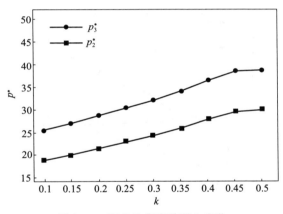

图 2.30 服务均衡定价随 k 变化

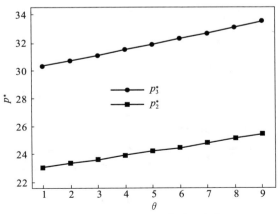

图 2.31 服务均衡定价随 θ 变化

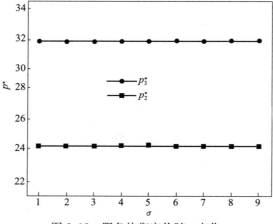

图 2.32 服务均衡定价随 σ 变化

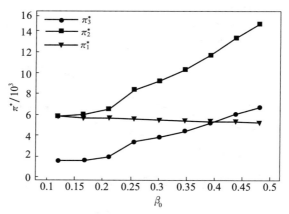

图 2.33 服务均衡收益随 β_0 变化

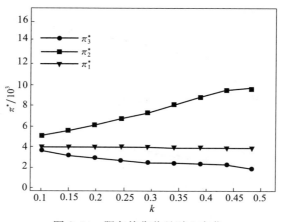

图 2.34 服务均衡收益随 k 变化

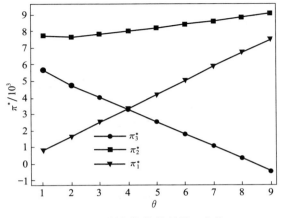

图 2.35　服务均衡收益随 θ 变化

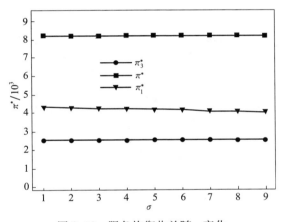

图 2.36　服务均衡收益随 σ 变化

随 θ 的增加而迅速下降,这是制造企业与服务承包企业制定协议的直观体现。独立服务企业则随 θ 的增加略有增加。三家企业均不随 σ 发生明显变化,因为相对于服务收益,服务成本是很小的,因此没有能够影响到企业收益的表现趋势。

② 服务承包企业主动情形。

服务承包企业主动是指服务承包企业通过强制要求制造企业对其进行服务质量为 $\tilde{q}$ 的培训来达到自身利益最大化,按照模型求解部分给出的求解步骤对制造企业最有利的最优培训质量进行求解,最优的服务质量能够为制造企业提供的最高服务质量,即 $\tilde{q} = \bar{q}$,根据 Bertrand 竞争模型,服务承包企业试图通过最大差异的服务表现来获得最大化收益。在确定出对制造企业最有利的服务质量 $\tilde{q} = \bar{q}$ 之后,能够获取对应的均衡服务定价和三家企业的服务收益。均衡服务定价与企业服务收益随 β_0、k、θ 和 σ 的变化趋势如图 2.37~图 2.44 所示。

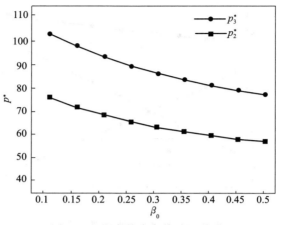

图 2.37　服务均衡定价随 β_0 变化

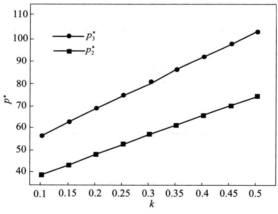

图 2.38　服务均衡定价随 k 变化

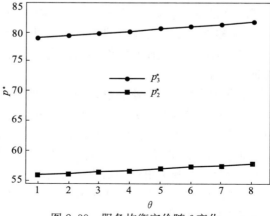

图 2.39　服务均衡定价随 θ 变化

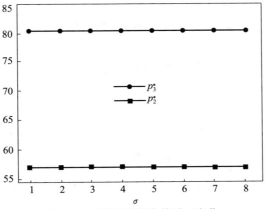

图 2.40　服务均衡定价随 σ 变化

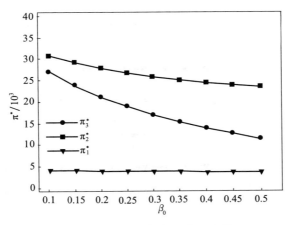

图 2.41　服务均衡收益随 β_0 变化

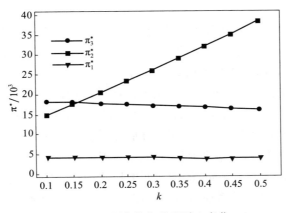

图 2.42　服务均衡收益随 k 变化

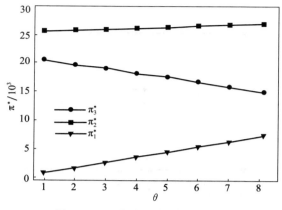

图 2.43　服务均衡收益随 θ 变化

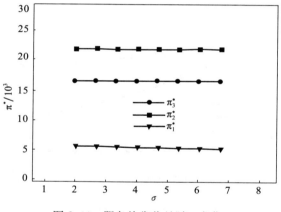

图 2.44　服务均衡收益随 σ 变化

　　由图 2.37 和图 2.38 可知,服务承包企业和独立服务企业的均衡服务定价随 β_0 和 k 的增加表现趋势完全相反,即均随 β_0 的增加而递减,且递减速率相近;而均随 k 的增加而递增,递增速率仍相似。由图 2.39 和图 2.40 可知,服务承包企业和独立服务企业的均衡服务定价随 θ 的增加而递增,但增加幅度较小,而两家企业的均衡服务定价不随 σ 发生变化。由图 2.41 和图 2.42 可知,制造企业收益保持不变,不随 β_0 和 k 发生变化。服务承包企业收益随 β_0 和 k 的增加均递减,但随 β_0 递减速率更快。独立服务企业收益则随 β_0 和 k 表现出完全相反的趋势。由图 2.43 和图 2.44 可知,制造企业收益随 θ 的增加而增长,服务承包企业收益随 θ 的增加而下降,独立服务企业则随 θ 的增加而略有增加。制造企业、服务承包企业和独立服务企业收益均不随 σ 发生明显变化。

③ 制造企业与服务承包企业联合情形。

制造企业与服务企业联合是指在制造企业和服务承包企业进行谈判时,两家企业可以联合起来,即制定出对双方共同体最有利的策略,这样其实是两家企业合作诚意的一种表现。计算结果显示,当两家企业联合时,求解出来的结果与服务承包企业主动时的情况是相同的,这是由于服务承包企业在市场上与独立服务企业进行竞争,制造企业仅通过培训获取收益,因此服务承包企业是服务收益的主体,因此当二者的利益发生冲突时,整体利益倾向于服务承包企业。

④ 其他全生命周期服务类型分析。

市场中的持续服务除了产品全生命周期上的持续服务,还有多种类型的持续服务,如多段持续服务模式、非全生命周期持续服务模式等,本节通过对 2.3.1 节所建立模型进行扩展,对非全生命周期持续服务进行分析,指出所建立模型应用的广泛性和灵活性。

设非全生命周期持续服务发生的时间为 t_1 至 t_2,则有 $0 < t_1 < t_2 < 1$,则接受服务的人群可能会出现以下三种情形:只接受低质量服务、只接受高质量服务和前期接受低质量服务后期转向高质量服务,如图 2.45～图 2.47 所示。

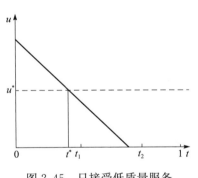

图 2.45 只接受低质量服务

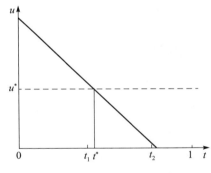

图 2.46 只接受高质量服务

由于接受服务的人群对接受高低服务的时间不同,有必要先对人群进行划分,设对服务质量偏好 φ 为 φ_1 的顾客恰好在 t_1 时刻转变服务供应商,而对服务质量偏好 φ 为 φ_2 的顾客恰好在 t_2 时刻转变服务供应商,则将接受服务的人群划分成为三段,如图 2.48 所示。

对服务质量偏好处在 0 和 φ_1 之间的顾客只接受低质量服务,则其为低质量服务提供商带来收益 π_2^1,可以表示为

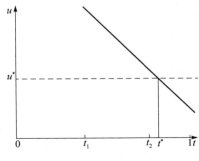

图 2.47 转变服务供应商

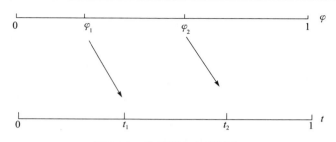

图 2.48 接受服务人群划分

$$\pi_2^1 = Q\varphi_1(t_2 - t_1)(p_2 - c_2) \tag{2.35}$$

对服务质量偏好处在 φ_1 和 φ_2 之间的顾客前期接受高质量服务,后期转为低质量服务,则依据 2.3.1 节模型分析过程可知,其为高低质量服务提供商带来的收益 π_1^2 和 π_2^2 可以分别表示为

$$\pi_1^2 = Q\int_{\varphi_1}^{\varphi_2} (t_2 - t^*)(p_1 - c_1)\mathrm{d}\varphi \tag{2.36}$$

$$\pi_2^1 = Q\int_{\varphi_1}^{\varphi_2} (t^* - t_1)(p_2 - c_2)\mathrm{d}\varphi \tag{2.37}$$

对服务质量偏好处在 $\varphi_2 \sim 1$ 的顾客只接受高质量服务,则其为高质量服务提供商带来收益 π_1^1 可以表示为

$$\pi_1^1 = Q(1 - \varphi_2)(t_2 - t_1)(p_1 - c_1) \tag{2.38}$$

提供高质量服务企业收益 π_1 为

$$\pi_1 = Q(1 - \varphi_2)(t_2 - t_1)(p_1 - c_1) + Q\int_{\varphi_1}^{\varphi_2} (t_2 - t^*)(p_1 - c_1)\mathrm{d}\varphi \tag{2.39}$$

提供低质量服务企业收益 π_2 为

$$\pi_2 = Q\varphi_1(t_2 - t_1)(p_2 - c_2) + Q\int_{\varphi_1}^{\varphi_2} (t^* - t_1)(p_2 - c_2)\mathrm{d}\varphi \tag{2.40}$$

本节对按照时间收费的全生命周期服务类别进行研究,对制造企业在产品全生命周期上独自开展服务和制造企业以服务外包方式开展服务两种常见类型服务进行深入分析研究,以顾客对结合服务质量和服务定价的感知效用的理性判断为依据,在产品使用过程中转换服务供应商为基础,建立了在服务市场中进行竞争的双寡头博弈模型,获得了均衡定价的求解方法,使用 MATLAB 具体参数设定下给出了两种模型的数值均衡解及均衡定价和收益的动态变化过程,最后以产品全生命周期上的博弈模型为基础,初步给出产品上其他类型持续服务的求解过程,体现了本章所建立模型应用的广泛性。

2. 非垄断情形下服务差异化博弈策略分析

上述 1)和 2)的服务差异化博弈分析建立在市场上的产品由一家制造商垄断供应,而服务由多个服务供应商提供的前提条件下,而且没有考虑消费者的风险规避行为。但是现实情况下往往是产品本身也是由多家制造商提供而非由单一制造商垄断，而且消费者往往存在风险规避行为。因此，将上述分析从以下两方面进行扩展：①产品本身由多个制造商供应；②考虑消费者的风险规避行为。从计算方便的角度，模型的具体形式可能会存在一定变化。

1) 模型的基本假设

假设 1：根据服务强度理论，假设生产商为消费者提供的服务是持续服务，即消费者从生产商处一次购买一定时间的服务期，在服务期内消费者可以无偿享用生产商对产品提供的支持服务；消费者在服务市场上独立的服务商处购买的服务为多次服务，即消费者每次服务都需要向独立的服务商支付相应的费用，本节假设消费者每次支付的服务费用相同。于是可以得到：当生产商向消费者出售服务期时，消费者根据自身的需求可以选择从生产商处购买产品和服务期、从生产商处仅购买产品或选择不购买此产品，当着眼于产品的全生命周期时，即可得到以下结论。

（1）消费者选择从生产商处以 P_0 的价格购买产品，同时以 P_m 的价格购买服务时间为 t_w 的服务，在服务期结束以后消费者需要从市场上独立的服务商处以每次 P_s 的价格购买服务，记这部分消费者的数量为 D_m。

（2）消费者选择从生产商处以 P_0 的价格购买产品但是不购买服务期，在整个产品的生命周期内都从服务市场上的独立服务商处以每次 P_s 的价格购买服务，记这部分消费者的数量为 D_s。

（3）消费者对于（1）、（2）两种选择都不满意，选择不购买此产品，其数量记为 D_0。

以上三种消费者构成市场上购买此类产品的消费者综合，记消费者总数为 Q，即有 $D_m + D_s + D_0 = Q$。

假设 2：不同的消费者对于风险的态度是不一样的，具体表现在生产商出售产品和服务期时，即当产品需要向外界寻求支持服务时，不同的消费者对于服务所花费用的感知是不一样的。市场上购买生产商产品和服务的潜在购买消费者都是根据自身对于风险的不同态度决定自身的购买行为。消费者的风险规避系数用 φ 表示，假设消费者对于风险的规避态度服从均匀分布，即 $\varphi \sim U[\underline{\varphi}, \bar{\varphi}]$，$\varphi$ 取值越大表示该消费者对于风险的态度越谨慎。

假设 3：消费者对感知利得的敏感系数是和时间相关的，设消费者对感知利得的敏感系数用 α 表示，因此感知系数 α 是关于时间的函数，记为 $\alpha(t)$。经过研究，可以得到消费者产品感知利得的敏感系数 α 和使用时间的关系为 $\alpha(t) = 1 - t/T$，其中 T 为产品全生命周期，t 为产品使用时间，如图 2.49 所示。

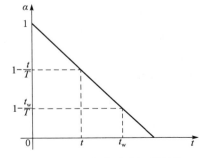

图 2.49　消费者对感知利得的敏感系数图

假设 4：一般情况下，产品在单位时间内需要服务的次数是与产品的使用时间相关的，随着产品使用时间的增加，产品在单位时间内需要服务支持的次数也在增加。假设生产商生产的产品在单位时间内需要服务的次数服从参数为 λ 的泊松分布，且服务次数分布参数 λ 与时间的关系为 $\lambda(t) = k_1 e^{k_2 t}$，$k_1$、$k_2$ 为参数且大于零。相比较于服务市场上独立的服务商，生产商对于产品的信息了解更全面，技术更加先进，因此生产商提供服务的质量水平要高于服务市场上其他服务商服务的质量水平，即 $q_s < q_m$。

2）消费者行为分析

消费者根据自身的消费偏好以及产品的特性决定自身的消费行为，在产品服务系统中，消费者与产品和服务交互的时间得以延伸，因此消费者的决定往往是基于产品全生命周期的。

事实上，消费者在选择购买产品（服务）的时候，对产品和服务的感知可以分解为消费者在选择购买产品前的期望效用、购买该生产商生产的产品在生命周期内给消费者带来的效用的总和以及得到这些效用需要花费的费用对消费者产生的效用三个方面。消费者通过对产品生命周期内的产品和服务对自身的效用进行评估，其结果大于等于对购买产品的预期就会选择购买此产品（服务）；反之，当评估结果小于对购买产品的预期时，就会选择不购买此产品（服务）。产品（服务）在生命周期内对消费者自身的效用可以表示为

$$u = u_0 + \int \alpha(t) q \mathrm{d}t - P \tag{2.41}$$

其中，u_0 为消费者的对购买产品的期望效用，当 $u > u_0$ 时，消费者就会选择购买；反之，就会选择不购买。P 代表消费者对购买产品和服务需要花费的费用的感知。

分别记 u_m 为消费者从产品生产商处购买产品和服务获得的感知效用，u_s 为消费者从生产商处购买产品但是从服务市场上独立的服务商处购买服务时获得的感知效用。

（1）根据前文描述，当消费者选择从生产商处购买产品和服务期时，消费者需要一次支付产品和服务期的费用，在服务期内产品可以无偿得到生产商对产品提供的服务支持，超出服务期以后，消费者需要从服务市场上独立的服务商处购买服务，从而可以得到此时消费者的感知效用为

$$u_m = u_0 + \int_0^{t_w} q_m \left(1 - \frac{t}{T}\right) \mathrm{d}t + \int_{t_w}^{T} q_s \left(1 - \frac{t}{T}\right) \mathrm{d}t - P_0 - P_m - \varphi P_s \int_{t_w}^{T} k_1 e^{k_2 t} \mathrm{d}t$$

通过计算得到

$$u_m = u_0 + q_m \left(t_w - \frac{t_w^2}{2T}\right) + \frac{q_s}{2T}(T - t_w)^2 - P_0 - P_m - \varphi P_s \frac{k_1}{k_2}(e^{k_2 T} - e^{k_2 t_w})$$

$$\tag{2.42}$$

（2）根据上文描述，当消费者选择从生产商处仅购买产品时，在使用期间，当产品需要得到服务支持的时候从服务市场上的独立服务商处购买服务。从而可以得到此时消费者的感知效用为

$$u_s = u_0 + \int_0^T q_s \left(1 - \frac{t}{T}\right) dt - P_0 - \varphi P_s \int_0^T k_1 e^{k_2 t} dt$$

通过计算得到

$$u_s = u_0 + \frac{T}{2} q_s - P_0 - \varphi P_s \frac{k_1}{k_2} (e^{k_2 T} - 1) \qquad (2.43)$$

消费者通过比较 u_m、u_s 以及 u_0 的大小决定自身的购买行为，当消费者通过评估得到 $\max(u_m, u_s, u_0) = u_m$ 时，消费者选择购买该生产商生产的产品以及提供的服务支持；当消费者通过评估得到 $\max(u_m, u_s, u_0) = u_s$ 时，消费者就会选择购买该生产商生产的产品，同时不购买其提供的服务支持，当产品需要服务支持时，从服务市场上的独立的服务商处购买获得相应的服务；当消费者通过评估得到 $\max(u_m, u_s, u_0) = u_0$ 时，消费者选择不购买此生产商提供的产品。

为比较 u_m、u_s 以及 u_0 的大小，分别求得 $u_m = u_0$，$u_s = u_0$，$u_m = u_s$ 时消费者风险规避系数的临界值如下：

当 $u_m = u_0$ 时，可以得到 $\varphi_1^* = \dfrac{k_2 q_m (2Tt_w - t_w^2) + k_2 q_s (T - t_w)^2 - 2Tk_2 P_0 - 2Tk_2 P_m}{2TP_s k_1 (e^{k_2 T} - e^{k_2 t_w})}$。

当 $u_s = u_0$ 时，可以得到 $\varphi_2^* = \dfrac{k_2 T q_s - 2k_2 P_0}{2P_s k_1 (e^{k_2 T} - 1)}$。

当 $u_m = u_s$ 时，可以得到 $\varphi_3^* = \dfrac{k_2 q_m (2Tt_w - t_w^2) + k_2 q_s (T - t_w)^2 - 2Tk_2 P_m - k_2 q_s T^2}{2TP_s k_1 (1 - e^{k_2 t_w})}$。

3）产品市场的划分

每个消费者根据产品和自身消费习惯的特性决定自身的购买行为，如果站在整个消费者群体的角度，可以认为生产商提供的产品（服务）决定了其在产品（服务）市场上的地位。当生产商提供的产品（服务）能够满足所有消费者的消费偏好时，生产商在产品（服务）市场上就处于垄断地位；当生产商提供的产品（服务）能够满足部分消费者的消费偏好时，生产商在产品（服务）市场上就处于竞争地位，需要和其他产品生产商（服务市场上独立的服务商）之间竞争市场份额；当生产商提供的产品（服务）不能够满足任何一个消费者的消费偏好时，生产商就被退出产品（服务）市场。因此，根据消费者的消费偏好，可以将产品服务系统面对的市场进行划分。

由式（2.42）和式（2.43）可知，消费者的感知效用与消费者的风险规避系数是线性相关的，且有 $\dfrac{du_m}{d\varphi} = -P_s \dfrac{k_1}{k_2} (e^{k_2 T} - e^{k_2 t_w})$，$\dfrac{du_s}{d\varphi} = -P_s \dfrac{k_1}{k_2} (e^{k_2 T} - 1)$，由于 $k_2 t_w > 0$，因此可以得到 $\dfrac{du_s}{d\varphi} < \dfrac{du_m}{d\varphi} < 0$。

对于 φ_1^*、φ_2^* 以及 φ_3^* 的大小,例如,当 $\varphi_1^* > \varphi_2^* > \varphi_3^*$ 时,可以得到 $\dfrac{\mathrm{d}u_s}{\mathrm{d}\varphi} > \dfrac{\mathrm{d}u_m}{\mathrm{d}\varphi} > 0$,与前文得到的结论不符,因此予以排除;依此类推,$\varphi_1^*$、$\varphi_2^*$ 以及 φ_3^* 的大小关系是 $\varphi_1^* < \varphi_2^* < \varphi_3^*$ 或 $\varphi_3^* < \varphi_2^* < \varphi_1^*$。

(1) 当 $\varphi_1^* < \varphi_2^* < \varphi_3^*$ 时,u_m、u_s 以及 u_0 的位置关系如图 2.50 所示。

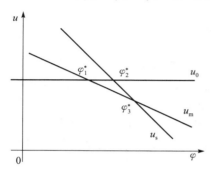

图 2.50　$\varphi_1^* < \varphi_2^* < \varphi_3^*$ 时 u_m、u_s 和 u_0 位置关系图

通过比较 φ_1^*、φ_2^*、φ_3^* 以及消费者群体风险规避系数的下限和上限 $\underline{\varphi}$ 和 $\overline{\varphi}$ 的大小,即可以得到选择购买生产商生产的产品以及提供的服务期、仅仅从生产商处购买产品以及不购买此生产商提供的产品的相应的消费者的数量。

① 当 $\underline{\varphi} < \varphi_2^*$ 时,对于市场所有消费者,都有 $\max(u_m, u_s, u_0) = u_s$,因此所有的消费者都会选择购买该生产商生产的产品,同时选择按照产品需要从服务市场上独立服务商处购买服务,即有 $D_m = 0, D_s = Q, D_0 = 0$。

② 当 $\underline{\varphi} < \varphi_2^* < \overline{\varphi}$ 时,对于市场的消费者,当其自身的风险规避系数 $\varphi \in [\underline{\varphi}, \varphi_2^*]$ 时,可以得到 $\max(u_m, u_s, u_0) = u_s$,因此这部分消费者将会选择购买该生产厂商生产的产品,同时选择按照产品需要从服务市场上的独立的服务商处购买服务;而当消费者自身的风险规避系数 $\varphi \in [\varphi_2^*, \overline{\varphi}]$ 时,可以得到 $\max(u_m, u_s, u_0) = u_0$,因此这部分消费者对生产商提供的产品和服务都不满意,将会选择不购买此产品,即有

$$D_m = 0, \quad D_s = \frac{\varphi_2^* - \underline{\varphi}}{\overline{\varphi} - \underline{\varphi}} Q, \quad D_0 = \frac{\overline{\varphi} - \varphi_2^*}{\overline{\varphi} - \underline{\varphi}} Q$$

③ 当 $\varphi_2^* < \underline{\varphi}$ 时,对于市场上的所有消费者,都有 $\max(u_m, u_s, u_0) = u_0$,即所有的消费者都认为该生产商生产的产品和提供的服务都没有达到自身的预期,因此都不选择购买此产品,即有 $D_m = 0, D_s = 0, D_0 = Q$。

(2) 当 $\varphi_3^* < \varphi_2^* < \varphi_1^*$ 时,u_m、u_s 以及 u_0 的位置关系如图 2.51 所示。

比较 φ_1^*、φ_2^*、φ_3^*、$\underline{\varphi}$ 以及 $\overline{\varphi}$ 的大小,如下所示。

① 当 $\overline{\varphi} < \varphi_3^*$ 时,对于市场所有的消费者,都有 $\max(u_m, u_s, u_0) = u_s$,因此市场上所有的消费者都会选择购买该生产厂商生产

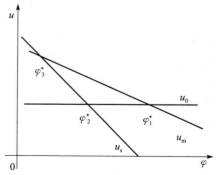

图 2.51　$\varphi_3^* < \varphi_2^* < \varphi_1^*$ 时,u_m、u_s 和 u_0 位置关系图

的产品,同时选择按照产品需要从服务市场上独立的服务商处购买服务,因此有 $D_m = 0, D_s = Q, D_0 = 0$。

②当 $\underline{\varphi} < \varphi_3^* < \overline{\varphi} < \varphi_1^*$ 时,对于市场的消费者,当其自身的风险规避系数 $\varphi \in [\underline{\varphi}, \varphi_3^*]$ 时,可以得到 $\max(u_m, u_s, u_0) = u_s$,因此市场上所有的消费者都会选择购买该生产厂商生产的产品,同时选择按照产品需要从服务市场上的独立服务商处购买服务;当其风险规避系数 $\varphi \in [\varphi_3^*, \overline{\varphi}]$ 时,可以得到 $\max(u_m, u_s, u_0) = u_m$,因此会选择购买该生产厂商提供的产品,同时购买生产商提供的服务期,即有 $D_m = \dfrac{\varphi_3^* - \underline{\varphi}}{\overline{\varphi} - \underline{\varphi}} Q, D_s = \dfrac{\overline{\varphi} - \varphi_3^*}{\overline{\varphi} - \underline{\varphi}} Q, D_0 = 0$。

③当 $\underline{\varphi} < \varphi_3^* < \varphi_2^* < \varphi_1^* < \overline{\varphi}$ 时,对于市场上的消费者,当其自身的风险规避系数 $\varphi \in [\underline{\varphi}, \varphi_3^*]$ 时,可以得到 $\max(u_m, u_s, u_0) = u_s$,因此这部分消费者会选择购买该生产厂商生产的产品,同时选择按照产品需要从服务市场上的独立服务商处购买服务;当其自身的风险规避系数 $\varphi \in [\varphi_3^*, \varphi_1^*]$ 时,可以得到 $\max(u_m, u_s, u_0) = u_m$,因此这部分的消费者会选择购买该生产厂商提供的产品,同时购买生产商提供的服务期;当其自身的风险规避系数 $\varphi \in [\varphi_1^*, \overline{\varphi}]$ 时,可以得到 $\max(u_m, u_s, u_0) = u_0$,因此这部分消费者会认为该生产商生产的产品和提供的服务都没有达到自身的预期,因此都不选择购买此产品,即有

$$D_m = \frac{\varphi_1^* - \varphi_3^*}{\overline{\varphi} - \underline{\varphi}} Q, \quad D_s = \frac{\varphi_3^* - \underline{\varphi}}{\overline{\varphi} - \underline{\varphi}} Q, \quad D_0 = \frac{\overline{\varphi} - \varphi_1^*}{\overline{\varphi} - \underline{\varphi}} Q$$

④当 $\varphi_3^* < \underline{\varphi} < \overline{\varphi} < \varphi_1^*$ 时,对于市场上所有的消费者,都有 $\max(u_m, u_s, u_0) = u_m$,因此市场上所有的消费者都会选择购买该生产厂商提供的产品,同时购买生产商提供的服务期,即有 $D_m = Q, D_s = 0, D_0 = 0$。

⑤当 $\varphi_3^* < \underline{\varphi} < \varphi_1^* < \overline{\varphi}$ 时,对于市场上的消费者,当其自身的风险规避系数 $\varphi \in [\underline{\varphi}, \varphi_1^*]$ 时,可以得到 $\max(u_m, u_s, u_0) = u_m$,因此会选择购买该生产厂商提供的产品,同时购买生产商提供的服务期;当其自身的风险规避系数 $\varphi \in [\varphi_1^*, \overline{\varphi}]$ 时,可以得到 $\max(u_m, u_s, u_0) = u_0$,因此这部分消费者会认为该生产商生产的产品和提供的服务都没有达到自身的预期,因此都不选择购买此产品,即有

$$D_m = \frac{\varphi_1^* - \underline{\varphi}}{\overline{\varphi} - \underline{\varphi}} Q, \quad D_s = 0, \quad D_0 = \frac{\overline{\varphi} - \varphi_1^*}{\overline{\varphi} - \underline{\varphi}} Q$$

⑥当 $\varphi_1^* < \underline{\varphi}$ 时,对于市场上所有的消费者都有 $\max(u_m, u_s, u_0) = u_0$,因此所有的消费者都会认为该生产商生产的产品和提供的服务没有达到自身的预期,因此都不选择购买此产品,即有 $D_m = 0, D_s = 0, D_0 = Q$。

综上所述,根据生产商提供的产品和服务的特性可以得到不同情况下对应的市场类型。在面向产品的产品服务系统中,服务是作为产品的附加物单独出售的,

因此可以将生产商面对的整个市场看成由产品市场和服务市场两个部分组成,根据生产商的产品和服务在对应的产品市场和服务市场上所占的市场份额(由高到低可以分为垄断、竞争和零)可以将生产商面临的市场分为七种类型,具体如图 2.52 所示。

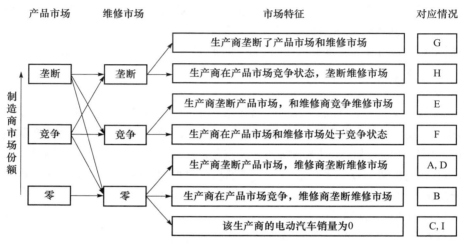

图 2.52　消费者市场划分图

根据图 2.52 对生产商面临市场的划分以及市场占有量的初步分析,可以对生产商在面临不同的生产条件时为了获得自身利益需要进行的决策进行初步简要的分析。

与情况④相对应,生产商完全垄断了产品市场和服务市场,市场上所有的消费者都选择从该生产商处购买产品和服务期。在这种情况下,生产商只需要在维持这种情况所需的条件下,提高产品和服务期的出售价格,就能够不断提高自身获得的利润。

与情况⑤相对应,此时,生产商垄断了服务市场,原来服务市场上的独立服务商被挤出了服务市场。市场上的消费者只会做出两种选择:选择从该生产商处购买产品以及服务期,对生产商提供的产品和服务方案不满意选择不购买该生产商提供的产品,生产厂商面临的竞争主要是产品市场上的竞争,作为生产厂商应该调节其产品的价格策略,改善产品对消费者的感知价值,提高利润。

与情况②相对应,此时,生产商垄断了产品市场,市场上所有的消费者都会选择购买该生产商提供的产品,然而在服务市场上,生产商面临着独立服务商的竞争,消费者会选择购买生产商出售的服务期,也会有可能选择从服务市场上的独立服务商处购买服务。如果将市场看成两个阶段,生产商为了获得更大的利益,一方面可以在满足当前情况所需的条件下调高产品的价格,另一方面在服务市场上需要和独立服务商进行博弈。在这种情况下,生产商需要不断提高自身的服务水平,调节服务价格,从而扩大服务市场的份额。

与情况③相对应,此时,市场情况相对比较复杂,生产商在产品市场和服务市场上都面临着激烈的竞争。消费者会根据自身的消费偏好选择从生产商处购买产品和服务,仅仅从生产商处购买产品当产品需要服务支持时再从服务市场上独立的服务商处购买,或者对生产商提供的产品和服务方案不满意选择不购买此产品。生产商在这种情况下如何制定策略,综合考虑产品市场上其他生产商的竞争以及服务市场上独立的服务商的竞争扩大市场份额,使企业获得更大的收益,这部分将是本节研究的重点。

与两种情况①相对应,此时,市场上的情况和传统市场上的垄断生产商类似,生产商垄断了产品市场,市场上所有的消费者都选择购买该生产商生产的产品,然而在服务市场上,该生产商的市场份额为零,所有的消费者都选择从独立的服务商处购买服务。在这种情况下,生产商提高利润的途径主要有两种:一是在维持这种情况的条件下,通过提高产品价格继续扩大在产品市场上的收益;另一种是调节服务质量和服务价格,进入服务市场,通过采用生产服务系统的运营模式延伸企业的利润空间,提高企业的竞争力。

与情况②相对应,此时,市场上的情况和当前大部分传统制造企业面临的情况类似,企业在产品市场上面临着其他类似产品的生产商的竞争,而在服务市场上,企业的市场份额为零,所有的消费者都选择从服务市场上的独立服务商处获得服务。与情况①类似,在这种情况下,生产商提高利润的途径主要有两种:一是调节产品的价格和特性,使得产品在产品市场上更有竞争力,通过提高产品的盈利能力提高企业的利润;另一种是调节服务质量和服务价格,进入服务市场,通过采用生产服务系统的运营模式延伸企业的利润空间,从而进一步提高企业的竞争力。

在(1)-③、(2)-⑤情况下,此时生产商生产的产品的市场份额为 0,该生产商已经被完全挤出市场,生产商应该调整价格策略和提高产品质量,重新挤入市场。

综上所述,以上九种情况对应着七种不同的市场,在每一种不同的市场类型下,企业都有不同的价格策略。本节主要研究 $\varphi < \varphi_3^* < \varphi_2^* < \varphi_1^* < \bar{\varphi}$ 对应的市场,此时生产商在产品市场和服务市场都处于竞争状态。

首先,相比较于其他的市场类型,这种市场类型条件更具有一般性,大多数传统的企业进行服务延伸的改革时都会面临这种类型的市场,对现实的企业指导意义也很大;

此外,相比较于其他的市场类型,这种情况的市场的研究难度也更大。此时,消费者的选择更加多样化,企业面临的竞争更加激烈,限制也更加苛刻。这种市场类型的研究方法对于其他的市场条件也同样具有很强的参考意义。

4）生产商和独立维修商利润模型

如前所述，本节主要研究当生产商在产品市场和服务市场都处于竞争状态下的市场，即 $\varphi < \varphi_3^* < \varphi_2^* < \varphi_1^* < \bar{\varphi}$，此时可以有 $\min(D_m, D_s, D_0) > 0$，市场上三种消费者都存在。

此时市场上选择购买生产商生产的产品和出售的服务期的人数为 $D_m = \dfrac{\varphi_1^* - \varphi_3^*}{\bar{\varphi} - \varphi} Q$；选择从生产商处仅购买产品，当产品需要服务支持时从服务市场上独立的服务商处购买服务的消费者数量为 $D_s = \dfrac{\varphi_3^* - \bar{\varphi}}{\bar{\varphi} - \varphi} Q$；对生产商生产的产品和出售的服务不满意选择不购买此生产商生产的产品的消费者数量为 $D_0 = \dfrac{\bar{\varphi} - \varphi_1^*}{\bar{\varphi} - \varphi} Q$。

设生产商生产产品的成本为 C_1，生产商和服务商每次服务保养的成本相同，都记为 C_2。此时，生产商的利润来源主要来自两个方面：通过向消费者出售产品获得利润，通过消费者购买生产商出售的服务期，利用服务获得的利润。因此，生产商的利润可以表示为

$$\pi_m = \left(P_m - C_2 \int_0^{t_w} k_1 e^{k_2 t} dt \right) D_m + (P_0 - C_1)(D_m + D_s)$$

即

$$\pi_m = \left[P_m - C_2 \frac{k_1}{k_2} (e^{k_2 t_w} - 1) \right] D_m + (P_0 - C_1)(D_m + D_s)$$

经过计算得到

$$\pi_m = Q \left[P_m - C_2 \frac{k_1}{k_2} (e^{k_2 t_w} - 1) \right] \frac{\varphi_1^* - \varphi_3^*}{\bar{\varphi} - \varphi} + Q(P_0 - C_1) \frac{\varphi_1^* - \varphi}{\bar{\varphi} - \varphi} \quad (2.44)$$

服务商的利润来源也主要分为两个方面：选择从生产商处购买产品和服务期的消费者在服务期结束以后产品需要提供服务支持时从服务市场上独立的服务商处购买服务；消费者选择从生产商处仅仅购买产品，在产品生命周期内从服务市场上独立的服务商处购买服务的费用，因此服务商的利润可以表达为

$$\pi_s = (P_s - C_2) \left(D_m \int_{t_w}^T k_1 e^{k_2 t} dt + D_s \int_0^T k_1 e^{k_2 t} dt \right)$$

即

$$\pi_s = (P_s - C_2) \left[\frac{k_1 D_m}{k_2} (e^{k_2 T} - e^{k_2 t_w}) + \frac{k_1 D_s}{k_2} (e^{k_2 T} - 1) \right]$$

经过计算得到

$$\pi_s = Q(P_s - C_2) \left[\frac{k_1 (\varphi_1^* - \varphi_3^*)}{k_2 (\bar{\varphi} - \varphi)} (e^{k_2 T} - e^{k_2 t_w}) + \frac{k_1 (\varphi_3^* - \bar{\varphi})}{k_2 (\bar{\varphi} - \varphi)} (e^{k_2 T} - 1) \right]$$

$$(2.45)$$

5) 生产商和服务商处于竞争关系时出售服务期对生产商的影响

波士顿矩阵（BCG matrix）是布鲁斯于1970年开创的一种企业生产产品组合的分析和规划方法。如图 2.53 所示，其以产品的市场占有率和市场增长率分别为横轴和纵轴，将产品分解为：问号业务、明星业务、现金牛业务以及瘦狗业务。

图 2.53　波士顿矩阵

在这四类业务中，处在瘦狗业务的产品是企业亟须退出的产品，在本节不进行研究。对于其他三种类型的产品，现金牛业务处在业务的成熟期是企业当前利润的主要来源，因此对于此类业务，企业需要是以获得利润最大化为主要目标的。对于决定投资的问题业务以及明星业务，由于市场增长很快，企业的目标应该是为了实现长期利益的最大化，因此当前企业的目标往往是实现销售量的最大，以期在一定时间内快速占领市场，建立市场的主导地位。

上文给出生产商在产品市场和服务市场都处于竞争状态时生产商和服务市场上的独立的服务商的利润模型。在面向产品的产品服务系统中，生产商向服务市场延伸必然会影响到原来服务市场上的独立维修商的既得利益，双方针对服务市场进行竞争。这一部分将研究生产商和独立的服务商之间的竞争过程，并且最终的市场状态以及在这种情况下，生产商是如何实现企业利润和销售量的增加的。本节以现金牛业务、明星业务以及决定投资的问题业务为研究目标，分别研究生产商以追求利润最大化和销售量最大化时，生产商向消费者出售服务期最终市场上的产品、服务期以及每次服务的价格应该为多少，而这些策略的制定又会对企业的销售利润和销售量产生什么影响。

3. 生产商追求利润最大化时出售服务期的影响

当生产商决定采用面向产品的产品服务系统的运营模式，进入服务市场时，和服务市场上的独立服务商为了实现各自利润的最大化，在向消费者出售的服务时间确定的条件下不断调整自身的价格策略。下面的内容分为两部分：第一部分主要介绍生产商和服务商在追求利润最大化时，双方价格策略的博弈过程；第二部分主要是研究向消费者出售服务期对于生产商产生的影响。

1) 生产商和服务商价格博弈过程

生产商进入服务市场时，服务市场上独立服务商每次服务的价格为 P_s^0，此时，生产商可以根据当前服务市场的条件制定相应的产品和服务的最优价格策略 $[P_0^1,$ $P_m^1]$；同时，生产商的进入会导致独立服务商面临的服务市场环境发生变化，原来的价格并不能使自己在新的市场环境中获得最大的收益，因此独立维修商会根据生产商制定的产品和服务的价格组合$[P_0^1, P_m^1]$，重新制定相应每次服务的价格P_s^1；而服务市场上独立服务商价格的变动同样会导致生产商面临的产品市场的市场条件发生改变，之前制定的产品和服务的价格组合$[P_0^1, P_m^1]$并不能使得生产商在当前的条件下获得最大的收益，因此生产商也会重新制定新的产品和服务的价格组合$[P_0^2, P_m^2]$……

经过$n-1$轮博弈后，当生产商根据当前的市场情况制定第n轮的最优价格P_0^n和P_m^n时，可以有$\dfrac{\mathrm{d}\pi_m}{\mathrm{d}P_m}\bigg|_{P_s=P_s^{n-1}}=0$和$\dfrac{\mathrm{d}\pi_m}{\mathrm{d}P_0}\bigg|_{P_s=P_s^{n-1}}=0$；同理，独立服务商制定第$n$轮的最优价格$P_s^n$，需要考虑当前市场上生产商的产品和服务的价格，可以有$\dfrac{\mathrm{d}\pi_s}{\mathrm{d}P_s}\bigg|_{P_m=P_m^n, P_s=P_s^{n-1}}=0$。通过计算可以得到

$$\begin{cases} 2P_m^n+2P_0^n\dfrac{1-\mathrm{e}^{k_2 t_w}}{1-\mathrm{e}^{k_2 T}}=A+\dfrac{k_1 C_2(\mathrm{e}^{k_2 t_w}-1)}{k_2}+C_1\dfrac{1-\mathrm{e}^{k_2 t_w}}{1-\mathrm{e}^{k_2 T}}+\dfrac{Tq_s(\mathrm{e}^{k_2 T}-\mathrm{e}^{k_2 t_w})}{2(1-\mathrm{e}^{k_2 T})} \\[3mm] A-2P_m^n-2P_0^n+C_1+\dfrac{k_1 C_2(\mathrm{e}^{k_2 t_w}-1)}{k_2}=\dfrac{k_1\varphi P_s^{n-1}}{k_2}(\mathrm{e}^{k_2 T}-\mathrm{e}^{k_2 t_w}) \\[3mm] k_2 C_2\left(\dfrac{T}{2}q_s-P_0^n\right)=k_1\underline{\varphi} P_s^{n^2}(\mathrm{e}^{k_2 T}-1) \end{cases}$$

$$(2.46)$$

其中，$A=q_m\left(t_w-\dfrac{t_w^2}{2T}\right)+\dfrac{q_s}{2T}(T-t_w)^2$。

当生产商和服务市场上的独立服务商经过多轮博弈最终达到均衡时，可以有$P_0=P_0^{n-1}$，$P_m=P_m^{n-1}$和$P_s=P_s^{n-1}$，因此，通过整理得到

$$\begin{cases} 2P_m+2P_0\dfrac{1-\mathrm{e}^{k_2 t_w}}{1-\mathrm{e}^{k_2 T}}=A+\dfrac{k_1 C_2(\mathrm{e}^{k_2 t_w}-1)}{k_2}+C_1\dfrac{1-\mathrm{e}^{k_2 t_w}}{1-\mathrm{e}^{k_2 T}}+\dfrac{Tq_s(\mathrm{e}^{k_2 T}-\mathrm{e}^{k_2 t_w})}{2(1-\mathrm{e}^{k_2 T})} \\[3mm] A-2P_m-2P_0+C_1+\dfrac{k_1 C_2(\mathrm{e}^{k_2 t_w}-1)}{k_2}=\dfrac{k_1\varphi P_s}{k_2}(\mathrm{e}^{k_2 T}-\mathrm{e}^{k_2 t_w}) \\[3mm] k_2 C_2\left(\dfrac{T}{2}q_s-P_0\right)=k_1\underline{\varphi} P_s^2(\mathrm{e}^{k_2 T}-1) \end{cases}$$

$$(2.47)$$

其中，$A=q_m\left(t_w-\dfrac{t_w^2}{2T}\right)+\dfrac{q_s}{2T}(T-t_w)^2$。

通过式（2.47）可以求得生产商和独立服务商经过多轮博弈最终市场上产品、生产商出售的服务期以及独立服务商每次服务的价格；进而分析得到，生产厂商通过向消费者出售服务期对企业利润的影响程度。

2）向消费者出售服务期对于生产商的影响分析

为了比较生产商向消费者出售服务期对生产商的影响，首先求得当生产商按

照传统的模式运营,不向消费者出售服务期时,生产商生产的产品的销售量以及利润。

当生产商不向消费者出售服务期时,如图 2.54 所示,消费者的选择只有两种:选择购买该生产商生产的产品,从服务市场上独立的服务商处购买服务,其效用为 u_s,这部分消费者的数量为 $D_1 = \dfrac{\varphi_2^* - \underline{\varphi}}{\overline{\varphi} - \underline{\varphi}} Q$;消费者选择不购买时,则其购买的期望效用为 u_0,这部分消费者数量为 $D_2 = \dfrac{\overline{\varphi} - \varphi_2^*}{\overline{\varphi} - \underline{\varphi}} Q$。

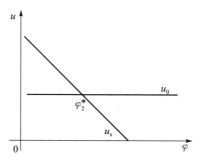

图 2.54　传统模式下消费者效用与风险规避系数之间的关系

在这种情况下,生产商和服务市场上服务商的利润分别为

$$\pi_m = Q(P_0 - C_1)\,\frac{\varphi_2^* - \underline{\varphi}}{\overline{\varphi} - \underline{\varphi}} \tag{2.48}$$

$$\pi_s = Q\,\frac{k_1(\overline{\varphi} - \varphi_2^*)}{k_2(\overline{\varphi} - \underline{\varphi})}(P_2 - C_2)(e^{k_2 T} - 1) \tag{2.49}$$

其中,$\varphi_2^* = \dfrac{k_2 T q_s - 2 k_2 P_0}{2 P_s k_1 (e^{k_2 T} - 1)}$。

同上,生产商和服务商都是为了实现各自利润的最大化。生产商根据服务商的服务价格制定最有利于自身的产品出售价格,而生产商产品价格改变的同时也使得服务商面临的市场环境发生改变,从而促使服务商修正自身的服务价格……双方在第 n 轮博弈时,生产商制定最优价格 P_0^n,可以有 $\dfrac{\mathrm{d}\pi_m}{\mathrm{d}P_0}\Big|_{P_s = P_s^{n-1}} = 0$;同理,独立服务商制定的最优价格 P_s^n,可以有 $\dfrac{\mathrm{d}\pi_s}{\mathrm{d}P_s}\Big|_{P_m = P_m^n, P_s = P_s^{n-1}} = 0$。当博弈最终达到均衡时,可以有 $P_0^n = P_0^{n-1}$,$P_s^n = P_s^{n-1}$,即可以获得

$$\begin{cases} 2P_0 - C_1 = \dfrac{k_1 \underline{\varphi} P_s}{k_2}(1 - e^{k_2 T}) + \dfrac{T}{2} q_s \\[2mm] k_2 C_2 \left(\dfrac{T}{2} q_s - P_0\right) = k_1 \underline{\varphi} P_s^2 (e^{k_2 T} - 1) \end{cases} \tag{2.50}$$

其中,$\varphi_2^* = \dfrac{k_2 T q_s - 2 k_2 P_0}{2 P_s k_1 (e^{k_2 T} - 1)}$。

将式(2.47)中前两个分式合并,得到 $2P_0 - C_1 = \dfrac{k_1 \underline{\varphi} P_s}{k_2}(1 - e^{k_2 T}) + \dfrac{T}{2} q_s$,与式(2.50)相比较可以知,与传统的经营模式相比,当生产商向消费者出售服务期时,生产商对产品的出售价格 P_0^* 和独立的服务商单次服务的价格 P_s^* 保持不变,从

而可知,消费者的风险规避系数的临界值 φ_2^* 不变。

当生产商按照传统的经营模式,不向消费者出售服务期时,其产品的销售量为 $D_1 = \dfrac{\varphi_2^* - \underline{\varphi}}{\overline{\varphi} - \underline{\varphi}} Q$,当生产商采用产品服务系统,向消费者出售服务期时,生产商生产的产品的销售量为 $D_2 = D_m + D_s = \dfrac{\varphi_1^* - \underline{\varphi}}{\overline{\varphi} - \underline{\varphi}} Q$,即可以获得产品销售量的变化量为

$$\Delta D = D_2 - D_1 = \frac{\varphi_1^* - \varphi_2^*}{\overline{\varphi} - \underline{\varphi}} Q$$

由于假设生产商在产品和服务市场都处于竞争状态,即对于消费者风险规避系数有 $\underline{\varphi} < \varphi_3^* < \varphi_2^* < \varphi_1^* < \overline{\varphi}$,因此可以得到 $\Delta D > 0$,即向消费者出售一定时间的保修期会使得生产商生产的产品销售量增加,增加量为

$$\Delta D = \frac{\varphi_1^* - \varphi_2^*}{\overline{\varphi} - \underline{\varphi}} Q$$

$$\varphi_1^* = \frac{k_2 q_m (2Tt_w - t_w^2) + k_2 q_s (T - t_w)^2 - 2Tk_2 P_0 - 2Tk_2 P_m}{2TP_s k_1 (\mathrm{e}^{k_2 T} - \mathrm{e}^{k_2 t_w})}$$

$$\varphi_2^* = \frac{k_2 T q_s - 2k_2 P_0}{2P_s k_1 (\mathrm{e}^{k_2 T} - 1)}$$

同时,当生产商按照传统的运营模式,不向消费者出售服务期时,市场上产品的销售价格为 P_0^*,此时生产商的利润为 $\pi_1 = (P_0^* - C_1) D_1$;当生产商采用产品服务系统时,向服务延伸,出售一定时间的服务期给消费者,根据分析,市场上产品的销售价格为 P_0^*,服务期的销售价格为 P_m^*,此时生产商通过出售产品和服务期能够获得的利润为

$$\pi_2 = D_m \left[P_m^* - C_2 \frac{k_1}{k_2} (\mathrm{e}^{k_2 T} - \mathrm{e}^{k_2 t_w}) \right] + (P_0^* - C_1) D_2$$

从而得到当生产商向市场上消费者在出售产品的同时出售一定时间的服务期时,能够获得的利润变化量为

$$\Delta \pi = \Delta D (P_0^* - C_1) + D_m \left[P_m^* - C_2 \frac{k_1}{k_2} (\mathrm{e}^{k_2 T} - \mathrm{e}^{k_2 t_w}) \right]$$

由前文的分析可知 $\Delta D > 0$,可以得到 $\Delta \pi > 0$,即生产商通过向消费者在出售产品的同时出售一定时期的服务期能够使得其利润增加。

通过分析上式中生产商出售一定时间服务期而导致的利润增加量可以看出,生产商的利润增量主要来自于两个方面:一方面通过向消费者出售一定服务期,使得消费者对产品的感知效用提高,从而引起产品的销售量增加,通过销售这部分销售量增加的产品获得利润;另一方面,生产商在向消费者出售一定的时间服务期引起消费者数量增加的同时,也能通过出售服务期而获得一部分利润,进而提高企业的总利润。通过分析得知,向消费者出售服务期不仅能够实现企业的增值,也能够

有效提高消费者对产品的感知,使得消费者效用增值。在实现生产商和消费者共赢的同时还有助于提高生产上产品的吸引力,帮助生产商有效地进行消费者管理,留住消费者。

4. 生产商追求销售量最大化时出售服务期的影响

利润是企业追求的最终目标,但是并不是所有的企业都以追求短期利润最大化为目标。对于波士顿矩阵中的明星产品,其管理策略应该是以实现企业的长远利益为目标,采用积极的措施增强产品的市场竞争力,提高市场占有率。同时对于决定进行投资的问号产品,由于其产品的市场占有率相对较低,但是由于产品的市场前景很大,对于这种产品和业务,生产商应该积极寻找策略,提高产品对消费者的吸引力,能够快速地提高产品的市场份额,促进企业的产品向明星产品和现金牛产品转变。如电动汽车,由于受到产品价格偏高以及人们对新产品稳定性的怀疑态度等因素的影响,其市场份额相对较低,但是电动汽车是未来汽车发展的主导方向,也是国家政策积极推动的产品,发展电动汽车产业对环境和资源也有很重要的意义,因此目前电动汽车越来越受到消费者的关注,销售量的增长率也非常可观。

产品服务系统是以提高消费者对产品的感知价值,满足消费者多样化的需求为出发点的模式。当消费者的需求得到满足,认为产品对自身的价值得到提高时,消费者就会更加倾向于购买生产商提供的产品。因此,产品服务系统也是一种有效的促进产品销售量的手段。针对明星产品和已经决定投资的问号产品的主要目标是提高产品的市场占有率。本节主要研究在生产商维持一定利润水平的条件下,通过采用向消费者出售一定服务时间的服务期的模式能够使得生产商的销售量得到提高的水平。

在产品服务系统中,当生产商以提高产品的销售量为主要目标时,生产商为了维持企业自身的稳定运转,需要维持企业的一定利润水平 M,通过分析可以得到

$$\pi = D_m \left[P_m - C_2 \frac{k_1}{k_2} (e^{k_2 T} - e^{k_2 t_w}) \right] + (P_0 - C_1)(D_m + D_s) = M$$

按照前文分析有

$$D_m = \frac{\varphi_1^* - \varphi_3^*}{\bar{\varphi} - \underline{\varphi}} Q, \quad D_s = \frac{\varphi_3^* - \underline{\varphi}}{\bar{\varphi} - \underline{\varphi}} Q$$

$$\varphi_1^* = \frac{k_2 q_m (2T t_w - t_w^2) + k_2 q_s (T - t_w)^2 - 2T k_2 (P_0 + P_m)}{2 T P_s k_1 (e^{k_2 T} - e^{k_2 t_w})}$$

$$\varphi_3^* = \frac{k_2 q_m (2T t_w - t_w^2) + k_2 q_s (T - t_w)^2 - 2T k_2 P_m - k_2 q_s T^2}{2 T P_s k_1 (1 - e^{k_2 t_w})}$$

因此可以给出生产商在维持企业一定利润水平的条件,独立服务商价格不变的情

况下,追求销售量最大化时,生产商向消费者出售一定时间服务期对销售量的影响:

$$\max \quad D_m + D_s$$

$$\text{s. t.} \begin{cases} D_m\left[P_m - C_2\dfrac{k_1}{k_2}(e^{k_2T} - e^{k_2t_w})\right] + (P_0 - C_1)(D_m + D_s) = M \\ D_m = \dfrac{\varphi_1^* - \varphi_3^*}{\bar{\varphi} - \underline{\varphi}}Q \\ D_s = \dfrac{\varphi_3^* - \underline{\varphi}}{\bar{\varphi} - \underline{\varphi}}Q \\ P_m > 0, P_0 > 0 \end{cases} \tag{2.51}$$

同时,此模型可以求出生产商在维持一定利润水平条件下,通过出售服务期能够获得产品的最大销售量。同时,对于式(2.51)可以得到

$$D_m + D_s = \frac{\varphi_1^* - \underline{\varphi}}{\bar{\varphi} - \underline{\varphi}}Q, \varphi_1^* = \frac{k_2q_m(2Tt_w - t_w^2) + k_2q_s(T - t_w)^2 - 2Tk_2(P_0 + P_m)}{2TP_sk_1(e^{k_2T} - e^{k_2t_w})}$$

即 $D_m + D_s = N_1 + N_2(P_0 + P_m)$,其中 N_1, N_2 是参数,且 $N_2 < 0$,因此可以得到,当产品的销售量最大时,生产商出售产品的价格和服务期的价格之和最小。

5. 案例分析

为了更好地对本章的理论进行分析,现假设某品牌的电动汽车生产商准备向消费者出售保修服务,根据企业对自身生产的电动汽车进行的评估及对消费者市场的调研,获得产品和市场基本参数如表 2.19 所示。

表 2.19　市场基本参数表

符号	$\underline{\varphi}$	$\bar{\varphi}$	C_1	C_2	Q	q_m	q_s	k_1	k_2	T
取值	0.5	3	80000 元	200 元	1	40000	35000	0.3	0.5	10 年

1) 固定保修期条件下电动汽车生产商利润及电动汽车价格和销售量

设该品牌的电动汽车生产商设定的电动汽车保修期为 3 年,在生产商未出售保修期之前,市场上电动汽车每次的维修价格为 800 元。根据前面"3. 生产商追求利润最大化时出售服务期的影响"和"4. 生产商追求销售量最大化时出售服务期的影响"的分析,可以得到电动汽车生产商向消费者出售保修期会导致生产商和维修市场上维修商之间的价格博弈,其具体过程如表 2.20 所示。

表 2.20　电动汽车生产商和服务商博弈过程　　　　　　　　（单位:元）

博弈轮数	P_0	P_m	P_s	D_m	D_s	D_0	π_m	π_s
0			800					
1	109810	14003	543	0.103	0.242	0.655	11702	10403

续表

博弈轮数	P_0	P_m	P_s	D_m	D_s	D_0	π_m	π_s
2	115494	13735	519	0.159	0.164	0.677	13564	8987
3	116029	13710	516	0.164	0.156	0.680	13727	8856
4	116081	13707	516	0.165	0.155	0.680	13742	8843
5	116086	13707	516	0.165	0.155	0.680	13744	8842
6	116086	13707	516	0.165	0.155	0.680	13744	8842
7	116086	13707	516	0.165	0.155	0.680	13744	8842
8	116086	13707	516	0.165	0.155	0.680	13744	8842
9	116086	13707	516	0.165	0.155	0.680	13744	8842
10	116086	13707	516	0.165	0.155	0.680	13744	8842

通过表 2.20 和图 2.55～图 2.57 可以看出,电动汽车生产商和电动汽车独立维修商经过五轮的价格博弈达到均衡,此时生产商出售电动汽车的价格为 116086 元,生产商出售三年保修期的价格为 13707 元,独立维修商每次维修电动汽车的价格为 516 元。购买生产商出售的电动汽车和维修期的消费者约占整个消费者市场的 16.5%,仅从生产商处购买电动汽车,当电动汽车发生故障时从独立维修商处维修的消费者占整个消费者市场的 15.5%,即整个购买电动汽车的消费者数量约占消费者总数的 32.0%,不购买该生产商生产的电动汽车的消费者数量约占整个市场的 68%。此时,当市场价格博弈稳定后电动汽车生产商的利润为 13744 元,独立维修商的利润为 8842 元。

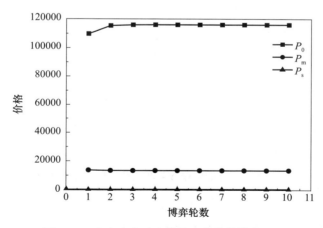

图 2.55 生产商和独立维修商的价格博弈过程

为了更好地比较生产商向消费者出售三年保修期对电动汽车生产商的影响,需要求解出当电动汽车生产商按照传统的经营模式,不向消费者出售保修期时,电动汽车生产商的基本情况。

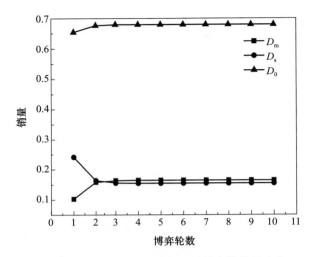

图 2.56 不同类型产品销售量随博弈轮数的变化

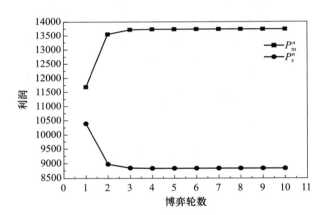

图 2.57 生产商和独立维修商利润随博弈轮数的变化

根据前面对传统模式下生产商的分析,可以得到电动汽车生产商在不向消费者出售保修期时的基本情况,如表 2.21 所示。

表 2.21 不开展保修服务时电动汽车销售的情况

P_0	P_s	π_m	π_s	D_1
116086 元	516 元	11410 元	4334 元	0.316

从表 2.21 中可以发现,当电动汽车生产商不向消费者出售保修期时,其产品的销售价格为 116086 元,市场占有率达到 31.6%,利润为 11410,此时服务市场上的独立维修商的单次维修价格为 516 元,利润为 4334 元。

对比表 2.20 和表 2.21 可以得到,电动汽车生产商通过向消费者出售三年的保修期,电动汽车的销售价格和独立维修商对电动汽车单次维修没有变化。也就是说,出售保修期对于生产商对产品的定价以及独立维修商对维修的定价没有影响。而生产商生产电动汽车的市场占有率由出售保修期前的 31.6% 提高到 32.0% 相比之下略有提高,产品销售量提高了 1.3%;同时,电动汽车生产商的利润由出售保修期前的 11410 元增加到 13744 元,企业利润提高了 20.5%。独立维修商的利润从 4334 元上升到 8842 元,上升了 104.0%。整个电动汽车生命周期内的利润总量从 15744 元上升到 22586 元,上升了 43.5%,

通过对比发现,在给定的假设和条件下,电动汽车生产商采用面向产品的产品服务系统模式。当生产商和维修商都追求利润最大化时,向消费者出售时间为三年的保修期,电动汽车生产商对产品的定价以及维修商对单次维修的定价不受影响,但是能够使得电动汽车的销售量得到提高,从而有效促进生产商的利润和独立维修商利润的增加。另外,独立维修商还通过出售服务拓展整个产业的总利润空间。

2）电动汽车保修期和感知质量时间对生产商影响

在前面"固定保修期条件下电动汽车生产商利润及电动汽车价格和销售量"这部分,针对给定的电动汽车生产商和产品的基本条件研究了在电动汽车生产商向消费者出售三年保修期的情况下,市场的价格博弈过程以及电动汽车生产商的市场份额以及利润的变化过程。其实作为电动汽车生产商,调节市场的要素不仅只有电动汽车及维修的价格,生产商还可以改变电动汽车对消费者的感知效用以及保修期的时间。因此下面将就这两个因素对电动汽车生产商的影响展开讨论。

根据前面"固定保修期条件下电动汽车生产商利润及电动汽车价格和销售量"这部分的分析以及假设的初始条件,调节电动汽车生产商出售的保修期时间长短,可以得到不同保修期长度下电动汽车经过多轮博弈市场达到稳定以后的销售情况,如表 2.22 所示。

表 2.22　保修期与电动汽车销售情况关系表

t_w	P_0	P_m	P_s	D_m	D_s	D_0	π_m	π_s
1	116086	4928	516	0.162	0.155	0.683	12220	8842
2	116086	9452	516	0.162	0.155	0.682	12989	8842
3	116086	13707	516	0.165	0.155	0.680	13744	8842
4	116086	17756	516	0.168	0.155	0.677	14535	8842
5	116086	21823	516	0.174	0.155	0.670	15459	8842
6	116086	26245	516	0.185	0.155	0.660	16710	8842
7	116086	31577	516	0.206	0.155	0.639	18742	8842
8	116086	38732	516	0.253	0.155	0.592	22913	8842
9	116086	49216	516	0.407	0.155	0.438	35955	8842

从表 2.22 和图 2.58～图 2.60 可以得到,当电动汽车生产商设定的保修期时

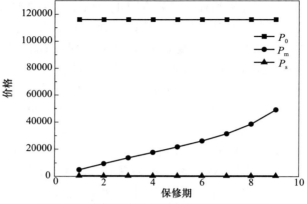

图 2.58 市场均衡价格随保修期的变化情况

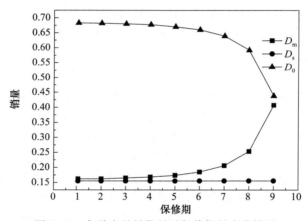

图 2.59 各种产品销售量随保修期的变化情况

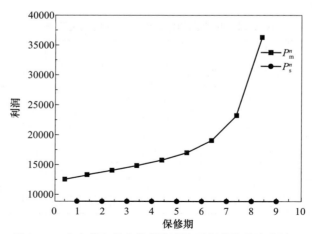

图 2.60 生产商和独立维修商利润随保修期的变化情况

间不同时,生产商和维修商经过多轮价格博弈之后市场的最终状态也会受到保修期的影响。由表 2.22 可以发现,电动汽车生产商对于电动汽车的销售价格、维修商对于每次维修的价格以及维修商的市场份额和利润都不会随着保修期时间的变化而变化。而生产商的出售保修期的价格、生产商的市场份额以及生产商的利润都会随着保修期的延长而增大。

当保修期时间 $t_w=10=T$ 时,即生产商出售的保修期时间和产品的生命周期时间相等,从生产商的角度,其经营模式将会发生变化,虽然表面上生产商依然将产品出售给消费者,生产商在全生命周期内对产品的服务负责,而消费者只需要享用产品在此期间的使用功能,因此实际上生产商向消费者出售的是产品使用权,因此生产商的经营模式已经由面向产品的生产系统转变为面向使用的产品系统。从当前案例给出的条件发现,期利润随着产品保修时间的增加而增加,但是并不是所有的产品都适合面向使用的产品服务系统,具体的分析过程将在第 4 章展开详细的分析。

同时,生产商不仅可以调节保修期的长度,还可以通过改善生产产品的质量、改变产品的功能组合等多种形式改变产品对消费者的感知质量。在本例中,即电动汽车生产商可以通过改变参数 q_m 和 q_s 的大小。为方便比较,设电动汽车生产商向消费者出售的保修期时间 $t_w=3$,通过计算可以得到表 2.23。

表 2.23　消费者感知利得与电动汽车销售情况关系表

q_m	q_s	P_0	P_m	P_s	D_m	D_s	D_0	π_m	π_s
40000	39000	125065	3555	562	0.225	0.142	0.632	17278	11615
40000	38000	122811	6094	551	0.211	0.145	0.644	16448	10911
40000	37000	120563	8632	540	0.196	0.148	0.656	15585	10214
40000	36000	118322	11169	528	0.181	0.151	0.668	14684	9524
40000	35000	116086	13707	516	0.165	0.155	0.680	13744	8842
39000	35000	116086	11157	516	0.165	0.155	0.680	13323	8842
38000	35000	116086	8607	516	0.165	0.155	0.680	12902	8842
37000	35000	116086	6057	516	0.165	0.155	0.680	12481	8842
36000	35000	116086	3507	516	0.165	0.155	0.680	12060	8842

从表 2.23 可以看出,电动汽车生产商和维修商随着参数 q_m 和 q_s 的大小变化,其价格、销售量以及利润的变化情况。经过分析可以得到以下结论。

首先,生产商对产品的销售价格、维修商的维修价格、仅仅购买电动汽车从维修商处维修的消费者数量以及维修商的利润,不会随着从电动汽车处购买保修期对消费者的感知效用 q_m 的变化而变化,仅受到从电动汽车生产商处购买产品而从维修商处维修对消费者的感知效用 q_s 的影响。实际上,从模型进行分析,生产商对产品的定价和维修商的维修价格是与 q_m 无关的。其中,维修商的维修价格是维修商的决策因素,当然只是受到维修商提供服务水平的影响,而关于生产商对产品的定价,在面向产品的产品服务系统中,生产商将产品出售给消费者,因此无论消费者选择购买产品和服务还是仅选择购买产品,都需要从生产商处购买产品,因此,其最终定价是参照 q_m 和 q_s 中较小的一个,由于 $q_m > q_s$,所以与 q_m 无关。而维修商的利润、购买维修商服务的消费者数量则是参数数值的因素,在此不进行说明。

其次,当 q_m 保持不变时,生产商对产品的定价 P_0、维修商对维修的定价 P_s、市场上购买该电动汽车消费者的总数量以及电动汽车生产商和维修商的利润随着 q_s 的减少而减少;与此同时,生产商出售保修期的价格则随着 q_s 的减少而增大。从模型上进行分析,当 q_m 保持不变,q_s 减少时,维修商和生产商在维修服务上的质量差距在加大,因此生产商对维修的定价提高,而维修商的定价则在降低。另外,产品对消费者感知质量的降低会导致整个市场上购买该产品的消费者人群数量减少、从而影响生产商和维修商的利润。

最后,当 q_s 保持不变时,电动汽车生产商对电动汽车维修期的定价 P_m 以及生产商的利润随着 q_m 的减少而减少。当消费者对生产商出售保修期的感知效用 q_m 减少时,生产商为了提高保修期销售量就会采取降低产品价格的措施,而且服务质量的下降会引起消费者的损失,从而导致生产商出售保修期的盈利能力下降,影响整个生产商的利润。

3) 在一定利润条件下电动汽车生产商产品的最大销量和最低价格

取生产商的利润等于其不开展服务时能够获得的最大利润,即 $\pi_m = 11410$ 元,市场上服务价格为 516 元/次。于是,有

$$\max \quad D_m + D_s$$

$$\text{s. t.} \begin{cases} D_m(P_m + P_0 - 80696.3) + D_s(P_0 - 80000) = 11410 \\ 2.5D_m = \dfrac{187750 - P_0 - P_m}{44561} - \dfrac{P_m - 12750}{1078} \\ 2.5D_s = \dfrac{P_m - 12750}{1078} - 0.5 \\ 0 \leqslant D_m \leqslant 1, 0 \leqslant D_s \leqslant 1 \end{cases}$$

求解得到结果如表 2.24 所示。

表 2.24　在一定利润条件下电动汽车最大销量

P_0	P_m	D_m	D_s	$D_m + D_s$
86870 元	13289 元	0.586	0	0.586

通过比较可以得到,在保证企业利润水平为 11410 元的前提下,通过向消费者出售保修期,电动汽车的销售价格由 116086 元下降到 86870 元,下降了 25.2%,购

买电动汽车和三年保修期的价格一共为 100159 元,相对于出售保修期前的电动汽车价格 116086 元,也下降了 13.7%。购买电动汽车的销售量从出售保修期前的 0.316 增加到 0.586,增加了 85.4%。在电动汽车生产商以提高销售量为目标时,在一定利润水平下,向消费者出售保修期能有效降低电动汽车价格,提高电动汽车销售量。

本节研究了出售服务期对于生产商的影响。生产商向消费者出售一定时间的服务期是生产商从制造向服务延伸的重要方式,也是产品服务系统的重要组成形式(面向产品的产品服务系统)。这部分的研究能够定量地揭示出这种模式对生产商的利润以及产品销售量的影响,给企业的决策提供一定的参考作用。主要内容如下。

首先,建立了消费者的效用模型。由于产品服务系统是以满足消费者需求为目标的,因此将产品对消费者的感知效用作为消费者是否购买产品的依据。当产品给消费者的感知效用大于消费者的预期时,消费者就选择购买,反之则不购买。在建立消费者效用模型时,引入了消费者风险规避系数。消费者风险规避系数能够反映消费者对产品服务支出的感知情况;同时作为每个消费者自身的固有属性,风险规避系数也能够作为消费者群体划分的依据,能够有效地区分不同消费者之间的选择情况。

其次,对生产商面临的市场进行细分。根据产品不同特性求得消费者风险规避系数的临界值,同时与市场上消费者风险规避系数的分布相比较可以得到在不同情况下生产商面临的产品市场和服务市场上的消费者数量,按照生产商在产品市场和服务市场上市场份额的多少将生产商面临的市场划分为七种,并且针对每种不同类型的市场进行简单的描述。

再次,建立生产商和独立服务商的利润模型。由于当生产商在产品市场和服务市场都处于竞争状态时对应的市场类型比较复杂,同时也更具一般性,消费者的选择也更加多样化,因此选取这种市场类型进行进一步分析,建立生产商和服务商对应的利润模型。

进而,分析了在生产商追求利润最大化的条件下对生产商和服务商的价格博弈过程。针对生产商和独立服务商的利润模型,运用动态博弈的理论进行求解。在市场达到稳定状态的时候,对生产商的利润和产品的销售量进行进一步分析,并与传统生产模式下对应的利润和销售量进行比较,得到其变化量。

最后,分析在生产商追求销售量最大化时,在一定水平下产品的最大销售量。针对有些市场上的新产品想要快速进入市场抢占市场份额的情况,对生产商在维持一定利润水平的条件下,对最大的产品和服务销售量进行分析。

对以上内容给出算例进一步加以说明。同时,通过对以上内容的分析,进一步了解了面向产品的产品服务系统的运作机理,从而得到的结论主要如下。

首先,在服务时间确定的情况下,生产商向消费者出售服务时间,通过制造向服务延伸的模式,向消费者出售一定时间的服务期。而生产商对服务市场的挤入会引起独立的服务商对其价格策略的修正,双方针对产品和服务的定价进行动态博弈,博弈最终达到市场上的稳定状态,即市场上存在生产商和独立服务商定价的稳定状态。

其次,通过对市场上稳定状态下的参数进行分析得到,生产商向消费者出售一定时间的服务期不会对产品的出售价格产生影响,同时服务市场上的独立服务商是根据自身的服务水平和产品的销售价格对每次服务进行定价的。当生产商向消费者出售服务期时,能够促进消费者的对产品风险的预知,从而有效地提高产品的销售量,进而提高企业的利润。与传统的制造销售模式相比,生产商出售服务期时,独立的服务商由于损失了市场上的垄断地位,利润会大大下降,但是整个服务产业链的总利润却在增加。

再次,生产商出售的保修期时间长短不会影响生产商对产品的定价以及独立服务商对每次服务的定价。但是生产商对服务期的定价、生产商的利润以及生产商的市场份额都会受到服务时间长短的影响。当独立服务商的服务水平不变时(独立的服务商服务后产品对消费者的感知利得不变),生产商的服务水平提高不会对生产商对产品的定价、独立服务商对服务的定价、购买独立服务商的消费者数量以及独立服务商的利润有影响,但是会影响生产商对服务期的定价、购买生产商提供的服务时间的消费者数量以及生产商的利润。同时,当生产商的服务水平保持不变时,独立服务商服务水平的提高能够影响产品和服务市场的状态,包括生产商对产品和服务时间的定价、购买服务期和从独立服务商处购买服务的消费者数量、生产商和独立服务商的利润等。

最后,当生产商追求企业的长远利益,选择快速将产品打入市场,在一定的利润水平条件下追求销售量的最大化时,通过向消费者出售一定的服务时间能够在一定程度上提高产品的销售量,提升企业的市场份额。

参 考 文 献

[1]　James W H. Producer services research in U. S. regional studies. Professional Geographer, 1995,47(1):87- 96.

[2]　Bhagwati J N. Splintering and disembodiment of services and developing countries. The World Economy,1984,7(2):133-143.

[3]　Park S H,Chan K S. Across-country input- output analysis of intersectional relationships between manufacturing and services and their employment implications. World Development,1989,(2):199-212.

［4］　周振华. 产业融合：产业发展及经济增长的新动力. 中国工业经济,2003,(4）:46-52.

［5］　菲利普·科特勒. 营销管理：分析、计划、执行与控制. 上海：人民出版社,1994.

［6］　Marsh P. Business life: A new manufacturing mantra. http://www. ft. com/cms/1/ 42468588-078f-11db-9067-0000779e2340. html. ［2016-5-16］.

［7］　Marsh P. The masters of good service. http://www. ft. com/cms/s/0/43ee12d6-e479-11da-8ced-0000779e2340. html. ［2016-5-16］.

［8］　赵晓雷. 产业转移与服务型制造业. http://www. callcenterbbs. com/article/detail. asp? id=19723. ［2016-5-16］.

［9］　何哲,孙林岩,贺竹磬,等. 服务型制造的兴起及其与传统供应链体系的差异. 软科学, 2008,22(4):77-81.

［10］　孙林岩,李刚,江志斌,等. 21 世纪的先进制造模式——服务型制造. 中国机械工程,2007, 18(19):2307-2302.

［11］　Cunningham J. Forward thinking. Professional Engineering,2006,19(17):51.

［12］　Baines T S,Lightfoot H W,Evans S,et al. State-of-the-art in product-service systems. Proceedings of the Institution of Mechanical Engineers,Part B:Journal of Engineering Manufacture,2007,221(10):1543-1552.

［13］　Gann D M,Salter A J. Innovation in project-based, service-enhanced firms: The construction of complex products and systems. Research Policy,2000,29(7-8):955-972.

［14］　Fujimoto J,et al. Development of service-oriented products based on the inverse manufacturing concept. Environmental Science and Technology,2003,37(23):5398-5406.

［15］　Marceau J,Martinez C. Selling solutions:Product-service packages as links between new and old economies. DRUID Summer Conference on Industrial Dynamics of the New and Old Economy,Copendagen/Elsinore,2002:6-8.

［16］　Howells J. Innovation,consumption and services:Encapsulation and the combinatorial role of services. Service Industries Journal,2004,24(1):19-36.

［17］　Chen C K,Yu C H,Yang S J,et al. A customer-oriented service-enhancement system for the public sector. Managing Service Quality,1991,14(5):414-425.

［18］　Pappas N,Sheehan P. The new manufacturing:Linkages between production and aervices activities. Working for the Future:Technology and Employment in the Global Knowledge Economy,Melbourne,1998:190-198.

［19］　Tukker A. Eight types of product-service system:Eight ways to sustainability? Experiences from suspronet. Business Strategy and the Environment,2004,13(4):246-260.

［20］　Jegou F,Manzini E,Meroni A. 12 Solutions oriented partnerships as models of network of advanced industrialisation to build value in special contexts. The 2nd International SusProNet Conference on Product Service Systems:Practical Value,Brussels,2004:21-25.

［21］　Morelli N. Developing new product service systems (PSS):Methodologies and operational tools. Journal of Cleaner Production,2006,14(17):1495-1501.

［22］　Wu X Q,Yang M S,Gao X Q,et al. Conceptual model and operational framework of service-oriented manufacturing. Advanced Materials Research,2011,179-180:1177-1182.

[23] Romero-Hernandez S,Gigola C,Romero-Hernandez O. Incorporating of effective engineering design:Environmental performance and logistics planning for products LCM. The 2nd World Conference on POM and 15th Annual POM Conference,Cancun,2004:23-29.

[24] TanA R,McAloone T C. Characteristics of strategies in product/service system development. International Design Conference,Dubrovnik-Croatia,2006:20-30.

[25] 张祥,陈荣秋. 顾客参与链:让顾客与企业共同创造竞争优势. 市场营销,2006,18(1):50-57.

[26] Aurich J C,Schweitzer E,Fuchs C. Life cycle management of industrial product-service systems//Proceedings of the 14th CIRP Conference on Life Cycle Engineering. London:Springer,2007:200-230.

[27] 萧文杰,顾客价值与顾客忠诚度关系之研究——以 T 连锁餐厅为例. 高雄:高雄第一科技大学硕士学位论文,2003.

[28] Zeithaml V A. Consumer perception of price,quality and value:A mean-ends model and synthesis of evidence. Journal of Marketing,1988,52(3):3-22.

[29] Woodruff R B. Customer value:the next source for competitive advantage. Journal of the Academy of Marketing Science,1997,25(2):139-153.

[30] Bolton R N,Drew J H. A multistage model of customers' assessments of service quality and value. Journal of Consumer Research,1991,17(4):375-384.

[31] Thaler R. Mental accounting and consumer choice. Marketing Science,1985,4(3):199-214.

[32] Grewal D,Monroe K B,Krishnan R. The effects of price-comparison advertising on buyers' perceptions of acquisition value,transaction value and behavioral intentions. Journal of Marketing,1998,62(2):46-59.

[33] Sweeney J C,Soutar G N. Consumer perceived value:The development of a multiple item scale. Journal of Retailing,2001,77(2):203-220.

[34] Porter M E. Competitive Advantage:Creating and Sustaining Superior Performance. New York:The Free Press,1985.

[35] Zeithaml V A,Parasuraman A,Berry L L. Delivering Quality Service,Balancing Customer Perceptions and Expectations. New York:The Free Press,1990.

[36] Monroe K B. Pricing-making Profitable Decisions. New York:McGraw Hill,1979.

[37] Anderson J C,Jain D C,Chintagunta P K. Customer value assessment in business markets. Journal of Business-to-Business Marketing,1992,1(1):3-29.

[38] Chang T Z,Wildt A R. Price,product information and purchase intention:An empirical study. Journal of the Academy of Marketing Science,1994,22(1):16-27.

[39] Woodruff R B,Gardial S F. Know Your Customer:New Approaches to Customer Value and Satisfaction. Cambridge:Blackwell,1996.

[40] Flint D J,Woodruff R B,Gardial S F. Customer value change in industrial marketing rela-

tionships: A call for new strategies and research. Journal of Industrial Marketing Management,1997,26(2):163-175.

[41]　董大海,权晓研,曲晓飞. 顾客价值及其构成. 大连理工大学学报,1999,(4):18-20.

[42]　Gronroos C. Service Management and Marketing: A Customer Relationship Management Approach. West Sussex: John Wiley & Sons,2000.

[43]　Ulaga W,Chacour S. Measuring customer-perceived value in business markets. Journal of Industrial Marketing Management,2001,30(6):525-540.

[44]　马玉波,陈荣秋. 价值创造领域内的产品/服务价值的内涵研究. 价值工程,2003,(3): 20-22.

[45]　刘合友,冷明月. 顾客感知价值导向的服务企业核心竞争力的构建. 黑龙江对外经贸, 2006,(9):68-69.

[46]　刘文波. 基于顾客参与的顾客感知价值研究. 武汉:华中科技大学博士学位论文,2008.

[47]　Sheth J N,Newman B I,Gross B L. Why we buy what we buy: A theory of consumption values. Journal of Business Research,1991,22(2):159-170.

[48]　Hanna V,Backhouse C J,Burns N D. Linking employee behaviour to external customer satisfaction using quality function deployment. Engineering Manufacture,2004,218(9): 1167-1177.

[49]　Holbrook M B. Ethics in consumer research: An overview and prospectus. Advances in Consumer Research,1994,21(1):566-571.

[50]　Parasuraman A,Crewal D. The impact of technology on the quality-value-loyalty chain: A research agenda. Journal of the Academy of Marketing Science,2000,28(1):168-174.

[51]　Chandon P,Wansink B,Laurent G A. A benefit congruency framework of sales promotion effectiveness. Journal of Marketing,2000,64(4):65-81.

[52]　Rust C. Anopinion piece: A possible student-centred assessment solution to some of the current problems of modular degree programmes. Active Learning in Higher Education, 2000,1(2):126-131.

[53]　Barnes J G. Secrets of Customer Relationship Management: It's All About How You Make Them Feel. New York: McGraw Hill,2001.

[54]　Huber F,Hemnann A,Morgan R E. Gaining competitive advantage through customer value oriented management. Journal of Consumer Marketing,2001,18(1):41-53.

[55]　Flint D J,Woodruff R B,Gardial S F. Exploring the phenomenon of customer,desired value change in a business to business context. Journal of Marketing,2002,66(10):103-117.

[56]　马云峰,郭新有. 论顾客价值的推动要素. 武汉科技大学学报,2002,(4):1-4.

[57]　郑立明. 基于顾客价值分析的企业战略定位和战略选择. 南京:南京工业大学硕士学位论文,2003.

[58]　Wang Y,Lo H P,Chi R,et al. An integrated framework for customer value and customer-relationship-management performance: A customer-based perspective from China. Managing Service Quality,2004,14(2-3):169-182.

[59]　杨晓燕,周懿瑾. 绿色价值:顾客感知价值的新维度. 中国工业经济,2006,(7):110-117.

[60]　Silpakit P,Fisk R P. Participatizing the Service Encounter:A Theoretical Framework Services Marketing in a Changing Environment. Chicago:American Marketing Association, 1985:117-121.

[61]　刘文波,陈荣秋. 基于顾客参与的顾客感知价值管理策略研究. 武汉科技大学学报(社会科学版),2009,(2):86-91.

[62]　Gruen T W,Summers J O,Acito F. Relationship marketing activities,commitment,and membership behaviors in professional associations. Journal of Marketing,2000,64(3):34-49.

[63]　Namasivayam K. The consumer as "transient employee":Consumer satisfaction through the lens of job-performance models. International Journal of Service Industry Management,2003,14(4):420-435.

[64]　Kelley S W,Donnelly J H,Skinner S J. Customer participation in service production and delivery. Journal of Retailing,1990,66(3):315-335.

[65]　Dabholkar P A. How to improve perceived service quality by improving customer participation. Developments in Marketing Science,Proceedings of the Academy of Marketing Science,New Orleans,1990:483-487.

[66]　File K M,Judd B B,Prince R A. Interactive marketing:The influence of participation on positive word-of-mouth and referrals. Journal of Services Marketing,1992,6(4):5-14.

[67]　Cermak D S P,File K M,Prince R A. Customer participation in service specification and delivery. Journal of Applied Business Research,1994,10(2):90-97.

[68]　Lee J M. Consumers' Participation Orientation in a Service Encounter:Antecedents and Consequences. Oklahoma:Oklahoma State University,2001.

[69]　Claycomb C,Lengnick-Hall C A,Inks L W. The customer as a productive resource:A pilot study and strategic implications. Journal of Business Strategies,2001,18(1):47-68.

[70]　Rodi A R,Kleine S S. Customer participation in services production and delivery. Handbook of Services Marketing and Management,Thousand Oaks:Sage,2000:111-126.

[71]　Anitsal I. Technology-Based Self-Service:From Customer Productivity Toward Customer Value. Knoxville:The University of Tennessee,2005.

[72]　张祥. 顾客化定制中的顾客参与研究. 武汉:华中科技大学博士学位论文,2007.

[73]　Auh S,Bell S J,McLeod C S,et al. Co-production and customer loyalty in financial services. Journal of Retailing,2007,83(3):359-370.

[74]　Etgar M. A descriptive model of the consumer co-production process. Journal of the Academy of Marketing Science,2008,36(1):97-108.

[75]　Fang E,Palmatier R W,Evans K. Influence of customer participation on creating and sharing of new product value. Journal of the Academy of Marketing Science,2008,36(3):323-336.

[76]　Payne A F,Storbacka K,Frow P. Managing the co-creation of value. Journal of the

Academy of Marketing Science,2008,36(1):83-96.

[77]　崔嘉琛. 基于顾客参与和体验的服务型制造混合供应链上顾客价值传递机制研究. 上海:
上海交通大学硕士学位论文,2011.

[78]　耿先锋. 顾客参与测量维度、驱动因素及其对顾客满意的影响机理研究. 杭州:浙江大学
博士学位论文,2008.

[79]　Lloyd A E. Therole of Culture on Customer Participation in Service. Hong Kong:Hong
Kong Polytechnic University,2003.

[80]　Kellogg D L,Youngdahl W E,Bowen D E. On the relationship between customer partici-
pation and satisfaction:Two frameworks. International Journal of Service Industry Manage-
ment,1997,8(3):206-219.

[81]　Bettencourt L A. Customer voluntary performance:Customers as partners in service deliv-
ery. Journal of Retailing,1997,73(3):383-406.

[82]　Ennew C T,Binks M R. Impact of participative service relationships on quality,satisfaction
and retention:An exploratory study. Journal of Business Research,1999,46(2):121-132.

[83]　Hsieh A T,Yen C H,Chin K C. Participativecustomers as partial employees and service
provider workload. International Journal of Service Industry Management,2004,15(2):
187-199.

[84]　易英. 顾客参与与服务质量、顾客满意及行为意向的关系研究——基于家装行业的实证
研究. 杭州:浙江大学硕士学位论文,2006.

[85]　朱俊,陈荣秋. 不确定环境下的顾客关系管理. 华中科技大学学报(社会科学版),2006,
20(1):56-60.

[86]　彭艳君,景奉杰. 顾客参与对顾客满意的影响——基于美发业的实证研究. 营销科学学
报,2008,4(2):24-43.

[87]　Bowers M R,Martin C L,Luker A. Trading places:Employees as customers,customers as
employees. Journal of Services Marketing,1990,4(2):55-69.

[88]　Bitner M J,Faranda W T,Hubbert A R,et al. Customer contributions and roles in service
delivery. International Journal of Service Industry Management,1997,8(3):193-205.

[89]　范秀成,张彤宇. 顾客参与对服务企业绩效的影响. 当代财经,2004,(8):69-73.

[90]　Hui M K,Bateson J E G. Perceived control and the effects of crowding and consumer
choice on the service experience. Journal of Consumer Research,1991,18(2):174-184.

[91]　Mills P K,Morris J H. Clients as "Partial" employees of service organizations:Role devel-
opment in client participation. Academy of Management Review,1986,11(4):726-735.

[92]　Reichheld F F,Sasser W E. Zero defections:Quality comes to services. Harvard Business
Review,1990,68(5):105-111.

[93]　Raaij W F R,Pruyn A T H. Customer control and evaluation of service validity and relia-
bility. Psychology and Marketing,1998,15(8):811-832.

[94]　望海军,汪涛. 顾客参与、感知控制与顾客满意度关系研究. 管理科学,2007,20(3):48-54.

[95]　Li Q,Xu F. Customer participation,customer satisfaction and customer loyalty:An empiri-

cal study on in real estate industry//IEEE International Conference on Information Man-
agement, Innovation Management and Industrial Engineering. Piscataway: IEEE Press,
2008:83-85.

[96] Xu T, Zhao X. How customer participation affect electronic perceived service quality—An
exploratory research//IEEE International Conference on Management and Service Science.
Piscataway: IEEE Press, 2010:1-4.

[97] Ouschan R, Sweeney J, Johnson L. Customer empowerment and relationship outcomes in
healthcare consultations. European Journal of Marketing, 2006, 40(9-10):1068-1086.

[98] Ramani G, Kumar V. Interaction orientation and firm performance. Journal of Marketing,
2008, 72(1):27-45.

[99] Bendapudi N, Leone R P. Psychological implications of customer participation in co-pro-
duction. Journal of Marketing, 2003, 67(1):14-28.

[100] Yen H R, Gwinner K P, Su W. The impact of customer participation and service expectation on
locus attributions following service failure. International Journal of Service Industry Manage-
ment, 2004, 15(1):7-26.

[101] 林文进, 江志斌, 李娜. 服务型制造理论研究综述. 工业工程与管理, 2009, 14(6):1-6.

第3章 服务型制造价值机理的实证研究

第2章的理论研究从原理层面分析服务型制造中服务与制造融合的意义,其贡献主要表现在学术研究领域,而仍然需要用实证研究方法分析价值影响因素在具体行业、产品上的表现,构建针对具体产品的价值表征指标,才能对企业有实际借鉴意义。服务型制造模式下,企业通过向消费者提供物理产品与服务相融合的产品服务系统,不仅可以满足顾客多样性、个性化的消费需求,而且通过高附加值的服务可以提升产品的价值空间。本章基于顾客视角,应用途径-目的链理论,结合产品服务系统兼具物理产品属性和服务属性的特点,构建了产品服务系统顾客感知价值理论模型。3.1节建立服务型制造的顾客感知价值检验模型,3.2节分别对各模型进行实证分析,构建提取具体产品服务系统价值表征指标的方法体系。

3.1 顾客感知价值实证模型构建

产品生产及服务提供的最终目的是满足消费者的需求,所以产品和服务是否能够很好地满足顾客需求应当由顾客来评价,因此,顾客感知价值的定义应当从顾客的角度来定义。

Zeithaml 基于探索性研究将价格、感知质量和感知价值联系在一起,将顾客感知价值(customer perceived value,CPV)定义为"消费者基于感知利得和感知利失形成的对产品效用的整体评价",其中感知利得的要素包括主要的内在属性、外在属性、感知质量和其他更高层次的抽象属性,感知利失的要素包括货币价格和非货币价格[1]。Monroe 提出顾客感知价值是感知利得和感知利失的权衡[2]。Woodruff 和 Gradual 提出顾客感知价值是期望属性与利失属性间的权衡[3]。这些定义都是从顾客的视角出发对顾客感知价值进行定义,且强调顾客感知价值是顾客经过权衡后对产品做出的评价。

产品服务系统顾客感知价值形成过程研究的理论基础是途径-目的链理论。1988 年,Zeithaml[1]最早将途径-目的链理论应用于对顾客感知价值的认知中,提出了著名的价格、质量和价值途径-目的链模型,如图 3.1 所示。

Zeithaml 在模型中提出消费者从对产品属性的评价形成感知质量,并从感知质量形成对产品完整价值的判断。同时,Zeithaml 通过大量的实证研究证明了模型中的下列结论:①价值中收益成分包括显著的内部特性、外部特性、感知质量和其他相关的高层次抽象概念。虽然许多顾客将产品质量(内部特性)作为价值收益

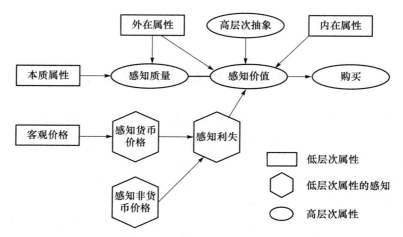

图 3.1　价格、质量和价值途径-目的链模型

中的主要部分,但总体上衡量价值收益包括包装、颜色等外部特性和产品或企业的信誉、便利、形象等更高层次的抽象利益。产品的内部属性本身可能并不直接与顾客感知到的价值相关,相反,它们往往要透过产品的外部特性甚至顾客个人所感知的抽象利益才能得到体现。②感知价值中的付出,即感知利失,包括货币成本和非货币成本。顾客付出货币和其他资源(如时间、精力、努力)以获得产品或服务。对于一些价格感知敏感程度高的顾客,货币方面的付出是关键性因素,减少货币上的支出可以增加感知价值;对于那些价格感知敏感程度低的顾客,减少时间、精力方面的支出更能增加感知价值。③外部特性是"价值信号",能够在一定程度上取代顾客在收益与成本之间进行的费神的权衡。在评定产品价值时,顾客对组成产品的各种要素的认知能力是有限的,大多数顾客并不认真考虑价格与收益,而是依赖于暗示(经常是外来的暗示)"不经意"地形成自己对价值的印象,他们只对已获取的信息进行少量加工便实施购买行为。他们重复购买一个信任的品牌,利用外部价值暗示来简化其挑选过程。④价值感性认识依赖于顾客进行估价的参照系统,即依赖于进行估价的背景。例如,在不同的购买地点、购买时间、消费时间与地点,顾客对价值的感知就不一样。这意味着顾客感知价值是动态的。

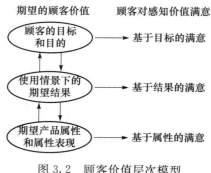

图 3.2　顾客价值层次模型

同时,另一位代表人物 Woodruff[4] 利用途径-目的链理论构建了顾客价值层次模型,对顾客如何感知企业所提供的价值问题进行了回答,得到业界认同并成为理论指导,如图 3.2 所示。

在模型中,从最底层开始,顾客首先会考虑产品的具体属性和属性效能;在购买和使用产品时,顾客会根据这些属性对实现预期结果的能力形成期望和偏好;顾客还会根据这些结果对顾客目标的实现能力形成期望。从价值层次模型顶部向下看,顾客会根据自己的目的来确定使用情景下产品或服务产生各类结果的重要性,与此类似,重要的结果又引导顾客认定产品或服务属性和属性表现的重要性。顾客价值层次模型揭示了关于顾客如何看待产品或服务的层次描述,为研究者提供了观测顾客价值与产品或服务需求之间关系的坐标,自上而下三个层次,逐渐由最终目的层、结果层、属性层具体化。而企业以往通用的顾客满意度调查只调查了顾客对企业在产品属性层上的绩效表现的满意程度,因为产品属性通常是顾客会立即想到的价值维度,但是产品属性层往往是更高层级的顾客价值——结果层和目的层的实现手段,不从结果层和目的层去分析顾客,就不会了解顾客为什么需要这些属性以及是否还需要其他属性等深层问题。因此,企业在进行市场机会分析时,要准确掌握顾客价值就必须更深入地挖掘顾客对高价值层的看法和评价。该模型对于顾客感知价值驱动因素的识别研究有着极其重要的意义,是搜集顾客感知价值要素和建立价值层次模型的理论基础。

本章主要利用上述成果建立产品服务系统顾客感知价值的实证检验模型。

3.1.1　产品服务系统的顾客感知价值模型构建

通过之前对顾客感知价值、途径-目的链理论及产品服务系统的分析,可以得出这样的结论,顾客在购买产品服务系统时,其出发点是达到一定的目的,为了达到该目的,顾客需要取得一定的产品服务系统效用并为之付出一定的代价,产品服务系统效用的取得需要购买一定的产品服务系统属性,代价则包含金钱、时间等货币型成本和非货币型成本。因此,顾客在购买和使用产品服务系统的过程中最先形成对产品服务系统物理产品属性和服务属性的感知;紧接着整合这些属性感知信息进一步形成对产品服务系统物理产品质量和服务质量的感知;随后形成对由产品服务系统物理产品质量和服务质量造成的现实结果的感知;对结果的感知再进一步转化为对由结果所达到的目的的感知;然后,顾客根据对产品服务系统达到的目的的感知形成对产品服务系统感知利得的评价,即顾客对购买该产品服务系统所获得的效用的评价。顾客在形成对物理产品属性和服务属性感知的同时,也在形成对为了获得和使用产品服务系统所付出的货币型成本和非货币型成本的感知,对货币型成本和非货币型成本的感知进一步形成对产品服务系统感知利失的评价。最后,顾客将购买和使用产品服务系统的感知利得与感知利失进行比较,最终形成产品服务系统顾客感知价值,如图 3.3 所示。

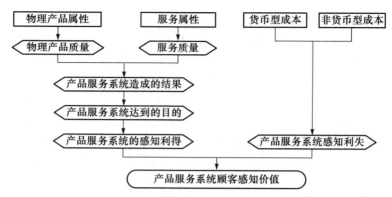

图 3.3　产品服务系统顾客感知价值理论模型

从图 3.3 可知,产品服务系统的顾客感知价值形成过程是复杂且多层次的,但其最终受产品服务系统物理产品属性、服务属性、货币型成本和非货币型成本四个根本因素影响,因此,本章将通过实证研究,确定这四个根本因素所包含的属性维度,从而构建产品服务系统顾客感知价值测量模型,解决产品服务系统顾客感知价值定量测量的难题。

3.1.2　顾客参与对面向产品的产品服务系统顾客感知价值的影响

在产品服务系统顾客感知价值的测量模型基础上,本节将顾客按照参与程度不同进行分组,对比分析顾客参与对面向产品的产品服务系统顾客感知价值的影响程度。

顾客参与可以增加顾客对产品服务系统中物理产品和服务的认知,从而更好地选购符合自身需求的产品服务系统,进而影响物理产品感知利得和服务产品质量感知利得对产品服务系统顾客感知价值的作用,并且通过顾客参与,顾客可以减少获取和使用产品服务系统中产生的成本。因此,提出如下假设。

H1:顾客参与程度高的顾客与顾客参与程度低的顾客相比,物理产品感知利得对产品服务系统顾客感知价值的影响系数更大(即 β_1 更大)。

H2:顾客参与程度高的顾客与顾客参与程度低的顾客相比,服务感知利得对产品服务系统顾客感知价值的影响系数更大(即 β_2 更大)。

H3:顾客参与程度高的顾客与顾客参与程度低的顾客相比,感知利失对产品服务系统顾客感知价值的影响系数绝对值更小(即 $|\beta_3|$ 更小),如图 3.4 所示。

3.1.3　顾客参与对面向服务过程的产品服务系统顾客价值的影响

如前所述,面向过程及面向结果的产品服务系统基于类似的原理向顾客提供服务,因此本节利用典型代表行业之一的租赁行业进行实例验证。

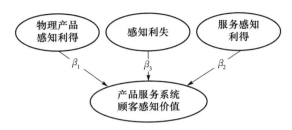

图 3.4　顾客参与通过其他因素对产品服务系统顾客感知价值的影响路径图

根据 Zeithaml 的观点,当顾客对某些服务不满意时也许会归结为自身的疏忽而使厂商免责。参与程度越高,这种现象越可能发生。

服务质量是顾客的期望和顾客感觉到的服务绩效之间的差异。自从 Parasuraman[5]于 1988 年开发了 SERVQUAL 模型,以五个维度测量服务质量,对服务质量的测量研究正式进入学术界视野。Cronin 和 Taylor 提出了 SERVPERF 模型[6],取得了比 SERVQUAL 模型更好的信效度和预测力。对信息行业的研究也指出测量一个网站的服务质量时不需要考虑顾客的期望。因此,本研究将服务型制造的服务质量分为三个维度,即技术性质量 TQ、功能性质量 FQ 和公司形象 CP。技术性质量表示服务型制造的结果,包括产品性能、服务项目等;功能性质量表示服务型制造提供产品和服务的方式的质量,如服务态度、服务流程等;公司形象表示产品和公司对顾客的影响力。国外一些学者的实证研究表明服务质量会影响顾客感受到的价值创造。

顾客价值(customer value,CV)是被视为竞争优势的新来源。Sheth 等认为产品为顾客提供了五种价值,即功能价值(functional value)、社会价值(social value)、情感价值(emotional value)、认识价值(epistemic value)和情境价值(conditional value)[7]。因此,本研究将顾客价值分为情感价值 EV、社会价值 SV、价格效应 PE 和产品性能 PF。

很多研究者认为,当顾客感受到获得的价值较大时会引发消费或再购买。至于企业顾客,顾客感知价值也是其行为意向的决定性因素。因此,在分析已有研究成果的基础上,本模型作如下假设,如图 3.5 所示,信息共享 IS、合作生产 CB 和人际沟通 PC 为外因变量,技术性质量 TQ、公司形象 CP、功能质量 FQ、情感价值 EV、社会价值 SV、价格效用 PE、产品性能 PF 和顾客满意度 CS 为内因变量。λ 表示外在变量对内在变量的影响路径系数。β 表示内在变量对内在变量的影响路径系数。

3.1.4　数据收集及分析方法

本节提出产品服务系统顾客感知价值实证检验的三个模型,主要目的是通过大规模的问卷调查,确定产品服务系统顾客感知价值的属性维度,构建基于途径-目的链理论的产品服务系统顾客感知价值测量模型。

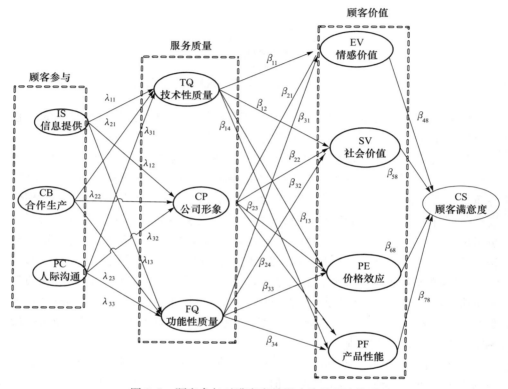

图 3.5　顾客参与对满意度的影响路径理论模型

　　然后是顾客参与对产品服务系统顾客感知价值的影响。根据前文对顾客参与的定义和维度,随后结合产品服务系统顾客感知价值测量模型,设计顾客参与对产品服务系统顾客感知价值影响调查表。以此调查表为基础,获得顾客参与对产品服务系统顾客感知价值的影响信息。

　　实证研究部分主要是为了确定产品服务系统顾客感知价值的属性维度、顾客参与的维度以及研究顾客参与对产品服务系统顾客感知价值的影响。实证研究的步骤和方法如图 3.6 所示。

1. 数据收集方法

　　首先通过焦点小组访谈、深度访谈等建立识别顾客感知价值驱动因素的调查方案并形成初始调查问卷。最初搜集来的要素集并不是所有的要素都具有同等的重要性,也不是所有的要素都得保留,有些要素存在很大的相似性,本质上差别不大,或者有些要素顾客根本不敏感,即不同的顾客在这一要素上的看法几乎一样,像这样的要素就可以删除。预测试的目的是删除一些无关紧要的因素,合并一些相似的因素,进而形成正式的调查问卷,通过对大规模的正式问卷调查所获得的数据的分析,对因素进行归类,进而形成产品服务系统顾客感知价值测量模型。

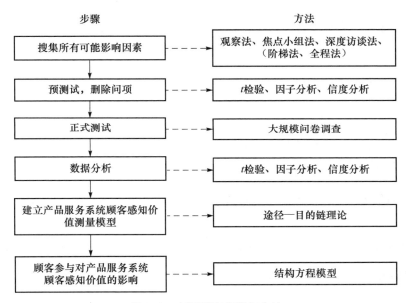

图 3.6　实证研究步骤与方法

选定一定数目的访谈对象进行半结构化访谈,了解访谈对象对产品服务系统顾客感知价值及其影响因素的理解,并结合现有成果及专家的意见,初步确定产品服务系统顾客感知价值的问项,并以少量用户为对象,进行问卷预测试,删除不合适的问项。形成正式问卷后,采用随机抽样和整群抽样相结合,以及“主动者优先”的抽样方式,由对该调查研究感兴趣且具有相关调查目的体验经历的目标样本填写,以保证问卷的填写质量。

2. 数据分析方法

对收集到的样本数据,主要应用统计分析软件 SPSS 15.0 进行分析,包括问项信度 t 检验、因素分析、维度信度检验、维度收敛效度检验和维度区分效度检验。

1) 问项信度 t 检验

检验按样本总分划分的高分组样本和低分组样本在各问项上的样本得分均值

是否存在显著性差异,判断问项设置的必要性。将样本按样本总分排序,选前 27%为高分组样本,后 27%为低分组样本,n_H 为高分组样本数,n_L 为低分组样本数,令高分组样本的第 j 个样本在第 i 个问项上的样本得分为 x_{Hij},高分组样本在

第 i 个问项上的样本得分均值为 $\overline{x_{Hi}}$,样本得分方差 $v_{Hi} = \dfrac{\sum\limits_{j=1}^{n_H}(x_{Hij}-\overline{x_{Hi}})^2}{n_H-1}$,低分

组样本的第 j 个样本在第 i 个问项上的样本得分为 x_{Lij},低分组样本在第 i 个问项

上的样本得分均值为 $\overline{x_{Li}}$,样本得分方差 $v_{Li} = \dfrac{\sum\limits_{j=1}^{n_L}(x_{Lij}-\overline{x_{Li}})^2}{n_L-1}$。当 $v_{Hi}=v_{Li}$ 时,检

验值 $t_i = \dfrac{|\overline{x_{Hi}}-\overline{x_{Li}}|}{S_{ci}\sqrt{\dfrac{1}{n_H}+\dfrac{1}{n_L}}}$,其中 $S_{ci} = \sqrt{\dfrac{\sum\limits_{j=1}^{n_H}(x_{Hij}-\overline{x_{Hi}})^2+\sum\limits_{j=1}^{n_L}(x_{Lij}-\overline{x_{Li}})^2}{n_H+n_L-2}}$;当 $v_{Hi}\neq$

v_{Li} 时,检验值 $t_i = \dfrac{|\overline{x_{Hi}}-\overline{x_{Li}}|}{\sqrt{\dfrac{v_{Hi}}{n_H}+\dfrac{v_{Li}}{n_L}}}$。当高分组样本与低分组样本在第 i 个问项上的样本

得分均值差异为 0 时,$t_i \sim t(n_H+n_L-2)$,由于本研究中 $n_H+n_L-2=111$,样本数 较大,可看成 $t_i \sim N(0,1)$。故当 $t_i \notin (-1.96,1.96)$ 时,$p = 2\int_{t_i}^{+\infty}\dfrac{1}{\sqrt{2\pi}}e^{-\frac{u^2}{2}}\mathrm{d}u \leqslant$ 0.05,说明有 95%以上的可能 $t_i \neq 0$,认为高分组样本和低分组样本在第 i 个问项 上的样本得分均值存在显著性差异,第 i 个问项具有良好的问项信度;当 $t_i \in$ $(-1.96,1.96)$ 时,$p > 0.05$,认为高分组样本和低分组样本在第 i 个问项上的样本 得分均值不存在显著性差异,第 i 个问项的问项信度不够良好。

2) 因素分析

因素分析的目的是通过样本数据挖掘问项背后的潜在维度。因素分析法基本 运算过程,第一是收集一定的测量资料,将资料数据标准化。第二,通过相关运算 求出每个因素和其他因素的相关矩阵。第三,用特定的运算方法,如主成分分析、 影像分析、α 因素分析、最小残余因素分析、最大可能解、重心法等求出因素载荷矩 阵,其中最常使用的方法是主成分分析法,本章也是采用了主成分分析法求因素载 荷矩阵。第四,为了使载荷矩阵的意义比较清晰,易于分析,要用直角旋转法和斜 角旋转法等对载荷矩阵进行转轴处理,使每个变量只在少数几个因素上有较大的 载荷,而使一些变量载荷接近零。这就有可能使每个变量在总方差中的因素更集 中,从而表现出变量中最具有意义的特征主因素。第五,对主因素进行定义并加以 解释。主因素定义是否准确,解释是否恰当,不但取决于因素分析是否做得成功,

而且在很大程度上取决于主观判断过程。在因素分析结果不明确的情况下更是如此。

3) 信度检验

在因素分析完成后,为进一步了解问卷的可靠性与有效性,需要对样本数据进行信度检验,检验维度内各问项所测量的行为特质是否一致,本研究主要通过 Cronbach α 值判断对样本数据进行信度检验。设第 k 个维度内有 m_k 个问项,样本总数为 n,第 j 个样本在第 i 个问项上的样本得分为 x_{kij},则第 k 个维度的 Cronbachα 估计值 $\alpha_k = \dfrac{m_k}{m_k-1}\left(1 - \dfrac{\sum\limits_{i=1}^{m_k} S_{ki}^2}{S_k^2}\right)$,其中 $S_{ki}^2 = \dfrac{\sum\limits_{j=1}^{n}(x_{kij} - \overline{x_{ki}})^2}{n}$ 为

第 i 个问项的样本得分方差,$\overline{x_{ki}} = \dfrac{\sum\limits_{j=1}^{n} x_{kij}}{n}$ 为第 i 个问项的样本得分均值,$S_k^2 = \dfrac{\sum\limits_{j=1}^{n}(x_{ksj} - \overline{x_{ks}})^2}{n}$ 为第 k 个维度总分的方差,$\overline{x_{ks}} = \dfrac{\sum\limits_{j=1}^{n} x_{ksj}}{n}$ 为第 k 个维度总分的均

值,$x_{ksj} = \sum\limits_{i=1}^{m_k} x_{kij}$ 为第 k 个维度在第 j 个样本上的总分。α 值越大,说明维度内各问项所测量的行为特质越接近;若 $\alpha < 0.65$,认为维度的信度低,不宜采用;$0.65 \leqslant \alpha < 0.7$ 为最小可接受信度,维度的信度可以接受;若 $0.7 \leqslant \alpha \leqslant 0.8$,说明维度的信度相当好;若 $\alpha > 0.8$,说明维度的信度非常好[8]。

4) 维度收敛效度检验

在问项信度和维度信度都通过检验后,利用平均提取方差 AVE 进行维度收敛效度检验,检验维度对维度内问项的反映程度[9]。设第 k 个维度内有 m_k 个问项,对该 m_k 个问项进行主成分个数为 1 的主成分分析,会得到 m_k 个标准因子载荷 λ_i,$i \in [1,2,\cdots,m_k]$,λ_i 表示第 k 个维度对第 i 个问项的影响。表征第 k 个维度收敛效度的平均提取方差 $\text{AVE}_k = \dfrac{\sum\limits_{i=1}^{m_k} \lambda_i^2}{\sum\limits_{i=1}^{m_k} \lambda_i^2 + \sum\limits_{i=1}^{m_k} \theta_i}$,其中,$\theta_i = 1 - \lambda_i^2$ 为第 i 个问项的测

量误差。若平均提取方差 $\text{AVE}_k < 0.5$,说明第 k 个维度内的问项不能有效地收敛于该维度,维度收敛效度不理想;若 $0.5 \leqslant \text{AVE}_k \leqslant 0.6$,说明维度收敛效度可以接受;若 $\text{AVE}_k > 0.6$,说明维度收敛效度相当理想[10]。

5) 维度区分效度检验

检验各维度间的区分性。用维度内的各问项主成分表示各维度的得分,设第 i

个样本在第 j 个维度上的得分为 x_{ij}，方差为 v_j，第 i 个样本在第 k 个维度上的得分为 x_{ik}，方差为 v_k，v_{j+k} 为 $x_{ij}+x_{ik}$ 的方差，$\mathrm{cov}(j,k)=\dfrac{v_{j+k}-v_j-v_k}{2}$ 为第 j 个维度与第 k 个维度的协方差，则第 j 个维度与第 k 个维度的结构路径系数（即相关系数）$\rho_{jk}=\dfrac{\mathrm{cov}(j,k)}{\sqrt{v_j}\cdot\sqrt{v_k}}$，平方结构路径系数为 ρ_{jk}^2。若任意维度的平均提取方差 AVE 都大于该维度与其他维度间的平方结构路径系数，即对于任意 k，有 $\mathrm{AVE}_k>\rho_{jk}^2$，$j\neq k$，则认为测量模型具有良好的维度区分效度；若不满足该条件，认为测量模型不具有良好的维度区分效度[11]。

3.2　实证模型检验与结果讨论

3.2.1　面向产品的产品服务系统的顾客感知价值实证模型分析

为了确定产品服务系统顾客感知价值的属性维度，必须选择一种具体的产品服务系统对顾客进行调查，通过对样本数据的分析挖掘产品服务系统的影响因素及潜在的属性维度，从而构建具有可推广性的产品服务系统顾客感知价值测量模型。本节选择笔记本电脑作为产品服务系统的代表进行调查研究。一方面，顾客购买和使用笔记本电脑，不仅从企业方面获得笔记本电脑这一物理产品，同时也获得大量的服务权力，如软件安装、售后维修、保养等，因此笔记本电脑是产品与服务高度融合的典型产品。另一方面，随着人们生活水平的提高、知识水平的提高、电子化办公和电子教育的普及，笔记本电脑的需求量越来越大，笔记本电脑的销售量正迅猛增长，研究笔记本电脑的顾客感知价值，对企业具有现实的宝贵意义。因此，以笔记本电脑作为产品服务系统的代表，不仅可以很好地体现产品服务系统兼具物理产品属性和服务产品属性的特点，而且对正处于快速增长的笔记本电脑行业也具有重要的现实意义。

本研究的目的是挖掘产品服务系统顾客感知价值的属性维度，从而构建产品服务系统顾客感知价值的测量模型，即通过分析顾客对企业提供的产品服务系统的价值因素的感知情况，识别会对顾客感知价值造成影响的因素，并对这些影响因素进行分类，挖掘产品服务系统顾客感知价值的属性维度。

1. 样本选择

本研究选择大学生顾客群作为笔记本电脑的顾客代表进行顾客感知价值调查。首先，由于学习以及未来工作的需要，笔记本电脑已成为大学生必不可少的工具之一，笔记本电脑在大学生中的普及率越来越高，在部分大学里几乎是人手一本,因此,他们是笔记本电脑用户中至关重要的群体之一。其次,大学生笔记本电脑用户是正在接受高等教育的群体,对调查问卷的内容具有很好的理解能力并且能够清晰地表达自己的感受。因此,他们所提供的答案具有较高的信度,对于准确了解笔记本电脑的顾客感知价值起到了保障作用。此外,为保证顾客对产品服务系统有较为准确的判断,本研究的调查对象必须具有半年以上的笔记本电脑使用经历。

2. 问卷设计与数据收集

在预测试中,本研究应用 SPSS 15.0 统计分析软件对预测试问卷进行 t 检验、因素分析、信度分析,保留 t 检验合格且因子载荷大于 0.4 的问项,并以各维度内部一致性系数,即 Cronbach $\alpha > 0.6$ 为标准,对维度内的问项进行调整,最终筛选出合适的问项用于大规模问卷调查。经过预测试,确定正式的产品服务系统顾客感知价值调查量表由三个部分组成,如本章附录 1 所示。第一部分是关于被调查者个人基本信息的五个问项,包括性别、年龄、受教育水平、笔记本电脑使用年龄和月收入。第二部分是关于笔记本电脑物理产品感知的 17 个问项和关于服务感知的 19 个问项,第三部分是关于笔记本电脑整体感知的 5 个问项。除被调查者个人基本信息是通过分类量表测量外,后续两个部分中的所有问项都是由李克特 7 级量表测量,1 表示非常不满意,7 表示非常满意,2 至 6 表示非常不满意到非常满意之间的感受。问卷见本章附录 1。

产品服务系统顾客感知价值的问卷调查于 2011 年 6 月和 7 月在上海进行,问卷分发给在校大学生。为了确保被调查者对所使用的笔记本电脑有准确的判断,被调查者必须具有超过 6 个月以上的笔记本电脑使用经历。共有 245 名在校大学生参与了本次研究,回答了包含 46 个问项的调查问卷。在删除了有缺失值的样本和无效样本后,得到 198 份合格问卷,问卷合格率为 80.8%。

3. 样本分析

采用 SPSS 15.0 对样本数据进行描述性统计分析,样本构成基本信息如表 3.1~表 3.5 所示。

表 3.1　样本性别分布

性别	频次	频率	累积频率
男性	122	61.6%	61.6%
女性	86	38.4%	100.0%
总计	198	100.0%	

样本的性别分布情况为:男性占 61.6%,女性占 38.4%。

表 3.2　样本年龄分布

年龄	频次	频率	累积频率
15～20 岁	76	38.4%	38.4%
21～25 岁	88	44.4%	82.8%
26～30 岁	32	16.2%	99.0%
>30 岁	2	1.0%	100.0%
总计	198	100.0%	

样本的年龄分布情况为:15～20 岁的被调查者占 38.4%,21～25 岁的被调查者占 44.4%,26～30 岁的被调查者占 16.2%,31～40 岁的被调查者占 1.0%。

表 3.3　样本学历分布

学历	频次	频率	累积频率
本科在读	96	48.5%	48.5%
硕士在读	64	32.3%	80.8%
博士在读	38	19.2%	100.0%
总计	198	100.0%	

样本的学历分布情况为:本科在读的被调查者占 48.5%,硕士在读的被调查者占 32.3%,博士在读的被调查者占 19.2%。

表 3.4　样本笔记本电脑使用年限分布

使用年限	频次	频率	累积频率
0.5～1 年	34	17.2%	17.2%
1～2 年	56	28.3%	45.5%
2～3 年	69	34.8%	80.3%
>3 年	39	19.7%	100.0%
总计	198	100.0%	

样本的笔记本电脑使用年限分布情况为:0.5～1 年的被调查者占 17.2%,1～2 年的被调查者占 28.3%,2～3 年的被调查者占 34.8%,>3 年的被调查者占 19.7%。

表 3.5　样本每月平均生活费分布

平均月生活费	频次	频率	累积频率
<800 元	54	27.3%	27.3%
800～1200 元	102	51.5%	78.8%
1200～1800 元	39	19.7%	98.5%
>1800 元	3	1.5%	100.0%
总计	198	100.0%	

样本的月平均生活费分布情况为：＜800 元的被调查者占 27.3％,800～1200 元的被调查者占 51.5％,1200～1800 元的被调查者占 19.7％,＞1800 元的被调查者占 1.5％。

从表 3.1～表 3.5 的统计数据可以看出,样本在各项分类指标上的分布合理,样本的收集效果理想。

4. 数据分析

1) 问项信度 t 检验

在大规模正式问卷调查后,首先要对样本数据进行问项信度 t 检验,根据高分组样本和低分组样本在问项上的差异显著性判断问项设置的必要性,如果高分组样本与低分组样本在某个问项上不存在显著差异,就意味着该问项在顾客对产品服务系统做出最终的顾客感知价值评价上没起到显著性作用,也就意味着在构建产品服务系统顾客感知价值测量模型时可以忽略该因素。对大规模正式调查所获得的样本数据进行问项信度 t 检验,检验结果如表 3.6 所示。

表 3.6　关于产品服务系统顾客感知价值的 39 个影响因素的问项信度 t 检验结果

问项	样本组	样本组均值	问项信度 t 检验			95％置信区间	
			均值差值	标准误差值	t 值	上限	下限
流畅性	高分组	4.97	2.48	0.28	8.78**	1.92	3.04
	低分组	2.49					
机器重量	高分组	5.39	2.25	0.26	8.59**	1.72	2.76
	低分组	3.14					
硬盘容量	高分组	5.10	2.31	0.28	8.26**	1.75	2.87
	低分组	2.79					
屏幕舒适性	高分组	5.00	2.02	0.27	7.40**	1.48	2.56
	低分组	2.98					
键盘舒适性	高分组	5.13	2.29	0.25	9.03**	1.78	2.80
	低分组	2.84					
触控板舒适性	高分组	4.56	2.30	0.27	8.36**	1.75	2.84
	低分组	2.26					
音响效果	高分组	5.03	2.05	0.27	7.65**	1.52	2.58
	低分组	2.98					
颜色	高分组	4.20	0.90	0.29	3.07**	0.32	1.48
	低分组	3.30					
外形设计	高分组	4.34	0.90	0.32	2.84**	0.27	1.53
	低分组	3.44					
机身大小	高分组	4.27	0.92	0.30	3.10**	0.33	1.51
	低分组	3.35					

问项	样本组	样本组均值	问项信度 t 检验			95％置信区间	
			均值差值	标准误差值	t 值	上限	下限
厚度	高分组	4.24	0.96	0.28	3.44**	0.41	1.52
	低分组	3.28					
折扣率	高分组	4.24	0.89	0.25	3.62**	0.40	1.38
	低分组	3.35					
电池耐力	高分组	4.29	0.96	0.23	4.11**	0.50	1.42
	低分组	3.33					
噪声	高分组	3.96	0.89	0.27	3.26**	0.35	1.42
	低分组	3.07					
散热性	高分组	4.44	0.53	0.22	2.41*	0.09	0.98
	低分组	3.91					
代表性	高分组	4.53	0.60	0.24	2.54*	0.13	1.07
	低分组	3.93					
广告频率	高分组	5.31	1.60	0.24	6.78**	1.12	2.06
	低分组	3.72					
先进设施	高分组	4.53	1.00	0.28	3.72**	0.49	1.60
	低分组	3.49					
装修	高分组	3.99	0.96	0.21	4.49**	0.54	1.39
	低分组	3.02					
员工仪容	高分组	3.93	0.99	0.18	5.50**	0.64	1.36
	低分组	2.93					
宣传资料	高分组	3.86	1.22	0.28	4.42**	0.68	1.78
	低分组	2.63					
交付准时	高分组	4.30	0.58	0.23	2.51*	0.12	1.04
	低分组	3.72					
执行力	高分组	3.53	0.64	0.28	2.32*	0.09	1.20
	低分组	2.88					
履诺性	高分组	4.73	0.57	0.24	2.40*	0.10	1.03
	低分组	4.16					
诊断准确	高分组	4.84	0.61	0.24	2.54*	0.13	1.09
	低分组	4.23					
主动沟通	高分组	4.23	1.11	0.27	4.13**	0.58	1.65
	低分组	3.12					
快速支持	高分组	5.07	1.11	0.27	4.09**	0.58	1.66
	低分组	3.95					
报修简便	高分组	4.43	1.01	0.23	4.40**	0.55	1.47
	低分组	3.42					

续表

问项	样本组	样本组均值	问项信度 t 检验			95％置信区间	
			均值差值	标准误差值	t 值	上限	下限
检测迅速	高分组	4.34	1.06	0.26	4.15**	0.55	1.57
	低分组	3.28					
服务透明	高分组	4.73	0.61	0.20	3.12**	0.22	1.00
	低分组	4.12					
员工能力	高分组	4.54	0.47	0.23	2.08**	0.02	0.93
	低分组	4.07					
全面检测	高分组	4.69	0.64	0.20	3.24**	0.25	1.03
	低分组	4.05					
主动保养	高分组	3.91	1.15	0.23	4.78**	0.67	1.62
	低分组	2.77					
个性关怀	高分组	4.36	0.73	0.22	3.37**	0.30	1.16
	低分组	3.63					
主动教授	高分组	4.37	1.05	0.20	5.11**	0.64	1.45
	低分组	3.33					
购买价格	高分组	4.07	0.68	0.27	2.51*	0.14	1.21
	低分组	3.40					
维修费用	高分组	4.54	0.75	0.25	2.99**	0.25	1.25
	低分组	3.79					
维修时间	高分组	4.31	0.62	0.28	2.18*	0.05	1.18
	低分组	3.70					
失效影响	高分组	4.31	0.78	0.28	2.81**	0.23	1.33
	低分组	3.53					

* 表示显著性概率值 $p < 0.05$,高分组样本与低分组样本的平均值差异达到 0.05 的显著水平。
** 表示显著性概率值 $p < 0.01$,高分组样本与低分组样本的平均值差异达到 0.01 的显著水平。

从表 3.6 可以看出,39 个问项的 t 值都达到 0.05 的显著性水平,说明关于产品服务系统顾客感知价值的 39 个影响因素在高分组样本与低分组样本的平均值上都存在显著性差异,即这 39 个影响因素对产品服务系统顾客感知价值都有显著性的影响,在研究产品服务系统顾客感知价值的时候都不应该忽略。因此,在后面的因素分析中,将会完全保留这 39 个问项。

2)因素分析

在对正式调查问卷中的问项进行问项信度 t 检验后,下一步将通过样本数据挖掘问项背后的潜在变量,这些潜在变量是产品服务系统顾客感知价值中较为抽象的影响因素,可以广泛适用于大部分的产品服务系统。本章应用因素分析法对数据进行分析,挖掘潜在变量。

在对数据进行因素分析前,首先要对数据进行取样足够度检验,本节应用 KMO 值对样本的取样足够度进行检验。根据学者 Kaiser[12] 的观点,如果 KMO 值小于 0.5,则不宜进行因素分析,进行因素分析的 KMO 至少在 0.6 以上。正式调查的样本取样足够度 KMO 和 Bartlett 球形度检验结果如表 3.7 所示,从表中可以看出,样本的 KMO 值为 0.664,大于 0.6,说明正式调查的数据可以进行因素分析。此外,Bartlett 球形度检验的 χ^2 统计值的显著性为 0.000,小于 0.001,这也说明变量具有很高的相关性,适合进行因子分析。

表 3.7　对潜在变量的样本取样足够度 KMO 和 Bartlett 球形度检验结果

取样足够度测量	KMO 值	0.664
Bartlett 球形度检验	近似卡方 χ^2	6483.767
	自由度 df	741
	显著性概率 Sig.	0.000

接下来,本研究对调查数据进行因素分析,因素分析的因素萃取方法采用主成分分析法,萃取的特征值要求大于 1,转轴法采用最大变异法,它是正交转轴法的一种。因素分析的结果如表 3.8 所示。

表 3.8 因素分析结果中大于 0.5 的数据都以灰色背景标注出来,结果显示正式调查问卷中的 39 个问项以较高的载荷收敛于 12 个潜在因素,Q1～Q7 收敛于因素 1,Q8～Q11 收敛于因素 5,Q12、Q13 收敛于因素 8,Q14、Q15 收敛于因素 10,Q16、Q17 收敛于因素 11,Q18～Q21 收敛于因素 2,Q22～Q25 收敛于因素 4,Q26～Q29 收敛于因素 3,Q30～Q32 收敛于因素 6,Q33～Q35 收敛于因素 7,Q36、Q37 收敛于因素 12,Q38、Q39 收敛于因素 9。从表 4.8 中还可以看出,各因素列除了灰色背景的数据,其他问项在因素上的载荷均小于 0.2(其中最大的为 0.176),这说明各问项除了在各自潜在因素上具有较高的载荷,在其他潜在因素上的载荷很小,证明了这 12 个潜在因素具有很好的建构效度。

根据潜在因素所包含问项的特点,将因素 1 命名为产品工作性能、因素 2 命名为服务有形性、因素 3 命名为服务响应性、因素 4 命名为服务可靠性、因素 5 命名为产品外观、因素 6 命名为服务保证性、因素 7 命名为服务关怀性、因素 8 命名为产品耐用性、因素 9 命名为非货币型成本、因素 10 命名为产品安全性、因素 11 命名为产品知名度、因素 12 命名为货币型成本。其中产品工作性能、产品外观、产品耐用性、产品安全性和产品知名度五个因素表征的是产品服务系统的物理产品属性,服务有形性、服务可靠性、服务响应性、服务保证性和服务关怀性五个因素表征的是产品服务系统的服务属性,货币型成本和非货币型成本表征的是产品服务系统的成本属性。这些因素是产品服务系统顾客感知价值的属性维度,即在研究产品服务系统顾客感知价值时应该考虑这 12 个属性维度。

表 3.8　关于产品服务系统顾客感知价值的 39 个影响因素的分析结果

问项	因素 1	因素 2	因素 3	因素 4	因素 5	因素 6	因素 7	因素 8	因素 9	因素 10	因素 11	因素 12
Q1. 流畅性	0.833	0.014	0.041	-0.058	-0.042	0.020	0.031	0.055	0.008	-0.061	0.002	0.015
Q2. 机器重量	0.796	0.039	0.041	-0.071	-0.036	-0.060	-0.002	-0.066	0.078	0.084	-0.017	0.011
Q3. 硬盘容量	0.844	0.072	0.025	-0.033	-0.062	0.004	-0.022	0.035	0.056	0.019	-0.006	0.073
Q4. 屏幕舒适性	0.849	0.061	-0.045	-0.024	-0.061	-0.089	-0.028	0.044	-0.079	0.004	0.086	0.042
Q5. 键盘舒适性	0.841	0.096	-0.067	-0.065	-0.048	-0.003	0.046	0.007	0.014	0.070	0.110	-0.037
Q6. 触控板舒适性	0.822	0.071	0.066	0.028	-0.026	-0.020	0.039	0.018	0.078	0.001	0.104	-0.104
Q7. 音响效果	0.787	0.028	0.003	0.009	-0.031	0.065	0.031	-0.016	-0.017	0.082	-0.070	0.018
Q8. 颜色	-0.093	0.047	0.152	-0.103	0.773	0.033	0.050	0.005	-0.020	-0.099	0.085	-0.074
Q9. 外形设计	-0.026	0.008	-0.149	0.056	0.809	-0.045	0.032	0.000	0.095	0.070	-0.059	0.049
Q10. 机身大小	-0.084	0.021	0.033	-0.030	0.937	0.014	-0.002	-0.014	0.074	-0.012	-0.016	-0.049
Q11. 厚度	-0.084	0.010	0.043	-0.034	0.982	-0.006	0.011	0.034	0.046	-0.021	0.022	-0.031
Q12. 折扣率	0.028	0.010	0.087	0.035	0.029	0.017	0.015	0.945	-0.043	-0.016	0.022	-0.009
Q13. 电池耐力	0.034	0.056	0.122	0.032	-0.006	0.033	0.048	0.930	-0.064	0.027	0.043	0.023
Q14. 噪声	0.110	0.038	-0.077	-0.026	-0.020	-0.019	0.056	0.011	0.005	0.900	0.038	0.031
Q15. 散热性	0.052	0.007	0.018	0.003	-0.030	-0.032	0.062	-0.001	0.029	0.914	0.001	-0.034
Q16. 代表性	-0.002	0.011	-0.006	0.006	-0.031	0.029	-0.047	0.080	-0.055	0.007	0.912	0.051
Q17. 广告频率	0.176	0.128	0.135	0.032	0.064	-0.012	0.117	-0.019	0.023	0.036	0.858	0.064
Q18. 先进设施	0.022	0.917	0.047	0.017	0.031	0.021	-0.004	0.021	-0.037	0.051	0.064	-0.003
Q19. 装修	0.088	0.976	0.059	-0.008	0.017	0.029	0.043	0.038	-0.014	0.010	0.006	0.003
Q20. 员工仪容	0.142	0.875	0.039	0.075	-0.013	0.085	0.067	0.025	-0.049	0.016	0.033	0.005
Q21. 宣传资料	0.101	0.927	-0.007	-0.044	0.052	0.006	-0.004	-0.010	0.048	-0.027	0.035	0.011

续表

问项	因素 1	因素 2	因素 3	因素 4	因素 5	因素 6	因素 7	因素 8	因素 9	因素 10	因素 11	因素 12
Q22. 交付准时	-0.049	0.003	0.051	0.974	-0.025	0.062	-0.009	0.045	-0.016	-0.010	0.004	0.041
Q23. 执行力	-0.062	-0.009	0.080	0.902	-0.001	0.122	-0.022	0.027	-0.052	0.004	-0.035	0.037
Q24. 履诺性	-0.017	-0.003	0.036	0.883	-0.036	-0.022	-0.005	-0.017	-0.010	-0.010	0.091	0.019
Q25. 诊断准确	-0.071	0.050	0.053	0.912	-0.041	0.037	0.085	0.022	-0.022	-0.009	-0.026	-0.016
Q26. 主动沟通	0.047	-0.027	0.924	0.069	-0.022	-0.023	-0.028	0.083	0.047	0.004	0.046	0.004
Q27. 快速支持	0.021	0.024	0.907	0.049	0.027	-0.039	0.010	0.078	0.001	-0.028	0.015	0.013
Q28. 报修简便	0.034	0.074	0.916	0.063	0.037	0.027	0.003	0.041	-0.008	-0.061	0.032	0.050
Q29. 检测迅速	-0.035	0.064	0.909	0.039	0.027	0.044	0.054	0.021	0.038	0.020	0.033	0.005
Q30. 服务透明	-0.004	0.054	0.001	0.072	0.015	0.985	0.007	0.023	-0.039	-0.022	0.003	0.064
Q31. 员工能力	-0.029	-0.005	-0.060	0.101	0.011	0.917	-0.035	0.040	0.003	0.001	-0.044	0.041
Q32. 全面检测	-0.029	0.089	0.066	0.015	-0.031	0.902	0.030	-0.010	-0.072	-0.037	0.064	0.106
Q33. 主动保养	0.061	-0.025	0.101	0.035	0.146	-0.035	0.837	-0.034	0.006	0.086	-0.004	0.142
Q34. 个性关怀	-0.010	0.057	-0.059	0.005	-0.019	0.043	0.878	0.000	-0.120	-0.001	-0.012	0.015
Q35. 主动教授	0.032	0.055	0.001	0.006	-0.029	-0.010	0.870	0.094	0.074	0.043	0.073	0.005
Q36. 购买价格	0.074	-0.030	-0.011	-0.020	-0.029	0.048	0.059	0.024	-0.022	-0.013	0.179	0.881
Q37. 维修费用	-0.060	0.045	0.080	0.097	-0.068	0.162	0.096	-0.010	0.061	0.008	-0.063	0.867
Q38. 维修时间	0.038	-0.048	0.041	-0.061	0.096	-0.055	0.037	-0.065	0.898	-0.016	-0.054	-0.050
Q39. 失效影响	0.079	0.000	0.030	-0.030	0.085	-0.044	-0.077	-0.041	0.911	0.052	0.019	0.088
其他问项在因素上的最大载荷值	0.176	0.128	0.149	0.101	0.146	0.162	0.117	0.094	0.120	0.099	0.179	0.142

注：灰色背景数值为的因子载荷大于 0.5 的数值。

3）维度信度检验

因素分析完后，需要对量表各层面的信度进行检验。在态度量表法中常用的检验信度的方法是 Cronbach 所创的 α 系数法。Cronbach α 系数又称为内部一致性系数。属性维度的 Cronbach α 系数越大，说明属性维度的内部一致性越高，即属性维度的可靠性越高。本研究分别对产品服务系统顾客感知价值的 12 个属性维度层面进行信度检验，检验结果如表 3.9 所示。

表 3.9 维度信度检验和维度收敛效度检验结果

属性维度	问项	标准因子载荷	平均提取方差 AVE	Cronbach α 值
产品工作性能	Q1. 流畅性	0.83	0.69	0.92
	Q2. 机器重量	0.80		
	Q3. 硬盘容量	0.84		
	Q4. 屏幕舒适性	0.85		
	Q5. 键盘舒适性	0.84		
	Q6. 触控板舒适性	0.82		
	Q7. 音响效果	0.79		
产品外观	Q8. 颜色	0.77	0.78	0.90
	Q9. 外形设计	0.81		
	Q10. 机身大小	0.94		
	Q11. 厚度	0.98		
产品耐用性	Q12. 折扣率	0.94	0.90	0.89
	Q13. 电池耐力	0.93		
产品安全性	Q14. 噪声	0.90	0.84	0.80
	Q15. 散热性	0.91		
产品知名度	Q16. 代表性	0.91	0.82	0.78
	Q17. 广告频率	0.86		
服务有形性	Q18. 先进设施	0.92	0.87	0.94
	Q19. 装修	0.98		
	Q20. 员工仪容	0.88		
	Q21. 宣传资料	0.93		
服务可靠性	Q22. 交付准时	0.97	0.86	0.94
	Q23. 执行力	0.90		
	Q24. 履诺性	0.88		
	Q25. 诊断准确	0.91		
服务响应性	Q26. 主动沟通	0.92	0.85	0.94
	Q27. 快速支持	0.91		
	Q28. 报修简便	0.92		
	Q29. 检测迅速	0.91		

属性维度	问项	标准因子载荷	平均提取方差 AVE	Cronbach α 值
服务保证性	Q30. 服务透明	0.99	0.89	0.93
	Q31. 员工能力	0.92		
	Q32. 全面检测	0.90		
服务关怀性	Q33. 主动保养	0.84	0.75	0.83
	Q34. 个性关怀	0.88		
	Q35. 主动教授	0.87		
货币型成本	Q36. 购买价格	0.88	0.80	0.74
	Q37. 维修费用	0.87		
非货币型成本	Q38. 维修时间	0.90	0.84	0.82
	Q39. 失效影响	0.91		

表 3.9 显示，属性维度层面的 Cronbach α 值介于 0.74～0.94，均大于临界值 0.7，说明各维度具有良好的内部一致性，各属性维度都具有良好的可靠性。

4) 维度收敛效度和区分效度检验

在对产品服务系统顾客感知价值的各属性维度进行信度检验之后，还要对这些属性维度进行收敛效度和区分效度检验，检验各属性维度内部是否能够很好地收敛以及各属性维度之间是否能够很好地区分。本研究使用平均提取方差 AVE 对属性维度进行收敛效度检验，AVE 越大，说明属性维度的收敛效度越理想，AVE 的临界值为 0.6。属性维度的区分效度则通过 Fornell 和 Larcker[13] 提出的区分效度检测法验证。该检测法要求当选择量表中的任意一对维度时，这两个维度的平均提取方差要大于两维度间的平方路径系数。

维度收敛效度检验结果如表 3.9 所示。从表 3.9 可以看出，产品服务系统顾客感知价值的 12 个属性维度的平均提取方差介于 0.69～0.90，均大于临界值 0.6，说明各维度具有良好的收敛效度。

维度区分效度检验结果如表 3.10 所示。从表 3.10 可以看出，12 个产品服务系统顾客感知价值属性维度之间的平方路径系数介于 0～0.026，小于最小的属性维度平均提取方差 0.69，即选择 12 个属性维度的任意一对维度，这两个维度的平均提取方差均大于两维度间的平方路径系数。因此，产品服务系统顾客感知价值的 12 个属性维度之间具有良好的区分效度。

通过前面的数据分析，发现产品服务系统顾客感知价值物理产品属性的 5 个维度（产品工作性能、产品外观、产品耐用性、产品安全性和产品知名度）、服务属性的 5 个维度（服务有形性、服务可靠性、服务响应性、服务保证性和服务关怀性），以及感知利失的 2 个维度（货币型成本和非货币型成本），而且这 12 个属性维度具有良好的收敛效度和区分效度。因此，在构建产品服务系统顾客感知价值测量模型时，要充分考虑这 12 个属性维度。结合前文提出的产品服务系统顾客感知价值理论模型,构建产品服务系统顾客感知价值测量模型,如图 3.7 所示。

表 3.10 维度区分效度检验结果

属性维度	产品工作性能	产品外观	产品耐用性	产品安全性	产品知名度	服务有形性	服务可靠性	服务响应性	服务保证性	服务关怀性	货币型成本	非货币型成本
产品工作性能	0.69											
产品外观	0.017	0.78										
产品耐用性	0.002	0.000	0.90									
产品安全性	0.016	0.002	0.000	0.84								
产品知名度	0.019	0.000	0.007	0.003	0.82							
服务有形性	0.026	0.002	0.004	0.002	0.016	0.87						
服务可靠性	0.008	0.003	0.004	0.001	0.001	0.000	0.86					
服务响应性	0.001	0.002	0.030	0.002	0.013	0.006	0.014	0.85				
服务保证性	0.001	0.000	0.003	0.003	0.001	0.007	0.016	0.000	0.89			
服务关怀性	0.003	0.003	0.004	0.013	0.005	0.005	0.001	0.001	0.000	0.75		
货币型成本	0.000	0.006	0.001	0.000	0.014	0.000	0.006	0.004	0.036	0.021	0.80	
非货币型成本	0.007	0.022	0.012	0.002	0.001	0.001	0.007	0.003	0.009	0.001	0.001	0.84

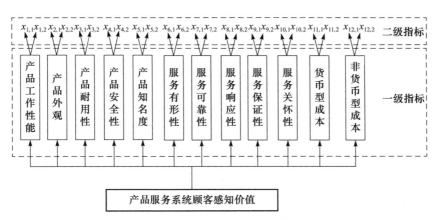

图 3.7 产品服务系统顾客感知价值测量模型

从图 3.7 可知,企业在应用产品服务系统顾客感知价值测量模型对具体产品服务系统的顾客感知价值进行测量时,应当以产品服务系统顾客感知价值的 12 个属性维度为一级指标,结合具体产品服务系统的特点,将一级指标扩展为多个二级指标,然后以二级指标为内容设计调查问卷,收集顾客感知价值信息。例如,当企业应用该产品服务系统顾客感知价值测量模型对笔记本电脑的顾客感知价值进行测量时,应当将产品工作性能扩展为流畅性、机器重量、硬盘容量、屏幕舒适性、键盘舒适性、触控板舒适性以及音响效果这 7 个二级指标,然后再以这 7 个二级指标为内容设计调查问卷里的问项,如流畅性对应的问项为"笔记本电脑能够流畅工作"。

5. 产品服务系统顾客感知价值测量模型的应用

现今,大多数的产品都属于产品服务系统。大多数生产商在提供物理产品的同时还为顾客提供便利性服务,如送货服务和售后服务,以帮助销售产品。因此,产品服务系统的顾客感知价值测量对所有生产商来说都是一个至关重要的问题。产品服务系统顾客感知价值测量模型是一个具有良好信度和效度的测量模型,可广泛地应用于各类产品服务系统,生产商可以应用该测量模型更好地了解和改进企业自身产品服务系统的顾客感知价值。产品服务系统顾客感知价值测量模型具有以下实用意义。

第一,应用产品服务系统顾客感知价值测量模型对产品服务系统的 12 个维度进行多元回归分析,可以确定各维度对顾客整体感知价值影响的相对重要性,从而在企业资源有限的情况下有的放矢地制定产品服务系统的改进决策。企业通过多元回归分析可以获得顾客感知价值函数各属性维度的回归系数,从而很清楚地了解顾客对产品服务系统各维度的敏感程度,从而更准确地了解顾客的需求,优化自身的资源配置,将有限的资源应用在改进顾客感知更加敏感的影响因素上,实现资源的最大化利用,有效地防止企业所做的改进与顾客需求不相符现象的发生。本研究中笔记本电脑顾客感知价值多元回归分析的结果见表 3.11(因变量为笔记本电脑顾客感知价值)。根据表 3.11 中各属性维度的标准回归系数可知,顾客对产品服务系统的感知中,产品工作性能是最重要的维度,因为它的标准回归系数值最

表 3.11　笔记本电脑顾客感知价值多元回归分析的结果

属性维度	标准回归系数	显著性水平 *	调整后的判定系数 R^2
产品工作性能	0.37	0.00	
产品外观	0.24	0.00	
产品耐用性	0.16	0.00	
产品安全性	0.06	0.18	
产品知名度	0.08	0.09	
服务有形性	0.10	0.04	0.61($p<0.001$)
服务可靠性	0.20	0.00	
服务响应性	0.27	0.00	
服务保证性	0.08	0.07	
服务关怀性	0.07	0.11	
货币型成本	0.32	0.00	
非货币型成本	0.20	0.00	

* 显著性水平为双侧检验。

大,为 0.37,其次是货币型成本(标准回归系数为 0.32)和服务响应性(标准回归系数为 0.27),而产品安全性是 12 维度中最不重要的维度(标准回归系数为 0.06)。根据多元回归分析的结果,笔记本电脑生产商现阶段的主要任务是重点加强产品工作性能方面的改进,同时要尽量地降低顾客购买和使用产品过程中的货币型成本,这样才能够提高自身产品服务系统的顾客感知价值,从而提高企业的竞争力。

第二,产品服务系统顾客感知价值测量模型在定期跟踪产品服务系统顾客感知价值方面具有宝贵的现实意义。产品服务系统顾客感知价值一方面会随着企业对产品服务系统进行的改进而变化(当对产品服务系统进行的改进与顾客的需求一致时,顾客感知价值会提高;当改进方向与顾客需求不一致时,顾客感知价值会降低);另一方面会随着顾客消费文化的变化而改变。因此,跟踪产品服务系统的顾客感知价值可以为企业的产品改进、调整等决策提供宝贵的信息。生产商可以定期应用该模型,计算各维度内问项得分的平均值,了解顾客对产品服务系统各二级指标感知的变化情况,从而对自身产品的各方面指标进行调整。此外,企业还可通过该测量模型对比与行业主要竞争对手之间在具体产品服务系统上的表现差异,明确哪些方面能够有效提高自身产品服务系统顾客感知价值,以达到提高企业产品竞争力的目的。

第三,生产多种类别产品服务系统的公司还可使用产品服务系统顾客感知价值测量模型跟踪各类别产品的顾客感知价值水平,根据各类别产品服务系统的测量模型得分对其进行分群,仔细分析各群在顾客感知价值方面的差异以及产品服务系统之间的差异,从而发现有利于或有碍于传递高顾客感知价值的关键属性或影响因素。

顾客感知价值是消费者感知到的质量和价格之间的比例或者平衡。顾客感知价值往往由不同的价值维度构成,如通过实证研究得到的 12 个通用维度,而如果具体到某种商品,则其维度将更多。此时出于实际操作原因,供应商可能会希望能够知道该商品的顾客感知价值维度之间的关系和各维度的重要程度。因此有必要将多维尺度(因素)的量化评价模型引入顾客感知价值领域,需要更加综合和详细的评价体系来科学、精确地描述顾客感知价值及其作用机理。本节以电动汽车为例,利用 DEMATEL(decision making trial and evaluation laboratory)方法研究顾客感知价值尺度的测量。

DEMATEL 方法是运用图论与矩阵论原理进行系统因素分析的方法,它利用系统中各因素之间的影响关系构建直接影响矩阵,运用图论与矩阵工具进行系统因素分析的方法,计算各因素对其他因素的影响程度以及被影响度,计算各因素的中心度与原因度。DEMATEL方法适合探究电动车的顾客感知价值的不同尺度的重要性和因果关系。DEMATEL 方法主要由四个步骤组成。

（1）计算平均矩阵。

每一位受访者根据他们认为第 i 个因素对第 j 个因素的影响程度确定出 x_{ij}^k 的值。x_{ij}^k 的值由 0～4 的整数给定，0～4 分别代表无影响（0）、较低影响（1）、中等影响（2）、较高影响（3）、极高影响（4）。当 $i=j$ 时，即矩阵的对角线元素，设定 x_{ij}^k 为 0。对于每名受访者，可以得到一个 n 阶的非负矩阵 $\boldsymbol{X}_{ij}^k=[x_{ij}^k]$，$n$ 表示元素的个数，k 表示每名受访者的顺序。因此 $\boldsymbol{X}^1,\boldsymbol{X}^2,\boldsymbol{X}^3,\cdots,\boldsymbol{X}^H$ 是从 H 名受访者处获得的矩阵。平均矩阵 $\boldsymbol{A}=[a_{ij}]$ 可以按以下公式计算：

$$a_{ij}=\frac{1}{H}\sum_{k=1}^{H}x_{ij}^k$$

这个平均矩阵又称为初始直接关系矩阵。这个矩阵表示一个因素对于其他因素的直接影响和受到其他因素的直接影响。可以通过一张影响图来说明系统中各因素之间的因果关系。

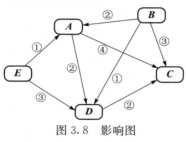

图 3.8　影响图

图 3.8 即为影响图的一个示例。图中，每个字母表示系统中的一个元素。从 $\boldsymbol{B}$ 到 $\boldsymbol{A}$ 的箭头表示了 $\boldsymbol{B}$ 对 $\boldsymbol{A}$ 有影响，并且这种影响的程度为 2（中等影响）。

（2）计算标准化初始关系矩阵。

根据平均矩阵 $\boldsymbol{A}$，可以由下述计算公式得到标准化初始关系矩阵 $\boldsymbol{N}$。定义

$$M=\max\{\max_{1\leqslant i\leqslant n}\sum_{j=1}^{n}a_{ij},\max_{1\leqslant j\leqslant n}\sum_{i=1}^{n}a_{ij}\}$$

令

$$\boldsymbol{N}=\frac{\boldsymbol{A}}{M}$$

通过对矩阵 $\boldsymbol{A}$ 每行 j 进行求和，可以得到 i 因素对其他因素的总影响。这里，$\max\limits_{1\leqslant i\leqslant n}\sum\limits_{j=1}^{n}a_{ij}$ 意味着各因素对其他因素总的直接影响力的最大取值。类似地，$\max\limits_{1\leqslant j\leqslant n}\sum\limits_{i=1}^{n}a_{ij}$ 意味着各因素受到其他因素总的直接影响力的最大取值。M 即为两者的较大值，矩阵 $\boldsymbol{N}$ 是将矩阵 $\boldsymbol{A}$ 中每个元素除以 M 后得到的。

（3）计算总关系矩阵。

总关系矩阵 $\boldsymbol{T}$ 的定义为

$$\boldsymbol{T}=\boldsymbol{N}\times(\boldsymbol{I}-\boldsymbol{N})^{-1}$$

式中，$\boldsymbol{I}$ 为单位矩阵。

定义 $\boldsymbol{r}$ 和 $\boldsymbol{c}$ 分别为 $n\times1$ 和 $1\times n$ 阶矩阵，分别表示总关系矩阵 $\boldsymbol{T}$ 的行、列之和。假设 r_i 为总关系矩阵 $\boldsymbol{T}$ 的第 i 行，则 r_i 即为因素 i 对其他因素的影响的总和。

类似的，c_j 表示总关系矩阵 $\boldsymbol{T}$ 的 j 列，则 c_j 即为因素 j 受到其他因素的影响的总和。当 $j=i$ 时，(r_i+c_j) 表示因素 i 对其他因素的影响和受到其他因素的影响的总和，即 (r_i+c_j) 代表因素 i 在整个因素系统中的重要性；反之，(r_i-c_j) 表示因素 i 对系统的净影响。当 (r_i-c_j) 为正数时，因素 i 被称为原因因素；反之，因素 i 为结果因素。

（4）设定一个阈值以获得影响图。

由于矩阵 $\boldsymbol{T}$ 提供了一个因素如何影响另一个因素的信息，决策者要设立一个阈值，过滤掉一些微不足道的影响，即较小的矩阵元素值。也就是说，只有当矩阵 $\boldsymbol{T}$ 的元素值高于阈值时，它才会被显示在最终影响图中。影响图是根据数组 $(r+c, r-c)$ 来绘制的。DEMATEL 方法应用的结果将在下文中具体说明。

首先，利用前面提到的通用模型在不同消费者中探寻关于顾客感知价值的一些想法和观念。受访者来自于各种不同职业，包括白领、蓝领、退休人士、家庭主妇等。每个受访者都被问到一系列有关电动车的问题，并从中挖掘出他们的观点和想法。不同的要素，如外观、颜色、续航范围、速度、舒适性、性能、价格和可靠性等都多次被受访者提到。最终，概括得到十个顾客感知价值尺度（表 3.12）。

表 3.12　顾客感知价值尺度

价值尺度	符号表示
品牌	A
基础设施	B
优惠政策	C
购买价格	D
使用成本	E
享受	F
行驶动力	G
安全性能	H
产品服务	I
客户特性	J

上面表格中的十个尺度的具体解释说明如下。

品牌（A）：包括品牌知名度和公司销售业绩等。一个良好的品牌声誉可以让消费者在产品功能、售后、服务等方面体验到更多的安全感和满足感。

基础设施（B）：在电动汽车行业，它代表充电站的普及和充电设备的规范化程度。电动汽车很难进入汽车市场的主要原因就是目前电动汽车基础设施的不完善。

优惠政策（C）：包括相关的经济补贴和电动车的牌照价格方面的相关政策。由于政府鼓励购买电动车，他们可能会推出一些优惠的政策，以刺激电动汽车销售市场。例如,政府可能会给电动车颁发特殊的牌照以区别于传统的燃油汽车,可能价格很低甚至免费。在中国的一些城市,购买一台电动车的经济补贴可高达 12 万元,但很多政策还未正式出台。

购买价格(D):包含一个新电动汽车的价格以及付款方式。例如,大多数汽车买家可能把价格作为买车的第一因素考虑。此外,一些汽车销售商会以分期付款的销售方式来吸引更多的客户。目前,由于电动汽车的电池和控制系统的成本很高,因此相同车型的电动汽车要比燃油汽车贵得多。

使用成本(E):包含功耗,维护成本以及电池寿命等。这些因素都直接影响消费者使用电动车的日常开支。电动汽车在能源消耗上有绝对优势,单公里能耗只有传统燃油汽车的 20% 左右。

享受(F):拥有一辆汽车所带来的享受体验。无论汽车的外饰还是内饰,都会对车内驾驶者和乘客乘坐的体验有很大的影响。另外,拥有安静和舒适的驾驶环境与时尚外观的汽车也会更加吸引人。

行驶动力(G):代表电动车的可持续行驶时间和最高时速。最大行驶动力是大多数买家所关注的重点,而可持续行驶时间尤其受到消费者的重视。

安全性能(H):代表电动汽车的安全水平,包括制动效率和安全气囊保护等方面。由于人们安全意识不断提升,这个因素也越来越多地受到消费者关注。

产品服务(I):即售后服务。如果一些汽车销售商能够提供系统的汽车售后服务,客户会更愿意购买电动汽车。由于电动汽车和燃油汽车的显著区别,电动汽车的维修和保养服务需要到专业的电动汽车维修站,而国内这样的服务站点非常少。如果生产商不提供配套的售后服务,就会造成电动汽车维修不便等问题。

客户特点(J):代表一个特定消费者的特殊需求,与众多消费者相对而言的独特需求。例如,环保人士可能把使用电动车当作环保意识的体现和社会地位的象征。此外,一些消费者可能对汽车有特定的需求或期望,如快递员会想要能提供超长驾驶时间的高容量电池等。

本次研究中用于数据收集的问卷由三个部分组成。第一部分包括了关于被调查者个人信息的问题。第二部分包括了上文得到的十个价值尺度的列表,通过了解被调查者对于每一个方面重要性的看法,并采用李克特型(Likert-type)的五分评价方法,从 1 分到 5 分,分别代表了从非常不重要到非常重要。第三部分被设计用于得到直接关系矩阵(DEMATEL 法的第一步),包括被调查者对于一个因素对另一个的影响程度的认知,从 0 分到 4 分。

此次调查一共发放问卷 170 份,回收的有效问卷是 162 份。通过 SPSS 计算得到 Cronbach α 值是 0.9034,这意味着内部一致性非常好。另外,高的 KMO(Kaiser-Meyer-Olkin)值也意味着存在一种统计学上可接受的表示参数关系的因子模型。本项研究的 KMO 值是 0.8732,这比参考值 0.6 要好很多。上述 10 个不同尺度以及它们的重要性总结在表 3.13 中。

表 3.13　不同因素的重要性

价值尺度	重要性
A:品牌	5
B:基础设施	4
C:优惠政策	4
D:购买价格	5
E:使用成本	4
F:享受	3
G:行驶动力	5
H:安全性能	5
I:产品服务	2
J:客户特性	5

由于问卷的第三部分与普通问卷的有很大的不同,被调查者几乎都不了解 DEMATEL 方法的数据收集程序。所以,在每一位被调查者完成问卷之前,强调以下三点以确保数据的准确性:①向被调查者详细地解释顾客感知价值的每一个尺度的具体意义;②向被调查者解释每一个分数(从 0 分到 4 分)所代表的影响程度;③在完成矩阵的过程中,指导被调查者如何确定影响程度的具体分值。

按照 DEMATEL 法的步骤对数据处理后,得到了平均矩阵 A,标准化的初始关系矩阵 N 和总关系矩阵 T(表 3.14)。表 3.15 显示了这 10 个因素中被赋予的以及受到的影响的总和。此外,第四步用到的临界值 0.250,是通过计算矩阵 T 中各元素的平均值加上 0.10853 得到的。这个临界值的选择是为了使总关系的影响图能有恰当的趋势曲线,以使得影响度简洁有效。总关系的影响图如图 3.9 所示。

表 3.14　总关系矩阵

	A	B	C	D	E	F	G	H	I	J
A	0.146175	0.160704	0.218289	0.341721	0.196814	0.205061	0.184037	0.162004	0.227784	0.071037
B	0.167924	0.100947	0.176393	0.251895	0.257037	0.190673	0.205149	0.117454	0.109679	0.090408
C	0.094721	0.118825	0.046239	0.217904	0.057422	0.057947	0.050218	0.038801	0.044065	0.036533
D	0.161257	0.141625	0.115080	0.120290	0.095546	0.126177	0.115909	0.096508	0.103664	0.082631
E	0.180749	0.129301	0.190248	0.262271	0.093975	0.169972	0.158418	0.103849	0.071977	0.053086
F	0.223627	0.135221	0.138200	0.299042	0.209859	0.103728	0.165074	0.081706	0.112512	0.060719
G	0.263607	0.224458	0.170130	0.327097	0.282417	0.250217	0.137883	0.200244	0.102749	0.102127
H	0.252236	0.187849	0.186358	0.307431	0.176582	0.205528	0.252546	0.089568	0.129530	0.068331
I	0.171175	0.143573	0.117103	0.208191	0.124870	0.161374	0.083525	0.095079	0.059333	0.049426
J	0.058466	0.043067	0.043430	0.075537	0.082862	0.090489	0.076562	0.037530	0.068191	0.015619

表 3.15 十个尺度总的影响和被影响的程度值

尺度	$r+c$	$r-c$
A:品牌	3.633563	0.193688
B:基础设施	3.053130	0.281988
C:优惠政策	2.164145	−0.638793
D:购买价格	3.570066	−1.252692
E:使用成本	2.991229	−0.163538
F:享受	3.090854	−0.031476
G:行驶动力	3.490250	0.631605
H:安全性能	2.878702	0.833216
I:产品服务	2.243130	0.184166
J:客户特性	1.221672	−0.038163

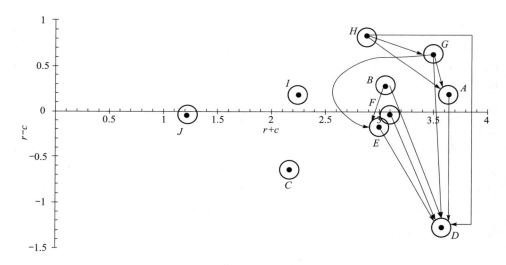

图 3.9 总关系的影响图

从表 3.15 中可以根据 $r+c$ 值的大小来对 10 个尺度的重要性进行排序,可以得到 $A>D>G>F>B>E>H>I>C>J$。由此可知,客户十分注重品牌的影响,良好的品牌形象被视为放心、高品质和满意的售后服务的象征,因此,品牌这个尺度的中心度值最大。其次,购买价格的中心度值排第二。价格的重要性是很容易理解的,顾客总是希望以较低的价格获得较高质量的产品。第三重要的尺度是行驶动力,这一点消费者和制造商都十分关注,但是受到电池和电动机技术的限制。

根据 $r-c$ 的值,发现品牌、基础设施、行驶动力、安全性能、产品服务这几个尺度对其他的尺度有影响,属于原因因素。而优惠政策、购买价格、使用成本、享受、客户特点性总得来说是受到其他尺度影响的,属于结果因素。由图 3.9 可知,安全性能和行驶动力这两个尺度对其他因素的影响最多,是最有"影响力"的两个尺度。因此,汽车制造商应当更多地重视这两个尺度,在这两个方面的技术突破和质量水平提高,可以使其他尺度的值一起提高,从而获得较强的市场优势。此外,购买价格主要受其他尺度的影响(结果因素),本身并没有对其他尺度产生影响。这表明制造商不应该太关注绝对的价格高低,因为它主要是由其他因素决定的,价格战不应该是一个根本的长期战略。此外,由图 3.9 可以发现,客户特性这一尺度比较特别,它位于影响图最左侧,远离其他点,并且和其他的尺度几乎没有相互影响,由此可以判断客户特性与其他九个尺度基本是无关的,应该独立考虑。这个发现或许可以启发我们试着将用户分成不同的群体,即对电动车行业进行市场细分。即制造商应当着重根据特定客户群体的实际驾驶需求来对电动车量体裁衣,针对不同的驾驶需求设计不同的车型。

本节建立多维尺度来描述和衡量顾客感知价值,并且应用 DEMATEL 法来分析不同尺度之间的因果关系和各自的重要性。结果表明,电动汽车的品牌、购买价格和行驶动力是客户最关注的三个方面,因而对这三个方面的提高是电动汽车生产商开拓市场的一个重要途径。与此同时,发现购买价格是受其他尺度影响最大的一项,所以价格的调整只是短期的营销策略,不能作为根本的竞争力提升途径。最后,从影响图的结果得知客户特性的孤立性,从而启发我们可以在市场细分(客户特性细分和归类)的方向上做进一步深入的研究。最终证明了利用 DEMATEL 方法建立的描述顾客感知价值价值维度间关系和重要度的方法是可以推广使用的。

3.2.2　顾客参与对面向产品的产品服务系统顾客感知价值影响的检验

本节采用依据理论假设设计调查问卷收集数据继而进行统计分析的方法来验证顾客参与对产品服务系统顾客感知价值的影响。首先,本研究选定 30 名访谈对象进行半结构化访谈,了解访谈对象对各维度的理解,并结合前人研究的成果及专家的意见,初步确定各维度的问项。然后,选择笔记本电脑作为产品服务系统的代表,对问项的具体内容进行修改完善,并以周边的同学为对象,进行问卷预测试,删除不合适的问项。最后,对上海的五所高校进行正式问卷调查,应用 SPSS 15.0 和 Amos 7.0 分析样本数据,检验问卷的信度和效度,分析顾客参与对产品服务系统顾客感知价值的影响。问卷见本章附录 1。

在预测试中,应用 SPSS 15.0 统计分析软件对预测试问卷进行 t 检验、因素分析、信度分析,保留 t 检验合格且因子载荷大于 0.4 的问项,并以各维度内部一致性系数,即 Cronbach $\alpha > 0.6$ 为标准,对维度内的问项进行调整,最终筛选出合适的问项用于大规模样本检验。

经过预测试,确定正式的顾客参与对产品服务系统顾客感知价值影响调查表由四部分组成。其中前三部分与产品服务系统顾客感知价值调查表一致,第四部分是关于顾客参与程度的 10 个问项。与第一次问卷调查类似,整份问卷除了第一部分调查者的信息是通过分类量表测量,后续两个部分中的所有问项都是由李克特 7 级量表测量,1 表示非常不同意,7 表示非常同意,2~6 表示非常不同意到非常同意之间的感受,第 4 部分中 1 表示完全不符合,7 表示完全符合,2~6 表示完全不符合到完全符合之间的感受。

顾客参与对产品服务系统顾客感知价值影响研究的正式大规模问卷调查于 2011 年 8 月和 9 月在上海进行。与第一次的调查研究相同,为了确保被调查者对所使用的笔记本电脑有准确的判断,被调查者必须具备超过 6 个月以上的笔记本电脑使用经历。此次调查共有 486 名在校大学生参与,在删除了无效样本和含有缺失值的样本后,得到 426 份合格问卷,问卷合格率为 87.6%。

1. 数据分析方法

此次实证研究主要应用统计分析软件 SPSS 15.0 和结构方程模型分析软件 Amos 7.0 对数据进行分析。研究中除了使用与第一次实证研究类似的问项信度 t 检验、因素分析、信度分析、效度分析外,还使用了结构方程模型分析法。

结构方程模型分析一方面可以根据卡方与自由度的比值(χ^2/df)、拟合优度指数(GFI)、调整拟合优度指数(AGFI)、规范拟合指数(NFI)、比较拟合指数(CFI)、增值拟合指数(IFI)、相对拟合指数(RFI)、近似均方根误差(RMSEA)等指标衡量模型与数据的拟合程度,判断模型的质量;另一方面,通过将样本数据按顾客参与程度的总得分将样本划分为低顾客参与样本组和高顾客参与样本组,应用 Amos 7.0 对两组样本数据分别进行结构方程模型分析,对比物理产品感知、服务感知和感知利失与产品服务系统顾客感知价值相关关系的变化,验证本节提出的 H1、H2 和 H3 假设。

2. 数据分析与讨论

1)问项信度 t 检验

从表 3.16 可以看出,顾客参与的 10 个问项的 t 值都达到 0.001 的显著性水平,说明关于顾客参与的 10 个问项在高分组样本与低分组样本的平均值上都存在显著性差异,问项设置合理。

表 3.16 顾客参与的 10 个问项信度 t 检验结果

问项	样本组	样本组均值	均值方程的 t 检验			95% 置信区间	
			均值差值	标准误差值	t 值	上限	下限
品牌信息搜寻	高分组	4.70	1.35	0.146	9.31*	1.07	1.64
	低分组	3.34					

续表

问项	样本组	样本组均值	均值方程的 t 检验			95％置信区间	
			均值差值	标准误差值	t 值	上限	下限
产品信息搜寻	高分组	4.86	1.38	0.155	8.95*	1.08	1.69
	低分组	3.47					
服务信息搜寻	高分组	4.82	1.36	0.145	9.37*	1.07	1.65
	低分组	3.46					
产品需求信息	高分组	4.86	1.36	0.154	8.81*	1.05	1.66
	低分组	3.50					
购买意向信息	高分组	4.90	1.58	0.144	10.9*	1.30	1.86
	低分组	3.32					
价格信息	高分组	4.77	1.44	0.158	9.11*	1.13	1.75
	低分组	3.33					
产品体验	高分组	4.66	1.37	0.159	8.63*	1.06	1.68
	低分组	3.29					
服务体验	高分组	4.56	1.27	0.153	8.29*	0.96	1.57
	低分组	3.29					
积极配合	高分组	4.56	1.05	0.154	6.84*	0.75	1.36
	低分组	3.50					
私人关系	高分组	4.50	0.97	0.160	6.11*	0.66	1.29
	低分组	3.53					

* 表示显著性概率值 $p < 0.01$，高分组样本与低分组样本的平均值差异达到 0.01 的显著水平。

2）因素分析

在对顾客参与的问项进行问项信度 t 检验后，下一步将通过因素分析验证顾客参与的四个维度（搜寻信息、信息交流、产品体验、人际互动）设置的合理性。

在对样本中顾客参与数据进行因素分析前，首先要对数据进行取样足够度检验，本节应用 KMO 值以 Bartlett 球形度检验及对样本的取样足够度进行检验。从表 3.17 可以看出，样本的 KMO 值为 0.641，大于 0.6，说明正式调查的数据可以进行因素分析。此外，Bartlett 球形度检验的 χ^2 统计值的显著性为 0.000，小于 0.001，这也说明变量具有很高的相关性，适合进行因子分析。

表 3.17　顾客参与的四个维度的样本取样足够度 KMO 和 Bartlett 球形度检验结果

取样足够度测量	KMO 值	0.641
Bartlett 球形度检验	近似卡方 χ^2	1151.17
	自由度 df	45
	显著性概率 Sig.	0.000

接下来，对调查数据进行因素分析。因素分析的因素萃取方法选择主成分分

析法,萃取的特征值要求大于 1,转轴法选最大变异法,它是正交转轴法的一种。因素分析的结果如表 3.18 所示。

表 3.18　顾客参与的 10 个问项信度因素分析结果

问项	因素 1	因素 2	因素 3	因素 4
品牌信息搜寻	0.824	0.067	−0.037	−0.057
产品信息搜寻	0.855	−0.012	0.019	−0.039
服务信息搜寻	0.867	−0.029	−0.029	0.026
产品需求信息	0.015	0.839	0.035	−0.009
购买意向信息	0.054	0.832	0.039	0.029
价格信息	−0.041	0.847	0.034	0.011
产品体验	−0.013	0.071	0.889	−0.030
服务体验	−0.027	0.023	0.894	−0.004
积极配合	−0.033	0.066	−0.028	0.876
私人关系	−0.027	−0.038	−0.005	0.879
其他问项在因素上载荷最大值	0.054	0.071	0.039	0.057

表 3.18 所示因素分析结果中大于 0.5 的数据以灰色背景标注出来。结果显示正式调查问卷中与顾客参与有关的 10 个问项以较高的载荷收敛于四个潜在因素,品牌信息搜寻、产品信息搜寻和服务信息搜寻收敛于因素 1,产品需求信息、购买意向信息和价格信息收敛于因素 2,产品体验和服务体验收敛于因素 3,积极配合和私人关系收敛于因素 4。从表 3.18 中还可以看出,各因素列除了灰色背景的数据,其他问项在因素上的载荷均小于 0.1(其中最大的为 0.071),这说明各问项除了在各自潜在因素上具有较高的载荷,在其他潜在因素上的载荷很小,证明了顾客参与的四个维度具有很好的建构效度。

根据各因素所包含的问项内容,可知因素 1 是搜寻信息维度,因素 2 是信息交流维度,因素 3 是产品体验维度,因素 4 是人际互动维度。

3）信度分析和效度分析

因素分析完后,下一步要对顾客参与的各维度层面进行信度检验。本研究用 Cronbach α 系数分别对顾客参与各维度层面的内部一致性进行检验,检验结果见表 3.19 中的 Cronbach α 值列。

表 3.19　维度信度检验和维度收敛效度检验结果

属性维度	问项	标准因子载荷	平均提取方差 AVE	Cronbach α 值
搜寻信息	品牌信息搜寻	0.83	0.81	0.72
	产品信息搜寻	0.85		
	服务信息搜寻	0.87		

属性维度	问项	标准因子载荷	平均提取方差 AVE	Cronbach α 值
信息交流	产品需求信息	0.84	0.79	0.71
	购买意向信息	0.84		
	价格信息	0.85		
产品体验	产品体验	0.89	0.75	0.81
	服务体验	0.89		
人际互动	积极配合	0.88	0.71	0.77
	私人关系	0.88		

从表 3.19 中的 Cronbach α 值列可以看出,顾客参与的四个维度层面的 Cronbach α 值为 0.71~0.81,均大于临界值 0.7,说明各维度具有良好的内部一致性,各属性维度都具有良好的可靠性。

接下来本研究对顾客参与的各维度进行效度分析。效度分析对各维度层面进行因子分析,检验各维度的因子载荷和平均提取方差 AVE 值。一般认为,若维度的平均提取方差 AVE<0.5,说明维度内的问项不能有效地收敛于该维度,维度收敛效度不理想;若 0.5≤AVE≤0.6,说明维度收敛效度可以接受;若 AVE>0.6,说明维度收敛效度相当理想。顾客参与各维度的效度检验结果见表 3.19。表 3.19 中各维度的平均提取方差 AVE 为 0.71~0.81,均大于临界值 0.6,说明各维度具有良好的收敛效度。此外,各问项的标准因子载荷都在 0.7 以上,说明各维度能够较好地表示问项内容。

3. 结构方程模型分析

在样本数据通过信度检验和效度检验后,本研究按样本数据中顾客参与程度的总分将样本划分为低顾客参与样本组和高顾客参与样本组,应用 Amos 7.0 对两组样本数据分别进行结构方程模型分析,对比低顾客参与样本组与高顾客参与样本组的结构方程模型中物理产品感知、服务感知和感知利失与产品服务系统顾客感知价值相关关系的变化,从而验证前文提出的 H1、H2 和 H3 假设。

表 3.20 给出了低顾客参与样本组和高顾客参与样本组的产品服务系统顾客感知价值的结构方程模型的拟合优度适配标准,从表 3.20 可以看出,结构方程模型的各适配指标均达到适配标准,表明样本数据与模型能够很好地拟合。

表 3.20　产品服务系统顾客感知价值的结构方程模型的拟合优度

适配指标	$\chi^2/\mathrm{d}f$	GFI	AGFI	NFI	CFI
低顾客参与样本组	1.234	0.944	0.917	0.959	0.992
高顾客参与样本组	1.652	0.928	0.903	0.929	0.970
适配标准	<5	>0.9	>0.9	>0.9	>0.9

图 3.10 和图 3.11 分别给出了低顾客参与样本组和高顾客参与样本组的产品服务系统顾客感知价值结构方程模型分析结果,其中包括物理产品感知、服务感知、感知利失与产品服务系统顾客感知价值之间的相关关系以及物理产品感知、服务感知和感知利失与自己所包含的属性维度之间的关系。从图 3.10 和图 3.11 可以看出,无论低顾客参与样本组还是高顾客参与样本组,物理产品感知、服务感知与产品服务系统顾客感知价值都是正相关关系,而感知利失对产品服务系统顾客感知价值是负相关关系。说明顾客感知到的物理产品收益和服务收益越高,产品服务系统顾客感知价值越高;而顾客在获取和使用产品服务系统过程中感知自己付出的成本越高,顾客对产品服务系统的评价越低,即降低产品服务系统顾客感知价值。

同时,从图 3.10 和图 3.11 还可以看出,物理产品感知与感知利失以及服务感知与感知利失之间也存在着正相关关系。这是因为当顾客对物理产品的感知以及对服务的感知较高时,也意味了企业在物理产品和服务方面投入了较高的成本,而这些成本最终都要由顾客来支付,也就是最终要转换为产品价格的一部分或维护费用的一部分。因此,物理产品感知、服务感知与感知利失之间存在显著的正相关关系是非常合理的。

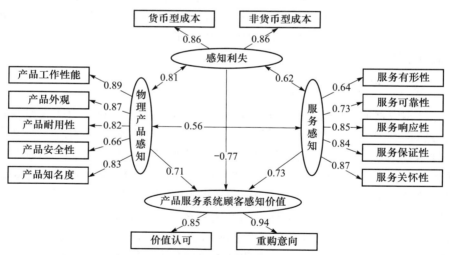

图 3.10　低顾客参与样本组的产品服务系统顾客感知价值结构方程模型分析结果

将图 3.10 和图 3.11 中物理产品感知、服务感知、感知利失与产品服务系统顾客感知价值的相关关系进行整理,并结合标准化路径系数 T 检验结果,整理成表 3.21。表 3.21 中,PPP 代表物理产品感知,SP 代表服务感知,PC 代表感知利失,PSSCPV 代表产品服务系统顾客感知价值。

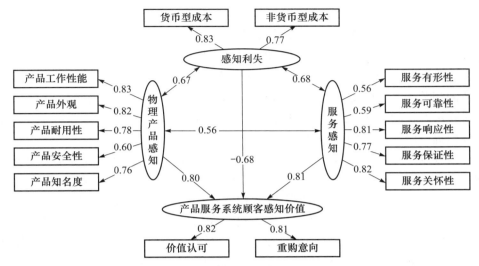

图 3.11　高顾客参与样本组的产品服务系统顾客感知价值结构方程模型分析结果

表 3.21　物理产品感知、服务感知、感知利失与产品服务系统顾客感知价值的相关关系表

样本组	变量关系	参数	标准化路径系数	T 值
低顾客参与样本组	PPP→PSSCPV	β_{L1}	0.71	5.36*
	SP→PSSCPV	β_{L2}	0.73	−5.06*
	PC→PSSCPV	β_{L3}	−0.77	7.06*
高顾客参与样本组	PPP→PSSCPV	β_{H1}	0.80	7.93*
	SP→PSSCPV	β_{H2}	0.81	−5.02*
	PC→PSSCPV	β_{H3}	−0.68	6.20*

＊表示 T 值的绝对值大于 3.291，$p<0.001$。

分析表 3.21 可以得出如下结论：

（1）顾客参与程度的提高有助于增强物理产品感知、服务感知与产品服务系统顾客感知价值之间的相关关系。由表 3.21 可以看出，低顾客参与样本组和高顾客参与样本组的物理产品感知与产品服务系统顾客感知价值的相关系数 β_{L1}、β_{H1} 分别为 0.71 和 0.80，说明顾客参与程度的提高有助于增强物理产品感知与产品服务系统顾客感知价值的相关关系，H1 假设成立；低顾客参与样本组和高顾客参与样本组的服务感知与产品服务系统顾客感知价值的相关系数 β_{L2}、β_{H2} 分别为 0.73 和 0.81，说明顾客参与程度的提高有助于增强服务感知与产品服务系统顾客感知价值的相关关系，H2 假设成立。这可能是因为顾客通过参与事先了解了企业的产品和服务，从而能够根据自己的需求更准确地选择适合自己的产品，企业员工也可以根据顾客提出的需求更准确地为顾客推荐企业产品，消除了顾客与企业之间的信息不对称。

（2）顾客参与程度的提高有助于减弱感知利失与产品服务系统顾客感知价值之间的相关关系。由表 3.18 可以看出，低顾客参与样本组和高顾客参与样本组的感知利失与产品服务系统顾客感知价值的相关系数 β_{L3}、β_{H3} 分别为 -0.77 和 -0.68，说明顾客参与程度的提高有助于减弱感知利失与产品服务系统顾客感知价值的相关关系，H3 假设成立。这可能是由于顾客通过参与减少了购买和使用产品过程中产生的不必要的成本，此外通过顾客与企业间的互动，企业员工可以有针对性地提供服务，减少了不必要的服务费用。

根据以上结论，笔记本电脑企业可以做以下方面的改进。首先，企业要积极鼓励顾客参与到生产、销售和售后服务中。鼓励顾客在购买产品前进行信息搜索、产品体验，并积极与企业进行互动交流，提出自己的需求和宝贵的改进建议。其次，企业要不断地进行物理产品和服务的改进。在物理产品、服务与最终的顾客感知价值高度相关的情况下，只有为顾客提供高质量的产品和高水平的服务，才能保证顾客有较高的价值感知。最后，企业要尽可能地降低顾客的时间与精力成本，降低顾客的感知利失，从而提升顾客的感知价值。

3.2.3　顾客参与对面向服务的产品服务系统顾客感知价值影响的实证分析

1. 调查项目说明

在服务型制造中，企业的经营模式和传统的制造业有很大不同，企业的经营涵盖了制造和服务两方面，现在越来越多的顾客主动希望或者受到企业鼓励愿意参与企业经营、产品生产等领域。但是，对于企业，顾客参与的影响还不清楚，其影响是通过什么路径传递的，不同学者的研究结论存在一定的差异。因此，本节将以电动汽车租赁为对象研究顾客参与对其满意度的影响方式和路径。

通过查阅和整理国内外相关文献资料并同多位电动汽车租赁行业经理人和顾客深度访谈，设计出初始量表。为了确定最终问卷，进行了预测试。预测试选取了上海交通大学机械与动力工程学院的本科生、研究生和博士生共 81 人，回收有效问卷 55 份，在对预测试所得数据分析的基础上，应用 SPSS 17.0 统计分析软件对预测试问卷进行分析获得合适的问项用于大规模样本检验。用 7 分李克特（Likert）量表测量所有条目，当被调查者接受调查时，每个问题都用一个 1～7 的数字回答，表示完全相符到完全不相符，数字越大表示认同度越高。问卷（见本章附录 2）由五部分构成：第一部分，受访者的个人信息；第二部分，对电动汽车租赁服务质量的评价，以了解服务质量的情况；第三部分，对电动汽车租赁顾客价值的评价；第四部分，对电动汽车租赁中顾客满意度的调查；第五部分，对电动汽车租赁中顾客参与的测量，衡量顾客参与的程度。

服务型制造系统顾客满意度影响研究的正式大规模问卷调查于 2012 年 8 月

和 9 月在上海进行,收集到有效样本 207 个。为了保证被调查者对电动汽车租赁有比较可靠的理解,本次调查要求被调查者具备至少五次的电动汽车租赁历史,总共调查了 289 名受访者,剔除掉无效的样本后得到 207 份合格的调查问卷,合格率为 71.6%。

2. 数据分析

本节的数据分析主要采用统计软件包 SPSS 17.0 和结构方程模型软件 AMOS 17.0。使用的数据统计分析方法有 DSA(描述性统计分析)、EFA(探索性因子分析)、CFA(验证性因子分析)和 SEA(结构方程模型分析)等。DSA 描述样本的整体群体统计特征,比如年龄、性别等分布情况,EFA 用来检验是否可能存在理论假设的结构变量维度,CFA 用于验证结构变量的维度是否真实存在,SEA 用于考察顾客参与对顾客满意度的影响关系,验证本节提出的理论假设,确定增值路径模型。

1) 验证性因子分析

对表征顾客价值的测量数据做 Bartlett 球形测试,得到 KMO(Kaiser-Meyer-Olkin)值是 0.927,显著性水平是 0.01,表明变量间相关性较强,可以做因子分析。

2) 信度分析

用各维度下的测量条目与其所在的 Cronbach α 值、各维度下每个测量条目的多元相关系数的平方(R^2)和潜变量建构信度(CR)来检验测量量表的信度。从表 3.22 可以看出,各构念的 Cronbach α 值处于 0.745~0.881,总测量模型的 Cronbach α 值为 0.956,均大于最低门槛值 0.70;各测量条目的 R^2 处于 0.603~0.806,皆高于公认的最低值 0.30;CR 中最小值为 0.838,高于所建议的最低临界水平 0.70,由此说明本节所用量表的稳定性较好。

表 3.22　正式量表的标准因子负荷、信度、效度检验结果

构念	测量条目	标准化因子载荷	Cronbach α	KMO	R^2	CR	AVE
信息提供 IS	告知需求 IS1	0.801			0.806		
	透漏计划 IS2	0.916	0.833	0.755	0.799	0.893	0.736
	展示产品 IS3	0.853			0.802		
合作生产 CB	检查车况 CB1	0.801			0.779		
	推荐网点和车型设置 CB2	0.860	0.754	0.847	0.790	0.846	0.647
	反馈意见 CB3	0.748			0.774		
人际沟通 PC	现场讨论 PC1	0.785			0.793		
	过程互联 PC2	0.822	0.824	0.775	0.740	0.838	0.632
	售后管理 PC3	0.778			0.792		

续表

构念	测量条目	标准化因子载荷	Cronbach α	KMO	R^2	CR	AVE
技术性质量 TQ	续航里程 TQ1	0.754			0.769		
	最高时速 TQ2	0.803			0.796		
	充电耗时 TQ3	0.868	0.802	0.846	0.603	0.885	0.608
	充电网点便捷 TQ4	0.751			0.665		
	百公里能耗 TQ5	0.714			0.663		
功能性质量 FQ	初始资金占用 FQ1	0.854			0.613		
	使用期单位维护成本 FQ2	0.840			0.770		
	服务热情 FQ3	0.851	0.847	0.865	0.777	0.915	0.682
	租约明晰 FQ4	0.776			0.784		
	车况评价体系 FQ5	0.805			0.725		
公司形象 CP	店面形象 CP1	0.769			0.760		
	公司声誉地位 CP2	0.835	0.867	0.807	0.729	0.846	0.647
	社会租赁观 CP3	0.807			0.699		
情感价值 EV	感到方便 EV1	0.895			0.699		
	感到时尚 EV2	0.799	0.878	0.856	0.684	0.855	0.664
	感到舒服 EV3	0.743			0.709		
社会价值 SV	保护环境 SV1	0.820			0.791		
	改善交通 SV2	0.836	0.849	0.837	0.767	0.912	0.722
	社会地位 SV3	0.871			0.761		
	建立形象 SV4	0.870			0.780		
价格效应 PE	减少保养费 PE1	0.874			0.775		
	减少购买支出 PE2	0.841	0.802	0.829	0.737	0.892	0.734
	减少弃置损失 PE3	0.854			0.767		
产品性能 PF	适合场合需要 PF1	0.794			0.666		
	使用时间可调 PF2	0.873			0.705		
	修停服务完善 PF3	0.857	0.833	0.849	0.680	0.896	0.684
	还续方便 PF4	0.781			0.651		
顾客满意度 CS	对产品和服务满意 CS1	0.882			0.640		
	不会投诉 CS2	0.866	0.881	0.815	0.688	0.909	0.769
	超预期 CS3	0.882			0.678		

3）区别效度分析

所有题项都负荷到相应的因子上，没有出现变量横跨两个因素构念的情形。并且各题项在单一因子上的负荷系数为 0.714～0.916，均远远高于最低标准 0.50，每个题项在不相关因子上的负荷系数都较低。因此，各构念之间具有较好的区别效度。然后，用验证性因子分析（CFA）实现对所用量表的区别效度检验，如表

4.22 所示,对于各个构念,AVE 的平方根大于 0.6081 而小于 0.7686,相关系数绝对值大于 0.015 小于 0.640,并且单个构念的 AVE 平方根显著大于它与其他构念的相关系数。综上可见,本节所用量表的区别效度较好。

4) 收敛效度分析

42 项条目对应的测量条目在相应潜变量上的标准化因子载荷数值均在 0.714~0.916,大于最低标准 0.50,并且当 $p<0.001$ 时较为显著;各潜变量的 AVE 值处于 0.6081~0.7686,均高于建议临界值 0.50。并且,各变量间的相关水平的判定标准是各潜变量相关系数绝对值小于 0.85,由上述结果可知测量理论模型中 12 个构念的量表的收敛效度较好,其中 $\mathrm{AVE}=\dfrac{(\sum \lambda^2)}{(\sum \lambda)^2+\sum \theta}$,$\mathrm{CR}=\dfrac{(\sum \lambda)^2}{(\sum \lambda)^2+\sum \theta}$,$\lambda$ 为标准因子负荷,θ 为测量误差。

3. 路径参数估计结果

假设模型中各潜变量的因果关系是单向的,用 AMOS 17.0 运算的路径参数估计结果如图 3.12 所示。

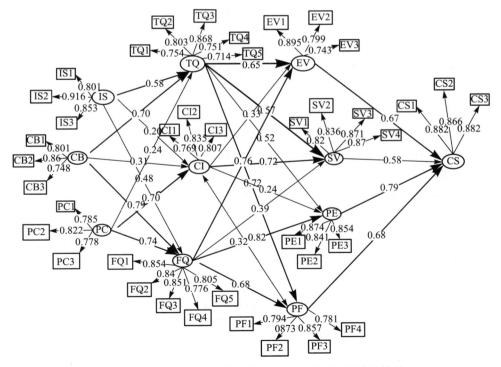

图 3.12　顾客参与对顾客满意度的影响路径假设检验结果

　　路径系数为正,表明路径起始端对终点端的影响是正向的;路径系数为负,表明其影响为负向的。路径系数的绝对值小于 0.5 表示影响作用不显著;路径系数的绝对值大于等于 0.6 表示影响作用显著;路径系数的绝对值大于 0.7 表示影响作用非常显著。图 3.12 中粗黑线箭头表示非常显著的价值增值路径。测量变量和构念之间的标准化因子载荷表示测量变量对相应构念的重要性。图 3.12 中粗黑线矩形框表示相对比较重要的影响因素。

　　根据数据分析与讨论的结果,可以得到以下结论:

　　(1)从各观察变量的因子载荷来看,合作生产和人际交流是电动汽车租赁中顾客参与的主要形式,IS3-透漏计划、CB3-推荐网点和车型配置和 PC3-过程互联是加强顾客参与的重点;TQ3-充电耗时、FQ1-初始资金占用、FQ3-使用期单位维护成本、CP3-公司声誉地位和 CP3-社会租赁观是加强服务质量的重点;EV1-感到方便、SV3-社会地位、PE1-减少保养费、PE3-减少弃置损失、PF3-使用时间可调和 PF3-修停服务完善是顾客关心的重点;CS1-对产品和服务满意是顾客满意度的主要表现。

　　(2)服务型制造模式中顾客参与对顾客满意度的影响存在多级多路径的传递机制,即顾客参与促进服务质量,进而促进顾客价值,最终顾客满意度。从微观来看,最为显著的增值路径有四条,即①CB→TQ→PF→CS,合作生产促进技术性质量,进而影响产品性能,进而促进顾客满意度;②CB→FQ→EV→CS,合作生产促进功能性质量,进而影响情感价值,进而促进顾客满意度;③PC→CP→SV→CS,人际交流促进公司形象,进而影响社会价值,使顾客感到满意;④PC→FQ→PF→CS,人际交流促进功能性质量,进而影响产品性能,进而促进顾客满意度。所以,目前电动汽车生产商和运营商应该重点强化合作生产和人际交流,让顾客参与现场讨论,在使用过程中保持联系并邀请顾客推荐网点和车型设置,然后根据顾客的意见减少充电耗时、压缩租车时的冻结资金量,以热情服务和良好的公关手段改善公司形象和社会租赁观念,让顾客舒服方便地用车,省了钱又感到有社会地位。

　　比较拟合指数(CFI)、近似均方根误差(RMSEA)、卡方与自由度的比值($\chi^2/\mathrm{d}f$)、调整拟合优度指数(AGFI)、规范拟合指数(NFI)、增值拟合指数(IFI)、拟合优度指数(GFI)、相对拟合指数(RFI)等指标可用于衡量测量模型和数据的拟合程度,从不同的角度和侧面对测量模型进行评价。如表 3.23 可知,假设模型和所用样本从多个角度看都较好地拟合了。

表 3.23　结构方程拟合度检验结果

	$\chi^2/\mathrm{d}f$	RMSEA	CFA	NFI	NNFI	IFI	GFI	AGFI	SRMR
模型	2.68	0.063	0.98	0.95	0.97	0.97	0.92	0.9	0.062
建议标准	<3.0	<0.08	>0.90	>0.90	>0.90	>0.90	>0.90	>0.08	<0.08

参 考 文 献

［1］　Zeithaml V A. Consumer perception of price, quality and value: A mean-ends model and synthesis of evidence. Journal of Marketing, 1988, 52(3):3-22.

［2］　Monroe K B. Pricing: Making Profitable Decisions. 2nd ed. New York: McGraw-Hill, 1990.

［3］　Woodruff R B, Gardial S F. Know your customer: New approaches to customer value and satisfaction. Cambridge: Blackwell, 1996.

［4］　Woodruff R B. Customer value: The next source for competitive advantage. Journal of the Academy of Marketing Science, 1997, 25(2):139-153.

［5］　Parasuraman A, Zeithaml V A, Berry L L. SERVQUAL: A multiple item scale for measuring consumer perceptions of service quality. Journal of Retailing, 1988, 64:31-38.

［6］　Cronin J J, Taylor S A. SERVPERF versus SERVQUAL: Reconciling performance-based and perceptions-minus-expectations measurement of service quality. Journal of Marketing, 1994, 58(1):125-131.

［7］　Sheth J N, Newman B I, Gross B L. Why we buy what we buy: A theory of consumption values. Journal of Business Research, 1991, 22(2):159-170.

［8］　Streiner D L. Starting at the beginning: An introduction to coefficient alpha and internal consistency. Journal of Personality Assessment, 2003, 80(1):99-103.

［9］　Ching F C, Chen F S. Experience quality, perceived value, satisfaction and behavioral intentions for heritage tourists. Tourism Management, 2010, 31(1):29-35.

［10］　Hair J F, Black W C, Babin B J, et al. Multivariate Data Analysis. 7th ed. New Jersey: Prentice Hall, 2009.

［11］　Creusen M E H. The importance of product aspects in choice: The influence of demographic characteristics. Journal of Consumer Marketing, 2010, 27(1):26-34.

［12］　Kaiser H F. Little Jiffy, Mark IV. Educational and Psychological Measurement, 1994, 34(1):111-117.

［13］　Fornell C, Larker D F. Structural equation models with unobservable variables and measurement error: Algebra and statistics. Journal of Marketing Research, 1981, 18(3):383-388.

附录 1　顾客参与对产品服务系统顾客感知价值影响调查问卷

　　您好！我是上海交通大学机械与动力工程学院硕士研究生，由于项目研究以及学位论文的需要，希望占用您几分钟的时间，了解一下您对顾客感知价值的看法。本问卷采取无记名调查方式，所涉及内容严格保密，请您放心并客观地填写。

　　请在您认为最合适的答案上打"√"，谢谢！

第一部分：个人基本资料

性别：A. 男　B. 女

年龄：A. 15～20　B. 21～25　C. 26～30　D. ＞30

学历：A. 本科在读　B. 硕士在读　C. 博士在读

笔记本电脑使用年限：A. 0.5 年～1 年　B. 1 年～2 年　C. 2 年～3 年 D. ＞3 年

平均每个月的生活费：A. ＜800 元　B. 800～1200 元　C. 1200～1800 元 D. ＞1800 元

第二部分：对笔记本产品和服务各功能的评价

序号	问项	非常不满意	不满意	有点不满意	一般	有点满意	满意	非常满意
1	笔记本能够流畅工作	1	2	3	4	5	6	7
2	笔记本的重量合适	1	2	3	4	5	6	7
3	笔记本的硬盘容量足够大	1	2	3	4	5	6	7
4	笔记本屏幕舒适（无坏点，无不正常的闪烁等）	1	2	3	4	5	6	7
5	笔记本键盘使用舒适	1	2	3	4	5	6	7
6	触控板使用起来很舒适	1	2	3	4	5	6	7
7	音响效果良好	1	2	3	4	5	6	7
8	笔记本颜色优美	1	2	3	4	5	6	7
9	笔记本外形设计优美	1	2	3	4	5	6	7
10	笔记本的尺寸合适	1	2	3	4	5	6	7
11	笔记本的厚度合适	1	2	3	4	5	6	7
12	笔记本的性能下降速率很快	1	2	3	4	5	6	7
13	笔记本的电池供电时间足够长	1	2	3	4	5	6	7
14	笔记本使用过程中噪声很大	1	2	3	4	5	6	7
15	笔记本散热性能很好	1	2	3	4	5	6	7
16	你使用的笔记本品牌代表了较高的质量	1	2	3	4	5	6	7
17	你使用的笔记本品牌经常会做广告	1	2	3	4	5	6	7

续表

序号	问项	非常不满意	不满意	有点不满意	一般	有点满意	满意	非常满意
18	笔记本的维修点拥有先进的服务设施	1	2	3	4	5	6	7
19	服务现场装修美观,舒适,拥有电视、DVD 等	1	2	3	4	5	6	7
20	服务人员仪容整齐、举止行为专业	1	2	3	4	5	6	7
21	服务宣传资料和展板等很有吸引力	1	2	3	4	5	6	7
22	承诺的时效内交付服务	1	2	3	4	5	6	7
23	按照承诺的标准执行服务	1	2	3	4	5	6	7
24	相关服务设备及软件具有承诺的功能	1	2	3	4	5	6	7
25	故障诊断准确,能够一次解决问题	1	2	3	4	5	6	7
26	服务发生变更时会主动与用户沟通	1	2	3	4	5	6	7
27	服务中发生问题,会快速提供帮助或支持	1	2	3	4	5	6	7
28	报修简单方便,响应快速	1	2	3	4	5	6	7
29	故障检测时间和维修时间短	1	2	3	4	5	6	7
30	服务过程透明,有保障,令用户放心	1	2	3	4	5	6	7
31	服务人员具有回答并解决用户问题的能力	1	2	3	4	5	6	7
32	能够帮助用户全面检测笔记本电脑	1	2	3	4	5	6	7
33	主动帮助客户清洁电脑并进行一定的保养	1	2	3	4	5	6	7
34	能够为用户提供个性化关怀	1	2	3	4	5	6	7
35	服务人员会教授或提醒顾客正确的使用习惯	1	2	3	4	5	6	7
36	服务价格昂贵	1	2	3	4	5	6	7

第三部分：笔记本电脑的总体评价

序号	问项	非常不满意	不满意	有点不满意	一般	有点满意	满意	非常满意
37	笔记本价格昂贵	1	2	3	4	5	6	7
38	购买和维修电脑所花费的时间较短	1	2	3	4	5	6	7
39	产品/服务不好曾对心情/工作造成不良影响	1	2	3	4	5	6	7
40	该笔记本电脑值得购买	1	2	3	4	5	6	7
41	我愿意推荐其他朋友购买该笔记本电脑	1	2	3	4	5	6	7

第四部分：顾客参与程度

序号	问项	完全不符合	大部分不符合	比较不符合	一半符合	比较符合	大部分符合	完全符合
42	购买产品前我积极搜寻过笔记本的品牌信息	1	2	3	4	5	6	7
43	购买产品前我积极搜寻过笔记本的产品信息	1	2	3	4	5	6	7
44	购买产品前我积极搜寻过笔记本的服务信息	1	2	3	4	5	6	7
45	购买过程中我积极表达我的产品需求信息	1	2	3	4	5	6	7
46	购买过程中我积极表达我的产品需求和购买意向	1	2	3	4	5	6	7
47	购买过程中我积极表达我对价格的要求	1	2	3	4	5	6	7
48	购买前我体验过该品牌的产品	1	2	3	4	5	6	7
49	购买前我体验过该品牌的服务	1	2	3	4	5	6	7
50	与企业员工接触过程中我积极配合、表现热情	1	2	3	4	5	6	7
51	我与企业员工建立了私人关系	1	2	3	4	5	6	7

你对该问卷还有什么改进建议？

_____

_____

_____

非常感谢您宝贵的时间,谢谢参与!

附录 2　电动汽车租赁中顾客参与对顾客满意度影响调查问卷

尊敬的先生/女士:

您好!

我是上海交通大学机械与动力工程学院 2010 级的硕士研究生,我们在进行一个关于电动汽车租赁的调查研究,希望请您花几分钟的时间协助。本问卷无记名,您可以放心、客观作答。请在您认为最合适的答案上打√,非常感谢!

第一部分:受访者基本资料

性别:A. 男　B. 女　　年龄:A. 18 及以下　B. 18～25　C. 25 及以上

第二部分:对电动汽车租赁服务质量的评价

序号	问项	完全不相符	大部分不相符	比较不相符	一半相符	比较相符	大部分相符	完全相符
1	续航里程足够	1	2	3	4	5	6	7
2	最高时速满足我的需求	1	2	3	4	5	6	7
3	电池充电时间可以接受	1	2	3	4	5	6	7
4	充电网点能满足充电需求	1	2	3	4	5	6	7
5	百公里能耗表现尚可	1	2	3	4	5	6	7
6	租车时初始资金占用可以接受	1	2	3	4	5	6	7
7	使用期单位维护成本可以接受	1	2	3	4	5	6	7
8	租赁公司服务热情、主动	1	2	3	4	5	6	7
9	租赁条约明晰	1	2	3	4	5	6	7
10	有成熟的车况评估体系	1	2	3	4	5	6	7
11	营业店面形象好	1	2	3	4	5	6	7
12	公司声誉地位好	1	2	3	4	5	6	7
13	社会普遍认可电动汽车租赁	1	2	3	4	5	6	7

第三部分：对电动汽车租赁中顾客价值的评价

序号	问项	完全 不相符	大部分 不相符	比较 不相符	一半 相符	比较 相符	大部分 相符	完全 相符
14	电动汽车租赁让我感到方便	1	2	3	4	5	6	7
15	电动汽车租赁让我感到时尚	1	2	3	4	5	6	7
16	电动汽车租赁让我感到舒服	1	2	3	4	5	6	7
17	我为环境保护做出了自己的贡献	1	2	3	4	5	6	7
18	我为交通状况改善做出了自己的贡献	1	2	3	4	5	6	7
19	感觉到有社会地位	1	2	3	4	5	6	7
20	汽车租赁帮我给别人留下好印象	1	2	3	4	5	6	7
21	减少使用汽车过程中的保养费用支出	1	2	3	4	5	6	7
22	减少汽车购买中的大量货币支出	1	2	3	4	5	6	7
23	减少弃置汽车耗费的成本	1	2	3	4	5	6	7
24	能根据自身不同场合需要使用合适汽车	1	2	3	4	5	6	7
25	租车时间长短可根据需要自我把握	1	2	3	4	5	6	7
26	租赁过程中有完善的维修、停车等客服	1	2	3	4	5	6	7
27	使用后的归还和续约很方便	1	2	3	4	5	6	7

第四部分：对顾客满意度的评价

序号	问项	完全 不相符	大部分 不相符	比较 不相符	一半 相符	比较 相符	大部分 相符	完全 相符
28	我对公司的产品和服务满意	1	2	3	4	5	6	7
29	我不会抱怨和投诉	1	2	3	4	5	6	7
30	公司的产品和服务达到了我的预期	1	2	3	4	5	6	7

第五部分：顾客参与的测量

序号	问项	完全 不相符	大部分 不相符	比较 不相符	一半 相符	比较 相符	大部分 相符	完全 相符
31	购买过程中我积极表达我的 需求信息	1	2	3	4	5	6	7
32	购买过程中我积极表达我的 购买计划	1	2	3	4	5	6	7
33	公司分享其产品特色时我积 极了解	1	2	3	4	5	6	7
34	我参与到租赁前后车况检查 中	1	2	3	4	5	6	7
35	我参与到新网点选择和车型 选配的确定	1	2	3	4	5	6	7
36	租赁后我会把自己的意见告 诉公司	1	2	3	4	5	6	7
37	验车时我和工作人员互相讨 论	1	2	3	4	5	6	7
38	使用过程中有问题我会及时 和公司联系	1	2	3	4	5	6	7
39	使用之后工作人员仍然和我 保持联系	1	2	3	4	5	6	7

您对该问卷还有什么改进建议？

_____

_____

_____

非常感谢您宝贵的时间，谢谢参与！

第 4 章　基于本体的产品服务建模与配置

产品延伸服务的业务正在迅速发展。由于服务的无形性,产品延伸服务信息常常是不完整、模糊和非结构化的。服务多样化的快速发展又进一步增加了信息量和复杂度,使得产品延伸服务领域中存在着大量分布式知识。这些知识对于企业获得稳定收入、保持和客户间的有效互动以及增强竞争优势都是至关重要的。然而,传统的服务描述大多停留在图表或文字方式,难以对相应服务进行分析或评估。与传统产品相比,仍然缺乏一个单独、全面、可一致使用的统一结构来实现服务的描述和表达[1]。因此,有必要建立一个形式化概念模型来捕捉和组织产品延伸服务的知识。

进一步地,产品延伸服务往往涉及企业中多个部门的紧密合作,有时还包含外部供应商或者客户的参与[2],由此形成一个由设计人员、销售人员、服务工程师、技术人员、供应商、客户和其他利益相关者形成的知识密集型社区(knowledge-intensive community)。社区成员(即服务参与者)之间不仅要直接地进行交流、协调和合作,还要通过使用不同的系统和应用程序来交换和共享大量的产品延伸服务知识。然而,知识的共享和互操作常常由于相关知识的语义(含义)不一致而受到阻碍[3]。这种不一致又往往是由于没有对这些术语和词汇的语义进行充分的定义和清晰的解释。一方面,同一个组织内的参与者倾向于建立内部词汇集来解释隐形知识(implicit knowledge)和显性知识(explicit knowledge)。结果,来自不同组织的参与者常常由于使用了不同的术语和词汇而无法互相理解;另一方面,独立开发的应用程序和系统(如服务配置系统)大多是异构的,采用了不同的知识表达方法。结果,同一个术语可能表示不同的概念,例如,Doctor 可以指博士,也可以指医生。不同的术语也可能表示同一个概念。例如,操作和任务在某些环境下是一个意思。概念的定义不清晰以及概念间的解释重叠导致了解释和使用知识的不一致,这种语义差异和冲突影响了不同参与者之间、不同系统之间以及参与者与系统之间交换和共享产品延伸服务知识,最终导致服务质量和效率低下,甚至无法进行服务。因此,如果没有一个明确定义领域内公认术语和词汇的公共语义模型(common semantic model),很难保证产品延伸服务的服务效果和服务效率。

综上所述,本章旨在提出一种基于本体的方法来表达产品延伸服务的语义知识。在该方法中,层次化地建立了一个通用的知识表达模型,产品延伸服务本体(product extension service ontology,PESO),该建模框架的核心在于其中的元本体(meta-ontology)。然后基于改进的骨架法,通过文献材料和专家访谈,识别出组成该领域知识内容公认的特定类以及类与类之间的关系,从而得到元本体的概念和属性。同时,通过 Protégé 编辑器[4],利用网络本体语言(web ontology language,OWL)[5]得到元本体的精确形式化语义。最终得到的 PESO 模型可以明确地表达产品延伸服务领域中的概念、关系和领域知识,为跨越多学科团队和异构系统的有效知识表达和知识交换提供了公共语义基础。同时,为产品延伸服务配置问题提供了可以重用和扩展的领域本体模型。

接下来将首先介绍基于本体的知识建模方法,然后详细阐述 PESO 的建模架构,元本体的建模过程和方法,以及元本体的内容和形式化定义。接着,以智能楼宇控制产品的"楼宇系统延伸服务"为案例,说明了特定服务的本体建模过程。最后,基于混合逻辑和 JESS(Java expert system shell)来完成配置推理,获得有效的配置方案。

4.1　基于本体的产品服务知识建模

对于这样一个产品服务的语义知识表达问题,本书提供了一个可行的解决方案。在人工智能领域,本体定义为共享概念模型明确的形式化规范说明。本体的目标在于以通用方式实现对领域知识的捕捉,确定该领域内共同认可的词汇(术语)集合,并从不同层次给出这些词汇以及词汇间相互关系的明确形式化定义。因此,基于本体这种知识表达方法,可以以一种可行、可分享和可重用的方式实现产品延伸服务的形式化描述和领域知识建模。

4.1.1　基于本体的知识建模方法

在知识工程领域,存在许多知识表达方式。根据表 4.1 的详细分析,相比其他知识表达方法,如语义网络(semantic net)、框架(frame)、规则(rule)和逻辑(logic),本体能够精确定义领域中各个概念的语义关系,有良好的概念层次结构和对逻辑推理的有效支持,是在语义层次上实现知识共享、集成和重用的有效工具。对于产品延伸服务领域,选择本体作为其建模方法,不仅符合知识语义建模应具有的一般性、可扩展性和一定的柔性,还能通过建模过程,实现领域知识的形式化、结构化、体系化和标准化。

1) 形式化隐性知识

隐性知识包括存在于群体生活环境中的、人们日常无意识使用的概念体系和专家知识。本体对这些知识的形式化表达起到关键作用。本体描述语言一般具有严格的逻辑基础,从而可以对隐含知识提供推理服务。

2) 结构化知识

本体为描述存在实体的概念和关系提供了知识组织模式或知识组织大纲,即一种结构化表示手段。在本体中,不仅明确表示领域概念以及概念之间的关系,还支持对领域规则的明确描述。因而,知识表达比传统方式更充分。

　　3)知识体系化

　　本体为知识体系化提供了构件,这些构件是经过严密定义的、群体共识的术语,通过构件能丰富地描述各种现象、事实和理论知识。

　　4)标准化

　　正如工业标准化工作在工业生产中所起的决定性作用一样,本体在网络化、大规模化、高效率知识处理中发挥了重要的作用。

表 4.1　本体和其他知识表达方式的比较

知识表达方式	表达力	共享性重用性	缺点	本体与其联系	本体对其改进
语义网络	一般	差	缺乏属性的概念,缺乏结构,难继承	继承其图示化、易理解的优点	将节点分成属性、类和实例,呈现结构化;可定义属性的方式,且可以继承
框架	中等	中等	具备继承的特性,可利用槽描述特性。但属于静态的知识结构,缺乏弹性,且较难重用	继承其丰富的原始建模元语(框架、槽)	采用 RDF 的三元组表现法,较为灵活,同样具有固定的结构;利用命名空间可引用不同的本体
规则	一般	差	属于浅层知识表示方式,只能表现片断知识,不易表达复杂和完整的知识内容		以层次的方式呈现知识,以类为基础进行推理
逻辑	强	中等	以逻辑呈现知识的方式最为严谨,但难以实现知识共享和重用	从描述逻辑中继承形式化语义和有效的推理支持	以 RDF/XML 语法为基础,使知识易于共享和重用
本体	强	好	在规则判定的逻辑方面较弱		可利用 SWRL 和 FOL 的规则语言弥补

　　利用本体进行知识建模并不是一个简单的任务,它更像一门艺术,而不是一种技术,需要一套精妙(sophisticated)的方法。虽然本体构建方法(ontology building methodology)还不够成熟,但还是有些可行的方法。

　　TOVE 方法,又称 Gruninger&Fox 评价法[6],是加拿大多伦多大学企业集成实验室(Enterprise Integration Laboratory)基于在商业过程和活动建模领域内开发 TOVE(Toronto Virtual Enterprise)项目本体的经验而总结出来的本体开发方法。该方法建立了一个逻辑模型,它包含了需要在本体中准确定义的知识。该模型并不是直接建成的,首先通过一系列能力问题(competency questions)将本体需要满足的规范说明非形式化地描述出来。然后,通过一种基于一阶谓词演算(first-order predicate calculus)的语言对这些描述进行形式化表达。然而,TOVE 方法的最大问题在于,没有提供足够的指导来指引人们进行以上步骤。因此,人们在使用时会感到模糊和困难[7]。

Methontology 方法是西班牙马德里理工大学(Polytechnic University of Madrid)人工智能实验室(Laboratory of Artificial Intelligence)提出的一种源自软件开发过程和知识工程的方法。它主要包括本体开发过程和本体生命周期两方面。该方法由一个名为 ODE 的软件环境给予支持,并基于进化原型法(evolving prototypes)和其他技术,通过本体生命周期的概念来执行本体开发过程中的每项活动。对新手来说,这个方法对于建模对象需要掌握过多的知识[7]。

骨架法(the skeleton methodology)[8]是爱丁堡大学人工智能应用研究所基于开发企业本体(enterprise ontology)的经验提出的,它主要包括明确目的和范围、建立本体、评估本体和文档化四个步骤。该方法具有以下优点[9]:

(1) 明确区分本体开发的非形式化和形式化阶段,而前者可以充分利用现有的知识获取技术。

(2) 在遵循规则和自由表达之间取得了较好的平衡。

(3) 独立于具体应用(application-independent),也就是说,本体构建过程与本体使用领域是不相关的。

总体来说,目前还没有一个唯一正确的本体构建方法,而本章的研究也并不致力于开发一种全新的方法。因此,考虑到骨架法的优点,本章将基于对该方法的改进来完成产品延伸服务本体建模。

4.1.2 产品延伸服务本体的四层建模架构

为了使产品延伸服务本体方便重用和共享,并且知识表达灵活,本章提出如图 4.1 所示的四层建模架构。从下往上,最低一层是表达层,在该层完成基于本体描述语言的形式化定义。典型的本体描述语言包括知识交互格式(knowledge interchange format,KIF)[10]、Ontolingua 语言[11]、网络本体语言(web ontology language,OWL)等。具体的语言选择和形式化定义将在 4.1.3 节中说明。第二层是元本体层,在该层应完成对产品延伸服务元本体的定义。虽然产品延伸服务是多种多样的,但是在本质上都包含了一般性知识,因此元本体需要识别的是对于不同产品延伸服务来说通用的术语(词汇)和关系,而不是详细描述特定产品延伸服务中的具体知识。可见,元本体是一个独立于具体服务领域的公共语义框架。而特定产品延伸服务(如打印机延伸服务、汽车延伸服务)的本体模型则可以通过继承、重用元本体中的概念和关系,在第三层模型层得到。而最上面的实例层则表示所有符合 PESO 模型的具体服务。

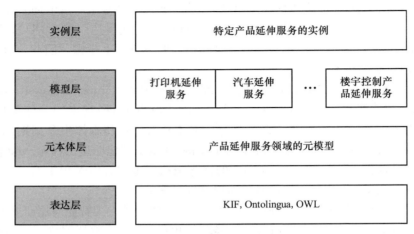

图 4.1　四层建模架构

基于这样一个四层建模架构,一方面可以利用一些机制(如本体导入,命名空间)来支持语义知识的重用和表达;另一方面元本体中的每个类都可以进一步划分出子类来描述特定产品延伸服务中的具体概念。因此,特定产品延伸服务的建模工作可以基于已有知识而不用从头开始。由此,建模难度被大大削弱了,知识重用和共享的能力也得到了保证。此外,在这一建模架构下,本体描述语言的选择十分灵活,保证了知识模型对具体编码语言的独立性。

4.1.3　基于改进骨架法的元本体建模过程

产品延伸服务知识建模的关键在于 PESO 架构中元本体的建立。本章以目前比较常用的骨架法(skeletal methodology)为基础,提出了如图 4.2 所示的元本体建模方法,该方法包括以下四个阶段:

(1)明确元本体的目的和范围。

(2)建立元本体。可进一步细分为四个步骤:捕捉本体,集成现有本体,概念化和编码。

(3)评价元本体。

(4)文档化。

接下来将详细阐述各个阶段和步骤。

1. 识别元本体的目的和范围

清晰了解构建本体的目的和本体的使用范围是十分重要的。如前文分析,高质量产品延伸服务的有效提供需要来自不同部门和企业的参与者,甚至客户的紧

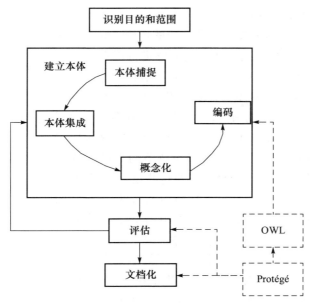

图 4.2　建立元本体的系统方法

密合作。知识密集型社区中的成员通过相互直接交流或使用应用程序和系统来交换和共享大量知识。因此,构建产品延伸服务元本体的目的在于获得产品延伸服务领域中能够表达通用概念和关系的共享术语。而基于该元本体,通过继承或重用概念和关系,可以得到特定产品延伸服务的语义知识模型。由此,PESO 使得不同服务参与者和系统对产品延伸服务相关术语和词汇取得共同一致的理解。从而有助于知识的语义互操作、共享和重用以及各种知识密集型活动的执行。同时,PESO 为产品延伸服务配置问题提供了可重用和扩展的领域本体模型,为配置应用本体提供了语义基础。

2. 建立元本体

与一般骨架法不同,本章将本体建立阶段设计为一个反复的、持续改进的过程。本体的初始版本在评估后不断被修改、完善并细节化。这种反复设计的过程可能在本体的整个生命周期中持续进行。

元本体建立阶段可以进一步分解为四个步骤,即本体捕捉,本体集成,概念化和编码。每一个步骤都会有一个清晰的输出,并按照一定标准进行评估。为了克服一般骨架法的主要缺点,在整个建立阶段加入了概念化步骤。这样,开发人员就不会在没有执行任何知识层面的本体建模活动的情况下,直接从领域知识获取步骤转换到本体编码步骤。

1）基于材料分析的本体捕捉

本体捕捉步骤的目的在于罗列重要的术语。它包括两个任务：

（1）对领域中关键概念和关系的术语进行识别。

（2）对含糊（unambiguous）文字进行明确定义。

该步骤可以采用几种知识获取技术，如头脑风暴、问卷调查、结构化和非结构化专家访谈、相关图表文字的形式与非形式化分析。在这里，主要有两个知识来源，一个是不同企业（如打印机制造商，电梯制造商）中的领域专家；另一个是产品服务化、产品延伸服务和一般服务等主题下的大量文献。通过对访谈材料和相关文献的分析，首先识别出重要概念以及这些概念之间的重要关系。然后，用标签对每一个概念进行符号化，以获得本体所需的精确、无歧义的文本定义。表 4.2 列出了通过文献分析得到的部分术语及他们的同义词，其中第一列中的术语被选为该概念的标签。本章采用一种中间化方法（middle-out approach），即先定义最重要、最显著的概念，然后再通用化和特殊化至其他概念。最终，基于文献材料、专家访谈材料、企业相关文件和数据记录，可以得到一个反映产品延伸服务领域知识的公共词汇表，该领域中的关键概念和关系得以识别。

表 4.2　基于相关文献的术语识别

术语（概念）	同义词	文献来源	对应中文
Service Process		[2]，[12]～[19]	服务过程
	Service Operation	[20]	
Customer Process		[15]	客户过程
	Customer Experience	[19]	
	Personal Contract	[21]	
Line of Visibility		[13]，[15]，[22]～[24]	可视线
Service Evidence		[13]，[25]	服务证据
Service Resource		[19]，[26]～[29]	服务资源
	Structure	[20]	
	Potential Dimension	[12]，[29]	
	Service System	[15]	
Facility		[21]，[28]，[30]，[31]	设施
	Service Place	[18]，[20]	
Equipment		[28]，[32]	设备
Tool		[32]	工具
Information Resource		[28]，[30]，[32]，[33]	信息资源
Human Resource		[19]，[33]	人力资源
	Staff	[15]	
	People	[34]	
	Employee	[15]	
	Personnel	[23]，[28]	

续表

术语（概念）	同义词	文献来源	对应中文
Skill		[15], [31], [32]	技能
	Technology	[20], [33]	
Material		[19],[21], [28] ,[30]	材料
	Physical Good	[34]	
Organization		[2], [15], [23],[26], [33]	组织
Monetary Resource		[16],[34]	资金资源
	Capital	[32]	
Service Value		[6],[34]	服务价值
	Customer Value	[15],[20],[35]	
	Consumer Values	[25]	
Service Offering		[16],[34]	服务供给
	Service Offer	[15]	
Service Component		[20], [27], [29], [36]	服务组件
	Service Element	[16],[37]	
	Service Module	[2], [29]	
Service Function		[2],[24],[25], [36], [38]	服务功能
	Service Outcome	[12], [15],[20]	
Service Concept		[34]	服务概念
	Specification	[20]	
	Service Content	[15]	
	Service Description	[35], [37]	
Service Provider		[18], [19],[23]	服务提供商
...	...	...	...

2）基于 OWL-S 的本体集成

在本章中，本体的集成主要通过本体导入机制（ontology import mechanism）来实现，该机制为本体设计提供了模块化结构，支持本体的重用。也就是说一个本体可以在不进行任何修改的情况下直接重用现有本体，或者通过扩展的方式对现有本体进行重用。举例来说，假设本体 A 被导入到本体 B，那么对本体 B 的描述可以直接使用本体 A 中的所有实体（包括类/概念、属性/关系），而不需要复制它们在 A 中的定义。此外，本体 B 还可以通过定义新的属性来扩展本体 A 中的类描述，而不需要改变类本身。

为了充分利用这一机制，通常要与命名空间声明（namespace declarations）结合使用。所谓命名空间声明是指，在使用一组术语之前精确地指出哪些具体的词汇表将被用到。一个标准的本体开头部分里包括一组被包含在 rdf:RDF 标签里的 XML 命名空间声明。这些命名空间声明提供了一种无歧义解释标识符的方式,并使得剩余的本体表示具有更强的可读性。本体导入机制可以将本体中的全部声明引入当前本体中。值得注意的是,本体导入机制与命名空间声明并不重复,两者具有不同用途。命名空间声明提供了一个方便的方法,可以用来引用其他本体中定义的名称。而本体导入机制则是对目标本体的整体包含。在导入另一个本体 A 时,也将导入在 A 中导入的其他本体[39]。

　　由于现有的 OWL-S 过程本体已经较好地将服务定义为一个过程并给定了丰富的术语,因此本书将其导入 PESO 的元本体中,来表达在前一步骤捕捉到的服务过程类(ServiceProcess)。下面简要介绍所导入的本体及其具体规范说明。

　　OWL-S[40](OWL web ontology language for services)是一个对网络服务(web services)进行语义描述的服务本体,它包括轮廓(profiles),基础(groundings)和过程(processes)三个子本体。其中,过程本体将服务看成过程,并定义了丰富的术语集合来描述它的控制流和信息流。一个过程(process)具有输入(inputs)、输出(outputs)、前提条件(preconditions)和结果(results),简称 IOPRs。输入和输出分别代表过程所需和所产生的信息。前提条件是开始执行一个过程之前必须满足的条件。这些条件可以是 DRS、KIF、RDQL、SPARQL、SWRL 等语言表示的逻辑表达式。而结果是指过程所产生的一系列输出和效果,其中效果描述了事物状态的变化。该本体能够辨别三种类型的过程:简单过程(SimpleProcess),原子过程(AtomicProcess)和复合过程(CompositeProcess)。简单过程作为抽象元素,通过属性 realizes 和 realizedBy 为使用原子过程提供一种特殊方式,或者通过属性 expandsTo 和 collapsesTo 实现复合过程的简化表达。观察一个服务通常可以有不同的粒度,当不需要关心一个服务的内部细节时,就可以将这个服务定义成简单过程。原子过程是一个没有子过程的不可再分的过程,而复合过程则可以通过 OWL-S 控制结构(ControlConstruct)被分解为其他非复合过程(即原子过程)或复合过程。控制结构包括了 Any-Order,Choice,If-Then-Else,Iterate(分为 Repeat-Until 和 Repeat-while),Perform,Produce,Sequence,Split,Split-Join 等。

　　3)基于多视图顶层类的概念模型

　　术语本体被引入到人工智能领域,用于知识表示和知识组织。本体的定义有很多,其中被广泛接受和使用的一个定义是:本体是共享概念模型的明确的形式化规范说明。本体定义的核心内容是概念模型,即研究领域内存在的对象、概念和其他实体,以及它们之间的关系,是研究领域一个抽象的、简化的视图。事实上,每一个知识库、知识库系统或知识水平的主体,都或明确或隐含地依托于某些概念模型。

　　Perez 等用分类法组织了本体,归纳出本体应包含的五个基本建模元语(modeling primitive)[41],包括类(classes)、关系(relations)、函数(functions)、公理(axioms)和实例(instances)。通常也把类写成概念(concepts),概念的含义很广泛,可以指任何事物,如工作描述、功能、行为、策略和推理过程等。从语义上讲,它表示的是对象的集合,其定义一般采用框架(frame)结构,包括概念的名称,与其他概念之间的关系的集合,以及用自然语言对概念的描述。关系,又称属性,代表了在领域中概念之间的交互作用。形式上定义为 n 维笛卡儿乘积的子集 R: $C_1 \times C_2 \times \cdots \times C_n$,包括 Part-of,Kind-of,Instance-of,Attribute-of 等关系。函数是一类特殊的关系,在这种关系中前 $n-1$ 个元素可以唯一决定第 n 个元素,其形式化的定义是 F: $C_1 \times C_2 \times \cdots \times C_{n-1} \rightarrow C_n$。例如,Mother of 关系就是一个函数,其中 Mother of (x,y) 表示 y 是 x 的母亲,显然 x 可以唯一确定他的母亲 y。又如,长方形的长和宽唯一决定其面积。公理代表永真断言,如概念乙属于概念甲的范围。实例则代表元素。从语义上分析,实例表示的就是对象,而概念表示的是对象的集合,关系则对应于对象元组的集合。在实际建模过程中,不一定要严格地按照上述基本建模元语来创建本体,概念之间的关系也不限于上面列出的四种基本关系,可以根据领域的具体情况定义相应的关系,以满足应用的需要。

因此,概念化步骤就是通过建模元语建立抽象的概念模型,该模型包含了领域内所有对象的集合和这些对象间相关关系的集合。首先,从本章基于材料分析的本体捕捉步骤中建立的公共词汇表中,将那些描述独立存在对象的术语选为概念类。这些类之间可以通过建立父子类关系(Kind-of)来形成类层次。例如,人力资源(HumanResource)和资金资源(MonetaryResource)都归为服务资源(ServiceResource)的子类。对于公共词汇表中的每个关系(属性),都必须明确它所描述的对象类。例如,可视线(lineOfVisibility)是服务过程(ServiceProcess)的属性。最后,属性的类型需要明确定义,如属性是对象属性还是数据类型属性(对象属性 ObjectProperty 指以类作为值域、定义域的属性,而数据类型属性 DatatypeProperty 的值域只限于数据类型,如整数、字符串),属性的定义域(domain),值域(range),基数以及所属性质如函数性(functional)、对称性(symmetric)等。

通过对公共词汇表的分析,本书认为应从三个不同的视角来描述产品延伸服务元本体,包括面向需求(demand-oriented)的视角,即客户视图;供应驱动(supply-driven)的视角,即提供商视图;以及客户和提供商联合视图(joint view)。由此构成如图 4.3 所示的五个顶层类(upper class),包括服务价值(ServiceValue),服务概念(ServiceConcept),服务供给(ServiceOffering),服务过程(ServiceProcess)和服务资源(ServiceResource)。这五个类之间通过对象属性 achievedBy(实现)、configuratedBy(配置)、operationlizedBy(运行)和 supportedBy(支持)相关联。

进一步地,更多的类和他们的属性可以基于顶层类而得到,由此形成如图 4.4 所示的 PESO 元本体。图 4.4 是由 Protégé 的 Ontoviz 插件生成的,图中的方框表示概念(定义为类),箭头表示相应概念之间的关系(定义为属性)。需要说明的是,标以关系名 isa 的箭头表达了子类关系(subclass relationship),即箭头尾部类是箭

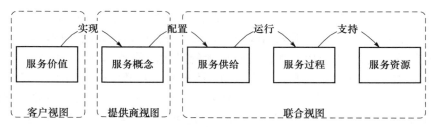

图 4.3　元本体中的多视图顶层类

头头部类的子类。箭头上关系名后的星号（＊）表示该属性的多重性对应关系，即箭头尾部类的一个实例与箭头头部类的多个实例之间存在该属性关系。例如，hasResource 后的星号表示一个产品延伸服务消耗多种服务资源。

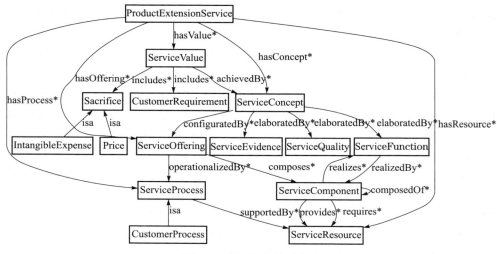

图 4.4　PESO 中的元本体

PESO 元本体中类和属性的语义分析如下所述。

产品延伸服务类（ProductExtensionService）是元本体的核心。它通过对象属性 hasValue，hasConcept，hasOffering，hasProcess，hasResource 分别与服务价值类、服务概念类、服务供给类、服务过程类、服务资源类相关联。

服务价值（ServiceValue）是客户能够感知到的服务固有收益与付出代价之间的权衡。服务价值类从客户的角度来描述了产品延伸服务（ProductExtensionService）。服务收益表现为对客户需求（CustomerRequirement）的满足。为了获得某种质量的服务而能够接受的代价（Sacrifice），不仅包括价格（Price），还包括无形花费（IntangibleExpense），如到达时间（Access time）和不便捷成本（Inconvenience cost）等。

服务概念(ServiceConcept)是从客户和服务提供商的联合角度来描述产品延伸服务。它以服务内容的形式提供了对产品延伸服务基本情况的概述,描述了产品延伸服务能为客户做什么。具体包括服务证据(ServiceEvidence)、服务质量(ServiceQuality)、服务功能(ServiceFunction)等概念,以及数据类型属性服务名称(serviceName)和文本描述(textDiscription)。数据类型属性一般有规定的值域。通过形式化公理还可以表达一些限制,例如,每一个服务有且只有一个服务名称。通过服务概念类,实现了从服务价值到服务供给的转化。

服务证据类(ServiceEvidence)是一种服务概念,它对于证明服务的存在和完整具有重要的意义。服务证据是服务形象、广告和宣传的核心。客户往往从这些证据推断服务的性质。服务证据中的各种设置(Settings),如颜色、广告、印刷或图案材料都是对服务概念的声明。

服务质量类(ServiceQuality)也是一种服务概念,它反映了服务响应客户期望、满足客户需求的能力。服务质量常常是竞争中最重要的工具,并且是获得客户高满意度和高盈利的前提条件。客户的感觉和观点构成了服务质量的感知。

服务功能类(ServiceFunction)是指产品延伸服务的预期输出和效果,用来描述服务能够做什么或能够满足什么需求的抽象特征。通过子类化,更多具体的服务功能可以被定义,如安装功能、升级功能。服务功能和服务组件之间具有多对多关系,即一个服务功能可以由多个服务组件实现(realizedBy),而一个服务组件也可能实现(realizes)多个服务功能。

服务供给(ServiceOffering)从服务提供商的角度将产品延伸服务描述为一个基于服务组件(ServiceComponent)的层次结构。基于该结构关系,服务供给类说明了服务提供商向客户提供了什么。服务供给由至少一个服务组件组成(composes)。所谓服务组件并不是物理实体,而是一个由服务流程、人员技能、所需材料等集成而得的组合,为客户提供了一种无形的商业绩效。服务组件也可以由其他服务组件构成(composedOf)。服务组件概念对于解决产品延伸服务的配置问题具有重要意义,将在 4.2.2 节进一步阐述。

如果要将服务供给交付给客户,服务过程(ServiceProcess)就是必须运行的活动链。服务过程类描述了服务供给是如何具体运作的。服务过程与制造实物产品的生产过程不同,生产过程通常发生在没有客户出现或参与的时间和地点。与此相反,在服务过程中,客户常常是共同生产者(Co-producer),并且参与到服务过程中去。客户主动或被动经历的一系列活动或者部分过程,称为客户过程(CustomerProcess)。客户过程是服务过程的一部分,也是服务过程的子类。因此,服务过程可以被分为两个部分,一个是客户可见的双方交互部分,另一个是客户不可见的后台支持部分。数据类型属性 lineOfVisibility 用来表明服务过程中交互部分和支持部分之间的界线。其他用于描述服务过程控制流和数据流的术语如图 4.5 所

示,由导入的 OWL-S 过程本体提供,在类名或属性名前的"p1:"前缀代表 OWL-S
过程本体的命名空间,以保证能以不产生歧义且不引起命名冲突的方式引用术语。
服务过程类中的概念和关系的具体解释参见 4.1.3 节。

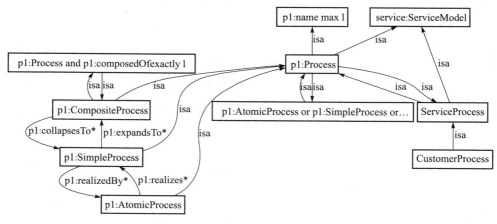

图 4.5　服务过程类中的概念和关系

　　服务资源(ServiceResource)包括服务过程所需要或者可以得到的所有实体和
逻辑属性,也是服务组件所必须具有或者能够提供的所有物理和非物理资源。无
论对于服务过程类还是服务供给类,服务资源都是一个重要的概念。服务资源类
主要包括物理资源(PhysicalResource)、资金资源(MonetaryResource)、人力资源
(HumanResource)、信息资源(InformationResource)和组织(Organization)等。具
体来说,物理资源包括了设施(Facility)、设备(Equipment)、工具(Tool)和材料
(Material),其中设施是服务传递的物理可感知环境,如公司、工厂、商店和站点。
材料可能包括供应品和备件。人力资源主要指企业的员工。通常认为是公司的关
键资源,因为客户对服务质量(ServiceQuality)的感知很大程度上取决于他对员工
本身的感受。信息资源包括了图画、标准、材料数据、技术、度量、方法等。组织包
括了支持系统(SupportSystem)、合作伙伴(Partner)和供应商(Supplier)。服务资
源不仅可以看成一个服务组件的输入,同时也是服务组件的输出。这就是说一个
服务组件提供(provides)的输出资源可能正是另一个服务组件所需(requires)的输
入资源。输出常常不是物理结果,而是一种服务能够提供的益处。因而服务资源
还包括其他非实体资源,如能力资源(CapabilityResource)、体验资源(Experi-
enceResource)和状态改变资源(StateChangeResource)。其中,能力资源反映了完
成某件事的能力,如互联网连接能力。所有这些子类都可以在特定产品延伸服务
领域中通过实例化或子类化来表示一个具体的服务资源。图 4.6 展示了服务资源
的类层次。

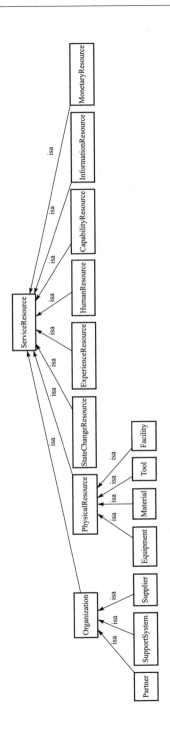

图4.6　服务资源的类层次图

4）基于 OWL 的本体编码

本体编码即选择合适的形式化语言（formal language）明确表达已建立的概念模型。为了实现本体的计算机可读，对本体的表示一般都采用基于某种形式化模型的本体描述语言。为了使得用户能为领域模型编写清晰的、形式化的概念描述，本体描述语言应该满足以下要求：

（1）良好定义的语法（a well-defined syntax）。

（2）良好定义的语义（a well-defined semantics）。

（3）有效的推理支持（efficient reasoning support）。

（4）充分的表达能力（sufficient expressive power）。

（5）表达的方便性（convenience of expression）。

大量的研究工作者活跃在该领域，因此诞生了许多种本体描述语言。通常可以把他们分为两大类[42]。第一类语言大多来源于具体知识表达系统，并且没有为网络环境设计，如 CycL[43]、知识交换格式（knowledge interchange format，KIF）、Ontolingua、业务概念建模语言（operational conceptual modelling language，OCML）[44]、框架逻辑（frame logic，Flogic）[45]和 Loom[46]。

第二类语言由于利用网络特征通常被称为基于网络的本体语言（web-based ontology language），包括资源描述框架（resource description framework，RDF）[47]、资源描述框架模式（resource description framework schema，RDF-S）[48]、简单 HTML 本体扩展（simple HTML ontology extensions，SHOE）[49]、基于 XML 的本体交换语言（XML-based ontology exchange language，XOL）[50]、本体交换语言/本体推理层（ontology interchange language/ontology inference layer，OIL）[51]、DARPA 代理标记语言（DARPA agent markup language，DAML）[52]、DAML+OIL[53]和网络本体语言（web ontology language，OWL）。

其中，OWL 是由万维网联盟（World Wide Web Consortium，W3C）组织提出并被广泛接受的标准化本体描述语言，用以描述、发布和共享网络文档和应用程序本体。OWL 可用来明确表示词汇表中术语的含义以及术语间的关系。它被看成 RDF(S)的词汇扩展，也被认为是对 DAML+OIL 的修订[54]。如图 4.7 所示，在 W3C 提出的本体语言栈中，OWL 处于最上层。

OWL 具有模型-理论语义（model-theoretic semantics）、框架形式的抽象语法（abstract syntax）和 RDF/XML 标准交换语法（normative exchange syntax）。前种语法格式抽象自后者，易阅读、访问和评价，后者的一般性更高，因而 OWL 本体一般保存为 RDF/XML 语法形式的 Web 文档[55]。OWL 具有以下特点。

随着网络技术的发展，作为以共享为特征的本体论与网络技术的结合成为必然趋势。与第一类本体语言相比，OWL 是考虑网络特征的本体标记语言，与网络领域提出的语法交换符号的标准提议（如 XML 和 RDF）有着适当链接，能确保互

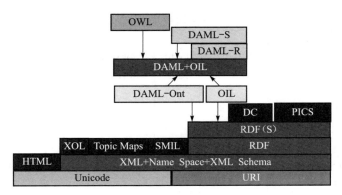

图 4.7　本体语言栈

用性,更适合网络环境下大量知识的描述和管理。

　　(1)在第二类语言中,OWL 是一种建立在其他语言基础上更为精密的语言[56]。一方面,OWL 在保持与其他语言最大兼容性的同时,保留了它们的有用语言构造和设计特征;另一方面,通过适当扩展,OWL 附加了一些新的有用特征以满足一些可能相互冲突的需求,如表达和推理能力的平衡。同时,由于添加了更多用于描述属性和类的词汇,如枚举类(enumerated classes)、类的不相交性(disjoint-ness)、基数性质(cardinality)、属性的特征,如对称性(symmetry),因此 OWL 在表达含义和语义方面比 XML、RDF 和 RDF-S 有更多的表达手段,在网络内容的机器可理解性方面也要强于其他语言。第二类语言的特性比较(表达能力、推理能力)可见表 4.3(＋表示支持,－表示不支持),其中 DAML＋OIL 属于过渡语言,因此不作比较。

　　(2)OWL 的形式化规范、表面结构和交换语法受到描述逻辑(description logics,DL)、框架表示范式(frame paradigm)和 RDF 的影响[56]。一方面 OWL 继承了框架范式提出的丰富的认识论上的原始建模,如类(框架)和属性(槽),对人类用户有很高的直觉。因而 OWL 具有很强的可读性和可理解性,就算非专业人士也能读懂;另一方面,OWL 从描述逻辑中继承了形式化语义和有效的推理支持,可以实现一致性检查、类型层次和个体类型推理等功能,更适合于网络环境下的概念建模与知识共享。

　　(3)已存在许多支持 OWL 的工具,可用来描述和使用基于 OWL 的本体,如 Ontolingua、Protégé、OntoEdit。其中,Protégé 是由斯坦福大学开发的一个开放源码本体编辑器,它采用插件形式的可扩展体系结构,为建立、可视化和处理 OWL 本体提供了丰富的工具集合。

　　综上,本书采用具有丰富语义表达能力和有效推理机制的 OWL 作为产品延伸服务本体模型的形式化描述语言,以精确定义其语法和形式化语义。

表 4.3　第二类语言的特性比较

特性	本体语言						
	SHOE	OML	XOL	RDF(S)	OIL	DAML	OWL
语法	SGML/SML	XML	XML	XML	RDF	RDF	RDF
分区定义(Partitions)	−	+	−	−	+	+	+
文档注释	+	+	+	+	+	+	+
实例属性	+	+	+	+	+	+	+
概念属性	−	+	+	−	+	+	+
局部属性(Local Scope)	+	+	+	+	+	+	+
全局属性(Global Scope)	−	+	+	+	+	+	+
默认值(Default values)	−	−	+	−	−	−	−
类型约束(Type constraint)	+	+	+	+	+	+	+
基数约束	−	+	+	−	+	+	+
推理能力	+	+	−	+	+	+	+
形式化语义				−	+	+	+
类层次	+	+		+	+	+	+
Hom 逻辑	+						
描述逻辑	−			−	+	+	+
谓词逻辑							
类相等	+	+				+	+
属性/谓词相等	+	+				+	+
实例相等	−	−				+	+
分布定义(Decentralized)	+			+		+	+
本体扩展(Extension)	+			+	+	+	+
本体版本修订(Revision)	+			−	−	−	+
计算特性区分				−	+	−	+

OWL 具有三个表达能力递增的子语言：OWL Lite，OWL DL 和 OWL Full[5, 40]，以分别用于特定的实现者和用户团体，三个子语言的具体比较详见表 4.4。

表 4.4　OWL 子语言比较

子语言	特征描述	举例
OWL Lite	提供给那些只需要一个分类层次和简单约束的用户；支持工具更简单，从辞典(Thesauri)和分类系统(Taxonomy)转换过来；更为迅速具有更低的形式复杂度	支持基数限制，但只允许基数为 0 或 1
OWL DL	支持那些需要最强表达能力且需要保证计算完全性(computational completeness，即所有的结论都能够保证被计算出来)和可判定性(decidability，即所有的计算都能在有限的时间内完成)的用户	当一个类可以是多个类的一个子类时，它被约束不能是另外一类的实例

续表

子语言	特征描述	举例
OWL Full	包括了 OWL 的所有成分,但使用时必须符合一定的约束,如类型的分离(type separation)	一个类不能同时是一个个体或属性,一个属性不能同时是一个个体或类
	支持那些即使没有可计算性保证,也需要最强表达能力和完全自由的 RDF 语法的用户	一个类可以同时被看成许多个体的一个集合以及本身集合中的一个个体
	允许一个本体增加预定义的(RDF 或者 OWL)词汇表的含义。几乎不可能有推理软件能支持对 OWL Full 所有成分的完全推理	OWL:DatatypeProperty(数据类型属性)能作为 OWL:InverseFunctionalProperty(逆函数型属性)的标记

从合法表达和有效推理看,每个子语言都是前面语言的扩展。这三种子语言之间有如下关系成立,但这些关系反过来并不成立。

(1) 每个合法的 OWL Lite 本体都是一个合法的 OWL DL 本体。

(2) 每个合法的 OWL DL 本体都是一个合法的 OWL Full 本体。

(3) 每个有效的 OWL Lite 结论都是一个有效的 OWL DL 结论。

(4) 每个有效的 OWL DL 结论都是一个有效的 OWL Full 结论。

选择 OWL Lite 还是 OWL DL 主要取决于用户在多大程度上需要 OWL DL 提供的更强表达能力的约束构造(restriction constructs)。OWL Lite 的推理机会有良好的计算性质[39],而 OWL DL 的推理机处理的尽管是一个可判定的子语言,但其最坏情况下的复杂度(worst-case complexity)会更高。选择 OWL DL 还是 OWL Full 主要取决于用户在多大程度上需要 RDF Schema 的元建模机制(如定义关于类的类,或者为类赋予属性)。OWL Full 相比于 OWL DL,对推理的支持将更难预测,因为目前还没有完全的 OWL Full 的实现。从本书对知识表达能力和推理能力的需求出发,本书选择兼顾表达能力和可计算性的 OWL DL 对 PESO 进行编码。需要指出的是,为了行文的简便,本书并没有严格区分 OWL 与 OWL DL。

OWL DL 语义与描述逻辑语义非常相似,特别是很多 OWL DL 中的构造原语及公理的语法和语义都可由描述逻辑对应的语法和语义来解释[56]。具体映射关系见表 4.5 和表 4.6,其中 Δ^I 表示模型中的个体集合,Δ_D 表示模型中的数据集合,C 表示类,P 表示属性,o 表示个体,v 表示数据值,n、l、m 表示自然数。

表 4.5　OWL DL 构造原语(类构造算子)到 DL 语法及 DL 语义的映射

OWL DL 构造原语	DL 语法	DL 语义
Class(C)	C	$C^I \subseteq \Delta^I$
intersectionOf($C_1 C_2 \cdots$)	$C_1 \bigcap C_2$	$(C_1 \bigcap C_2)^I = C_1^I \bigcap C_2^I$
unionOf($C_1 C_2 \cdots$)	$C_1 \bigcup C_2$	$(C_1 \bigcup C_2)^I = C_1^I \bigcup C_2^I$
complementOf(C)	$\rightarrow C$	$(\rightarrow C)^I = \Delta^I \backslash C^I$
oneOf($o_1 \cdots$)	$\{o_1, \cdots\}$	$\{o_1, \cdots\}^I = \{o_1^I, \cdots\}$

续表

OWL DL 构造原语	DL 语法	DL 语义
restriction(OP someValueFrom(C))	$\exists$ OP. C	$\exists$ (OP. C)$^I=\{x\mid \exists\, y.\ \langle x,y\rangle\in$ OP^I and $y\in C^I\}$
restriction(OP allValuesFrom(C))	$\forall$ OP. C	($\forall$ OP. C)$^I=\{x\mid \forall\, y.\ \langle x,y\rangle\in$ OP$^I\rightarrow y\in C^I\}$
restriction(OP hasValue(o))	OP$:o$	($\forall$ OP. o)$^I=\{x\mid \langle x,o^I\rangle\in$ OP$^I\}$
restriction(OP minCardinality(n))	$\geqslant n$ OP	($\geqslant n$ OP)$^I=\{x\mid \#\{y.\ \langle x,y\rangle\in$ OP$^I\}\geqslant n\}$
restriction(OP maxCardinality(n))	$\leqslant n$ OP	($\leqslant n$ OP)$^I=\{x\mid \#\{y.\ \langle x,y\rangle\in$ OP$^I\}\leqslant n\}$
restriction(DP someValuesFrom(D))	$\exists$ DP. D	$\exists$ (DP. D)$^I=\{x\mid \exists\, y.\ \langle x,y\rangle\in$ DP^I and $y\in D^D\}$
restriction(DP allValuesFrom(D))	$\forall$ DP. D	($\forall$ DP. D)$^I=\{x\mid \forall\, y.\ \langle x,y\rangle\in$ DP$^I\rightarrow y\in D^D\}$
restriction(DP hasValues(v))	DP$:v$	(DP$:v$)$^I=\{x\mid \langle x,v^I\rangle\in$ DP$^I\}$
restriction(DP minCardinality(n))	$\geqslant n$ DP	($\geqslant n$ DP)$^I=\{x\mid \#\{y.\ \langle x,y\rangle\in$ DP$^I\}\geqslant n\}$
restriction(DP maxCardinality(n))	$\leqslant n$ DP	($\leqslant n$ DP)$^I=\{x\mid \#\{y.\ \langle x,y\rangle\in$ DP$^I\}\leqslant n\}$
Object Properties(OP)	OP	OP$^I\subseteq\Delta^I\times\Delta^I$
Datatype Properties(DP)	DP	DP$^I\subseteq\Delta^I\times\Delta_D^I$
Individuals(o)	o	$o^I\in\Delta^I$
Data values(v)	v	$v^I=v^D$

表 4.6　OWL DL 公理(公理构造算子)到 DL 语法及 DL 语义的映射

OWL DL 公理	DL 语法	DL 语义
EnumeratedClass($C\ o_1\cdots o_n$)	$C=\{o_1,\cdots,o_n\}$	$C^I=\{o_1^I,\cdots,o_n^I\}$
SubClass($C_1 C_2$)	$C_1\subseteq C_n$	$C_1^I\subseteq C_2^I$
EquivalentClasses($C_1\cdots C_n$)	$C_1=\cdots=C_n$	$C_1^I=\cdots=C_n^I$
DisjointClasses($C_1\cdots C_n$)	$C_i\cap C_j=\perp,i\neq j$	$C_i^I\cap C_j^I=\{\ \},i\neq j$
DatatypeProperty(DP super(DP$_1$)$\cdots$super(DP$_n$)) domain(C_1)$\cdots$domain(C_m) range(D_1)$\cdots$range(D_l) [funtional]	DP$\subseteq$DP$_i$ $\geqslant$1DP$\subseteq C_i$ $\subseteq\forall$ DP. D_i $\subseteq\leqslant$1DP	DP$^I\subseteq$DP$_i^I$ DP$^I\subseteq C_i^I\times\Delta_D^I$ DP$^I\subseteq\Delta^I\times\Delta_i^I$ DP^I is funtional
SubPropertyOf(DP$_1$ DP$_2$)	DP$_1\subseteq$DP$_2$	DP$_1^I\subseteq$DP$_2^I$
EquivalentProperties(DP$_1\cdots$DP$_n$)	DP$_1=\cdots=$DP$_n$	DP$_1^I=\cdots=$DP$_n^I$
ObjectProperty(OP super(OP$_1$)$\cdots$super(OP$_n$)) domain(C_1)$\cdots$domain(C_m) [inversOf(R_0)] [Symmetric] [Functional] [InverseFunctional] [Transitive]	OP$\subseteq$OP$_i$ $\geqslant$1OP$\subseteq C_i$ OP$=(^-$OP$_0$) OP$=(^-$OP) $\subseteq\leqslant$1OP $\subseteq\leqslant$1OP$^-$ Tr(OP)	OP$^I\subseteq$OP$_i^I$ OP$^I\subseteq C_i^I\times\Delta^I$ OP$^I=($OP$_0)^-$ OP$^I=($OP$^I)^-$ OP^I is functional (OP$^I)^-$ is functional OP$^I=($OP$^I)^-$
SubPropertyOf (OP$_1\cdots$OP$_n$)	OP$_1\subseteq$OP$_2$	OP$_1^I\subseteq$OP$_2^I$
EquivalentProperties(OP$_1\cdots$OP$_n$)	OP$_1=\cdots$OP$_n$	OP$_1^I=\cdots$OP$_n^I$
Individual(o type(C_1)$\cdots$type(C_2)) value(OP$_1\ o_1$)$\cdots$value(OP$_n\ o_n$) value(DP$_1\ v_1$)$\cdots$value(DP$_n\ v_n$)	$o\in C_i$ $\langle o,o_i\rangle\in$OP$_i$ $\langle o,v_i\rangle\in$DP$_i$	$o^I\in C_i^I$ $\langle o^I,o_i^I\rangle\in$OP$_i^I$ $\langle o^I,v_i^I\rangle\in$DP$_i^I$
SameIndividual($o_1\cdots o_n$)	$o_1=\cdots=o_n$	$o_1^I=\cdots=o_n^I$
differentIndividuals($o_1\cdots o_n$)	$o_i\neq o_j,i\neq j$	$o_i^I\neq o_j^I,i\neq j$

基于上述语法和语义原理,可以实现元本体编码,即形式化定义。例如,图 4.8 中的形式化语言表明了两个互为逆属性的对象属性 realizes 和 realizedBy 对 ServiceFunction 和 ServiceComponent 之间关系的定义。图 4.9 中的编码语言说明了对于服务概念类,有且只有一个服务名称。图 4.10 中的编码语言定义了服务资源类的各个子类,并且将所有的概念设定为互不相交。而在导入 OWL-S 过程本体时,需要构造如图 4.11 所示的 OWL DL 语言。由于篇幅的限制,更多的 OWL DL 定义不再一一解释。

```
<owl:ObjectProperty rdf:ID="realizes">
  <rdfs:domain rdf:resource="#ServiceComponent"/>
  <owl:inverseOf>
    <owl:ObjectProperty rdf:ID="realizedBy"/>
  </owl:inverseOf>
  <rdfs:range rdf:resource="#ServiceFunction"/>
</owl:ObjectProperty>
```

图 4.8　对象属性 realizes/realizedBy 的 OWL DL 定义

```
<owl:Class rdf:ID="ServiceConcept">
    <rdfs:subClassOf>
      <owl:Restriction>
        <owl:onProperty>
          <owl:DatatypeProperty rdf:ID="serviceName"/>
        </owl:onProperty>
        <owl:cardinality
rdf:datatype="http://www.w3.org/2001/XMLSchema#int"
          >1</owl:cardinality>
      </owl:Restriction>
    </rdfs:subClassOf>
    <rdfs:subClassOf
rdf:resource="http://www.w3.org/2002/07/owl#Thing"/>
  </owl:Class>
```

图 4.9　数据类型属性 serviceName 的 OWL DL 定义

3. Pellet 支持下的元本体评价

这里强调,评价活动需要伴随整个生命周期。在这个生命周期中,开发人员可以从开发过程中的任意一个活动退回到之前一个任意活动。只要本体没有满足评价标准或是没有满足所有的需求,该本体原型都可以不断改进。

尽管一般骨架法包含了本体评价阶段,但是它没有说明如何实施评价。本书提出评价阶段应由两部分相辅相成,一方面,通过领域专家采访来获得对其他标准的主观评价和建议;另一方面,通过 OWL 的推理支持来保证一致性和适当的类层次结构。

本书采用的主观评价标准主要源于 Gruber 提出的一系列原则[57],包括以下几种。

```
<owl:Class rdf:ID="StateChangeResource">
  <rdfs:subClassOf>
    <owl:Class rdf:ID="ServiceResource"/>
  </rdfs:subClassOf>
  <owl:disjointWith>
    <owl:Class rdf:ID="HumanResource"/>
  </owl:disjointWith>
  <owl:disjointWith>
    <owl:Class rdf:ID="ExperienceResource"/>
  </owl:disjointWith>
  <owl:disjointWith>
    <owl:Class rdf:ID="MonetaryResource"/>
  </owl:disjointWith>
  <owl:disjointWith>
    <owl:Class rdf:ID="InformationResource"/>
  </owl:disjointWith>
  <owl:disjointWith>
    <owl:Class rdf:ID="CapabilityResource"/>
  </owl:disjointWith>
  <owl:disjointWith>
    <owl:Class rdf:ID="Organization"/>
  </owl:disjointWith>
  <owl:disjointWith>
    <owl:Class rdf:ID="PhysicalResource"/>
  </owl:disjointWith>
</owl:Class>
```

图 4.10　ServiceResource 子类的 OWL DL 定义

```
<owl:Ontology rdf:about="">
  <owl:imports rdf:resource="http://www.daml.org/services/owl-
s/1.2/Process.owl"/>
</owl:Ontology>
```

图 4.11　OWL-S 过程本体的 OWL DL 定义

（1）明确性（clarity）和客观性（objectivity），即应对所定义术语给出明确的、客观的语义定义。

（2）完备性（completeness），即所给出的定义是完整的。应尽可能地给出充分和必要条件，而不是部分定义。

（3）一致性（coherence），即由术语得出的推论与术语本身的含义是一致的，不会产生矛盾。

（4）最大单调可扩展性（maximum monotonic extendibility），即当向本体中添加新的通用或专用术语时，不需要修改其已有的本体。

（5）最小本体论承诺（minimal ontological commitments），即本体应给出尽可能少的声明，使得各参与方能够按照各自的要求自由地进行本体特殊化和实例化。

　　另外,由于 OWL 语言的主要优势之一在于其对描述逻辑的继承,因而可以利用其形式化语义对本体进行分类推理和一致性检验。分类检验可以通过类的逻辑定义找到一个类在层次结构中的正确位置。一致性检验则可以发现那些不可以拥有任何实例的类。这些推理都可以很方便地通过 Protégé 提供的插件实现。本书选择的插件是 Pellet 1.5.2,更多关于这个插件的介绍可以参考 http://clarkparsia.com/pellet/。图 4.12 显示了采用 Pellet 检验知识库后的结果,结果说明 PESO 元本体中的概念是一致、正确、无冗余的。

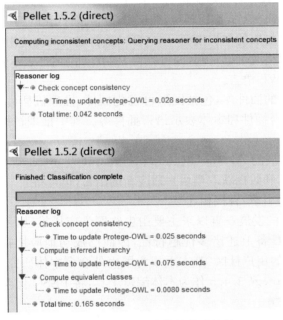

图 4.12　PESO 元本体的检验结果

4. 基于 Protégé 的文档化

　　符合评价标准要求的 PESO 元本体应以文件的形式存放。这些记录了本体中术语的文件是十分重要的,不仅要求清晰,还要便于维护、使用和重用,因此需要选择合适的工具。本体编辑工具,又称本体建模工具,狭义上是指用于本体构建、编辑、维护与开发的软件系统;广义范围内,是指用于本体知识表示工程、本体库的开发乃至语义网基础构建的软件体系的总称。随着本体在各个领域的广泛应用,到目前为止,已经出现了许多本体编辑工具。根据所支持的本体描述语言,大致可以分为两类[58]。

　　第一类包括 Ontolingua、OntoSaurus、WebOntoE、WebODE 等。其共同点在

于都基于某种特定的语言,例如,OntoSaurus 是基于 LOOM 语言的,WebOnto 是基于 OCML 语言的。

第二类包括 Protégé、OntoEdit、OilEd 等。这些工具最大的特点是独立于特定的语言,可以导入、导出多种基于网络的本体描述语言(如 RDFS、DAML＋OIL)。其中,除了 OilEd 是一个单独的本体编辑工具,其他都是一个整合的本体开发环境或一组工具。其中,Protégé 是由斯坦福大学的医学信息系在 Java 环境下开发研制的一个开放源码的本体编辑器,提供了本体建设的基本功能,模块划分清晰,支持多重继承,可对新数据进行一致性检查。此外还具有如下特点[59]。

(1)具有图形化交互式编辑环境,能让用户进行可视化的编程,使用简单方便。

(2)是一个可扩展的知识模型,用户可以重新定义系统使用的表示原语。

(3)文件输出格式可以定制,即可以将 Protégé 的内部表示转换成多种形式的输出格式,包括 OWL 语言。

(4)拥有强大的插件库,包括图形可视化插件、推理机插件、远程信息获取插件、半自动本体融合插件和本体表示语言插件等。其中推理机插件对于配置研究具有重要作用。

(5)提供可扩展的 API(application programming interface)接口,用户可以更换用户接口的显示和数据获取模块来适应新的语言,也可将其与外部语义模块(如针对新语言的推理引擎)直接相连。

虽然 Protégé 的发展一直以来主要由生物医学应用推动,不过由于该系统独立于应用领域,且具备上述诸多优越特性,因而已成功地应用在许多其他应用领域,拥有数以千计的用户社区,基本上成为国内外众多本体研究机构的首选工具。因此,本书选择 Protégé 3.4.5 作为本体编辑工具,将 PESO 保存为 RDF/XML 语法形式的 Web 文档。

4.1.4 "楼宇系统延伸服务"案例的知识建模

从 20 世纪 90 年代初开始,智能楼宇在我国起步发展,到今天已经成为甲级写字楼建筑规范的一个硬性要求。随着我国建筑业的高速发展,自动化控制设备开始广泛安装,以实现楼宇的智能化管理。智能楼宇控制产品是一种由中央管理站、DDC 控制器、传感器、执行机构等部件组成的,能完成照明、消防、安防、监控、门禁等功能的产品。建筑项目的增长给控制产品生产厂家带来了不断增长的业务,但是由于土地及项目建设的限制,以及不断加剧的竞争,仅仅通过出售单纯的智能楼宇控制产品已难以实现利润空间的扩张;另外,客户对于专业化服务的需求不断增长。因此,通过大力发展该行业的服务业务来获取新的利润增长,提高客户的满意度,成为解决企业困境、促进企业健康发展的新思路。事实上,已经有企业意识到这种发展趋势,开始在业务模式上进行尝试和拓展。

作为智能楼宇控制产品行业的龙头企业,H 公司停止了传统的单一销售实体产品的模式,转而开始在销售核心产品的同时为客户提供服务。该服务被命名为"楼宇系统延伸服务"(building solution)。"楼宇系统延伸服务"用来支持位于安装基地(installed base)的定制化控制产品"楼宇系统"(building system),以保证建筑的安全性、私密性、舒适性和能源的高效利用。"楼宇系统延伸服务"为包括商务办公楼、政府办公楼、医疗服务机构、学校、居民、军事基地等在内的众多客户进行服务,通过这些基于产品的服务,H 公司获得了可观的收入,填补了产品销售中不断缩小的利润空间。同时,该服务还能为客户提供差异化的体验,以保持和客户的长期合作。由此可见,"楼宇系统延伸服务"是一种典型的产品延伸服务,非常适合作为本书的研究案例。本节旨在用该案例说明产品延伸服务元本体在特定产品延伸服务领域的建模过程,以验证所提出的 PESO 在表达信息和语义知识中的有效性。

在 H 公司,虽然"楼宇系统延伸服务"业务增长迅速,但该服务的信息和知识管理仍处于初级阶段。产品延伸服务的描述常常只是通过口头或者书面的形式表达,如图 4.13 所示的文件。大量信息和知识在缺乏统一形式化模型的情况下分布在不同参与者手中,知识交流和共享的困难使得服务的效果和效率受到了很大的影响。

EMERGENCY SERVICE

2.1 In addition to regular inspection and checking-up, we will provide 6 times free emergency on call services during this yearly contract for any failure of the following equipments, Changes and abuse not included.

    a. System PC terminal failure which is unable to start-up.

    b. DVM Monitoring System failure without response.

    c. Security Access System fail to open or close.

2.2 To provide such on-call service when we get your repairing notice within our regular working hours (09:00---17:30 Monday to Friday) and will be on site within 4 hours, if out of our regular working hours, we should be on site within 24 hours.

图 4.13 "楼宇系统延伸服务"的部分文本定义

如前所述,本体提供了一个可行的方法来解决语义知识交换和共享问题。基于 PESO 的四层建模架构,通过重用或继承元本体中的概念和关系,可以快速建立"楼宇系统延伸服务"本体。因此,通过查阅大量公司文档并组织了五场高级管理人员访谈以及两个工作讨论会来捕捉"楼宇系统延伸服务"中的具体知识,完成通用本体的专业化知识建模。

在建立"楼宇系统延伸服务"本体时,首先需要将元本体中的概念子类化,从而为具体服务建立特定概念。例如,定义 EmergencyMaintenance、SparePartsSupply、PeriodicMaintenance、Training 等为 ServiceComponent 类的子类。然后,这些子类之间的语义关系可以通过对元本体中关系的特定化来描述。例如,元本体中的关系 composes 被重新定义为 composesPM,composesEM,composesTraining 等关系。通过对元本体中概念和关系的子类化,可以实现知识重用,减少创建特定产品延伸服务本体的建模难度和工作负荷。最终,"楼宇系统延伸服务"本体可以在 Protégé 中如图 4.14 和图 4.15 所示的那样被创建和组织。图 4.16 反映了四层建模架构中的最上层,即服务实例。

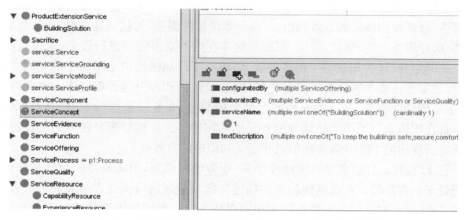

图 4.14　"楼宇系统延伸服务"在 Protégé 中类定义的截图

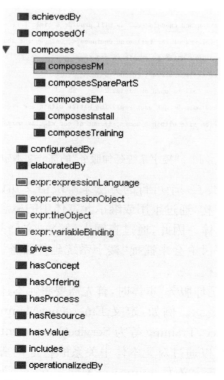

图 4.15　"楼宇系统延伸服务"在 Protégé 中属性定义的截图

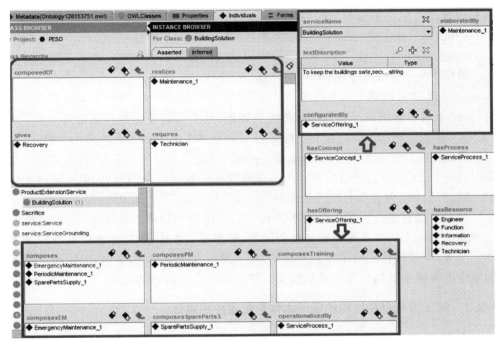

图 4.16 "楼宇系统延伸服务"在 Protégé 中实例定义的截图

4.2 基于领域本体 PESO 的产品服务配置知识表达

产品延伸服务正在逐渐发展为企业新的重要利润来源。随着服务组件结构关系日趋复杂,相关的规则知识也变得越来越复杂,自动配置出满足所有需求的定制化产品延伸服务成为一项富有挑战的任务。由于求解配置问题的复杂性主要在于配置知识的表达,因而构建产品延伸服务的配置知识库是配置活动的关键任务。配置知识表达主要表现为建立产品延伸服务配置的概念模型,即配置问题所涉及的对象以及对象间的关联关系。考虑到可配置服务更新快速,作为知识库核心的配置模型应当灵活柔性且能被高度重用,以利于知识库的更新和维护。同时,由于产品延伸服务配置活动的特点之一是需要不同参与者(如客户、销售工程师、配置专家、产品设计师、服务设计师)基于各自的领域知识进行密切交互,因此,参与者之间必须对配置模型达成共同理解以避免歧义与误解。

本体,作为共享概念模型明确的形式化规范说明,能够以通用方式结构化地捕捉领域知识,并提供可重用和共享的对领域的公共理解。与其他知识表达模型相比,本体的一大优点在于其形式化语义可以被人类和机器无歧义地理解。因此,基于本体技术构建配置模型,不仅可以无歧义地表达可重用和共享的配置知识,更可以利用其逻辑原理实现知识推理,即配置求解(相关内容将在4.4节进行阐述)。

因此,本节旨在建立面向产品延伸服务配置问题的本体(product extension service configuration ontologies,PESCO)模型,以完成配置知识的形式化表达。该本体同样也被层次化地分成元本体(meta-ontologies)和特定服务本体(service-specific ontologies)。元本体被构建为一个包含了服务子本体、产品子本体和客户子本体的多本体结构,用于表达通用的产品延伸服务配置知识,其中的服务子本体通过对4.1节中PESO本体的重用和扩展而建立。而通过对元本体中概念和关系的重用和继承,又可以得到不同特定服务领域(如智能楼宇控制产品的产品延伸服务)的配置知识。最终得到的PESCO可以明确地表达产品延伸服务配置问题中的概念、关系和领域知识。同时,为产品延伸服务配置系统提供灵活柔性、可重用的知识库。

接下来将首先介绍基于领域本体和应用本体的知识库结构框架,然后详细阐述多本体结构下的产品延伸服务配置模型,即服务子本体、产品子本体和客户子本体。接着,继续以智能楼宇控制产品的"楼宇系统延伸服务"为案例,说明特定服务领域中配置模型的构建及形式化语义。最后是对全节内容的总结。

4.2.1　基于多层框架结构的领域本体和配置应用本体

在20世纪80年代早期,知识系统的开发被视为一个从人类知识到特定知识库的转换过程。这种"转换"的思想基于以下假设:知识系统所需要的知识已经存在,只需要搜集并加以表示。这些知识一般是通过对特定领域专家进行咨询而得来的,而且通常表示为产生式规则的形式。但是,这种方式并不能有效支持不同类型知识的准确表示。例如,当有关系统目标的知识与特定领域内的知识混合在一起时,知识库的维护十分困难。另外,"转换"所基于的假设也是难于满足的,很难将专家用于解决问题所用到的全部知识都完整地搜集起来。这些不足导致了开发思想从"转换"到"建模"的变化。

当今,对知识系统的开发已经形成了共识,即知识系统的开发过程应被视为一个建模活动。建立知识系统的本质不在于模拟专家解决问题的过程,而在于建立能达到相似求解效果的计算机模型。知识获取不再被视为对知识进行转换,而是成为建模过程的一部分。因此,对于产品延伸服务配置知识系统,构建一个正确有效的配置模型是最为核心和首要的问题,它不仅完成了对知识的表达,还支持了知识获取活动。在本书中,配置模型以本体的形式表达,它是对可配置对象结构的详细描述,是可配置对象开发设计的最终结果。也是所有与可配置对象相关的配置知识的集合,是构建配置知识库的基础。

进一步地,学者已经证实,简单的知识"堆砌"已不能解决问题,需要对不同层次的知识进行分类、整理,并有条理地组织起来,使其便于利用、维护和重用。在这种背景下,领域本体和应用本体的概念被先后提出,促进了知识结构从"单层"到"多层"的转变。

　　领域本体(domain ontology)是用于描述指定领域知识的一种专门本体。它提供了该特定领域中的概念定义和概念之间的关系,以及该领域的主要理论和基本原理等。领域本体的研究和开发已涉及许多方面,如企业本体、医学概念本体等。4.1 节中建立的产品延伸服务本体 PESO 就是一种领域本体。

　　应用本体(application ontology)是本体研究中的另一个分支。与领域本体不同的是,应用本体往往涉及一个问题求解任务,因而表现为动态知识,而不是静态知识。应用本体描述的是依赖于特定领域和任务的概念以及概念之间的关系,这些概念通常对应于领域实体执行某些活动时扮演的角色。例如,在产品延伸服务领域,既有涉及配置问题的配置应用本体,也有涉及计划问题的计划应用本体。

　　为实现知识在各层次间的灵活配置,本书将知识库构建为如图 4.17 所示的结构化框架。该框架结构中具有一个领域本体 PESO 和许多潜在的应用本体以及相应的应用程序(即问题求解方法),例如,服务计划应用本体和相应的智能算法。产品延伸服务本体 PESO 描述的是产品延伸服务这一领域中的通用概念以及概念之间的关系。通过分层化设计,得以在不同的特定服务领域里重用。领域本体本身并不是一个目标,建立 PESO 的目的主要在于获得一个语义基础,从而得以定义应用本体和应用程序所使用的数据和结构。针对产品延伸服务配置这一任务,本书建立了产品延伸服务配置本体 PESCO,并以 JESS 规则引擎作为问题求解方法。

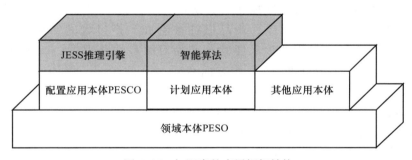

图 4.17　知识库的多层框架结构

　　这样一个"多层"框架结构的优点在于能够将领域知识和操作知识分离开来。与问题求解无关的静态知识作为语义基础,形成领域本体。而不同的应用本体相当于是从问题求解的角度描述领域知识的不同视图。这些应用本体通过对领域本体的继承来实现领域知识重用,同时将具体的问题求解方法处理为独立的操作知识。应用本体包含了对需要求解问题(任务)的描述,包括类型、输入输出、说明等,它反映了问题是什么,而问题求解方法则说明了怎样去解决问题,包括推理步骤及所需知识等。由此,一个任务可以和若干种问题求解方法相联系,即可以使用多种方法。例如,基于配置应用本体,可以不使用 JESS 而采用其他规则引擎(如 Prolog,SweetRule)或推理算法(如 GCSP,GA)来实现求解。

4.2.2　多本体结构下的产品延伸服务配置本体

与 PESO 的层次化建模框架相同,产品延伸服务配置本体(PESCO)也应分别构建元模型和特定服务领域的配置模型。其中,元本体(元模型)定义了产品延伸服务配置领域中公认的术语、词汇和关系,也就是说,这些知识独立于具体服务领域(如汽车延伸服务配置领域、计算机延伸服务配置领域)而存在。作为一个通用的语义框架,通过对元本体的扩展,可以很方便地得到各个特定服务领域的配置模型。

建立 PESCO 元本体的困难首先来自于目前服务配置模型的缺乏[60]。由于服务的无形性,不同于有形产品通常通过物理属性进行描述和配置,服务的描述与之有很大的区别。由于一个适合其目标域的概念模型将影响到本体的质量,因而简单地将产品建模方法运用到服务上并不合适。事实上,由于 PESO领域本体已经建立了良好的语义基础,通过对 PESO 中概念和关系的重用及扩展可以得到 PESCO 元本体的部分概念和关系。此外,很多研究都证实了服务也具备一个基于组件的结构(component-based structure),成为一种可配置服务(configurable services)。因此,基于 PESO 可以建立一个服务子本体(service sub-ontology)来支持这种基于组件的结构以及包括路径、接口、绑定等特定概念在内的服务配置特征描述。其次,与一般服务不同,产品延伸服务与产品及其零部件存在密切关系。产品以往被看成生产过程的结果,但在产品服务化中应视作配置过程的投入要素。产品对服务的获得性(availability)、绩效(performance)、生命周期、效率等方面有着显著的影响。例如,模块化的产品设计对升级或翻新服务具有明显的促进作用。因此,产品子本体(product sub-ontology)也必须包含在元本体中,以描述那些对产品延伸服务配置有用的产品知识,尤其是那些反映服务与对应产品零部件之间关联关系的产品策略知识(product policy knowledge)。最后,产品延伸服务配置的另一特征是以客户为中心。客户对服务的偏好、感知、体验,以及客户自身的特征、条件、生命周期使用习惯等都会影响服务配置结果。因此,建立一个客户子本体(customer sub-ontology)用于捕捉客户知识,特别是那些引导客户信息向服务供给转化的客户策略知识(customer policy knowledge),将有助于实现面向客户的产品延伸服务配置。因此,如图 4.18 所示,提出 PESCO 的元本体应是一个包括服务子本体、产品子本体、客户子本体以及相互关系的多本体结构。这种多本体结构拓展了传统的配置研究,能够帮助客户配置出满足来自其自身和所使用产品的特定需求及期望的个性化产品延伸服务。

各个子本体的建模方法采用了改进的骨架法,具体步骤参见 4.1.3 节,此处不再赘述。接下来将详细解释最终建立的 PESCO 元本体的语义定义。

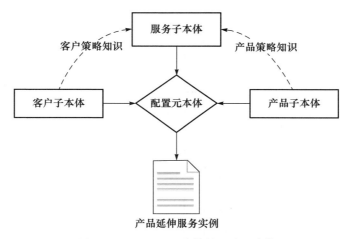

图 4.18　PESCO 元本体的三个子本体

1. 基于服务组件结构的服务子本体

　　服务子本体是 PESCO 元本体的核心。由于配置对象是基于组件结构的产品延伸服务,所以服务子本体的核心概念是服务组件。服务子本体描述了服务组件的所有合法组合,并说明了这些不同的服务组件(也可以被看成支撑积木,building block)如何相互关联以形成一个更大的服务组件(也就是服务包,service bundle)。在这里,各种拓扑连接和绑定规则(binding rules)发挥着关键作用。服务子本体里捕捉的术语代表了产品延伸服务配置领域的通用知识,并通过 Protégé 编辑器实现相关概念和关系的形式化表达。Protégé 是一个能够创建、编辑和可视化本体的工具,其优点已在 4.1.3 节进行了阐述。通过 Protégé 的插件 OntoViz,服务子本体的概念和关系如图 4.19 所示。在类名或属性名前的"p2:"前缀代表所导入 PESO 本体的命名空间,以保证能以不歧义且不引起命名冲突的方式引用术语(有关本体导入机制和命名空间声明参见 4.1.3 节)。

　　服务子本体中的主要类包括服务组件、服务属性、服务端口、服务接口、服务绑定、服务路径、服务约束等,主要属性包括 composes、attachedTo、connectedTo、hasAttribute 等。服务子本体继承和重用了 PESO 模型,并根据产品延伸服务配置的内涵,扩展了部分概念。因此,产品延伸服务、服务供给、服务资源等概念已经在 PESO 中进行了定义,参见 4.1.3 节。下面详细解释针对配置问题的扩展概念和关系。

　　服务组件(ServiceComponent)是服务供给(ServiceOffering)的基本构成元素,是服务按需合成的支撑积木。一个服务组件可以由其他服务组件构成(composedOf),也可以是另一个组件的子类,即两个服务组件之间存在父子类关系。例如,自

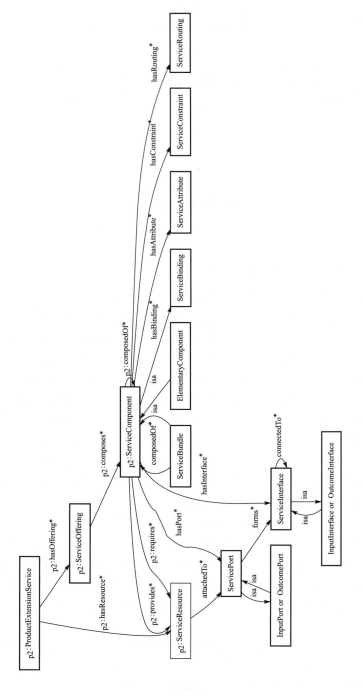

图4.19　服务子本体的类与属性

我简易安装(EasyselfInstallation)是安装服务(Installation)的一个子类。因此,服务组件之间的结构关系主要由构成关系(Composed of,Part-of)和子类化关系(Subclass of,Kind-of)组成。对象属性 composedOf 应该具有不对称性(anti-symmetric)和不自反性(anti-reflexive),用来保证服务组件不会由其自身构成,并且两个服务组件也不会互相构成;同时,属性也要设置为可传递的(transitive),也就是说如果一个服务组件由第二个服务组件构成,而第二个服务组件由第三个服务组件构成,那么第一个服务组件也由第三个服务组件构成。

服务组件并不是物理实体,而是一个由服务流程、人员技能、所需材料等集成而得的组合,为客户提供了一种无形的商业绩效。服务组件有两大类型:基本组件(ElementaryComponent)和服务包(ServiceBundle)。基本组件是服务供应商(ServiceProvider)有效传递给客户具有商业意义的最小服务单元。服务供应商可以是制造企业自身,也可以是这些企业的服务外包商。从服务作用的角度看,基本组件可以进一步分为三个类型。

(1) 核心组件(CoreComponent)是指主要服务业务。

(2) 支持型组件(SupportingComponent)是指用来协助实现核心服务组件的组件。

(3) 增强型组件(EnhancingComponent)是指通过提供额外特征以提升核心服务组件价值的组件。

基本组件不可再被细分,而服务包是一种将一系列核心服务组件、支持型服务组件、增强型服务组件通过各种绑定规则构成的复合服务(composite service)。服务包通常是依据某种逻辑来对服务组件进行捆绑或连接的,如组件之间互相依存,现有资源的最大化利用,法律规定等。因此,服务供给也可以看成一个至少由一个服务组件组成(composes)的服务包,服务供给的每一个实例正是一个确定了服务组件间结构关系以及这些组件属性取值的配置方案。服务组件具有如图 4.20 所示的基本结构,从而形成服务子本体的其他概念。

服务属性(ServiceAttribute)是服务组件的一种客户可见的参数性质。一个服务组件可以具有多个服务属性,并通过对象属性 hasAttribute 表示。例如,互联网连接服务具有下载速度、下载量、连接时间、响应时间等多个服务属性。一般来说有三种通用服务属性:质量(quality)、生产率(productivity)和代价(sacrifice)。质量为客户的选择提供参考,对服务的描述和分析有重要作用,如宾馆的星级。生产率反映了服务生产的有效性和效率,通常通过输入数量/输出数量和输入质量/输出质量进行衡量。代价不仅包括服务的价格,还包括无形的关系成本,如客户在服务生产中投入的精力,客户忍受的如等待、交通等不便。其中,质量和代价都可以继承 PESO 中已有的概念。然而,这些通用服务属性并不足以反映现实世界的服务业务,因此对于每个特定服务领域都需要捕捉其领域专有的服务属性。此外,

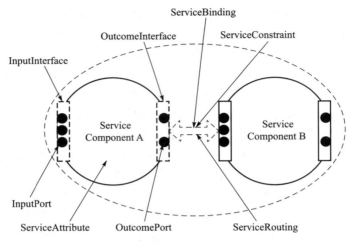

图 4.20　服务组件的基本结构

服务属性本身具有数据类型属性 Value,用来表示服务属性的实际取值。这些服务属性的取值可以是某个数值(即取值是唯一的),或者多个数值(即取值于一个预定义的连续或离散范围)。不同服务属性的取值之间也可能存在依赖关系,这种关系被定义为属性约束(attribute constraint)。

　　服务端口(ServicePort)是服务组件与外界或其他组件交流的唯一通路(channel)。与产品端口不同,服务端口不是物理位置,而是由一种服务资源定义(attachedTo)的通信网关。服务组件的提供需要资源,也会产生其他可用的资源。而一个服务组件的输出也可能是其他组件的输入。因此,服务端口有两个类型:输入端口(InputPort)和输出端口(OutcomePort)。输入端口表示某种服务资源是实现该服务组件的前提,输出端口则反映了某种服务资源是实现该服务组件的结果。

　　服务接口(ServiceInterface)反映了一个服务组件与其他组件之间存在的可能连接性。每一个服务组件只有一个输入接口(InputInterface)和输出接口(OutcomeInterface)。所有的输入端口和输出端口分别形成了(forms)该服务组件的输入接口和输出接口。对于复合服务(即服务包),它的输入/输出接口通常是其包含的所有服务组件的输入/输出接口的总和。

　　服务绑定(ServiceBinding)表达了服务组件可以或不可以捆绑或连接成服务包的功能性规则,它反映组件间的相互依存关系,主要与企业或行业的商务逻辑(business logic)有关。例如,付费电子邮件服务的提供必须建立在能够提供基本管理服务(如计费)的前提下;又如,互为竞争对手且不愿合作的两个服务供应商不能为同一个客户同时提供培训服务。服务绑定是服务配置领域特有的概念,在产品配置里一般不考虑这类较高层次的商务逻辑。因此,服务绑定对于求解可行的服务供给(即配置方案)是至关重要的,一个服务供给实际就是一个符合绑定规则的服务组件组合。基于三种基本服务组件(即核心组件,支持型组件,增强型组件),服务绑定可以分为以下七种类型。

(1) 核心/增强绑定 Core/Enhancing(A,B):A 是核心服务组件,B 是 A 的增强型服务。B 不能独立提供,也不强制与 A 绑定。因此,该绑定规则下输出的服务可能是{A}或{A,B}。

(2) 核心/支持绑定 Core/Supporting(A,B):A 是核心服务组件,B 是 A 的支持型服务。A 必须在有 B 的支持下才能提供,且 B 不能单独提供。因此,输出的是服务包{A,B}。

(3) 捆绑型绑定 Bundle(A,B):如果客户选择了服务组件 A,则必须附带接受服务组件 B,因而输出的是服务包{A,B}。与核心/增强绑定不同,B 可以单独提供。

(4) 可选捆绑型绑定 OptionalBundle(A,B):服务组件 A、B 可以分别提供,也可以作为服务包提供。因此,输出可能是{A}、{A,B}或者{B}。

(5) 替代型绑定 Substitute(A,B):由于服务组件 B 能够为客户带来与服务组件 A 相等或更多的收益,因此可用 B 替换 A,输出则为{B}。

(6) 不相容绑定 Incompatible(A,B):如果选择服务组件 A,则不能选择 B;如果选择服务组件 B,则不能选择 A,因此输出为{A}或者{B}。在这种绑定关系下,两种服务组件由于某种原因(比如法律限制)是互相排斥的,不能同时存在于一个配置方案中。

(7) 存在性绑定 Require(A,B):如果选择了服务组件 A,则要求同时选择服务组件 B,因此输出是{A}、{B}。这种绑定规则使得在同一个配置方案中,一种服务组件的存在需要另一种服务组件的存在。

服务路径(ServiceRouting)定义了服务组件间的顺序关系,并按照销售阶段需要的详细程度规定了服务传递的过程。服务路径的制定是为了能够和可能参与其中的客户交流相关的服务过程,而不是向企业员工详细解释操作步骤(此类知识由服务过程定义)。服务路径对于产品延伸服务的配置是十分重要的,因为只有按照预定路径设定的正确顺序执行服务,服务组件的合成才具有意义。如图 4.21 所示,服务路径有五个主要子类。

(1) Sequence:一个服务组件只有在同一过程中的另一个服务组件完成后才能生效。其执行轨迹如图 4.21(a)所示是 AB。

(2) ParallelSplit:在过程中的某一点,单个控制线程分裂为可以同时执行的多个控制线程,也就是说在该点后允许多个服务组件同时或以任意顺序执行。图 4.21(b)中的执行轨迹可以是 $ABCD$、$ACBD$、$ADBC$ 等。

(3) Synchronization:在过程中的某一点,多个控制线程汇合成一个控制线程,即多个服务组件在某点之前是同步的,即可以同时或以任意顺序执行。图 4.21(c)

中的执行轨迹可以是 *ABCD*、*ACBD*、*BCAD* 等。

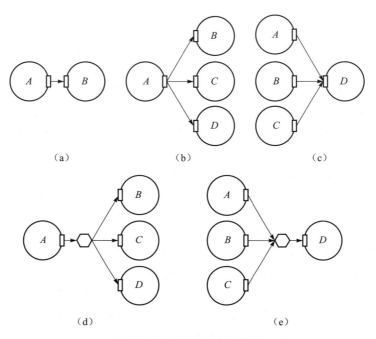

图 4.21　五种服务路径类型

（4）ExclusiveChoice：在过程中的某一点，基于某种决策或工作流控制数据，选择多个分支中的一个。图 4.21（d）显示了在执行完服务组件 *A* 后，服务组件 *B*、*C*、*D* 中存在排他性选择。可能的执行轨迹有 *AB*、*AC* 和 *AD*。

（5）SimpleMerge：在过程中的某一点，有两个或两个以上的不同服务组件在不同步的情况下汇合。在这种情况下，这些组件是不会同时执行的。在图 4.21（e）中，无论服务组件 *A*、*B*、*C* 哪一个被执行了，*D* 只会接着被执行一次。

服务约束（ServiceConstraint）描述了一个正确的配置方案必须服从的特定条件，这些约束通常来自于满足设计要求的技术因素。根据约束限制对象的不同数量，服务约束可以分为内部约束（intra-constraint）和外部约束（inter-constraint）。其中服务内部约束只对单个组件或组件属性进行限制，服务外部约束则反映两个组件或属性之间的限制。而根据约束限制对象的不同类型，服务约束又可以分为组件约束（ComponentConstraint）、属性约束（AttributeConstraint）、接口约束（InterfaceConstraint）等三类。

（1）组件约束是针对单个服务组件的限制，分为基数约束（CardinalityConstraint）、必选约束（EssentialConstraint）和可选约束（OptionalConstraint）。基数约束限定了组成服务包的服务组件数量。必选约束说明某个服务组件必须选择，即该服务组件必须存在于配置方案中。可选约束说明了该服务组件是否出现在配置方案中是可以选择的。

（2）属性约束描述了服务组件属性取值的限制，分为包含约束（IncludeConstraint）、排除约束（ExcludeConstraint）、强制约束（MandatoryConstraint）和选择约束（OptionConstraint）。包含约束意味着某个属性取值会自动带来其他属性取值的选择。排除约束说明对某个属性取值的选择会自动消除其他属性取值。强制约束表明在配置方案中某个属性取值必须被选择。选择约束则说明该属性取值为备选项。

（3）接口约束则明确两个服务组件通过服务接口建立的连接关系。

2. 基于本体集成的产品子本体

与其他一般服务配置领域相比，产品类（Product）在产品延伸服务配置领域中是一个必不可少的概念。包含产品性质、产品结构的产品子本体为产品延伸服务配置提供了重要的知识。例如，热学性质、力学性质等对维护和修理服务的选择十分重要；故障通知服务的可用与否取决于产品是否安装了远程诊断部件；产品使用寿命等信息也会影响服务配置方案，如低价自愿车险只适用于车龄超过 6 年的汽车。这些反映产品延伸服务与对应产品间关联关系的知识，在本书中称为产品策略知识。

产品类与产品延伸服务类之间具有互逆对象属性 affects/operatedOn，和客户类之间具有互逆对象属性 providedTo/purchases。产品类应该包含所有技术上和几何上的产品性质（ProductProperty），并通过产品部件（ProductComponent）和产品约束（ProductConstraint）描述产品的结构。产品和产品部件之间通过属性 hasAssembly 关联。一个产品部件可以是不能再分解的原子元素，也可以是能够被分解成其他部件的复合元素，部件和部件之间的属性 hasPart 被设置成可传递、不对称和不可自反的。

由于已有一些针对产品的定义清晰、词汇充足的本体，如设备本体[61]和产品族本体[62]，这些本体可以导入产品子本体以减少工作量。因此，这里不再对产品子本体进行进一步概念捕捉。产品子本体的主要类和属性如图 4.22 所示。

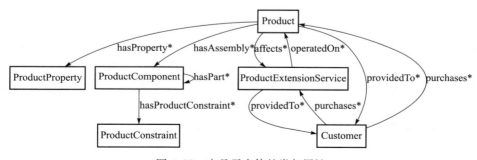

图 4.22　产品子本体的类与属性

3. 以客户需求为中心的客户子本体

客户是个宽泛的概念,可以是指单个人、一群人或是一个组织。客户知识的表达是实现客户化服务配置的基础,它描述了客户对产品延伸服务的个性化要求和偏好。与一般产品配置不同,为了更好地突出以客户为中心,客户子本体中引入两个新的概念要素:客户特征和客户体验,用来捕捉客户对配置方案的偏好以及反映服务体验对配置结果的影响。因此,如图 4.23 所示,客户通常具有客户需求(CustomerRequirement)、客户体验(CustomerExperience)、客户特征(CustomerCharacteristic),以及为了被提供的产品和产品延伸服务所付出的代价(Sacrifice)。其中,CustomerRequirement 和 Sacrifice 也是 PESO 中ServiceValue 的相关概念。从而,客户子本体表达了客户的期望与需求、体验与行为、偏好与特征等语义知识,明确反映了从客户领域到可用服务供给领域的特定映射,即客户策略知识。

其中,客户需求是客户子本体的核心概念,用来抽象表达客户需要什么的知识,并且描述对配置方案期望结果的限定,主要可以分为以下四类。

(1) 属性需求(AttributeRequirement)表示客户对服务组件的属性取值选择,如频率是 4 次/年、响应时间是 1s、质量等级是五星级等。

(2) 组件需求(ComponentRequirement)反应客户对服务组件拓扑结构的要求,也就是说客户可以决定哪些服务组件必须包含在最终的配置方案中。

(3) 功能需求(FunctionalRequirement)是指客户对产品延伸服务的功能特征的要求,这些要求需要通过配置规则转化为服务组件的选择,而这类规则知识的获取将在 4.3 节进行讨论。

(4) 绩效需求(PerformanceRequirement)是指对配置方案的一些局部或者全局指标的设定,如价格需求。

客户体验是客户使用服务的历史记录(HistoryUsage)。它包含了客户在产品使用周期中对服务的抱怨度(complaint)或满意度(satisfaction)以及与服务供应商在传递服务过程中所有的交流(communication)或者合作(cooperation)行为。客户体验对服务质量的感知和客户购买行为具有强烈影响。客户特征包含了客户的基本信息(BasicInformation)、兴趣偏好(preference)、使用环境(environment)等知识。基本信息通过年龄、婚姻状况、收入、教育程度、性别、职业等描述个人客户的情况,或者通过员工数量、地理位置、公司规模等衡量企业客户的情况。客户兴趣和偏好知识的获取与积累可以增加企业对市场趋势的了解,理解客户在购买服务时的权衡和选择,从而帮助客户获得最优的服务配置方案。使用习惯和环境等知识同样也会对配置方案产生重要的影响。

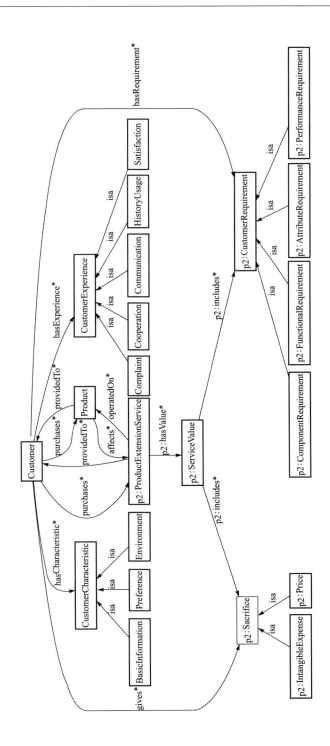

图4.23　客户子本体的类与属性

4.2.3 "楼宇系统延伸服务"案例的配置知识表达

以上建立的 PESCO 元本体是产品延伸服务配置领域的通用语义基础。元本体可以在不同产品延伸服务配置问题得以重用,从而保证配置知识的共享能力。特定服务领域的配置模型则通过对通用模型中概念和关系的子类化和实例化来构建,而不需要从头开始建模。如 4.1.4 节所述,"楼宇系统延伸服务"是一个典型的可配置产品延伸服务。本节延续此案例,旨在详细说明特定服务的配置知识表达和基于 PESCO 元本体的形式化定义。

因此,基于 PESCO 元本体的语义框架,在领域专家的协助下,如图 4.24~图 4.26 所示,本书分别建立了"楼宇系统延伸服务"配置领域的服务知识模型、产品知识模型和客户知识模型。为求简洁,图中只标示了部分重要概念。另外,为了更好地说明模型的有效性,适当加入了一些设想的服务约束和绑定。

1. 基于服务子本体的服务知识模型

可配置"楼宇系统延伸服务(building solution)"的服务知识模型如图 4.24 所示,该模型反映了可能组成该服务的服务组件、组件间的约束及绑定,以及各组件之间的接口。服务组件类可以如表 4.7 所示通过子类化被设定为各种具体服务类,如备件供应服务(SparePartsSupply)、安装服务(Installation)、紧急维修服务(EmergencyMaintenance)、回收服务(Recycling)等。

表 4.7　服务组件类的详细描述

类名称	父类	类描述(DL 语法)
AdequateSupport 全面支持安装	Installation 安装服务	$\geqslant 0$ adequateS_Of_Debugging$\cap \leqslant$ 1adequateS_Of_Debugging $\geqslant 0$ adequateS_Of_Prof-Installation$\cap \leqslant$ 1adequateS_Of_Prof-Installation
AssemblyLevelRecycling 部件级回收	Recycling 回收服务	
BasicTraining 基本培训服务	ServiceComponent 服务组件	
ComprehensiveMaintenance 全面维修服务	ServiceComponent 服务组件	
DataAnalysis 数据分析培训服务	ServiceComponent 服务组件	
Debugging 调试服务	ServiceComponent 服务组件	
DiscountSupply 折扣供应	SparePartsSupply 零部件供应服务	

续表

类名称	父类	类描述（DL 语法）
EasySelfInstallation 简易自助安装	Installation 安装服务	
EmergencyMaintenance 紧急维修服务	ServiceComponent 服务组件	
FreeSupply 免费供应服务	ServiceComponent 服务组件	
Installation 安装服务	ServiceComponent 服务组件	
NormalSupply 正常供应	SparePartsSupply 零部件供应服务	
OnsiteSupport 现场支持服务	ServiceComponent 服务组件	$\geqslant 0$onsiteS_Of_ComprehensiveM$\cap \leqslant$1onsiteS_Of_ComprehensiveM $\geqslant 0$onsiteS_Of_Plan$\cap \leqslant$1onsiteS_Of_Plan $\geqslant 0$onsiteS_Of_ Report$\cap \leqslant$1onsiteS_Of_Report $\geqslant 0$onsiteS_Of_RegularInspection$\cap \leqslant$3onsiteS_Of_RegularInspection
Operation 运作管理培训服务	ServiceComponent 服务组件	
PackageSupply 备件包供应	SparePartsSupply 零部件供应服务	$\geqslant 0$packageS_Of_FreeS$\cap \leqslant$1packageS_Of_FreeS $\geqslant 0$packageS_Of_Replacement$\cap \leqslant$1packageS_Of_Replacement
PeriodMaintenance 定期维护服务	ServiceComponent 服务组件	$\geqslant 0$periodicM_Of_OnsiteS$\cap \leqslant$1periodicM_Of_OnsiteS $\geqslant 0$periodicM_Of_RemoteD$\cap \leqslant$1periodicM_Of_RemoteD
Plan 计划服务	ServiceComponent 服务组件	
ProductLevelRecycling 产品级回收	Recycling 回收服务	
ProfessionalInstallation 专业安装服务	ServiceComponent 服务组件	
ProperManagement 合理利用培训服务	ServiceComponent 服务组件	
Recycling 回收服务	ServiceComponent 服务组件	
RegularInspection 常规检查服务	ServiceComponent 服务组件	
RegularInspection_BA BA 系统常规检查	RegularInspection 常规检查服务	
RegularInspection_FA 消防系统常规检查	RegularInspection 常规检查服务	
RegularInspection_SA 安防系统常规检查	RegularInspection 常规检查服务	
RemoteDiagnostics 远程诊断服务	ServiceComponent 服务组件	

类名称	父类	类描述（DL 语法）
Replacement 替换服务	ServiceComponent 服务组件	
Report 报告服务	ServiceComponent 服务组件	
Retrofit 翻新服务	ServiceComponent 服务组件	
SiteTraining 现场培训服务	ServiceComponent 服务组件	$\geqslant 0$siteT_Of_DataA$\bigcap \leqslant 1$siteT_Of_DataA $\geqslant 0$siteT_Of_Operation$\bigcap \leqslant 1$siteT_Of_Operation $\geqslant 0$siteT_Of_ProperM$\bigcap \leqslant 1$siteT_Of_ProperM $\geqslant 0$siteT_Of_TroubleS$\bigcap \leqslant 1$siteT_Of_TroubleS
SparePartsSupply 零部件供应服务	ServiceComponent 服务组件	
ThreeDaysTraining 三日培训	BasicTraining 基本培训服务	
Training 培训服务	ServiceComponent 服务组件	$\geqslant 0$training_Of_BasicT$\bigcap \leqslant 1$training_Of_BasicT $\geqslant 0$training_Of_SiteT$\bigcap \leqslant 1$training_Of_SiteT
TroubleShooting 检修培训服务	ServiceComponent 服务组件	
TwoDaysTraining 两日培训	BasicTraining 基本培训服务	
…	…	

以回收服务组件为例，图 4.24 主要反映了以下配置知识。

（1）该回收服务组件可以分为两个子类：部件级回收服务（AssemblyLevelRe-cycling）和产品级回收服务（ProductLevelRecycling）。

（2）标注在回收服务（Recycling）和楼宇系统延伸服务（BuildingSolution）之间的基数[0..1]说明一个定制化楼宇系统延伸服务可以包含 0 个或 1 个回收服务组件，即可以有也可以没有回收服务。

（3）回收服务和定期维护服务（PeriodMaintenance）之间的存在性绑定（require）说明了回收服务的存在以定期维护服务的存在为前提，也就是说如果选择了回收服务组件，那就要求同时选择定期维护服务组件。

（1）回收服务和翻新服务（Retrofit）间的不相容绑定（incompatible）说明了这两个服务组件不能同时存在于同一个配置方案。

（2）与回收服务相关的产品策略知识也在该模型中有所反映，即只有在产品组件 Monitor 和 Chiller 都存在时才能提供部件级回收服务。

（3）此外，该模型还反映了服务约束、服务属性、客户策略知识等其他经过特例化的知识。

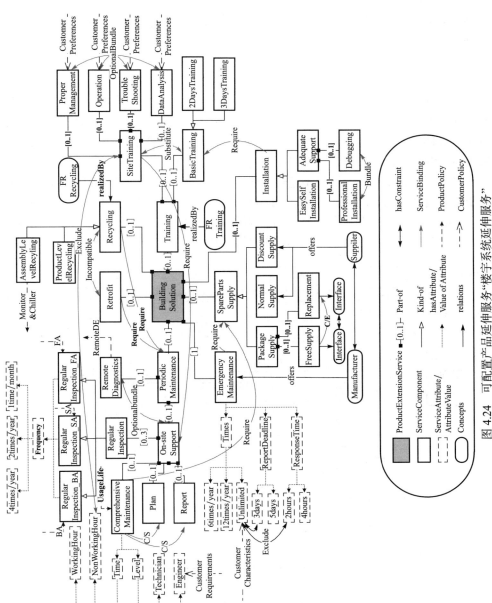

图 4.24　可配置产品延伸服务"楼宇系统延伸服务"

可见,从服务子本体扩展到特定配置领域的服务知识模型具有很高的建模效率,并且知识表达的一致性也较好。进一步,这些知识分别可以利用 OWL 语言(参见 4.1.3 节)和 SWRL 语言(参见 4.4.2 节)进行编码,从而为后续的配置推理(参见 4.4 节)提供形式化知识库。

2. 基于产品子本体的产品知识模型

类似地,可配置产品"楼宇系统"(building system)的本体模型如图 4.25 所示。元模型中的产品部件类(ProductComponent)可以如表 4.8 所示进行子类化而得到具体类。这些类之间的语义关系可以通过继承元产品子本体中的对象属性来描述。例如,关系 hasPart 可以修正为定义域为 SecurityAccessSystem,值域为 Monitor 的关系 hasMonitor。该模型还进一步突出了具体的产品策略知识。例如,远程诊断服务组件 RemoteDiagnostics 的可用与否取决于远程诊断部件 RemoteDiagnosticsEquipment 是否存在。事实上,由于产品策略知识说明的是服务组件与产品零部件之间的关联关系,因此同一条知识会同时出现在服务知识模型和产品知识模型中。

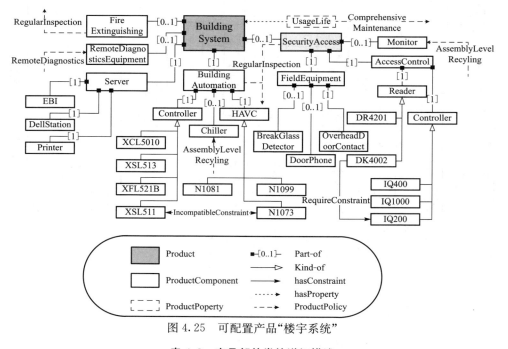

图 4.25　可配置产品"楼宇系统"

表 4.8　产品部件类的详细描述

类名称	类描述(DL 语法)
AccessControl 门禁控制器	=1hasPart_Controller =1hasPart_Reader

类名称	类描述(DL 语法)
BreakGlassDetector 破碎玻璃探测仪	
BuildingAutomationSystem 楼宇自动化系统	$\geq$0hasPart_Chiller$\cap$$\leq$1hasPart_Chiller =1hasPart_ControllerB =1hasPart_HAVC
Controller_S 控制器	
DellStation 工作站	
DoorPhone 门口机	
EBI 设备集成系统	
FieldEquipment 现场设备	$\geq$0hasPart_BreakGlassD$\cap$$\leq$1hasPart_BreakGlassD $\geq$0hasPart_DoorPhone$\cap$$\leq$1hasPart_DoorPhone =1hasPart_OverheadDoorContact
FireExtinguishingSystem 消防系统	
HAVC 电视系统	
Monitor 监视器	
OverheadDoorContact 多通道通信界面	
Printer 打印机	
Reader 读卡器	
RemoteDiagnosticsEquipment 远程诊断设备	
SecurityAccessSystem 安保系统	$\geq$0hasPart_Monitor$\cap$$\leq$1hasPart_Monitor =1hasPart_AccessControl =1hasPart_FieldEquipment
Server 服务器	=1hasPart_DellStation =1hasPart_EBI =1hasPart_Printer
...	

3. 基于客户子本体的客户知识模型

同样的,图 4.26 表达了"楼宇系统延伸服务"配置领域中的客户知识模型。

通过重用或继承客户子本体中的概念和关系,可以得到特定服务配置领域中客户的类和属性,例如,客户需求中的功能需求被子类化为具体的可维护(maintainability)、可安装(installablility)、可替换(replaceability)、备件易得(SpareAvailability)等需求。客户特征中的使用环境(environment)同样被表达为具体的楼龄(age)、级别(grade)、人数(population)和使用目的(UsagePurpose)等,而使用目的又可以包含商业(commerce)、办公(office)、医疗(healthCare)、居住(residence)等四个不同的数据类型属性。通过不同的客户策略知识可以将这些客户信息映射到最终配置方案中的服务组件选择及其属性取值。例如,客户对可学习性(learnability)的偏好程度将影响到培训服务组件(training)的选择。

4. 基于 OWL 的结构知识表达

多本体结构下的元模型和特定服务领域的配置模型构成了产品延伸服务配置

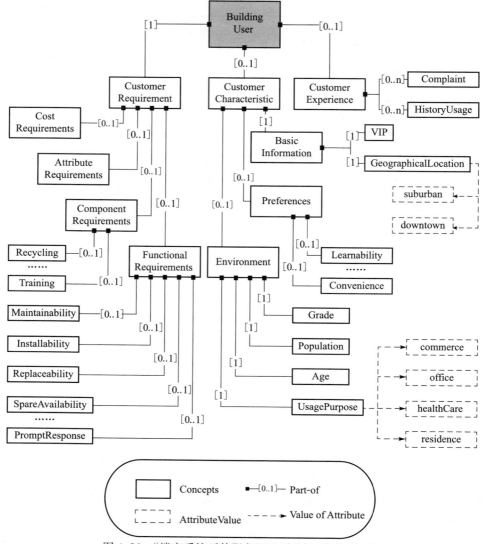

图 4.26 "楼宇系统延伸服务"配置领域的客户子本体

系统的知识库,根据描述语言的不同,知识库中的知识可以分为结构知识(structural knowledge)和规则知识(rule knowledge)两类。

1)结构知识

配置模型中的大多数知识可以归为结构知识,包括了服务知识中的服务组件、服务属性、服务端口、服务接口、服务内部约束等,产品知识中的产品部件、部件间层次结构等,以及客户知识中的客户特征、客户需求等。这些知识都是以本体概念、属性或者公理的形式出现,与 4.1.3 节所建 PESO 的知识特性是一致的。因此,如 4.1.3 节所述,可以使用 OWL DL 对这类知识进行形式化定义。

2) 规则知识

规则知识则是基于结构知识反映两个概念间映射关系的一类演绎知识(deductive knowledge),包括服务外部约束、服务绑定、产品策略知识、客户策略知识等。由于本体描述语言的表达能力有限,无法描述以规则形式出现的这部分配置知识。因而,规则知识的表达需要采用其他描述语言,将在 4.4 节进行说明。

由于 Protégé 支持基于 OWL 语言的本体建模(参见 4.1 节),可以轻松地为类创建子类以及建立类之间的关系,因此可以用来作为结构知识的编辑工具。首先,需要对结构知识中的各种概念完成精确的类定义。例如,培训服务(training)的OWL DL 编码如图 4.27 所示,其中元语 rdfs:subClassOf 说明了培训服务是一个服务包(service bundle),而属性 training_Of_SiteT 的限制语句 OWL:minCardinality(OWL:maxCardinality)则说明了培训服务至少(至多)拥有 0 个(1 个)现场培训服务(SiteTraining),即可以没有或者只有一个该服务组件。接着,概念与概念间的关系在 OWL 中表达为属性,属性可细分为对象属性和数据类型属性。对象属性指以类作为值域、定义域的属性,数据类型属性的值域只限于数据类型,如整数、字符串。图 4.28 反映了对象属性 hasTimes 和数据类型属性 Value_Times 的 OWL DL 代

```
<owl:Class rdf:about="#Training">
  <rdfs:subClassOf>
   <owl:Class>
    <owl:intersectionOf rdf:parseType="Collection">
     <owl:Restriction>
      <owl:minCardinality rdf:datatype="http://www.w3.org/2001/XMLSchema#int"
      >0</owl:minCardinality>
      <owl:onProperty>
       <owl:ObjectProperty rdf:ID="training_Of_SiteT"/>
      </owl:onProperty>
     </owl:Restriction>
     <owl:Restriction>
      <owl:maxCardinality rdf:datatype="http://www.w3.org/2001/XMLSchema#int"
      >1</owl:maxCardinality>
      <owl:onProperty>
       <owl:ObjectProperty rdf:about="#training_Of_SiteT"/>
      </owl:onProperty>
     </owl:Restriction>
    </owl:intersectionOf>
   </owl:Class>
  </rdfs:subClassOf>
  <rdfs:subClassOf rdf:resource="#ServiceBundle"/>
  </rdfs:subClassOf>
</owl:Class>
```

图 4.27　使用 OWL DL 对结构知识中的类编码

码。元语 rdfs：domain(rdfs：range)规定了对象属性的定义域(值域)。例如,对象属性 hasTimes 的定义域是 EmergencyMaintenance,值域是 Times。而元语 rdfs：subProper-tyOf 则说明了属性 hasTimes 是属性 hasAttribute 的子属性。

```
<owl:ObjectProperty rdf:ID="hasTimes">
 <rdfs:domain rdf:resource="#EmergencyMaintenance"/>
 <rdfs:subPropertyOf rdf:resource="#hasAttribute"/>
 <rdfs:range rdf:resource="#Times"/>
</owl:ObjectProperty>
<owl:FunctionalProperty rdf:ID="Value_Times">
 <rdf:type rdf:resource="http://www.w3.org/2002/07/owl#DatatypeProperty"/>
 <rdfs:domain rdf:resource="#Times"/>
</owl:FunctionalProperty>
```

图 4.28　使用 OWL DL 对结构知识中的属性编码

值得注意的是,除了以上对类(class)和属性(property)的定义,最后还必须为类创建实例(individual)。只有添加大量的实例,才能真正形成产品延伸服务配置知识库。在配置问题实际求解过程中,输入配置系统的是客户实例和产品实例,输出的是服务实例。"楼宇系统"一个产品实例的结构可以如图 4.29 所示,其在 Protégé 中的实例添加如图 4.30 所示。同样的,可以定义一个具有如表 4.9 所列特定知识的客户作为配置活动的输入,该个体客户也可以如图 4.31 所示在 Protégé 中通过添加实例而输入知识库。4.4 节的配置结果正是以这些给定的客户实例和产品实例作为输入而获得的。

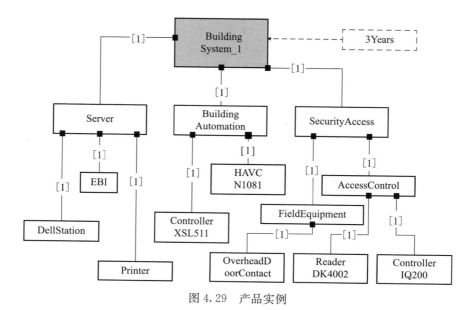

图 4.29　产品实例

表 4.9　客户实例

父类	子类	子-子类	属性值
Customer Requirement 客户需求	AttributeRequirement 属性需求	Comprehensive Maintenance 全面维护服务	SkillLevel. engineer 选择工程师水平
	ComponentRequirement 组件需求	Training 培训服务	Selected 选定
		Recycling 回收服务	Selected 选定
		...	Unselected 未选择
Customer Requirement 客户需求	FunctionalRequirement 功能需求	Maintainability 可维护性	Selected 选定
		PromptResponse 可快速响应	Selected 选定
		...	Unselected 未选择
Customer Characteristic 客户特征	BasicInformation 基本信息	GeographicalLocation 地理位置	Value. downtown 中心区域
		VIP VIP 客户	Value. false 一般客户
	Environment 使用环境	Age 楼龄	Value. 55 年
		Grade 级别	Value. 5A　5A 级
		Population 人数	Value. 300　300 人
		UsagePurpose 使用目的	Value. healthCare 医疗保健
	Preference 兴趣偏好	Convenience 便捷性	Value. low 低
		Learnability 可学习性	Value. high 高

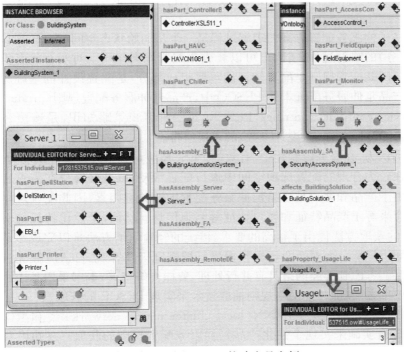

图 4.30　通过 Protégé 构建产品实例

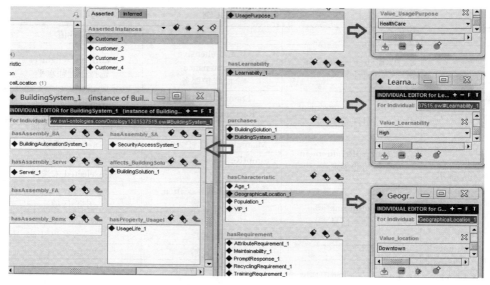

图 4.31　通过 Protégé 构建客户实例

4.3　基于 LCNN 和 RULEX 的产品服务配置规则获取

　　产品延伸服务配置方案的求解过程是一个从初始状态空间(客户)到目的状态空间(服务)的映射过程,实际上可以看成在配置规则作用下对所有状态集合的搜索过程。因此配置规则是配置知识的重要组成部分,是配置设计的基础。在本书定义的产品延伸服务配置本体 PESCO 中,产品延伸服务配置规则(product extension service configuration rules,PESCR)是一种客户策略知识,是连接客户知识(需求表达)与服务知识(设计参数)的重要纽带。

　　本书认为,在服务定制化中,有效的 PESCR 应具有个性特征鉴别能力,能够引导客户在较为合理的配置选项空间中进行配置活动,以减轻客户在需求表达时的压力。由于产品和客户是产品延伸服务配置中的关键因素,因此配置规则的个性化特征应来源于产品特征和客户特征等客观信息。然而,个性化特征的引入却对 PESCR 的获取方法提出了很高的要求,传统的经验归纳方法难以完成多角色间的多领域知识提炼。而对企业历史数据进行挖掘则因其客观、自适应等优点成为可行的思路。考虑到神经网络具有并行处理、鲁棒性等特点,本书采用基于神经网络的数据挖掘方法,即神经网络规则抽取技术来实现 PESCR 的获取。

　　因此,本节旨在通过 LCNN(local cluster neural network)[63] 和 RULEX 算法[64] 的联合实施来实现个性化产品延伸服务配置规则的获取。在知识获取的过程中,首先对引入客户特征和产品特征的 PESCR 进行符号化描述,并基于 LCNN

网络完成规则构造。其次通过目标数据集的训练,获得反映输入需求与设计特征之间映射关系的稳定网络。接着通过 RULEX 算法对此网络产生简洁而准确的符号化描述,即完成网络行为解释和知识抽取。最后通过数据实验进行性能分析。最终,基于 LCNN 和 RULEX 的联合实施,通过挖掘历史数据完成了产品延伸服务配置规则的有效获取,确保了知识的客观性和可信度。同时,由于考虑了产品特征和客户特征对客户需求的影响,促使企业提供更合理的配置选项空间,增强了企业理解客户需求的能力。

接下来将首先阐述 PESCR 的特点,接着详细说明基于 LCNN 和 RULEX 的规则获取方法,最后继续以智能楼宇控制产品的"楼宇系统延伸服务"为案例,说明 PESCR 的知识发现和表达过程,并进行相应的实验分析。

4.3.1　基于 LCNN 网络的产品延伸服务配置规则构造方法

1. 引入客户特征和产品特征的个性化配置规则

配置规则通常采用"IF 前件(条件)THEN 后件(结果)"的产生式规则形式来描述客户需求到设计参数的转化关系。因此,如图 4.32 所示,传统配置规则研究中的规则前件绝大多数由功能需求(FRs)构成。

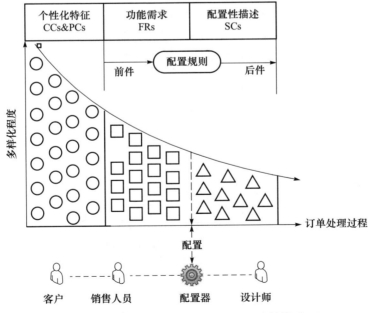

图 4.32　传统配置规则的领域知识(映射关系)

在产品延伸服务配置中,除了由客户直接表达的对服务配置方案的功能需求,还存在着大量个性化信息和知识。这里的个性化特征包括客户个体特征及其使用产品的特征。一方面,由于产品延伸服务配置与产品密切相关,客户所使用产品的特征(包括产品性质、产品结构等信息)必然会影响配置结果,因此个性化的产品特征应视为客户价值生成过程的投入要素,即产品延伸服务配置活动的输入因素。另一方面,产品延伸服务配置是一种由客户驱动的服务设计活动,客户自身的个体特征(例如年龄、职业、兴趣、习惯等)也会对配置结果产生影响。在传统研究中,在对客户需求进行分析时往往忽略了客户自身的个体特征。实际上,受其自身特征的影响,客户对服务的感知可能存在一定的偏差。个体特征不同的客户即使提出同样的功能需求,能满足其实际需求的服务也可能是不同的。以电脑紧急上门维修服务为例,不同使用目的的企业客户对于“速度快”有不同的理解,证券交易所想要的速度(1h)要远远快于提出同样要求的图书馆想要的速度(4h)。因此,企业要想准确捕捉客户的真实需求,就必须了解客户的个性化特征。然而,个性化特征却很少出现在配置规则研究中。用不具备个性特征鉴别能力的配置规则来演绎定制化的产品延伸服务,使得定制差异化的重担完全转移到了配置前端。也就是说,销售人员(或客户自身)需要对功能需求进行准确描述,并通过完备的选项赋值活动来实现配置,这在很大程度上增加了配置活动的难度。

　　综上,为了提高产品延伸服务配置的有效性和准确性,减轻企业和客户双方的配置压力,如图 4.33 所示,本书将产品特征(product characteristics,PCs)和客户特征(customer characteristics,CCs)引入产品延伸服务配置规则研究中,提出了一

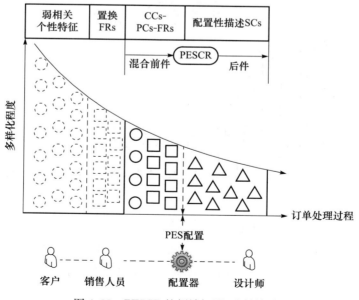

图 4.33　PESCR 的领域知识(映射关系)

种具备个性特征差异化能力的产品延伸服务配置规则 PESCR。其中,PCs 用于描述产品属性,如产品的特性参数、产品的零部件选取;CCs 是对客户自身特征的描述,如客户的性别、职业、兴趣爱好等。

将 PCs 和 CCs 作为产品延伸服务配置规则的一部分信息具有三方面的优势。

(1) CCs 是客户对其自身的抽象描述,PCs 是对客户所使用产品的客观描述,因此相对于技术性的 FRs,CCs 和 PCs 的赋值并不会对客户产生明显的配置压力。

(2) 由于 CCs 和 PCs 无须遵循完备性原则,企业仅需捕捉、设置与配置结果密切相关的核心特征,因此 CCs 和 PCs 属性组合大小存在很大的柔性。

(3) 产品延伸服务需求从根本上源自客户对某种生活或工作体验的预期以及所使用产品功能表现的预期,因此个性化特征(客户自身的和产品自身的)可以认为是产品延伸服务配置活动的“出发点”(origination),引入客户特征和产品特征将有利于后续的配置活动。

在客户的功能需求域,部分 FRs 的差异化源自不同客户的个性化特征,因此如图 4.33 所示,可用 PCs、CCs 选项置换部分 FRs 选项,从而减少配置赋值空间,缓解前端的配置压力。

在服务域,由于 FRs 提供的需求信息并不足以确定完整的配置方案(如部分由特殊需求或非功能性需求确定的设计参数),因此同样的功能需求可能得出不同的配置结果。PCs 和 CCs 的引入能够丰富规则前件的知识范畴,有助于增强配置知识的差异化能力,增强企业理解客户需求的能力,从而使客户需求的转化更准确。

虽然个性化 PESCR 的提出具有诸多优势,但给配置规则的获取带来了一系列难点。配置规则的获取实质上就是配置知识的归纳过程。在 PESCR 的归纳过程中,一方面,由混合配置前件导致的大量耦合的、相互关联的复杂规则对配置规则获取方法的抽象归纳能力提出了很高要求。企业难以采用传统的以“人”为主导的知识获取方法(如联合分析法、QFD、AHP 法等)在多角色(客户、销售人员、服务设计师、产品设计师、配置专家)间对复杂规则进行有效的归纳[65]。另一方面,虽然学者在近几年的研究中逐渐意识到历史信息的价值,并通过数据挖掘技术捕捉信息中隐藏的配置规则前后件间的逻辑关系,但往往显得归纳能力不足。相比其他数据挖掘技术,神经网络具有并行处理、鲁棒性、自适应等特点。考虑到 PESCR 的前件由多领域知识混合而成,因此将通过神经网络规则抽取技术来实现配置规则的获取。

2. 多领域知识下的配置规则符号化描述

个性化的产品延伸服务配置规则共涉及三类领域知识,分别是前端的客户域和产品域知识,以及后端的服务域知识。PESCR 在其中扮演着整合前端知识并将其转化为后端知识的重要角色。为了清楚表达由多领域知识混合而成的 PESCR,这里首先基于传统的产生式规则对 PESCR 进行直观的符号化描述。

在客户域,用一组功能需求(FRs)来描述客户对产品延伸服务功能特性的要求,$F=\{f_1,f_2,\cdots,f_N\}$。对于每一个功能需求 $f_i\mid\forall i\in\{1,\cdots,N\}$ 存在一组选项取值集合 $F'_i=\{f'_{i1},f'_{i2},\cdots,f'_{in}\}$,即 $f_i=::f'_{ij}\mid\forall f'_{ij}\in F'_i$,其中 $j\in\{1,\cdots,n\}$,f'_{ij} 代表第 i 个 FR 在值域中的第 j 个取值。因此,一个特定客户对产品延伸服务的功能需求可以描述为由所有 FRs 的特定取值构成的向量,例如 $\boldsymbol{F}_x=[f'_{12},f'_{23},f'_{34},\cdots,f'_{N1}]$,表示第一个功能需求取第二个可选值,第二个功能需求取第三个可选值,第三个功能需求取第四个可选值,$\cdots$,以及第 N 个功能需求取第一个可选值。

在客户域,还需要用一组客户特征(CCs)来描述客户的个体特征属性,$C=\{c_1,c_2,\cdots,c_M\}$。对于每一个客户特征 $c_p\mid\forall p\in\{1,\cdots,M\}$ 存在一组取值集合 $C'_p=\{c'_{p1},c'_{p2},\cdots,c'_{pm}\}$,即 $c_p=::c'_{pq}\mid\forall c'_{pq}\in C'_p$,其中 $q\in\{1,\cdots,m\}$,c'_{pq} 代表第 p 个 CC 在值域中的第 q 个取值。因此,一个特定客户的个体特征可以描述为由所有 CCs 的特定取值构成的向量,例如 $\boldsymbol{C}_y=[c'_{12},c'_{23},\cdots,c'_{M1}]$。

在产品域,用一组产品特征(PCs)来描述产品延伸服务相关产品所具有的产品特征属性,$P=\{p_1,p_2,\cdots,p_L\}$。对于每一个产品特征 $p_u\mid\forall u\in\{1,\cdots,L\}$ 存在一组取值集合 $P'_u=\{p'_{u1},p'_{u2},\cdots,p'_{ul}\}$,即 $p_u=::p'_{uv}\mid\forall p'_{uv}\in P'_u$,其中 $v\in\{1,\cdots,l\}$,p'_{uv} 代表第 u 个 PC 在值域中的第 v 个取值。因此,一个特定产品可以描述为由所有 PCs 的特定取值构成的向量,例如,$\boldsymbol{P}_z=[p'_{13},p'_{22},p'_{32},\cdots,p'_{L1}]$。

在服务域,用一组服务特征(SCs)来描述经过定制的产品延伸服务配置方案,服务特征反映了服务组件的选择与否以及组件属性的取值,$S=\{s_1,s_2,\cdots,s_K\}$。对于每一个服务特征$(s_g\mid\forall g\in\{1,\cdots,K\}$ 存在一组取值集合 $S'_g=\{s'_{g1},s'_{g2},\cdots,s'_{gk}\}$,即 $s_g=::s'_{gh}\mid\forall s'_{gh}\in S'_g$,其中 $h\in\{1,\cdots,k\}$,s'_{gh} 代表第 g 个 SC 在值域中的第 h 个取值。因此最终的产品延伸服务配置方案可以描述为由所有 SCs 的特定取值构成的向量,例如,$\boldsymbol{S}_w=[s'_{11},s'_{22},s'_{33},\cdots,s'_{K2}]$。

基于上述领域知识的符号化描述,基本产品延伸服务配置规则(basic PESCR)可以被描述为“IF 第 i 个 FR 取第 j 个值 AND 第 p 个 CC 取第 q 个值 AND 第 u 个 PC 取第 v 个值,THEN 第 g 个 SC 取第 h 个值”,即 $f'_{ij}\wedge c'_{pq}\wedge p'_{uv}\Rightarrow s'_{gh}$,其中 $i\in\{1,\cdots,N\}$,$j\in\{1,\cdots,n\}$,$p\in\{1,\cdots,M\}$,$q\in\{1,\cdots,m\}$,$u\in\{1,\cdots,L\}$,$v\in\{1,\cdots,l\}$,$g\in\{1,\cdots,K\}$,$h\in\{1,\cdots k\}$,符号“$\Rightarrow$”代表前后件间的逻辑推理关系,表 4.10 列举了部分可能的配置规则。更多复杂产品延伸服务配置规则(sophisticated PESCR)可以通过基本配置规则的复合(compound)来表达。

表 4.10　基本产品延伸服务配置规则的举例

	$f'_{ij} \wedge c'_{pq} \wedge p'_{uv}$		s'_{gh}	
	f'_{31} AND c'_{12} AND p'_{11}		s'_{11}	
	$\langle f'_{11}, f'_{22} \rangle$ AND c'_{13} AND p'_{21}		s'_{14}	
IF	$\langle f'_{11}, f'_{21} \rangle$ AND $\langle c'_{11}, c'_{12} \rangle$ AND p'_{21}	THEN	s'_{12}	s_1
	$\langle f'_{11}, f'_{22} \rangle$ AND c'_{31} AND $\langle p'_{21}, p'_{32} \rangle$		s'_{13}	
	$\langle f'_{12}, f'_{21} \rangle$ AND $\langle c'_{11}, c'_{12} \rangle$ AND $\langle p'_{31}, p'_{42} \rangle$		s'_{13}	
	…		…	s_2
	…		…	…
	…		…	s_K

3. 基于 LCNN 的个性化配置规则构造过程

虽然上述符号化描述的 PESCR 直观地描述了配置规则中各属性间的逻辑关系,但这种复杂的关系却给 PESCR 的知识获取带来了很大的困难。不同于传统的通过专家经验进行知识归纳的方法,采用基于神经网络(neural networks,NN)的思想,可以不关心单条规则的构造,而是采用一个特定的 NN 模块来实现由一组配置规则引导的推理演绎行为。

神经网络的优势在于,首先其分布式结构提供了灵活的配置规则构造方法。其次,通过神经网络的自组织自学习能力,能迅速从大量历史数据中发现有用的知识。更为重要的是,神经网络规则抽取技术使得神经网络也具备了符号解释能力,能够与传统的符号化知识表达进行有效结合。因此,本书提出基于神经网络的规则构造方法来解决 PESCR 在知识获取时遇到的困难。

如图 4.34(a)所示,本书定义了一个以 FRs($F = \{f_1, f_2, \cdots, f_N\}$)、CCs($C = \{c_1, c_2, \cdots, c_M\}$)与 PCs($P = \{p_1, p_2, \cdots, p_L\}$)为网络输入,以指定 SC($s_g$)为网络输出的 NN 模块。在网络模块中,可以将配置规则的推理演绎视为某种函数映射关系,并通过神经网络的训练过程对映射函数进行拟合。由于 SC 的取值往往由多个配置规则决定,因此由网络模块表征的配置规则集应当由多个函数来进行模拟,如图 4.34(b)所示。

为了确定网络模块内部结构,本书采用 LCNN(local cluster neural network)来构造局部聚集函数(local cluster function),一种特殊的多维局域函数(multi-dimensional local function)。LCNN 是一种具有 2 隐层(hidden layers)的特殊多层感知器(multilayer perceptrons,MLP),它通过对网络连接的限制,将 Sigmoid 函数聚集起来实现局域函数的拟合。而局域函数是一种在大部分输入区域中取值为 0,但在某个局部小范围输入区域产生明显响应的函数,其函数性质与配置规则的"响应"特性非常相似,因此用来模拟目标配置规则所隐含的逻辑推理关系。

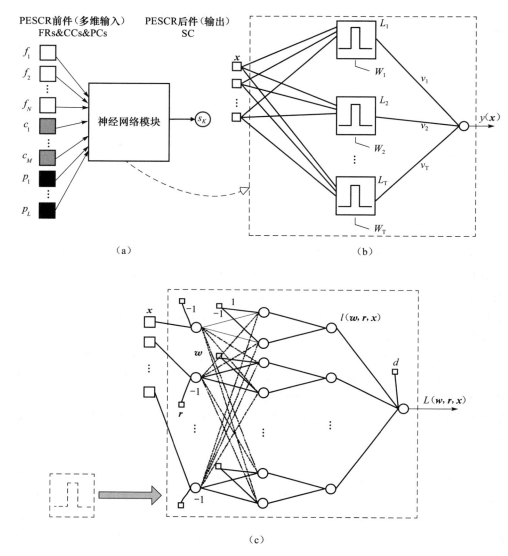

图 4.34　基于神经网络模块的 PESCR 构造

　　在网络性能上,LCNN 具有较高的训练效率并且对多维局域函数具有较高的拟合能力。和同样具有局域函数拟合能力的径向基函数网络(radial basis function,RBF)相比,LCNN 具有更好的泛化能力和计算优势。更为重要的是,LCNN 的结构特征为进一步的符号解释提供了很大的便利,而近些年的神经网络规则抽取研究也使得 LCNN 网络的知识抽取成为了可能。如图 4.34(c)所示,基于 LCNN 网络的 PESCR 构造过程具体如下。

　　首先,通过对两个经过适当参数选择与平行置换的 Sigmoid 函数的求差形成一个局部响应区域,即定义"凸起状"(ridge)函数 l,该函数在大多数输入区域取值为 0,但在两个 Sigmoid 函数之间的输入区域(region between the steepest parts)取值非 0,并达到峰值。图 4.35(a)显示了一个典型的两维"凸起状"函数。

$$l(\boldsymbol{w},\boldsymbol{r},\boldsymbol{x})=l^{+}(\boldsymbol{w},\boldsymbol{r},\boldsymbol{x})-l^{-}(\boldsymbol{w},\boldsymbol{r},\boldsymbol{x})$$
$$=\sigma(k_1,\boldsymbol{w}^{\mathrm{T}}(\boldsymbol{x}-\boldsymbol{r})+1)-\sigma(k_1,\boldsymbol{w}^{\mathrm{T}}(\boldsymbol{x}-\boldsymbol{r})-1) \tag{4.1}$$

其中,$\sigma(k,h)=\dfrac{1}{1+\mathrm{e}^{-kh}}$;参数 $\boldsymbol{w}$ 为网络权重;$\boldsymbol{x}$ 为输入向量;$\boldsymbol{r}$ 为参考向量(即外部偏置)。参数 k_1 确定了"凸起状"的形状,权重向量的长度则决定了"凸起状"的宽度。

　　然后,通过 n 个具有不同径向但同一中心的"凸起状"函数的叠加,得到函数 f,函数 f 在函数 l 相交的中心达到峰值。

$$f(\boldsymbol{w},\boldsymbol{r},\boldsymbol{x})=\sum_{i=1}^{n}l(w_i,\boldsymbol{r},\boldsymbol{x}) \tag{4.2}$$

　　图 4.35(b)显示了两个 l 函数曲面的叠加。由于函数 f 并非有效的局域函数(除中心凸起外仍存在其他径向凸起),需要消除(cut off)函数 f 在中心相交处以外的径向凸起。同时,为了不影响生成函数的连续性,需要再引入一个平滑的 Sigmoid 输出函数来获得有效的局部聚集函数 L,如图 4.35(c)所示。

$$L(\boldsymbol{w},\boldsymbol{r},\boldsymbol{x})=\sigma_0[k_2,f(\boldsymbol{w},\boldsymbol{r},\boldsymbol{x})-d] \tag{4.3}$$

其中,偏置 d 为修正参数,以保证函数 f 的最大值位于 $\boldsymbol{x}=\boldsymbol{r}$;$k_2$ 为该输出 Sigmoid 函数的形状参数。

　　最后如图 4.34(b)所示,本书用 T 组局部聚集函数的线性组合对目标配置规则的推理演绎行为进行了有效模拟:

$$d_i(x)=\sum_{j=1}^{T}v_jL(w_j,r_j,\boldsymbol{x}) \tag{4.4}$$

其中,v_j 是连接了每一个局部聚集函数 L 的输出连接权重。

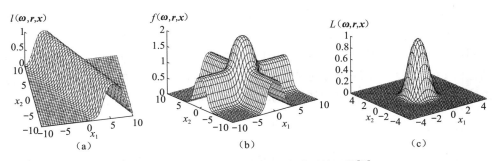

图 4.35　基于 Sigmoid 函数的多维局域函数[63]

4.3.2　LCNN 和 RULEX 联合实施下的配置规则获取方法

配置规则的获取方法主要包括"发现"与"表达"两个步骤:首先基于 LCNN 神经网络,通过对"历史信息"的训练和学习来完成 PESCR 的知识发现,然后基于 RULEX 算法,通过对网络行为的解释来完成对 PESCR 的合理表达。此外,通过网络模块的划分和提炼使得 LCNN 和 RULEX 形成联合优势。

1. 基于 LCNN 的配置规则发现

基于 LCNN 的配置规则发现步骤实质上就是完成对"历史信息"的数据挖掘。因此,首先应将"历史信息"设定为由销售记录、客户文档与配置文档中存在的功能需求、客户特征、产品特征、服务特征所构成的成对数据组合,其基本形式为 $R = \langle A, B \rangle = \langle F \cup C \cup P, S \rangle$,其中 $A = [f_1, f_2, \cdots, f_N, c_1, c_2, \cdots, c_M, p_1, p_2, \cdots, p_L]$,$B = [s_1, s_2, \cdots, s_K]$。任何一个有效的历史信息记录都是 R 的取值实例,例如,$R_1 = \langle [f'_{11}, f'_{21}, \cdots, f'_{N2}, c'_{12}, c'_{21}, \cdots, c'_{M1}, p'_{13}, p'_{21}, \cdots, p'_{L3}], [s'_{11}, s'_{22}, \cdots, s'_{K2}] \rangle$。类似这样的每一对数据都表示一个特定实例,该实例表明了具有客户特征 $[c'_{12}, c'_{21}, \cdots, c'_{M1}]$ 和功能需求 $[f'_{11}, f'_{21}, \cdots, f'_{N2}]$ 的某个客户,在使用具有产品特征 $[p'_{13}, p'_{21}, \cdots, p'_{L3}]$ 的某个产品的情况下,购买了具有服务特征 $[s'_{11}, s'_{22}, \cdots, s'_{K2}]$ 的产品延伸服务配置方案。

进一步地,"历史信息"R 被分解为 K(K 为服务特征 SCs 的个数)个子集以得到适用于目标网络模块的"训练信息",$R^g = \langle A, B^g \rangle = \langle F \cup C \cup P, S^g \rangle$,其中 $g \in \{1, \cdots K\}$。R^g 中的每一对数据都反映了从前件(条件)向特定后件(结果)映射的实例。

接着,为了进行网络训练,需要将训练信息 R^g 转化为与网络模型兼容的"目标训练样本"。由于 LCNN 无法识别名词性(nominal)的输入与输出,因此 FRs、CCs、PCs 与 SCs 的名词性值域都要进行数值编码,例如,对于名词性值域 $\{A, B, C\}$,可以采用 $\{1, 2, 3\}$ 进行编码,其中"1"代表"A","2"代表"B","3"代表"C"。该数值编码规则在后续的网络行为解释时仍需使用。

基于有效的目标训练样本集,LCNN 的具体训练过程采用了一种变型梯度下降法(a variation of gradient descent algorithm),具体原理和步骤可参见文献 [63]。最终,通过 LCNN 网络的响应机制可以实现 PESCR 的智能演绎。输入神经网络模块的 FRs、CCs 与 PCs 的取值实例相当于"请求"(stimulus),输出值(SC)则是由 LCNN 网络训练所得的"响应"(response),而 PESCR 的发现过程就转化为由式(4.4)引导的基于网络模块的"请求-响应"过程。

2. 基于 RULEX 的配置规则表达

神经网络虽已广泛应用于各个研究领域,但多数神经网络应用研究仅重视神经网络的推理演绎能力,而忽视了对神经网络自学习过程中所产生知识的显性表达。虽然基于神经网络能够完成对配置规则集的行为模拟,但仍需对网络行为进行符号化的逻辑表达与提炼才能使用户真正理解所发现的规则知识。

为了显性解释 LCNN 网络模块所隐含的配置规则,本书采用神经网络规则抽取研究中的 RULEX 技术对 LCNN 网络行为进行解释。RULEX 是一种较为成功的神经网络规则抽取算法。经过对标杆问题(benchmark problem)的实验分析,证实了 RULEX 能够得到具有较高准确度的高质量规则,其特点是直接对网络权重进行分析,以较少的计算量对网络行为进行如下规则形式的表达:

IF　　　　　　$\forall\, 1{\leqslant}i{\leqslant}n: x_i\in[x_{i\text{-lower}}, x_{i\text{-upper}}]$

THEN　　　　the output takes the target value

其中,$[x_{i\text{-lower}}, x_{i\text{-upper}}]$代表第 i 个输入维度(input dimension)上的有效激活区间。令 $k_i = k_1 w_i$,$b_i = 1/w_i$,$m = \mathrm{e}^{-(x_i - r_i)k_i}$,$n = \mathrm{e}^{-b_i k_i}$,则有效激活区间 $[x_{i\text{-lower}}, x_{i\text{-upper}}]$ 可表达为

$$x_{i\text{-lower}} = r_i - \ln\left(\frac{p - q - \sqrt{p^2 + q^2 - 2(\alpha^2 + 1)}}{2\alpha}\right) k_i^{-1} \tag{4.5}$$

$$x_{i\text{-upper}} = r_i + \ln\left(\frac{p - q + \sqrt{p^2 + q^2 - 2(\alpha^2 + 1)}}{2\alpha}\right) k_i^{-1} \tag{4.6}$$

其中,$\alpha = 1/(1 + mn) - 1/(1 + m/n)$,$p = (1 - \alpha)\mathrm{e}^{b_i k_i}$,$q = (1 + \alpha)\mathrm{e}^{-b_i k_i}$。

除了规则抽取能力,RULEX 算法还具有非常出色的规则归纳能力。一方面 RULEX 通过发现并移除网络结构中的冗余连接,大大降低了配置规则集的复杂程度;另一方面,RULEX 通过移除配置规则的冗余前件,降低了单条规则的复杂程度。更为重要的是,RULEX 通过智能合并存在耦合关系的规则前件,生成了具有更佳解释力的新规则。这些技术在不损失精度的前提下大大提高了规则知识的可理解度。

RULEX 算法的基本流程如下所列[64]:

(1) 根据目标网络模块的拓扑结构创建算法数据结构。

(2) 根据属性编码规则创建领域知识描述。

(3) 基于步骤(1)建立的数据结构,读取神经网络权重参数。

(4) 根据式(4.5)与式(4.6),确定规则的有效激活范围。

(5) 移除冗余的配置规则。

(6) 移除冗余的规则前件。

(7) 合并规则前件。

(8) 检验规则集的冗余性。若存在冗余则返回步骤(5),若不存在则进入步骤(9)。

(9) 检验规则集对测试样本的(分类)准确性。

(10) 生成配置规则集。

通过基于 RULEX 算法的神经网络行为解释,可以生成与 LCNN 网络模块相

对应的显性配置规则集,从而实现 PESCR 的知识表达,突破了获取个性化产品延伸服务配置规则的方法瓶颈,为后续的规则利用和配置推理提供了有利支持。

3. 网络模块的划分与提炼

如图 4.36 所示,基于原始历史信息 $R=\langle F\cup C\cup P,S\rangle$,首先可以描绘出一个形式上全互联的初始网络拓扑结构 NET_0。接着,基于网络训练信息 $R^g=\langle F\cup C\cup P,S^g\rangle,g\in\{1,\cdots,K\}$,可以进一步将 NET_0 的训练过程划分为 K 个全属性($F\cup C\cup P$)输入的网络模块 $\text{NET}_i(i\in\{1,\cdots,K\})$ 的训练过程。然后,为了提高网络的训练与演绎效率,在经过 LCNN 网络训练和基于 RULEX 的网络行为解释后,需要根据获取的配置规则进一步提炼网络模块 NET_i^R。

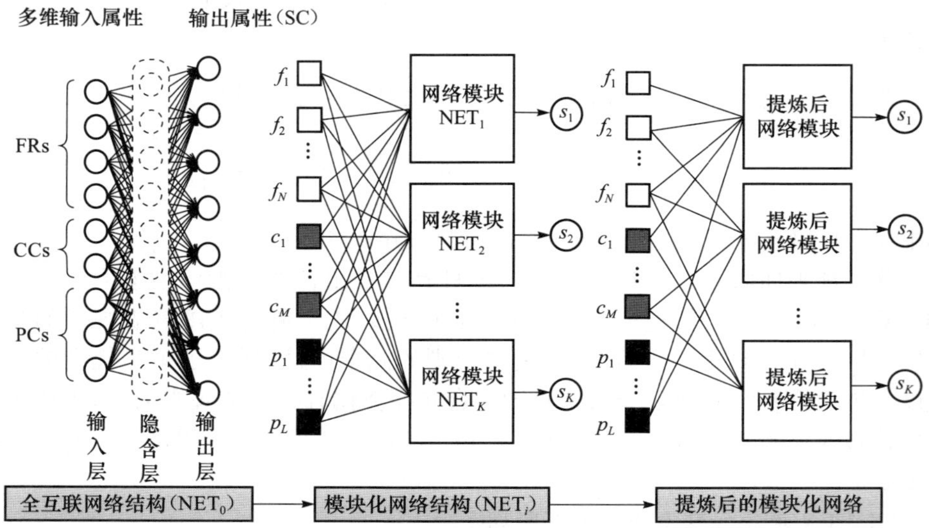

图 4.36　网络模块的划分与提炼

为了提炼网络模块的输入属性组合,如表 4.11 所示,这里对输入属性进行分类,并采取了不同的实施策略。根据 FR 分类,首先将 $F_A\cup F_B$ 定义为原生功能需求(primitive FRs),然后通过 LCNN 和 RULEX 的联合实施,从原生功能需求中归纳出关键 FRs(F_A,$F_A\subseteq F$)。类似地,根据客户特征与目标设计参数的相关性,将 CCs 划分为关键 CCs(C_r,$C_r\subseteq C$)与非关键 CCs(C_n),然后通过 LCNN 和 RULEX 的联合实施,从所获得的配置规则中提炼出 C_r。再根据产品特征与目标设计参数的相关性,将 PCs 划分为关键 PCs(P_r,$P_r\subseteq P$)与非关键 PCs(P_n),同样也通过 LCNN 和 RULEX 的联合实施从所获得的配置规则中提炼出 P_r。F_A、P_r 与 C_r 形成的属性组合共同构成了提炼后的网络模块 NET_i^R 的输入属性。为了训练 NET_i^R

网络,将提炼后的训练信息定义为 $\boldsymbol{R}^{g'} = \langle \boldsymbol{F}_A \bigcup \boldsymbol{C}_r \bigcup \boldsymbol{P}_r, \boldsymbol{S}^g \rangle$。如图 4.36 所示,网络模块的提炼减少了冗余的输入属性与相应的连接权重,令 NET_i^R 具有更为出色的训练效率与规则归纳能力。

表 4.11　输入属性分类

分类	描述	实施策略
F_C	与目标设计参数明显无关的 FRs	直接将 $\boldsymbol{F}_C$ 排除于初始网络模块的输入属性组合,提高网络的初始训练性能
F_B	与目标设计参数存在潜在相关性,且通过网络训练与提炼可被取代的 FRs	通过网络训练与提炼,将 $\boldsymbol{F}_B$ 排除于最终网络模块的输入属性组合,以提高网络模块的训练性能
F_A	对目标设计参数取值具有决定意义的关键 FRs	$\boldsymbol{F}_A$ 与 $\boldsymbol{C}_r$、$\boldsymbol{P}_r$ 共同作为最终网络模块的输入属性,进行配置规则的演绎
C_r	与目标设计参数有关的 CCs	$\boldsymbol{C}_r$ 与 $\boldsymbol{F}_A$、$\boldsymbol{P}_r$ 共同作为最终网络模块的输入属性,进行配置规则的演绎
C_n	与目标设计参数无关的 CCs	通过网络训练与提炼,将 $\boldsymbol{C}_n$ 排除于最终网络模块的输入属性组合,以提高网络模块的训练性能
P_r	与目标设计参数有关的 PCs	$\boldsymbol{P}_r$ 与 $\boldsymbol{C}_r$、$\boldsymbol{F}_A$ 共同作为最终网络模块的输入属性,进行配置规则的演绎
P_n	与目标设计参数无关的 PCs	通过网络训练与提炼,将 $\boldsymbol{P}_n$ 排除于最终网络模块的输入属性组合,以提高网络模块的训练性能

4. 配置规则适应度评价

在产品延伸服务配置管理中,存在两种形式的配置活动:基于配置器的由配置规则引导的一般配置活动,以及基于专家的特殊配置活动。前者通过对历史数据的知识发现而得到在某个实施周期内较为稳定的配置规则,并基于配置规则对客户输入需求进行配置推理,从而得到客户满意的配置方案。而后者则是针对无法通过配置器寻找到满意配置方案的特殊客户,由专家进行特殊配置的配置服务。

在静态配置环境下,企业可以通过建立有效的配置规则对客户需求进行良好的捕捉与响应,但在动态配置环境下,配置规则的初始有效性并不足以保证配置活动的长期有效性。因此动态环境下的产品延伸服务配置活动通常表现为两种配置形式共存,并且逐渐由特殊配置活动替代一般配置活动。个性化产品延伸服务配置规则因而具有一定的时效性。为了定量评价配置规则的这种性质,本书以当前实施周期起始点到当前时间点这段时间为目标区间,提出配置规则的“当前适应度”评价指标:

$$\mathrm{EF} = \frac{\mathrm{SN_c}}{\mathrm{SN}} = \frac{\mathrm{SN_c}}{\mathrm{SN_c} + \mathrm{SN_h}} \tag{4.7}$$

其中,EF 代表配置规则的当前适应度;SN 代表目标区间中的历史配置方案数;

SN_c 代表目标区间中通过一般配置活动得到的,由配置规则引导的配置方案数; SN_h 代表目标区间中由特殊配置活动得到的配置方案数。通过 EF 指标,可对配置规则的时效性进行定量评价,当 EF 低于预设的理想值(ET)时,需要重新执行规则获取活动,以完成规则的更新和进化。

除了时效性,产品延伸服务配置规则还应具有一定程度上的一致性。也就是说,本书假设在同一个配置规则实施周期中,配置规则不会发生变化,不会出现前后矛盾。配置规则的一致性主要表现为用于指导网络模块训练的历史数据不应具有过于强烈的矛盾性,例如两个历史记录拥有同样的客户特征、产品特征与功能需求却具有不同的服务特征取值。

4.3.3 "楼宇系统延伸服务"案例的配置规则获取

本节用"楼宇系统延伸服务"案例说明 PESCR 的发现与表达过程。通过调研分析可以发现,区别于一般服务,"楼宇系统延伸服务"受客户自身特征(如楼宇使用目的、楼龄)以及关联产品特征(如产品使用年限、定制化零部件的选取)的显著影响。因此,"楼宇系统延伸服务"是一种具有明显个性化特征的可配置服务,其配置规则存在潜在的个性化可能。

为了取得研究数据,这里对 H 公司的销售数据、历史客户文档和配置方案文件进行了整理与数据收集。根据配置方案文件显示,该产品延伸服务由七个主要服务组件构成,包括备件供应服务(SparePartsSupply)、安装服务(Installation)、紧急维修服务(EmergencyMaintenance)、回收服务(Recycling)等,如图 4.24 所示。企业原有配置文档对组件采用了属性描述,例如,全面维护服务(ComprehensiveMaintenance)具有两个服务属性 Level 和 Time,分别有两种赋值选择。为了阐述 PESCR 的获取过程,选取 ComprehensiveMaintenance 的 Level 属性为目标设计参数(设为 s_1)。

1. 配置规则获取过程

首先,通过对历史配置文档的分析与整理,确定 s_1 的名词性值域{Engineer, Technician},并通过名词性值域的数值编码得到 s_1 的值域{1,2},如表 4.12 所示。

然后,通过整理配置选项,确定五个功能需求(包括可靠度、专业化、技术水平、便捷性、现场服务)。并根据设计知识,针对目标设计参数 s_1 对功能需求进行初始分类,排除与目标设计参数明显无关的功能需求 F_C(便捷性),建立起用于初始网络训练的原生功能需求 $F_A \cup F_B$,如表 4.13 所示。

接着,在隐私条例许可下,从客户文档和产品文档中获取部分客户特征(CCs)和产品特征(PCs)作为规则前件的另一部分,如表 4.14 和表 4.15 所示。

最终,基于原生功能需求、客户特征、产品特征和服务特征,网络训练信息可以

定义为 $R^1 = \langle F \cup C \cup P, S^1 \rangle = \langle [f_1, f_2, f_3, f_4, c_1, c_2, p_1, p_2, p_3], s_1 \rangle$。

表 4.12　服务特征取值列表

服务特征取值	编码
Technician	1
Engineer	2

表 4.13　原生功能需求列表

功能需求（FRs）	FR ID	FR 值域	编码
产品使用的可靠度 Reliability	f_1	{High, Medium, Meaningless}	{1,2,3}
专业化程度 Expertise	f_2	{High, Medium, Meaningless}	{1,2,3}
技术支持水平 Technical supporting level	f_3	{High, Medium, Meaningless}	{1,2,3}
现场服务 Field service	f_4	{Yes, No}	{1,2}

表 4.14　客户特征列表

客户特征（CCs）	CC ID	CC 值域	编码
使用目的 UsagePurpose	c_1	{commerce, office, healthCare, residence}	{1,2,3,4}
地理位置 GeographicalLocation	c_2	{downtown, suburban}	{1,2}

表 4.15　产品特征列表

产品特征（PCs）	PC ID	PC 值域	编码
使用寿命 Usagelife	p_1	{'0−2', '2−5', '5−10', '>10'}	{1,2,3,4}
远程诊断设备 RemoteDiagnosticsEquipment	p_2	{Yes, No}	{1,2}
数字控制器 Controller_B	p_3	{XCL5010, XSL513, XFL521B, XSL511}	{1,2,3,4}

　　如表 4.16 所示，共获取 231 对历史信息（具体数据可见本章末尾的附录）进行目标网络模块 NET$_1$ 的训练。为了保证配置规则的稳定性，本书基于不同的初始局域函数进行了多次网络训练。在每次网络训练中，当网络收敛时记录网络权重参数并用 RULEX 方法进行网络行为的符号化解释。这里共随机生成了 11 组不同的初始局域函数分布，并进行了 11 次独立的网络训练，其中有 10 次训练达到了

预期的收敛水平。图 4.37 显示了第 10 组有效网络权重参数下的符号规则集,表 4.17 则对 10 组有效配置规则集的规则复杂度进行了统计。

表 4.16 目标网络模块的训练信息

样本 ID	输入 $=[f_1,f_2,f_3,f_4,c_1,c_2,p_1,p_2,p_3]$	$\Rightarrow$	输出 $=s_1$
#1	$[2,2,1,1,3,1,1,1,3]$	$\Rightarrow$	1
#2	$[3,2,2,1,2,1,1,1,4]$	$\Rightarrow$	1
#3	$[2,1,2,1,1,1,4,2,1]$	$\Rightarrow$	1
...	...	$\Rightarrow$	...
#231	$[2,1,1,1,3,1,4,2,4]$	$\Rightarrow$	2

DIRECTLY EXTRACTED RULE SET
===========================

RULE 1
IF   Reliability   IS Medium OR Meaningless
AND   Expertise   IS Meaningless
AND   Remote   IS No
THEN Level-Technician(2)

RULE 2
IF   Reliability   IS Medium OR Meaningless
AND   Technical   IS Meaningless
AND   FieldService   IS Yes
AND   Usagelife   IS '0-2' OR '2-5' OR '5-10'
AND   Remote   IS No
THEN Level-Technician(2)

RULE 3
IF   Reliability   IS Medium OR Meaningless
AND   FieldService   IS Yes
AND   Usagelife   IS '>10'
AND   Controller_B   IS XSL513 OR XFL521B OR
                          XSL511
THEN Level-Engineer(1)

RULE 4
IF   Reliability   IS Medium OR Meaningless
AND   Expertise   IS High
AND   Technical   IS High OR Medium
AND   FieldService   IS Yes
AND   Remote   IS No
AND   Controller_B   IS XCL5010 OR XSL513
THEN Level-Engineer(1)

RULE 5

IF   Reliability   IS Meaningless
AND   Expertise   IS High OR Medium
AND   Technical   IS Meaningless
THEN Level-Technician(2)

RULE 6
IF   Reliability   IS High
THEN Level-Engineer(1)

RULE 7
IF   Reliability   IS Medium OR Meaningless
AND   Technical   IS High OR Medium
AND   FieldService   IS Yes
AND   Remote   IS Yes
THEN Level-Engineer(1)

RULE 8
IF   Reliability   IS Medium OR Meaningless
AND   Expertise   IS High OR Medium
AND   Technical   IS High
AND   FieldService   IS Yes
AND   Usagelife   IS '0-2' OR '2-5' OR '5-10'
AND   Remote   IS No
AND   Controller_B   IS XFL521B OR XSL511
THEN Level-Engineer(1)

RULE 9
IF   Expertise   IS Meaningless
AND   Technical   IS High OR Medium
AND   FieldService   IS Yes
AND   Remote   IS No
THEN Level-Technician(2)

Number of Rules = 9 Number of Antecedents = 56

图 4.37 第 10 组训练结果

表 4.17　初始配置规则集复杂度统计

训练组号	规则数	平均前件数
No. 1	8	5
No. 2	6	5
No. 3	8	8
No. 4	8	7
No. 5	8	7
No. 6	6	5
No. 7	8	7
No. 8	8	7
No. 9	5	7
No. 10	9	7

　　如表 4.17 所示,10 次独立训练得到的有效配置规则集并不完全相同,但由于各配置规则集都拥有理想的收敛水平,因此可以将有效却存在差异的配置规则集视为对同一信息源的多种表达。为了得到更具归纳能力的配置规则,在合并 10 组网络权重后,利用 RULEX 的冗余消除机制进一步归纳配置规则,从而得到简化的配置规则集,如表 4.18 所示。与图 4.37 所示的配置规则集相比,简化后的配置规则集在保证规则有效性的前提下,将配置规则数由 9 降为 4,而配置规则的平均前件数也由 7 降为 6,实现了更为出色的归纳表达能力。

表 4.18　简化后的配置规则集

规则编号	规则前件(**IF**)	规则后件(**THEN**)
1	专业化(f_2)＝Meaningless AND 使用目的(c_1)＝residence OR office AND 远程诊断设备(p_2)＝No AND 数字控制器(p_3)＝NOT XCL5010	s_1＝Technician
2	可靠度(f_1)＝High AND 专业化(f_2)＝NOT Meaningless AND 技术水平(f_3)＝High AND 数字控制器(p_3)＝XCL5010	s_1＝Engineer
3	可靠度(f_1)＝High AND 技术水平(f_3)＝High AND 使用寿命(p_1)＝'5-10' OR '＞10' AND 使用目的(c_1)＝commerce OR healthcare	s_1＝Engineer
4	专业化(f_2)＝NOT High AND 使用寿命(p_1)＝'0-2' OR '2-5' AND 远程诊断设备(p_2)＝No AND 数字控制器(p_3)＝NOT XCL5010	s_1＝Technician

　　基于表 4.18 所示的配置规则集,可进一步提炼目标网络模块的输入属性组

合。由于规则集中的规则前件涉及七个输入属性 $\{f_1, f_2, f_3, c_1, p_1, p_2, p_3\}$，可将目标模块的训练信息由 $\boldsymbol{R}^1 = \langle [f_1, f_2, f_3, f_4, c_1, c_2, p_1, p_2, p_3], s_1 \rangle$ 提炼为 $\boldsymbol{R}^{1'} = \langle \boldsymbol{F}_A \bigcup \boldsymbol{C}_r \bigcup \boldsymbol{P}_r, \boldsymbol{S}^1 \rangle = \langle [f_1, f_2, f_3, c_1, p_1, p_2, p_3], s_1 \rangle$。提炼后的网络结构如图 4.38 所示。根据提炼后的输入属性与训练信息，重新执行网络训练过程并采用 RULEX 方法对网络行为进行符号化解释，提炼后的配置规则集如表 4.19 所示。

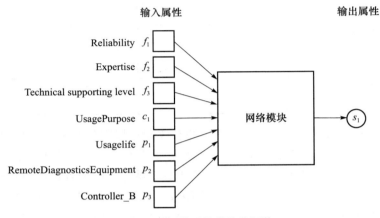

图 4.38　提炼后的模块化网络

表 4.19　提炼后的个性化配置规则

规则编号	规则前件（**IF**）	规则后件（**THEN**）
1	专业化(f_2)＝NOT High AND 技术水平(f_3)＝NOT High AND 远程诊断设备(p_2)＝No AND 数字控制器(p_3)＝NOT XCL5010	s_1＝Technician
2	可靠度(f_1)＝High AND 专业化(f_2)＝High AND 技术水平(f_3)＝NOT Meaningless AND 使用目的(c_1)＝healthcare	s_1＝Engineer
3	可靠度(f_1)＝High AND 专业化(f_2)＝NOT Meaningless AND 技术水平(f_3)＝NOT Meaningless AND 使用寿命(p_1)＝'＞10'	s_1＝Engineer

最终，通过 LCNN 和 RULEX 联合实施所得到的个性化 PESCR 将有助于缓解企业在配置实施过程中遇到的客户需求表达压力与配置效率难题。从客户表达角度看，客户个性化特征（自身特征和产品特征）能够替换部分功能需求，减少配置选项表格中的选项数，从而缓解了配置选项赋值活动的复杂程度。例如，在案例中，ComprehensiveMaintenance 服务组件 Level 属性的取值与由四个原生功能需求构成的输入属性组合存在潜在的相关性，而根据 PESCR 揭示的配置知识，可以

发现初始输入属性可提炼为仅由三个关键功能需求与若干个性特征构成的属性组合,因此在配置活动中,客户仅需对这三个属性进行赋值即可确定目标设计参数的取值。同时,个性特征的引入也加强了客户的关注度,有助于带来更大的客户满意度,并且特征取值具有客观性,对客户不增加任何负担。从配置效率角度,具备客户个性差异化能力的配置规则使销售人员可根据客户特征和产品特征采取差异化的营销策略,即主动提交与客户个性化特征相符的重要配置选项以及经过简化的选项取值空间,从而引导客户在经过提炼的属性空间中进行选项赋值活动以提高配置效率。例如,在案例中,针对那些使用产品中没有远程诊断部件,数字控制器也不是 XCL5010 的客户,销售人员可以根据表 4.19 中的第 1 条规则,向目标客户推荐专业化和技术水平的选择。

2. 性能分析

为了分析 LCNN 和 RULEX 的实施性能,对两个重要性能指标进行研究,分别是 LCNN 网络的训练效率分析以及基于 RULEX 算法得到的配置规则的复杂程度分析。

1) LCNN 网络训练效率分析

神经网络训练效率通常指经过样本训练后的神经网络对同一领域知识新样本的分类准确程度。为了分析 LCNN 网络在配置规则获取问题中的训练效率,本书基于案例研究选取 231 个样本进行网络训练实验。设训练样本容量(train-set-size)为 tr,测试样本容量(test-set-size)为 ts,且 tr 与 ts 的和为 231。在单次网络训练实验中,从 231 个样本中随机选取 tr 个样本作为训练样本,余下的 ts 个样本为网络测试样本,然后建立 LCNN 网络模块对训练样本集进行训练。当网络达到理想的收敛水平后以测试样本输入数据为网络模块输入,通过网络模块输出与目标输出的比较,得到此次网络训练实验的错误率(error rate)。为了得到某一给定训练样本容量(tr)的网络训练效率,本书随机选取测试样本进行一组(10 次)实验得到给定 tr 的平均错误率(average error rate)。为了检验 LCNN 网络在不同样本容量下的训练效率,分别以 20/211,40/191,60/171,⋯,220/11 的 tr/ts 组合进行了 11 组网络训练实验,训练结果如图 4.39 所示。根据图 4.39 所示的网络训练效率(平均错误率与标准偏差),可以发现 LCNN 具有较好的学习能力:当 tr=40 时,网络的平均错误率由 0.92 快速降低为 0.48;而当 tr 大于 40 后,依靠较为充足的训练样本,网络的平均错误率逐渐降到一个理想的水平。

2) 配置规则复杂程度分析

为了分析配置规则的表达能力,学者通常采用配置规则数与配置规则前件数描述配置规则集的复杂程度。在前文所述的网络训练实验中,利用 RULEX 算法对各次训练实验生成的网络模块进行符号化解释并对规则集的规则数与平均前件

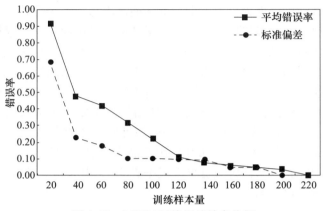

图 4.39　LCNN 网络训练效率分析

数进行了统计。

　　根据图 4.40 所示的统计结果,可以发现两个重要特征。首先,除了 20/211,在其他不同 tr/ts 组合下,规则集的平均规则数并未发生显著的波动(例如,tr/ts 组合为 40/191 与 200/31 所得到的配置规则集的平均规则数分别为 8.7 与 7.4),这表明 LCNN 和 RULEX 联合实施获得的配置规则集的复杂程度对样本容量不敏感,规则集的大小更多由历史数据所隐含的配置知识决定。因此在小样本容量下,仍可凭借 LCNN 和 RULEX 的联合实施对配置规则集的总体构成(例如规则集规模以及某个设计参数取值规则的复杂程度)进行勾勒,辅助企业在缺少历史数据的情况下人工获取配置规则。其次,随着训练样本容量(tr)的增加,配置规则的平均前件数逐渐减少,这表明在一个给定的领域知识中,LCNN 和 RULEX 的规则抽象归纳能力伴随着训练样本的增多而逐渐加强,并逐渐趋于一个稳定的规则表达形式。

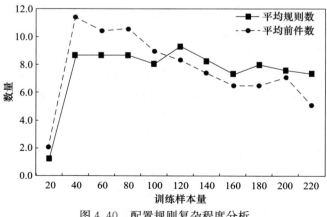

图 4.40　配置规则复杂程度分析

4.4　基于混合逻辑和 JESS 的产品服务配置推理

为了能以低成本、高质量的方式实施服务大规模定制,满足日益多样化的客户需求,学者开始将大规模产品定制的理论和方法应用到服务领域,这些研究证实了服务也具备一个基于组件的结构,从而成为一种可配置服务。为了满足不同的客户需求,企业需要从一个预先定义好的服务组件集合中配置出定制化的产品延伸服务,这样一个类似于产品配置的活动在本书中定义为产品延伸服务配置。

产品延伸服务配置问题的求解过程具有"两阶段"特征:首先需要采用一定的表达方法完成配置问题的表达,然后需要找到一种与表达方式相匹配的求解算法,得到正确的配置结果。表 4.20 比较了问题两阶段在各方面的不同。在第一阶段,由于产品延伸服务配置问题描述具有良好的结构性与完备性,因此配置问题的表达应描述所涉及的对象以及对象间的关联关系,即建立产品延伸服务配置模型,从而完成配置知识库的构建。该阶段涉及的知识表达和知识获取等工作已在 4.2 节和 4.3 节进行了论述。在第二阶段,则需要根据客户给定的需求,通过对产品延伸服务配置模型进行推理而求得配置结果,即利用知识生成配置方案(产品延伸服务实例)。

表 4.20　产品延伸服务配置问题"两阶段"的比较

问题两阶段		配置系统中的模块	核心		技术	知识系统中的功能
问题表达	表达方法(语义知识)	配置知识库	配置模型(配置本体)	结构知识	OWL	知识表达、知识获取(经验归纳)
				规则知识	SWRL	知识表达、知识获取(数据挖掘)
问题求解	求解方法(推理方法)	配置推理机	JESS		Rete	知识利用

由于本体的推理能力是它区别于其他知识表达方法的优势所在,因而基于已有的本体模型完成配置推理,是本章求解产品延伸服务配置方案的基本思路。然而,如 4.2 节所述,虽然服务组件等大部分产品延伸服务配置知识可以通过本体描述语言进行形式化,但由于 OWL 语言表达能力的限制,以产生式规则形式出现的部分配置知识(比如配置规则)需要采用能够和 OWL 集成的规则描述语言。进一步地,为了结合本体与规则系统在语义和计算方面的长处[66,67],本章提出将基于本体的逻辑系统与基于规则的逻辑系统组成混和逻辑系统,在混和系统中,本体部分用于描述结构化的知识,规则部分用于描述非结构化的规则知识。同时,结构化的知识作为规则中变量的定义域,而非结构化的规则作为本体所描述的领域应遵循

的(完整性)约束。

　　综上,本节旨在完成产品延伸服务配置问题求解过程的第二阶段任务,即通过执行配置系统来完成配置推理,获得有效的配置方案。为了实现基于本体和规则混合逻辑的产品延伸服务配置系统,本章采用语义网规则语言(semantic web rule language,SWRL)[68]来表达服务绑定、服务约束、策略知识、配置规则等以产生式规则形式出现的配置知识。并且,将基于 OWL 的结构知识和基于 SWRL 的规则知识分别转化为 JESS 事实和 JESS 规则,以符合 JESS(Java expert system shell)规则引擎[69]的推理逻辑语言,在 JESS 的支持下完成实际的配置推理。最终建立的产品延伸服务配置系统能够基于已有的配置知识库,根据输入需求,从可用的服务组件集合中快速得到正确、有效、不违反任何规则和约束的配置方案(即产品延伸服务实例)。

　　接下来将首先给出产品延伸服务配置系统的系统框架,接着继续以智能楼宇控制产品的"楼宇系统延伸服务"为案例,说明如何利用 SWRL 语言对特定服务配置模型中的规则知识进行编码,在此基础上,实际的配置推理将在 JESS 规则引擎的支持下完成,最后对"楼宇系统延伸服务"案例进行了配置推理。

4.4.1　基于本体和规则混合逻辑的产品服务配置系统框架

　　配置系统是配置方法的实际执行系统,即以计算机程序来实现用某一配置方法的自动信息系统,也称为配置器。从人工智能的角度来看,配置系统相当于一个专家系统:系统将配置知识存储于知识库中,并采用一定的配置方法根据输入需求对知识库中的知识进行推理,从而得到相应的配置结果。

　　开发一个产品延伸服务配置系统有利于促进服务的销售-交付过程。与手工配置相比,使用配置系统能显著降低错误率,减少处理时间。因此,提出并设计了一个能够自动产生可行配置方案的产品延伸服务配置系统,该系统在基于本体和规则混合逻辑的配置知识表达方法以及 JESS 规则引擎的配置推理方法的引导下,对用户的输入需求进行分析和判断。产品延伸服务配置系统的框架如图 4.41 所示,配置器的输入是客户个体及其使用产品的相关信息和知识,输出是经过配置推理得到的可行配置解,再通过配置评价成为交付给客户的产品延伸服务配置方案。配置知识库和配置推理机是系统的两个主要组成部分。

　　构建配置知识库是开发产品延伸服务配置系统的基础,而表达了配置问题所涉及对象种类以及对象间关系的配置模型则是整个知识库的核心,其有效性对于配置系统的开发效率有着重要影响。为了保证配置知识的共享性和重用性,本书基于本体技术构建了配置模型,如 4.2 节所述,产品延伸服务配置本体 PESCO 以层次化方式组织,配置元模型由服务子本体、产品子本体和客户子本体组成,特定服务领域的配置模型则由元模型扩展而得到。另外,通过支持 OWL 语言的 Protégé 编辑器可以

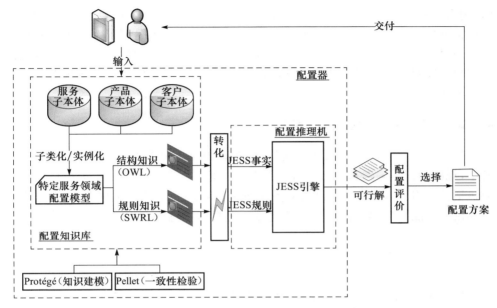

图 4.41　产品延伸服务配置系统的系统框架

方便地对配置知识库进行操作,而利用 Protégé 的 Pellet 插件可以对知识进行有效的分类和一致性检验(原理和方法参见 4.1 节),从而使知识库得到有效维护。配置元模型的具体内容已经在 4.2 节详细展开,此处不再赘述。而在构建特定服务配置模型时,虽然 OWL 可以较好地表达结构知识(如 4.2 节所述),但它不能描述以规则形式出现的演绎知识。因此,将利用 SWRL 语言来表达配置模型中的各种规则知识,详细的表达方法在本节进行解释。

　　在由元模型和特定服务配置模型组成的配置知识库的基础上,配置求解可以通过执行基于 JESS 规则引擎的配置推理机来完成。但是由于语法格式不同,配置知识库和配置推理机之间还存在转化环节,需要将基于 OWL 的结构知识和基于 SWRL 的规则知识分别转化为 JESS 事实知识和 JESS 规则知识。事实上,由于基于 OWL 和 SWRL 的配置模型与具体推理方法是相互独立、非"捆绑型"的,因而这里提出的配置系统在寻找可行配置解阶段可以灵活选择求解技术,也就是说,不使用 JESS 而采用其他规则引擎(如 Prolog、SweetRule)或推理算法(如 GCSP、GA)也可以实现配置求解,并且不影响所建立的配置模型。但是考虑到 JESS 规则引擎的种种优点,本书还是选择其作为推理求解方法。详细的知识转化和推理过程将在本节中进行说明。

　　由于配置推理是一个约束求解过程,因此存在无解以及多解的情况。如果系统找不到满足客户需求的可行解,那么就需要在较佳的一个配置解的基础上进行改进,以便获得满足客户需求且符合企业能力的配置方案。而当可行解并不唯一时,则需要对获得的多个配置解进行评价,从中选择最优方案交付给客户。而选择与决策的依据来自对配置解的正确评价,因此配置评价也是配置系统中的重要环节。通过制定科学、合理的配置评价指标体系,采用可行的配置评价方法,可以协助客户快速对多个配置解进行综合评价,并从中选择出整体上最优的配置解作为交付的服务方案。

4.4.2　基于 SWRL 的规则知识表达

根据 4.2 节的分类,产品延伸服务配置知识可以分为结构知识和规则知识。其中,规则知识是一类基于结构知识反映两个概念之间映射关系的演绎性知识,主要包括反映组件或属性间限制的服务外部约束,反映商务逻辑的服务绑定,来自专家建议的产品/客户策略知识,以及通过历史数据挖掘而获得的配置规则(如 4.3 节所述)。

1. OWL 与 SWRL

作为 W3C 的标准本体语言,OWL 具有十分丰富的知识描述能力,可以对领域内的概念和属性进行清晰定义,也提供了足够多的能对类进行操作的公理,如 EquivalentClass、SubClassOf、Disjoint,以及大量对属性的限制,如属性的对称性和传递性等。因而,能够方便地描述如服务组件、服务属性、服务内部约束等结构知识。例如,可以用 OWL：minCardinality、OWL：maxCardinality、OWL：cardinality 等 OWL 元语表示必选约束和可选约束(概念定义参见 4.2 节)。但是对于属性的推理能力,OWL 却提供得远远不足,以致它无法表达以产生式规则形式出现的规则知识,例如,"如果 A 和 B 是兄弟关系,并且 B 和 C 是父子关系,那么 A 和 C 是叔侄关系"这样的规则语句。这是因为 OWL 在描述属性合成和属性值转移方面表达能力不足,无法找到复合属性(如父子关系和兄弟关系的合成)和其他(复合)属性(如叔侄关系)间的关系,因而无法描述属性链。

因此,在表达 IF-THEN 这样的逻辑规则时,需要为 OWL 本体添加用户自定义的规则,来补充 OWL 本体的语义。以往的规则语言(如 RuleML、Prolog 等)与 OWL 描述的本体是相互独立的,不能将本体中的知识直接为规则所用。为此,W3C 于 2004 年提出并开发了一种基于 OWL 的标准规则语言,语义网规则语言(semantic web rule language, SWRL)。SWRL 以 OWL 的子语言 OWL DL、OWL Lite 以及 Rule Markup 语言的子语言 Unary/Binary Datalog 为基础,其开发目的是促使规则和 OWL 知识库产生结合。通过允许 Horn 规则对 OWL 个体进行推理,SWRL 为 OWL 本体添加了规则公理,扩展了 OWL 的公理表示方法,最终实现对 OWL 知识库的逻辑推理。

SWRL 的规则形式为：rule：：= Implies(antecedent, consequent),其中, antecedent 表示规则的前件,consequent 为规则的后件,其含义是如果前件成立那么后件成立,或者如果前提条件为真则该规则被触发。此外,SWRL 允许前件为空,表示在任何情况下都满足条件。也允许后件为空,表示在任何情况下都不满足条件。

SWRL 语言主要由 Imp、Atom、Variable 和 Building 组成。

(1) Imp 是 SWRL 的规则部分,包括 head 和 body,其中 head 表示推理的结果,即 consequent;body 表示推理前的状态,即 antecedent。head 和 body 所使用的 instance 由 Atom 或 Variable 这两部分提供。

(2) Atom 是 head 和 body 允许出现的基本成分,又称原子。每个前件和后件都可以由零个或多个原子合取(conjunctions)而成。Atom 包含许多限制式,主要有以下几种。

C(x):C 是 OWL 类描述。

P(x,y):P 是 OWL 的属性,x,y 可以是变量、OWL 实例(Individuals)或 OWL 数据值(Data value)。

SameAs(x,y):x 和 y 相同。

DifferentFrom(x,y):x 和 y 不同。

(3)Variable 用于定义 Atom 中使用的变量,变量通过字符前的问号表示,如?x。

(4)Building 用于定义 SWRL 中的各种逻辑比较关系,基于这些嵌入式前缀(build-in predicates),可以用于数值比较、数学计算、布尔运算、字符串操作、时间和日期表达等。其中用于数值比较的 Building 参见表 4.21。例如:swrlb:greaterThan(?x,?y)可以用于判断变量 x 是否大于 y,若关系成立则返回真值。

表 4.21　SWRL Building 数值比较

swrl:Building	Example
equal	Argument 1 = Argument 2
notEqual	Argument 1 ≠ Argument 2
lessThan	Argument 1 < Argument 2
lessThanOrEqual	Argument 1 ≤ Argument 2
greaterThan	Argument 1 > Argument 2
greaterThanOrEqual	Argument 1 ≥ Argument 2

2. 规则知识的 SWRL 编码

由于 SWRL 语言具有两大优势:第一,是一种以本体为基础的规则语言,具有形式化模型-理论语义(model-theoretic semantics),表达能力丰富。因而,用 SWRL 描述规则时可以直接使用本体知识库中所定义的类、属性以及实例。第二,是一种独立于具体推理逻辑方式的描述性语言,并且易于转换成为推理机认可的规则描述格式,因而能自由选择完成实际配置推理的计算平台(即推理机)。因此,本书采用 SWRL 语言来描述产品延伸服务配置知识中的规则知识,以弥补 OWL 语言表达能力的不足。

对于一个特定服务,通过将 OWL 结构知识(如 4.2 节的定义)作为规则中变量的定义域,配置模型中的规则知识可以分别用 XML 语法和 RDF 语法进行形式化定义,前者是以 RuleML 加 OWL XML 为语法基础,后者是以 OWL 加上 RDF 为语法基础。这两种语法结构是完全相同的,仅在表达方式上存在不同。以 RDF 作为表现形式的 SWRL 能直接使用 OWL 本体中的词汇,不需要经过格式上的调整和转换,可简化将变量对应到本体的工作过程。例如,某条"存在性绑定"规则可以如图 4.42 所示进行基于 RDF 语法的表达,该规则所描述的知识为"安装服务的存在需要同一配置方案中培训服务的存在"。而在以 RuleML 作为表现形式的 SWRL 中,变量只是单纯的文字比对,本身并不带有实际资源的意义,因而在将变量对应到本体时,操作过程就有些复杂了。

上述两种 SWRL 表达方法,尤其是基于 RDF 的方式是配置规则知识库的形式化基础,但其缺点是不利于书写和理解。因此,本章将采用基于 Human readable 抽象语法的"Antecedent→Consequent"形式来表示基于 SWRL 的规则知识,即

$$b_1 \wedge b_2 \wedge \cdots \wedge b_N \rightarrow h_1 \wedge h_2 \wedge \cdots \wedge h_M \qquad (4.8)$$

其中,$b_i(1 \leqslant i \leqslant N)$ 和 $h_j(1 \leqslant j \leqslant M)$ 分别是 $C(x)$、$P(x,y)$ 等原子。由此,上述"存在性绑定"规则知识的 SWRL 语句可以简化表示为

$$\text{BuildingSolution}(?x) \wedge \text{constitutedBy\_Installation}(?x,?y) \wedge$$
$$\text{Installation}(?y) \wedge \text{Training}(?z) \rightarrow \text{constitutedBy\_Training}(?x,?z) \qquad (4.9)$$

此外,在使用 SWRL 语言编写规则时,需要注意以下几点:

(1) 规则中使用的所有原子都来自本体中的类或者属性。

(2) 规则头(head)中的变量一定要出现在规则体(body)中,也就是说不能为规则头引入新的变量,这是 SWRL 所限定的安全限制条件。

(3) 规则编辑器并不会对规则描述的合理性进行检查,因此可能会出现人为定义的规则和 OWL 约束相矛盾的情况,这需要在编写规则时特别注意。

使用 Protégé 建立规则知识如图 4.43 所示。

4.4.3 基于 JESS 规则引擎的产品服务配置推理

由于 SWRL 编辑器本身并不具备推理能力,所以为了实现配置推理还需引入规则引擎。目前并没有一个 SWRL 专用的推理引擎,同时 SWRL 的规范中也没有限制如何对 SWRL 进行推理。因此,可以充分利用现有的推理引擎,如 JESS、Prolog、CLIPs 等。其中,将 SWRL 编辑器与 JESS 加以整合,以实现对 SWRL 的推理解析是目前最为方便的方法[70]。

```
<swrl:Imp rdf:ID="Rule-Example">
  <swrl:head>
    <swrl:AtomList>
      <rdf:rest rdf:resource="http://www.w3.org/1999/02/22-rdf-syntax-ns#nil"/>
      <rdf:first>
        <swrl:IndividualPropertyAtom>
          <swrl:argument1 rdf:resource="#x"/>
          <swrl:argument2 rdf:resource="#z"/>
          <swrl:propertyPredicate rdf:resource="#constitutedBy_Training"/>
        </swrl:IndividualPropertyAtom>
      </rdf:first>
    </swrl:AtomList>
  </swrl:head>
  <swrl:body>
    <swrl:AtomList>
      <rdf:first>
        <swrl:ClassAtom>
          <swrl:classPredicate rdf:resource="#BuildingSolution"/>
          <swrl:argument1 rdf:resource="#x"/>
        </swrl:ClassAtom>
      </rdf:first>
      <rdf:rest>
        <swrl:AtomList>
          <rdf:first>
            <swrl:IndividualPropertyAtom>
              <swrl:propertyPredicate rdf:resource="#constitutedBy_Installation"/>
              <swrl:argument1 rdf:resource="#x"/>
              <swrl:argument2 rdf:resource="#y"/>
            </swrl:IndividualPropertyAtom>
          </rdf:first>
          <rdf:rest>
            <swrl:AtomList>
              <rdf:rest>
                <swrl:AtomList>
                  <rdf:rest rdf:resource="http://www.w3.org/1999/02/22-rdf-syntax-ns#nil"/>
                  <rdf:first>
                    <swrl:ClassAtom>
                      <swrl:argument1 rdf:resource="#z"/>
                      <swrl:classPredicate rdf:resource="#Training"/>
                    </swrl:ClassAtom>
                  </rdf:first>
                </swrl:AtomList>
              </rdf:rest>
              <rdf:first>
                <swrl:ClassAtom>
                  <swrl:argument1 rdf:resource="#y"/>
                  <swrl:classPredicate rdf:resource="#Installation"/>
                </swrl:ClassAtom>
              </rdf:first>
            </swrl:AtomList>
          </rdf:rest>
        </swrl:AtomList>
      </rdf:rest>
    </swrl:AtomList>
  </swrl:body>
</swrl:Imp>
```

图 4.42　基于 RDF 的 SWRL 规则知识

1. JESS 系统与 Rete 算法

JESS(Java expert system shell)是一个完全采用 Java 语言编写的性能良好的开放式推理引擎和脚本环境,由美国加利福尼亚州 Sandia 国家实验室分布式系统计算组成员 Ernest Friedman-Hill 以 CLIPS(C language integrated production system)语言为基础开发而成,是目前高效率的小型轻量级规则引擎之一。与 CLIPS 类似,JESS

Rule-1	→ BuildingSystem(?a) ∧ hasProperty_UsageLife(?a, ?b) ∧ UsageLife(?b) ∧ propertyValue(?b, ?c) ∧ swrlb:greaterThan(?c, 2) ∧ operatedOۥ
Rule-10	→ BuildingUser(?s) ∧ hasLearnability(?s, ?t) ∧ Learnability(?t) ∧ purchases(?s, ?x) ∧ BuildingSolution(?x) ∧ Training(?y) ∧ SiteTraining(?z)
Rule-11	→ BuildingUser(?s) ∧ hasLearnability(?s, ?t) ∧ Learnability(?t) ∧ purchases(?s, ?x) ∧ BuildingSolution(?x) ∧ Training(?y) ∧ SiteTraining(?z)
Rule-12	→ BuildingUser(?s) ∧ hasLearnability(?s, ?t) ∧ Learnability(?t) ∧ purchases(?s, ?x) ∧ BuildingSolution(?x) ∧ Training(?y) ∧ SiteTraining(?z)
Rule-13	→ BuildingSolution(?x) ∧ Recycling(?y) → constitutedBy_Recycling(?x, ?y)
Rule-14	→ BuildingSolution(?x) ∧ Training(?y) → constitutedBy_Training(?x, ?y)
Rule-15	→ BuildingSolution(?x) ∧ PeriodicMaintenance(?y) ∧ OnsiteSupport(?z) ∧ ComprehensiveMaintenance(?m) ∧ Attribute_SkillLevel(?p) ∧ hasۥ
Rule-16	→ BuildingSolution(?x) ∧ constitutedBy_Recycling(?x, ?y) ∧ Recycling(?y) ∧ PeriodicMaintenance(?z) → constitutedBy_PeriodicM(?x, ?z)
Rule-17	→ BuildingSolution(?x) ∧ constitutedBy_EmergencyM(?x, ?y) ∧ EmergencyMaintenance(?y) ∧ SparePartsSupply(?z) → constitutedBy_Spareۥ
Rule-18	→ BuildingSolution(?x) ∧ constitutedBy_Installation(?x, ?y) ∧ Installation(?y) ∧ Training(?z) ∧ BasicTraining(?m) → constitutedBy_Training(?x
Rule-19	→ BuildingSolution(?x) ∧ constitutedBy_Training(?x, ?y) ∧ Training(?y) ∧ training_Of_SiteT(?y, ?z) ∧ SiteTraining(?z) ∧ PeriodicMaintenance
Rule-2	→ BuildingSystem(?a) ∧ hasAssembly_FA(?a, ?b) ∧ FireExtinguishingSystem(?b) ∧ operatedOn_BuildingSystem(?x, ?a) ∧ BuildingSolution(?
Rule-20	→ BuildingSolution(?x) ∧ constitutedBy_PeriodicM(?x, ?y) ∧ PeriodicMaintenance(?y) ∧ periodicM_Of_OnsiteS(?y, ?z) ∧ OnsiteSupport(?z) ∧
Rule-21	→ BuildingSolution(?x) ∧ constitutedBy_Recycling(?x, ?y) ∧ Recycling(?y) ∧ PeriodicMaintenance(?z) → constitutedBy_PeriodicM(?x, ?z)
Rule-22	→ BuildingSolution(?x) ∧ constitutedBy_Recycling(?x, ?y) ∧ Recycling(?y) ∧ constitutedBy_Retrofit(?x, ?z) ∧ Retrofit(?y) →
Rule-23	→ BuildingSolution(?x) ∧ constitutedBy_Installation(?x, ?y) ∧ AdequateSupport(?y) ∧ adequateS_Of_Prof-Installation(?y, ?z) ∧ Professionalۥ
Rule-24	→ BuildingSolution(?x) ∧ constitutedBy_Training(?x, ?y) ∧ Training(?y) ∧ SiteTraining(?z) ∧ training_Of_SiteT(?y, ?z)

图 4.43　使用 Protégé 建立规则知识

采用产生式规则作为基本的知识表达模式,它的推理基于一系列已知事实和一系列试图匹配这些事实的规则。当规则被触发时可以声明新的事实,也可以反过来触发其他规则。目前,JESS 已广泛地应用于人工智能的很多领域,具有非常广阔的发展前景。

如图 4.44 虚线部分所示为 JESS 系统的核心,由事实库(又称工作内存,working memory)、规则库(rule base)、推理引擎(inference engine)三大部分组成,而推理引擎又包括了模式匹配器(pattern matcher)、议程(agenda)和执行引擎(execution engine)。

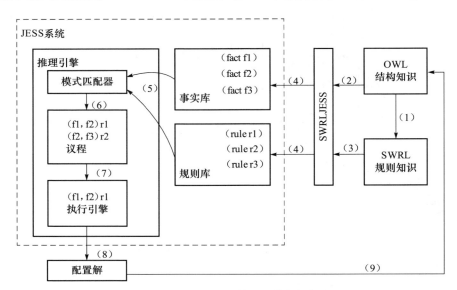

图 4.44　基于 JESS 的配置推理机框架

(1) 事实库用来存放与求解问题有关的当前信息的数据结构,并且不断地动态变化。推理过程的中间结论也可以作为新的事实存入数据库,成为后续推理的已知事实。

(2) 规则库用来存放与求解问题相关的所有规则。

（3）推理机按照一定的策略，由模式匹配器从规则库中选择规则并与事实库中的已知事实进行匹配，匹配成功（即被激活，activated）的规则被放入议程列表，最后由执行引擎进行激发（fire）。如果规则的后件满足问题求解的结束条件，推理终止；反之，若后件为结论，则将该结论添加到事实库中；若后件为操作，则执行对应操作。

由此可见，规则匹配的效率决定了 JESS 规则引擎的性能。通常的事实规则匹配算法是检查每条规则并寻找一套事实来决定规则的模式是否已满足，从而匹配得出相应的动作序列。在基于规则的系统中，这样的匹配过程是不断重复进行的。由于事实库在每次执行中都会添加新的事实或者删除旧的事实，因此不断重复的匹配过程往往导致大量的已匹配的事实需要进行多次匹配，造成匹配效率低下。事实上，一条规则的运行仅会改变事实库中极为少数的事实，而事实库的变化一般也只影响很少数的规则。因此，为了搜索满足触发条件的规则而进行的事实匹配计算很大程度上是没有必要的，因为在当前循环中，大多数规则所匹配的事实并未发生改变。

因此，JESS 使用一个增强版本的 Rete 算法来完成规则匹配。Rete 算法[71]被认为是迄今为止性能最好的匹配算法之一，提供了产生式规则系统的高效实现。它的两个特点使其优于传统的事实规则匹配算法。

（1）状态保存。Rete 算法的基本思想是，首先根据输入的规则构造一个判别网络，该网络表示了规则各个条件之间的依赖关系。然后在网络节点上保存各个循环中匹配过程留下的全部信息，并且仅仅重新考虑在事实库中发生了变化、又反映到本次循环中的变化，而且仅当添加或删除事实时，匹配过程的信息才被更新，避免了大量的重复计算。因此，Rete 算法以内存空间为代价换取了规则系统的匹配效率，从而减少了基于规则系统所具有的时间冗余性（temporal redundancy）。

（2）节点共享。Rete 算法利用了规则中结构相似性（structural similarity）的优点。所谓结构相似性是指许多规则通常包含了相似的模式或模式群，利用这一特性，Rete 算法通过将公共部分放在一起来提高推理效率，因为公共部分不需要多次计算。

综上，基于以下三个主要优势，本书选择 JESS 规则引擎作为配置推理机的核心来完成产品延伸服务的实际配置推理。

（1）JESS 拥有广泛的用户基础，文档完整，并且易于使用和安装。

（2）JESS 具有非常高的效率。由于使用了陈述性范式，JESS 能够连续地，而不是在一个循环中，通过模式匹配将一组规则应用到一组事实中。同时支持前向和逆向推理的特点使得 JESS 的推理能力进一步加强。特别当系统的性能由匹配算法的质量决定时，JESS 的优点将更为明显，因为高效的 RETE 算法提高了系统模式匹配的效率。

（3）由于 JESS 可以在系统运行环境上直接调用 Java 的类库，并使用 Java 中的各种数据结构和方法,具有很好的移植性和嵌入性。因此,已经有一些工程在Protégé 环境中成功地使用了 JESS,如 SWRLJess[72]、SweetJess[73]、JessTab[74]。而 Protégé 及其插件正是本章最主要使用的知识编辑工具。

2. 基于 SWRLJESS 格式转换的配置推理过程

JESS 原则上可以处理各种领域的推理任务,只要系统能够为 JESS 提供该领域的事实知识和规则知识。因而本章提出的由 OWL 和 SWRL 定义的产品延伸服务配置知识库显然也可以采用 JESS 来完成推理求解。其中,结构知识(参见 4.2节)提供了推理事实的基础,而规则知识提供了推理的规则依据。

不同的推理引擎具有不同的规则表示方法,JESS 也有其特有的表示方式:

$$(defruleaRule(Classl(name\ ?x)(Class2(name\ ?y))$$
$$\Rightarrow(assert(Property1\ ?x,?y)) \tag{4.10}$$

可见,JESS 无法直接识别如式(4.8)所示的 SWRL 规则描述方式,需要对规则的格式进行转换。此外,由于 JESS 本身并未包含任何知识,而配置推理本质上是一个对所有实例状态空间的 NP-Complete 搜索过程。因而,在实际推理时,还需要将外部的 OWL 结构知识及其实例导入 JESS,使得由实例构成的事实库能够在规则库的作用下完成推理,并生成新知识(即满足规则约束的服务实例)。因此,在使用 JESS 进行推理之前,必须完成两部分的格式转换:一是 OWL 描述的本体到JESS 事实的转化,二是 SWRL 表示的规则到 JESS 规则的转化,从而将配置知识库中的结构知识和规则知识分别映射到 JESS 的事实库和规则库中去。

在转换 OWL 本体知识时,现有方法是使用 JessTab。JessTab 是 Protégé 中集成的一个插件,只限于在 Protégé 中使用。JessTab 对本体的转换通过使用一系列命令来实现,也就是说,本体中有多少类、多少属性、多少实例需要转换就需要写多少条命令。这种方法需要过多的人工参与,比较烦琐也容易出错。

在转换 SWRL 规则知识时,现有方法是使用 XSLT 技术(extensible stylesheet language transformation)[75]。由于 SWRL 的格式是基于 RDF 的,利用 XSLT技术对该格式规则文件的转换时常常会出现语义的丢失。此外,由于规则是根据应用需求构建的,因此对于不同的规则,需要建立不同的转换模板(XML 表单)。如果对规则进行更新(增加、修改或删除),就需要对转换模板进行更新。这使得使用过程变得相当烦琐,无法重用模板,不够灵活。

此外,OWL 本体知识到 JESS 事实的转换不仅仅是一个格式上的简单变换。在本体中的知识除了包含类、属性和实例,实际还蕴含了一定的语义公理规则。例如,"子类的实例也是父类的实例"。因此,实际上本体中还存在一些隐性知识可以通过本体所蕴含的语义公理规则推理出来。这些隐含的信息必须也加入到 JESS中才能保证推理的完整性。为此,本书采用的方法是利用描述逻辑推理机 Pellet

将本体中的隐含信息事先都推理出来加入到 JESS 事实库中。虽然该预推理步骤增加了事实库的规模,但是这样做可以减少在实际推理过程中的时间消耗,本质上就是以空间换时间。

由于 OWL 和 SWRL 都是通过 Protégé 编辑器及其插件建立的,因此在格式转换时,还需注意与 Protégé 的兼容。考虑到 Protégé 中的 SWRLJESS 插件提供了调用外部推理机的高效接口,利用该插件比单纯使用 JESS 更加方便。因此,本书提出通过 SWRLJESS 将 OWL 知识和 SWRL 规则的描述格式分别解析为 JESS 能接受的格式,并完成 JESS 的启动。当 SWRL Rules 插件被 JESS 激活后,SWRLJESS 得以启动,之后 OWL/SWRL 和 JESS 规则引擎之间的交互可以由用户驱动,由他/她控制何时将 OWL 结构知识和 SWRL 规则知识转换到 JESS,何时执行推理,何时将推理结果转化回 OWL。

由此,利用 SWRLJESS 可以形成如图 4.44 所示的基于 JESS 的推理机框架。基于该框架,产品延伸服务配置推理工作的步骤如下:

(1) 基于 OWL 结构知识完成 SWRL 规则的表达。

(2) 通过 Pellet 完成对 OWL 结构知识的本体推理,并将得到的推理后结果通过 SWRLJESS 转换成 JESS 中的事实知识。

(3) 通过 SWRLJESS 将用 SWRL 表示的规则知识转换成 JESS 中的规则知识。

(4) 将转换后的事实和规则输入至工作内存(事实库)。

(5) 使用模式匹配将规则库中的规则和事实库中的事实进行比较。

(6) 将激活的规则按顺序放入议程中。

(7) 从议程中选择规则进行推理。

(8) 重复步骤(5)~(7),直到事实库无变化,推理工作完成。

(9) 将推理得到的新事实经过格式转换后加入 OWL 本体库中,以获得符合客户需求和规则约束的定制化产品延伸服务实例。

4.4.4　"楼宇系统延伸服务"案例的配置推理

对于"楼宇系统延伸服务配置"案例,推理步骤主要表现为基于 SWRLJESS 的三个环节。首先,使用"OWL＋SWRL JESS"把 OWL 结构知识和 SWRL 规则知识转换为 JESS 中的事实知识和规则知识。状态窗口会显示已转换的 OWL 和 SWRL 知识的数量。在"楼宇系统延伸服务"配置案例中,共有 105 个 OWL 类、67 个 OWL 实例、273 个 OWL 属性和 32 个 SWRL 规则被输入 JESS。类、属性、实例的 OWL 定义参见 4.2 节,规则的 SWRL 定义参见 4.4.2 节。

在导入了包含 JESS 事实和 JESS 规则的 JESS 文档后,就可以执行 JESS 进行配置,使用"Run JESS"可以启动这个推理过程。JESS 规则引擎会将规则应用到事实库中的事实,激活(activate)那些前提(premise)成立的规则,激发(fire)被激活的规则,并执行被激活规则的头(head)中的活动(action)。以上推理过程直到规则库中没有剩余规则而结束,推理所得知识都可以在 Inferred Axioms Tab 中找到。

最后,通过使用"JESSOWL"可以将推理出的新事实返回到 OWL 本体中,利用已定义的 PESCO 服务子本体,获得推理结果的相关概念和关系。对于本案例,在推理前,服务实例如图 4.45 所示,其服务组件和组件属性等概念和关系都没有选定和赋值。基于已知的配置知识(配置模型和配置规则,参见 4.2 节和 4.3 节)和特定输入(客户实例和产品实例,参见 4.2 节),经过格式转换、JESS 推理、本体储存等步骤,可以得到一个可行的配置方案。该方案在 Protégé 编辑器中表现为如图 4.46 所示的服务实例。表 4.22 列出了所得到配置方案的组件构成和属性

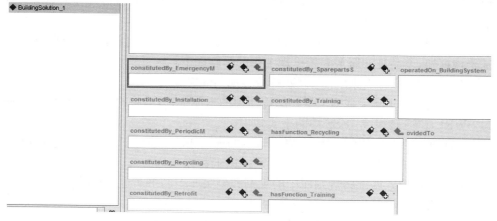

图 4.45　推理前 Protégé 中的服务实例

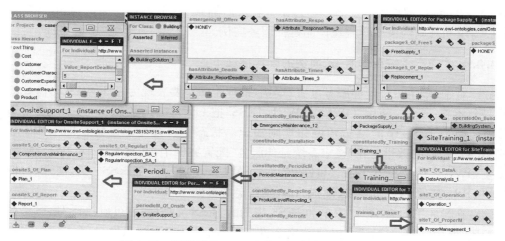

图 4.46　推理后 Protégé 中的配置方案(服务实例)

选择。图 4.47 描绘了所得到的产品延伸服务实例,包括方案包含的服务组件、组件的结构关系和顺序关系。经过验证,该产品延伸服务配置方案满足了所有的约束、规则和给定输入。

表 4.22　配置方案的组件构成和属性选择

服务组件			组件属性	
Emergency Maintenance_12 紧急维修服务组件			ResponseTime 响应时间	4 小时
			ReportDeadline 报告出具时间	5 天
			Times 频率	无限制
PackageSupply_1 备件包供应服务包	FreeSupply 免费供应组件			
	Replacement 替换组件			
SiteTraining_1 现场培训服务包	DataAnalysis 数据分析培训组件			
	Operation 运作管理培训组件			
	TroubleShooting 检修培训组件 ProperManagement 合理利用培训组件			
Periodic Maintenance_1 定期维修服务包	OnsiteSupport_1 现场支持服务包	Comprehensive Maintenance_1 全面维修服务组件	SkillLevel 技术水平	Engineer 工程师
			WorkingHours 在工作时间服务	是
		Plan 计划服务组件		
		Report 报告服务组件		
	RegularInspection_BA BA 系统的常规检查组件		Frequecy 频率	4 次/年
	RegularInspection_SA 安防系统的常规检查组件		Frequecy 频率	4 次/年
ProductLevelRecycling 产品级回收服务组件				

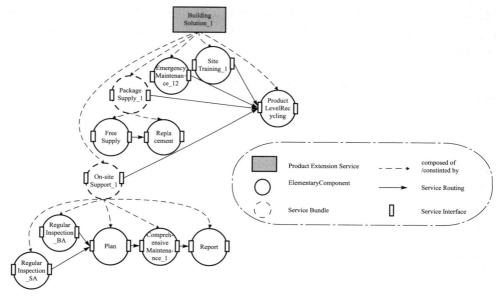

图 4.47　配置方案的结构描述

参 考 文 献

[1]　Legnani E,Cavalieri S,Ierace S. A framework for the configuration of after-sales service processes. Production Planning and Control,2009,20(2):113-124.

[2]　Yu M,Zhang W,Meier H. Modularization based design for innovative product-related industrial service. Proceedings of IEEE International Conference on Service Operations and Logistics,and Informatics,Beijing,2008:48-53.

[3]　Ye Y,Yang D,Jiang Z,et al. Ontology-based semantic models for supply chain management. International Journal of Advanced Manufacturing Technology,2008,37(11-12):1250-1260.

[4]　Knublauch H,Fergerson R W,Noy N F,et al. The Protégé OWL plugin:An open development environment for semantic web applications. Lecture Notes in Computer Science,2004,(3298):229-243.

[5]　McGuinness D L,Harmelen F V. OWL Web Ontology Language Overview. http://www.w3. org/TR/owl-features/. [2016-5-16].

[6]　Gruninger M,Fox M S. Methodology for the design and evaluation of ontologies. Proceedings of the Workshop on Basic Ontological Issues in Knowledge Sharing,Montreal,1995:1-10.

[7]　Pinto H S,Martins J P. Ontologies:How can they be built? Knowledge and Information Systems,2004,6(4):441-64.

[8]　Uschold M,Gruninger M. Ontologies:Principles,methods and applications. Knowledge En-

gineering Review,1996,11(2):93-136.

[9] Fernandez-Lopez M,Gomez-Perez A. Overview and analysis of methodologies for building ontologies. Knowledge Engineering Review,2002,17(2):129-156.

[10] Genesereth M R,Fikes R E. Knowledge Interchange Format (KIF). http://www. ksl. stanford. edu/knowledge-sharing/kif/. [2016-5-16].

[11] Farquhar A,Fikes R,Rice J. The ontolingua server:A tool for collaborative ontology construction. International Journal of Human Computer Studies,1997,46(6):707-727.

[12] Becker J,Beverungen D F,Knackstedt R. The challenge of conceptual modeling for product-service systems:Status-quo and perspectives for reference models and modeling languages. Information Systems and e-Business Management,2010,8(1):33-66.

[13] Shostack G L. Designing services that deliver. Harvard Business Review,1984,62(1):133-139.

[14] Congram C,Epelman M. How to describe your service:An invitation to the structured analysis and design technique. International Journal of Service Industry Management, 1995,6(2):6-23.

[15] Edvardsson B. Quality in new service development:Key concepts and a frame of reference. International Journal of Production Economics,1997,52(1-2):31-46.

[16] Akkermans H,Baida Z,Gordijn J,et al. Value webs:Using ontologies to bundle real-world services. IEEE Intelligent Systems,2004,19(4):57-66.

[17] Bakiri R. Towards a new service design approach assisted by computer tools:A typology of services and a post sale service case study in the automotive industry. Proceedings of the IEEE International Conference on Systems,Man and Cybernetics,Washington,2003:3899-3904.

[18] Liu C H,Wang C C,Lee Y H. Revisit service classification to construct a customer-oriented integrative service model. International Journal of Service Industry Management,2008, 19(5):639-661.

[19] Bullinger H J,Fahnrich K P,Meiren T. Service engineering:Methodical development of new service products. International Journal of Production Economics,2003,85(3):275-287.

[20] Goldstein S M,Johnston R,Duffy J,et al. The service concept:The missing link in service design research? Journal of Operations Management,2002,20(2):121-134.

[21] Ma Q,Tseng M M,Yen B. A generic model and design representation technique of service products. Technovation,2002,22(1):15-39.

[22] Baines T S,Lightfoot H W,Kay J M. Servitized manufacture:Practical challenges of delivering integrated products and services. Proceedings of the Institution of Mechanical Engineers Part B—Journal of Engineering Manufacture,2009,223(9):1207-1215.

[23] Becker J,Beverungen D F,Knackstedt R. Reference models and modeling languages for product-service systems:Status-quo and perspectives for further research. Proceedings of the Annual Hawaii International Conference on System Sciences,Hawaii,2008:105-115.

[24] Hara T,Arai T,Shimomura Y. A CAD system for service innovation:Integrated represen-

tation of function, service activity, and product behaviour. Journal of Engineering Design, 2009,20(4):367-388.

[25] Shostack G L. How to design a service. European Journal of Marketing,1982,16(1):49-63.

[26] Aurich J C, Fuchs C, Wagenknech C. Life cycle oriented design of technical product-service systems. Journal of Cleaner Production,2006,14(17):1480-1494.

[27] Wang Z, Xu X. Ontology-based service component model for interoperability of service systems. Enterprise Interoperability III,2008,(4):367-380.

[28] Baxter D, Roy R, Doultsinou A, et al. A knowledge management framework to support product-service systems design. International Journal of Computer Integrated Manufacturing,2009,22(12):1173-1188.

[29] Meier H, Massberg W. Life cycle-based service design for innovative business models. CIRP Annals—Manufacturing Technology,2004,53(1):393-396.

[30] Fitzsimmons J A, Fitzsimmons M J. Service Management: Operations, Strategy, Information Technology. 5th ed. New York: McGraw Hill,2005.

[31] Tax S S, Stuart I. Designing and implementing new services: The challenges of integrating service systems. Journal of Retailing,1997,73(1):105-134.

[32] Fadel F G, Fox M S, Gruninger M. Generic enterprise resource ontology. Proceedings of the 3rd Workshop on Enabling Technologies: Infrastructure for Collaborative Enterprises, Los Alamitos,1994:117-128.

[33] Spohrer J, Maglio P P, Bailey J, et al. Steps toward a science of service systems. Computer, 2007,40(1):71-76.

[34] Baida Z, Gordijn J, Sale H, et al. An ontological approach for eliciting and understanding needs in e-services. Proceedings of the 17th International Conference on Advanced Information Systems Engineering, Porto,2005:400-414.

[35] Basole R C, Rouse W B. Complexity of service value networks: Conceptualization and empirical investigation. IBM Systems Journal,2008,47(1):53-70.

[36] Moon S K, Simpson T W, Shu J, et al. Service representation for capturing and reusing design knowledge in product and service families using object-oriented concepts and an ontology. Journal of Engineering Design,2009,20(4):413-431.

[37] Dausch M, Hsu C. Engineering service products: The case of mass-customising service agreements for heavy equipment industry. International Journal of Services, Technology and Management,2006,7(1):32-51.

[38] Aurich J C, Fuchs C, DeVries M F. An approach to life cycle oriented technical service design. CIRP Annals—Manufacturing Technology,2004,53(1):151-154.

[39] Smith M K, Welty C L, McGuinness D. OWL Web Ontology Language Guide. http://www.w3.org/TR/owl-guide/. [2016-5-16].

[40] Martin D, Burstein M, Hobbs J, et al. OWL-S: Semantic Markup for Web Services. http://www.w3.org/Submission/OWL-S/. [2016-5-16].

［41］ Perez A G,Benjamins V R. Overview of knowledge sharing and reuse components:Ontolo-gies and problem-solving methods. Proceedings of the IJCAI Workshop on Ontologies and Problem-Solving Methods (KRR5),Stockholm,1999:1-15.

［42］ Corcho O, Fernandez-Lopez M,Gomez-Perez A. Methodologies,tools and languages for building ontologies:Where is their meeting point? Data & Knowledge Engineering,2003, 46(1):41-64.

［43］ Matuszek C,Cabral J,Witbrock M,et al. An introduction to the syntax and content of Cyc. AAAI Spring Symposium,Stanford,2006:44-49.

［44］ Motta E. An overview of the OCML modelling language. Proceedings of the 8th Workshop on Knowledge Engineering Methods & Languages,Karlsruhe,1998:1-19.

［45］ Kifer M,Lausen G. F-logic:A higher-order language for reasoning about objects,inherit-ance,and scheme. Proceedings of the ACM SIGMOD International Conference on Manage-ment of Data,New York,1989:134-146.

［46］ MacGregor R,Bates R. The loom knowledge representation language. Los Angeles:Uni-versity of Southern California,1987.

［47］ Lassila O,Swick R R. Resource description framework(PDF) model and syntax. World Wide Web Consortium Recommendation,1998.

［48］ Brickley D,Guha R V. RDF Vocabulary Description Language 1. 0:RDF Schema. http:// www. w3. org/TR/2004/REC-rdf-schema-20040210/. ［2016-5-16］.

［49］ Heflin J, Hendler J, Luke S. SHOE:A knowledge representation language for internet applications. http://drum. lib. umd. edu/handle/1903/1044. ［2016-5-16］.

［50］ Karp P D,Chaudhri V K,Thomere J. XOL:An XML-based ontology exchange language. http://www. ai. sri. com/pkarp/xol/xol. html. ［2016-5-16］.

［51］ Horrocks I,Fensel D,Broekstra J,et al. OIL:The ontology inference layer. IEEE Intelli-gent Systems,2000,(15):69-72.

［52］ Coalition D S,Ankolekar A,Burstein M,et al. DAML-S:Web service description for the semantic web. Proceedings of the 1st International Semantic Web Conference on The Se-mantic Web,Chia,2002:348-363.

［53］ McGuinness D L,Fikes R,Hendler J,et al. DAML＋OIL:An ontology language for the semantic web. IEEE Intelligent Systems,2002,17(5):72-80.

［54］ Bechhofer S, Hendler J, Horrocks I,et al. OWL Web Ontology Language Reference. http://www. w3. org/TR/owl-ref/. ［2016-5-16］.

［55］ Patel-Schneider P F,Hayes P,Horrocks I. OWL Web Ontology Language Semantics and Abstract Syntax. http://www. w3. org/TR/owl-semantics/. ［2016-5-16］.

［56］ Horrocks I,Patel-Schneider P F,Van Harmelen F. From SHIQ and RDF to OWL:The making of a web ontology language. Web Semantics:Science,Services and Agents on the World Wide Web,2003,1(1):7-26.

［57］ Gruber T R. Toward principles for the design of ontologies used for knowledge sharing.

International Journal of Human Computer Studies,1995,43(5-6):907-928.

[58] 刘春雷. 基于本体的教育领域学科知识建模方法研究. 重庆:重庆大学硕士学位论文,2008.

[59] Mizoguchi R. Tutorial on ontological engineering. Part 3:Advanced course of ontological engineering. New Generation Computing,2004,22(2):193-220.

[60] de Kinderen S,Gordijn J. E3service:A model-based approach for generating needs-driven e-service bundles in a networked enterprise. Proceedings of 16th European Conference on Information Systems,Galway,2008:350-361.

[61] Lohse N,Hirani H,Ratchev S. Equipment ontology for modular reconfigurable assembly systems. International Journal of Flexible Manufacturing Systems,2005,17(4):301-314.

[62] Nanda J,Simpson T W,Kumara S R T,et al. A methodology for product family ontology development using formal concept analysis and web ontology language. Journal of Computing and Information Science in Engineering,2006,6(2):103-113.

[63] Geva S,Malmstrom K,Sitte J. Local cluster neural net:Architecture,training and applications. Neurocomputing,1998,20(1-3):35-56.

[64] Andrews R,Geva S. Rule extraction from local cluster neural nets. Neurocomputing,2002, 47(1-4):1-20.

[65] Fung R,Tang J,Tu Y,et al. Product design resources optimization using a non-linear fuzzy quality function deployment model. International Journal of Production Research,2002,40 (3):585-599.

[66] Yang D,Dong M,Miao R. Development of a product configuration system with an ontology-based approach. Computer-Aided Design,2008,40(8):863-878.

[67] Yang D,Miao R,Wu H,et al. Product configuration knowledge modeling using ontology web language. Expert Systems with Applications,2009,36(3):4399-4411.

[68] Horrocks I,Patel-Schneider P F,Boley H,et al. SWRL:A semantic web rule language combining OWL and RuleML. http://www. w3. org/Submission/SWRL/#8. 3. [2016-5-16].

[69] Friedman-Hill E. Jess,the rule engine for the java platform. Albuquerue:Sandia National Laboratories,2005.

[70] O'Connor M,Knublauch H,Tu S,et al. Supporting rule system interoperability on the semantic web with SWRL. The 4th International Semantic Web Conference,Galway,2005: 974-986.

[71] Forgy C L. Rete:A fast algorithm for the many pattern/many object pattern match problem. Artificial Intelligence,1982,19(1):17-37.

[72] O'Connor M,Knublauch H,Tu S,et al. Writing rules for the semantic web using SWRL and JESS. https://bmir. stanford. edu/file_asset/index. php/1652/BMIR-2005-1434. pdf. [2016-5-16].

[73] Grosof B N,Gandhe M D,Finin T W. Sweetjess:Translating DAMLRuleML to JESS. International Workshop on Rule Markup Languages for Business Rules on the Semantic Web in Conjunction with ISWC,Sardinia,2002:1-21.

[74] Eriksson H. Using Jesstab to integrate Protege and Jess. IEEE Intelligent Systems, 2003, 18(2):43-50.

[75] Clark J. XSL transformations (XSLT) version 1.0. http://www.w3.org/TR/xslt. [2016-5-16].

附录　历史配置文档数据

ID	$[f_1,f_2,f_3,f_4,c_1,c_2,p_1,p_2,p_3]$	$\Rightarrow$	s_1	ID	$[f_1,f_2,f_3,f_4,c_1,c_2,p_1,p_2,p_3]$	$\Rightarrow$	s_1
#1	[2, 2, 1, 1, 3, 1, 1, 1, 3]	$\Rightarrow$	1	#33	[3, 2, 3, 1, 2, 1, 3, 2, 2]	$\Rightarrow$	2
#2	[3, 2, 2, 1, 2, 1, 1, 1, 4]	$\Rightarrow$	1	#34	[3, 3, 3, 1, 1, 2 ,1, 2, 3]	$\Rightarrow$	2
#3	[2, 1, 2, 1, 1, 1, 4, 2, 1]	$\Rightarrow$	1	#35	[1, 1, 2, 1, 3, 2, 3, 2, 3]	$\Rightarrow$	1
#4	[1, 2, 2, 1, 2, 2, 2, 2, 1]	$\Rightarrow$	1	#36	[2, 1, 1, 1, 3, 2, 4, 2, 3]	$\Rightarrow$	1
#5	[2, 1, 2, 1, 2, 2, 4, 2, 1]	$\Rightarrow$	1	#37	[2, 2, 1, 1, 3, 2, 3, 1, 3]	$\Rightarrow$	1
#6	[3, 3, 3, 1, 2, 2, 2, 2, 2]	$\Rightarrow$	2	#38	[1, 1, 2, 1, 2, 2, 4, 1, 4]	$\Rightarrow$	1
#7	[1, 1, 1, 1, 3, 2, 3, 2, 1]	$\Rightarrow$	1	#39	[1, 1, 1, 1, 2, 1, 4, 2, 4]	$\Rightarrow$	1
#8	[1, 1, 1, 1, 2, 2, 3, 1, 2]	$\Rightarrow$	1	#40	[1, 1, 1, 1, 2, 1, 2, 1, 4]	$\Rightarrow$	1
#9	[2, 2, 1, 1, 3, 2, 3, 1, 3]	$\Rightarrow$	1	#41	[2, 2, 2, 1, 2, 1, 2, 1, 4]	$\Rightarrow$	1
#10	[3, 3, 3, 1, 1, 2, 3, 2, 3]	$\Rightarrow$	2	#42	[2, 2, 2, 1, 1, 2, 2, 1, 2]	$\Rightarrow$	1
#11	[3, 3, 3, 1, 1, 1, 2, 2, 3]	$\Rightarrow$	2	#43	[2, 3, 3, 1, 4, 1, 1, 2, 2]	$\Rightarrow$	2
#12	[2, 2, 1, 1, 2, 1, 1, 1, 3]	$\Rightarrow$	1	#44	[2, 2, 1, 1, 2, 1, 1, 1, 2]	$\Rightarrow$	1
#13	[2, 2, 2, 1, 2, 2, 1, 1, 4]	$\Rightarrow$	1	#45	[2, 2, 2, 1, 2, 1, 2, 1, 3]	$\Rightarrow$	1
#14	[2, 2, 2, 1, 1, 2, 3, 2, 1]	$\Rightarrow$	1	#46	[2, 2, 1, 1, 2, 2, 2, 2, 1]	$\Rightarrow$	1
#15	[3, 3, 3, 1, 1, 1, 3, 2, 2]	$\Rightarrow$	2	#47	[3, 2, 3, 1, 4, 1, 3, 2, 2]	$\Rightarrow$	2
#16	[2, 2, 2, 1, 3, 1, 1, 2, 3]	$\Rightarrow$	1	#48	[2, 1, 1, 1, 3, 1, 2, 2, 2]	$\Rightarrow$	1
#17	[2, 2, 1, 1, 3, 2, 1, 1, 3]	$\Rightarrow$	1	#49	[2, 2, 1, 1, 3, 2, 1, 2, 3]	$\Rightarrow$	1
#18	[1, 1, 1, 1, 3, 1, 3, 2, 1]	$\Rightarrow$	1	#50	[2, 2, 2, 1, 3, 1, 4, 2, 2]	$\Rightarrow$	1
#19	[2, 1, 2, 1, 1, 2, 4, 2, 1]	$\Rightarrow$	1	#51	[2, 1, 1, 1, 3, 2, 4, 2, 2]	$\Rightarrow$	1
#20	[1, 1, 1, 1, 2, 1, 4, 2, 4]	$\Rightarrow$	1	#52	[2, 2, 2, 1, 2, 2, 4, 2, 4]	$\Rightarrow$	1
#21	[3, 3, 3, 1, 2, 2, 1, 2, 4]	$\Rightarrow$	2	#53	[2, 2, 2, 1, 2, 1, 4, 2, 4]	$\Rightarrow$	1
#22	[1, 1, 2, 1, 3, 1, 3, 2, 4]	$\Rightarrow$	1	#54	[2, 3, 3, 1, 2, 1, 2, 2, 4]	$\Rightarrow$	2
#23	[1, 1, 2, 1, 2, 2, 4, 1, 3]	$\Rightarrow$	1	#55	[1, 1, 1, 1, 2, 2, 2, 1, 4]	$\Rightarrow$	1
#24	[2, 1, 2, 1, 3, 2, 4, 2, 3]	$\Rightarrow$	1	#56	[2, 2, 2, 1, 3, 2, 3, 2, 2]	$\Rightarrow$	1
#25	[3, 3, 3, 1, 2, 1, 3, 2, 4]	$\Rightarrow$	2	#57	[2, 3, 3, 1, 1, 2, 3, 2, 2]	$\Rightarrow$	2
#26	[2, 1, 1, 1, 3, 1, 3, 2, 4]	$\Rightarrow$	1	#58	[2, 1, 1, 1, 3, 1, 4, 2, 3]	$\Rightarrow$	1
#27	[2, 2, 1, 1, 3, 2, 2, 1, 3]	$\Rightarrow$	1	#59	[2, 2, 2, 1, 3, 2, 1, 2, 3]	$\Rightarrow$	1
#28	[2, 2, 2, 1, 2, 2, 4, 2, 3]	$\Rightarrow$	1	#60	[3, 3, 3, 1, 1, 2, 3, 2, 4]	$\Rightarrow$	2
#29	[2, 2, 2, 1, 2, 2, 4, 2, 2]	$\Rightarrow$	1	#61	[1, 1, 2, 1, 1, 1, 4, 1, 2]	$\Rightarrow$	1
#30	[2, 2, 2, 1, 2, 1, 3, 1, 4]	$\Rightarrow$	1	#62	[3, 3, 3, 1, 2, 1, 1, 2, 3]	$\Rightarrow$	2
#31	[2, 3, 3, 1, 4, 2, 2, 2, 4]	$\Rightarrow$	2	#63	[3, 3, 3, 1, 1, 2, 1, 2, 4]	$\Rightarrow$	2
#32	[3, 3, 3, 1, 1, 2, 3, 2, 3]	$\Rightarrow$	2	#64	[1, 1, 1, 1, 3, 1, 3, 2, 1]	$\Rightarrow$	1

ID	$[f_1,f_2,f_3,f_4,c_1,c_2,p_1,p_2,p_3]$	$\Rightarrow$	s_1	ID	$[f_1,f_2,f_3,f_4,c_1,c_2,p_1,p_2,p_3]$	$\Rightarrow$	s_1
#65	$[1,2,1,1,1,2,2,1,1]$	$\Rightarrow$	1	#102	$[2,2,2,1,3,1,2,2,3]$	$\Rightarrow$	1
#66	$[2,1,1,1,3,1,4,2,3]$	$\Rightarrow$	1	#103	$[3,3,3,1,4,2,2,2,2]$	$\Rightarrow$	2
#67	$[2,3,3,1,2,2,1,2,2]$	$\Rightarrow$	2	#104	$[3,3,3,1,2,2,3,2,2]$	$\Rightarrow$	2
#68	$[3,3,3,1,2,1,3,2,4]$	$\Rightarrow$	2	#105	$[1,1,1,1,2,1,3,1,2]$	$\Rightarrow$	1
#69	$[3,3,3,1,1,2,2,2,3]$	$\Rightarrow$	2	#106	$[3,2,3,1,2,1,2,2,3]$	$\Rightarrow$	2
#70	$[1,1,1,1,1,1,3,2,3]$	$\Rightarrow$	1	#107	$[1,1,1,1,2,2,2,1,3]$	$\Rightarrow$	1
#71	$[3,3,2,1,2,1,1,2,2]$	$\Rightarrow$	2	#108	$[3,2,3,1,2,1,3,2,2]$	$\Rightarrow$	2
#72	$[3,3,3,1,2,2,1,2,3]$	$\Rightarrow$	2	#109	$[2,2,2,1,1,2,2,1,2]$	$\Rightarrow$	1
#73	$[1,1,2,1,1,2,4,1,2]$	$\Rightarrow$	1	#110	$[2,3,3,1,2,1,3,2,3]$	$\Rightarrow$	2
#74	$[1,1,1,1,3,1,2,2,1]$	$\Rightarrow$	1	#111	$[1,1,1,1,1,2,2,1,2]$	$\Rightarrow$	1
#75	$[3,3,2,1,1,2,1,2,4]$	$\Rightarrow$	2	#112	$[1,1,1,1,2,1,3,1,3]$	$\Rightarrow$	1
#76	$[2,2,1,1,3,1,1,1,4]$	$\Rightarrow$	1	#113	$[2,3,3,1,2,1,2,2,2]$	$\Rightarrow$	2
#77	$[1,2,1,1,2,2,2,1,1]$	$\Rightarrow$	1	#114	$[1,1,1,1,2,1,3,1,3]$	$\Rightarrow$	1
#78	$[3,3,3,1,1,2,1,2,4]$	$\Rightarrow$	2	#115	$[2,1,1,1,3,1,4,2,3]$	$\Rightarrow$	1
#79	$[2,2,2,1,1,1,3,1,2]$	$\Rightarrow$	1	#116	$[2,2,2,1,1,2,2,1,3]$	$\Rightarrow$	1
#80	$[2,2,1,1,3,1,2,1,4]$	$\Rightarrow$	1	#117	$[2,1,1,1,3,1,4,2,2]$	$\Rightarrow$	1
#81	$[2,3,3,1,1,2,1,2,3]$	$\Rightarrow$	2	#118	$[3,2,3,1,2,2,1,2,2]$	$\Rightarrow$	2
#82	$[1,1,2,1,1,1,4,1,2]$	$\Rightarrow$	1	#119	$[1,1,2,1,1,1,4,1,4]$	$\Rightarrow$	1
#83	$[2,2,1,1,3,1,2,1,3]$	$\Rightarrow$	1	#120	$[2,2,1,1,3,1,2,1,4]$	$\Rightarrow$	1
#84	$[1,1,1,1,1,2,1,1,4]$	$\Rightarrow$	1	#121	$[3,3,3,1,2,2,1,2,4]$	$\Rightarrow$	2
#85	$[2,2,2,1,1,1,4,2,2]$	$\Rightarrow$	1	#122	$[3,3,3,1,1,1,3,2,2]$	$\Rightarrow$	2
#86	$[3,3,3,1,2,1,1,2,3]$	$\Rightarrow$	2	#123	$[2,1,2,1,2,1,4,2,1]$	$\Rightarrow$	1
#87	$[3,3,3,1,1,1,1,2,4]$	$\Rightarrow$	2	#124	$[2,2,2,0,3,2,1,2,4]$	$\Rightarrow$	1
#88	$[2,2,2,1,2,2,2,2,1]$	$\Rightarrow$	1	#125	$[2,3,3,1,2,3,2,2]$	$\Rightarrow$	2
#89	$[1,2,1,1,1,2,3,1,1]$	$\Rightarrow$	1	#126	$[2,1,1,1,3,2,4,2,2]$	$\Rightarrow$	1
#90	$[3,2,3,1,4,1,3,2,2]$	$\Rightarrow$	2	#127	$[2,2,2,1,2,2,3,1,3]$	$\Rightarrow$	1
#91	$[2,2,2,1,1,2,1,1,3]$	$\Rightarrow$	1	#128	$[3,2,3,1,4,1,3,2,4]$	$\Rightarrow$	2
#92	$[2,2,2,1,3,1,3,2,3]$	$\Rightarrow$	1	#129	$[2,2,2,1,1,2,2,1,3]$	$\Rightarrow$	1
#93	$[2,1,2,1,1,2,4,2,1]$	$\Rightarrow$	1	#130	$[3,3,3,1,2,1,1,2,3]$	$\Rightarrow$	2
#94	$[3,3,3,1,2,1,2,2,3]$	$\Rightarrow$	2	#131	$[3,2,3,1,2,2,1,2,2]$	$\Rightarrow$	2
#95	$[1,1,2,1,2,2,4,1,4]$	$\Rightarrow$	1	#132	$[3,2,3,1,4,1,3,2,4]$	$\Rightarrow$	2
#96	$[3,2,3,1,2,2,3,2,4]$	$\Rightarrow$	2	#133	$[1,1,1,1,3,2,2,2,1]$	$\Rightarrow$	1
#97	$[1,2,1,1,1,1,3,1,1]$	$\Rightarrow$	1	#134	$[1,1,1,1,2,2,4,2,3]$	$\Rightarrow$	1
#98	$[2,2,2,1,2,1,2,1,3]$	$\Rightarrow$	1	#135	$[1,1,1,1,2,1,4,2,2]$	$\Rightarrow$	1
#99	$[2,2,2,1,2,2,1,1,3]$	$\Rightarrow$	1	#136	$[1,1,1,1,2,1,2,1,4]$	$\Rightarrow$	1
#100	$[3,3,2,1,2,1,3,2,2]$	$\Rightarrow$	2	#137	$[3,3,3,1,4,2,2,2,4]$	$\Rightarrow$	2
#101	$[2,2,2,1,2,1,2,2,1]$	$\Rightarrow$	1	#138	$[3,2,3,1,1,2,3,2,2]$	$\Rightarrow$	2

续表

ID	$[f_1, f_2, f_3, f_4, c_1, c_2, p_1, p_2, p_3]$	$\Rightarrow$	s_1	ID	$[f_1, f_2, f_3, f_4, c_1, c_2, p_1, p_2, p_3]$	$\Rightarrow$	s_1
#139	[3, 3, 3, 1, 2, 1, 2, 2, 2]	$\Rightarrow$	2	#176	[3, 3, 3, 1, 4, 1, 2, 2, 3]	$\Rightarrow$	2
#140	[3, 3, 3, 1, 4, 2, 1, 2, 3]	$\Rightarrow$	2	#177	[1, 1, 1, 1, 1, 2, 1, 2, 3]	$\Rightarrow$	1
#141	[3, 2, 3, 1, 2, 2, 3, 2, 4]	$\Rightarrow$	2	#178	[1, 1, 1, 1, 2, 1, 4, 2, 4]	$\Rightarrow$	1
#142	[2, 1, 2, 1, 1, 2, 4, 2, 1]	$\Rightarrow$	1	#179	[1, 1, 1, 1, 2, 2, 1, 2, 1]	$\Rightarrow$	1
#143	[1, 1, 1, 1, 3, 1, 3, 2, 3]	$\Rightarrow$	1	#180	[2, 2, 2, 1, 3, 2, 3, 2, 4]	$\Rightarrow$	1
#144	[1, 1, 1, 1, 2, 2, 1, 2, 4]	$\Rightarrow$	1	#181	[1, 1, 2, 1, 2, 2, 4, 1, 2]	$\Rightarrow$	1
#145	[1, 1, 2, 1, 2, 2, 4, 1, 3]	$\Rightarrow$	1	#182	[2, 2, 1, 1, 3, 2, 3, 1, 3]	$\Rightarrow$	1
#146	[1, 1, 1, 1, 3, 2, 3, 2, 1]	$\Rightarrow$	1	#183	[3, 3, 3, 1, 2, 2, 3, 2, 3]	$\Rightarrow$	2
#147	[1, 1, 1, 1, 1, 2, 3, 1, 4]	$\Rightarrow$	1	#184	[3, 3, 3, 1, 1, 3, 2, 3]	$\Rightarrow$	2
#148	[3, 3, 3, 1, 4, 1, 1, 2, 3]	$\Rightarrow$	2	#185	[1, 1, 1, 1, 3, 1, 2, 2, 3]	$\Rightarrow$	1
#149	[3, 2, 3, 1, 2, 2, 1, 2, 3]	$\Rightarrow$	2	#186	[2, 2, 2, 1, 3, 2, 1, 2, 3]	$\Rightarrow$	1
#150	[1, 1, 1, 1, 1, 1, 4, 2, 4]	$\Rightarrow$	1	#187	[2, 3, 3, 1, 1, 2, 3, 2, 2]	$\Rightarrow$	2
#151	[2, 2, 1, 1, 3, 1, 2, 1, 3]	$\Rightarrow$	1	#188	[1, 1, 1, 1, 3, 1, 3, 2, 1]	$\Rightarrow$	1
#152	[3, 3, 2, 1, 2, 2, 2, 2, 4]	$\Rightarrow$	2	#189	[3, 3, 3, 1, 1, 2, 1, 2, 3]	$\Rightarrow$	2
#153	[1, 1, 1, 1, 1, 2, 4, 2, 2]	$\Rightarrow$	1	#190	[2, 1, 1, 1, 3, 1, 4, 2, 3]	$\Rightarrow$	1
#154	[1, 1, 1, 1, 4, 1, 3, 2, 2]	$\Rightarrow$	1	#191	[2, 2, 1, 1, 3, 2, 1, 1, 3]	$\Rightarrow$	1
#155	[2, 2, 1, 1, 3, 2, 1, 1, 4]	$\Rightarrow$	1	#192	[2, 2, 2, 1, 2, 2, 4, 2, 4]	$\Rightarrow$	1
#156	[1, 1, 1, 1, 2, 2, 4, 2, 3]	$\Rightarrow$	1	#193	[1, 1, 2, 1, 2, 1, 4, 1, 3]	$\Rightarrow$	1
#157	[1, 1, 2, 1, 2, 2, 4, 1, 3]	$\Rightarrow$	1	#194	[3, 3, 2, 1, 2, 1, 2, 2, 4]	$\Rightarrow$	2
#158	[2, 3, 3, 1, 1, 1, 3, 2, 4]	$\Rightarrow$	2	#195	[1, 2, 1, 1, 1, 1, 2, 1, 4]	$\Rightarrow$	1
#159	[3, 3, 3, 1, 2, 1, 2, 2, 4]	$\Rightarrow$	2	#196	[1, 1, 1, 2, 1, 2, 1, 2, 2]	$\Rightarrow$	1
#160	[2, 2, 1, 1, 3, 1, 1, 1, 3]	$\Rightarrow$	1	#197	[2, 2, 2, 1, 1, 1, 4, 2, 2]	$\Rightarrow$	1
#161	[3, 3, 2, 1, 2, 2, 2, 2, 2]	$\Rightarrow$	2	#198	[3, 3, 2, 1, 2, 1, 2, 2, 2]	$\Rightarrow$	2
#162	[1, 1, 1, 1, 1, 2, 2, 1, 2]	$\Rightarrow$	1	#199	[1, 1, 1, 1, 3, 1, 1, 2, 1]	$\Rightarrow$	1
#163	[2, 3, 3, 1, 2, 1, 3, 2, 2]	$\Rightarrow$	2	#200	[3, 2, 3, 1, 2, 2, 2, 2, 2]	$\Rightarrow$	2
#164	[1, 1, 1, 1, 2, 2, 1, 1, 4]	$\Rightarrow$	4	#201	[3, 3, 3, 1, 1, 1, 1, 2, 3]	$\Rightarrow$	2
#165	[1, 1, 2, 1, 3, 1, 3, 2, 3]	$\Rightarrow$	1	#202	[3, 3, 3, 1, 1, 2, 3, 2, 2]	$\Rightarrow$	2
#166	[1, 1, 2, 1, 2, 2, 4, 1, 2]	$\Rightarrow$	1	#203	[1, 1, 1, 1, 3, 2, 1, 2, 4]	$\Rightarrow$	1
#167	[1, 1, 1, 1, 2, 1, 3, 1, 3]	$\Rightarrow$	1	#204	[1, 1, 1, 1, 3, 2, 3, 2, 3]	$\Rightarrow$	1
#168	[3, 3, 3, 1, 1, 2, 2, 2, 2]	$\Rightarrow$	2	#205	[2, 1, 2, 1, 2, 1, 4, 2, 1]	$\Rightarrow$	1
#169	[3, 3, 3, 1, 1, 1, 3, 2, 3]	$\Rightarrow$	2	#206	[1, 1, 1, 1, 2, 1, 3, 1, 3]	$\Rightarrow$	1
#170	[3, 3, 2, 1, 2, 1, 1, 2, 2]	$\Rightarrow$	2	#207	[1, 1, 1, 1, 3, 2, 3, 2, 4]	$\Rightarrow$	1
#171	[2, 3, 3, 1, 2, 2, 1, 2, 3]	$\Rightarrow$	2	#208	[1, 1, 1, 1, 2, 1, 3, 1, 3]	$\Rightarrow$	1
#172	[2, 2, 2, 1, 1, 2, 3, 2, 1]	$\Rightarrow$	1	#209	[1, 1, 2, 1, 2, 1, 4, 2, 3]	$\Rightarrow$	1
#173	[1, 2, 1, 1, 2, 1, 3, 1, 1]	$\Rightarrow$	1	#210	[2, 2, 2, 1, 1, 1, 2, 1, 3]	$\Rightarrow$	1
#174	[2, 1, 1, 1, 3, 2, 1, 2, 3]	$\Rightarrow$	1	#211	[1, 1, 1, 1, 3, 2, 3, 2, 4]	$\Rightarrow$	1
#175	[1, 1, 1, 1, 1, 2, 3, 1, 3]	$\Rightarrow$	1	#212	[3, 3, 2, 1, 1, 1, 2, 2, 2]	$\Rightarrow$	2

ID	$[f_1, f_2, f_3, f_4, c_1, c_2, p_1, p_2, p_3]$	$\Rightarrow$	s_1	ID	$[f_1, f_2, f_3, f_4, c_1, c_2, p_1, p_2, p_3]$	$\Rightarrow$	s_1
#213	$[3, 3, 2, 1, 2, 1, 4, 2, 3]$	$\Rightarrow$	2	#223	$[3, 3, 2, 1, 2, 2, 3, 2, 2]$	$\Rightarrow$	2
#214	$[2, 3, 3, 1, 2, 1, 1, 2, 2]$	$\Rightarrow$	2	#224	$[1, 2, 1, 1, 1, 2, 1, 1, 1]$	$\Rightarrow$	1
#215	$[1, 1, 2, 1, 3, 2, 1, 2, 4]$	$\Rightarrow$	1	#225	$[1, 1, 1, 1, 3, 1, 2, 2, 3]$	$\Rightarrow$	1
#216	$[1, 1, 1, 1, 2, 2, 2, 2, 1]$	$\Rightarrow$	1	#226	$[1, 2, 1, 1, 1, 2, 1, 1, 1]$	$\Rightarrow$	1
#217	$[3, 3, 3, 1, 1, 2, 3, 2, 2]$	$\Rightarrow$	2	#227	$[1, 1, 1, 1, 3, 1, 3, 2, 2]$	$\Rightarrow$	1
#218	$[1, 1, 2, 1, 3, 1, 3, 2, 2]$	$\Rightarrow$	1	#228	$[2, 2, 2, 1, 1, 1, 1, 2, 1]$	$\Rightarrow$	1
#219	$[1, 1, 1, 1, 1, 1, 4, 2, 3]$	$\Rightarrow$	1	#229	$[2, 1, 1, 1, 3, 1, 4, 2, 3]$	$\Rightarrow$	1
#220	$[1, 1, 2, 1, 1, 1, 4, 1, 3]$	$\Rightarrow$	1	#230	$[1, 1, 1, 1, 3, 2, 1, 2, 1]$	$\Rightarrow$	1
#221	$[1, 1, 1, 1, 2, 2, 2, 1, 4]$	$\Rightarrow$	1	#231	$[2, 1, 1, 1, 3, 1, 4, 2, 4]$	$\Rightarrow$	2
#222	$[1, 1, 1, 1, 1, 2, 1, 1, 4]$	$\Rightarrow$	1				

第5章　客户体验下的产品服务系统配置

过去,许多制造商将精力主要集中于产品的设计、生产以及产品分销上[1]。但是,现今市场正经历着从关注产品本身到关注服务重要性的转变[2],原有的将产品视为核心,同时视服务仅为附加的传统商业模式已不再能在现今的市场环境中获取持续竞争优势[3]。因此,越来越多的制造商倾向于向顾客同时提供包括有形产品及无形服务的问题解决方案[4]。产品服务系统配置是指依据客户需求,同时在满足约束的状况下,从预先定义好的库中选取产品和服务单元,将它们捆绑在一起一并提供给客户的过程。

5.1　产品服务配置的客户需求分析

产品服务系统描述了制造商的这种转变,其被定义为产品和服务的组合,这一组合传递了某一特定的效用和功能以满足客户需求[5]。一方面,客户期望制造商能提供如产品使用培训、维护升级等与产品相关的服务,以增强产品的功能性能和经济绩效[6];另一方面,越来越多的制造商致力于将有形产品和无形服务融合在一起以产生持续的竞争优势,阻止外来产品服务提供商破坏现已建立起来的客户关系[7]。为了同时满足制造商期望和客户需求,就必须向客户提供一个定制化的产品服务系统,而提供定制化产品服务系统的有效途径便是进行产品服务系统配置。因此,产品服务系统的个性化配置尤为重要[8]。

5.1.1　产品服务系统的客户需求

产品服务系统配置始于客户需求理解与收集,但遗憾的是,目前缺失有关产品服务系统的整体和系统性客户需求收集的相关研究[9]。特别地,就产品服务系统而言,要理解和收集客户需求非常困难。主要是由于以下原因:其一,较有形产品而言,人们仅能体验或参与服务,而不能持有服务[10]。事实上,在服务运营过程中,客户参与了服务创造行为[11]。由于服务的无形性和客户参与特性,客户倾向于关注从服务中所获得的具有主观性的内在感知。其二,客户常常使用他们自己的词汇来表达需求,而这些词汇往往是抽象、模糊或概念化的,这使得理解客户需求变得非常困难[12]。更有甚者,不同的客户常用许多不同的词汇来描述同一种感知。这些特征,使得产品服务系统的客户需求理解困难重重。

尽管这样,鉴于综合收集和准确翻译客户需求是产品服务系统配置的必备步骤,学者进行着艰苦的努力;同时,其他领域的客户需求相关研究也为此提供了借鉴。Müller[13]给出了一个方针建议,用于指导抽取工业产品服务系统客户需求。Mannweiler[9]提议制造商应开发一份恰当的需求填写单和术语表,以确保能综合和精确地收集客户需求。然而,有关产品服务系统的整体性和综合性客户需求收集的研究仍然缺失[9]。另外,客户经常使用他们自己的方式来表达需求,而制造商却需要一个从技术层面来表达的需求[9]。因此,将"客户之声"[14]翻译成为某一特定的产品部件和服务模块,对于产品服务系统配置尤为重要。但是,某一客户的特定需求与其产品选择之间的潜在关系非常复杂[15]。

功能需求和情感感知需求被视为导致客户满意最为重要的两类需求[16]。这是由于产品不仅应满足客户对其所能实现的功能上的需求,而且应满足客户的心理需求[17]。而情感感知就是这样一种心理上的感觉,它是指客户对于产品的情感印象和感觉[18],其具有主观感知的特性。

在客户需求理解的定性研究方面,为了真实和透彻地理解客户需求,Bennett[19]建议在理解客户需求时应将客户进行市场细分。调研、自我陈述、观察和访谈是一些传统的客户需求理解方法。Griffin 和 Hauser[14]通过一对一的访谈形式来分析客户需求。为方便探测性的客户需求询问,Hauge 和 Stauffer[20]开发了客户需求分类方法,用以辅助传统的客户需求定性研究。然而,Jiao 和 Chen[12]主张在进行客户需求分析时,利于降低系统偏差的技术方法并不能过分地依赖于与客户的语言对话。

同时,在利用定量化的方法研究客户需求理解方面,Yu 等建议结合基于知识的神经网络和 CART 决策树方法[21],以实现客户需求到具体产品的转换。为寻找客户需求与特定产品之间的关联关系,Jiao 和 Zhang 尝试使用关联规则挖掘方法来实现其间的关系抽取[22],结合数据挖掘和粗糙集的方法来获取客户需求、产品规格以及配置参数之间关系[23]。考虑到客户的情感感知需求,Jiao 等[24]开发了一个决策支持系统,用以改进基于关联规则挖掘的客户情感感知到产品设计要素间的映射,Chih-Chieh[25]提出了一个基于分类的工程系统,该系统构建了客户感知响应模型。同时,通过支持向量机算法,Yang 和 Shieh[26]以及 Wang[27]获取了客户感知与产品设计要素之间的映射。

"顾客感知价值"存在多种表述方式,归纳起来不外乎"效用观点""理性观点"以及"经验观点"三种类型。国内外有关客户感知的研究多从客户感知特点及客户感知测量等方面展开。

关于顾客感知价值的特点,多数学者强调其个性化和动态性。Bolton[28]认为不同的货币付出、非货币付出、评价参考框架以及不同的顾客品位、特征都会影响顾客感知价值。Zeithaml[29]指出顾客感知价值非常个体化且随环境变化、顾客评价的框架的差异以及不同的消费阶段而表现出不同的含义。除了上述的个性化和动态性,国外有一些学者还强调顾客感知价值的层次性特征。Woodruff[30]指出顾客感知价值包括属性层次的价值、结果层次的价值和终极目标价值,他运用手段——目的链(means-end)研究顾客价值,认为顾客以手段-目的的方式形成期望价值。Thaler[31]认为感知价值是由交易效用与获得效用构成的。与之相应,有学者将顾客感知价值分为获得价值和交易价值,其中,获得价值是顾客对消费过程中与获得产品或服务有关的净所得的感知[32],交易价值是顾客对自己内在参考价格与实际成交价格之间差异的感知[33]。Heinonen[34]认为顾客感知价值的评判应该包括时间、空间、功能性及技术性四个维度。

关于顾客感知价值的测量最常见的方法是从总体上,利用单维度、单一项目量表来测度顾客价值[28,35,36]。利用多个维度,使用多题项量表来衡量顾客感知价值,如 Grewal 等[33]从获得价值和交易价值两个维度出发,发展出 12 个题项价值量表来度量自行车顾客感知价值,Sweeney[37]将顾客感知价值分为情感价值、社会价值、功能性价值(包括价格和质量两个方面效用)等维度,发展出包括 19 个题项的价值量表(PERVAL)测度耐用品顾客感知价值等。将客户价值置于需求中进行分析时,Jiao 和 Chih-Chieh[24,25]结合因子分析和语义区别量表方法对客户的情感感知需求进行测量和描述。

5.1.2　产品服务配置需求关键影响因素的识别

1. 产品服务配置需求模型

在本研究中,通过考虑服务配置决策 D 以及条件属性 C(包括产品属性和客户属性)之间的关系,建立一种产品服务配置需求模型,如表 5.1 所示。

表 5.1　产品服务配置需求模型

T	条件属性		服务配置决策 D
	产品信息 $P_1 \cdots P_m$	客户信息 $C_{m+1} \cdots C_n$	
t_1	$a_{1,1}{}^{(p)} \cdots a_{1,m}{}^{(p)}$	$a_{1,m+1}{}^{(c)} \cdots a_{1,n}{}^{(c)}$	d_1
...	...	...	...
t_p	$a_{p,1}{}^{(p)} \cdots a_{p,m}{}^{(p)}$	$a_{p,m+1}{}^{(c)} \cdots a_{p,n}{}^{(c)}$	d_p
...	...	...	...
t_q	$a_{q,1}{}^{(p)} \cdots a_{q,m}{}^{(p)}$	$a_{q,m+1}{}^{(c)} \cdots a_{q,n}{}^{(c)}$	d_q

通常来讲,产品属性描述产品信息(例如,洗衣机的体积和容量),同时,客户属性描述客户个人信息(例如,年龄和家庭人数)。产品的信息由一组属性来表示 $P=\{p_i\}(i=1,2,\cdots,m)$。同样,一组属性 $C=\{c_j\}(j=m+1,m+2,\cdots,n)$ 用来描述客户信息。此外,最后一列是关于服务配置决策的信息,且由 $D=\{d_l\}(l=1,2,\cdots,q)$ 来表示。本研究中,每个 d_i 有两种情况。在一种情况下,一个服务由特定

的客户选择加到产品中;另一种情况,客户不选择这个服务。例如,一名客户可以选择为一台洗衣机选择延长保修期的服务或者不选择。对于交易集 $T=\{t_p\}(p=1,2,\cdots,q)$ 中的特定客户,每一个条件属性和决策属性都被分配一个值,如表 5.1 所示。然后,客户的信息,其选择的产品以及他选择的服务,可以通过这个产品服务配置需求模型来表示。

2. 关键影响因素抽取

在实践过程中,在属性维度以及交易数量方面,数据都是巨大的。既然不是所有的条件属性都会影响决策的制定,研究条件属性和决策属性之间的关系就成为必须的[38]。本章中,通过运用模糊集理论来降低服务配置中条件属性的维度,参见文献[39]。

1) 关系表达

首先,需要通过考虑产品服务配置需求模型中条件属性,得到关系 $\boldsymbol{R}$ 来表达交易之间的相似性。关系可以通过矩阵 $\boldsymbol{R}$ 来表示:

$$\boldsymbol{R}=\begin{bmatrix} r_{11} & r_{12} & \cdots & r_{1n} \\ r_{21} & r_{22} & \cdots & r_{2n} \\ \vdots & \vdots & & \vdots \\ r_{q1} & r_{q2} & \cdots & r_{qn} \end{bmatrix} \tag{5.1}$$

其中,r_{ij} 是交易 t_i 和 t_j 的总体相似参数。对于所有的 k 数值条件属性(例如,客户的年龄、商店与客户住处之间的距离),相似性如下:

$$r_{i,j}^n=1-\sqrt{\frac{1}{k}\sum_{n=1}^{k}\left[a_{i,p}'(n)-a_{j,p}'(n)\right]^2} \tag{5.2}$$

每个数值在最初时,必须通过以下式子进行规范化:

$$a_{i,p}'(n)=\frac{a_{i,p}^n-a_{\min}}{a_{\max}-a_{\min}} \tag{5.3}$$

其中,$a_{\min}$ 是条件属性 P 的最小值;$a_{\max}$ 是所有交易中的最大值。

对于所有的 h 个描述型条件属性(例如,客户的性别,洗衣机的表皮材料),相似性如下:

$$r_{i,j}^d=\frac{\sum_{d=1}^{h}S_{i,j}^d}{h} \tag{5.4}$$

其中,$S_{i,j}^d=\begin{cases}1,a_{i,p}^d=a_{j,p}^d \\ 0,\text{其他}\end{cases}$。

同时考虑数值型条件属性以及描述性条件属性,总体的相似性可以表示为

$$r_{i,j}=\frac{k\times r_{i,j}^n+h\times r_{i,j}^d}{k+h} \tag{5.5}$$

一个交易 t_i 的等价类可以通过关系矩阵得到,等价类 $[t_i]_R$ 表示一组集,其中的 t_i 和任何其他交易的相似性大于给定的阈值 α,让 $\alpha = 0.9$。

$$[t_i]_R = \{t_j\}, \quad j = 1, \cdots, z, r_{i,z} \geqslant \alpha \tag{5.6}$$

2) 正区域

根据决策属性的不同取值,交易可以分成多个种类。本研究中,所有的交易分为两类:一类为所有的客户(交易)选择特定的服务;另一类则不选择。

$$\frac{T_d}{D} = \{X_d\}, \quad d = 1, 2 \tag{5.7}$$

根据粗糙集理论,每一类都可以通过一个较低的和较高的近似值表示。

$$\underline{P}X_d = \{t_i \mid I([t_i]_R, X_d) = 1, t_i \in T\}, \quad d = 1, 2 \tag{5.8}$$

$$\overline{P}X_d = \{t_i \mid I([t_i]_R, X_d) \geqslant 0, t_i \in T\}, \quad d = 1, 2 \tag{5.9}$$

其中,$I([t_i]_R, X_d) = \dfrac{|[t_i]_R \bigcap X_d|}{|[t_i]_R|}$,$|\cdot|$ 表示一个集合的基数,如一个集合中元素的数量。正区域被定义为较低近似值的集合。

$$\text{POS}(d) = \bigcup_{1}^{2} \underline{P}X_d \tag{5.10}$$

3) 混合属性归约

混合属性是一个混合的集合,同时包括描述性和数值性属性。混合属性归约的目的是找到一个拥有最少元素的集合,来提供服务配置需求决策的最多的信息。本章中,$\gamma(d)$ 是决策属性 D 的等级,依赖于函数定义的条件属性。

$$\gamma(d) = \frac{|\text{POS}(d)|}{|T_d|} \tag{5.11}$$

其中,$\gamma(d)$ 表示决策 D 依靠条件属性的水平。$\gamma = 1$ 表示完全相关;$\gamma < 1$ 表示部分相关。

为了确定最重要的属性,需要得到每一个条件属性对于决策制定的重要性。本章中,重要性可通过下式得到:

$$\text{SIG}(c_i, C, D) = \gamma_{C \cup \{c_i\}}(D) - \gamma_C(D) \tag{5.12}$$

其中,$\gamma_C(D)$ 是不考虑 c_i 情况下的依赖水平;$\gamma_{C \cup \{c_i\}}(D)$ 表示考虑 c_i 情况下的依赖水平,意味着 c_i 的重要性可以通过比较两者之间的差别来获取。

算法:起初,初始化一个空白的简化属性集。然后,通过式子

$$\text{SIG}(c_i, C, D) = \gamma_{C \cup \{c_i\}}(D) - \gamma_C(D)$$

计算每一个没有出现在简化属性集中属性的重要性。之后,选择拥有最高重要性的条件属性,如果其重要性大于 0,则将其加入简化属性集中。重复上述过程,直到所有没进入简化属性集中的条件属性的重要性小于或者等于 0。之后,可以得到最终的简化属性集。

5.1.3　案例

本节中,以洗衣机为例来分析产品服务配置需求中的关键因素。现在,越来越多的制造商趋向于提供产品的同时提供相应的一些服务。一方面,它们延伸的服务可以使得产品生命周期更长,从而为客户省钱以及减少环境污染;另一方面,制造商可以通过提供服务获取竞争优势,因为服务是竞争者很难完全模仿的。

在最近的实践中,很多洗衣机制造商提供洗衣机的同时,提供一些可选的服务,例如:延长保修期服务(就是说,客户在购买产品时,付了款就能在更长的时间内享受维修服务)。当客户来买洗衣机的时候,售货员会介绍并推荐延长保修期的服务配置给他。在推荐之后,一些客户可能会选择这项服务,而一些人可能会选择拒绝。为了提升售货员的服务配置的推荐效率,要做的最重要的事情就是识别服务配置需求的关键影响因素,服务配置需求的关键影响因素,可以通过以下几步抽取。

首先,建立一个产品服务配置需求模型。在这个模型中,选择五个属性作为条件属性,其中,包括两个关于洗衣机自身的属性(也就是类型和洗涤能力)以及三个关于客户的属性(也就是年龄、性别和家庭人口特征),如表5.2所示。

表 5.2　洗衣机的服务配置需求模型

T	条件属性 C					服务配置决策 D
	产品信息		客户信息			
	类型	能力	孩子(1～10)	性别	年龄	
t_1	前门	高	是	女	57	是
t_2	顶门	高	否	男	26	是
t_3	前门	中	是	女	33	是
t_4	顶门	高	否	男	31	否
…	…	…	…	…	…	…

最后一列保留服务配置决策 D 的信息,在这一列,"是"表示客户选择延长保修服务,而"否"表示不选择。换句话说,"是"代表客户为更长时间的保修服务付款。在客户信息的列中,一共有三项。第一个是"孩子(1～10)",意思是在客户的家里是否有至少一个1～10岁的孩子。家庭拥有越多的孩子,洗衣机用得越频繁。在这种状况下,洗衣机故障的可能性更高。所以,"孩子(1～10)"可能会影响延长保修时间服务的配置。第二个是性别,表明性别差异对决策影响的信息。最后一个是年龄,不同年龄的客户可能对于延长保修时间的服务配置决策有不同的偏好,所以将年龄加入条件属性集中。此外,洗衣机的相关信息由项目"类型"和"能力"表示。在"能力"列,有三个备选:高、中等和低。高意味着其洗涤能力大于或者等于7kg,低意味着其能力小于或等于5kg,而中等表示其余的能力。项目"类型"保

留洗衣机门的位置信息。在"类型"列有两个备选：前门和顶门。"前门"意味着门开在机器的前面，而"顶门"意味着门在机器的顶部。考虑到不同的门的位置可能会影响用户的使用习惯，而这些使用习惯和洗衣机的质量稳定性相关。所以，在本研究中，门的位置被选作一个条件属性。例如，顶开门洗衣机的门可以在运行过程中被一次一次地打开，可能导致其容易毁坏。然而，一个前开门的洗衣机门在其运行时不能打开。所以，洗衣机是顶开门的客户可能倾向于选择延长保修期服务配置。

之后，通过销售信息数据库获取客户的购买信息，然后，通过问卷调查法完善信息。最后，该方法用来识别服务配置需求的关键影响因素。结果如表 5.3 所示。

表 5.3　过程和结果

第一轮				
简化属性集	Φ			
第二轮				
	类型	能力	年龄	性别	孩子
重要性	0	0	0.4	0	0
简化属性集	年龄				
第三轮				
	年龄和类型	年龄和能力	年龄和性别	年龄和孩子	
重要性	0	0	0	0	
简化属性集	年龄				

从表 5.3 中看到，年龄作为条件属性，是最终简化属性集中唯一一个选项，暗示着年龄是导致延长保修期服务配置决策制定的唯一因素。也许有两个重要的原因支持这一结果。一个是，通常讲，不同年龄的人有不同的风险倾向，年老的人可能倾向于规避风险，所以，他们会选择延长保修时间服务配置，另一个就是不同年龄的人的经济状况不同。年轻人的经济状况不如中年人，所以他们倾向于只购买洗衣机，而不是洗衣机搭配一些相应的服务。为了提升推荐的效率，建议售货员在推荐延长保修时间的服务时，最好多关注客户的年龄。

5.2　考虑客户感知的产品服务系统配置的规则抽取方法

如今，客户品味和客户偏好已受到广泛关注[40]。因此，为满足客户需求，厂商需提供一个合适的产品配置解决方案，而这一配置方案必须很好地满足客户主观感知需求。这一运作模式同样适合于产品服务系统。由于服务具有以客户为中心的特性，因此，对于产品服务系统，满足客户的感知需求变得尤为重要[40]。就产品服务系统而言，感知被定义为在体验产品服务过程中，客户所获得的内在和主观的心里感觉。同时,感知需求包含了客户试图从产品服务体验中获得何种主观感觉的相关信息。客户感知可以被诸如服务响应速度等元素改变,它同时受客户情绪和客户价值认识等因素影响[41]。因此,为满足客户感知需求,制造商有必要认清产品服务组件与感知之间的关系。换言之,制造商应该识别出导致某一客户感知的具体产品服务构成单元,即抽取出产品服务单元与客户感知之间的知识。

5.2.1　考虑客户感知的配置规则抽取方法概述

配置可以看成对预定义组件的选择和组合过程,本质上,是一个从顾客需求到预定义组件的映射过程。而顾客的需求是多样的,从顾客满意度角度来说,功能性需求以及情感认知需求被公认为是最重要的[16]。

为了引导顾客需求的变迁过程,必须确定组件与顾客需求之间的关系。Jiao以及 Zhang 尝试了关联规则挖掘(association rule mining)的方法[22],Jiao、Zhang和 Helander 从主观认知的角度来考虑顾客需求,并开发了一个决策支持系统来改进顾客情感需求到产品元素之间的映射过程[24]。Shao 等联合采用数据挖掘技术和粗糙集技术来探索顾客需求、产品规格以及配置选择之间的关系[23]。Chen 与Wang 则提出了一种基于神经网络的方法来个体化配置规则的获取[42]。

针对顾客感知问题,Yang 提出了一个基于分类的工程系统来模拟顾客感知响应[43]。Wang 以及 Yang、Shieh 则采用基于支持向量机的方法来获得顾客感知和产品元素之间的映射[26,27]。文献[44]采用决策支持方法将顾客情感需求并入产品设计元素中,以实现通过产品设计来提高顾客满意度的目的。文献[45]提出了一种基于粗糙集的方法来获取产品服务系统配置的规则。

我们的研究与 Long 等[45]以及 Shen 等[46]的研究类似。不过以上三项研究在获取的规则种类方面是不同的。Shen 抽取了用以描述服务参数与功能性需求、顾客特征以及产品特征关系的服务规则,整个研究过程并未考虑顾客感知的问题[46],有鉴于此,此处的研究将获得用以描述产品服务组件与顾客感知关系的服务规则。

Bennett 建议为了完全理解顾客需求[19],市场细分应该得到重视。同时,消费者行为研究也表明在相同的消费趋势下,顾客会进入相同的集群[22]。此外,Chen和 Wang 推得客户特征会影响他们的需求[47]。Long 提出了一个基于优势关系的粗糙集方法来获得描述产品服务组件以及客户感知之间关系的服务规则,然而并未分析顾客特征以及顾客感知[45]。本研究是对上述研究的扩展延伸。在充分考虑顾客特征对感知的影响以及顾客感知主观性的基础上,本研究同时讨论了顾客感知以及顾客特征的区别。

5.2.2　基于粗糙集的产品服务配置规则抽取

尽管由 Pawlak 介绍的经典粗糙集理论可以通过分离确信的和不确信的知识

来解决不一致问题[44,48]，但这个方法无法发现考虑不同的标准而带来的不一致问题，也就是属性偏好的顺序。为解释偏好排序以及优势原则的不一致问题，Greco 等通过将不可辨明关系替换为支配关系，提出了一个经典粗糙集的扩展方法——基于优势关系的粗糙集(dominance-based rough set，DRS)[49,50]。

如果读者对基于优势关系的粗糙集的定义以及基本概念感兴趣，想要进一步了解它们，可以参照文献[51]~[56]。

1. 信息表

与传统粗糙集理论相似的是，DRS 中的信息表可以表示为一个四元组 $S=\langle U,Q,V,f\rangle$，其中 U 代表总体，由一组有限的对象组成；Q 是属性的有限集，记作 $Q=C\cup D=\{q_1,q_2,\cdots,q_m\}$，这些属性可以分为条件属性，也就是标准集合 C 以及决策属性集合 D；V_q 表示的是属性 q 的域，$V=\bigcup_{q\in Q}V_q$。由此信息函数 $f:U\times Q\to V$ 是一个全函数，记作 $f(x,q)\in V_q$(对任意的 $x\in U,q\in Q$)。

2. 粗糙近似

一个决策属性 $d(d\in D)$ 可以将全集 U 划分成一些有限的类集合 $\mathrm{Cl}=\{\mathrm{Cl}_t,t\in T\}$，其中 $T=\{1,2,\cdots,n\}$。Cl 中类的下标 t 按照偏好顺序进行排序。即对任意的 $r,s\in T$，如果 $r>s$，则表示类集合中的对象 Cl_r 比 Cl_s 更受偏爱。由于类集合 Cl 中的偏好顺序，则目标集合变成类集合的向上并集和向下并集，表达式为

$$
\begin{cases}
\mathrm{Cl}_t^{\geqslant}=\bigcup\limits_{s\geqslant t}\mathrm{Cl}_s, & t=1,2,\cdots,n \\
\mathrm{Cl}_t^{\leqslant}=\bigcup\limits_{s\leqslant t}\mathrm{Cl}_s, & t=1,2,\cdots,n
\end{cases}
\tag{5.13}
$$

采用符号 $\geqslant_q$ 表示全集 U 中依照标准 q 而产生的一种弱优势关系，则 $x\geqslant_q y$ 表示"根据标准 q,x 至少与 y 一样好"。而对于任意的集合 $P\subseteq C$，若对任意的 $q\in P$，均有 $x\geqslant_q y$，则称 x 按 P 优于 y，记为 $xD_p y$。对 $P\subseteq C$，若所有对象的集合均严格地属于 $\mathrm{Cl}_t^{\geqslant}$，则该集合组成了对类 $\mathrm{Cl}_t^{\geqslant}$ 的条件 P 的下近似(P-lower approximation)，记作 $\underline{P}(\mathrm{Cl}_t^{\geqslant})$，而若所有对象的集合均有可能属于 $\mathrm{Cl}_t^{\geqslant}$，则该集合组成了对类 $\mathrm{Cl}_t^{\geqslant}$ 的条件 P 的上近似(P-upper approximation)，记作 $\overline{P}(\mathrm{Cl}_t^{\geqslant})$。由此有

$$
\begin{cases}
\underline{P}(\mathrm{Cl}_t^{\geqslant})=\{x\in U:D_P^+(x)\subseteq \mathrm{Cl}_t^{\geqslant}\}, & t=1,2,\cdots,n \\
\overline{P}(\mathrm{Cl}_t^{\geqslant})=\{x\in U:D_P^-(x)\cap \mathrm{Cl}_t^{\geqslant}\neq\varnothing\}, & t=1,2,\cdots,n
\end{cases}
\tag{5.14}
$$

其中，$D_P^+(x)$ 称为条件 P-dominating 集；$D_P^-(x)$ 称为 P-dominated 集。这两个集合可以表示为

$$
\begin{cases}
D_P^+(x)=\{y\in U:yD_p x\}, & t=1,2,\cdots,n \\
D_P^-(x)=\{y\in U:xD_p y\}, & t=1,2,\cdots,n
\end{cases}
\tag{5.15}
$$

类似地，对类 $\mathrm{Cl}_t^{\leqslant}$ 的条件 P 的上近似以及下近似可以表示为

$$\begin{cases} \underline{P}(\mathrm{Cl}_t^{\leqslant}) = \{x \in U : D_p^-(x) \subseteq \mathrm{Cl}_t^{\leqslant}\}, & t = 1, 2, \cdots, n \\ \overline{P}(\mathrm{Cl}_t^{\leqslant}) = \{x \in U : D_p^+(x) \bigcap \mathrm{Cl}_t^{\leqslant} \neq \varnothing\}, & t = 1, 2, \cdots, n \end{cases} \tag{5.16}$$

所有对象均可大致归属于 $\mathrm{Cl}_t^{\geqslant}$ 类或 $\mathrm{Cl}_t^{\leqslant}$ 类,这些对象可以组成 $\mathrm{Cl}_t^{\geqslant}$ 类或 $\mathrm{Cl}_t^{\leqslant}$ 类的 P 边界(P-boundary,分别用 $\mathrm{Bn}_p(\mathrm{Cl}_t^{\geqslant})$ 和 $\mathrm{Bn}_p(\mathrm{Cl}_t^{\leqslant})$ 表示),可以采用 P 条件的上、下近似来表示:

$$\begin{cases} \mathrm{Bn}_p(\mathrm{Cl}_t^{\geqslant}) = \overline{P}(\mathrm{Cl}_t^{\geqslant}) - \underline{P}(\mathrm{Cl}_t^{\geqslant}), & t = 1, 2, \cdots, n \\ \mathrm{Bn}_p(\mathrm{Cl}_t^{\leqslant}) = \overline{P}(\mathrm{Cl}_t^{\leqslant}) - \underline{P}(\mathrm{Cl}_t^{\leqslant}), & t = 1, 2, \cdots, n \end{cases} \tag{5.17}$$

3. 抽取规则

基于优势关系的粗糙集方法的最后结果是以信息表的形式、按照 if-then 决策规则表示的,通过类的并集的上、下近似方法获得。

从知识发现的观点,P-lower 近似表示通过规则 $P(P \subseteq C)$ 获得的确定的知识,而 P-upper 近似则是代表可能的知识以及包含不确定知识的 P-boundary。在研究中,关注以下两种类型的决策规则是十分有意义的。

(1) 确定性 $D_{\geqslant}$-决策规则:若 $f(x, q_1) \geqslant r_{q_1}$ 且 $f(x, q_2) \geqslant r_{q_2}$ 且…且 $f(x, q_p) \geqslant r_{q_p}$,则 $x \in \mathrm{Cl}_t^{\geqslant}$。该规则仅适用于 $\underline{P}(\mathrm{Cl}_t^{\geqslant})$ 中的对象,即达到上述条件的对象将被分配到优先级更高的类中。

(2) 确定性 $D_{\leqslant}$-决策规则:若 $f(x, q_1) \leqslant r_{q_1}$ 且 $f(x, q_2) \leqslant r_{q_2}$ 且…且 $f(x, q_p) \leqslant r_{q_p}$,则 $x \in \mathrm{Cl}_t^{\leqslant}$。该规则仅适用于 $\underline{P}(\mathrm{Cl}_t^{\leqslant})$ 中的对象,达到上述条件的对象将会被分配到更低的类中。

4. 知识质量

决策规则的诱因,如知识获取,聚焦于规则集合 C 以及决策属性 d 之间的关系精度。因此,为描述知识发现的可靠性,分析类 Cl_t 近似的精度是十分必要的。

对每一个 $P \subseteq C$,由一个标准集 P 获得的多标准类 Cl 的近似质量定义为信息表中 P-correctly 分类的对象的数量以及所有对象数量的比例,如下式所示:

$$\gamma_p(\mathrm{Cl}) = \frac{\left| U - \left(\bigcup_{t \in T} \mathrm{Bn}_p(\mathrm{Cl}_t^{\leqslant}) \right) \right|}{|U|} = \frac{\left| U - \left(\bigcup_{t \in T} \mathrm{Bn}_p(\mathrm{Cl}_t^{\geqslant}) \right) \right|}{|U|} \tag{5.18}$$

其中,$|\cdot|$ 表示集合的基数,也就是集合中对象的个数;p 表示集合的规则;Cl 表示所考虑的类;$\gamma_p(\mathrm{Cl})$ 可以认为是对由信息表中抽取知识的质量的衡量手段,本质上,它代表的是将对象归属于 $\mathrm{Cl}_t^{\geqslant}$ 与 $\mathrm{Cl}_{t-1}^{\leqslant}$ 或者 $\mathrm{Cl}_t^{\leqslant}$ 与 $\mathrm{Cl}_{t+1}^{\geqslant}$ 的粗糙粒度。如果知识粒度足够好,可以确定地、清晰地区分两个类,则 $\gamma_p(\mathrm{Cl})$ 取得最大值 1,否则,$\gamma_p(\mathrm{Cl})$ 在 0 和 1 之间取值。

5.2.3　结合粗糙集与聚类分析的产品服务配置规则抽取方法

我们的目标是产生可以表示产品服务组件以及顾客感知之间关系的规则集合。为了达到这个目标,我们提出了一个基于优势关系的粗糙集的方法。主要包括三个阶段:信息表的构建、顾客细分以及规则抽取,如图 5.1 所示。本节剩余部分将详细讨论这三个阶段。

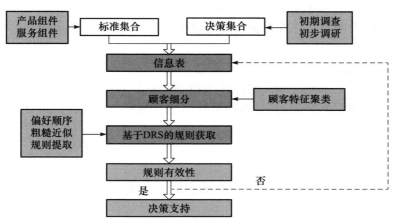

图 5.1　配置规则抽取方法

1. 信息表构建

在基于优势关系的粗糙集理论中,对象的信息采用信息表的方式表示,信息表的每一行都表示一个对象,即产品服务系统配置的实例。每一列对应表示一个属性。在所提出的方法中,产品和服务构建的集合被当做条件属性集合 C,顾客感知则对应决策属性集合 D。信息表(表 5.4)中的每一个单元格是与该行(对应一个实例)以及该列(对应的属性)所属的一个类的值。

表 5.4　信息表

对象	产品 & 服务组成 (条件属性集合 C)					顾客感知 (决策属性集合 D)		
	PU_1 (q_1)	$\cdots$	PU_r (q_r)	SU_1 (q_{r+1})	$\cdots$	SU_s (q_{r+s})	CP_1 (d_1)	$\cdots$	CP_t (d_t)
x_1	v_{q12}	$\cdots$	v_{qr1}	$v_{q(r+1)1}$	$\cdots$	$v_{q(r+s)4}$	d_{13}	$\cdots$	d_{t1}
$\vdots$	$\vdots$		$\vdots$	$\vdots$		$\vdots$	$\vdots$		$\vdots$
x_n	v_{q14}	$\cdots$	v_{qr2}	$v_{q(r+1)3}$	$\cdots$	$v_{q(r+s)1}$	d_{12}	$\cdots$	d_{t3}

简单地说,每一个产品服务系统配置可以采用 $r+s$ 个产品和服务组件组合表

示,也就是 $C=\{q_1,\cdots,q_r,q_{r+1},\cdots,q_{r+s}\}$,而其中每一个产品或者服务构建均对应几个选项(类别),表示为 $V_{qi}=\{v_{qi1},\cdots,v_{qil}\}$,$i=1,2,\cdots,r+s$。

在实际生活中,对于顾客感知问题,不同个性的顾客通常采用不同词汇来描述他们的感知。为了减少问题的复杂性,本方法事先进行一个初步调查,针对产品服务系统,获得顾客描述其感知而使用的较为频繁的词汇。然后在后面的调研问卷(这是下一步的内容)设计中采用这些词汇,而相应的答案则量化为 1～7 (间隔 0.5)。充分考虑到这些收集到的词汇可能在意思上会有点相似,也就是会有些重合,采用因素分析来表示最终这些收集到的数据中的词汇更少,但更具有代表性。

在初步调查的基础上,进行一个初步调研,从这个初步调研可以获得两类信息:①顾客概况信息,也称为顾客特征,如工作方式以及工作环境等;②顾客对问卷中每个用来描述顾客感知的词汇,给出他们的评估等级。此处在获得第二类信息的时候,借用一个 7 分制的语义差异法。

2. 顾客细分

顾客感知是很主观的。例如,年轻人会认为时速 50mile 与他们需要的相比不够快,但年长的人会认为这时速过快了。顾客对产品服务系统的感知是一个包含许多因素的复杂系统。顾客实际的感觉也是因人而异的。这些差异的感知通常是与顾客的不同方面或特征相关联的。因此,为获得有效的规则,必须综合考虑产品服务组件与顾客感知、上述的不同方面或者顾客特征的关系。

在本方法中,首要的问题是根据顾客特征,将不同的顾客进行细分。此处采用聚类分析的方法实现顾客细分。

顾客特征通常被描述为名义变量。例如,顾客应用案例就被视为一个名义变量。名义变量也有多个选项,如港口、物流仓库等。在聚类分析之前,名义变量应当转化为具体的 0-1 变量。以顾客应用案例为例,案例中三个选项包括港口、物流仓储以及化学工厂,若一个产品服务系统是针对物流仓储,则名义变量可以表示为 010 的样式。

3. 规则获取

顾客细分之后,分别针对每一个细分类别的顾客,采用基于优势关系的粗糙集方法来获得规则。

对优势关系粗糙集分析工具来说,最主要的条件属性的值是偏好顺序。然后,在信息表中,某些条件属性是名义变量,只有类值而无显性的偏好顺序。这可能是因为条件属性的属性值,也就是产品或者服务构建,并不允许有如同应用案例中顺序的数字信息。因此,为了采用 DRS 进行分析,输出条件属性的偏好顺序是十分必要的。

本方法中,采用 Zhai 等介绍的类别分数法[9],通过信息表中的数据,来识别条件属性的类值中隐藏的偏好顺序。具体的类分数公式为

$$\mathrm{Score}_{q_i}(v_{q_{ij}}) = \frac{1}{N}\sum D_{q_i}(v_{q_{ij}}) \tag{5.19}$$

式中,$D_{q_i}(v_{q_{ij}})$ 表示产品或服务在构建 q_i(采用类值 $v_{q_{ij}}$)对象时,客户的顾客感知评价值;N 是信息表中对象的总数。

如式(5.19)所示,类分数是通过对某个类值的顾客感知评估水平求均值而获得的。与此同时,它也表明了对应于顾客感知评估水平的类值的重要程度。因此,偏好顺序可以通过比较这些分数获得。在鉴别了偏好顺序之后,根据本节中的步骤,采用基于优势关系的粗糙集方法便可以获得所需的规则。

最后,我们可以获得描述产品服务组件与顾客感知之间关系的一系列规则。产品服务系统供应商采用这些规则来指导产品服务系统的配置,由此可以获得一个与具体的顾客感知相匹配的、量身定做的产品服务系统。

5.2.4　案例

本节给出一个 AB 公司的案例来说明方法的可行性和有效性。AB 通过捆绑产品及其相关服务,正从一个生产多种类工业衡器的传统制造企业向一个全工业衡器解决方案供应商转变。

我们的案例单纯考虑某种称为地秤的产品,以及与其对应的服务,如周期维护维修。地秤,也称为分体式地磅,包括一个钢甲板以及一个混凝土甲板。可广泛应用于卡车称重范围,从商业轻量级任务到工业重量级任务。

起初,公司按照自己理解的顾客需求来为顾客提供产品服务系统,这使得部分顾客对该公司的产品服务系统很满意,但部分顾客并不满意。针对顾客不满的情况,公司应当做出合适的改变。也就是,公司可能需要根据这些顾客的反馈重新组合产品和服务构建。因此,公司有必要了解产品服务组件以及顾客反馈之间的关系,即顾客感知。我们提出的方法可以抽取描述这些关系的规则,此外,这些抽取的规则可以用来指导如何进行重组并加快重组的速度。

将获得的 77 个对象分为两组,一个用以约简规则,另一个用以针对这些约简过的规则进行测试。

1. 信息表

首先,确定地秤的产品和服务构建,并以条件属性的形式表现在信息表中;然后,从产品说明书获得每个构建的类以属性域值的方式呈现在表中。具体的构建以及对应的类如表 5.5 所示。

表 5.5　标准及域值

标准		域值
q_i	description（描述）	
q_1	terminal（终端）	T700；7301QR＋＋；7301QR＋；JMB670V；JMB670
q_2	load cell（称重传感器）	数字化称重传感器 NSY；数字化称重传感器 0650；模拟称重传感器 CB
q_3	data management（数据管理）	基本的 WDMS-B0；加强的 WDMS-E0；互联网的 WDMS-I0
q_4	explode-proof subassembly（防爆组件）	非防爆组件；模拟防爆组件 0001；数字化防爆组件 1003
q_5	anti -cheat system（防作弊系统）	红外线探测；视频监控组件；防作弊软件（单机版）；防作弊软件（联网版）
q_6	installation（安装）	安装服务；自安装
q_7	training（培训）	现场培训；现场 & 培训中心培训
q_8	periodic maintenance（定期维护）	非定期维护；定期校准；清理 & 预防性维护 & 定期校准
q_9	repair（维修）	现场维修；紧急维修
q_{10}	technology support（技术支持）	热线支持 & 线上支持；热线支持 & 在线支持 & 远程遥控
q_{11}	amelioration & upgrade（改进和升级）	无改进 & 升级；性能评估；性能评估 & 制订改进及升级计划
q_{12}	equipment record（设备档案）	无设备档案；设备档案
q_{13}	spare parts supply（备件供应）	免费配件；收费配件
q_{14}	extended warranty service（延保服务）	3 年延保；5 年延保
q_{15}	calibration certification（校准证书）	无校准证书；校准文档；校准咨询；校准文档 & 校准咨询

而后收集对于产品服务系统的顾客感知信息，并以决策属性的形式表现在信息表中，决策属性通过下面的三个步骤获得。

首先，收集描述顾客对地秤产品服务系统感知的高频词汇。由产品目录、有经验的顾客、专家以及售后服务工程师获得了 11 个词或者短语，具体为稳定、昂贵、精准、可靠、高效、经济、快速服务响应、快速呈现结果、良好的性价比、操作中多输入以及便捷的维护。第二步，进行一个初步调研，其问卷设计采用 7 分制（间隔0.5）来衡量上述词组或回答。最后一步为对初步调研所获得的数据进行因素分析，结果如表 5.6 所示。因素分析的作用则是使得获得的单词或者词组更少但更具有代表性。如表 5.6 所示，原始词语"高效，操作中多输入，便捷的维护，以及快速服务响应"对因素 1 具有较高的载荷。类似地，原始词汇"精准，稳定，可靠以及快速呈现结果"对因素 2 具有较高的载荷。与此同时，原始词汇"高价，昂贵以及高性价比"对因素 3 具有较高的载荷。结果表明,11 个原始词汇(含词组)约简为三个具有代表性的词汇,解释三个潜在因素,分别是操作、性能以及经济属性,上述三个具有代表性的词汇以及相应的原始词汇如表 5.7 所示。以约简词汇"操作"为代表,其对应的原始词汇为"高效,操作中多输入,便捷的维护以及快速服务响应"。对一个具体的地秤产品服务系统来说,"高效,操作中多输入,便捷的维护以及快速服务响应"意味着地秤产品服务系统的用户无需付出太多即可实现产品服务系统的运行,即低支持成本。总支持成本可能包括资金成本、等待时间成本、维修成本等。因此,对潜在因素 1 具有高载荷的词汇"高效,操作中多输入,便捷的维护,以及快速的服务响应"也可能称作操作。

表 5.6　潜在因素载荷

代表性词汇	原始词汇	因子的载荷		
		潜在的因子 1	潜在的因子 2	潜在的因子 3
操作	高效	0.912		
	操作中多输入	0.906		
	便捷的维护	0.915		
	快速服务响应	0.889		
性能	精准		0.820	
	稳定		0.782	
	可靠		0.801	
	快速呈现结果		0.885	
经济属性	高价			0.884
	昂贵			0.875
	良好的性价比			−0.884
最后统计				
百分比/%		36.348	31.405	29.192
累计百分比/%		36.348	67.753	96.945

表 5.7　约简词汇及原始词汇

代表性词汇	相关原始词汇
性能	精准;稳定;可靠;快速呈现结果
操作	高效;操作中多输入;便捷的维护;快速服务响应
经济属性	高价;昂贵;良好的性价比

最后,进行一个初步调研,通过这个初步调研,可以获得关于顾客特征的信息。同时,通过一个 7 分制的语义差别法,可以获得顾客对每个约简词汇的评价。具体的问卷如图 5.2 所示。

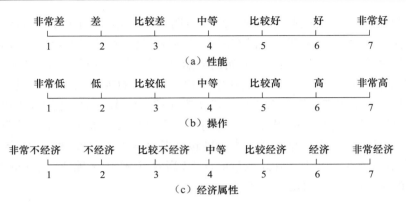

图 5.2　约简词汇的 7 分制问卷

77 个受调研的顾客均为正在使用或者已经使用过地秤产品服务系统的有经验顾客。这些使用者的营运经理或者生产主管参与了这次调研,与地秤产品服务系统相应的信息通过企业的事物记录获得。当所有信息都完备时,即可构建基于优势关系的粗糙集信息表,如表 5.8 所示。

表 5.8　地秤信息表

对象	条件属性集 D			决策属性集 D		
	终端	...	校准	性能	操作	经济属性
	(q_1)	...	(q_{15})	(d_1)	(d_2)	(d_3)
x_1	T700	...	校准文档	6	5	4
...	...	...	...	...	...	...

2. 顾客细分

在充分考虑不同顾客特征会产生不同感知的基础上,通过与地秤产品服务系统商的营运经理以及售后服务工程师讨论确定了顾客特征。这些特征为产能、工作方式、用途以及工作环境。然后根据上述特征将顾客进行细分,如表 5.9 所示。

表 5.9　顾客特征

顾客特征			分类	编码
CF_i	描述	类型		
CF_1	规模容量	名义上	[20,50]	0,1
			(50,100]	0,1
			(100,300]	0,1
CF_2	工作方式	名义上	动态称重	0
			静态称重	1

顾客特征			分类	编码
CF_i	描述	类型		
			港口	0,1
			仓储物流	0,1
			煤矿	0,1
CF_3	应用	名义变量	冶金	0,1
			石化	0,1
			电力	0,1
			化工厂	0,1
			木材	0,1
CF_4	工作环境	名义变量	常规	0
			危险	1

采用聚类分析的方法实现顾客细分。为了使用该方法,根据名义变量的性质,将顾客特征进行 0-1 编码。然后,采用离差平方(ward method)和欧氏距离的平方(squared Euclidean distance)作为标准进行聚类。最终,本案例的顾客被分为五类,结果如图 5.3 所示。

3. 抽取规则

在建立信息表以及细分顾客之后,可以采用基于优势关系的粗糙集的方法来生成规则。从 77 个对象中随机取出 66 个生成样本,用以形成规则,剩下的 11 个对象则用以测试形成的规则。信息表中有三个决策属性,即 $D = \{d_1, d_2, d_3\}$,需要分别对五种顾客进行分析,因此需要运行 DRS 方法合计 15 次。

确定类的偏好顺序是十分必要的,如前文所述,通过类分数的方法获得偏好顺序,如表 5.10 所示。

需要注意的是,分析信息表中数据的目的是发掘产品服务组件以及顾客对产品服务系统感知的关系。因此案例分析主要针对由类的向上并集或者向下并集的 P-lower 近似产生的规则。这些规则代表了确定性,而不是潜在性。

对于决策属性"性能"以及"经济属性",评价分数越高越好。相反地,"操作"的评价分数低,表明顾客认为他们会更少地关注产品服务系统的运行(operation)。因此,对"操作"这个决策属性来说,评价分数越低越好。由此,描述产品服务组件与顾客对产品服务系统"性能"和"经济属性"属性的感知两者之间关系的规则,是由向上并集的 P-lower 近似生成的。而描述产品服务组件与顾客对产品服务系统的"操作"属性感知之间关系的规则,是由向下并集的 P-lower 近似生成的。所有抽取生成的规则如表 5.11 所示。

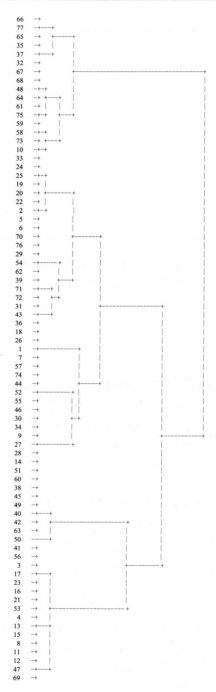

图 5.3　顾客细分

表 5.10　偏好顺序

聚类	偏好顺序		
	性能(d_1)	操作(d_2)	经济属性(d_3)
1	$q_{14}>q_{11}$；$q_{23}>q_{22}$	$q_{14}>q_{11}$；$q_{23}>q_{22}$	$q_{14}>q_{11}$；$q_{23}>q_{22}$
	$q_{32}>q_{33}$；$q_{42}>q_{41}>q_{43}$	$q_{32}=q_{33}$；$q_{42}>q_{41}>q_{43}$	$q_{32}>q_{33}$；$q_{42}>q_{41}=q_{43}$
	$q_{53}>q_{51}$；$q_{52}>q_{71}>q_{72}$	$q_{53}>q_{51}$；$q_{52}>q_{71}>q_{72}$	$q_{53}>q_{51}$；$q_{52}>q_{71}>q_{72}$
	$q_{83}>q_{81}$；$q_{92}>q_{91}$	$q_{83}>q_{81}$；$q_{92}>q_{91}$	$q_{83}>q_{81}$；$q_{91}>q_{92}$
	$q_{101}>q_{102}$；$q_{113}>q_{111}$	$q_{102}=q_{101}$；$q_{113}>q_{111}$	$q_{102}>q_{101}$；$q_{113}>q_{111}$
	$q_{122}>q_{121}$；$q_{131}>q_{132}$	$q_{122}>q_{121}$；$q_{132}>q_{131}$	$q_{122}>q_{121}$；$q_{132}>q_{131}$
	$q_{142}>q_{141}$；	$q_{141}>q_{142}$；	$q_{141}>q_{142}$；
	$q_{152}>q_{154}>q_{151}>q_{153}$	$q_{152}=q_{154}>q_{151}>q_{153}$	$q_{154}>q_{152}>q_{153}=q_{151}$
2	$q_{13}>q_{14}>q_{15}$；$q_{23}>q_{21}$	$q_{14}>q_{13}>q_{15}$；$q_{23}>q_{21}$	$q_{13}>q_{14}>q_{15}$；$q_{23}>q_{21}$
	$q_{31}>q_{32}$；$q_{54}>q_{51}>q_{52}$	$q_{32}>q_{31}$；$q_{51}>q_{54}>q_{52}$	$q_{31}>q_{32}$；$q_{54}>q_{51}>q_{52}$
	$q_{71}>q_{72}$；$q_{82}>q_{81}$	$q_{72}>q_{71}$；$q_{81}>q_{82}$	$q_{72}>q_{71}$；$q_{82}>q_{81}$
	$q_{91}>q_{92}$；$q_{112}>q_{111}$	$q_{92}>q_{91}$；$q_{111}>q_{112}$	$q_{91}>q_{92}$；$q_{112}>q_{111}$
	$q_{122}>q_{121}$；$q_{132}>q_{131}$	$q_{121}>q_{122}$；$q_{131}>q_{132}$	$q_{122}>q_{121}$；$q_{132}>q_{131}$
	$q_{141}>q_{142}$；	$q_{142}>q_{141}$；	$q_{141}>q_{142}$；
	$q_{152}>q_{151}>q_{153}$	$q_{151}>q_{152}>q_{153}$	$q_{152}>q_{153}>q_{151}$
3	$q_{11}>q_{15}$；$q_{22}>q_{21}$	$q_{15}>q_{11}$；$q_{21}>q_{22}$	$q_{15}>q_{11}$；$q_{21}>q_{22}$
	$q_{32}>q_{31}$；$q_{41}>q_{43}$	$q_{32}>q_{31}$；$q_{41}>q_{43}$	$q_{32}>q_{31}$；$q_{41}>q_{43}$
	$q_{54}>q_{51}$；$q_{52}>q_{71}>q_{72}$	$q_{51}>q_{54}=q_{52}$；$q_{71}>q_{72}$	$q_{54}=q_{51}$；$q_{52}>q_{71}>q_{72}$
	$q_{82}>q_{81}$；$q_{92}>q_{91}$	$q_{81}>q_{82}$；$q_{92}>q_{91}$	$q_{82}>q_{81}$；$q_{92}>q_{91}$
	$q_{112}>q_{111}$；$q_{122}>q_{121}$	$q_{111}>q_{112}$；$q_{122}>q_{121}$	$q_{112}>q_{111}$；$q_{122}>q_{121}$
	$q_{131}>q_{132}$；$q_{142}>q_{141}$	$q_{131}>q_{132}$；$q_{142}>q_{141}$	$q_{131}>q_{132}$；$q_{142}>q_{141}$
	$q_{154}>q_{151}>q_{153}$	$q_{153}>q_{151}>q_{154}$	$q_{154}>q_{151}>q_{153}$
4	$q_{31}>q_{32}$；$q_{41}>q_{42}$	$q_{32}>q_{31}$；$q_{42}>q_{41}$	$q_{31}>q_{32}$；$q_{41}>q_{42}$
	$q_{54}>q_{51}$；$q_{82}>q_{81}$	$q_{51}>q_{54}$；$q_{81}>q_{82}$	$q_{54}>q_{51}$；$q_{82}>q_{81}$
	$q_{91}>q_{92}$；$q_{112}>q_{111}$	$q_{92}>q_{91}$；$q_{111}>q_{112}$	$q_{91}>q_{92}$；$q_{112}>q_{111}$
	$q_{122}>q_{121}$；$q_{132}>q_{131}$	$q_{121}>q_{122}$；$q_{131}>q_{132}$	$q_{122}>q_{121}$；$q_{132}>q_{131}$
	$q_{141}>q_{142}$；$q_{152}>q_{151}$	$q_{142}>q_{141}$；$q_{151}>q_{152}$	$q_{141}>q_{142}$；$q_{152}>q_{151}$
5	$q_{33}=q_{31}>q_{32}$；$q_{41}>q_{43}$	$q_{33}=q_{32}>q_{31}$；$q_{43}>q_{41}$	$q_{31}>q_{32}>q_{33}$；$q_{41}>q_{43}$
	$q_{54}>q_{51}$；$q_{72}>q_{71}$	$q_{51}>q_{54}$；$q_{72}>q_{71}$	$q_{54}>q_{51}$；$q_{72}>q_{71}$
	$q_{82}>q_{81}$；$q_{91}>q_{92}$	$q_{81}>q_{82}$；$q_{92}>q_{91}$	$q_{82}>q_{81}$；$q_{91}>q_{92}$
	$q_{102}>q_{101}$；$q_{112}>q_{111}$	$q_{102}>q_{101}$；$q_{111}>q_{112}$	$q_{101}>q_{102}$；$q_{112}>q_{111}$
	$q_{122}>q_{121}$；$q_{132}>q_{131}$	$q_{121}>q_{122}$；$q_{131}>q_{132}$	$q_{121}>q_{122}$；$q_{132}>q_{131}$
	$q_{141}>q_{142}$；$q_{152}>q_{151}$	$q_{141}>q_{142}$；$q_{151}>q_{152}$	$q_{141}>q_{142}$；$q_{152}>q_{151}$

表 5.11　规则抽取

来自客户细分的规则 1：

R_{11}	$\star$ If (Terminal$\geqslant q_{14}$) and (Load cell$\geqslant q_{23}$) and (Explode-proof subassembly$\geqslant q_{42}$) and (Data management$\geqslant q_{33}$) and (Technology support$\geqslant q_{102}$) and (Anti-cheat system$\geqslant q_{53}$) and (Training $\geqslant q_{71}$) and (Periodic maintenance$\geqslant q_{83}$) and (Repair$\geqslant q_{92}$) and (Amelioration and upgrade$\geqslant q_{113}$) and (Equipment record$\geqslant q_{122}$) and (Spare parts supply$\geqslant q_{131}$) and (Extended warranty service$\geqslant q_{142}$) and (Calibration certification$\geqslant q_{154}$), then ($d_1\geqslant 6$)
R_{12}	$\star$ If (Terminal$\geqslant q_{14}$) and (Load cell$\geqslant q_{23}$) and (Explode-proof subassembly$\geqslant q_{42}$) and (Data management$\geqslant q_{33}$) and (Technology support$\geqslant q_{102}$) and (Anti-cheat system$\geqslant q_{53}$) and (Training $\geqslant q_{71}$) and (Periodic maintenance$\geqslant q_{83}$) and (Repair$\geqslant q_{92}$) and (Amelioration and upgrade$\geqslant q_{113}$) and (Equipment record$\geqslant q_{122}$) and (Spare parts supply$\geqslant q_{131}$) and (Extended warranty service$\geqslant q_{142}$) and (Calibration certification$\geqslant q_{154}$), then ($d_1\geqslant 5$)
R_{13}	$\star$ If (Terminal$\leqslant q_{14}$) and (Load cell$\leqslant q_{23}$) and (Explode-proof subassembly$\leqslant q_{41}$) and (Anti-cheat system$\leqslant q_{51}$) and (Training$\leqslant q_{71}$) and (Periodic maintenance$\leqslant q_{81}$) (Repair$\leqslant q_{92}$) and (Spare parts supply$\leqslant q_{131}$) and (Extended warranty service$\leqslant q_{142}$) and (Amelioration and upgrade $\leqslant q_{111}$) and (Equipment record$\leqslant q_{121}$) and (Calibration certification$\leqslant q_{151}$), then ($d_2\leqslant 5$)
R_{14}	$\star$ If (Terminal$\geqslant q_{14}$) and (Load cell$\geqslant q_{23}$) and(Data management$\geqslant q_{33}$) and (Explode-proof subassembly$\geqslant q_{42}$) and (Anti-cheat system$\geqslant q_{53}$) and (Training$\geqslant q_{71}$) and (Periodic maintenance$\geqslant q_{83}$)and (Repair$\geqslant q_{92}$) and (Technology support$\geqslant q_{102}$) and (Amelioration and upgrade$\geqslant q_{113}$) and (Equipment record$\geqslant q_{122}$) and (Spare parts supply$\geqslant q_{131}$)and (Extended warranty service$\geqslant q_{142}$) and (Calibration certification$\geqslant q_{154}$), then ($d_3\geqslant 6$)
R_{15}	$\star$ If (Terminal$\geqslant q_{14}$) and (Load cell$\geqslant q_{23}$) and (Data management$\geqslant q_{32}$) and (Explode-proof subassembly$\geqslant q_{42}$) and (Anti-cheat system$\geqslant q_{53}$) and (Training$\geqslant q_{71}$) and (Periodic maintenance$\geqslant q_{83}$) and (Repair$\geqslant q_{92}$) and (Technology support$\geqslant q_{101}$) and (Amelioration and upgrade$\geqslant q_{113}$) and (Equipment record$\geqslant q_{122}$) and (Spare parts supply$\geqslant q_{131}$) and (Extended warranty service$\geqslant q_{142}$) and (calibration certification$\geqslant q_{152}$), then ($d_3\geqslant 5$)
R_{16}	$\star$ If (Terminal$\geqslant q_{14}$) and (Load cell$\geqslant q_{23}$) and (Data management$\geqslant q_{32}$) and (Explode-proof subassembly$\geqslant q_{42}$) and (Anti-cheat system$\geqslant q_{53}$) and (Training$\geqslant q_{71}$) and (Periodic maintenance$\geqslant q_{83}$) and (Repair$\geqslant q_{92}$) and (Technology support$\geqslant q_{101}$) and (Amelioration and upgrade$\geqslant q_{113}$) and (Equipment record$\geqslant q_{122}$) and (Spare parts supply$\geqslant q_{131}$) and (Extended warranty service$\geqslant q_{142}$) and (Calibration certification$\geqslant q_{152}$), then ($d_3\geqslant 4$)

来自客户细分的规则 2：

R_{21}	$\star$ If (Terminal$\geqslant q_{13}$) and (Load cell$\geqslant q_{23}$) and (Data management$\geqslant q_{31}$) and (Anti-cheat system$\geqslant q_{54}$) and (Training$\geqslant q_{71}$) and (Periodic maintenance$\geqslant q_{82}$) and (Repair$\geqslant q_{91}$) and (Amelioration and upgrade$\geqslant q_{112}$) and (Equipment record$\geqslant q_{122}$) and (Spare parts supply$\geqslant q_{132}$) and (Extended warranty service$\geqslant q_{141}$) and (Calibration certification$\geqslant q_{152}$), then ($d_1\geqslant 5$)
R_{22}	$\star$ If (Terminal$\geqslant q_{14}$) and (Load cell$\geqslant q_{23}$) and (Anti-cheat system$\geqslant q_{51}$) and (Calibration certification$\geqslant q_{151}$), then ($d_1\geqslant 4$)
R_{23}	$\star$ If (Terminal$\leqslant q_{15}$) and (Load cell$\leqslant q_{21}$) and (Data management$\leqslant q_{31}$) and (Anti-cheat system $\leqslant q_{54}$) and (Training$\leqslant q_{71}$) and (Periodic maintenance$\leqslant q_{81}$) (Repair$\leqslant q_{91}$) and (Spare parts supply$\leqslant q_{132}$)and (Extended warranty service$\leqslant q_{141}$) and (Amelioration and upgrade$\leqslant q_{111}$) and (Equipment record$\leqslant q_{121}$) and (Calibration certification$\leqslant q_{153}$), then ($d_2\leqslant 3$)
R_{24}	$\star$ If (Terminal$\leqslant q_{13}$) and (Data management$\leqslant q_{31}$) and (Anti-cheat system$\leqslant q_{54}$) and (Training $\leqslant q_{71}$) and (Repair$\leqslant q_{91}$) and (Spare parts supply$\leqslant q_{132}$)and (Extended warranty service$\leqslant q_{141}$), then ($d_2\leqslant 4$)

续表

来自客户细分的规则 2：	
R_{25}	＊If (Terminal$\leqslant q_{13}$) and (Data management$\leqslant q_{31}$) and (Anti-cheat system$\leqslant q_{54}$) and (Training $\leqslant q_{71}$) and (Repair$\leqslant q_{91}$) and (Spare parts supply$\leqslant q_{132}$)and (Extended warranty service$\leqslant q_{141}$), then ($d_2\leqslant5$)
R_{26}	＊If (Terminal$\geqslant q_{13}$) and (Load cell$\geqslant q_{23}$) and(Data management$\geqslant q_{31}$) and (Anti-cheat system $\geqslant q_{54}$) and (Training$\geqslant q_{71}$) and (Periodic maintenance$\geqslant q_{82}$)and (Repair$\geqslant q_{91}$) and (Amelioration and upgrade$\geqslant q_{112}$) and (Equipment record$\geqslant q_{122}$) and (Spare parts supply$\geqslant q_{132}$)and (Extended warranty service$\geqslant q_{141}$) and (Calibration certification$\geqslant q_{152}$), then ($d_3\geqslant5$)
R_{27}	＊If (Terminal$\geqslant q_{15}$) and (Load cell$\geqslant q_{21}$) and (Data management$\geqslant q_{32}$) and (Anti-cheat system $\geqslant q_{52}$) and (Training$\geqslant q_{71}$) and (Periodic maintenance$\geqslant q_{81}$) and (Repair$\geqslant q_{92}$) and (Amelioration and upgrade$\geqslant q_{111}$) and (Equipment record$\geqslant q_{121}$) and (Spare parts supply$\geqslant q_{131}$) and (Extended warranty service$\geqslant q_{142}$) and (Calibration certification$\geqslant q_{151}$), then ($d_3\geqslant4$)
来自客户细分的规则 3：	
R_{31}	＊If (Terminal$\geqslant q_{11}$) and (Load cell$\geqslant q_{22}$) and (Explode-proof subassembly$\geqslant q_{41}$) and (Anti-cheat system$\geqslant q_{51}$) and (Training$\geqslant q_{71}$) and (Calibration certification$\geqslant q_{151}$), then ($d_1\geqslant5$)
R_{32}	＊If (Calibration certification$\geqslant q_{151}$), then ($d_1\geqslant4$)
R_{33}	＊If (Terminal$\leqslant q_{11}$) and (Load cell$\leqslant q_{22}$) and (Data management$\leqslant q_{31}$) and (Anti-cheat system $\leqslant q_{52}$or(q_{54})) and (Repair$\leqslant q_{91}$) and (Spare parts supply$\leqslant q_{132}$)and (Extended warranty service $\leqslant q_{141}$), then ($d_2\leqslant4$)
R_{34}	＊If (Terminal$\geqslant q_{11}$) and (Load cell$\geqslant q_{22}$) and (Anti-cheat system$\leqslant q_{51}$or(q_{54})) and (Training$\geqslant q_{71}$) and (Calibration certification$\geqslant q_{151}$), then ($d_3\geqslant4$)
来自客户细分的规则 4：	
R_{41}	＊If (Spare parts supply$\geqslant q_{131}$) and (Extended warranty service$\geqslant q_{142}$), then ($d_1\geqslant5$)
R_{42}	＊If (Data management$\leqslant q_{31}$) and (Explode-proof subassembly$\leqslant q_{41}$) and (Anti-cheat system$\leqslant q_{54}$) and (Periodic maintenance$\leqslant q_{82}$) and (Repair$\leqslant q_{91}$) and (Amelioration and upgrade$\leqslant q_{112}$) and (Equipment record$\leqslant q_{122}$) and (Spare parts supply$\leqslant q_{132}$) and (Extended warranty service$\leqslant q_{141}$) and (Calibration certification$\leqslant q_{152}$), then ($d_2\leqslant5$)
R_{43}	＊If (Data management$\geqslant q_{31}$) and (Explode-proof subassembly$\geqslant q_{41}$) and (Anti-cheat system$\geqslant q_{54}$) and (Periodic maintenance$\geqslant q_{82}$)and (Repair$\geqslant q_{91}$) and (Amelioration and upgrade$\geqslant q_{112}$)and (Equipment record$\geqslant q_{122}$) and (Calibration certification$\geqslant q_{152}$), then ($d_3\geqslant4$)
来自客户细分的规则 5：	
R_{51}	＊If (Data management$\geqslant q_{32}$) and (Explode-proof subassembly$\geqslant q_{43}$) and (Anti-cheat system$\geqslant q_{51}$) and (Training$\geqslant q_{71}$) and (Periodic maintenance$\geqslant q_{81}$) and (Repair$\geqslant q_{92}$) and (Technology support$\geqslant q_{101}$) and (Amelioration and upgrade$\geqslant q_{111}$) and (Equipment record$\geqslant q_{121}$) and (Spare parts supply$\geqslant q_{131}$) and (Extended warranty service$\geqslant q_{142}$) and (Calibration certification$\geqslant q_{151}$), then ($d_1\geqslant5$)
R_{52}	＊If (Data management$\leqslant q_{31}$) and (Explode-proof subassembly$\leqslant q_{41}$) and (Anti-cheat system$\leqslant q_{54}$) and (Training$\leqslant q_{71}$) and (Periodic maintenance$\geqslant q_{82}$) and (Repair$\leqslant q_{91}$) and (Technology support$\leqslant q_{101}$) and (Amelioration and upgrade$\leqslant q_{112}$) and (Equipment record$\leqslant q_{122}$) and (Spare parts supply$\leqslant q_{132}$) and (Extended warranty service$\leqslant q_{141}$) and (Calibration certification$\leqslant q_{152}$), then ($d_2\leqslant5$)

续表

来自客户细分的规则 5：

R_{53}	＊If (Data management$\geq q_{31}$) and (Explode-proof subassembly$\geq q_{41}$) and (Anti-cheat system$\geq q_{54}$) and (Training$\geq q_{72}$) and (Periodic maintenance$\geq q_{82}$) and (Repair$\geq q_{91}$) and (Technology support$\geq q_{101}$) and (Amelioration and upgrade$\geq q_{112}$) and (Equipment record$\geq q_{122}$) and (Spare parts supply$\geq q_{132}$) and (Extended warranty service$\geq q_{141}$) and (Calibration certification$\geq q_{152}$), then ($d_3\geq 5$)
R_{54}	＊If (Data management$\geq q_{31}$) and (Explode-proof subassembly$\geq q_{41}$) and (Anti-cheat system$\geq q_{54}$) and (Training$\geq q_{71}$) and (Periodic maintenance$\geq q_{82}$) and (Repair$\geq q_{91}$) and (Technology support$\geq q_{101}$) and (Amelioration and upgrade$\geq q_{112}$) and (Equipment record$\geq q_{122}$) and (Spare parts supply$\geq q_{132}$) and (Extended warranty service$\geq q_{141}$) and (Calibration certification$\geq q_{152}$), then ($d_3\geq 4$)

　　上述抽取的规则可以指导产品服务系统的配置过程。以 R_{31} 以及 R_{32} 为例，顾客群（customer segment）3 中的顾客会认为地秤服务系统的表现（performance）是中等的（medium），他需要一个更好的系统。在这个例子中，供应商可以根据规则 R_{31} 以及 R_{32} 重新配置地秤产品服务系统。与原先的地秤产品服务系统相比，其组件，即终端（terminal）、传感器（loadcell）、防爆安全组件（explode-proof subassembly）、防作弊系统（anti-cheat system）以及培训（training）被取消，在新的服务系统中，具体的组件至少包含 T700、数字化传感器（digital load cell 0650）、无防爆系统（nonexplode-proof subassembly）、红外监控器（infrared monitor）以及现场同步培训（on-site training simultaneously）。

　　需要注意的是，针对不同顾客群所抽取的规则是明显不同的，以规则 R_{22} 以及 R_{32} 为例。当产品服务系统的组件为终端（terminal）、称重传感器（load cell）、防作弊系统（anti-cheat system）、模拟称重传感器（analog load cell CB）、红外检测器（infrared monitor）、校准证书为 JMB670V、无标定同步认证（noncalibration certification simultaneously）时，顾客群 2 中的顾客可能会认为地秤产品服务系统是中等的；但是对于顾客群 3 中的顾客，只有当产品服务组件至少包括校准认证以及非标定同步认证时，地秤产品服务系统才是中等的。

　　为了衡量所抽取的规则的可靠性，通过计算 $\gamma_p(\text{Cl})$ 来获得知识的粗糙粒度，从而将对象归属于不同的类（对与 $\gamma_p(\text{Cl}_t^{\geq})$，分为 $\text{Cl}_t^{\geq}$ 与 $\text{Cl}_{t-1}^{\leq}$ 两类；对于 $\gamma_p(\text{Cl}_t^{\leq})$，则分为 $\text{Cl}_t^{\leq}$ 和 $\text{Cl}_{t+1}^{\geq}$ 两类）。$\gamma_p(\text{Cl})$ 值越高，则表明知识粒度越好。每一顾客群中不同类的 $\gamma_p(\text{Cl})$ 值均可通过公式计算获得，具体值如表 5.12 所示。

表 5.12　顾客群决策属性及其 $\gamma_p(\text{Cl})$

聚类细分	d_1（性能）$\gamma_c(\text{Cl}_i^{\geq})$				d_2（操作）$\gamma_c(\text{Cl}_i^{\leq})$			d_3（经济属性）$\gamma_c(\text{Cl}_i^{\geq})$		
	$i=4$	$i=5$	$i=6$	$i=7$	$i=3$	$i=4$	$i=5$	$i=4$	$i=5$	$i=6$
1	—	0.50	1.00	0.75	—	—	0.71	0.56	1.00	0.67

续表

聚类细分	d_1（性能）$\gamma_c(\text{Cl}_i^{\geqslant})$				d_2（操作）$\gamma_c(\text{Cl}_i^{\leqslant})$			d_3（经济属性）$\gamma_c(\text{Cl}_i^{\geqslant})$		
	$i=4$	$i=5$	$i=6$	$i=7$	$i=3$	$i=4$	$i=5$	$i=4$	$i=5$	$i=6$
2	0.67	0.44	0.78	—	1.00	0.71	0.57	1.00	1.00	—
3	0.67	1.00	—	—	0.67	0.67	—	0.50	—	—
4	—	0.50	0.50	—	—	0.50	0.50	0.60	0.40	—
5	—	1.00	—	—	—	0.67	—	0.67	0.67	—

如表 5.12 所示,在三个决策属性中,并不会包含所有的下标 $i(i=1,2,\cdots,7)$。以顾客群 1 为例,考虑 d_3,即名为经济属性的决策属性,下标 $i(i=1,2,3,7)$ 缺失。其原因是在此调研中,顾客群 1 中并没有人选中与下标 $i=1,2,3,7$ 相对应的选项。此外,在某些案例中与某个 i 相关的选项被选中,但缺少与其相应的 $\gamma_c(\text{Cl}_i^{\geqslant})$ 或 $\gamma_c(\text{Cl}_i^{\leqslant})$,如考虑 d_1 时,顾客群 1 选中了 $i=4,5,6,7$ 的选项,但表 5.12 中 $\gamma_c(\text{Cl}_4^{\geqslant})$ 并未得到分配,这是因为当 $i\geqslant4$ 时,显然 $\text{Bn}_c(\text{Cl}_4^{\geqslant})=\varnothing$,这使得 $\gamma_c(\text{Cl}_4^{\geqslant})=1$。而不幸的是,在配置过程中,$\gamma_c(\text{Cl}_4^{\geqslant})=1$ 不会为配置决策提供任何信息。因此,这些不完全的、不相关的结果($\gamma_c(\text{Cl}_i^{\geqslant})$ 和 $\gamma_c(\text{Cl}_i^{\leqslant})$)在表 5.12 用"—"表示。

如前文所述,对于性能以及经济属性两个属性,产品服务系统配置的规则更多的是与产品服务组件和顾客对性能以及经济属性两个属性的感知的上界的关系相关,而对于 operational cost 属性,产品服务系统配置规则更多的与产品服务组件和顾客对 operational cost 感知的下界有关,这是因为产品服务系统供应商更倾向于确定选择产品服务组件的最优组合,使得顾客满意度最大。因此,对于性能以及经济属性两个属性,$\gamma_c(\text{Cl})$ 具体用 $\gamma_c(\text{Cl}_i^{\geqslant})$ 来表示,而对于操作属性,则用 $\gamma_c(\text{Cl}_i^{\leqslant})$ 表示。

$\gamma_c(\text{Cl})$ 的不同值代表不同的含义。以顾客群 1 为例,当考虑顾客对经济属性的感知时,"中等"等级对应的 $\gamma_c(\text{Cl})$,即 $i=4$,其分数最低,为 0.56。另外,"经济的"等级的分数最高(即 $i=5$),为 1.00。"经济的"等级对应的分数为 0.67。这些分数起着暗示产品服务系统供应商的作用。上述指数表明对顾客群 1 来说,一方面,对于经济属性,现有的产品服务系统(包含当前的产品以及服务组件),至多能保证"中等经济的"等级的顾客感知;另一方面,现有系统想要达到对经济属性感知的最高等级是十分困难的。因此,这些指数暗示供应商应当改变或者集成更多的产品和服务组件,以防止顾客流失,因为这部分顾客会去寻求经济属性感知至少为"经济的"等级的产品服务系统配置。

5.3　客户体验感知下基于支持向量机的产品服务配置方法

使用不同的方法均可构建产品服务单元到客户感知之间的关系模型。传统的多元统计分析方法广泛地使用于分析预先定义好的产品服务单元与客户感知之间的关系。Han 等[57]使用了多元线性回归,Jindo 等[58]用 QT1 方法,MacKay[59]通过偏最小二乘法实现了产品特征与客户情感感知之间的关系分析。这些统计分析方法都是以产品服务单元与客户感知之间存在线性关系作为假设前提的。但是事实上,客户感知常常具有模糊的特性,并且根据心理反应而导致的客户行为常为非线性的[60,61],因而统计分析的方法在进行此类规则抽取时往往会得出错误的结论。

　　人工神经网络是另外一种获取配置规则的方法,它适用于进行非线性的数据分析。Chen、Wang 以及 Shen 和 Wang[42,46]通过神经网络获取了产品配置以及产品服务配置规则。尽管这样,与统计分析相比,当将其应用于客户感知时,人工神经网络被视为缺乏正式框架并且缺乏系统性的一种方法[62]。相比之下,粗糙集理论[49,50]被视为一种有效的知识发现工具,它在处理不精确、非线性数据方面具有强大的分析能力,并且近年来迅速发展,已构成其自身的系统框架[17]。Long 和 Wang[45]以粗糙集作为工具,实现了产品服务单元与客户感知之间关系的抽取。

5.3.1　客户体验下的产品服务系统配置过程

　　本章中的产品服务系统配置可以看做是,客户需求到产品服务系统(PSS)的配置,如图 5.4 所示。

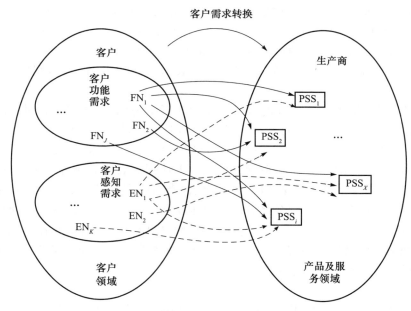

图 5.4　客户需求到产品服务系统的映射

在客户域,客户需求可以定义为功能需求和感知需求,可以分别表示如下。

功能需求的特征是一组 FN_s：$\boldsymbol{F}=[f_1,f_2,\cdots,f_J]$。每个 FN，$f_p\mid\forall p\in\{1,2,\cdots,J\}$，拥有多个实例：$F_p=\{f_{p1},f_{p2},\cdots,f_{pj_p}\}$，那就是 $f_p=::f_{pt}\mid f_{pt}\in F_p$，其中 $t=1,2,\cdots,j_p,f_{pt}$ 表示 f_p 的第 t 个可能的值。因此，一名客户的功能需求可以表示为 FN_s 的特定值的一个向量。例如，$\boldsymbol{F}_s=[f_{14},f_{23},\cdots,f_{J2}]$，其中下标 s 表示那个例子的索引号。

感知需求的特征是一组 EN：$\boldsymbol{E}=[e_1,e_2,\cdots,e_K]$，每个 EN，$e_h\mid\forall h\in\{1,2,\cdots,K\}$，拥有多个实例：$E_h=\{e_{h1},e_{h2},\cdots,e_{hk_h}\}$，那就是 $e_h=::e_{hr}\mid e_{hr}\in E_h$，其中 $r=1,2,\cdots,k_h,e_{hr}$ 表示 e_h 的第 r 个可能值。因此，一名客户的感知需求可以表示为 EN 的特定值的一个向量。例如，$\boldsymbol{E}_s=[e_{13},e_{22},\cdots,e_{K5}]$，其中下标 s 表示那个例子的索引号。

在产品和服务领域，不同的产品组件和服务模块随着产品服务系统供应客户而归拢在一起。这些产品服务系统也被称为配置方案，它们可以通过产品和服务来表征。对于产品，一个产品的特征是一组 PC，$\boldsymbol{P}=[p_1,p_2,\cdots,p_M]$，每个 PC，$p_w\mid\forall w\in\{1,2,\cdots,M\}$ 拥有多个实例，$P_w=\{p_{w1},p_{w2},\cdots,p_{wm_w}\}$。那就是，$p_w=::p_{wu}\mid p_{wu}\in P_w$，其中 $u=1,2,\cdots,m_w,p_{wu}$ 表示 p_w 的第 u 个可能值。因此，产品可以表示为 PC 特定值的一个向量。例如，$\boldsymbol{P}_s=[p_{11},p_{25},\cdots,p_{M3}]$，其中下标 s 表示那个例子的索引号。对于服务，它的特征是一组 SC，$\boldsymbol{S}=[s_1,s_2,\cdots,s_L]$。每个 SC，$s_v\mid\forall v\in\{1,2,\cdots,L\}$，拥有多个实例，$S_v=\{s_{v1},s_{v2},\cdots,s_{d_v}\}$。那就是 $s_v=::s_{ve}\mid s_{ve}\in S_v$，其中 $e=1,2,\cdots,l_v,s_{ve}$ 表示 s_v 的第 e 个可能值。因此，服务可以表示成 SC 特定值的一个向量。例如，$\boldsymbol{S}_s=[s_{14},s_{25},\cdots,s_{L4}]$，其中下标 s 表示那个例子的索引号。所以，对于客户 q 的一个特定配置方案，可以用 $PSS_q=[p_{11},p_{12},\cdots,p_{M4},s_{14},s_{25},\cdots,s_{L1}]$ 来描述，其中 M 代表产品组件的总数，下标 L 是服务模块的数量。在实践中，为了满足客户的需求，一个制造商需要提供特制的配置方案给不同的客户。以客户 K 和 q 为例，一个制造商可能要向他们分别提供表述为 $\mathbf{PSS}_q=[p_{11},p_{12},\cdots,p_{M4},s_{14},s_{25},\cdots,s_{L1}]$ 和 $\mathbf{PSS}_y=[p_{12},p_{23},\cdots,p_{M1},s_{12},s_{21},\cdots,s_{L3}]$ 的配置方案。本章中，类标签用来表示不同的产品服务系统。

因此，产品服务系统配置可以表示如下：为了满足特定用户以 $\mathbf{CR}_q$ 为特征的需求，$\mathbf{CR}_q=[F_q,E_q],q\in\{1,2,\cdots,Q\}$，一个制造商需要配置一个 $\mathbf{PSS}_x,x\in\{1,2,\cdots,X\}$，其中 Q 是所有客户的总数，X 是产品服务系统的数量。即 $\boldsymbol{F}_q\bigcup E_q\Rightarrow\mathbf{PSS}_x$，其中映射符号'⇒'表明一个从前因（也就是客户功能需求和感知需求）到后果（也就是 PSS）的推断。前文描述的产品服务系统配置，表明两种不同的领域，以及两者之间的映射关系。通过映射关系，预测一个最接近用户需求的 PSS 提供给客户。然而，映射关系的复杂性给 PSS 配置的工作带来挑战。为了解决这个问题，本章提出一种基于支持向量机（SVM）的产品服务系统（PSS）配置方法。

客户和供应商对于配置解决方案的观点是不同的。客户真正关心的是配置解决方案是否满足他们的需求。但从供给的角度来看,他们更加注重考虑产品组件和服务模块的配置解决方案的集成。因此,有一个实际需要就是要填补在客户领域的客户功能和感知需求以及在产品和服务领域的产品服务系统(PSS)之间的差距。

为了填补这一差距,本章提出了一种基于支持向量机的产品服务系统的配置方法,实现过程包括三个部分:客户感知描述维度抽取、数据收集和编码以及产品服务系统(PSS)配置的多级支持向量机模型结构,如图5.5所示。

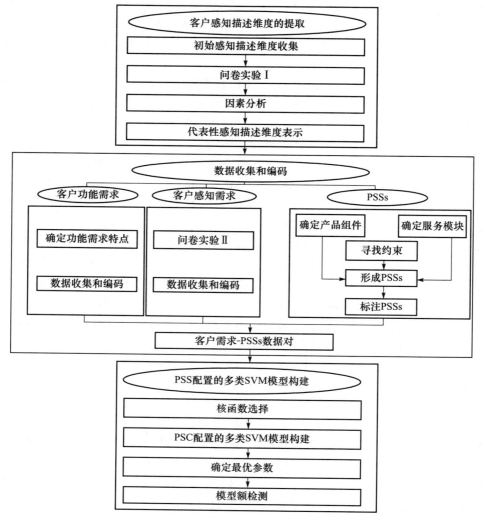

图 5.5　基于支持向量机的产品服务系统配置的过程

以下三节将详细说明以上三部分。为使它们更易于理解,应用地秤这个例子来使该产品服务系统(PSS)的配置方法具体化。地秤,即汽车衡,其可由钢甲板和混凝土甲板构成,并广泛用于卡车称重的应用领域,范围从轻型的商务型到极度重型,以及相应的服务,如安装、定期维护、维修和备件供应等。

5.3.2　客户感知描述维度的抽取

在现实世界,客户由于他们的个性会用不同的词语来描述他们的感知。虽然对于产品服务系统的感觉(PSS)可以通过一个知觉空间来表述,每一个描述拥有一个维度,但是在这些描述的词语中不知道是否存在重叠,即初始感知描述维度。因此,在本部分,因素分析,分别给初始的描述词语计分,来进行识别重叠信息并获得减少的感知描述维度,包括以下步骤。

1. 初始感知描述收集

客户感知描述维度的抽取,首先必须收集用来描述客户感知的原始语言。以地秤为例,客户通常使用词语,如稳定、精确、经济来描述自己在体验产品服务系统(PSS)时的感受。这些词被用做最初感知描述维度,并且可以从杂志、手册、产品目录中以及有经验的用户处等广泛收集到。

2. 问卷实验 I

为了获取初始感知维度的数值评分信息,执行了问卷实验 I。要求用户用初始感知评价维度来描述自己对于产品服务系统(PSS)的感知。然而,用户若不能很好地区分这些词语,预测模型的准确性将显著降低[25]。

为了克服这些缺点,这些词语以成对词语的范式出现在问卷中,拥有相似的概念,但是有相反的语意极性,例如,稳定-波动、经济-不经济。既然一些相关以及重叠的信息会出现在初始的词语中,因素分析被用来抽取代表性的维度,因此不会有太多的信息丢失。

3. 因素分析

在这一步中,因素分析被用来获取有代表性的感知描述维度,它应该从问卷实验 1 中获取的数据中分析出来。对于因素分析,潜在因素数量的确定是一个重要问题,会影响到代表性描述的维度数量。首先,根据 Nunnally 建议的标准(1967),通过主成分方法抽取潜在因素以及潜在因素的数量,仅那些特征值大于 1.0 的因素可以保留。潜在因素的数量可通过陡坡图来进行修改,陡坡图被用做潜在因素数量确定的一种通常的导向器。

4. 感知描述的维度表示

通过因素分析,初步感知描述维数可以减少到 L 维,作为代表性的感知描述维度,并且可以用 L 潜在因素表示。L 表示抽取的潜在因素的数量。因此,抽取的潜在因素应该是合理、有意义地解释了客户对产品服务系统的感知。但是,因素的解释是主观性的。为了削弱因素解释的主观性,并且使其变得更加容易,因素旋转是在方差最大正交旋转的基础上进行的。

5.3.3　数据收集与编码

本章中,支持向量机(SVM)模型用来将顾客的需求转化成特定的产品服务系统(PSS)。一个新的需求到来,是作为支持向量机(SVM)的输入的,那么与需求相关的具体的产品服务系统(PSS)作为通过训练支持向量机(SVM)模型的输出,该模型能够提供建议并指导产品服务系统(PSS)的配置。为了构造 SVM 模型,数据准备包括数据收集和数据编码是关键的一步。对于此方法,客户的功能需求和感知需求作为输入,而 PSS 作为输出。

1. 输入

市场调查是获取客户功能需求的直接途径。这一步通常在业务的一开始就已经完成,而且这些信息通常可以从很多公司的客户文档中获取到。为了获取关于客户感知的信息,在问卷实验 II 中一个 7 分制的语义差异法被用来采集信息。

为了应用 SVM,输入必须表示成实数的向量。因此,输入,即顾客感知功能和需求,属于名义变量,必须通过使用 one-of-n 编码进行预处理。以一个四类功能需求的应用情况为例,其包括四个选择,分别是港口、公路、物流仓库和煤矿,"港口"选项可以表示成 $(1,0,0,0)$。

2. 输出

为了给作为输出的 PSSs 编码,产品组件以及服务模块的定义是第一步。对于地秤,它包括五个核心组件,分别是终端、负载单元、称重数据管理软件、爆炸校验组件和防作弊系统。相关的服务由多种模块组成,如安装、培训、周期的维护等。此外,每个产品组件或服务模块拥有几个实例。例如,培训是一个包含两个实例的服务模块,分别是现场培训和服务中心培训。

然后,PSSs 产生于组件和模块的组合,两者在定义的约束下交互作用。因此,约束需要在以下的步骤中确定。通常情况下,有两种主要的类型:捆绑约束和互斥约束。捆绑约束意味着在约束下两个组件或者模块必须同时选择。以地秤产品组件为例,模拟的爆炸校验组件 0001 和模拟负载单元 CB 是在捆绑约束下的。这意味着,当配置一个地秤产品服务系统时,它们必须同时被选择。互斥约束意味着,在存在互斥约束的组件和模块之中,只有一个组件或者模块能被选择。例如,防作弊软件(独立版本)和防作弊软件(网络版本)之间的关系是互斥约束。换句话说,它们中的一个要在 PSS 中存在,但是两者不能同时存在。本质上讲,捆绑约束是一种先决条件的关系,而互斥约束是一种不兼容的关系。对于 PSSs 两种约束不仅存在于产品组件或者服务模块,还表现在组件和模块之间。关于产品组件、服务模块、它们的实例以及约束的信息,可以从产品手册和服务菜单中收集到。

最后,在这些约束下,许多 PSSs 出现了。不同的类标签用来代表 PSSs。例如,类标签"1"用来表示一个 PSS,其包含终端 JMB670V、模拟称重传感器、增强型称重数据管理软件 WDMS-E0、红外线监控防作弊系统、防作弊软件(独立版本)、运输系统、安装和调节器、现场培训、应急修理、修理记录、热线支持、在线支持、免费备用配件以及三年延长保修服务。客户正在体验的 PSSs 的信息可以通过交易记录获取。

5.3.4　对于 PSS 配置的 SVM 模型构建

客户需求的样本-PSS 数据收集归类为训练样本和测试样本。整个构件的过程可通过以下步骤完成。

1. 核函数的选择

满足 Mercer 定理的函数都可以作为核函数,所以它们都是多样的。应用中,最常用的核函数如下。

线型:
$$K(x_i, x_j) = x_i \cdot x_j$$

多项式:
$$K(x_i, x_j) = (x_i \cdot x_j + 1)^p$$

高斯径向基函数:
$$K(x_i, x_j) = \exp(- \| x_i - x_j \|^2 / \gamma)$$

Sigmoid MLP:
$$K(x_i, x_j) = \tanh(\kappa\, x_i \cdot x_j - \delta)$$

2. 多类 SVM 模型构建

PSS 配置是一个多分类问题。本方法将其分解成一系列二元 SVM 分类问题;然后用 OVO 方法构造所有可能的 SVM 分类器;再通过最大双赢投票策略(max-win voting strategy)决定样本属于哪一类。

3. 最优参数的确定

为了运行多类 SVM 模型,用做核函数的高斯径向基函数的参数 γ,用来平衡利润最大化的参数 C,要得到确定。而且,参数 γ 和 C 的最优组合是根据能够导致最高分类精度的规则确定的。本章中，k-折交叉验证方法和网格搜索法结合使用来找出这两个参数的最佳组合。对于 k-折交叉验证方法，整个训练集分为 k 个近似相等的样本子集。每一个子集都用来检验已经经过其他 $k-1$ 个子集训练过的多类 SVM 模型。因此，每一个子集不仅仅作为训练集还作为检验集，并且训练过程被重复 k 次。k-折交叉验证方法的准确度就是在检验集中被正确分类的样本的比例。

网格搜索过程是通过尝试 γ 和 C 按指数增长序列执行。例如，$C=\{2^{-5a}, 2^{-4.5a}, \cdots, 2^{4.5a}, 2^{5a}\}$ 和 $\gamma=\{2^{-5b}, 2^{-4.5b}, \cdots, 2^{4.5b}, 2^{5b}\}$，其中，理论上参数 a 和 b 是任意实数。因此，尝试了 γ 和 C 的大量不同组合。为了计算方便，多类 SVM 模型中每一个分类器的参数 γ 和 C 被设置成相同[25]。在训练的结尾，能导致最高的 k-折交叉验证方法准确率的参数组合 (C^*, γ^*) 将被作为最优组合获取到。

4. 模型检验

对于 PSS 配置，拥有最优参数组合 (C^*, γ^*) 的多类 SVM 模型称为训练过的模型。最后，测试样本进行训练过的模型实验，通过它可以评估模型的性能。本章中，准确性被定义为准确预测的 PSSs 的数量占总数量的比例，其作为评估训练过的模型性能的度量。

5.3.5 案例

AB 公司通过捆绑产品及其相关服务生产多种工业称重设备和供应不同种类的工业称重解决方案。为了满足客户，AB 公司必须尽最大努力，按照特定的客户需求集提供适当的产品服务系统（PSSs）。为了找到合适的系统，执行了本章所提到的方法。

首先，从 AB 公司收到了一年多以来所有体验过地秤产品服务系统的 231 份客户样本，然后，将它们分成两组。其中，154 份样本被分到第一组，该组只用来执行因素分析，从而抽取出地秤产品服务系统中代表性的感知描述维度；77 份样本被分到第二组，该组用来构建多类 SVM 模型。关于客户功能需求的信息从客户文档中收集；同时，客户感知的信息通过问卷获取，它们作为 SVM 模型的输入。与此同时，客户体验的产品服务系统（PSS）通过交易记录得到，它们作为输出。从第二组中随机抽取 62 份样本，用来训练 SVM 模型，剩下的 15 份样本用来对训练过的模型进行检测。

1. 客户感知描述维度抽取

从手册、产品目录以及体验过的用户中广泛收集到的，共 27 个词和短语，构成关于地秤产品服务系统的感知原始描述的词语集合，如图 5.6 所示。

1 高质量	2 稳定	3 卓越的性能	4 波动
5 迟钝	6 可靠	7 强大的功能	8 安全
9 高效	10 耐用	11 便于修理	12 精确
13 快速称重	14 显示清晰	15 快速结果呈现	16 昂贵
17 高价	18 先进	19 便捷维修	20 可信
21 强大	22 持续投资	23 好的性价比	24 效率低
25 操作中大量输入	26 快速的服务响应	27 经济的	

图 5.6　感知描述词语

为了使事情尽可能地简单,在和专家以及售后服务工程师讨论之后,保留 27 个词语中的 11 个作为初始感知描述维度。随后,执行 5.3.2 节中的方法来收集关于地秤产品服务系统的客户感知信息,其中,这些词语成对出现,如图 5.7 所示。

1 稳定-波动	2 昂贵-廉价	3 精确-粗略	4 可靠-不可靠
5 高效-低效	6 经济-不经济	7 快速服务响应-拖延服务响应	
8 快速结果呈现-缓慢结果呈现		9 好的性价比-坏的性价比	
10 操作中大量输入-操作中少量输入		11 便捷维修-不便捷维修	

图 5.7　原始感知描述维度

第一组中的 154 名用户被要求用 11 对词或短语来评价他们对地秤产品信息系统的感知,得分从 -3 到 $+3$,间距是 0.5,以此进行因素分析来抽取代表性的感知描述维度。首先,采用主成分法抽取潜在因素。根据文献[63]建议的标准,潜在因素的数量是 2。但是,陡坡图显示,前三个潜在因素拥有更高的特征值,其中最低的近似是 1。与此同时,其余因素的特征值相近,都低于 1,如图 5.8 所示。因此,最后潜在因素的数量被调整为 3。

然后,应用方差最大正交旋转法来进行因素旋转。旋转之后,通过 SPSS 17.0 得到的潜在因素载荷如表 5.13 所示。

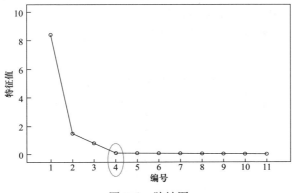

图 5.8　陡坡图

　　表 5.13 显示,一共抽取三个潜在因素,分别理解为经营成本、性能和经济性。换句话说,初始的 11 个感知描述维度被三个有代表性的维度所代表,三者一共占了可释方差(explained-variance)的 96.945%。

表 5.13　潜在因素载荷

代表性的感知描述维度	初始感知描述维度	因素载荷		
		潜在因素 1	潜在因素 2	潜在因素 3
运营成本	效率的高-低	0.912	0.277	0.226
	运营过程中输入的多-少	0.906	0.309	0.246
性能	维修的便捷-不便捷	0.915	0.287	0.233
	服务响应的快-慢	0.889	0.319	0.280
	精确-粗略	0.349	0.820	0.387
	稳定-波动	0.376	0.782	0.449
	可靠-不可靠	0.343	0.801	0.445
	显示结果的快速-缓慢	0.308	0.885	0.264
经济性	价格的高-低	0.284	0.363	0.884
	昂贵-廉价	0.287	0.355	0.875
	性价比好-坏	−0.284	−0.363	−0.884
最后统计	方差的比例/%	36.348	31.405	29.192
	累计比例/%	36.348	67.753	96.945

2. 数据收集和编码

1) 客户需求

　　客户文档中的信息显示,客户功能需求可以总结成四类:产能规模、工作方式、应用、工作环境,如表 5.14 所示。从客户的立场来看,从因素分析中获取的三个维度(经营成本、性能、经济性)就能代表顾客对地秤服务系统的认知,如表 5.15 所示。

表 5.14　客户功能需求描述

f_p	客户功能需求描述	选项	编码
f_1	产能规模	[20,50]	0,1
		(50,100]	0,1
		(100,300]	0,1
f_2	工作方式	动态称重	0
		静态称重	1

续表

f_p	客户功能需求描述	选项	编码
		港口	0,1
		物流仓库	0,1
		煤矿	0,1
f_3	应用	冶金	0,1
		石化	0,1
		电力	0,1
		化学工厂	0,1
		木材	0,1
f_4	工作环境	普通的	0
		有危险的	1

表 5.15 客户感知描述

e_h	客户感知描述	选项	编码
e_1	经营成本(低-高)	VL,L,ML,M,MH,H,VH	0,1
e_2	性能(坏-好)	VB,B,MB,M,MG,G,VG	0,1
e_3	经济性(不经济-经济)	VU,U,MU,M,ME,E,VE	0,1

为了在这三个维度上获取感知信息,进行采用 7 分制语义差异法的问卷实验 II。在这个实验中,第二组的 77 名客户被要求在每个维度中的 7 个选项中选择 1 个,来描述他们对产品服务系统的感知。尽管不同的情景会导致不同的感知,但是这里的感知指的是在体验期间获得的一般感知,而不针对某一情景。

2)地秤产品服务系统

为了给产品服务系统编码,首先要确定产品组件和服务模块。从地秤的产品手册可以得知地秤包括五个主要的组件,每个组件有多个实例,如表 5.16 所示。

表 5.16 地秤的产品主要部件描述

产品部件	实例	编码
	T700	T1
	7301QR++	T2
终端	7301QR+	T3
	JMB670V	T4
	JMB670	T5
	数字称重传感器 NSY	LC1
称重传感器	数字称重传感器 0650	LC2
	模拟称重传感器 CB	LC3

产品部件	实例	编码
称重数据管理软件	基础 WDMS-B0	DM1
	增强型 WDMS-E0	DM2
	网络 WDMS-I0	DM3
爆炸校验组件	模拟 explode-proof 组件 0001	EP1
	数字 explode-proof 组件 1003	EP2
	数字 explode-proof 组件 1005	EP3
防作弊系统	红外监控	AC1
	视频监控组件	AC2
	防作弊软件(独立版本)	AC3
	防作弊软件(网络版本)	AC4

从服务菜单中可以确定服务模块。每个模块有一个或一个以上的实例。表 5.17 描述服务模块以及它们的实例。

表 5.17　地秤的服务模块描述

服务模块	实例	编码名字
安装	运输,安装和调试	IC1
	自行安装	IC2
培训	现场培训	T1
	培训中心培训	T2
定期维修	清洁	PM1
	预防性维修	PM2
	定期校准	PM3
修理	现场修理	R1
	修理中心修理	R2
	应急修理	R3
	修理记录	R4
技术支持	热线支持	TS1
	网上支持	TS2
	远程监控	TS3
改善 & 升级	性能评估	AU1
	指定改善和升级计划	AU2
	执行改善和升级	AU3
设备记录	设备记录	ER1
备用配件供应	免费备件	SPS1
	收费备件	SPS2
延长保修服务	三年延保	EW1
	五年延保	EW2
校准检定	校准文档	CC1
	校准咨询	CC2

　　产品组件和服务模块的实例之间的约束在图 5.9 中说明。在这些约束下,不同的产品组件和服务模块被归拢成不同的产品服务系统,产品服务系统通过一类标签表示。

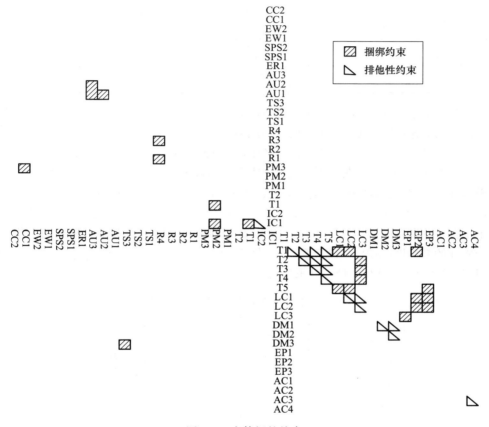

图 5.9　实体间的约束

　　针对产品服务系统配置的 SVM 模型构建。首先,收集到第二组中 77 个样本的交易记录以及它们相应的客户需求信息,组成客户需求-产品服务系统对,构建 SVM 模型,如表 5.18 所示。

表 5.18　SVM 模型的输入和输出

客户 ID	输入							输出
	客户功能需求编码				客户感知需求编码			PSS
	f_1	f_2	f_3	f_4	e_1	e_2	e_3	标签
01	010	1	10000000	0	0000100	0000010	0001000	1
02	010	1	10000000	1	0000010	0000010	0000010	2

续表

客户 ID	输入							输出
	客户功能需求编码				客户感知需求编码			PSS
	f_1	f_2	f_3	f_4	e_1	e_2	e_3	标签
03	010	0	00100000	1	0001000	0010000	0010000	5
...	...	...	...	...	...	...	...	...
75	010	0	00010000	0	0000100	0000100	0000100	7
76	010	0	00001000	0	0001000	0000100	0001000	10
77	010	0	00100000	1	0001000	0010000	0010000	5

　　然后,应用 OVO 方法构建多类 SVM 模型。选择高斯径向基函数作为每一个 OVO 方法创造的二元 SVM 模型的核函数。

　　之后,应用 5-折交叉验证法和网格搜索法的组合来找出最优的参数(C^*, γ^*),来运行多类 SVM 模型。在搜索过程中,从第二组随机选出 62 个样本用来训练多类 SVM 模型。在这种情况下,网格搜索是通过尝试 γ 和 C 按指数增长序列进行执行。$C=\{2^{-5}, 2^{-4.5}, \cdots, 2^{4.5}, 2^5\}$, $\gamma=\{2^{-5}, 2^{-4.5}, \cdots, 2^{4.5}, 2^5\}$。因此,尝试了 C 和 γ 的 441 个组合。获取到参数组$(C^*, \gamma^*)=(2^{0.5}, 2^{-1.5})$是最优的,它能够带来最高的 5-折交叉验证的准确度(也就是 88.7097%)。图 5.10 说明参数确定的结果,整个过程运用 MATLAB 2009a 以及 LibSVM 来执行。

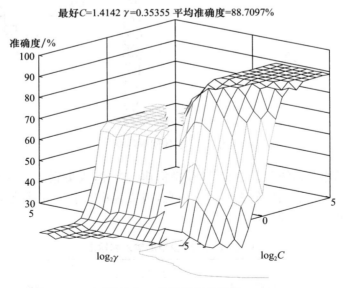

图 5.10　参数确定的结果

　　为了评估训练过的模型的性能,分类精度被用做一个度量。第二组中剩余的 15 个样本被用来检测模型以得到其分类精度。检测的结果如图 5.11 所示。

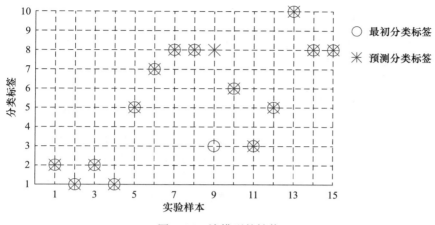

图 5.11 该模型的性能

图 5.11 显示,在该模型中,只有一个最初被分类为"3"的样本被错误地分类成 8,其分类准确度近似为 93.3%。

该模型中,客户的感知被看做重要的输入,为了验证在该模型中考虑客户感知的优势,进行另外一个模型检验,其中,用同样的训练和检测样本,但是用户感知却没有出现。检验的结果如图 5.12 所示。

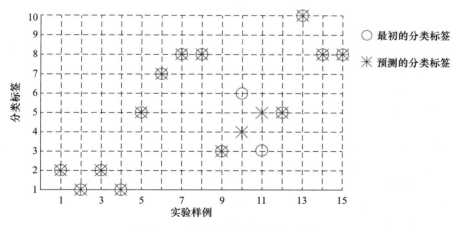

图 5.12 没有客户感知的模型性能

图 5.12 表明,最初分类为"6"和"3"的两个样本,相应地被错分成"4"和"5",其准确度近似为 86.7%。显然,这个模型的分类准确度不如推荐的模型高。此外,为了检测推荐模型的稳健性,两个模型的实验重复了 30 次,结果如图 5.13 所示。

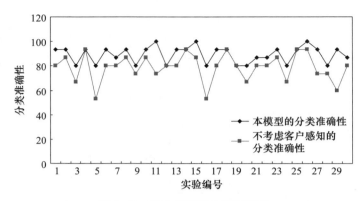

图 5.13　两个模型的分类准确度

　　分析表明,推荐模型的分类准确度在 80% 和 100% 之间,而不考虑客户感知模型的分类准确度在 53.3% 和 93.3% 之间。此外,推荐的模型以及不考虑客户感知的模型的平均准确度分别是 89.1% 和 78.6%。另外,在所有的 30 次重复实验中,推荐的模型分类准确度都不低于相应的不考虑客户感知的模型。还有,推荐模型的准确度曲线比不考虑客户感知的要平缓,因此,可以认为,如果客户感知需要作为客户需要的一部分考虑,产品服务系统的配置会表现得更好。

参 考 文 献

[1]　Aurich J, Wolf N, Siener M, et al. Configuration of product-service systems. Journal of Manufacturing Technology Management, 2009, 20(5):591-605.

[2]　Rese M, Strotmann W C, Karger M. Which industrial product service system fits best? Evaluating flexible alternatives based on customers' preference drivers. Journal of Manufacturing Technology Management, 2009, 20(5):640-653.

[3]　Rese M, Karger M, Strotmann W C. The dynamics of industrial product service systems (ips2)—Using the net present value approach and real options approach to improve life cycle management. CIRP Journal of Manufacturing Science and Technology, 2009, 1(4):279-286.

[4]　Wang P, Ming X, Li D, et al. Status review and research strategies on product-service systems. International Journal of Production Research, 2011, 49(22):6863-6883.

[5]　Baines T, Braganza A, Kingston J, et al. State-of-the-art in product service-systems. Journal of Engineering Manufacture, 2007, 221(10):1543-1552.

[6]　Schweitzer E, Aurich J C. Continuous improvement of industrial product-service systems. CIRP Journal of Manufacturing Science and Technology, 2010, 3(2):158-164.

[7]　Manzini E, Vezzoli C. A strategic design approach to develop sustainable product service systems: Examples taken from the 'environmentally friendly innovation' Italian prize. Jour-

nal of Cleaner Production, 2003, 11(8): 851-857.

[8] Mannweiler C, Siener M, Aurich J, et al. Lifecycle cost oriented evaluation and selection of product-service system variantsed. Proceedings of the 2nd CIRP IPS² Conference, Linköping, 2010: 21-26.

[9] Mannweiler C, Aurich J C. Customer oriented configuration of product-service systems. Functional thinking for value creation. Proceedings of the 3rd CIRP International Conference on Industrial Product Service Systems, Braunschweig, 2011: 81-86.

[10] Shostack G L. How to design a service. European Journal of Marketing, 1982, 16(1): 49-63.

[11] SuC J, Ma Q H, Tseng M M. Mapping customers' service experience for operations improvement. Business Process Management Journal, 1999, 5(1): 50-64.

[12] Jiao J R, Chen C H. Customer requirement management in product development: A review of research issues. Concurrent Engineering, 2006, 14(3): 173-185.

[13] Müller P, Schulz F, Stark R. Guideline to elicit requirements on industrial product-service systems. Proceedings of 2nd CIRP International Conference on Industrial Product Service Systems, Linköping, 2010: 109-116.

[14] Griffin A, Hauser J R. The voice of the customer. Marketing Science, 1993, 12(1): 1-27.

[15] Du X, Jiao J, Tseng M M. Identifying customer need patterns for customization and personalization. Integrated Manufacturing Systems, 2003, 14(5): 387-396.

[16] Khalid H. Towards affective collaborative design. Usability Evaluation and Interface Design, 2001, 1: 370-374.

[17] Zhai L Y, Khoo L P, Zhong Z W. A rough set based decision support approach to improving consumer affective satisfaction in product design. International Journal of Industrial Ergonomics, 2009, 39(2): 295-302.

[18] Lai H H, Chang Y M, Chang H C. A robust design approach for enhancing the feeling quality of a product: A car profile case study. International Journal of Industrial Ergonomics, 2005, 35(5): 445-460.

[19] Bennett R. Relationship formation and governance in consumer markets: Transactional analysis versus the behaviourist approach. Journal of Marketing Management, 1996, 12(5): 417-436.

[20] Hauge P L, Stauffer L A. Elk: A method for eliciting knowledge from customers. Design and Methodology, 1993, (53): 73-81.

[21] Yu L, Wang L, Yu J. Identification of product definition patterns in mass customization using a learning-based hybrid approach. The International Journal of Advanced Manufacturing Technology, 2008, 38(11): 1061-1074.

[22] Jiao J, Zhang Y. Product portfolio identification based on association rule mining. Computer-Aided Design, 2005, 37(2): 149-172.

[23] Shao X Y, Wang Z H, Li P G, et al. Integrating data mining and rough set for customer group-based discovery of product configuration rules. International Journal of Production

Research,2006,44(14):2789-2811.

[24]　Jiao J R,Zhang Y,Helander M. A Kansei mining system for affective design. Expert Systems with Applications,2006,30(4):658-673.

[25]　Chih-Chieh Y A. Classification-based Kansei engineering system for modeling consumers' affective responses and analyzing product form features. Expert Systems with Applications,2011,38(9):11382-11393.

[26]　Yang C C,Shieh M D. A support vector regression based prediction model of affective responses for product form design. Computers & Industrial Engineering,2010,59(4):682-689.

[27]　Wang K C. A hybrid Kansei engineering design expert system based on grey system theory and support vector regression. Expert Systems with Applications,2011,38(7):8738-8750.

[28]　Bolton R N,Drew J H. A multistage model of customers' assessments of service quality and value. Journal of Consumer Research,1991,17(4):375-384.

[29]　Zeithaml V A,Berry L L,Parasuraman A. The behavioral consequences of service quality. Journal of Marketing,1996,60(2):31-46.

[30]　Woodruff R B. Customer value:The next source for competitive advantage. Journal of the Academy of Marketing Seience,1997,25(2):139-153.

[31]　Thaler R. Mental accounting and consumer choice. Marketing Science,1985,4(3):199-214.

[32]　Dodds W B,Monroe K B,Grewal D. The effects of price,brand and store information on buyers' product evaluations. Journal of Marketing Research,1991,28(3):307-319.

[33]　Grewal D,Monroe K B,Krishnan R. The effects of price-comparison advertising on buyers' perceptions of acquisition value,transaction value and behavioral intentions. Journal of Marketing,1998,62(2):46-59.

[34]　Heinonen K. Reconceptualizing customer perceived value:The value of time and place. Managing Service Quality,2004,14 (2-3):205-215.

[35]　Jayanti R K,Ghosh A K. Service value determination:An integrative perspective. Journal of Hospitality & Leisure Marketing,1996,3(4):5-25.

[36]　Kashyap R,Bojanic D C. A structural analysis of value,quality,and price perceptions of business and leisure travelers. Journal of Travel Research,2000,39(1):45-51.

[37]　Sweeney J C,Soutar G N. Consumer perceived value:The development of a multiple item scale. Journal of Retailing,2001,77(2):203-220.

[38]　Hu Q H,Xie Z X,Yu D R. Hybrid attribute reduction based on a novel fuzzy-rough model and information granulation. Pattern Recognition,2007,(40):3509-3521.

[39]　Hong G,Xue D Y,Tu Y L. Rapid identification of the optimal product configuration and its parameters based on customer-centric product modeling for one-of-a-kind production. Computers in Industry,2010,(61):270-279.

[40]　Urban W. Perceived quality versus quality of processes:A meta concept of service quality measurement. The Service Industries Journal,2011,33(2):200-217.

[41] Lee S,Harada A,Stappers P J. Pleasure with products:Design based on Kansei. Pleasure-based Human Factors Seminar,2002:219-229.

[42] Chen Z, Wang L. Personalized product configuration rules with dual formulations: A method to proactively leverage mass confusion. Expert Systems with Applications,2010, 37(1):383-392.

[43] Yang C C. A classification-based Kansei engineering system for modeling consumers' affective responses and analyzing product form features. Expert Systems with Applications,2011,38(9):11382-11393.

[44] Pawlak Z. Rough Sets:Theoretical Aspects of Reasoning about Data. Volume 9 of System Theory,Knowledge Engineering and Problem Solving. Dordrecht:Kluwer Academic Publishers,1991.

[45] Long H J,Wang L Y. A rough set based approach to knowledge acquisition for product service system configuration. Applied Mechanics and Materials,2012,220:2534-2539.

[46] Shen J,Wang L. Configuration rules acquisition for product extension services using local cluster neural network and RULEX algorithm. International Conference on Artificial Intelligence and Computational Intelligence,2010:196-199.

[47] Chen C,Wang L. Integrating rough set clustering and grey model to analyse dynamic customer requirements. Proceedings of the Institution of Mechanical Engineers,Part B:Journal of Engineering Manufacture,2008,222(2):319-332.

[48] Pawlak Z. Rough sets. International Journal of Parallel Programming,1982,11(5):341-356.

[49] Greco S,Matarazzo B,Slowinski R. Rough approximation by dominance relations. International Journal of Intelligent Systems,2002,17(2):153-171.

[50] Greco S,Matarazzo B,Slowinski R. Rough approximation of a preference relation by dominance relations. European Journal of Operational Research,1999,117(1):63-83.

[51] Greco S,Matarazzo B,Slowinski R. Multicriteria Classification by Dominance-based Rough Set Approach//Handbook of Data Mining and Knowledge Discovery. New York:Oxford University Press,2002.

[52] Greco S, Matarazzo B, Slowinski R. Dominance-based rough set approach to case-based reasoning. Modeling Decisions for Artificial Intelligence,2006:7-18.

[53] Greco S, Matarazzo B, Slowinski R. Dominance-based rough set approach to knowledge discovery (I): General perspective. Intelligent Technologies for Information Analysis, 2004:513-552.

[54] Fortemps P,Greco S,Slowinski R. Multicriteria decision support using rules that represent rough-graded preference relations. European Journal of Operational Research, 2008, 188 (1):206-223.

[55] Kotlowski W,Dembczynski K,Greco S,et al. Stochastic dominance-based rough set model for ordinal classification. Information Sciences,2008,178(21):4019-4037.

[56] Blaszczynski J, Greco S, Slowinski R. Multi -criteria classification—A new scheme for

application of dominance-based decision rules. European Journal of Operational Research, 2007,181(3):1030-1044.

[57] Han S H,Kim K J,Yun M H,et al. Identifying mobile phone design features critical to user satisfaction. Human Factors and Ergonomics in Manufacturing & Service Industries, 2004,14(1):15-29.

[58] Jindo T,Hirasago K,Nagamachi M. Development of a design support system for office chairs using 3-d graphics. International Journal of Industrial Ergonomics,1995,15(1):49-62.

[59] Mackay D. Chemometrics,econometrics,psychometrics—How best to handle hedonics? Food Quality and Preference,2006,17(7):529-535.

[60] Ishihara S,Ishihara K,Nagamachi M. An automatic builder for a Kansei engineering expert system using self-organizing neural networks. International Journal of Industrial Ergonomics,1995,15(1):13-24.

[61] Arakawa M,Shiraki W,Ishikawa H,et al. Kansei design using genetic algorithmsed. IEEE International Conference on Systems,Man,and Cybernetics,Kokyo,1999:284-289.

[62] Petiot J F,Yannou B. Measuring consumer perceptions for a better comprehension,specification and assessment of product semantics. International Journal of Industrial Ergonomics,2004,33(6):507-525.

[63] Nunnally J C. Psychometric Theory. New York:Tata McGraw-Hill Education,1967.

第 6 章　考虑不耐烦的服务型制造系统的服务能力与库存优化控制

服务型制造是基于制造的服务和面向服务的制造,是基于生产的产品经济和基于消费的服务经济的融合,是可持续发展的制造模式[1]。在文献[2]和[3]中,服务型制造被简单地定义为提供产品和服务的组合系统。随着产品定制的需求越来越高,汽车、办公家具和医疗保健等传统制造型企业认识到结合服务的产品比单独的产品利润更高[4-6]。基于此,越来越多学者致力于研究服务型制造的模型,但是当前针对服务型制造的研究还主要集中在概念、业务设计和案例分析。据我们所知,尚且没有针对服务型制造运行管理体系问题的深入研究,如库存控制和服务能力控制等,以物流设备供应商为例,不仅仅是改变提供的设备数,而且改变其业务模式,使其有助于设计物流线路和设备安装。在该系统中,如何控制系统以适应服务需求、管理服务能力和库存问题是经营决策的关键。我们在服务型制造的系统中考虑顾客不耐烦的因素,并将服务型制造模型划分为两个部分:生产部分和服务部分。生产部分主要研究生产能力与库存策略的平衡以适应需求;而服务不能被储存,所以提出一个额外的服务能力的策略,以解决适应服务需求变化的问题。本章结构如下:6.1 节为引言,简要介绍考虑顾客不耐烦的生产服务系统;6.2 节将对服务型制造系统中的顾客体验进行研究,主要是对顾客不耐烦体验的建模及研究;6.3 节将研究服务型制造系统的制造与服务能力协同控制的问题。

6.1　研　究　背　景

顾客不耐烦是指顾客在排队过程中由于无法及时享有服务而产生的不耐烦情绪,并由此导致顾客的不耐烦行为,即顾客止步(balk)和反悔退出(renege)行为。到达的顾客若看到前面排队过长会产生犹豫,会决定进入队列等待还是直接离开,顾客决定直接离开的行为即为止步行为;若顾客进入系统后等待很长时间都未被服务,可能会在未接受服务的情况下便离开排队系统,这种因等待时间超过忍耐上限而退出系统的情况称为反悔退出行为。带有顾客止步或中途退出的排队系统,不仅存在于日常生活服务业中,同样存在于服务性制造系统之中。例如,在面向产品的服务型制造系统中,企业在出售产品的同时需提供附加于产品功能上的服务,而当服务与产品未能及时配套供应时,便会出现顾客的排队等待现象,从而导致顾客由于其不耐烦而流失的现象。

最近几年有不少针对不耐烦顾客的生产系统的研究,例如,Tan 和 Gershwin[7]指出,生产库存系统依赖于不耐烦客户的实际需求积压,即新客户始终基于当前积压的状态来决定是否加入等候线,研究了制造商能力有限的生产及分包策略。Gershwin 和 Tan[8]认为客户对等待的响应满足背叛函数,并指出该模型中最佳的生产策略有对冲点。Veatch[9]研究了在一个连续的、段类型、马尔可夫调制需求的、确定性的生产系统中,顾客不耐烦因素的对生产控制的影响。Benjaafar 和 Gayon[10]对考虑不耐烦顾客的 M/M/1 备货型生产系统提出了两个最优的阈值策略:一个是决定是否生产的基础库存策略,一个是决定是否接受订单的进入许可策略。同样,Ioannidis 和 Kouikoglou[11]研究了联合考虑进入许可策略和库存控制策略的单级恒定在制品的生产体系。另外,Abad[12]、Singer 等[13]也研究了类似的问题。我们在模型中采用基本库存策略,当库存水平比设计值 S 低时生产商才进行生产。其他类型的库存策略请参考文献[14]~[16]。

考虑不耐烦性顾客的服务运作体系已经研究得很多,如呼叫中心[17,18]、银行[19]和出租车客运[20]。提高服务效率的一种办法就是设置额外的服务器或外包服务能力,以缓解不耐烦顾客需求不能被满足的问题。一些研究[21-25]考虑排队依赖性不耐烦顾客的系统,当系统中等待人数超过某一阈值时增加额外的服务能力。Ike 和 Keilson[26],以及 Lui 和 Golubchik[27]研究了启用和禁用其他服务器的阈值策略,即正向阈值和反向阈值,并证明该方法可以避免额外服务器的状态频繁变化。

系统考虑含额外服务能力(本身保留或来自其他组织外包)的调控政策,只有当订货清单超过控制阈值时额外服务能力才被应用,旨在平衡服务成本和订单等待成本(或丢失订单成本)的关系。

6.2　服务型制造系统中的顾客体验

服务型制造作为新的制造模式,其核心在于服务与制造的融合。无论面向产品、面向服务还是面向结果的服务型制造体系,顾客消费的都不仅是产品本身,还包括与产品附加的相应服务。由于服务本身是无形的、不可储存的,服务的价值蕴含在顾客的参与和体验中,在这样的模式下,顾客的参与和体验成为服务型制造系统的重要特征。顾客决策除了依赖对产品相关的客观属性所做评价,还会依赖其获得产品或服务的时间、体能的消耗、过程中的感知感受等主观因素。也就是说,顾客的参与把人的感觉、心理、认知等不确定性因素带入生产系统,顾客体验会对服务结果进行主观评价,出现差异,而这种差异会反馈到系统中,影响系统的运行绩效,导致生产活动的安排和生产系统绩效之间的关系呈现非线性和不确定性。

因此,在研究服务性制造运作管理时,必须要考虑顾客参与和体验的影响,把顾客作为主动的资源,采取合理的机制和方法,使得顾客参与和体验有利于系统绩效的提高。

6.2.1　不耐烦体验及其建模

本节将介绍顾客在排队行为中不耐烦体验的建模方法。在传统的排队论研究中,很多选择收益成本函数来构建顾客的决策行为模型。这里先简单介绍一下收益成本函数:

$$U(t) = R_{service} - C t \tag{6.1}$$

其中,$U(t)$ 为 t 时刻排队系统中顾客的收益成本函数;$R_{service}$ 为顾客从服务中获得的收益;C 为顾客在排队系统中的单位时间内的等候成本;t 为顾客在排队系统中预期等待的时间。

基于收益成本函数的决策方法如下。令 T_{max} 表示顾客可以接受的最长等待时间,则令收益成本函数 $U(t)=0$,得到

$$T_{max} = \frac{R_{service}}{C} \tag{6.2}$$

令 n 表示队列中排队的人数,μ 表示系统服务率,则式(6.1)中顾客的预期等待时间可表示为

$$t = \frac{n+1}{\mu} \tag{6.3}$$

则顾客可接受的等待队长为 $N_q = \mu T_{max} - 1$,所以顾客的决策如下:

(1) 当顾客到达时队列中排队的人数 $n \leqslant N_q$ 时,进入队列。

(2) 当顾客到达时队列中排队的人数 $n > N_q$ 时,放弃排队。

在传统决策行为模型的基础上,进一步考虑沉没成本对顾客行为的影响。沉没成本是指由于过去的决策已经发生了的,而不能由现在或将来的任何决策改变的成本。顾客在决定出某个决策时,不仅考虑这个决策所带来的收益,还会考虑自己在这件事情上不会因未来决策而改变的投入。这部分不可收回的投入,包括时间、金钱、体力等投入成为沉没成本。前景理论指出人们在做决策时,对损失比对获得更敏感。因而在实际排队系统中,顾客对沉没成本很敏感。

在实际服务排队系统中,顾客在来到服务系统之前已经发生了一定的费用,包括所花费的时间成本、体力成本、金钱成本等,这部分成本即为沉没成本。沉没成本将在顾客到达排队系统时对顾客的决策造成影响。而以往的决策行为模型并没有考虑这一成本,使得已有排队模型预测的结果与顾客的实际行为存在偏差。所以本研究将考虑沉没成本 C_{sunk},对收益成本函数(6.1)做如下调整:

$$U(t) = R_{service} + C_{sunk} - C t \tag{6.4}$$

基于考虑沉没成本的收益成本函数(6.4),令其中 $U(t)＝0$,得

$$T_{\max} = \frac{R_{\text{service}} + C_{\text{sunk}}}{C} \tag{6.5}$$

则顾客可接受的等待队长为 $N_q＝\mu T_{\max}－1$,所以顾客的决策如下:

(1) 当顾客到达时队列中排队的人数 $n \leqslant N_q$ 时,进入队列。

(2) 当顾客到达时队列中排队的人数 $n > N_q$ 时,放弃排队。

另一种顾客排队决策行为模型考虑了顾客对时间容忍度的非线性变化。顾客的等候成本是预期等待时间的递增函数,即预期等待时间越长,顾客的收益成本函数值越小。传统的顾客收益成本函数中均采用线性函数描述顾客的等候成本。然而在实际情况下,人们的等候成本往往是非线性的。Mandelbaum 和 Shimkin 采用了非线性等候成本,并指出无论从经济学还是心理学的角度来看,非线性等候成本更具灵活性,从而能更好地描述顾客的行为。

等候成本属于时间成本,与金钱概念上的成本较为类似,因此可以借鉴微观行为经济学中较为成熟的生产成本模型来建模。Kang 和 Kim 使用了五种具有代表性的效用函数:幂函数,指数函数,HARA 函数,对数函数、幂函数复合函数,线性函数、指数函数复合函数。这里采用五种效用函数中最具代表性的 HARA 函数来构建非线性等候成本函数,并在此基础上建立新的收益成本函数。

由 HARA 函数获得的新的等候成本函数如下所示:

$$\text{Cost}(t) = (C t + b)^{\alpha} \tag{6.6}$$

其中,C, b, α 均为常数。考虑到预期等待时间 $t＝0$ 时,顾客的等候成本 $\text{Cost}(0)＝0$,代入式(6.5)得

$$\text{Cost}(t) = C t^{\alpha} \tag{6.7}$$

式中,α 为顾客类别参数,主要表征不同种类顾客的编辑等候成本衰减率;C 为单位时间等候成本系数。

综合考虑沉没成本,最终的收益成本函数为

$$U(t) = R_{\text{service}} + C_{\text{sunk}} - C t^{\alpha} \tag{6.8}$$

基于新的收益成本函数(6.8)的决策方法如下。

令收益成本函数(6.8)中 $U(t)＝0$,得

$$T_{\max} = \left(\frac{R_{\text{service}} + C_{\text{sunk}}}{C} \right)^{\frac{1}{\alpha}} \tag{6.9}$$

通过式(6.3)可得

$$N_q = \mu T_{\max} - 1 \tag{6.10}$$

所以顾客的决策如下:

(1) 当顾客到达时队列中排队的人数 $n \leqslant N_q$ 时,进入队列。

(2) 当顾客到达时队列中排队的人数 $n > N_q$ 时,放弃排队。

6.2.2　其他体验及其研究

在服务型制造排队系统中，除了不耐烦性，一些其他的因素也会影响顾客的行为，从而影响整个系统的运营。例如，在收取定金的服务型制造系统中，定金的因素会对顾客的排队行为产生影响，一方面收取定金会使更多的人止步；另一方面等待顾客由于已经预支了定金，能够对其中途退出产生一定的抑制作用。另一种影响顾客行为的体验为"羊群效应"，是指顾客会受到多数人影响而跟从大众的思想或行为。本节将着重介绍定金策略和羊群效应下的顾客体验及其建模方法。

1. 定金风险对顾客止步行为影响建模

如前所述，顾客止步行为指顾客到达系统后，考虑到系统的订单队列过长，等待时间过长，或者定金过高，而直接采取不进行订货的行为。假设顾客止步受定金的影响因子为 z，则顾客的止步概率可以描述为

$$z \times \Pr(\text{定金风险造成止步}) + (1-z) \times \Pr(\text{队列过长造成止步}) \quad (6.11)$$

定金风险形成的止步与定金数量有关，也与定金返还的可能时间长短有关。对于一个固定的订单队列长度 n，止步概率应该随着 S 增加而增加；对于一个固定的定金，定金返还的可能时间随 n 的增加而增加，从而止步概率增加。假设 $f(S,n)$ 为 $\Pr$（定金风险造成止步），此处假设

$$f(S,n) = \begin{cases} 0, & n=0 \\ [S(1+\delta)^n/S^*]^a, & S(1+\delta)^n < S^* \\ 1, & S(1+\delta)n \geqslant S^* \end{cases} \quad (6.12)$$

式中，$S(1+\delta)^n$ 表示顾客考虑时间因素的定金价值；n 为订单队列长度；δ 为敏感性参数；S^* 为顾客可接受的定金最大值；$a > 1$ 为敏感性参数。

队列过长形成的止步受订单长度的影响，该概率为订单长度 n 的凹函数。此处采取 Perel 和 Yechiali 提出的概率函数：

$$\Pr(\text{队列过长造成止步}) = 1 - r^n \quad (6.13)$$

式中，$0 < r < 1$。

综合以上因素，顾客进入系统的速率为

$$\lambda'_d(n) = [1 - zf(S,n) - (1-z)(1-r^n)]\lambda_d \quad (6.14)$$

2. 定金风险对顾客退出行为影响建模

顾客下订单之后，如果等待时间过长，仍然会离开系统，这种行为称为顾客中途退出行为。一般假设顾客等待时间超过忍耐的上限值 T，则顾客退出系统。因为顾客的异质性，假设 T 为均值为 $1/\theta$ 的指数分布。考虑到本研究顾客已经付出

了定金,顾客的退出概率将降低。令 $g(S)$ 为顾客等待时间已经超过 T 后,顾客的离开概率:

$$g(S) = \beta^S \tag{6.15}$$

式中,$0 < \beta < 1$。

因为顾客之间是彼此独立的,因此,顾客的中途退出概率可以表示为

$$\mu_e(n) = n\beta^S\theta \tag{6.16}$$

3. 考虑羊群效应下产生的顾客 FTC(follow the crowd)行为与不耐烦联合建模

考虑到顾客既受到羊群效应的影响又受到不耐烦因素的影响,本研究在考虑不耐烦行为建模的基础上,在顾客从服务中获得的收益 R_{service} 中加上羊群效应因子 H,对收益成本函数(6.1)做如下调整:

$$U(t) = (1 + H)R_{\text{service}} - Ct \tag{6.17}$$

对于羊群效应因子 H,通常有两种方法获得,一种是采用问卷调查的方法,另一种是采用综合分析的方法,下面将分别进行阐述。

1) 问卷调查法

以两个餐馆的双队列系统为例,进行问卷调查,对影响羊群效应的因素进行统计分析和假设检验,发现羊群效应因子 H 主要与两个餐馆的队列长度比 L_q、顾客类型 C_t、服务类型 S_t 以及排队时间 T 等有关,其中顾客类型 C_t、服务类型 S_t 是独立变量,而队列长度比 L_q 和排队时间 T 两者是关联变量,通过回归分析和试凑法拟合出 $f(L_q, T) = \dfrac{\ln(L_q)}{T^{1/2}}$,所以有

$$H = C_t S_t f(L_q, T) = C_t S_t \frac{\ln(L_q)}{T^{1/2}} \tag{6.18}$$

将 H 代入式(6.17)可得

$$U(t) = \left[1 + C_t S_t \frac{\ln(L_q)}{T^{1/2}}\right] R_{\text{service}} - Ct \tag{6.19}$$

基于新的收益成本函数(6.19)的决策方法如下。令收益成本函数(6.19)中 $U(t) = 0$,得

$$T_{\max} = \frac{\left[1 + C_t S_t \dfrac{\ln(L_q)}{T^{1/2}}\right] R_{\text{service}}}{C} \tag{6.20}$$

通过式(6.3)可得

$$N_q = \mu T_{\max} - 1 \tag{6.21}$$

通过调查问卷的方法,得到影响羊群效应的主要因素有队列长度比 L_q、顾客类型 C_t、服务类型 S_t、排队时间 T。其中 H 与顾客类型 C_t、服务类型 S_t 呈线性关系;随着队列长度比 L_q 的增加而增加,但是增加的幅度越来越小;随着排队时间 T

的增加而减小,减小的幅度越来越小。

2) 综合分析法

羊群效应的基本机理是由于信息不明确,顾客对服务收益的评估不确定,而导致顾客在评估系统收益的时候受到系统中在服务人数多少的影响,并且不同类型的顾客受羊群效应的影响有所不同,综合以上考虑,令羊群效应因子为

$$H = \theta(1 - \alpha^n) \tag{6.22}$$

式中,α 表示受羊群效应影响程度不同的顾客类型(取值范围为 0 到 1);θ 表示信息不确定性程度的系数;n 表示在排队系统中的顾客数。

将式(6.22)代入式(6.17)得

$$U(t) = [1 + \theta(1 - \alpha^n)]R_{service} - C t \tag{6.23}$$

基于新的收益成本函数(6.23)的决策方法如下。令收益成本函数(6.23)中$U(t) = 0$,得

$$T_{max} = \frac{[1 + \theta(1 - \alpha^n)]R_{service}}{C} \tag{6.24}$$

通过式(6.3)可得

$$N_q = \mu T_{max} - 1 \tag{6.25}$$

在收益成本函数(6.23)中,收益部分与羊群效应有关,成本部分与顾客不耐烦行为有关,考虑了羊群效应和不耐烦行为的联合影响,使此收益成本函数更具有实际意义。

6.3　服务型制造系统的制造与服务能力协同控制

在传统的制造系统中,供需之间的矛盾通过产品库存管理来解决,而对于服务型制造系统,其产品系统包括产品和服务两部分,需要考虑顾客参与下的供需矛盾平衡问题。一方面,应对这种变化的需求必须进行能力管理,对任何一家企业而言,其常规能力不可能维持在一个极高的水平来满足苛刻用户的最高要求,需要根据实际运作情况进行能力补充;另一方面,服务型制造系统需要库存和服务能力的协调,避免服务能力充足而产品或耗材库存不足或产品充足而服务能力不足而带来的服务型制造系统效能损失问题。因此,在服务性制造系统中,服务与制造能力需要进行协同控制。

本节将介绍不耐烦顾客参与下制造服务系统的相关研究。此处顾客的不耐烦性即指其止步行为和退出行为,前者为顾客到达时看到过长的等待队列而选择放弃加入队列,后者为顾客在队列中等待时间过长后放弃继续等待离开队列。针对服务型制造系统中常见生产需求及服务需求的变动性,提出采取基于库存的生产策略以及服务能力补充策略进行协同控制。本研究主要集中在存在补充能力以及

顾客不耐烦行为的简单制造服务系统的数学建模、优化控制方面：首先用马尔可夫链对系统进行数学建模，用矩阵几何方法对模型的稳态分布进行求解，然后利用稳态概率构建系统性能评价指标并用数值实验对参数进行静态敏感性分析，以此作为系统需求管理以及系统改善的决策依据。同时，推导出系统净利润率公式，设计求解模型的优化算法，并从系统效益最优化的角度探讨补充服务能力的开启阈值（H）以及基本库存水平（S），通过数值实验证明了算法的可行性和有效性，并最终确定控制参数的最优值。

具体而言，研究中所涉及的制造服务系统向顾客提供由生产和服务集成的混合产品，系统如图 6.1 所示。

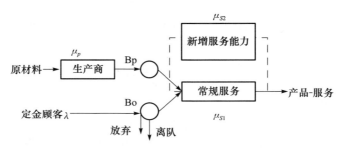

图 6.1　有补充服务能力的制造服务系统模型

本研究中对该系统做出如下假设：

（1）假设产品的原料充足，并且时刻准备供应给生产线。

（2）系统只有一台生产设备，且产品只有一种，产品的生产间隔时间符合参数为 μ_p 的指数分布，即其期望为单位时间内生产 μ_p 件产品。

（3）生产采用基于库存的生产策略，每当系统的库存水平低于安全库存 S 时便开始生产，直至库存水平恢复 S 时才停止；产品跟随服务一同交付给下订单的顾客，且一个订单只包括一件产品和其相应的服务。

（4）在给定的模型里，服务的时间服从参数为 μ_{S1} 的指数分布。假设服务不能预先存储，系统采取服务能力外包策略以应对服务需求的变动。当订单数量大于阈值 H 时，补充服务能力开启；订单数量小于阈值 H 时，补充服务能力关闭。补充服务能力的服务时间符合参数为 μ_{S2} 的指数分布，即单位时间内能够服务 μ_{S2} 位顾客。

（5）补充服务的服务成本远大于系统固有服务的成本，因此阈值 H 的设计还应该考虑经济方面的因素。

（6）在模型当中顾客的到达服从参数为 λ 的泊松分布，还假设系统中的顾客存在不耐烦行为。当顾客进入系统时，他们的第一个选择为选择离开系统还是下

订单;当队列长度达到 M 时,顾客会发生止步行为。顾客的止步概率取决于排在其前的顾客人数。可以表达为

$$P_n(\text{ImpatientBalk}) = j/M \tag{6.26}$$

其中,j 是队列中的顾客数量,包括正在接受服务的顾客。$M-1$ 是队列长度的最大规模。因此,系统的到达率可以表示为

$$\lambda(j) = \lambda \times (1 - j/M) \tag{6.27}$$

顾客在下订单之后到最终接受服务之前仍有可能因为等待时间达到忍耐上限 T,而出现反悔行为离开系统。考虑到顾客的同质性,假设 T 为服从参数为 θ 的指数分布,平均退出率为

$$\mu_e(j) = j\theta \tag{6.28}$$

且当队列长度为零时,不发生反悔行为。

6.3.1　服务型制造系统建模

假设要分析的制造服务系统为一个有限状态数量的马尔可夫链。

$N_1(t)$ 为时刻 t 库存 B_p 以及服务台存储的产品总量,定义时刻 t 队列 B_0 和服务台的订单总和为 $N_2(t)$。因此,系统状态可以描述为

$$X(t) = [N_1(t), N_2(t)], \quad t \geqslant 0 \tag{6.29}$$

系统的状态空间为

$$\{(N_1, N_2), N_1 = 0, 1, 2, \cdots, S, N_2 = 0, 1, 2, \cdots, M\} \bigcup \{(S+1, N_2), N_2 = 1, 2, \cdots, M\}$$

其中,S 是基本库存水平,因此该马尔可夫链共有 $(M+1)(S+2)-1$ 个状态。系统的转移状态图如图 6.2 所示,转移率为

$$q^* = \begin{cases} \mu_p, & (i,j) \to (i+1,j), i \leqslant S \\ \mu_{S1}, & (i,j) \to (i-1,j-1), j \leqslant H, i \neq 0, j \neq 0 \\ \mu_{S1} + \mu_{S2}, & (i,j) \to (i-1,j-1), j > H, i \neq 0 \\ \lambda(j), & (i,j) \to (i,j+1), \\ \mu_e(j), & (i,j) \to (i,j-1), j \neq 0 \end{cases} \tag{6.30}$$

马尔可夫链的生成矩阵为(其中,矩阵 A_0、A、A_S、A_{S+1}、B、B_S、C、C_{S+1} 的值参见文献[28]附录):

$$Q = \begin{bmatrix} A_0 & B & & & & \\ C & A & B & & & \\ & 0 & 0 & 0 & & \\ & & C & A & B & \\ & & & C & A_S & B_S \\ & & & & C_{S+1} & A_{S+1} \end{bmatrix} \tag{6.31}$$

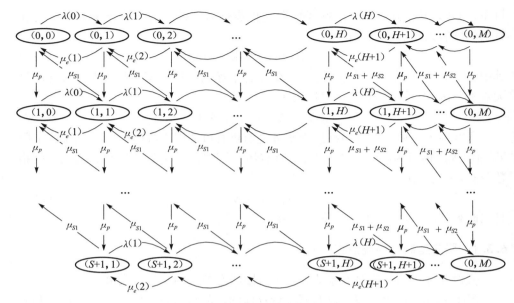

图 6.2　马尔可夫链状态转移速率图

对于状态 (N_1, N_2)，定义库存水平 N_1 下的稳定状态分布为 π_{N_1}，待解的平衡方程式和归一化方程式如下：

$$\pi_0 A_0 + \pi_1 C = \mathbf{0} \tag{6.32}$$

$$\pi_{j-1} B + \pi_j A + \pi_{j+1} C = \mathbf{0} \quad (1 \leqslant j \leqslant S-1) \tag{6.33}$$

$$\pi_{S-1} B + \pi_S A_S + \pi_{S+1} C_{S+1} = \mathbf{0} \tag{6.34}$$

$$\pi_S B_S + \pi_{S+1} A_{S+1} = \mathbf{0} \tag{6.35}$$

$$\sum_{j=0}^{S+1} |\pi_j| = 1 \tag{6.36}$$

其中，$|\pi_j|$ 表示 π_j 的基数；$\mathbf{0}$ 表示所有元素都为零的行向量；对于 $1 \leqslant j \leqslant S$，$\pi_j$ 为 $1 \times (M+1)$ 的列向量；对于 $j = S+1$，π_j 为 $1 \times M$ 的列向量。

考虑到 S 和 M 取值很大时，对平衡方程组直接求解效率太低，因此采用矩阵几何算法对该马尔可夫链的稳态概率进行求解。在得到系统稳态概率的基础上，进一步给出该系统的各项性能指标方程如下：

系统单位时间产量 TH 为

$$\mathrm{TH} = \mu_{S1} \times \sum_{i=1}^{S+1} \sum_{j=1}^{H} \pi_i(j) + (\mu_{S1} + \mu_{S2}) \times \sum_{i=1}^{S+1} \sum_{H+1}^{M} \pi_i(j) \tag{6.37}$$

平均库存水平 E_p 和平均订单数量 E_o 分别为

$$E_p = \sum_{i=2}^{S+1} \sum_{j=1}^{M} (i-1) \times \pi_i(j) + \sum_{i=1}^{S} i \times \pi_i(0) \tag{6.38}$$

$$E_o = \sum_{j=1}^{M} j \times \pi_o(j) + \sum_{i=1}^{S+1} \sum_{j=2}^{M} (j-1) \times \pi_i(j) \tag{6.39}$$

系统补充能力期望开启概率等同于补充服务能力的利用率 U_2：

$$U_2 = \sum_{i=1}^{S+1} \sum_{H+1}^{M} \pi_i(j) \tag{6.40}$$

平均止步率 R_B 为

$$R_B = E[\text{BalkingRate}] = \sum_{i=0}^{S+1} \sum_{j=1}^{M} [\pi_i(j) \times \lambda j / M] \tag{6.41}$$

平均退出率 R_R 为

$$R_R = E[\text{RenegingRate}] = \sum_{i=0}^{S+1} \sum_{j=1}^{M} [\pi_i(j) \mu_e(j-1)] \tag{6.42}$$

6.3.2　服务补充能力协同策略

如前所述,针对该服务性制造系统,提出采用基于库存的生产策略来应对变动的生产需求,并采用服务能力补充策略来应对变动的服务需求。也就是说,要利用库存生产与服务能力补充的协同策略来实现该系统的管理优化。具体而言,在该协同策略下,要确定两点:一是生产阶段的安全库存 S 的设置,即库存量低于 S 将开始生产;二是服务阶段的补充服务能力开放阈值 H 的设置,即等待订单数达到 H 时,将开放补充服务能力。下面,将通过一系列的参数实验,探讨不同 H 与 S 组合策略下的系统性能变化情况。

在以下各组实验中,对标准参数的取值设计为

$$\mu_p = 1, \quad M = 30, \quad \theta = 0.1, \quad \mu_{S1} = 0.8\mu_p, \quad \mu_{S2} = 0.2\mu_p$$

探讨安全库存从 1 递增到 10,补充服务能力开放阈值 H 分别取 2、5、8 时 30 种不同组合策略下的各项系统性能值。

如图 6.3~图 6.8 所示,分别为单位时间产量、平均库存水平、平均等待订单数、平均止步概率、平均退出率和补充能力利用率的变化趋势。由图可以看到,当安全库存递增时,会带来单位时间产量增加、平均等待订单数下降、平均止步率和

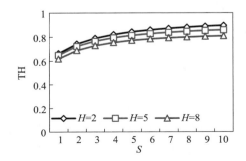

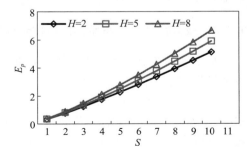

图 6.3　单位时间产量随 H 和 S 的变化趋势　　图 6.4　平均库存水平随 H 和 S 的变化趋势

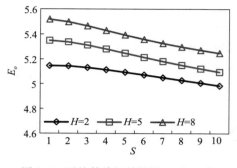

图 6.5　平均等待订单数随 H 和 S 的
　　　变化趋势

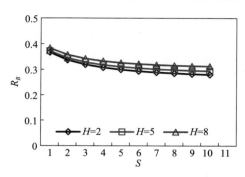

图 6.6　平均止步率随 H 和 S 的变化趋势

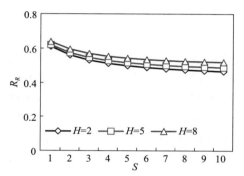

图 6.7　平均退出率随 H 和 S 的变化趋势

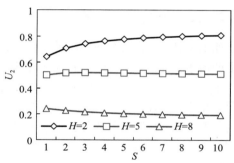

图 6.8　补充服务能力利用率随 H 和 S 的
　　　变化趋势

退出率下降，但同时会导致平均库存水平增加；而补充能力利用率的变化则依赖于能力开放阈值 H 的设置。另外可以看到，设置较大的 H 会降低补充服务能力利用率，这意味着能降低服务成本，但是较大的 H 又会导致库存成本和顾客等待时间、止步概率、退出概率的上升，同时降低单位时间产量，减少系统收益。因此，在进行库存生产与服务能力补充的协同策略设定决策时，需要综合考虑系统收益和系统各项成本，从净利润的角度进行最优策略决策。

6.3.3　服务补充能力与库存协同控制优化

　　基于 6.3.2 节的系统敏感性分析结果，本节将提出服务补充能力与库存协同控制优化方法。首先，给出单位时间系统的净收益 NP 为

$$\text{NP}=\text{TH}\cdot R-hE_p-(b_1R_B+b_2R_R)-c_wE_o-p-(a_1+a_2U_2)　(6.43)$$

式中，R 为每订单的收益；h 为每产品每单位时间的持有成本；c_w 为每单位时间的顾客等待成本；b_1 为由顾客止步行为造成的订单流失成本；b_2 为由顾客反悔行为造成的订单流失成本；p 为每单位时间的平均生产成本；a_1 为每单位时间的普通服

务成本；a_2 为每单位时间的额外服务成本。

由于外包服务商往往会指定一个最低的利用率 μ 以最优化其收益，且应确保净收益 NP 的非负性，因此，在存在补充服务能力系统中补充服务能力的开启阈值 H 以及基本库存水平 S 的选取应满足如下的目标函数及约束条件：

$$
\begin{aligned}
\max \quad & \mathrm{obj} = \mathrm{NP}(H,S) \\
\mathrm{s.t} \quad & U_2(H,S) \geqslant \mu \\
& \mathrm{NP}(H,S) > 0 \\
& H, S, \mathrm{integer}
\end{aligned}
\tag{6.44}
$$

采用穷举搜索法可以对最优化问题进行求解，但是当搜索空间很大的时候，需要更高效的算法对该整数规划问题进行求解。

首先，设计一个算法以寻找 H 上限 H_{upper} 从而缩小搜索空间的大小。由静态敏感性分析可得，对于一个足够大的 H，U_2 随着 S 的增大而递减，因此如果 $U_2(H,1)$ 不满足约束条件 $U_2(H,S) \geqslant \mu$，对于任何其他的 S 取值，约束条件都不成立。因此，在某些情况下，$U_2(H,S) \geqslant \mu$ 可以写成 $U_2(H,1) \geqslant \mu$。考虑到 U_2 还随着 H 的增大而递减，因此 $H_{\max}$ 可以通过二分算法式 $U_2(H_{\max},1) \geqslant \mu$ 和 $U_2(H_{\max}+1,1) < \mu$ 求得，步骤如下。

第一步：初始化 H、S，设置参数 a、b，且 $a < b$。

第二步：计算 $U_2(a,1)$，$U_2(b,1)$。

第三步：如果 $[U_2(a,1)-\mu][U_2(b,1)-\mu] < 0$，计算 $U_2[(a+b)/2,1]$。如果 $U_2[(a+b)/2,1] \geqslant \mu$，则 $a=(a+b)/2$；否则，$b=(a+b)/2$。

第四步：$[U_2(a,1)-\mu][U_2(b,1)-\mu] > 0$，重新设置一个更大的 b 或者一个小一些的 a，使得 $[U_2(a,1)-\mu][U_2(b,1)-\mu] < 0$ 成立，返回第二步。

第五步：重复第二步直到 $b-a < 1$，$H_{\max}=\mathrm{floor}(b)$。

由二分法所得到的 $H_{\max}$ 值只有在 $U_2(H_{\max},S)$ 随着 S 的增大而递减时才等价于 H_{upper}，对于不随 S 增大而递减的 $U_2(H_{\max},S)$，采取简单数值研究的方法寻找 $U_2(H,S)$ 随着 S 增大开始递减时 H 的临界值 H_{change}，并令 $H_{\mathrm{upper}}=H_{\mathrm{change}}$。

同样地设计算法寻找基本库存水平 S 的上限 S_{upper} 以缩小搜索空间的大小。令 $\mathrm{TH}_{\max}=\max(\lambda,\mu_p,\mu_{S1}+\mu_{S2})$ 为系统最大可能产出，由于 $\mathrm{TH}_{\max} > \mathrm{TH}$ 且 $a_2U_2+b_1R_B+b_2R_R+c_wE_o > 0$，可以得出

$$
\begin{aligned}
\mathrm{TH}_{\max}R - hE_p - p - a_1 &> \mathrm{NP} = \mathrm{TH} \cdot R - hE_p - p - a_1 \\
&\quad - (a_2U_2 + b_1R_B + b_2R_R + c_wE_o)
\end{aligned}
\tag{6.45}
$$

因此约束条件 $\mathrm{NP}(H,S) > 0$ 可以放宽为

$$
\mathrm{TH}_{\max}R - hE_p - p - a_1 > 0
\tag{6.46}
$$

即

$$
E_p < (\mathrm{TH}_{\max}R - p - a_1)/h = E_p'
\tag{6.47}
$$

由数值实验结果得知，E_p 随 H 的增大而增大，因此式（6.47）可以改写成

$$E_p(0,S) < E'_p \tag{6.48}$$

由数值实验还可以得知 E_p 和 S 也是同方向变化的，由此 S 的上限值 S_{upper} 同样可以用二分算法式 $E_p(0,S_{upper}) \geqslant E'_p$ 及 $E_p(0,S_{upper}+1) \leqslant E'_p$ 获得。

以上已经得到补充服务能力的开启阈值 H 以及基本库存水平 S 的上限 H_{upper}、S_{upper}，但是由于 S_{upper} 仍然是一个非常粗略的上限值，因此采用穷举搜索求解 H、S 并不是一个高效的算法。接下来，试图从系统特性的角度出发探讨、设计减少系统搜索难度的算法。

从数值实验已经得到：一个较大的基本库存水平 S 对净收益既有有利影响，又有不利影响。有利影响包括提高系统的产量、降低系统等待成本、顾客反悔成本及止步成本，并且可以使得相应的指标收敛到一个确定值。系统库存水平的增加是较大基本库存水平对净收益不利的影响，并且这种不利影响随着 S 的增大无限放大。由于 U_2 取决于 H，因此无法确定一个较大的基本库存水平 S 对补充服务成本的影响是有利的还是不利的。但是，对于 $H(H>H_{change})$，随着 S 的增大，NP 也增大到一个确定的上限值。由此，可以得出结论，当 $H>H_{change}$ 时，所有有利影响都是收敛的，所有不利影响都趋向无穷大，且 NP 随着 S 的增大或者先递增后递减或者一直递减，但是不论是哪种情况，一旦 NP 随着 S 开始递减，就能够找到 NP 的最大值。最终不必穷举搜索所有 $S<S_{upper}$ 的值，只需要穷举到 NP 开始递减时即可停止。

接下来将得到的补充服务能力的开启阈值 H 和基本库存水平 S 的上限 H_{upper}、S_{upper} 以及系统特性应用到搜索算法当中求解 H 和 S 的最优值。搜索算法如下。

第一步：令 $NP^* = 0$，初始化控制变量值 $H=0$，$S=1$。

第二步：计算 $U_2(H,S)$、$NP(H,S)$ 的值，如果 $U_2(H,S)<\mu$，转入第三步；否则，转入第四步。

第三步：如果 $NP(H,S)>NP^*$，则 $H^*=H$，$S^*=S$。

第四步：如果 $H+1 \leqslant H_{upper}$，那么令 $H=H+1$，并转入第五步。

第五步：如果 $S+1 \leqslant S_{upper}$，那么令 $S=S+1$，并转入第六步；否则计算停止。

第六步：如果 $H>H_{change}$，计算 $NP(H,S)$ 和 $NP(H,S+1)$ 并进入下一步；否则重新返回第二步。

第七步：如果 $NP(H,S)<NP(H,S+1)$，重新返回第二步，否则停止计算。

用 Windows 操作系统、CPU 为 Pentium 2.40GHz 的计算机搭载的 MAT-LAB 运行以上算法。假设系统参数为 $\mu_p=1$，$\mu_{S1}=0.8$，$\mu_{S2}=0.2$，$M=30$，$\theta=0.1$，$\mu=0.1$，成本参数为 $R=30$，$p=3$，$a_1=3$，$a_2=5$，$b_1=0.01$，$b_2=0.02$，$h=0.5$，$c_w=0.1$，运行结果为 $H^*=8$，$S^*=6$，$NP^*=14.252$，程序运行时间接近 3min，相比于

穷举搜索法,时间缩短一半,因此研究中设计的算法更为高效。

接下来将进行参数敏感性分析,以探讨参数变化对系统最优决策的影响。首先将系统的标准参数值设置为 $\lambda=1.8, \mu_p=1, \mu_{S1}=0.8, \mu_{S2}=0.2, M=30, \theta=0.1,$ $\mu=0.2, R=30, p=3, a_1=3, a_2=5, b_1=0.01, b_2=0.02, h=0.5, c_w=0.1$。在每个数据实验中只改变其中一个参数值,其他参数保持标准数值不变,比较目标参数变化时的净收益及相应的 H^* 值和 S^* 值。

第一组数据实验考察了与顾客直接相关的三个参数 λ、M、θ 如何对系统最优决策产生影响,如表 6.1 所示。当系统到达率从 1.6 增大到 2.4 时,H^* 值递减,S^* 值递增,NP^* 先增大后减小。H^*、S^* 的变化意味着当单位时间的订单量增多时,系统运营者应当相应地增加系统的库存水平并降低补充服务能力的开启阈值。NP^* 的变化趋势是由到达率的增加导致顾客止步率和退出率的增大造成的。对于 M、θ,M 值的减小和 θ 值的增大都导致了 H^* 值的减小,S^* 值减小或者保持不变。这条结论表示对于更耐心的顾客类型,系统运营者应当提前开启补充服务能力。

表 6.1　顾客相关参数 λ、M、θ 与系统最优决策关系表

λ	1.6	1.8	2.0	2.2	2.4
H^*	9	8	8	7	6
S^*	5	6	6	6	7
NP^*	14.123	14.252	14.266	14.225	14.128
M	10	20	30	40	50
H^*	5	7	8	8	9
S^*	5	6	6	6	6
NP^*	14.048	14.244	14.252	14.233	14.213
θ	0.06	0.08	0.10	0.12	0.14
H^*	10	9	8	7	6
S^*	6	6	6	6	6
NP^*	14.198	14.251	14.252	14.214	14.143

第二组数值实验考察了系统内部改善如何对系统最优决策产生影响,如表 6.2 所示。假设在不改变其单位时间生产成本、单位时间普通服务成本的基础上,可以通过诸如精益生产的方法提高生产率 μ_p 和普通服务速率 μ_{S1}。当生产率提高时,最优净收益 NP^* 增加,最优决策所需要的 H^* 值、S^* 值随之减小。这是由于随着生产率的提高,系统的瓶颈逐渐从产品生产转移到产品交付,即生产服务方面,额外服务能力需要提前开启以保证系统服务能力的稳定。生产率的提高还导致产品交付能力的提高,一个较低的库存水平即可保证产品交付的稳定性,因此系统基本库存水平 S^* 值可以相应降低。随着 μ_{S1} 的增大,H^* 值减小,S^* 值增大。这是因为随着普通服务效率的提高,系统对补充服务能力的依赖性逐步降低,补充服务能

力开启阈值 H^* 可以相应减小。μ_{S1} 的提高还使得产品的生产交付能力,即服务能力增大,因此库存水平也应该相应增加以配合服务能力的提高。此外,研究还发现在标准参数所定义的目标系统中,服务效率的提高所带来的收益增值大于同等程度生产率增加值所带来的收益增值。这是因为在本研究所定义的目标系统中,服务能力为系统的瓶颈环节,瓶颈能力的提高往往会带来更大的效益增长。

表 6.2　系统内部参数 μ_p、μ_{S1} 与系统最优决策关系表

μ_p	1	1.1	1.2	1.3	1.4
H^*	8	5	4	3	3
S^*	6	6	5	5	4
NP*	14.252	14.643	14.981	15.235	15.437
μ_{S1}	0.8	0.9	1	1.1	1.2
H^*	8	8	8	8	7
S^*	6	7	9	10	10
NP*	14.252	16.351	18.153	19.609	20.46

在第三组数值实验中,系统补充服务能力对系统最优决策的影响在两种不同的情况下进行分析,如表 6.3 所示。在第一种情况下,补充服务能力效率提高且每单位时间的额外服务成本 a_2 保持不变,第二种情况下,a_2 随着补充服务能力效率的提高而增大。在前一种情况下,为了取得更高的收益水平,系统的运营者应当降低补充服务能力开启阈值即提前开启补充服务能力并增大产品的基本库存水平从而保证生产交付能力随着服务能力同步提高。在第二种情况下,补充服务效率的提高伴随着每单位时间额外服务成本 a_2 的增大,最优决策保持不变或者变化不大,净收益先增长后下降。

表 6.3　补充服务能力速率 μ_{S2} 与系统最优决策关系表

μ_{S2}	0.2	0.22	0.24	0.26	0.28
a_2	5	5	5	5	5
H^*	8	5	4	2	2
S^*	6	7	7	8	8
NP*	14.252	14.429	14.701	15.007	15.314
μ_{S2}	0.2	0.22	0.24	0.26	0.28
a_2	5	5.5	6	6.5	7
H^*	8	8	8	8	8
S^*	6	6	6	6	6
NP*	14.252	14.253	14.254	14.253	14.252

参 考 文 献

[1] Cooka M B,Bhamrab T A,Lemonc M. The transfer and application of product service systems:From academia to UK manufacturing firms. Journal of Cleaner Production,2006,14 (17):1455-1465.

[2] Mont O K. Clarifying the concept of product-service system. Journal of Cleaner Production, 2002,10(3):237-245.

[3] Baines T S,Lightfoot H W,Evans S,et al. State-of-the-art in product-service systems. Proceedings of the Institution of Mechanical Engineers Part B—Journal of Engineering Manufacture,2007,221(10):1543-1552.

[4] Williams A. Product service systems in the automobile industry:Contribution to system innovation. Journal of Cleaner Production,2007,15(11-12):1093-1103.

[5] Besch K. Product-service systems for office furniture:Barriers and opportunities on the European market. Journal of Cleaner Production,2005,13(10):1083-1094.

[6] Mittermeyer S A, Njuguna J A, Alcock J R. Product-service systems in health care:Case study of a drug-device combination. International Journal of Advance Manufacturing Technology,2011,52(9-12):1209-1221.

[7] Tan B,Gershwin S B. Production and subcontracting strategies for manufacturers with limited capacity and volatile demand. Annals of Operations Research,2004,125(1):205-232.

[8] Gershwin S B,Tan B,Veatch M H. Production control with backlog-dependent demand. IIE Transactions,2009,41(6):511-523.

[9] Veatch M H. The impact of customer impatience on production control. IIE Transactions, 2009,41(2):95-102.

[10] Benjaafar S,Gayon J P,Tepe S. Optimal control of a production-inventory system with customer impatience. Operations Research Letters,2010,38(4):267-272.

[11] Ioannidis S,Kouikoglou V S. Revenue management in single-stage CONWIP production systems. International Journal of Production Research,2008,46(22):6513-6532.

[12] Abad P L. Optimal price and order size for a reseller under partial backordering. Computers and Operations Research,2000,28(1):53-65.

[13] Singer G,Khmelnitsky E. A finite-horizon,stochastic optimal control policy for a production-inventory system with backlog-dependent lost sales. IIE Transactions,2010,42(12): 855-864.

[14] Janakiraman G,Roundy R O,Lost-sales problems with stochastic lead times:Convexity results for base-stock policies. Operations Research,2004,52(5):795-803.

[15] Economopoulos A A,Kouikoglou V S,Grigoroudis E. The base stock/base backlog control policy for a make-to-stock system with impatient customers. IEEE Transactions on Automation Science and Engineering,2011,8(1):243-249.

[16] Ioannidis S, Kouikoglou V S, Phillis Y A. Analysis of admission and inventory control policies for production networks. IEEE Transactions on Automation Science and Engineering, 2008, 5(2): 275-288.

[17] Kawanishi K I. QBD approximations of a call center queueing model with general patience distribution. Computers and Operations Research, 2008, 35(8): 2463-2481.

[18] Mandelbaum A, Zeltyn S. Staffing many-server queues with impatient customers: Constraint satisfaction in call centers. Operations Research, 2009, 57(5): 1189-1205.

[19] Xu S H, Long G, Jihong O. Service performance analysis and improvement for a ticket queue with balking customers. Management Science, 2007, 53(6): 971-990.

[20] Conolly B W, Parthasarathy P R, Selvaraju N. Double-ended queues with impatience. Computers and Operations Research, 2002, 29 (14): 2053-2072.

[21] Wang K, Tai K. A queueing System with queue-dependent servers and finite capacity. Applied Mathematical Modelling, 2000, 24(11): 807-814.

[22] Jain M. Finitecapacity M/M/r queueing system with queue-dependent servers. Computers and Mathematics with Applications, 2005, 50(1): 187-199.

[23] Jain M, Singh P. Performance prediction of loss and delay Markovian queueing model with nopassing and removable additional servers. Operations Research, 2003, 30 (8): 1233-1253.

[24] Jain M, Sharma G C, Shekhar C. Processor-shared service systems with queue-dependent processors. Computers & Operations Research, 2005, 32(3): 629-645.

[25] Chakravarthy S R. A multi-server queueing model with Markovian arrivals and multiple thresholds. Asia-Pacific Journal of Operational Research, 2007, 24(2): 223-243.

[26] Ibe O C, Keilson J. Multi-server threshold queues with hysteresis. Performance Evaluation, 1995, 21(3): 185-213.

[27] Lui J C S, Golubchik L. Stochastic complement analysis of multi-server threshold queues with hysteresis. Performance Evaluation, 1999, 35(1): 19-48.

[28] Li N, Jiang Z, Zhang M. Modeling and optimization of product-service system with additional service capacity and impatient customers. Computers & Operations Research, 2013, 40(8): 1923-1937.

第7章 考虑不耐烦的批次服务型制造系统的库存与批次计划优化

近年来,针对产品服务系统的研究正由纯粹概念性的研究转变到应用工业化生产的探索阶段。因而在其许多的整体解决方案的技术实施细节中,尚有许多亟待解决的问题。例如,尚不具备较为良好的各方面协同的环境,针对产品服务系统实现技术及实施方法缺失,将大型机电产品的产品服务系统产业化的研究尚属匮乏,相关案例及其衍生的研究不足。而这些问题将会成为后续研究的关注点[1]。

在服务型制造系统中,批量服务是一种常见的服务供给方式。例如,在汽车业中,汽车生产企业按照大规模制造的方式进行生产,当来自销售部门提供的订单数与库存中的车辆数吻合时,便会调度运输部门的大型运输车运送至销售门店供货给消费者,每批次运送汽车数量与运输车的容量直接相关。对汽车厂商而言,批次计划设置不佳会造成公司运营成本增加。批量设置过高,会导致门店顾客等待时间过长,甚至造成客户流失,不仅损害企业形象,同时也损失了本已到手的订单;批量设置过低,则会导致人力成本的消耗,同时带来大量的运输损耗。从这个例子可以看到,需要严谨地研究单批提供产品的数量以杜绝资源浪费。同时,在批量服务的模式下,企业的库存控制也至关重要。若是库存量控制得太低,则可能难以满足顾客进一步的需求,会在下一时刻面临缺货的风险;若是放得太松,大量的库存积压又可能对企业带来巨大的压力。因此,本章将介绍考虑顾客不耐烦因素下的批次服务型制造系统中库存与批次计划的联合优化问题。

具体而言,本章探讨一个包含服务-制造两阶段的批量服务型制造模型。同样以汽车制造为例,在制造阶段之后的发货物流即可看作服务过程,且汽车发货通常呈现批次发货的特点。本研究中将顾客的不耐烦作为一个重要因素,确定优化的发货批次问题,并探讨与发货批次相一致的库存管理策略。本章的结构如下:7.1节将给出批量服务型制造系统数学模型,同时基于马尔科夫理论对模型的状态及转移率进行了描述,并进行稳态概率的求解;7.2节将构建系统性能公式,为表述系统性能提供量化指标;7.3节将对提供批量服务的产品服务系统模型进行经济性分析及优化,并得到最优批量取值。

7.1 批次服务型制造系统建模

假设产品服务系统既为顾客提供产品又为顾客提供服务,具体如图7.1所示。

资源经过加工,进入库存水平 N_1,顾客携带订单进入系统,有的顾客因为系统队列太长超出期望而出现止步行为离开了系统,其余进入顾客队列 N_2 的顾客有的因为等待时间超出忍耐极限而离开队列,剩下的则继续等下去。当库存队列 N_1 与 N_2 顾客队列的数目同时达到批量大小 k 的时候,系统将会为 N_2 顾客队列中下订单的批量大小 k 位顾客提供产品及其服务。此后接受服务完的顾客离开系统。

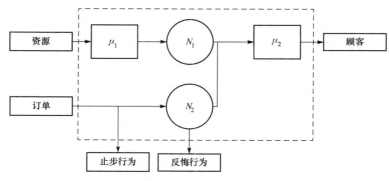

图 7.1   系统模型图

在此为本模型做出以下假设:

(1) 假设产品的原料充足,并且时刻准备供应给生产线。

(2) 系统只有一台生产设备,且产品只有一种,产品的生产间隔时间符合参数为 μ_p 的指数分布,即其期望为单位时间内生产 μ_p 个产品。

(3) 生产采用基于库存的生产策略,每当系统的库存水平低于安全库存 S 时便开始生产,直至库存水平恢复 S 时才停止;产品跟随服务一同交付给下订单的顾客。

(4) 假设每位进入系统的顾客的速率符合参数为 λ 的泊松分布,即单位时间内平均进入 λ 名顾客。顾客订单队列的上限为 M,当顾客数即订单数达到 M 时,每位顾客所下的订单只包含一个产品,同时也附加了产品所需要的相关服务。

(5) 假设服务的时间符合参数为 μ_S 的指数分布,亦即单位时间内能够服务 μ_S 批客户。

(6) 服务系统采用批量服务模式,每当系统中的订单数与顾客数目同时满足批量大小 k 时系统便立刻开始为下订单的顾客提供服务。批量大小 k 的数值设计涉及系统的经济性,下文将会进行系统的讨论。

此外,还假设系统中的顾客存在不耐烦行为。当顾客进入系统时,他们的第一个选择为选择离开系统还是下订单。当队列长度达到 M 时,顾客会发生止步行为。当顾客在系统里面等待的时间超过了忍耐上限 T,则会出现反悔行为忍耐上限 T 服从参数为 μ_e 的指数分布。

系统的建模基于连续时间参数的马尔可夫链,此后的计算与分析均基于此理论基础。定义 $N_{1(t)}$ 为产品库存的队列长度,$N_{2(t)}$ 为系统顾客队列的总长度。则系统状态可以表示为 $X_t = \{N_{1(t)}, N_{2(t)}\}$。

根据系统的状态最后可以得到每种情况下的状态,从而分析这些状态后会发现有的状态不存在或为等同状态,这些情况经过处理后可以得到最终的状态空间:

$$\{(N_1, N_2) \mid N_1 = 0,1,2,\cdots,S, N_2 = 0,1,\cdots,k-1\} \bigcup \{(N_1, N_2)$$
$$\mid N_1 = 0,1,2,\cdots,S+k, N_2 = k,k+1,k+2,\cdots,M\} \qquad (7.1)$$

列出状态空间后,便可以对系统的状态转移矩阵进行计算求解,并根据转移概率矩阵求得系统的稳态概率。

针对系统转移概率矩阵,因为对更多问题有通用性的需求,所以采用计算机编程的方法来求解本节中出现的问题。主要运用如下:

采用字典排序法对状态空间进行排序。

(Part 1) $N_2 < k$:$(0,0)$,$(0,1)$,$(0,2)$,$\cdots$,$(0,k-1)$,$(1,0)$,$(1,1)$,$(1,2)$,$\cdots$,$(1,k-1)$,$(2,0)$,$(2,1)$,$(2,2)$,$\cdots(S-2,k-1)$,$(S-1,k-1)$,$(S,k-1)$

(Part 2) $N_2 \geqslant k$:(k,k),$(k,k+1)$,$(k,k+2)$,$\cdots$,(k,M),$(k+1,k)$,$(k+1,k+1)$,$\cdots$,$(k+1,M)$,$\cdots$,$(k+S-1,k)$,$(k+S-1,k+1)$,$\cdots$,$(k+S-1,M)$,$\cdots$,$(k+S,M)$

如上列举,这些状态被 N_2 分为两个部分。在 Part 1 中,因为顾客无法达到批量大小因此无法服务,则系统中的库存水平 N_1 存在由 0 至安全库存 S 种情况,因此共有 $(S+1)k$ 种状态。

同理,当 $N_2 \in [k, M]$ 时,库存水平 N_1 存在由批量大小 k 至安全库存 S 再加上尚在服务的批量 k 的产品,共计有 $(S+k+1)(M-k+1)$ 种状态。综上总计有 $(S+1)k+(S+k+1)(M-k+1)$ 种状态。定义一个状态函数 State(p) 描述经过排序后的状态空间中的第 p 状态。

在前文所提出的马尔可夫模型中,状态形成的方式是非常重要的,因为它对构造状态函数 State(p) 起着重大的作用,不一样的形成方式将会形成不一样的状态函数。然而可以发现,大多数的马尔可夫模型中,状态空间都是一层一层形成的。从而将通过以下方法来构造状态函数 State(p)。

对上文中提及的马尔可夫链,便可用以下的函数 State(p) 来描述状态中的第 p 个状态:

Part 1,当 q 小于 $(S+1)k$ 时,系统中的库存水平 $N_1 = \text{floor}((q-1)/k)$,为取 $(q-1)/k$ 结果向下取整,而 $N_2 = \text{mod}(q-1,k)$ 为取 $(q-1)/k$ 结果的余数。

Part 2,当 q 大于或等于 $(S+1)k$ 时,系统中的库存水平 $N_1 = \text{floor}((q-(S+1)k-1)/(M-k+1))$,而 $N_2 = \text{mod}(q-1,M-k+1)+k$。

构造状态 A 与 B 之间的转移概率函数 Transition(A,B)。

系统中存在以下几种状态：①增加库存中一件产品，转移率为生产速率 μ_1；②库存中因为服务消耗了批量大小的 k 件产品，转移率为服务速率 μ_2；③因为顾客不耐烦行为离开了一位顾客，转移率为 μ_e；④系统中进来了一位顾客，转移率为顾客进入系统的速率 λ，因为顾客的止步行为发生在进入队列之前，所不表述在转移率之中。下面为以上情况的转移率数学表述，其中的 i 与 j 分别表示系统中 A 状态的产品数量 N_1 与顾客数 N_2。

$$q = \begin{cases} \mu_1 & (i,j) \to (i+1,j), & f \text{ 或 } j \geqslant k, i < S+k \text{ 或 } j < k, i < S \\ \mu_2 & (i,j) \to (i-k,j-k), & f \text{ 或 } i,j \geqslant k \\ \lambda & (i,j) \to (i,j+1), & f \text{ 或 } j < M \\ \mu_e & (i,j) \to (i,j-1), & f \text{ 或 } i,j \geqslant k, \text{ 或 } i < k, j \geqslant 1 \end{cases}$$
(7.2)

根据状态之间的转移率，接下来可以得到状态转移矩阵 $\boldsymbol{Q}$。

首先设状态数为 z，构建出空白的 $z \times z$ 矩阵 $\boldsymbol{Q}$，其次依次列举状态 A 与 B 之间的转移情况及其转移率并赋值于 $\boldsymbol{Q}$ 中，同时依据 $Q(i,j) = -\sum (Q(i,j))$ 列出状态转移矩阵。

接下来求解系统稳态概率，依据上文得到的状态转移矩阵 $\boldsymbol{Q}$，通过稳态概率方程即可获得系统的稳态概率 $\boldsymbol{\pi}$：

$$\begin{cases} \boldsymbol{\pi} \boldsymbol{Q} = 0 \\ \sum_{i=1}^{n} \pi_i = 1 \end{cases}$$
(7.3)

其中，$\sum_{i=1}^{n} \pi_i = 1$ 表示了所有状态发生的概率之和为 1。

利用上文所述的稳态概率和转移概率矩阵，便可获得如下的系统性能特征：

（1）系统平均总人数。当系统处于稳态时，状态空间中各个状态的总人数乘该状态对应的稳态概率之和，便是系统的平均总人数。

$$E(N_2) = \sum_{N_1=0}^{S+k} \sum_{N_2=0}^{M} N_2 \times \pi(N_1, N_2)$$
(7.4)

（2）系统平均等待顾客数。系统处于稳定状态下，有两种情况，一种为为顾客提供服务的情况，在这种情况下，系统中等待顾客数为 (N_2-k) 乘其状态所对应的稳态概率；另一种情况则为系统无法为顾客提供服务的情况，在此情况下，系统中等待的顾客便为全体顾客，则等待顾客数为 N_2 乘其所对应的系统稳态概率。两种状态下的顾客数乘其对应的稳态概率的结果的和便为系统的平均等待顾客数：

$$E(N_2) = \sum_{N_1=k}^{S+k} \sum_{N_2=k}^{M} (N_2 - k) \times \pi(N_1, N_2) + \sum_{N_1=0}^{k} \sum_{N_2=0}^{k} N_2 \times \pi(N_1, N_2) \quad (7.5)$$

（3）系统平均库存水平。系统处于稳定状态下，有两种情况，一种为可为顾客提供服务的情况，在这种情况下，系统中的库存水平为$(N_1 - k)$乘其状态所对应的稳态概率；另一种情况则为系统无法为顾客提供服务的情况，在此情况下，系统中的库存水平便为全体库存，则系统中的库存水平为N_1乘其所对应的系统稳态概率。两种状态下的库存水平乘其对应的稳态概率的结果的和便为系统的平均库存水平：

$$E(N_1) = \sum_{N_1=k}^{S+k} \sum_{N_2=k}^{M} (N_1 - k) \times \pi(N_1, N_2) + \sum_{N_1=0}^{k} \sum_{N_2=0}^{k} N_1 \times \pi(N_1, N_2) \quad (7.6)$$

（4）顾客止步率。顾客止步率为顾客因为队列长度达到队列上限M而放弃进入的速率，即系统损失率的一部分。因此，顾客的止步率为队列长度为M时，顾客进入系统的速率。由于顾客都是携带订单进入系统的，即便顾客没有进入系统，止步行为同样可以视为系统的损失，这在下文中会有所涉及。

$$\rho_{\text{Balking}} = \sum_{N_1=0}^{S+k} \sum_{N_2=0}^{M} \left[\pi(N_1, N_2) \times \lambda_j \right] \quad (7.7)$$

（5）顾客反悔率。顾客反悔率，为单位时间内顾客因为在系统中等待的时间过长，超过了自身的忍耐上限时间T而决定退出系统的个数。因此，系统中的顾客反悔率在此应当表示为三个部分：第一部分为产品库存不足的情况下，顾客队列中的顾客的反悔情况；第二部分为库存中的产品充足，而顾客数量因为没有达到批量大小k，而无法凑够批量接受服务时的反悔情况；第三部分为系统能够为顾客服务，而没有接收到的顾客因为忍耐达到极限而离开系统的情况。

$$\rho_{\text{Renege}} = \sum_{N_1=0}^{k} \sum_{N_2=1}^{M} \left[\pi(N_1, N_2) \times \theta \times N_2 \right] + \sum_{N_1=k}^{S+k} \sum_{N_2=0}^{k} \left[\pi(N_1, N_2) \times \theta \times N_2 \right]$$
$$+ \sum_{N_1=k}^{S+k} \sum_{N_2=k+1}^{M} \left[\pi(N_1, N_2) \times \theta \times (N_2 - k) \right] \quad (7.8)$$

顾客在队列中等待时间过长，获得了不愉快的体验并退出了系统，使得系统不仅失去了订单的利润，而且使得形象等无形资产受到损失，从而对系统造成损失。

（6）系统服务台利用率。系统服务台利用率对应的是系统中服务台被占用来对顾客服务的时间，因而其利用率应当表示为系统中库存水平与队列中顾客数同时大于批量大小，即正在接受服务时的概率之和：

$$U_s = \sum_{N_1=k}^{S+k} \sum_{N_2=k}^{M} \pi(N_1, N_2) \quad (7.9)$$

接下来将进行参数敏感性分析,以探讨顾客到达率 λ、顾客忍耐极限参数 θ、系统安全库存 S、系统顾客队列上限 M、系统生产速率 μ_1、系统服务速率 μ_2、系统批量大小 k 对系统利用率、平均等待顾客数、库存数等性能指标的影响。

1) 顾客到达率 λ 的变化对系统的影响

图 7.2 与图 7.3 为顾客/订单到达率 λ 在其他参量不变的情况下变化的系统各指标趋势图,指标包括系统服务台利用率、顾客的平均总人数 E_1、平均等待人数 E_2 和系统平均库存 E_3。

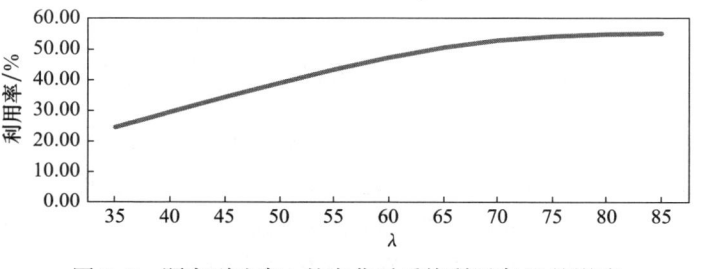

图 7.2 顾客到达率 λ 的变化对系统利用率 U 的影响

$K=20, M=60, S=25, \theta=1, \mu_1=60, \mu_2=5$

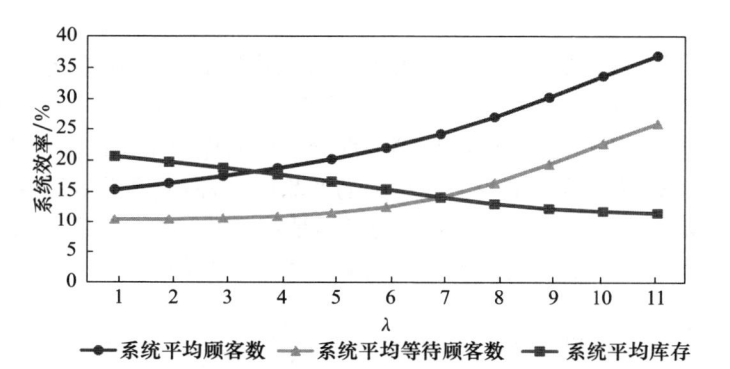

—●— 系统平均顾客数   —▲— 系统平均等待顾客数   —■— 系统平均库存

图 7.3 顾客到达率 λ 的变化对系统效率的影响

由图可以看出,随着 λ 的不断增加,系统利用率 U 先以一个稳定的速率增长,而后增加的速率不断减小,在增加至 $\lambda=70$ 上下时便处于一种较为平稳的状态。可见系统利用率的增长在其达到饱和之前对 λ 的增长较为敏感。而随着 λ 的继续增大,系统及其中的顾客队列变得拥挤,系统的利用率因服务能力逐渐达到上限而逐渐趋缓并稳定于一个值。

系统中的平均总人数 E_1 在一开始随着 λ 的增加而缓慢增加,经过 $\lambda=60$ 左右后,增长速度逐渐加快。可见在进入系统人数速率 λ 较小的阶段时,因为系统的服务能力富余,可以有效地消化进入系统的订单需求,从而系统平均人数增长较为缓

慢。同理,当人进入系统的速率不断增加至系统服务能力不再充足时,系统中的平均人数增加速率不断增加。

　　系统平均等待人数 E_2 的曲线与 E_1 颇为相似:在 $\lambda=60$ 之前,增长较为缓慢,而进入后半段后增长速率明显地转折为较为快速的增长。在与平均总人数 E_1 的比较观察可以知道,在前半段中系统总人数增加较等待人数增加得更快,后半段增长过程中系统增加的人数较少。由此可知,前半段中增加的顾客多处在被服务,而在后半段中绝大多数为等待服务的顾客。

　　系统平均库存 E_3 随着顾客到达率 λ 的增加而不断减少,而当 λ 增加到 80 之后,E_3 的降低开始触底趋缓,稳定在 11 人/单位时间之上。可见随着顾客进入系统的速率不断增加,系统的库存开始不断降低,当 λ 增加到一定程度时会受到系统服务速率的限制而使得系统库存最后得以不断接近而无法最终到达一个下限。

　　图 7.4 显示的分别是顾客两种不耐烦行为发生速率受到顾客到达率 λ 变化而变化的情况。首先是因为等待队列太长而放弃排队的 R_1 速率。在当 λ 小于 50 时,R_1 几乎并没受到影响。然而随着 λ 的不断增加,R_1 的增长速率越来越快。由此可以知道,在其他因素一定时,在 λ 较小的情况下,顾客放弃进入系统的 balking 行为速率因为等待队列并不会太长而较少发生。反之,在当系统负荷较大的情况下,由图 7.3 可见,顾客等待队列相对会增长,从而顾客不进入系统的情况变得频繁。

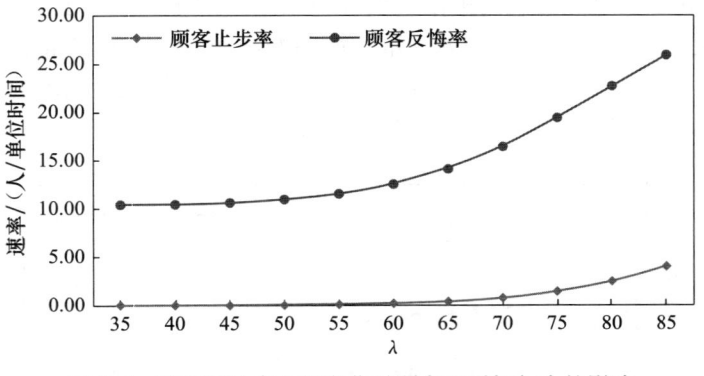

图 7.4　顾客到达率 λ 的变化对顾客不耐烦行为的影响

$K=20, M=60, S=25, \theta=1, \mu_1=60, \mu_2=5$

　　顾客因为在队列中等待时间太久而放弃等待,亦称为反悔的情况。与 R_1 的趋势类似,顾客反悔的速率 R_2 在 λ 小于 45 时变化并不明显,在此之后增长速率不断增大。由于随着 λ 的增大,系统中等待的顾客队列增长,随着系统的负荷不断增大,越来越多正在等待的顾客所等待的时间会更频繁地超过他们能够忍耐的限度,

因而出现了 R_2 增加的速率不断增大的情况。

因此,当系统其他参数不变的情况下,通过一定的宣传或鼓励促使顾客以一个较为合适的速率进入系统可以使得系统的利用率及顾客体验都保持在一个最优的情况。

2) 顾客忍耐极限参数 θ 的变化对系统的影响

图 7.5 显示的是顾客忍耐极限参数 θ 的变化对系统利用率 U 的影响。参数 θ 为顾客忍耐极限 T 的指数分布的参数,因而 θ 为时间 T 的期望的倒数,即 $1/T$。从图 7.5 可以看到,当 θ 不断增大时,系统的服务台利用率不断下滑至 0。

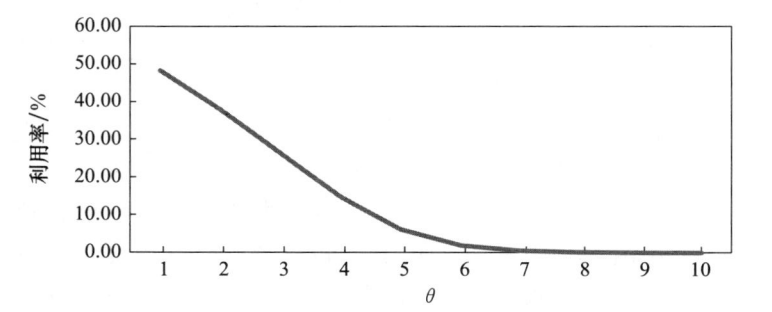

图 7.5　顾客忍耐极限参数 θ 的变化对系统利用率 U 的影响

$K=20, M=60, S=25, \mu_1=60, \mu_2=5, \lambda=60$

图 7.6 显示的是顾客忍耐极限参数 θ 与系统中的平均顾客数 E_1 与等待顾客 E_2 的变化关系。E_1 与 E_2 均随着 θ 增大而不断减小,其中 E_1 下滑的速率较为稳定,而 E_2 在 θ 小于 55 时维持稳定,之后下滑的速率略有加大。系统的平均库存 E_3 随着 θ 的增大不断增大,最后稳定于上限 50 之下。

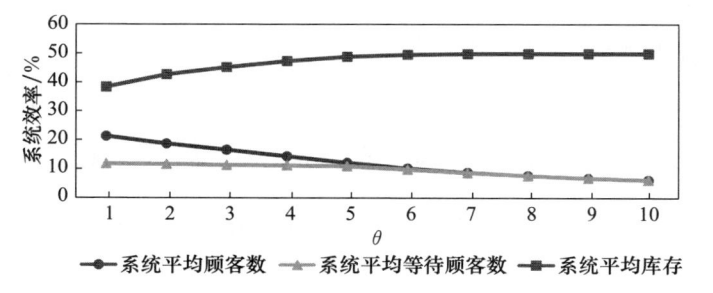

图 7.6　顾客忍耐极限参数 θ 的变化对系统效率的影响

由图 7.5 和图 7.6 中的趋势可以知道,顾客的忍耐极限越长,即 θ 越小,系统的利用率越高,反之系统中的顾客忍耐极限越短,系统的利用率就会越低,直到零。对比图中 E_1 与 E_2 的曲线可以知道,在 θ 不断增大的过程中,队列中等待服务的顾

客数与顾客数之间的差值不断减少,也意味着能够接受服务的顾客数均值不断地降低,到最后两条曲线几乎完全重合,说明在这种情况下系统中已经没有顾客接受服务。同时,随着接受服务的顾客减少,系统中的库存水平也不断提高,直至安全库存。

综上,应当通过一些如广告投放、改善等待环境或者鼓励消费者的手段,提高消费者的忍耐极限,即尽可能地降低 θ 的值,使得系统的服务台利用率达到较高的水平。

图 7.7 与图 7.8 显示的分别为顾客忍耐极限参数 θ 的变化对顾客两种不耐烦行为的影响。其中对于单位时间内因队伍长度过长而离开系统的顾客数,随着 θ 的增加从 $\theta=1$ 时的 1.57 降低到 $\theta=3$ 时的 0,说明随着顾客的忍耐限度不断减少,队列长度将保持在一个较小范围内。而对于单位时间内因为等待时间超过忍耐限度离开系统的顾客数,随着忍耐限度不断地降低,顾客离开队列的速度会增大,当忍耐的时间小于批量形成的时间时,系统中的顾客反悔的速度也将不断接近上限,即顾客进入队伍的速率。

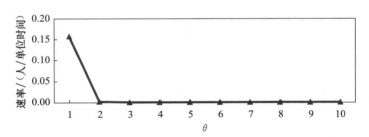

图 7.7　顾客忍耐极限参数 θ 的变化对顾客止步行为的影响
$K=20, M=60, S=25, \mu_1=60, \mu_2=5, \lambda=60$

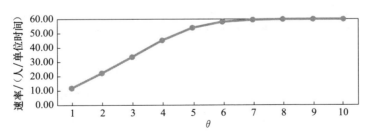

图 7.8　顾客忍耐极限参数 θ 的变化对顾客反悔行为的影响

综上所述,为顾客营造良好的等待氛围提升顾客的耐心和信心,增加顾客的忍耐上限对系统的效率以及顾客的服务感知价值提升都有很大的意义。

3) 系统安全库存 S 的变化对系统的影响

图 7.9 显示的是系统安全库存 S 的变化与系统中服务台利用率 U 的影响。

由图可以看到,在 S 不断增大的过程中利用率 U 也在不断增大,并且以一个较为稳定的增长速率达到增长上限,最终稳定于 48.21%。

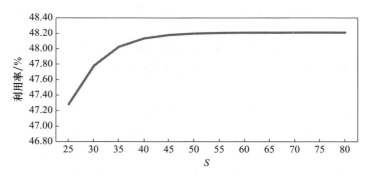

图 7.9　系统安全库存 S 的变化对系统利用率 U 的影响

$K=20, M=60, \theta=1, \mu_1=60, \mu_2=5, \lambda=60$

　　图 7.10 显示的是系统安全库存 S 与系统中平均顾客数 E_1、平均等待顾客数 E_2 及系统平均库存 E_3 之间的关系。首先,当 S 不断增加时,由于产品安全库存不断增加,库存相应充足,顾客数 E_1 与等待顾客数 E_2 不断降低,然后各自稳定在各自的下限。其中顾客数 E_1 稳定在 20,平均等待人数 E_2 则稳定在 10,且其差值几乎保持不变。由于安全库存的提升,加上服务速率和顾客到达率的限制库存水品在 $S<30$ 前增长略缓,其后便与安全库存一同近乎线性地提升。

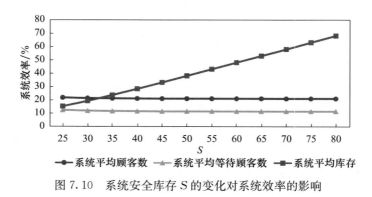

图 7.10　系统安全库存 S 的变化对系统效率的影响

　　图 7.11 与图 7.12 显示的是系统安全库存 S 的变化对顾客两种不耐烦行为的影响。无论对顾客的止步行为还是对反悔行为,安全库存的变化对它们的影响都比较小,仅仅使得离开系统的客户数量稍稍有所减少。其中随着安全库存增加,在初始阶段两种客户增加的速率变化都相对较大,当 $S=40$ 时,两种不耐烦行为速率的减小便变得微乎其微。

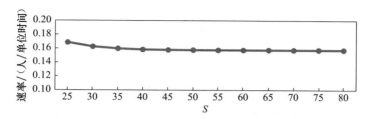

图 7.11　系统安全库存 S 的变化对顾客止步行为的影响

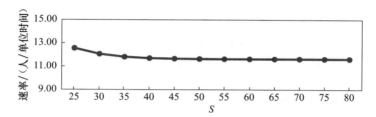

图 7.12　系统安全库存 S 的变化对顾客反悔行为的影响

综上所述,安全库存 S 的变化在其能够满足其条件下的需求之后,再增加会对除系统平均库存外的其他指标影响不大。可见,对安全库存 S 进行准确的设计可以节约不必要的资源浪费,亦可满足系统的需求并维持顾客的价值感知。

4) 系统顾客队列上限 M 的变化对系统的影响

图 7.13 和图 7.14 显示的内容分别为队列上限 M 的变化对系统服务台利用率与系统平均顾客数 E_1、系统平均等待顾客数 E_2 以及系统平均库存 E_1 的影响。

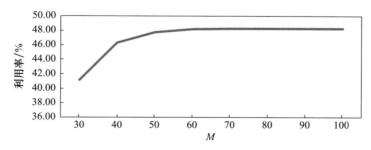

图 7.13　顾客队列上限 M 的变化对系统利用率 U 的影响

$K=20, S=50, \theta=1, \mu_1=60, \mu_2=5, \lambda=60$

由图可知,当顾客队列上限 M 不断增大时,系统利用率亦会上升,并可以明显地分为两个阶段:第一阶段为 M 由 0 变化至 60,在这一阶段中,系统中的服务台利用率以较为稳定的速率增加;第二阶段为 $M>60$,这一阶段中利用率 U 逐渐接近 48.28% 而不再增加,可见其在 $M=60$ 之后便到达饱和点。

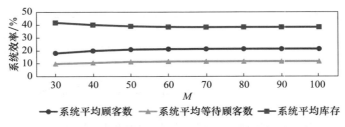

图 7.14　顾客队列上限 M 的变化对系统效率的影响

当 M 增大时，系统中的平均顾客数 E_1 与平均等待顾客 E_2 均在有所上升后便维持稳定，系统平均库存 E_3 在略微下降之后亦维持不变。可知当顾客队列上限继续增大时，系统可以容纳更多的顾客参与等待；当系统服务能力一定时，更多的顾客可以参与到等待接收服务的过程中，增加了系统服务台的利用率。此后，由于系统生产能力受限以及服务能力有限，且顾客到达的速率一定，因此系统利用率 U 和库存 E_3 达到了上限，而系统平均顾客数 E_1 和系统平均等待顾客数 E_2 均降到了下限。

图 7.15 描述的是顾客队列上限 M 的变化对顾客两种不耐烦行为的影响。当 M 不断增大时，单位时间内顾客因等待时间过长而决定反悔离开系统的数量有所增加，但在 M 达到 60 后开始趋于平稳，并最终趋近于 11.72。然而，随着 M 的增加，系统中单位时间内因为顾客队列太长而离开系统的顾客数剧烈减少，在 $M=60$ 之后，这一速率开始趋缓，并渐渐到达 0。可见当其他参数维持稳定而 M 由小变大时，系统中的顾客由于队列变长而服务能力没变使得反悔的行为有所增加，然而由图 7.15 中 E_2 的变化可以看到，当 M 继续增长到一定程度时，系统中的队列由于顾客到达的速度及系统自身服务能力的限制，队列长度不变，进而因队列长度过长离开系统及等待时间过长而离开系统这两种形式的不耐烦行为的速率得以维持稳定。

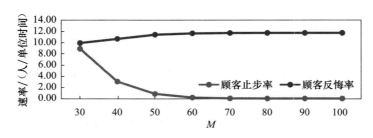

图 7.15　顾客队列上限 M 的变化对顾客不耐烦行为的影响

从上面可以看到，当其他参数维持不变时，为了使系统维持较高的利用率，为顾客赢得较好的体验,通过广告宣传,购进相关人才及设施等提升及改善顾客等待空间的措施,令顾客的队长上限适度延伸可以确实提升系统的利用率及顾客感知。然而在生产与服务能力没能得到提升之前盲目提升顾客的等待队列空间会导致成本投入不必要的增多,系统利用率上升也缺乏空间,并且还会使顾客发生反悔行为的速率上升。

5) 系统生产速率 μ_1 的变化对系统的影响

图 7.16 和图 7.17 分别描述的是当系统生产速率 μ_1 变化时,系统利用率、系统中平均顾客数、系统中平均等待顾客数与系统平均库存水平的变化。由图 7.17 可以观察到,当生产速率 μ_1 不断增加时,系统服务台的利用率亦在增加,但增加较为平缓,并且在 $\mu_1 > 60$ 的范围内增长缓慢渐渐趋于稳定,并最终稳定于 48%。

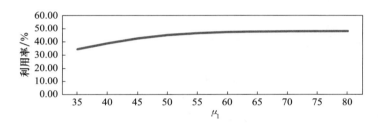

图 7.16　生产速率 μ_1 的变化对系统利用率 U 的影响
$K=20, M=60, S=25, \theta=1, \mu_2=5, \lambda=60$

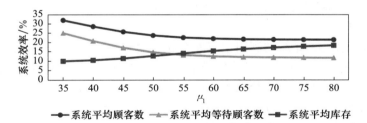

——系统平均顾客数　——系统平均等待顾客数　——系统平均库存

图 7.17　生产速率 μ_1 的变化对系统效率的影响

系统内平均顾客数 E_1 与系统内平均等待顾客数 E_2 的变化,两个指标均随着生产速率 μ_1 的增大而减小,并最终在 $\mu_1 > 60$ 后趋于稳定。由图 7.17 可知,E_2 的下降较为明显,因而两者之间的差值随着 μ_1 的增大也是不断增大的。最后是系统中的库存水平 E_3 的变化趋势。E_3 随着 μ_1 的增大而缓慢的升高,因为 $S=25$,所以最终 E_3 渐渐趋缓于 20。

图 7.18 和图 7.19 分别描述的是系统中顾客两种不耐烦行为发生的速率随着 μ_1 变化而变化的趋势。由图可知,当 μ_1 不断增大时,系统中顾客的不耐烦行为会相应地下降,并分别在 μ_1 达到一定值时逐渐趋缓。

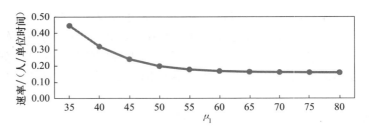

图 7.18　生产速率 μ_1 的变化对顾客因队列过长放弃进入队列行为的影响

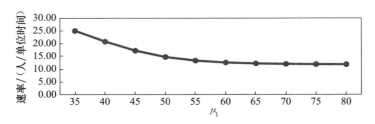

图 7.19　生产速率 μ_1 的变化对顾客反悔行为的影响

由上可知,当 μ_1 不断增大时,系统发生缺货的情况将不断降低,因此顾客进入队列,接受服务,发生迟滞的情况也会相应减少甚至消除。因而队列长度得以相应减小,由此得到的是顾客因为队列过长放弃进入队列的情况也相应减少。顾客因为缺货而受到迟滞的情况得以缓解,也换来了时间上的节省,从而顾客发生反悔的情况也相应降低。

随着 μ_1 的增大,系统的利用率与库存相应增加,系统中的顾客与等待的顾客数、发生拒绝进入队列或返回的顾客数减少。通过采购新设备采用新工艺,或优化供应链与生产流程来增加系统的生产速率,可以达到提升系统生产率的效果,从而优化系统利用率与顾客的体验。

6）系统服务速率 μ_2 的变化对系统的影响

图 7.20～图 7.22 描述的分别为系统服务速率 μ_2 的变化对系统中服务台利用率、系统中平均顾客数 E_1、平均等待顾客数 E_2 及平均库存 E_3 的影响。从图中观察得到,当系统的服务速率 μ_2 不断增大时,系统中的服务台的利用率稳步下降。系统中的库存水平、顾客数及等待服务的顾客数不断降低,并不断趋缓,最终稳定下来。系统平均人数 E_1 下降较为平稳,而平均等待人数 E_2 在 μ_2 增加的前半段下降比较明显,然后则趋近于 10。系统库存水平虽然也有降低,但并不明显。

此处值得指出的是,因为本章对利用率的定义为系统服务台被占用的概率,当服务速率 μ_2 不断提升时,每次服务所占用服务台资源的时间不断变短,从而造成了利用率降低的情况。

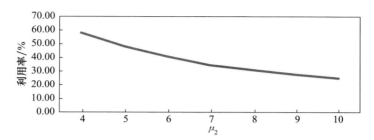

图 7.20　系统服务速率 μ_2 的变化对系统利用率 U 的影响

$K=20, M=60, S=25, \theta=1, \mu_1=60, \lambda=60$

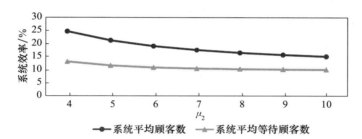

图 7.21　服务速率 μ_2 的变化对系统效率的影响

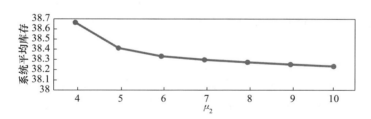

图 7.22　系统服务速率 μ_2 的变化对系统效率的影响

　　由上可知,服务速率 μ_2 的提升令顾客接受服务的时间减少,因而顾客队列变短,系统人数,系统等待人数减少。但服务速率的提升对库存水平的降低影响甚微,应当是受到了顾客到达速率 λ、队列长度上限 M 等因素的影响。

　　图 7.23 和图 7.24 描述的是系统中顾客两种不耐烦行为所受到系统服务速率 μ_2 变化的影响。由图可知,当系统服务速率 μ_2 增大时,因系统中止步行为的顾客数不断减少,最终稳定于 0,即没有顾客因此离开;因等待时间过长而后悔进入系统选择退出的顾客数也不断降低,却在 $\mu_2=8$ 后逐渐稳定,并趋近于 10。由上可知,当系统服务速率 μ_2 增大时,系统中等待的队伍会受到来自顾客进入系统速率、库存水平及生产速率等因素影响,而不会无限度减小。

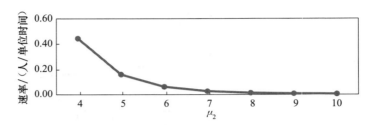

图 7.23　系统服务速率 μ_2 的变化对顾客止步行为的影响

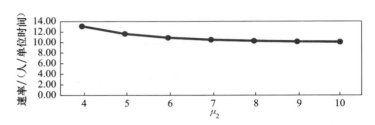

图 7.24　系统服务速率 μ_2 的变化对顾客反悔行为的影响

　　但必须认识到,在现实案例中,μ_2 一般都因为各种原因而处于较低的水平,通过一些诸如改善更换服务设施、进行人员培训等工作来提高 μ_2,可以对提高顾客对服务的感知价值以及降低库存水平及其衍生的各种成本起到很好的效果。

　　7)系统批量大小 k 的变化对系统的影响

　　图 7.25~图 7.27 描述的分别为批量大小 k 的变化对系统利用率 U、系统平均顾客数 E_1、系统平均等待顾客数 E_2 及系统平均库存水平 E_3 的影响。批量 k 的大小决定了一次服务的顾客数量。由图中可以观察到,随着 k 的不断增大,系统的利用率稳定地下降,下凸型的曲线说明其下降的速率逐渐减小。

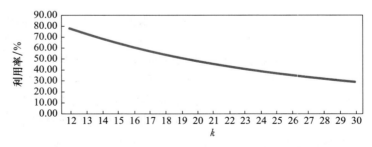

图 7.25　批量大小 k 的变化对系统利用率 U 的影响

$M=60,S=50,\theta=1,\mu_1=60,\mu_2=5,\lambda=60$

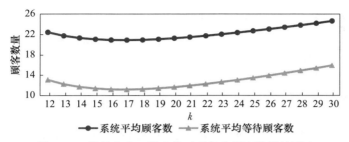

图 7.26　批量大小 k 的变化对系统中顾客数量的影响

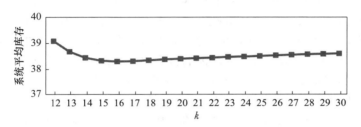

图 7.27　批量大小 k 的变化对系统中库存水平的影响

值得注意的是,k 的大小变化对系统中的平均顾客数 E_1、平均等待顾客数 E_2 以及系统平均库存水平 E_3 的影响呈现一定的波动。在 $k=17$ 附近,系统中的平均顾客数 E_1 与平均等待顾客数 E_2 先不断下降至最低点,此后又不断上升。而系统平均库存水平同样在 $k=17$ 附近时取到了极小值,却在 $k=27$ 之后又继续下降。

从 U、E_1 和 E_2 的变化趋势可以发现,当其他参数确定下来之后,系统将跟随 k 的变化得到效率较高的状态。对于 E_3,适当选择 k 值可以在保证系统较高利用率的同时,将库存水平保持在一个较低的位置。然而 E_3 随着 k 的增大而减小,应当是因为一次服务之后 k 所占 S 的比例越来越大。

图 7.28 和图 7.29 描述的分别是系统中批量大小 k 的变化对顾客止步行为 R_1 与反悔行为 R_2 的影响。从图中可以观察到,随着批量 k 的增大,顾客的止步率在 $k<17$ 前增长缓慢,其后不断升高,曲线呈下凸型。而顾客的反悔率则呈现有趣的现象。当 $k<17$ 时,反悔率 R_2 处于不断下降的情况,而当 $k>17$ 后,R_2 则开始回升。

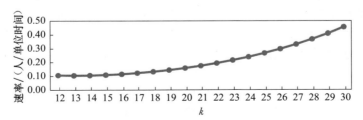

图 7.28　批量大小 k 的变化对顾客止步行为的影响

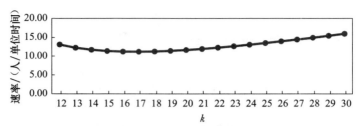

图 7.29　批量大小 k 的变化对顾客反悔行为的影响

　　由上可知,随着批量 k 的增大,在顾客进入系统的速率不变的情况下满足 k 的速率越来越慢,队列的长度增长,因此顾客发生止步行为的速率增加。对于顾客反悔行为的速率 R_2,当 k 较小时,意味着系统服务的速率较低,相对的系统中顾客等待的时间也会增加,因而当 k 增大时顾客反悔的行为逐渐减慢。然而当 k 继续增大时,会出现顾客等待时间延长才能满足批量的情况增加,继而顾客反悔的速率增加。

　　综上所述,批量 k 在增大的过程中,虽然系统的利用率不断减小,但系统中的平均顾客数,平均等待顾客数以及顾客反悔率都经历了先减小后增大的过程。通过严谨地对 k 进行设计,显然可以在维持一定系统服务台利用率的同时降低系统的负荷,降低系统库存水平,增加顾客对系统服务的感知价值,提升对系统的满意程度。

7.2　批次服务型制造系统优化问题

　　为了可以进一步获得对系统更加直观生动的了解,找寻本研究中设计模型所适用的顾客特性及系统参数设计范围。本节将从实际生产中对社会更为关注的经济收益性方面进行探究,通过构建系统的收益-成本函数以获得净利润方程,对系统的经济性得以了解,同时为系统参数的调节提供建议。此处的经济性分析将会考虑系统中的收益和成本两部分,净利润便是收益与成本之差。

　　首先是系统收益。进入系统并接受服务的顾客,会对系统产生相应的收益。因而单位时间内接受服务的总人数便与系统收益函数直接相关。但由于探讨的顾客存在的不耐烦行为,并非每位到达的顾客都会愿意接受系统的服务,唯有最后进入到服务台并接受服务的顾客才是对系统产生收益的对象。站在系统的角度,每为一名顾客进行服务,即交付一件产品,服务与产品便会产生收益 P。由于讨论的是批量供应服务的情况,因此此处一般指为顾客提供一个批次的服务,其收益为 Pk。令 U 为其系统服务台之利用率,μ_2 为系统一个批次的服务速率,则其系统总收益为

$$R = PkU\mu_2(单位时间的收益情况) \tag{7.10}$$

　　其次是系统成本,这部分包括服务成本、生产成本、库存成本、顾客等待成本和顾客不耐烦离开成本。以下将逐一表述各类成本的数学表达。

1）服务成本

假设单位时间内每服务一次产生运输成本为 a_k，其与 k 相关，当 k 越大时，a_k 越高，必须启用更大型的运输车，能够运载更多的车辆，运载能力为托板 L 的整数倍，且车型越大，运输启用成本和运输费用越高。关系如下：$a_k = O_1/\mu_2 + \left\lceil \dfrac{k}{L} \right\rceil O_2$。 O_1 与 O_2 分别为单次单位时间运输费用与单次启用车型对应费用，车型大小假设为运载能力最接近批量大小 k 的整数。系统服务台处于忙碌的概率为 U，考虑系统服务速率，则系统服务成本的函数表达式为

$$C_1 = U\mu_2 a_k = U\mu_2 \left(O_1/\mu_2 + \left\lceil \dfrac{k}{L} \right\rceil O_2 \right) \tag{7.11}$$

2）生产成本

生产成本分为两个部分：一部分为系统生产每件产品的可变成本；另一部分为系统每次生产停滞间隔后的固定成本。首先生产产品都需要必要的零件、人工、能源及组织管理，因此需要大量成本，本节在此讨论的是生产每件产品时所产生的成本。因此系统的生产成本函数为

$$C_2 = P\mu_1 \tag{7.12}$$

3）库存成本

生产出来而暂时未被销售的产品都会停留在库房中。本节的实例为汽车，汽车停留在库房中既需要人力成本来看守，保养费用、占用库房位置等都是必要的支出。因而单位时间内储藏产品需要付出的费用与停留在库房中的数量成正比。假设单位时间内单位产品的库存成本为 s，则有

$$C_3 = E_3 s \tag{7.13}$$

4）顾客等待成本

事实上进入系统中下了订单的顾客会占用系统的资源。例如，在等待时占用了系统的服务资源，企业需要耗费人力与物力对进入系统的顾客订单进行准备，时刻与顾客保持联系，随时准备接受顾客的新要求等待。因此顾客的等待成本是无法忽略的。综合上述，定义了等待时间成本系数，即单位时间内每位顾客的等待成本为 C_w，则这部分的成本为

$$C_4 = C_w E_2 \tag{7.14}$$

5）顾客不耐烦离开成本

进入系统的部分顾客会因为系统中的队列过长或者在系统中的等待时间过长而放弃等待，即止步行为和反悔行为。当这些行为出现时，或多或少会给系统带来一定的损失，这些损失包括有形与无形的成本。在此，不对此进行过于复杂的分析，而是单纯地将此类成本分为上述两类：每位顾客止步行为为系统带来的成本 b_1，每位顾客反悔行为为系统带来的成本 b_2，则系统中的顾客因不耐烦行为为系

带来的成本为

$$C_5 = b_1 R_1 + b_2 R_2 \tag{7.15}$$

综上所述，可以得到该服务性制造系统的净利润，即系统单位时间所内产生的净利润：

$$\text{NP} = R - C_1 - C_2 - C_3 - C_4 - C_5 = PkU\mu_2 - E_3 s - U\mu_2 \left(\frac{O_1}{\mu_2} + \left\lceil \frac{k}{L} \right\rceil O_2 \right)$$
$$- P\mu_1 - C_w E_2 - b_1 R_1 - b_2 R_2 \tag{7.16}$$

在建立净利润方程的基础上，可对该服务型制造系统进行优化，即获得最大化净利润下的批次与库存设置。

7.3　批次与库存联合优化策略

在 7.1 节和 7.2 节内容的基础上，本节将继续讨论服务型制造中的批次与库存联合优化策略。该部分重点研究的是批量生产、批量服务对系统的影响，因而将先讨论批量大小 k 对系统收益的影响。

下面将考察系统批量大小 k 与服务速率 μ_1 的变化与系统净利润之间联合变化的关系，以获得此情况下的最优值。通过实际经验与数据实验为批量大小 k 与生产速率 μ_1 选定了变化范围。此外，本节的模拟产品为汽车，因而其利润、服务的费用与顾客不耐烦的成本费用也较高。因此，其批量大小 k 由每批 6 台到每批 42 台间变化，以了解服务批量在较小及较大情况下的系统利润情况。

从图 7.30 的变化会发现有趣的现象，也验证了先前数值实验的结果。其中当

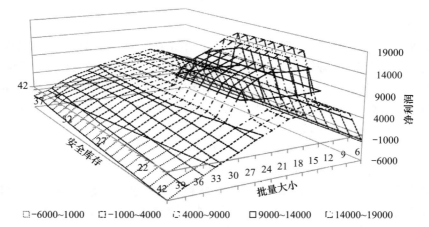

图 7.30　净利润与批量大小 k 和安全库存 S 之间的变化曲线
$M = 60, \lambda = 60, \theta = 1, \mu_1 = 60, \mu_2 = 6, R = 500, h = 10, L = 6, C_w = 55, b = 30,$
$b_1 = 40, b_2 = 200, P = 200, O_1 = 50, O_2 = 300$

$k\in[9,23]$，$S\in[25,32]$时系统的净利润发生了较大的起伏，在整个系统的净利润中呈现浮岛的现象。

可见当系统在进入 $k\in[9,23]$，$S\in[25,32]$这一区域时，系统进入了净利润最高的区域。在这一区域时，批量大小 k 对系统净利润更为敏感。这一现象可以从收益-成本函数获得解释。

在收益-成本函数中，可以观察到主要的变量除了批量大小 k 及安全库存 S，均来自于系统利用率、系统中平均等待人数、系统中平均库存以及顾客的两种不耐烦行为。

由图 7.31～图 7.36 可以观察到以下内容。

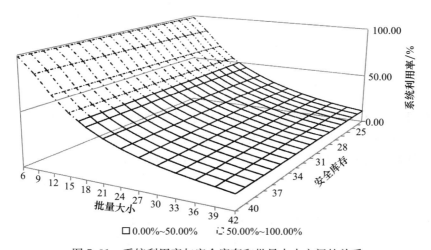

图 7.31　系统利用率与安全库存和批量大小之间的关系

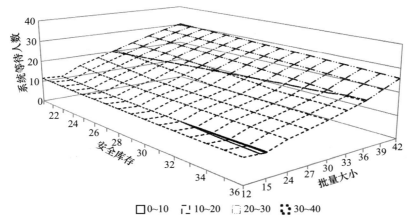

图 7.32　系统等待人数与安全库存和批量大小之间的关系

当批量大小 k 与安全库存 S 均在上述区间时,系统的利用率处在系统利用率的斜坡上缘,同时,由收益-成本模型中的收益项 $PkU\mu_2$ 中可以看出区间内的批量 k 不至于太小,从而保证了系统收益保持较高的水平。

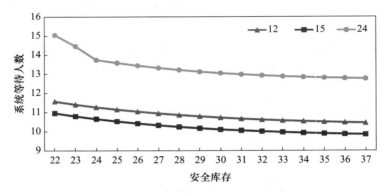

图 7.33　系统等待人数与安全库存之间的关系

由图 7.32 可以看出,当批量大小 k 较小时,系统中等待的顾客数也相应较小,由服务费用项 $-C_wE_2$ 可以看出:较小的等待顾客数可以将其相应的等待服务费保持在相对较低的水平上。由图 7.33 中不同批量大小对应的安全库存 S 对系统平均等待人数的影响趋势,$S>25$ 避开了较小的 S 会带来的较多的等待人数。

如图 7.34 所示,当批量大小 k 保持不变而安全库存 S 变化时,系统中的平均库存将与 S 呈现正相关,而当安全库存 S 变化时,批量大小 k 与平均库存呈澡盆曲

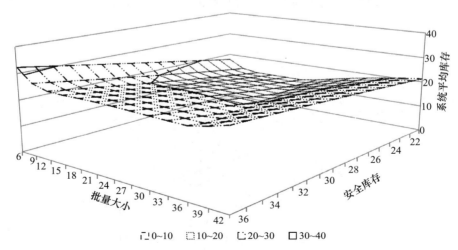

图 7.34　系统平均库存与安全库存和批量大小之间的关系

线状。在上述区间内的 S 能够保证系统的平均库存保持在一个较低的水平,而这一区间的批量大小 k 使得平均库存水平 E_3 处于澡盆曲线的"盆底"的水平,依据收益成本函数中的库存成本项 $-E_3 s$ 可知,区间内两者结合有效减少了系统中的库存水平及其衍生的库存持有成本。

如图 7.35 所示,顾客止步行为受到批量大小 k 的影响,呈一个开口较大的 U 形。当批量大小 k 处于上述区间时,其也正好处于 U 形曲线的较低处。安全库存 S 则与顾客的止步行为成正相关,处于上述区间中的 S 令顾客止步行为处于一个较低的水平。由顾客止步行为对系统净利润的相关项 $-b_1 R_1$ 可以看出,区间中的批量大小 k 与安全库存 S 能够为系统保持较低的顾客止步行为。

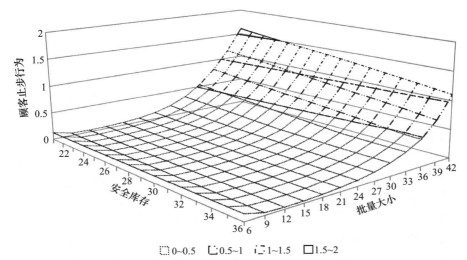

图 7.35　顾客止步行为与安全库存和批量大小之间的关系

处于这一区间批量大小 k 与安全库存 S 同样有效降低了系统中另一类顾客不耐烦行为。对于反悔行为,如图 7.36 所示,其与图 7.35 的趋势较为相似,但可以看到系统的反悔行为对批量大小 k 更为敏感,区间中的 k 令顾客反悔行为停留在 U 形曲面的较低处,而 S 的变化对顾客的反悔行为并不敏感。由顾客反悔行为的成本项 $-R_2 b_2$ 可以看出,系统受到能够保持较低反悔行为的 k 与 S 组降低了相关的成本。

从整体观察,当 $k < 6$ 时,系统下降的趋势较陡,此种情况下虽然系统反应最为灵敏,但从整体利润看来,系统的净利润值很低。当 $k > 27$ 后,系统的净利润水平开始下滑,在超过了 35 之后,系统的利润值便为负值。从 S 的角度看,当 k 固定不变,S 由小增大时,系统的净利润都会先升高进入极大值,然后持续降低。

由以上的分析可以看出,系统中存在一个较为敏感的区域来实现系统的净利润最大化。

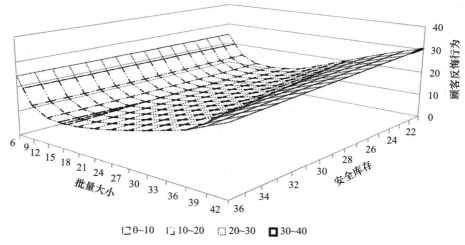

图 7.36　顾客反悔行为与安全库存和批量大小之间的关系

　　利润的最大化来自于对于每个相关成本实现最低或相对较低的同时,收益最大化。一件又一件的成本优势叠加使得最终的利润最高。因而可以看出,净利润不仅是争取收益最大化,更重要的是争取成本降至最低的博弈过程。

　　此外,上述分析中也可以看出来,在考虑系统的净利润过程中包含了对顾客反悔与止步行为的成本因素,所以净利润这一指标的本质是对系统总体效率与顾客感知妥协的结果。实现顾客获得功能的目的同时也为系统获得了利益。

　　除了上述探究,还尝试寻找实现最优经济效益的批量大小 k 与安全库存 S 之间的关系,通过大量的数值实验选定了如图 7.37 所示的参数范围。通过计算所有参数对应的净收益值,记录下每行参数对应的最大净收益的点数据,便绘制成了图 7.37。

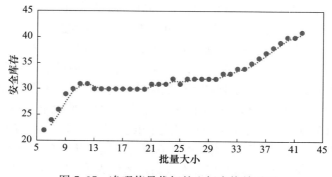

图 7.37　净现值最优解的坐标变换关系图

　　如图 7.37 所示,可以分为三段。在批量大小 $k < 13$ 时,最优的安全库存

S 随着 k 的上升急剧上升,即每当批量大小 k 在较小阶段略有增加时,安全库存需要大幅增加以满足系统需求,实现最优值。而在 $k \in [13,30]$ 时,曲线趋于平缓,即批量大小 k 变化对安全库存的要求从之前的增长迅速转变为不敏感,直至 $k=S$ 时。当 $k>30$ 时,安全库存的最优点再次伴随着批量 k 的增加而不断增加,并且斜率接近于 1,亦即 S 近似于 k。

配合图 7.30 还可以观察到,净利润的数值随着 k 的增大而增大,在 $k=12$ 时取得了最大值,即前段的终点处;此后在中段时,系统的净利润开始逐渐下滑;而到了后半段,净利润开始急剧下降,直至降为负值。可以看到,当系统处于中后段时,系统效率和净收益都相对较低。

运用到企业中去时,仅需通过较小工作量的实践判断出自身所处曲线的位置,适当改变政策,便可获得最优的批量大小 k 与安全库存 S 的组合。企业首先将确定自身的批量大小,此后不断变化自身的安全库存水平。当其净利润出现极大值时,小幅度调节每次运输的批量大小,此后再调节安全库存水平,直到其再次达到极大值。

获得了两个极大值之间的数据之后,判断批量大小 k 与安全库存 S 之间的差值关系。若 S 之间的差值远远大于 k 之间的差值,则系统尚有上升空间,处于曲线的前段,应当进一步提升单次批量服务与安全库存的大小以做试探,获取其净利润的最大值。

若 S 之间的差值变动不大,则说明系统的上升空间有限,企业既可以选择减少安全库存水平以将资源作为它用,从而减少不必要的资源占用,亦可通过提高生产速率,投放广告吸引顾客等手段改进系统的其他参数,使得系统性能进一步提升。

若 S 的差值与 k 的差值相差不大,则系统已没有进一步提升运量及安全库存水平的必要,企业应当适当地降低批量大小及库存水平,通过不断降低净利润的最大值对应的批量大小及库存水平,以减少企业对资源的不必要占用,还可以提高其自身的净利润。

对于企业,通过判断自身所处于曲线中的位置,有利于企业在现阶段快速地改进库存策略及服务策略,以获得自身产品服务系统的最优配置。

参 考 文 献

[1]　Evans S,Partidario P J,Lambert J. Industrialization as a key element of sustainable product-service solutions. International Journal of Production Research,2007,45(18-19):4225,4226.

附录　数据实验结果

净利润		批量大小						
	3	6	9	12	15	18	21	24
22	−1560.6	5607.1	6966.3	7847.4	7025.9	6639.5		4778.9
23	−1582.6	5657.6	7029.4	7912.0	7092.7	6717.9		5061.1
24	−1610.0	5695.8	7077.6	7963.7	7145.8	6782.0		5504.9
25	−1641.8	5722.6	18096.0	16901.1	14522.6	12977.2		10774.5
26	−1677.4	5739.2	18145.2	16950.2	14568.6	13031.2		10838.3
27	−1716.1	5746.6	18183.6	16987.3	14602.4	13071.7		10888.3
28	−1757.7	5746.1	18212.6	17013.5	14625.2	13099.8		10925.4
29	−1801.0	5739.1	18231.6	17029.6	14638.5	13116.8		10950.6
30	−1846.3	5726.2	18242.7	17036.6	14643.4	13124.0		10965.0
31	−1893.2	5707.9	18246.3	17035.2	14640.8	13122.5		10969.5
32	−1941.2	5684.8	18243.0	17028.0	14631.7	13113.6		10965.2
33	−1990.3	5657.6	7119.5	8015.4	7193.9	6873.5		5663.5
34	−2040.1	5626.7	7096.0	7991.6	7168.4	6848.0		5640.3
35	−2090.6	5592.6	7068.8	7964.3	7139.1	6818.4		5612.1
36	−2141.7	5555.8	7038.3	7933.9	7106.4	6785.4		5579.7
37	−2193.1	5516.6	7004.9	7900.8	7070.6	6749.3		5543.7
38	−2244.9	5475.4	6969.1	7865.1	7032.6	6710.6		5504.8
39	−2297.0	5432.4	6931.2	7827.2	6992.7	6669.7		5463.4
40	−2349.2	5387.8	6892.1	7787.4	6951.0	6626.9		5420.1
41	−2506.9	5247.1	6762.6	7658.4	6817.4	6489.7		5281.1
42	−2665.2	5099.0	6622.2	7519.0	6674.5	6343.8		5133.5
43	−2824.0	4946.4	6475.5	7372.7	6525.7	6192.8		4981.0
44	−2982.8	4791.4	6323.9	7222.0	6373.1	6038.6		4825.7
55	−3141.8	4634.4	6170.2	7068.3	6218.2	5882.5		4668.9
58	−3300.8	4476.7	6016.1	6912.8	6061.7	5725.3		4511.1
61	−3459.8	4318.3	5858.2	6756.0	5904.3	5567.3		4352.8
64	−3618.8	4159.7	5699.8	6598.5	5746.4	5409.0		4194.2
67	−3777.7	4001.0	5541.3	6440.4	5588.0	5250.3		4035.4
70	−3936.7	3842.1	5382.6	6282.0	5429.4	5091.6		3876.5

库存上限

续表

净利润	批量大小					
	27	30	33	36	39	42
库存上限	3286.3	1273.1	−397.7	−2320.6	−3857.3	−6024.5
	3575.4	1539.6	−153.9	−2107.7	−3673.7	−5877.5
	3859.5	1806.3	92.0	−1891.9	−3487.1	−5727.7
	4135.0	2072.3	339.6	−1673.5	−3297.6	−5575.0
	4395.0	2336.0	588.3	−1452.7	−3105.2	−5419.6
	4846.6	2595.4	837.6	−1229.7	−2910.0	−5261.4
	4881.8	2846.6	1086.5	−1004.9	−2712.3	−5100.5
	4906.5	3083.0	1333.6	−778.7	−2512.2	−4937.1
	4921.4	3538.7	1576.9	−551.8	−2310.0	−4771.1
	4927.4	3551.9	1812.9	−325.0	−2105.9	−4602.7
	4925.0	3556.8	2035.3	−99.3	−1900.3	−4432.0
	4915.1	3554.2	2500.1	123.3	−1693.8	−4259.2
	4898.4	3544.5	2495.9	339.9	−1486.9	−4084.5
	4875.7	3528.5	2485.5	544.9	−1280.8	−3908.3
	4847.9	3506.8	2469.2	1010.5	−1077.0	−3730.8
	4815.5	3479.9	2447.6	991.6	−878.0	−3552.7
	4779.4	3448.5	2421.2	968.2	−688.8	−3374.6
	4740.1	3413.2	2390.6	940.6	−217.4	−3197.8
	4680.2	3374.6	2356.2	909.2	−243.5	−3024.2
	4543.3	3243.9	2234.8	796.2	−1324.8	−2438.9
	4396.1	3099.0	2095.0	662.4	−1454.5	−2566.4
	4243.4	2947.0	1945.1	516.0	−1597.6	−2707.0
	4087.8	2791.4	1790.3	362.7	−1748.8	−2856.0
	3930.7	2634.2	1633.2	206.2	−1904.3	−3010.2
	3772.7	2476.1	1475.1	82.3	−2061.9	−3167.0
	3614.2	2317.6	1316.6	−110.3	−2220.4	−3325.2
	3455.5	2158.8	1157.8	−269.1	−2379.1	−3483.9
	3296.7	2000.0	998.9	−428.0	−2538.0	−3642.8
	3137.7	1841.0	839.9	−587.0	−2697.0	−3801.7

第8章　生产与服务系统管理研究

服务型制造企业目前采用的模式大多为初级阶段的模式,即提供基于产品附加服务的商业模式,如产品配送和安装、融资计划、咨询和产品使用人员培训等。处于初级阶段的服务型制造企业大多由传统的制造企业转型而来,这些传统制造企业认识到,相对单独提供产品,通过提供产品以及与其相关的服务能够获得更大的利润,而且,附加的服务会提高顾客的满意度和忠诚度,如上海电气和西安陕鼓等企业。这些企业提供客户面向产品的PSP,即采用初级阶段的服务型制造模式。企业将物质产品的所有权交给顾客,同时为顾客提供相应的服务,以保证产品的有效使用。与传统的售后服务相比,面向产品的PSP提供的服务范围更广,服务项目也更多。以生产性服务业中的物流业为例,目前国际一流的物流公司,如Maersk、FedEx的服务已经渗透到了仓储和保管、海陆空运输、代理报关等领域,既可以提供产品的拆分、保养、包装、组装、细分、切断、组合、贴标签、贴条码等简单加工增值服务,也可以为客户提供量身定制的供应链一体化解决方案、价值评估以及流程再造等复杂的综合服务。

面向产品的PSP无论在机床等大型设备制造领域,还是在紧固件等机械通用零部件制造行业都有一定的推广。在这类产品服务包中,虽然产品仍旧是企业竞争的基础,但是服务已经成为企业竞争的主要手段和途径,也是非价格营销的重要手段和收入的主要来源。例如,2011年上海集优机械股份有限公司的标五通过提供物流服务,极大方便了顾客采购,扩大了内销市场份额,营业额增加4.3亿元,增速达31%,居全国机械制造类行业第一。

作为一种新的生产组织模式,面向服务型制造的生产组织方式不同于以往的生产或服务系统,主要体现在以下两个方面。

1)生产和服务耦合,需要优化匹配生产与服务能力

企业为了提供面向产品的产品服务包,须首先生产产品,然后将产品和基于产品的服务如物流配送服务和安装调试服务作为整体提供给客户,这些企业的显著特征是服务活动在生产活动之后发生。因此,整体的生产与服务系统由生产库存子系统和服务子系统串行组成,而不再是简单的生产系统或服务系统,为生产系统与服务系统融合而形成的生产与服务系统,或产品与服务混合生产系统(注:产品与服务系统是生产系统的概念,而产品服务系统是产品的概念,产品服务系统是生产与服务系统的输出)。

生产与服务系统的运作管理不同于传统制造系统或传统服务系统的管理,需要同

时对制造和服务进行有效管理,以高效地提供给客户产品服务包。生产与服务的融合将产生生产运作管理新问题。对于传统的制造管理,库存管理是最基本也是最重要的问题。而在生产与服务系统中,则需要考虑配套的出入货服务,从而实现库存水平的变化。如果库存水平较高而服务能力不足,或者产品缺货导致服务设施空置,都将会出现以下不愿看到的情形:顾客等待与高库存或服务能力闲置同时并存。

2) 引入服务,必须考虑顾客行为

由于随着产品质量和生产技术的提升,不同企业提供的产品功能直接的差异越来越细微。因此,企业的竞争力不再仅仅是产品物理属性,如质量和功能方面,而更多的是服务水平之间的竞争。如果需求响应时间过长,一些顾客可能会放弃购买或转向其他公司,即出现顾客不耐烦行为。在此情形下导致的订单损失成本不仅包含订单利润,还包含诸多无形因素,如公司声誉和顾客忠诚度的损失,因此损失代价是非常高昂的。

由于生产与服务系统不仅提供产品,还提供相关服务给顾客,服务的不可存储性、生产与消费的同步性,导致生产与服务系统只能在顾客到达后才能将产品和服务交付给顾客,因此顾客的等待时间相比较只提供产品的生产库存系统会更长,所以顾客不耐烦行为需要更加关注。

本章重点研究生产与服务的耦合导致的生产与服务系统中协同能力动态控制和管理,顾客不耐烦行为对生产与服务系统管理策略和性能的影响。主要包括以下三方面内容:

(1) 提出生产与服务系统的最优能力管理策略。企业提供产品服务包时,需要同时对产品生产和服务订单进行管理。拟提出具有一种产品的生产与服务系统的最优动态生产控制策略,通过最优策略的特征揭示生产和库存管理与服务的协同特征。

(2) 研究提供两种产品和服务的生产与服务系统的能力分配问题。提出生产和服务能力分配策略,为生产和服务耦合的系统提供能力分配建议,并基于最优策略的结构特征,设计有效的启发式能力分配策略以提高策略的实用性。

(3) 揭示顾客不耐烦行为对生产与服务系统的影响并提供管理建议。给出顾客同时具有止步和中途退出两种不耐烦行为时不同系统的马尔可夫模型,通过数值实验研究顾客不耐烦行为对生产库存子系统和服务子系统性能的影响。揭示生产与服务耦合情形下顾客不耐烦行为对系统的影响并提供建议。

8.1　单产品生产与服务系统管理策略

8.1.1　问题背景

收益管理,又称产出管理,它主要通过对以市场细分为基础的需求行为分析,确定最佳的销售策略。其核心是区别对待,就是根据客户不同的需求特征和价格弹性向客户执行不同的配给标准。这种价格细分采用了一种客户划分标准,这些标准是一些合理的原则和限制性条件。

考虑既提供单独产品又提供产品服务包的生产与服务系统的管理问题。具体的运作模式产生于上海一家机械通用零部件制造公司。该公司在2009年以前是一家传统的制造商,只提供产品给客户。近年来,公司增加提供产品配送服务,并以此为主营业务。与此同时,由于部分客户目前仍然与其他的服务提供商有合约而只需要产品,因此企业在产品库存比较充足时也会销售单独的产品。所以企业满足两类外部需求:单独的产品需求和产品服务包需求。然而,由于服务订单具有较高利润,以及公司所倡导的发展方向而具有高优先权;而产品订单为低优先权,因此,如果库存水平较低,产品订单可被拒绝,以便为产品服务包需求保持产品库存能力。

对于提供基于产品服务的企业,提供的各种与产品相关的服务[1],如物流配送服务、安装调试服务,这些服务的显著特征是服务活动在生产活动之后发生。因此,整体的生产与服务系统是串行的,并由生产库存子系统和服务子系统依次组成。

基于以上阐述,企业所面对的系统显然不同于传统的生产库存系统,是一个由生产库存子系统和服务子系统两类子系统组成的混合系统[2]。而且,由于服务的无形性,以及只能在订单到达后才能开始,服务系统的运作管理明显不同于生产库存系统的管理[3-5]。因此,如Oliva和Kallenberg[6]、Turta[7]所指出,生产与服务系统和生产物质产品的生产库存系统在诸多方面有很大不同,如运作模式、控制机制和系统动力学等[8]。例如,在生产库存系统中,库存的减少速率等于需求率,而在生产与服务系统中,当无顾客等待时,库存的减少速率等于需求率;而当有顾客等待时,库存的减少速度为服务速率。所以,相对于传统制造系统的运作管理,生产与服务系统涌现出许多新的管理问题。

为了应对以上生产与服务系统所面对的新的管理问题,在运作层面解决以下问题:①如何管理生产以应对增加了服务业务后所带来的挑战?②如何分配库存给外部的产品需求,同时兼顾产品为产品服务包的组成部分?第一个问题与生产和库存控制相关,第二个问题与收益和能力管理相关。不同于生产系统的控制,在生产与服务系统中处理以上两个问题必须考虑服务子系统的影响。

本节研究希望通过简单模型对以上问题获得较为深刻的洞察。为此,首先将企业运作的系统表示为一个满足两类需求的两阶段生产与服务混合系统,一类为单独产品的需求,另一类为产品和基于产品的服务的需求。系统的第一阶段为一个备货型生产系统,生产产品以满足外部需求,同时作为第二阶段处理服务订单时的"原料"需求。因此,第一阶段生产的产品有两类需求:外部产品订单需求和由服务订单导致的系统内部对产品的需求。在系统无记忆性的假设下,将系统的最优动态控制问题划归为一个连续时间马尔可夫决策过程,两种控制方法同时使用。在任意时刻,生产控制策略决定是否进行生产,而准入控制策略决定是否接受到达的产品订单。

　　研究的系统不仅采取混合的运作策略,即备货型生产和按订单服务,而且提供两种不同类型的产品,即备货型生产的产品和按订单生产的产品服务包。对于提供两种类型产品的系统,已有大量文献研究了单一设施的情形,如文献[9]～[14]和详细的综述性文献[15]。然而,以上所有文献均研究的是给定控制策略下混合系统的性能分析,少有的涉及混合系统动态控制的研究可参见文献[16]和[17]。Carr 和 Duenyas 研究了备货型产品具有高优先权的单设施 MTS/MTO 混合系统的最优生产和准入控制[16],发现最优策略为非线性的切换曲线型。最近,Iravani等研究了一个类似的系统[17],发现最优控制策略在大部分状态下具有线性结构。以上两篇文献的研究对象均是生产备货型和按订单两种产品的单一柔性设备。而本节研究的是生产备货型产品和按订单型的产品服务包的具有两个专用设施的串行系统。尽管生产两类产品的柔性系统的最优控制需要应对产能分配问题,但是本节研究的两设施串行系统必须考虑两个子系统的协同控制问题。

　　由于将服务过程建模为一个队列,因此服务订单到达时刻和产品用来被处理以满足服务订单的时刻之间有延迟,所以本节研究的系统与两阶段制造系统有明显的不同,使得本节研究中的库存控制同时依赖于制造子系统中的产品库存水平和服务子系统中的服务订单的等待数量,而在传统的库存控制问题中只依赖于库存水平。

8.1.2　问题描述和建模

　　研究一个具有产品和产品服务包两类需求的生产与服务系统,如图 8.1 所示。

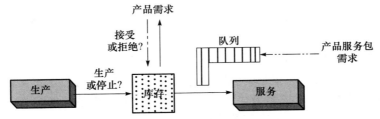

图 8.1　具有产品和产品服务包需求的生产与服务系统

　　在第一阶段,产品以备货型方式生产,随后储存在仓库中。产品可直接满足对产品的外部需求,也可作为"原材料"经过第二阶段附加服务后满足服务订单的需求。假设满足单位服务订单需要一个单位(如一个批次、一个包装等)的产品。因此,系统中有两类需求:产品需求和服务需求。系统第一阶段和第二阶段按照以下方式协调它们各自的运作,如果库存中有产品并且服务设施开始处理一个服务订单,产品需求信息发送到仓库,然后产品由第二阶段服务。

产品需求和服务需求到达过程为相互独立的泊松过程,参数分别为 λ_1 和 λ_2。产品生产时间和服务订单处理时间分别服从参数为 μ_1 和 μ_2 的指数分布。以上假设与大量文献中关于生产库存系统和服务系统中需求和生产与服务时间的假设一致,如文献[16]~[20]。同时,以上假设可用于近似描述可变性较高的系统的行为。为了系统的稳定性,不失一般性地假设 $\mu_1 > \lambda_2, \mu_2 > \lambda_2$。抢占生产和服务是允许的,如果终止发生,终止的生产在下次开始生产时重新开始。由于指数分布的无记忆性,从终止时刻重新开始的生产等价于从正常开始的生产。

考虑的生产与服务系统可分解为两个子系统:一个 MTS 排队系统和一个经典的 M/M/1 排队系统。到达 MTS 排队系统的需求由两部分构成,包括对产品的外部需求,以及由服务订单触发的系统内部的需求。记时刻 t 产品的库存水品为 $x_1(t)$,时刻 t 服务订单的等待数量为 $x_2(t)$。$x_1(t), x_2(t) \in \mathbf{Z}^+$,其中 $\mathbf{Z}^+$ 为非负整数集。注意到抢占在生产和服务期间是允许的,所以没有必要增加当前正被生产的产品数和正被服务的订单数的状态描述。

在任何时刻 t,管理者需要做出两种决策。第一种策略 u_1 确定生产设施闲置或开始生产,记为 $u_1 = 0$ 或 1。在产品需求到达对应的决策时刻,策略 u_2 确定接受或拒绝订单,即 $u_2 = 1$ 或 0。定义控制集合

$$u = \{(u_1, u_2) \mid x_1 > 0 \text{ 时 } u_2 \in \{0,1\}, \text{否则 } u_2 = 0\}$$

目标是寻找一个最优协同策略 $(u_1, u_2) \in u$,以使得式(8.2)中无限时域上的期望折扣利润最大。

由于订单到达间隔时间以及生产和服务时间均为指数分布,即系统具有无记忆性,因此决策时刻可被限制于那些系统状态改变的时刻,包括所有的需求到达时刻、生产和服务完成时刻。系统的无记忆性使得可以将原问题公式化地表示为一个马尔可夫决策过程,并且将注意力集中在平稳确定的马尔可夫型策略类上。

接收一个产品订单产生收益 R_1,库存中的单位产品单位时间产生库存持有成本 h,每一个服务订单产生收益 R_2。为了反映顾客等待期间对企业造成的损失,记等待队列中单位服务订单单位时间的等待成本为 b。不失一般性,定义订单收益为边际收益,所以模型中不必涉及生产和服务成本。因此,当系统状态为 (x_1, x_2) 时,企业单位时间的库存持有成本和等待成本为

$$c(x) = hx_1 + bx_2 \tag{8.1}$$

企业利润为到达的服务订单和准入的产品订单收益减去产品库存持有成本和服务订单等待成本。企业管理者的目标是寻找一个策略以使得折扣利润或平均利润在无限时域上最大。

给定一个控制策略 u，记时间区间 $[0,t]$ 内接收的产品订单数为 $N_1^u(t)$，时间区间 $[0,t]$ 内到达的服务订单数为 $N_2^u(t)$。因此，当系统从初始状态 $x(0)=(x_1(0),x_2(0))$ 开始时，无限时域上的折扣利润为

$$J^u(x(0)) = E_{x(0)}^u \left[\sum_{i=1}^{2} \int_0^\infty e^{at} R_i dN_i^u(t) - \int_0^\infty e^{at} c(x(t)) dt \right] \qquad (8.2)$$

其中，$0<\alpha<1$ 为折扣因子；$J^u(x(0))$ 为控制策略 u 和初始状态 $x(0)$ 下期望折扣利润。本节试图寻找最优协同策略 u^*，以最大化无限时域上的折扣利润。此外无限时域上的平均利润可表示为

$$J^u(x(0)) = \lim_{T \to \infty} \frac{1}{T} E^u \left[\sum_{i=1}^{2} R_i N_i^u(T) - \int_0^T c(x(t)) dt \right] \qquad (8.3)$$

根据马尔可夫决策过程理论，折扣利润依赖于系统的初始状态，而长期平均利润与初始状态无关。因此，后面的数值计算部分将使用长期平均利润为目标函数。

研究的原问题是一个连续时间马尔可夫决策过程。依据文献[21]所介绍的一致化技术，原问题可被重新表示为一个等价的离散时间马尔可夫决策过程。记 $\beta = \lambda_1 + \lambda_2 + \mu_1 + \mu_2$ 为系统状态的一致转移率，$P_{(x_1,x_2) \to (y_1,y_2)}^{(u_1,u_2)}$ 为平稳确定控制策略 (u_1, u_2) 下系统从状态 (x_1, x_2) 到 (y_1, y_2) 的一步转移概率，则有

$$\begin{cases} P_{(x_1,x_2) \to (x_1-1,x_2)}^{(u_1,u_2)} = \lambda_1 \cdot I(u_2=1, x_1>0)/\beta \\ P_{(x_1,x_2) \to (x_1,x_2+1)}^{(u_1,u_2)} = \lambda_2/\beta \\ P_{(x_1,x_2) \to (x_1+1,x_2)}^{(u_1,u_2)} = \mu_1 \cdot I(u_1=1)/\beta \\ P_{(x_1,x_2) \to (x_1-1,x_2-1)}^{(u_1,u_2)} = \mu_2 \cdot I(x_1 x_2>0)/\beta \\ P_{(x_1,x_2) \to (x_1,x_2)}^{(u_1,u_2)} = (\lambda_1 \cdot I(u_2=0) + \mu_1 \cdot I(u_1=0) + \mu_2 \cdot I(x_1 x_2=0))/\beta \end{cases}$$

$$(8.4)$$

其中，$I(\cdot)$ 为示性函数，当条件为真时取值 1，否则取值 0。式 (8.4) 中第 1 个公式表示当产品库存水平大于 0 时，产品订单到达时选择接受，则系统中产品库存水平减小 1 的概率为 λ_1/β，否则为 0；第 2 个公式表示由于服务订单的到达，系统中服务订单数增加 1 的概率为 λ_2/β；第 3 个公式表示若选择生产，系统中产品库存水平减少 1 的概率为 μ_1/β，否则为 0；第 4 个公式表示可服务时，即产品库存大于 0 且有服务订单等待时，由于服务导致产品库存水平和等待服务订单数均减小 1 的概率为 μ_2/β；最后一个公式表示由于拒绝产品订单，或者不生产、不服务而不会改变系统状态的概率。

依据文献[22]介绍的离散随机动态规划方法，重新修正时间单位使得 $\alpha + \lambda_1 + \lambda_2 + \mu_1 + \mu_2 = 1$，则转移概率函数 (8.4) 中所有的分母均变为 1，因此消失，这仅仅出现在分母中的时间折扣因子 α 也消失的情况下。根据文献[23]，折扣标准下的最

优化方程为

$$J(x_1, x_2) = -c(x_1, x_2) + \lambda_1 T_1 J(x_1, x_2) + \lambda_2 T_2 J(x_1, x_2)$$
$$+ \mu_1 T_3 J(x_1, x_2) + \mu_2 T_4 J(x_1, x_2) \tag{8.5}$$

算子 T_1、T_2、T_3 和 T_4 定义如下：

$$T_1 J(x_1, x_2) = \begin{cases} J(x_1, x_2), & x_1 = 0 \\ \max\{J(x_1, x_2), J(x_1 - 1, x_2) + R_1\}, & x_1 > 0 \end{cases} \tag{8.6}$$

$$T_2 J(x_1, x_2) = J(x_1, x_2 + 1) + R_2 \tag{8.7}$$

$$T_3 J(x_1, x_2) = \max\{J(x_1, x_2), J(x_1 + 1, x_2)\} \tag{8.8}$$

$$T_4 J(x_1, x_2) = \begin{cases} J(x_1, x_2), & x_1 x_2 = 0 \\ J(x_1 - 1, x_2 - 1), & x_1 x_2 > 0 \end{cases} \tag{8.9}$$

最优化方程(8.5)中，右边第一项 $-c(x_1, x_2)$ 表示系统在状态 (x_1, x_2) 下，直至状态下次转移时的折扣成本。其余项表示所有其他将来的期望折扣利润，这些利润依赖于状态将要转移到的状态和相对应的转移概率，而将要转移到的状态和相对应的转移概率又依赖于每个状态下采取行动，这些行动由式(8.6)~式(8.9)表示。具体地，$T_1 J(x_1, x_2)$ 表示产品需求的准入决策。决策者可以选择接受或拒绝产品订单，当选择接受时，一个产品订单的收益为 R_1。$T_2 J(x_1, x_2)$ 表示服务订单的到达，每个订单产生收益 R_2。$T_3 J(x_1, x_2)$ 表示产品的生产决策，管理者在任何时刻可选择生产或停止生产。$T_4 J(x_1, x_2)$ 表示等待队列中服务订单的处理。作为约束条件，服务订单的处理只能在同时有订单和产品库存时进行。

记状态 (x_1, x_2) 时的相对值函数为 $J(x_1, x_2)$，每 $\frac{1}{\Lambda}$ 单位时间的最优平均利润为 g，其中 $\Lambda = \lambda_1 + \lambda_2 + \mu_1 + \mu_2$，则长期平均利润标准下的最优化方程可表示为

$$J(x_1, x_2) + g = \frac{1}{\Lambda}[-c(x_1, x_2) + \lambda_1 T_1 J(x_1, x_2) + \lambda_2 T_2 J(x_1, x_2)$$
$$+ \mu_1 T_3 J(x_1, x_2) + \mu_2 T_4 J(x_1, x_2)] \tag{8.10}$$

算子 T_1、T_2、T_3 和 T_4 与折扣标准下式(8.6)~式(8.9)表示的算子一致。

8.1.3　最优动态生产和准入策略

下面刻画方程(8.5)所描述问题的最优生产和准入控制策略。关注的主要运作问题如下。

(1) 如果一个产品需求订单到达，满足该订单还是拒绝该订单以便为服务订单保持产品库存？

(2) 在任何决策时刻，生产设施生产与否？

为了回答以上问题，首先给出以下差分算子，然后定义一个满足一些特定性质的函数所组成的一个函数集。这些记号和函数集可以极大方便以下的讨论。

对于状态空间 Ω 上的任意实值函数,定义以下差分算子:

$$D_1 J(x_1, x_2) = J(x_1 + 1, x_2) - J(x_1, x_2)$$
$$D_2 J(x_1, x_2) = J(x_1, x_2 + 1) - J(x_1, x_2)$$
$$D_{12} J(x_1, x_2) = J(x_1 + 1, x_2 + 1) - J(x_1, x_2)$$

为了直观地理解以上差分算子,给出以下说明。对于任意状态 (x_1, x_2),$D_1 J(x_1, x_2)$ 表示产品库存增加一个单位导致的额外价值;$D_2 J(x_1, x_2)$ 表示等待队列中增加一个服务订单导致的额外价值;$-D_{12} J(x_1, x_2)$ 表示处理一个服务订单带来的额外价值。

现在,作为得到最优策略的一个主要步骤,定义一个特定的函数集合,若函数属于该集合,则必同时满足一些特定的属性。然后,这些特定的属性结合马尔可夫决策过程中所介绍的值迭代算法,可得到最优策略及其结构特征。接下来给出该集合的定义。为了描述简单,分别使用符号 ↑ 和 ↓ 作为单调不减和单调不增的简写。

定义 8.1　V 为状态空间 Ω 上的一个实值函数集合,若 $J \in V$,则有

　　　　C1　$D_1 J(x_1, x_2) \downarrow x_1, \uparrow x_2$

　　　　C2　$D_2 J(x_1, x_2) \downarrow x_2$

　　　　C3　$D_{12} J(x_1, x_2) \downarrow x_1, \downarrow x_2, \leqslant 0$

从数学角度来讲,$D_1 J(x_1, x_2) \downarrow x_1$ 和 $D_2 J(x_1, x_2) \downarrow x_2$ 说明 $J(x_1, x_2)$ 在它的坐标上是凹的。$D_1 J(x_1, x_2) \uparrow x_2$,或者等价的 $D_2 J(x_1, x_2) \uparrow x_1$ 建立了 $J(x_1, x_2)$ 的超模态性。$D_{12} J(x_1, x_2) \downarrow x_1, \downarrow x_2$ 建立了 $J(x_1, x_2)$ 的对角线主占优性。

为了清晰明了起见,接下来介绍由定义 8.1 中的各个条件所得的结论。

在 C1 中,$D_1 J(x_1, x_2) \downarrow x_1$ 意味着完成一个产品生产获得的额外价值随着库存水平的增加会减小。因此,若在状态 (x_1, x_2) 时选择不生产是最优的,则在状态 $(x_1 + 1, x_2)$ 时选择不生产仍然是最优的。以上说明,如果 $D_1 J(x_1, x_2) \downarrow x_1$ 成立,则生产控制策略为基本库存策略类型。$D_1 J(x_1, x_2) \uparrow x_2$ 意味着基本库存水平随着服务订单的数量单调不减。因此,结合 C1 得到的结论可得,生产策略是一个状态相依的基本库存策略。由于 $-D_1 J(x_1, x_2)$ 表示接受一个到达的产品需求订单的额外价值,所以 C1 也表明了产品需求的准入策略类型,由于讨论类似,在此省略。

在 C2 中,$D_2 J(x_1, x_2) \downarrow x_2$ 说明利润函数关于服务订单队列长度是凹的。结合 $D_1 J(x_1, x_2) \downarrow x_1$,这两个性质使得最优利润的存在。

在 C3 中,$D_{12} J(x_1, x_2) \downarrow x_1$ 和 $D_{12} J(x_1, x_2) \downarrow x_2$ 表示服务一个服务订单所获得的额外价值 $-D_{12} J(x_1, x_2)$ 随着服务订单队列长度和产品库存水平的增加而增加。$D_{12} J(x_1, x_2) \leqslant 0$ 说明在任何情况下,处理服务订单都是有利可图的。

为了得到最优策略的结构性质,下面将说明条件 C1~C3 在算子 T 下保持。

为此,现在给出以下引理以方便关于保持性的证明。

引理 8.1 如果 $J(x_1,x_2) \in V$,则 $J(x_1,x_2)$ 满足以下性质:

(1) $D_1 J(x_1,x_2) \downarrow (x_1+1,x_2+1)$;

(2) $D_2 J(x_1,x_2) \downarrow (x_1+1,x_2+1)$;

(3) $D_{12} J(x_1,x_2) \downarrow (x_1+1,x_2+1)$。

证明详见文献[24]。

引理 8.2 说明算子 T_1、T_2、T_3 和 T_4 保持定义 8.1 中的条件 C1、C2 和 C3。

引理 8.2 如果 $J(x_1,x_2) \in V$,则

(1) $T_1 J(x_1,x_2) \in V$;

(2) $T_2 J(x_1,x_2) \in V$;

(3) $T_3 J(x_1,x_2) \in V$;

(4) $T_4 J(x_1,x_2) \in V$。

证明详见文献[24]。

记整体的最优化函数为 $TJ(x_1,x_2)$,则有

$$TJ(x_1,x_2) = -c(x_1,x_2) + \lambda_1 T_1 J(x_1,x_2) + \lambda_2 T_2 J(x_1,x_2)$$
$$+ \mu_1 T_3 J(x_1,x_2) + \mu_2 T_4 J(x_1,x_2) \tag{8.11}$$

基于引理 8.2,以下结论成立。

引理 8.3 如果 $J(x_1,x_2) \in V$,则 $TJ(x_1,x_2) \in V$。

证明详见文献[24]。

由引理 8.3 可得到刻画最优策略结构特征的主要结论——定理 8.1。为了便于刻画最优策略的结构,定义以下两个函数:

$$H(x_2) = \min\{x_1 : D_1 J(x_1,x_2) \leqslant R_1\} \tag{8.12}$$
$$S(x_2) = \max\{x_1 : D_1 J(x_1,x_2) \geqslant 0\} \tag{8.13}$$

下面给出本节主要结论。

定理 8.1 最优生产和准入策略为切换曲线型,具体如下:

(1) 产品订单的最优准入策略由切换曲线 $H(x_2)$ 确定,如果 $x_1 > H(x_2)$,则最优策略是接受订单;否则拒绝。

(2) 最优生产策略由一个基本库存水平为 $S(x_2)$ 的状态相依的基本库存策略确定,如果 $x_1 < S(x_2)$,则最优策略是生产产品,否则停止。

(3) $H(x_2)$ 和 $S(x_2)$ 均为 x_2 的单调不减函数。

证明详见文献[24]。

需要注意的是,如果将等待的服务订单视作"负库存",定义产品的级库存为当前环节的库存和所有下游的产品库存之和,则生产控制曲线的单调性与纯 MTS 生产系统最优生产策略(即级库存策略)一致。

图 8.2 描述了参数环境为 $h=0.2, b=1, R_1=10, R_2=30, \lambda_1=0.3, \lambda_2=0.2,$

$\mu_1=0.8,\mu_2=0.5$ 时最优策略的结构。

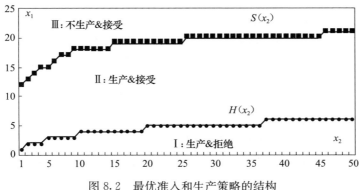

图 8.2 最优准入和生产策略的结构

如图 8.2 所示,最优策略由两条曲线 $H(x_2)$ 和 $S(x_2)$ 描述,它们将整个系统状态空间划分为三个子区域。如果系统状态在子区域Ⅰ中,则最优策略是拒绝到达的产品订单,同时进行生产。如果系统状态在子区域Ⅱ中,则最优策略是接受到达的产品订单,同时进行生产。对于子区域Ⅲ,由于采用的是基本库存策略,即只有在库存水平低于 $S(x_2)$ 时选择生产,所以它其实是虚构的。图 8.2 也表明了定理 8.1 中所介绍的两条最优切换曲线的单调性。由图 8.2 可以看到,准入曲线 $H(x_2)$ 和基本库存曲线 $S(x_2)$ 均随着服务订单数量 x_2 的增加而增加,反映了最优策略具有动态性,同时也说明生产与服务系统中生产库存子系统和服务子系统之间的协同性。所以大量文献中所采用的静态基本库存策略是次优的。

以下定理刻画长期平均标准下最优策略的结构性质。

定理 8.2 长期平均标准下的最优策略保留了折扣标准下最优策略的所有性质,具体可见定理 8.1。

证明 对于平均利润下最优策略的存在性、该平均利润的有限性以及独立于系统初始状态的性质均可通过令折扣标准下最优化方程中的折扣因子 $\alpha \to 0$ 证得。然而,依据文献[25]中结论,必须说明以下两个条件满足:①存在一个平稳策略 u,该策略可导致一个具有有限平均利润 J^u 的不可约正常返马尔可夫链;②使得单阶段利润 $\lambda_1 R_1 I(x_1>0)+\lambda_2 R_2-hx_1-bx_2$ 满足不等式 $\lambda_1 R_1 I(x_1>0)+\lambda_2 R_2-hx_1-bx_2 \leqslant J^u$ 的状态数是有限的。明显地,以上条件①和②均成立。具体地,任意一个具有两个确定阈值的状态独立的控制策略 u 均满足条件①,而具有两个确定阈值的状态独立的控制策略显然为平稳策略。同时,由于单阶利润关于 x_1 和 x_2 严格单调递减,所以条件②成立。因此,对于任意正的小于等于 J^u 的单阶利润,所对应的状态数总是有限的。

8.1.4 数值分析

产品和服务的收益对于企业的运作战略至关重要,而价格由于受经济环境波动的影响会经常变化,生产和服务成本也会受外在因素的影响时常变化。因此,本节研究收益对最优控制策略的影响。为此,将通过对收益参数在大范围内取值进行数值实验,对最优策略与收益的关系进行分析。利用文献[22]中第7章介绍的值迭代算法求解对应的动态规划方程以得到数值结果。状态空间的截距逐渐增加到利润对截距水平不再敏感,值迭代精确度达到 10^{-5} 后停止。在数值实验的每种情形下,得到平均总利润和对应的最优动态生产和准入曲线。为了简洁起见,在此只保留图8.3、图8.4、图8.6、图8.7中的三种参数设置情形,所保留的三种参数设置仍然全面反映了最优策略的单调性和其他特性。

图8.3~图8.8描述了具有代表性的数值结果。数值实验由两组构成,每组只改变两类收益 R_1 和 R_2 中一个的值而保持另一个的值不变。标准的系统参数取值为 $h=0.2, b=1, R_1=10, R_2=30, \lambda_1=0.3, \lambda_2=0.2, \mu_1=0.8, \mu_2=0.5$。实际上,通过大量数值实验发现,即使当参数环境发生变化时,两类收益 R_1 和 R_2 对系统的影响呈现出同样的特征。也就是说,以下得到的结论具有一般性。

在图8.3、图8.4、图8.6和图8.7中,所有实验结果表现出最优策略的动态特性,刻画准入和生产决策的最优准入阈值 $H(x_2)$ 及基本库存水平 $S(x_2)$ 均随着服务等待队长 x_2 的增加而增加。数值实验结果和有趣的发现详见以下讨论。

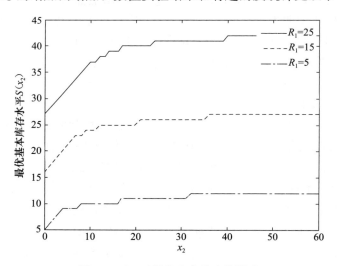

图8.3 R_1 对最优生产策略的影响

由图8.3和图8.4可以看到,基本库存水平 $S(x_2)$ 随着产品收益 R_1 的增加而增加,而准入阈值 $H(x_2)$ 随着产品收益 R_1 的增加而减小。该现象与我们的直觉一

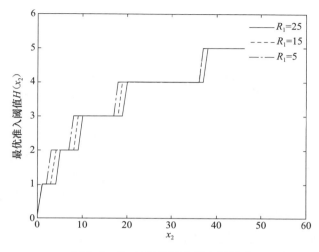

图 8.4　R_1 对最优准入策略的影响

致。随着产品收益越来越大,最优决策可能会由不生产变为生产,拒绝产品订单变为接受产品订单。实际上,首先会接受更多的产品订单,同时为了减少可能的产品缺货导致的服务订单的等待成本,系统会生产更多的产品。

　　而且注意到,相对于准入阈值 $H(x_2)$,基本库存水平 $S(x_2)$ 对 R_1 的改变更为敏感,R_1 对 $H(x_2)$ 影响很小。此现象是由产品库存持有成本相对于服务订单成本较低导致的。由于库存持有成本较低,企业更愿意设置更高的基本库存水平,以减少库存水平低于准入阈值 $H(x_2)$ 的情况发生,从而可接受更多的产品订单。同时,也可减少库存出清的情况发生,减少服务订单的等待成本。而不是大幅度降低准入阈值 $H(x_2)$,否则会增加库存出清的可能性,从而使得服务订单的等待成本增加,不利于整体利润的增加。而服务订单等待成本相对于产品库存持有成本又较高。按照以上控制的调整,可实现接受更多的产品订单,同时也不会增加服务订单的等待成本。以上情形也反映出为了实现企业整体利润的最大化,两种控制方法在实施时需要协同的重要性。

　　由图 8.3 和图 8.4 还可以发现,所有最优控制曲线大致上为服务队列的凹函数,即最优阈值的变化随着服务队列的增加而逐步减小。此现象说明,尽管最优阈值随着服务队列的增加而增加以应对由于生产和需求不确定性导致的可能的缺货,从而减少服务订单的等待成本,但是最优阈值的增加速度是逐步减小的。这是由风险共担所导致的结果。随着最优基本库存水平的增加并足够大时,零库存事件发生的概率将足够低并降到一个相对安全的范围内。而此现象的极限情形便是:存在一个最优基本库存的上限,当库存水平达到该上限时,无论有多少服务订单在等待,生产设施都应停止生产。由于最优准入阈值小于最优基本库存水平,以

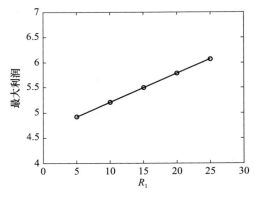

图 8.5　R_1 对最大利润的影响

上讨论也说明最优准入阈值存在上限。关于准入控制策略的讨论类似，在此不再赘述。图 8.5 显示最大平均利润随着产品订单收益 R_1 的增加而增加，而且几乎呈现线性增长趋势。该现象与文献[20]中的结论吻合，详细讨论可参见文献[20]中关于系统成本与系统参数具有线性关系的证明。

接下来分析 PSP 订单收益 R_2 对最优生产和准入策略，以及最大利润的影响。

由图 8.6 和图 8.7 看到，最优动态控制曲线不会随着服务订单收益的变化而变化。出现此现象的原因如下：由于服务订单具有高优先权而不能被拒绝，即服务订单的到达是不可控制的，因此方程(8.3)中 $R_2 N_2(T)$ 独立于控制策略 u。所以，方程(8.3)可重新表示为

$$J^u(x(0)) = \lim_{T \to \infty} \frac{1}{T} \left(E[R_2 N_2(T)] + E^u \left\{ R_1 N_1(T) - \int_0^T e^{\alpha t} c[x(t)] dt \right\} \right)$$

$$(8.14)$$

由式(8.14)可以看到，使得平均利润取最大值 J^* 的最优控制策略 u^* 显然独立于 R_2 的取值。但是，如图 8.8 所示，R_2 对企业最大利润有很大影响，而且也呈现线性关系。这是由于当 R_2 取不同值时最优策略保持不变，因此所接受的产品订单的收益，产品库存持有成本和服务订单等待成本都保持不变，最大利润变化的部分完全由服务订单收益的变化引起。

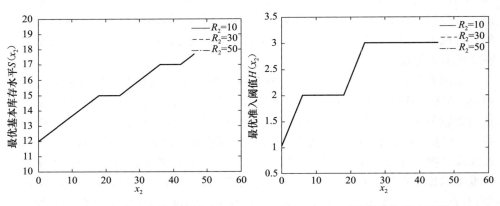

图 8.6　R_2 对最优生产策略的影响　　　　图 8.7　R_2 对最优准入策略的影响

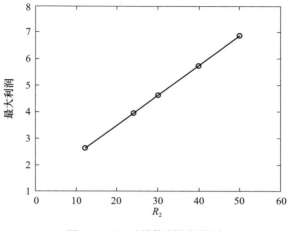

图 8.8　R_2 对最优利润的影响

　　基于以上讨论可以得到本部分的主要结论如下：产品订单的收益对最优控制策略有非常大的影响，而服务订单的收益对最优控制策略毫无影响；最大利润随着产品和服务订单收益的增加而线性增加。

8.2　两类产品生产与服务系统能力分配策略

8.2.1　问题背景

　　近年来，随着产品利润空间的下降，越来越多的传统制造企业开始向综合解决方案提供商转变，即采用服务型制造模式[26]。在这种模式下，企业不仅为客户提供物质产品，还提供基于产品的附加服务，以便为顾客增加价值，提高顾客忠诚度，同时获得利润。例如，上海标五在 2009 年以前的主要业务为紧固件销售，近年来在销售基础上提供物流配送服务，极大方便了顾客采购，提高了企业的盈利能力[27]。实际上，制造企业提供物流服务的现象在现实中广泛存在，有大量供应商为下游客户提供配送服务。如汪应洛院士[28]指出，物流服务可强化制造业与生产性服务业的融合，促进双方的发展，达到双赢的目的。除物流服务外，安装和调试服务也在电梯和装备制造业中很常见。在企业为客户提供产品和基于产品的附加服务的经营模式下，企业所面对的运作系统称为生产服务系统[24,29]。生产服务系统的演化规律既不同于提供单纯物质产品的生产库存系统，也不同于提供单纯服务的服务系统。相对于生产库存系统，生产服务系统中产品的需求率由服务设施的能力和外在需求联合确定：有顾客等待时，库存以服务率递减；无顾客等待时以需求率递减。而相对于服务系统，生产服务系统中如果没有产品库存，即使服务设施闲置而顾客在等待时,服务率也为零。

对于生产服务系统的研究,目前主要集中在单产品情形的研究。Krishna-moorthy 和 Narayanan[30]在生产决策由(s, S)策略决定的情形下,考虑了生产服务系统的稳定性和性能评估。Li 和 Jiang[29]研究了具有附加服务能力和不耐烦顾客的生产服务系统的性能分析和系统参数优化问题,Wang 等[24]给出了存在产品直销时生产服务系统的最优生产和需求准入控制策略。另外,部分文献中提到的库存服务系统与生产服务系统具有共同的显著特征:须同时对物质产品和无形服务进行管理。此类研究可参见 Berman、He、Schwarz 等的工作[31-34]。

服务型制造模式下的企业在大多数情形下会生产多种类型产品,同时不同类型产品对应的服务在服务时间和顾客等待成本方面也会不一致。例如,对于电梯生产商,升降式电梯和手扶式自动电梯的安装时间差异很大。对于具有两类产品和服务订单的生产服务系统,不同产品库存水平不再由生产能力分配策略单独决定,同时也受服务能力分配策略的影响。类似地,服务队列状态也由服务能力分配策略和生产能力分配策略共同决定。多产品生产服务系统状态的以上演化机理将导致生产和服务能力分配策略相互影响,相互作用,使得两种能力的分配问题更为复杂。因此,须寻找相互协同、集中决策下的生产和服务能力分配策略。

而现有文献只有针对单纯服务系统或生产库存系统最优能力分配策略的研究。对于服务系统,最优服务策略为 $c\mu$ 策略:总是服务 $c\mu$ 指标最大的顾客类型。其中 c 为单位时间单位订单的等待成本,μ 为服务率。$c\mu$ 策略也称为 Smith's 规则或加权最短服务时间规则[35,36]。对于生产库存系统,Ha 证明了当两种产品的生产时间相同时最优调度策略由两条切换曲线确定[20]。对于一般情形下多产品生产库存系统的最优调度问题,目前还无法得到最优生产策略类型及其结构特征。但是,学者普遍认为文献[20]中的策略仍是最优的[37,38]。关于生产能力分配问题的后续研究有:Vericourt 等[39]专注于寻找确定以上最优切换曲线的有效算法,Pena-Perez 和 Zipkin[40]给出了一个基于短视能力分配的启发式优先权规则,Veatch 和 Wein[41]基于指标策略和临界点的概念设计了几种近似最优策略。

综上所述,目前已有大量文献研究单纯的生产库存系统和服务系统的能力分配问题,而对生产和服务混合系统的协同能力分配问题的研究较少。因此,本章试图对非单一产品和订单生产服务能力协同分配问题进行探究。为此,首先对生产服务系统在排队模型框架下建模,然后基于边际分析给出集中决策下的最优服务策略,并依据最优服务策略的主要特征,提出生产策略为具有固定优先权的基本库存策略,最后通过大量数值实验,对集成的生产服务能力分配策略进行性能分析。

8.2.2　问题描述

考虑由生产部门和服务部门组成的生产服务系统,如图 8.9 所示。在第一阶段,具有有限能力的柔性制造设施生产两种产品并储存在库存中。有两类顾客到达服务中心等待服务,每个服务订单正好消耗一个单位专用产品。企业管理者同时面对制造设施和服务中心能力分配两个问题。对于制造设施能力管理,管理者必须决定何时停止生产,何时开始生产;若决定开始生产,还需决定生产哪种产品。对于服务中心,管理者面对类似的能力管理问题。如果两种产品均有库存并且同时两类订单都在等待,管理者需要决定服务哪一类订单。本节假设生产和服务设施足够柔性,即准备时间可忽略,该假设也适用于生产准备时间相对于生产和服务时间很小的情形。

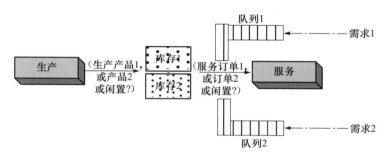

图 8.9　两类产品和订单的生产服务系统

两类服务订单的到达过程均为独立的泊松过程,到达率分别为 $\lambda_i(i=1,2)$。产品 i 的生产时间服从均值为 $1/\mu_i$ 的指数分布,单位产品 i 单位时间的库存持有成本为 h_i。i 类订单正好需要库存中 1 个单位的产品 i,服务时间服从均值为 $1/\gamma_i$ 的指数分布。服务完的订单立刻离开系统,在服务完成时刻对应的库存水平减少一个单位。等待队列中每个 i 类订单单位时间的等待成本为 b_i。抢占生产和服务都是允许的。x_i 表示产品 i 的库存水平,y_i 表示系统中第 i 类订单的数量,包括等待订单和服务订单。在本章其余部分均假设 $\gamma_1(h_1+b_1)>\gamma_2(h_2+b_2)$。对于 $\gamma_1(h_1+b_1)\leqslant\gamma_2(h_2+b_2)$ 的情形,所有结论和能力分配规则中优先权反之即可。为了表述简洁,记 $\boldsymbol{x}=(x_1,x_2,y_1,y_2)$,$\boldsymbol{e}=(1,1,1,1)$,$\boldsymbol{e}_1=(1,0,0,0)$,$\boldsymbol{e}_2=(0,1,0,0)$,$\boldsymbol{e}_3=(0,0,1,0)$,$\boldsymbol{e}_4=(0,0,0,1)$。

8.2.3　能力分配策略

1. 服务策略

依据系统成本边际分析,若 $\gamma_1(h_1+b_1)>\gamma_2(h_2+b_2)$,当第一类订单等待服务并且产品 1 有库存时,服务单位个第一类订单可减小系统成本 h_1+b_1,且该成本减小的速率为 γ_1,即单位时间内可减小成本 $\gamma_1(h_1+b_1)$。类似地,选择服务第二类订单单位时间可减小系统成本 $\gamma_2(h_2+b_2)$,而 $\gamma_1(h_1+b_1)>\gamma_2(h_2+b_2)$,故最优策略

是服务 $\gamma(h+b)$ 较大的第一类订单。当 $x_1 y_1 = 0, x_2 y_2 = 0$ 时,由于无法服务任何一种订单,服务策略显然是闲置服务设施。当 $x_1 > 0, y_1 = 0, x_2 y_2 > 0$ 时,应服务第二类订单。需要注意的是,以上对最优服务策略的讨论是在产品库存状态和服务队列状态均被考虑的情形下进行的,而非只考虑服务中心的系统状态。因此,得到的最优服务策略虽然由于没有考虑生产策略而不是最优协同策略,但由于考虑库存持有成本,所以是集中决策下的最优服务策略。基于以上讨论,下面给出服务能力分配策略 H 的定义。

定义 8.2 若 $\gamma_1(h_1+b_1) > \gamma_2(h_2+b_2)$,服务策略 H 由以下规则确定:

(1) $x_1 y_1 > 0$ 时,服务订单 1;

(2) $x_1 y_1 = 0, x_2 y_2 > 0$ 时,服务订单 2;

(3) $x_1 y_1 = x_2 y_2 = 0$ 时,停止服务。

以上服务策略依据指标 $\gamma(h+b)$ 确定了顾客订单的服务策略,即在可能的情况下,始终服务指标 $\gamma(h+b)$ 较大的一类顾客。也就是说,指标 $\gamma(h+b)$ 较大的顾客为高服务优先权顾客,反之为低优先权顾客。

2. 最优生产策略

现在开始研究生产服务系统中生产能力在两种产品之间的分配问题。对于生产两种产品的生产库存系统,如文献[39]所指出,无法得到最优生产能力分配策略的形式及其结构特征。而本书研究的生产服务系统的生产能力分配的难度比单纯的生产库存系统更为复杂。生产库存系统中产品需求独立于系统状态,为独立的需求过程;而生产服务系统中产品的需求率由系统中的服务率和外在需求共同决定,服务率依赖于系统状态,包括各类订单的等待数量和各类产品的库存水平。因此,本书所研究系统中生产能力的最优分配策略也很难获得。所以只能寻找有效的、近似度较高的启发式生产能力分配策略,以实现生产能力的高效分配。

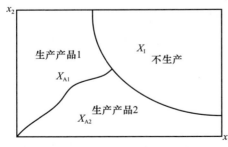

图 8.10 可行生产策略图示

虽然无法通过解析方式得到一般多产品生产库存系统的最优生产策略类型及其特征,但是大量数值研究表明,最优生产策略具有图 8.10 所示的基本特征。如果一个生产策略中的不同决策区域与图 8.10 中的各个区域具有相同的基本形状和相对位置,则称此策略是一个可行策略[40]。已有文献所提出的各种生产策略,如静态优先权策略和各种短视能力分配策略[37,38,41],均为可行策略。

由于本书研究系统的最优策略难以得到,因此先通过数值实验的方法了解最优策略的特征,然后基于所得到的特征设计有效策略。对于集中决策且协同管理下最优生产和服务能力分配问题,管理者在任何时刻不仅需要对生产行动进行选择,而且需在任何时刻对服务行动进行选择。求解最优成本和最优策略的动态规划方程可表述为以下最优化方程:

$$T^{DD}J(\boldsymbol{x}) = c(\boldsymbol{x}) + \lambda_1 J(\boldsymbol{x} + \boldsymbol{e}_3) + \lambda_2 J(\boldsymbol{x} + \boldsymbol{e}_4) + T_p J(\boldsymbol{x}) + T_s J(\boldsymbol{x}) \quad (8.15)$$

其中,生产和服务算子分别为

$$
\begin{aligned}
T_p J(x_1, x_2) =& \min\{(\mu_1 + \mu_2)J(\boldsymbol{x}), \mu_1 J(\boldsymbol{x} + \boldsymbol{e}_1) \\
& + \mu_2 J(\boldsymbol{x}), \mu_1 J(\boldsymbol{x}) + \mu_2 J(\boldsymbol{x} + \boldsymbol{e}_2)\}
\end{aligned} \quad (8.16)
$$

$$
\begin{aligned}
T_s J(x_1, x_2) =& \min\{(\gamma_1 + \gamma_2)J(\boldsymbol{x}), \gamma_1 J(\boldsymbol{x} - \boldsymbol{e}_1 - \boldsymbol{e}_3) \\
& + \gamma_2 J(\boldsymbol{x}), \gamma_1 J(\boldsymbol{x}) + \gamma_2 J(\boldsymbol{x} - \boldsymbol{e}_2 - \boldsymbol{e}_4)\}
\end{aligned} \quad (8.17)
$$

通过值迭代算法求解以上最优化方程,可得到最优生产策略。另外,当服务策略由定义 8.2 确定而非式(8.17)确定时,数值结果显示最优成本与式(8.15)的最优成本几乎无差异。不失一般性,仍假设 $\gamma_1(h_1 + b_1) > \gamma_2(h_2 + b_2)$,大量数值实验发现,本书研究的生产服务系统中最优生产策略如图 8.11 所示。具体实验设置介绍详见 8.2.4 节。

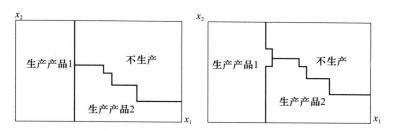

图 8.11　生产服务系统中最优生产策略图示

需要指出的是,这些策略也满足图 8.11 所示的生产库存系统中可行策略的特征。但是,由于生产服务系统中生产策略受服务策略的影响和作用,最优生产策略为一类特殊的可行策略,两种产品生产之间的切换曲线大多数情形下几乎为一条直线,且该直线垂直于 x_1 轴。注意到该特点决定了高优先权顾客 1 所需要的产品 1 的生产几乎不受产品 2 库存状态的影响。该现象的出现是由于在指标型优先权服务策略下,企业在可能的情形下始终服务高优先权顾客 1,从而只对产品 1 产生需求,所以企业首先需保证产品 1 的供应。因此在生产时,高优先权顾客所需要的产品也具有较高的生产优先权。所以,称高优先权顾客所需要的产品为高优先权产品,而另一种产品为低优先权产品。

数值实验发现的最优生产策略的特征具体介绍如下:

(1) 高优先权产品的最优库存水平几乎独立于低优先权产品的库存水平,略有降低;

（2）高优先权产品的最优库存水平几乎独立于低优先权订单的等待数，略有降低；

（3）高优先权产品的最优库存水平随着高优先权服务订单数量的增加而提高；

（4）低优先权产品的最优库存水平随着高优先权产品库存水平的增加而降低；

（5）低优先权产品的最优库存水平随着高优先权产品订单数量的增加而降低；

（6）低优先权产品的最优库存水平随着低优先权产品订单数量的增加而提高。

特征（1）和（2）说明最优生产策略具有简洁的特征：首先确保高优先权产品达到最优库存水平，再生产低优先权产品，此特征由固定优先权的最优服务策略导致。具体地，在固定优先权服务策略下，服务设施在可行的情况下始终服务高优先权订单，此时上游生产部门面对的只是高优先权产品的需求。在此情形下系统几乎退化为一个单产品的生产服务系统，只有在高优先权产品库存水平较高，即生产设施能力盈余时才生产低优先权产品。对应地，服务设施只有在无法服务高优先权订单时，若低优先权订单可服务，才服务低优先权订单。此时的系统可近似简化为单一产品单一订单的生产服务系统，故高优先权产品的生产策略与低优先权产品库存水平和等待服务订单数几乎无关。特征（3）与单产品生产服务系统中的最优生产策略特征相同，随着等待服务订单的增加，提高库存水平具有风险共担作用，即减少由于无产品而导致无法服务的可能性，从而减少订单等待成本。特征（4）和（5）说明对于低优先权产品，高优先权产品库存具有互补性和替代性。实际上，当高优先权产品库存较高时，即使生产设施闲置，也不会生产较多的低优先权产品。原因在于：此时由于服务策略为始终服务高优先权订单，随着高优先权产品库存水平的提高，无法服务高优先权产品的可能性降低，服务低优先权订单并使用低优先权产品的可能性降低，因此只要有高优先权服务订单，系统不会用到低优先权产品，所以为了减小库存成本，低优先权产品的安全库存水平应保持较低水平。特征（6）的解释类似于特征（3）的解释。

结合以上最优生产策略的特征，下文设计有效的生产策略对系统生产能力进行管理。

3. 固定优先权基本库存策略

根据以上数值实验发现的生产策略的主要特征为：高优先权产品的最优库存水平几乎独立于低优先权产品的库存水平和低优先权订单的队列长度。本节定义一种具有固定优先权的静态基本库存策略。策略首先保证高优先权产品库存水平达到最优基本库存水平，然后生产低优先权产品，以达到最优基本库存水平，且两种产品的最优基本库存水平均为固定常数，独立于系统其他状态分量：两类队列的长度和另一种产品的库存水平。为了叙述方便简洁，称该策略为 H_1 生产策略，具体定义如下。

定义 8.3　具有固定优先权的静态生产控制策略 H_1 形式如下：

(1) $x_1 \geqslant s_1, x_2 \geqslant s_2$ 时，停止生产；

(2) $x_1 < s_1$，生产产品 1；

(3) $x_1 \geqslant s_1, x_2 < s_2$ 时，生产产品 2。

固定参数的控制策略易于实施和执行，也是现实中较为常见的库存管理策略。H_1 生产能力分配策略结合服务策略 H 对生产服务系统进行协同能力管理，简称为 H_1H 策略。H_1H 策略首先生产和服务高优先权的产品和订单，只有在高优先权产品库存达到最优基本库存水平和高优先权订单不可服务时，再生产低优先权产品和服务低优先权订单。至此，已确定系统的调度策略。下文将根据定义的能力分配策略，建立系统的马尔可夫模型，以便对策略进行研究和分析。

4. 马尔可夫模型

为了方便研究，假设系统中所有子状态的取值有限，最大值分别为 M_1、M_2、M_3 和 M_4，则系统状态空间大小为 $M=(M_1+1)(M_2+1)(M_3+1)(M_4+1)$，一维情形下系统状态转移率矩阵 Q 为 $M \times M$ 矩阵。记状态 x 到状态 x' 的转移率为 $q(x \to x')$。基于 H_1H 能力分配策略，系统的状态转移率可表示为

$$q(x \to x+e_3)=\lambda_1, \qquad y_1 \leqslant M_3$$
$$q(x \to x+e_4)=\lambda_2, \qquad y_2 \leqslant M_4$$
$$q(x \to x+e_1)=\mu_1, \qquad x_1 < s_1$$
$$q(x \to x+e_2)=\mu_2, \qquad x_1 \geqslant s_1, x_2 < s_2$$
$$q(x \to x-e_1-e_3)=\gamma_1, \qquad (h_1+b_1)\gamma_1 > (h_2+b_2)\gamma_2, x_1 y_1 > 0$$
$$q(x \to x-e_1-e_3)=\gamma_2, \qquad (h_1+b_1)\gamma_1 > (h_2+b_2)\gamma_2, x_1 y_1 = 0, x_2 y_2 > 0$$
$$q(x \to x-e_2-e_4)=\gamma_2, \qquad (h_1+b_1)\gamma_1 < (h_2+b_2)\gamma_2, x_2 y_2 > 0$$
$$q(x \to x-e_2-e_4)=\gamma_1, \qquad (h_1+b_1)\gamma_1 < (h_2+b_2)\gamma_2, x_2 y_2 = 0, x_1 y_1 > 0$$

8.2.4　数值实验

1. 状态转移概率矩阵

本部分利用 MATLAB 编程首先生成状态转移矩阵。由于系统状态为四维向量，为了生成系统状态转移矩阵，需先将系统状态化为一维向量，然后给出状态转移概率矩阵以便进行数值求解，最后将一维状态所对应的结果转化为系统原有的四维状态向量所对应的结果，对系统性能和优化问题进行分析。依据文献[42]所介绍的方法，设计以下方法以高效地完成此工作。该方法分为 5 步，具体步骤如下：

步骤 1　按照字典排序的方式对状态进行排列。

当每个分状态的状态空间较大时,排序过程会比较烦琐。因此,首先将四维状态向量 $\boldsymbol{X}=(x_1,x_2,y_1,y_2)$ 分为两个二维的分向量 $\boldsymbol{x}=(x_1,x_2)$ 和 $\boldsymbol{y}=(y_1,y_2)$,并分别对它们进行字典排序,具体如下。

(1) $\boldsymbol{x}=(x_1,x_2)$:$(0,0),(0,1),(0,2),\cdots,(0,M_2);(1,0),(1,1),(1,2),\cdots,$ $(1,M_2);\cdots;(M_1,0),(M_1,1),(M_1,2),\cdots,(M_1,M_2)$。

(2) $\boldsymbol{y}=(y_1,y_2)$:$(0,0),(0,1),(0,2),\cdots,(0,M_4);(1,0),(1,1),(1,2),\cdots,$ $(1,M_4);\cdots;(M_3,0),(M_3,1),(M_3,2),\cdots,(M_3,M_4)$。

步骤 2　构建位置函数 $p=\mathrm{position}(x_1,x_2,y_1,y_2)$,以便得到任意四维状态所对应的一维位置 p。

由于步骤 1 中将马尔可夫链状态空间分为两部分,因此在构建位置函数时,可先构建它们各自的位置函数 $p_1(x_1,x_2)$ 和 $p_1(y_1,y_2)$,然后通过这两个函数导出总的位置函数 $p(x_1,x_2,y_1,y_2)$。

(1) $\mathrm{position1}(x_1,x_2)$:状态 (x_1,x_2) 与位置 p_1 之间的关系:$p_1=x_1(M_2+1)+x_2+1$。

(2) $\mathrm{position2}(y_1,y_2)$:根据状态 (y_1,y_2) 与其位置 p_2 之间的关系:$p_2=y_1(M_4+1)+y_2+1$。

(3) $\mathrm{position}(x_1,x_2,y_1,y_2)$:在状态向量 (x_1,x_2,y_1,y_2) 中,y_1 和 y_2 的上限分别为 M_3 和 M_4,所以当位置 p_1 变动 1 时,整个空间状态的位置则变动 $(M_3+1)\times(M_4+1)$,于是,可以得到 p 与 p_1 和 p_2 之间的关系:$p=(p_1-1)[(M_3+1)(M_4+1)]+p_2$。

(4) 结合(1)～(3),可由状态 (x_1,x_2,y_1,y_2) 得到所对应的位置:
$$p=[(x_1(M_2+1)+x_2][(M_3+1)(M_4+1)]+y_1(M_4+1)+y_2+1$$

步骤 3　构建给定管理策略下系统状态转移率矩阵 $\boldsymbol{T}_{M\times M}$。

(1) 生成空的稀疏矩阵 $\boldsymbol{T}_{M\times M}$。

(2) 根据需求到达、生产和服务完成等导致的系统状态变化的各个状态转移率,依次填充各个非零元素。

例如,当第一类产品生产完成导致 x_1 增加 1 时,由于此时其他状态分量均未改变,因此根据位置函数定义,对于所有下标满足条件 $j-i=(M_2+1)(M_3+1)(M_4+1)$ 的 $\boldsymbol{T}_{M\times M}$ 中的元素,赋值 $t_{ij}=\mu_1$。

步骤 4　给出系统状态转移概率矩阵 $\boldsymbol{Q}_{M\times M}$。

根据步骤 3 中得到的状态转移概率矩阵 $\boldsymbol{T}_{M\times M}$,通过以下两步给出转移概率矩阵 $\boldsymbol{Q}_{M\times M}$。记系统的整体转移率为 α。

(1) 将 $\boldsymbol{T}_{M\times M}$ 中所有对角线元素的值更新为 α 减去该行所有元素之和。

(2) 将更新后的矩阵 $\boldsymbol{T}_{M\times M}$ 除以系统的整体转移率为 α,得到状态转移概率矩阵 $\boldsymbol{Q}_{M\times M}$。

基于以上方法,可得到任意状态为不超过四维的系统的状态转移概率矩阵。实际上,在得到转移概率矩阵后,经过马尔可夫决策过程中的值迭代运算或马尔可夫链中稳态概率的运算后,得到的结果为一维系统状态所对应的结果。因此,为了对系统原有问题进行分析和讨论,还需将结果转化为原有系统所对应的四维状态。此时,利用以下状态函数即可得到结果。

步骤 5　构建状态函数$(x_1, x_2, y_1, y_2) = \text{state}(p)$,以便得到任意位置所对应的系统状态。同时,状态函数$(x_1, x_2, y_1, y_2) = \text{state}(p)$也可检验步骤 2 所生成的位置函数的正确性。

(1) 若$(M_3 + 1)(M_4 + 1)$整除 p,则 $p_1 = \left[\dfrac{p}{(M_3+1)(M_4+1)} \right]$,$p_2 = (M_3 + 1)$

・$(M_4 + 1)$;否则 $p_1 = \left[\dfrac{p}{(M_3+1)(M_4+1)} \right] + 1$,$p_2 = p - (p_1 - 1)\left[(M_3+1)(M_4+1) \right]$。

(2) 基于(1)中所得 p_1,若 $M_2 + 1$ 整除 p_1,则 $x_1 = \left(\dfrac{p_1}{M_2+1} \right) - 1$;否则,$x_1 = \left(\dfrac{p_1}{M_2+1} \right)$,$x_2 = p_1 - x_1(M_2 + 1) - 1$。

(3) 基于(1)中所得 p_2,若 $M_4 + 1$ 整除 p_2,则 $y_1 = \left(\dfrac{p_2}{M_4+1} \right) - 1$;否则 $y_1 = \left(\dfrac{p_2}{M_4+1} \right)$,$y_2 = p_2 - y_1(M_4 + 1) - 1$。

(4) 根据(1)~(3),可得位置 p 所对应的状态(x_1, x_2, y_1, y_2),记为 $\text{state}(p) = (\text{state1}(p), \text{state2}(p), \text{state3}(p), \text{state4}(p))$。

2. 性能分析

基于 8.1 节介绍的转移概率矩阵的生产方法,采用 MATLAB 2011 平台,通过文献[22]中第 8 章所介绍的马尔可夫决策过程中的值迭代算法求解 $H_1 H$ 和 DD 两种能力管理策略下对应的动态规划方程,分析 $H_1 H$ 策略的性能,最优成本为长期均值准则下的最小成本。状态空间的截距至成本函数不再对截距水平敏感为止,值迭代运算至精度达到 10^{-5} 为止。两种策略下成本之间的差异百分比定义为

$\text{diff}_{H_1 H}\% = \dfrac{c_{H_1 H} - c_{DD}}{c_{DD}} \times 100\%$,$c_{H_1 H}$ 为启发式策略下系统的总成本,c_{DD} 为最优动态协同策略策略下系统的总成本。当管理者依据 $H_1 H$ 策略对生产和服务行动进行选择时,系统最优成本和策略可由以下动态规划方程确定:

$$T^{H_1 H} J(\boldsymbol{x}) = c(\boldsymbol{x}) + \lambda_1 J(\boldsymbol{x} + \boldsymbol{e}_3) + \lambda_2 J(\boldsymbol{x} + \boldsymbol{e}_4) + T_p^{H_1} J(\boldsymbol{x}) + T_s^{H} J(\boldsymbol{x})$$

$$(8.18)$$

其中,服务算子 $T_s^H J(\boldsymbol{x})$ 和生产算子分别由定义 8.2 和定义 8.3 确定,有

$$T_p^{H_1}J(x_1,x_2)=\begin{cases}(\mu_1+\mu_2)J(\boldsymbol{x}), & x_1\geqslant s_1,x_2\geqslant s_2\\ \mu_1J(\boldsymbol{x}+\boldsymbol{e}_1)+\mu_2J(\boldsymbol{x}), & x_1<s_1\\ \mu_1J(\boldsymbol{x})+\mu_2J(\boldsymbol{x}+\boldsymbol{e}_2), & x_1\geqslant s_1,x_2<s_2\end{cases}\tag{8.19}$$

$$T_s^{H}J(x_1,x_2)=\begin{cases}(\gamma_1+\gamma_2)J(\boldsymbol{x}), & x_1y_1=x_2y_2=0\\ \gamma_1J(\boldsymbol{x}-\boldsymbol{e}_1-\boldsymbol{e}_3)+\gamma_2J(\boldsymbol{x}), & x_1y_1>0\\ \gamma_1J(\boldsymbol{x})+\gamma_2J(\boldsymbol{x}-\boldsymbol{e}_2-\boldsymbol{e}_4), & x_1y_1=0,x_2y_2>0\end{cases}\tag{8.20}$$

由于无法证明 H_1H 策略中最优基本库存水平的凸性,所以最优基本库存水平只能通过大范围搜索得到。即求解以下最优化问题:

$$\min_{s_1,s_2}T^{H_1H}J(\boldsymbol{x})\tag{8.21}$$

可得到 s_1 和 s_2 的最优值 s_1^* 和 s_2^*。

数值实验由 10 组实验构成,为了消除其他影响因素,在研究两种策略下某一参数的变化对策略性能的影响时,每组实验中只改变一个参数取值而保持其他参数取值不变,且参数的取值始终使得所有实验中第一类产品和服务均具有高优先权。实验结果如表 8.1 所示。实验 1~6 中成本参数 $h_1=h_2=1,b_1=b_2=30$,实验 7~10 中系统参数 $\gamma_1=\gamma_2=1,\lambda_1=\lambda_2=0.2,\mu_1=\mu_2=0.8$。第 12 列为 DD 策略下系统总成本;第 13~15 列分别为 H_1H 策略下高优先权产品最优基本库存水平、H_1H 策略下低优先权产品最优基本库存水平、H_1H 策略下系统总成本,第 16 列为 H_1H 策略相对于 DD 策略的误差。

由表 8.1 可以得到以下结论。

(1) 有效性:H_1H 策略相对于 DD 策略的平均误差为 6.99%。

整体而言,简单易实施的启发式生产服务策略 H_1H 误差并不太高,在可接受的范围之内。特别是在库存持有成本较低、生产和服务能力较强时,相对于最优动态协同策略 DD 误差比较小。例如,对于第 2 组和第 10 组实验,平均误差分别为 5.32% 和 5.36%。

(2) 稳健性:H_1H 策略下成本相对于最优成本的差异随着 λ_1、h_1、h_2 的增加而增加,随着 μ_1、γ_1、b_2 的增加而减小。μ_1、h_1 和 h_2 的变化对差异影响最大,导致的误差范围分别为 4.66%~7.8%、5.72%~11.37% 和 11.08%~14.05%。H_1H 策略性能相对于其他参数比较稳定,具有较强的稳定性。

H_1H 策略下,服务策略导致对产品 1 的需求很大,因此产品 1 生产能力 μ_1 的变化对 H_1H 策略性能稳健性的影响很大。由于 H_1H 策略下为固定最优基本库存水平策略控制产品库存,所以产品库存持有成本 h_1 和 h_2 对 H_1H 策略性能稳健性的影响很大。其他参数影响的解释类似。

(3) 单调性:所有策略下系统成本随着 $\lambda_1,\lambda_2,h_1,h_2,b_1,b_2$ 的增加而增加,随着 $\mu_1,\mu_2,\gamma_1,\gamma_2$ 的增加而减小。

该现象与预期完全相同。成本参数的增加均会导致订单和产品的成本增加，需求量的增加会导致队列长度增加，从而导致系统成本增加；生产和服务能力的提高会减小库存和积压订单，从而降低系统成本。

表 8.1　启发式策略与最优策略性能对比

实验组	γ_1	γ_2	μ_1	μ_2	λ_1	λ_2	h_1	h_2	b_1	b_2	c_{DD}	s_1^*	s_2^*	c_{H_1H}	diff_{H_1H} /%
1	1	1	0.8	0.8	0.2	0.2	1	1	30	30	25.90	2	3	27.54	6.31
	1.1										24.22	2	3	25.75	6.33
	1.2										22.92	2	3	24.39	6.39
	1.3										21.90	2	3	23.31	6.45
2	1.2	0.8	0.8	0.6	0.2	0.2	1	1	30	30	27.73	2	5	29.16	5.14
		0.9									25.68	2	5	27.03	5.28
		1									24.17	2	5	25.48	5.46
		1.1									23.00	2	5	24.24	5.38
3	1.2	1	0.7	0.7	0.2	0.2	1	1	30	30	23.99	3	5	25.86	7.80
			0.8								23.36	2	5	24.90	6.57
			0.9								22.90	2	4	24.13	5.41
			1								22.65	2	4	23.70	4.66
4	1.2	1	0.8	0.5	0.2	0.2	1	1	30	30	25.58	2	6	26.90	5.13
				0.6							24.17	2	5	25.48	5.46
				0.7							23.36	2	5	24.90	6.57
				0.8							22.92	2	4	24.39	6.39
5	1.2	1	0.8	0.7	0.2	0.2	1	1	30	30	23.36	2	5	24.90	6.57
					0.25						27.71	3	5	29.53	6.58
					0.3						32.95	3	7	35.29	7.10
					0.35						39.47	4	8	42.53	7.75
6	1.2	1	0.8	0.8	0.2	0.15	1	1	30	30	19.61	2	3	19.93	7.11
						0.2					22.92	2	4	24.39	6.39
						0.25					27.83	2	5	29.63	6.44
						0.3					33.83	2	7	35.81	5.86
7	1	1	0.8	0.8	0.2	0.2	2	1	30	30	27.65	2	4	29.23	5.72
							3				29.91	2	4	30.92	6.99
							4				29.86	2	4	32.62	9.23
							5				30.81	2	4	34.31	11.37
8	1	1	0.8	0.8	0.2	0.2	6	2	40	40	42.21	2	4	46.87	11.04
								3			44.10	2	3	49.74	12.77
								4			45.99	2	3	52.15	13.38
								5			47.83	2	3	54.55	14.05

实验组	γ_1	γ_2	μ_1	μ_2	λ_1	λ_2	h_1	h_2	b_1	b_2	c_{DD}	s_1^*	s_2^*	c_{H_1H}	diff_{H_1H} /%
9	1	1	0.8	0.8	0.2	0.2	1	1	30	30	25.90	2	4	27.54	6.31
										35	27.22	2	4	29.99	6.53
										40	29.52	3	4	30.32	6.30
										45	29.83	3	4	31.62	6.01
10	1	1	0.8	0.8	0.2	0.2	1	1	50	30	31.13	3	4	32.92	5.74
										35	33.36	3	4	35.23	5.60
										40	35.59	3	5	37.49	5.34
										45	37.82	3	5	39.68	4.92

H_1H 策略下最优基本库存水平 s_1^* 随着 λ_1 和 b_1 的增加而增加,随着 μ_1 的增加而减小,受 μ_2、γ_1、γ_2、λ_2、h_1、h_2 和 b_2 影响不大;s_2^* 随着 λ_1、λ_2 和 b_2 的增加而增加,随着 μ_1 和 μ_2 的增加而减小,受 γ_1、γ_2、h_1、h_2 和 b_2 影响不大。其中 s_2^* 受 λ_1 和 λ_2 的影响最大。

随着需求量 λ_1 和服务等待成本 b_1 的增加,系统为了尽可能减小因缺货而导致的服务订单等待,应尽可能提高产品 1 最优基本库存水平 s_1^*。而随着生产能力的提高,生产部门可较快地补充产品库存,为了节约库存持有成本,降低最优基本库存水平 s_1^*。s_2^* 与 λ_1、λ_2、μ_1、μ_2 的单调性关系的解释类似,在此不再赘述。特别地,s_2^* 随着 b_2 的增加而增加。原因在于提高库存水平具有风险共担作用,即减小由于无产品而导致无法服务的可能性,从而减少订单等待成本。

8.3　不耐烦顾客两类产品生产与服务系统性能分析

8.3.1　问题背景

随着生产技术的革新和市场竞争的加剧,企业从提供单一产品逐渐转型为提供"产品服务包",以提高企业竞争力。例如,装备制造业中许多企业不仅销售设备给客户,同时提供设备的专业运输和安装调试服务。企业所面对的运作系统被称为生产服务系统[24,29]。实际上,以上同时管理产品和服务的现象在很多服务行业,如售后服务、医疗服务和餐饮服务中都很常见,在这些服务行业中,为了满足顾客的服务需求,服务提供方必须同时提供物质产品和无形服务。生产服务系统的动力学特征既不同于生产库存系统,也不同于服务系统。例如,当顾客等待时,生产服务系统中产品库存递减率为服务率而非产品需求率;如果没有产品库存,生产服务系统中即使服务设施闲置而顾客在等待时,服务率也为零。

Berman 等[31] 最早对确定性生产服务系统进行了研究。随后,Berman 和

Kim[43]、He 等[32]，Berman 和 Sapna[44] 研究了较为一般化的库存服务系统的控制问题。对生产服务系统中生产和服务能力共同管理问题的研究，参见文献[34]和[45]。Krishnamoorthy 和 Narayanan[30] 考虑了一个生产服务系统的稳定性和性能评估。Li 和 Jiang[29] 研究了具有附加服务能力和不耐烦顾客的生产服务系统的性能分析和系统参数优化问题，Wang 等[24] 给出了存在产品直销时生产服务系统的最优生产和需求准入控制策略。然而，以上所有研究均是针对单产品单顾客情形的研究。但当企业实施提供"产品服务包"模式后，由于其服务的定制化与个性化，企业所面临的顾客必然趋于多样化。不同类别顾客对产品类型的需求不同，所以企业会生产多类产品。顾客由于在企业客户管理中的重要程度不同而会被赋予不同的优先级。

研究一个由生产设施和服务设施构成的生产服务系统。系统生产两种产品，服务两类顾客，低优先权顾客具有止步行为和中途退出行为。首先建立生产服务混合系统的马尔可夫模型，给出系统的状态转移率方程组，并获得系统的重要性能指标。由于问题的复杂性，无法通过解析方式获得系统各状态的稳态分布，因此只能通过数值实验对系统进行分析讨论。数值实验发现最优化函数的凹性，并基于凹性设计搜索算法寻找最优库存水平，揭示顾客不耐烦行为对生产服务系统的影响。

8.3.2　问题描述

研究的生产服务系统如图 8.12 所示。企业生产、库存和服务环节，以及客户的行为由以下描述确定，具体介绍如下。

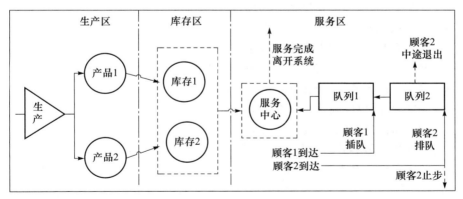

图 8.12　具有不耐烦客户的多产品生产服务系统

1. 生产库存

①生产两类产品，高优先权产品记为 1，为顾客 1 所需求；普通产品记为 2，为普通顾客 2 所需求。②库存管理策略为基本库存策略，即库存水平低于最优基本

库存水平时向生产部门发出生产订单。③当两种产品都有生产订单时,优先生产产品1。

2. 顾客需求

将到达系统的顾客分为两类,一类具有较高的优先权,一类具有低优先权。高优先权顾客可以是与企业有长期合作关系的战略伙伴,这类顾客在短期内不会找到可替代的供应商,因此假设系统必须全部满足高优先权顾客的订单需求,且一旦顾客进入订单等候区中途不会退出。

①顾客需求到达过程为泊松过程。②由于在本节研究中,采用的系统控制策略为形式简洁、性能良好的静态优先权基本库存策略,顾客1具有服务优先权,顾客2不具有优先权。因此,在静态优先权基本库存策略下,顾客到达后的排队规则可表述为:每个新加入顾客1处于队列2队首,队列1队尾;每个新加入的顾客2处于队列2队尾。所以顾客2等待服务时间会较长,故假设顾客2具有不耐烦行为。③顾客2具有两种不耐烦行为:止步和中途退出。即到达时若排队人数过多导致预期等待时间过长会直接离开系统。而且,若加入等待队列,超出不耐烦期限仍未被服务时也会退出队列。④顾客2的不耐烦行为用两个指标来描述:止步概率和最大等待时间,两者将分别造成顾客在进入队列前与处于队列中的两种情况下选择退出。其中止步概率为当前所有等待人数的线性函数,最大等待时间服从指数分布。⑤只有在顾客1无法服务的情形下,系统才会服务顾客2。

为了方便,给出本章研究问题的系统参数和经济参数的记号如下。

μ_i:产品i的生产时间服从该参数的指数分布;

λ_i:i类顾客需求订单到达服从该参数的泊松过程;

γ_i:i类订单的单位产品服务时间服从该参数的指数分布;

R_i:单位产品i的净利润,即价格减去生产和服务成本;

h_i:单位产品i单位时间的库存持有成本;

c_{w1}:单位时间单位高优先权顾客等待成本;

c_{w2}:单位时间单位低优先权顾客等待成本;

c_b:低优先权顾客止步导致的单位产品的损失成本;

c_r:低优先权顾客中途退出导致的单位产品的损失成本。

止步成本c_b可以视作订单损失成本和客户损失成本之和。这里的订单损失成本为通过销售一个单位产品服务组合可获得收益的机会成本,客户损失成本是指永远失去该客户导致的的损失,可通过一定的销售数据统计出失去客户的损失成本。中途退出成本c_r可视为止步成本与客户订单积压成本之和。客户订单积压成本表示客户在离开系统前等待时间的成本。所以,$c_b \leqslant c_r$。

低优先权顾客为普通顾客,由于其具有较低的优先权而被"后服务",在信息公开的情况下,顾客到达时若有订单积压,则会根据订单积压的数量与企业生产和服务速率预计等待时间,若预计等待时间超出预期则选择止步,即不进入订单等候区而直接离开。顾客的止步函数为订单积压数量的线性函数,该假设在止步行为的研究中有广泛使用,如文献[46]、[47]所述。记止步概率为

$$B(j_1 + j_2) = \frac{j_1 + j_2}{M} \tag{8.22}$$

其中,j_1 为订单等候区中高优先级顾客的数量,j_2 为低优先级顾客的数量,$N_1 + N_2$ 为系统订单等候区允许的最大值。不失一般性,假设 $N_1 + N_2 < M$。参数 M 度量低优先级顾客的不耐烦程度,M 越小,顾客的不耐烦性越大,因此 M 也称为不耐烦因子。

假设订单服务原则为先到先服务。高优先权与低优先权的顾客分别按照参数为 λ_1 和 λ_2 的泊松过程到达,其中低优先权顾客的实际到达速率可表示为

$$\lambda_2(j_1 + j_2) = \lambda_2 \left(1 - \frac{j_1 + j_2}{M} \right) \tag{8.23}$$

若进入系统后低优先级顾客的等待时间超出其预期等待时间的上限 t_1,则顾客选择中途退出排队系统。假设 t_1 服从均值为 $1/\theta$ 的指数分布,则顾客中途退出速率可表示为

$$r_\theta(j_2) = j_2 \theta \tag{8.24}$$

8.3.3　马尔可夫建模

记 k_i 为系统库存缓存区产品 i 的库存水平,j_i 为订单等候区中 i 类顾客的数量,则系统在 t 时刻的状态可表示为

$$\boldsymbol{X}(t) = (k_1, k_2, j_1, j_2)$$

根据上述定义,系统的状态空间为 $\{(k_1, k_2, j_1, j_2), k_i = 0, 1, 2, \cdots, S_i, j_i = 0, 1, 2, \cdots, N_i, i = 1, 2, \}$,状态空间的大小为 $L = (S_1 + 1)(S_2 + 1)(N_1 + 1)(N_2 + 1)$。

记系统由状态 l 转移到 l' 的状态转移速度为 $q_{l, l'}$,则有

$$q_{(k_1, k_2, j_1, j_2), (k_1+1, k_2, j_1, j_2)} = \mu_1, \qquad k_1 < S_1$$

$$q_{(k_1, k_2, j_1, j_2), (k_1, k_2+1, j_1, j_2)} = \mu_2, \qquad k_1 \geqslant S_1, k_2 < S_2$$

$$q_{(k_1, k_2, j_1, j_2), (k_1-1, k_2, j_1-1, j_2)} = \gamma_1, \qquad k_1 > 0, 0 < j_1 \leqslant N_1$$

$$q_{(k_1, k_2, j_1, j_2), (k_1, k_2-1, j_1, j_2-1)} = \gamma_2, \qquad k_1 j_1 = 0, k_2 > 0, 0 < j_2 \leqslant N_2$$

$$q_{(k_1, k_2, j_1, j_2), (k_1, k_2, j_1+1, j_2)} = \lambda_1, \qquad j_1 < N_1$$

$$q_{(k_1, k_2, j_1, j_2), (k_1, k_2, j_1, j_2+1)} = \lambda_2(j_1 + j_2)/M, \qquad j_2 < N_2$$

$$q_{(k_1, k_2, j_1, j_2), (k_1, k_2, j_1, j_2-1)} = \theta j_2, \qquad 0 < j_2 \leqslant N_2$$

定义 $\pi(k_1, k_2, j_1, j_2)$ 为状态 (k_1, k_2, j_1, j_2) 的稳态分布概率。为了表述方便,依据字典排序方式对所有系统状态进行排序,稳态概率分布依次记为 π_l,其中 $l =$

$1, 2, \cdots, L$。令

$$\boldsymbol{\pi} = (\pi_1, \pi_2, \cdots, \pi_L)$$

则由连续时间马尔可夫链的稳态性质,有如下的方程组

$$\boldsymbol{\pi} \boldsymbol{A} = \boldsymbol{0} \tag{8.25}$$

在该方程组最后增加归一化方程

$$\sum_{l=1}^{L} \pi_l = 1 \tag{8.26}$$

则矩阵 $\boldsymbol{A}$ 按照以下方式改为矩阵 $\boldsymbol{\Phi}$:

$$\boldsymbol{\Phi}(:, l) = \begin{cases} \boldsymbol{A}(:, l), & l = 1, \cdots, L-1 \\ 1, & l = L \end{cases} \tag{8.27}$$

于是有

$$\boldsymbol{\pi} \boldsymbol{\Phi} = \boldsymbol{\psi}$$

这里 L 维向量 $\boldsymbol{\psi} = (0, \cdots, 0, 1)$。因此,可以通过以下方式求出 $\boldsymbol{\pi}$:

$$\boldsymbol{\pi} = \boldsymbol{\psi} \boldsymbol{\Phi}^{-1} \tag{8.28}$$

再利用系统状态 (k_1, k_2, j_1, j_2) 和对应的 l 值之间的逆变换,可得系统状态 (k_1, k_2, j_1, j_2) 对应的稳态概率 $\pi(k_1, k_2, j_1, j_2)$。

　　在此,注意到以上研究中的连续时间马尔可夫链是既约的,即任何一个状态可以到达另一个状态,并且状态空间大小是有限的,所以有且仅有一个稳态解[48]。MATLAB中具体的求解过程在此不再赘述。在 MATLAB 中,将求解过程写成一个函数,以便于在程序运行中不断改变系统参数,研究不同情形下系统的性能。

8.3.4　性能指标

　　为了进一步分析系统的优化问题,本节对系统主要性能指标进行研究,分别给出他们的解析表达式。主要性能指标包括:①系统产出速率;②系统库存缓存区的平均库存;③系统订单等候区的平均队列长度(包括队列总长、高优先权顾客与低优先级顾客队列长度);④低优先权顾客不耐烦行为指标(包括平均止步速率与平均中途退出速率)。各个性能指标如下。

　　系统产出速率由两部分构成,当高优先权顾客可以服务时,系统的产出率为高优先权顾客的产出率:

$$\mathrm{TH}_1 = \gamma_1 \sum_{j_1=1}^{N_1} \sum_{k_1=1}^{S_1} \sum_{j_2=0}^{N_2} \sum_{k_2=0}^{S_2} \pi(k_1, k_2, j_1, j_2) \tag{8.29}$$

当高优先权顾客不可服务时,系统的产出率为低优先权顾客的产出率

$$\mathrm{TH}_2 = \gamma_2 \sum_{j_2=1}^{N_2} \sum_{k_2=1}^{S_2} \left[\sum_{j_1=1}^{N_1} \pi(0, k_2, j_1, j_2) + \sum_{k_1=1}^{S_1} \pi(k_1, k_2, 0, j_2) + \pi(0, k_2, 0, j_2) \right]$$

$$\tag{8.30}$$

因此,系统的总产出速率可表达为

$$\text{TH} = \text{TH}_1 + \text{TH}_2 \tag{8.31}$$

系统库存缓存区中产品 1 的平均库存为

$$I_1 = \sum_{k_1=1}^{S_1} k_1 \left[\sum_{j_2=0}^{N_2} \sum_{j_1=0}^{N_1} \sum_{k_2=0}^{S_2} \pi(k_1, k_2, j_1, j_2) \right] \tag{8.32}$$

系统库存缓存区中产品 2 的平均库存为

$$I_2 = \sum_{k_2=1}^{S_2} k_2 \left[\sum_{j_2=0}^{N_2} \sum_{j_1=0}^{N_1} \sum_{k_1=0}^{S_1} \pi(k_1, k_2, j_1, j_2) \right] \tag{8.33}$$

系统中顾客 1 的平均队列长度为

$$Q_1 = \sum_{j_1=1}^{N_1} j_1 \left[\sum_{j_2=0}^{N_2} \sum_{k_2=0}^{S_2} \sum_{k_1=0}^{S_1} \pi(k_1, k_2, j_1, j_2) \right] \tag{8.34}$$

系统中顾客 2 的平均队列长度为

$$Q_2 = \sum_{j_2=1}^{N_2} j_2 \left[\sum_{j_1=0}^{N_1} \sum_{k_2=0}^{S_2} \sum_{k_1=0}^{S_1} \pi(k_1, k_2, j_1, j_2) \right] \tag{8.35}$$

系统考虑了低优先权顾客的不耐烦行为,当低优先权顾客到达时根据排队队列的总长度选择是否进入系统,止步概率函数为式(8.22)。因此,系统平稳状态下,低优先权顾客的平均止步速率可表示为

$$B_1 = \sum_{j_2=0}^{N_2} \sum_{j_1=0}^{N_1} \left[\lambda_2 \frac{j_1 + j_2}{M} \sum_{k_2=0}^{S_2} \sum_{k_1=0}^{S_1} \pi(k_1, k_2, j_1, j_2) \right] \tag{8.36}$$

同时系统考虑了低优先权顾客的中途退出行为,中途退出速率如式(9.24)所示。因此,低优先权顾客的平均中途退出速率可表示为

$$B_2 = \sum_{j_2=1}^{N_2} \left[\theta j_2 \sum_{j_1=0}^{N_1} \sum_{k_2=0}^{S_2} \sum_{k_1=0}^{S_1} \pi(k_1, k_2, j_1, j_2) \right] \tag{8.37}$$

单位时间系统的期望总成本包括两类产品的库存持有成本 $\sum_{i=1}^{2} h_i I_i$、两类顾客的等待成本 $\sum_{i=1}^{2} c_{wi} Q_i$、低优先权顾客的止步损失成本 $c_b B_1$ 和中途退出成本 $c_r B_2$,而系统单位时间内的期望收益通过服务两类顾客得到,有 $R = \sum_{i=1}^{2} R_i TH_i$。因此,系统单位时间净利润函数 NP 的具体表达式为

$$\text{NP} = \sum_{i=1}^{2} R_i \, \text{TH}_i - \left(\sum_{i=1}^{2} h_i I_i + \sum_{i=1}^{2} c_{wi} Q_i + c_b B_1 + c_r B_2 \right) \tag{8.38}$$

8.3.5　优化

1. 净利润函数的凹性

本节说明期望净利润函数的凹性。由于系统的稳态概率是通过数值方式获得的,所以无法通过解析方法说明期望净利润的凹性。而且,净利润函数复杂的表达式也使得 Hessian 矩阵无法得到,从而无法证明凹性。类似于之前研究,通过数值方式说明期望净利润函数的凹性。大量数值例子表明,在给定其他参数的情形下,净利润函数是两个基本库存水平的联合凹函数。

因此,系统的最优净利润以及对应的最优基本库存水平存在。本章其余部分假设总成本函数为凹函数。而且,由于对于不同取值的基本库存水平 S_1 和 S_2,净利润必然不可能严格相等,因此净利润函数明显为两个基本库存水平的严格凹函数。例如,在参数设置:$\lambda_1=3,\lambda_2=4,\mu_1=8,\mu_2=8,\gamma_1=9,\gamma_2=10,\theta=0.5,M=15,$ $R_1=300,R_2=100,c_{w1}=2,c_{w2}=2,c_b=50,c_r=60$ 下,表 8.2 说明了净利润函数关于两个基本库存水平的严格凹性。

表 8.2　净利润函数与基本库存水平的关系

S_1 \ S_2	1	2	3	4	5	6	7	8	9	10
1	97.52	101.33	102.29	102.56	102.61	102.56	102.48	102.39	102.30	102.20
2	101.11	105.23	106.29	106.62	106.68	106.65	106.57	106.48	106.39	106.29
3	101.59	105.78	106.87	107.20	107.27	107.24	107.17	107.08	106.98	106.88
4	101.60	105.81	106.91	107.25	107.32	107.29	107.21	107.12	107.03	106.93
5	101.48	105.69	106.79	107.13	107.20	107.17	107.10	107.01	106.91	106.82
6	101.30	105.52	106.62	106.96	107.03	107.00	106.93	106.84	106.74	106.64
7	101.11	105.33	106.43	106.77	106.84	106.81	106.74	106.65	106.55	106.46
8	100.91	105.13	106.23	106.57	106.65	106.62	106.54	106.45	106.36	106.26
9	100.71	104.93	106.04	106.38	106.45	106.42	106.34	106.25	106.16	106.06
10	100.51	104.73	105.84	106.18	106.25	106.22	106.14	106.05	105.96	105.86

基于以上净利润严格凹性的分析,以下设计有效的搜索算法,以便确定系统的最优净利润和最优库存水平。

2. 搜索算法

本部分首先给出搜索算法,然后通过数值实验说明算法的有效性和高效性。在给出搜索算法之前,先通过以下定理给出产品 1 最优库存水平的上界,以便于确定搜索范围。

定理 8.3　产品 1 最优库存水平 S_1^* 满足如下条件：

$$0 \leqslant S_1^* \leqslant \left\lfloor \frac{\gamma_1 R_1 - c_{w1}}{h_1} \right\rfloor \tag{8.39}$$

其中，$\lfloor \cdot \rfloor$ 为向下取整函数。

证明　在固定优先权的服务规则下，若服务第一类订单可行，则系统始终会选择服务第一类订单。根据生产服务系统的特征，产品 1 的需求率始终不会大于服务中心对第一类订单的最大服务能力 γ_1。因此，当产品库存水平为 $S_1^* - 1$ 时，若再生产一个产品，此产品持库最小时间为 S_1^*/γ_1，故该产品的库存持有成本为 $h_1 S_1^*/\gamma_1$。企业完成该订单需要的平均服务时间为 $1/\gamma_1$，所以该订单的等待成本为 c_{w1}/γ_1。完成该订单获得的收益为 R_1，所以最优库存水平为 S_1^* 时必须满足条件

$$h_1 S_1^*/\gamma_1 + c_{w1}/\gamma_1 < R_1 \tag{8.40}$$

即 $S_1^* < \frac{\gamma_1 R_1 - c_{w1}}{h_1}$。考虑到 S^* 取整数值，故重写为 $S_1^* \leqslant \left\lfloor \frac{\gamma_1 R_1 - c_{w1}}{h_1} \right\rfloor$，这里 $\lfloor \cdot \rfloor$ 为向下取整。所以式 (8.39) 成立。

为了下文叙述方便，记 $\overline{S_1^*} = \left\lfloor \frac{\gamma_1 R_1 - c_{w1}}{h_1} \right\rfloor$，$\overline{S_2^*} = \left\lfloor \frac{\gamma_2 R_2 - c_{w2}}{h_2} \right\rfloor$。基于以上得到的净利润函数的严格凹性和最优基本库存水平的有界性，可先固定 S_1，再找最优的 S_2；然后固定最优的 S_2，再找最优的 S_1，即可找到最大净利润值。因此，给出以下搜索算法以得到两种产品的最优基本库存水平。

（1）令 $NP^* = 0$，$S_1^* = 0$，$S_2^* = 0$；

（2）如果 $S_2^* + 1 \leqslant \overline{S_2^*}$，则 $S_2^* = S_2^* + 1$，并转至步骤（3）；否则，停止；

（3）如果 $NP(S_1^*, S_2^*) > NP^*$，则 $NP(S_1^*, S_2^*) = NP^*$，$S_2^* = S_2^* + 1$ 并转至步骤（2）；否则，转至步骤（4）；

（4）如果 $S_1^* + 1 < \overline{S_1^*}$，则 $S_1^* = S_1^* + 1$，并转至步骤（5）；否则，停止；

（5）如果 $NP(S_1^*, S_2^*) > NP^*$，则 $NP(S_1^*, S_2^*) = NP^*$，$S_1^* = S_1^* + 1$ 并转至步骤（4）；否则，停止。

下面通过与全局搜索方法对比，说明设计的求解算法在计算时间方面的高效性。以上搜索算法在 MATLAB 7.9.0 环境下实现以上搜索算法，例如，对于 $\lambda_1 = 0.4$，$\lambda_2 = 0.6$，$\mu_1 = 0.8$，$\mu_2 = 0.9$，$\gamma_1 = 0.9$，$\gamma_2 = 1$，$\theta = 0.02$，$M = 20$，$R_1 = 150$，$R_2 = 100$，$h_1 = 1.5$，$h_2 = 1$，$c_{w1} = 3$，$c_{w2} = 4$，$c_b = 110$，$c_r = 120$ 的参数环境下，在配置为 CPU Pentium 4 3.00GHz，512MB RAM 的计算机中运行程序，2min 内便得到结果，最优值分别为：$S_1^* = 3$，$S_2^* = 4$，$NP^* = 65.1333$。而对于以上例子，通过全局搜索则至少需要 3.5min。因此，设计的搜索算法相对于全局搜索是非常高效的。

3. 数值分析

研究顾客不耐烦参数变化对最优决策和系统各个性能指标的影响。系统的标准参数取值为：$\lambda_1 = 0.4, \lambda_2 = 0.6, \mu_1 = 0.8, \mu_2 = 0.9, \gamma_1 = 0.9, \gamma_2 = 1, \theta = 0.02, M = 20, R_1 = 150, R_2 = 100, h_1 = 1.5, h_2 = 1, c_{w1} = 3, c_{w2} = 4, c_b = 110, c_r = 120$。

数值实验由两组实验构成。表 8.3 和表 8.4 分别研究顾客止步行为和中途退出行为对系统的影响。每组实验中只改变 M 和 θ 中一个参数取值而保持另一个参数取值不变，通过 8.2 节设计的搜索算法计算最优系统净利润 NP^* 和最优基本库存水平 S_1^* 和 S_2^*，及其最优控制下的系统各个性能指标。

表 8.3 止步行为对系统最优控制和性能影响

M	S_1^*	S_2^*	NP^*	I_1	I_2	Q_1	Q_2	B_1	B_2
5	4	4	50.1449	3.0962	3.2526	0.9299	0.6099	0.18478	0.0122
10	3	4	59.2952	2.1725	3.0639	1.0882	0.8512	0.1163	0.0170
15	3	4	63.1477	2.1725	2.9639	1.0882	1.0078	0.0838	0.0201
20	3	4	65.1333	2.1725	2.9066	1.0882	1.1140	0.0661	0.0223
25	3	4	66.3436	2.1725	2.8693	1.0882	1.1913	0.0547	0.0238
30	3	4	67.1586	2.1725	2.8431	1.0882	1.2503	0.0467	0.0250
35	3	4	67.7449	2.1725	2.8237	1.0882	1.2967	0.0408	0.0259
40	3	4	69.1871	2.1725	2.8087	1.0882	1.3341	0.0363	0.0266
80	3	4	69.7547	2.1725	2.7530	1.0882	1.4867	0.0193	0.0297

由表 8.3 可以看到，随着不耐烦顾客止步参数 M 的增加，即止步可能性的减小，系统性能变化趋势如下。

(1) 企业最优净利润增加。这是由于随着止步顾客的减少，由此带来的订单损失成本减小，从而企业净利润增加。

(2) 两类产品的最优库存水平几乎保持不变。以上现象说明，产品生产和库存管理策略几乎不受顾客不耐烦行为的影响。首先，高优先权产品的生产具有优先权，因此其库存管理策略几乎不受低优先权顾客行为的影响。而对于低优先权产品的生产和库存管理策略，低优先权顾客的不耐烦行为也几乎对产品的生产库存管理无影响。而根据 Wang 等[24]的研究结果，对于简单的生产库存系统，顾客的止步行为对最优库存水平有很大影响。这说明在生产服务系统中，由于产品的需求由服务触发，即产品需求受服务能力和顾客需求的共同作用，顾客需求的止步行为对产品生产库存管理影响减弱。当服务能力确定时，顾客行为对产品生产库存管理影响减弱。

（3）高优先权产品期望库存水平保持不变，低优先权库存水平降低。由于高优先权产品的使用（即高优先权订单的服务）具有高优先权，而对高优先权产品的需求保持不变，所以在最优管理策略不变时，期望库存水平保持不变。对于低优先权产品期望库存水平，虽然最优管理策略不变，但是顾客止步可能性的降低，导致产品的需求增加，所以期望库存水平降低。但是，由于服务能力固定，因此期望库存水平的降低幅度较小。

（4）高优先权顾客期望队列长度保持不变，低优先权顾客期望队列长度增大。高优先权产品生产库存策略不变，而需求也不变，其服务又具有高优先权，所以高优先权队列长度不变。而对于低优先权队列长度，由于低优先权顾客止步可能性降低，加入队列的顾客会增加，所以期望队列长度增加。

（5）低优先权顾客止步率降低，中途退出率增加。随着止步概率的降低，期望止步率显然降低，但并非线性关系。而随着止步概率的降低，期望队列长度增加，所以中途退出的顾客会增加，故中途退出率增加。

表 8.4　中途退出行为对系统最优控制和性能影响

θ	S_1^*	S_2^*	NP^*	I_1	I_2	Q_1	Q_2	B_1	B_2
0.02	3	4	65.1333	2.1725	2.9066	1.0882	1.114	0.0661	0.0223
0.03	3	4	63.9574	2.1725	2.9364	1.0882	1.0574	0.0644	0.0317
0.04	3	4	62.8468	2.1725	2.9636	1.0882	1.0092	0.0629	0.0404
0.05	3	4	61.7924	2.1725	2.9886	1.0882	0.9674	0.0617	0.0484
0.06	3	4	60.787	2.1725	3.0118	1.0882	0.9307	0.0606	0.0558
0.07	3	4	59.8285	2.1725	3.0334	1.0882	0.8981	0.0596	0.0629
0.08	3	4	59.9022	2.1725	3.0537	1.0882	0.8688	0.0587	0.0695
0.09	3	4	59.0143	2.1725	3.0727	1.0882	0.8423	0.0579	0.0758
0.1	3	4	57.1584	2.1725	3.0907	1.0882	0.8181	0.0572	0.0818

由表 8.4 可以看到，随着不耐烦顾客中途退出参数 θ 的增加，中途退出前可容忍最长时间减少，或者说顾客越不耐烦。

（1）企业最优净利润减少。这是由于随着中途退出顾客的增加，由此带来的订单损失成本增大，从而企业净利润减小。

（2）两类产品的最优库存水平几乎保持不变。以上现象与止步行为的影响类似，在此不再赘述。

（3）高优先权产品期望库存水平保持不变，低优先权库存水平提高。对高优先权产品相关的解释和止步行为类似。对于低优先权产品期望库存水平，虽然最优管理策略不变，但是由于顾客中途退出可能性增加，对于产品的需求减小，所以期望库存水平增加。但是，因为服务能力固定，所以期望库存水平的增幅幅度较小。

（4）高优先权顾客期望队列长度保持不变，低优先权顾客期望队列长度减小。对高优先权产品相关的解释与止步行为类似。而对于低优先权队列长度，因为低优先权顾客中途退出可能性的增加，加入队列后顾客离去概率会增加，所以期望队列长度减小。

（5）低优先权顾客止步率降低，中途退出率增加。随着中途退出概率的增加，期望队列长度减小，所以期望止步率降低。而期望中途退出率显然增加。

基于表 8.3 和表 8.4 分析可以看到，本章研究的具有不耐烦行为顾客的生产服务系统体现出以下新特征：①由于服务环节的存在，低优先权顾客不耐烦行为对低优先权产品生产库存管理策略几乎无影响。但是，止步可能性的降低，会降低库存水平，增加队列长度，提高中途退出率；中途退出可能性增加，会提高库存水平，减小队列长度，提高止步率。②对于顾客的两种不耐烦行为，明显存在 trade-off。止步提高，中途退出降低；止步降低，中途退出增加。因此，与此相关的两类成本也具有以上关系。所以，企业管理者需在两类成本之间权衡，使得整体成本较低。③低优先权顾客的行为对高优先权产品库存水平和订单队列长度几乎无影响，这是由优先权高低所决定的。

参 考 文 献

[1] Marceau J, Martinez C. Selling solutions: Product-service packages as links between new and old economies. http://www. druid. dk/conferences/summer2002/Papers/Martinez _ Marceau. pdf. [2016-5-16].

[2] Gebauer H, Friedli T. Behavioral implications of the transition process from products to services. Journal of Business & Industrial Marketing, 2005, 20(2): 70-79.

[3] Anderson E G, Morrice D J, Lundeen G. The "physics" of capacity and backlog management in service and custom manufacturing supply chains. System Dynamics Review, 2005, 21(3): 217-247.

[4] Johnston R. Service operations management: Return to roots. International Journal of Operations & Production Management, 1999, 19(2): 104-124.

[5] Spring M, Araujo L. Service, services and products: Rethinking operations strategy. International Journal of Operations & Production Management, 2009, 29(5): 444-467.

[6] Oliva R, Kallenberg R. Managing the transition from products to services. International Journal of Service Industry Management, 2003, 14(2): 160-172.

[7] Turta T A. Organizational readiness for change in the transformation towards service business. http://URN. fi/URN: NBN: fi: tty-2011091614809. [2016-5-16].

[8] Huang S, Zeng S, Fan Y, et al. Optimal service selection and composition for service-oriented manufacturing network. International Journal of Computer Integrated Manufacturing,

2011,24(5):416-430.

[9]　Adan I J B F,van der Wal J. Combining make to order and maketo stock. OR Spectrum,
　　　1998,20(2):73-81.

[10]　Federgruen A,Katalan Z. The impact of adding a make-to-order item to a make-to-stock
　　　production system. Management Science,1999,45(7):980-994.

[11]　Dobson G,Yano C A. Product offering,pricing,and make-to-stock/make-to-order deci-
　　　sions with shared capacity. Production and Operations Management,2002,11(3):293-312.

[12]　Youssef K H,van Delft C,Dallery Y. Efficient scheduling rules in a combined make-to-
　　　stock and make-to-order manufacturing system. Annals of Operations Research,2004,126
　　　(1-4):103-134.

[13]　Soman C A,van Donk D P,Gaalman G. Comparison of dynamic scheduling policies for hy-
　　　brid make-to-order and make-to-stock production systems with stochastic demand. Inter-
　　　national Journal of Production Economics,2006,104(2):441-453.

[14]　Gupta D,Lei W. Capacity management for contract manufacturing. Operations Research,
　　　2007,55(2):367-377.

[15]　Soman C A,van Donk D P,Gaalman G. Combined make-to-order and make-to-stock in a food pro-
　　　duction system. International Journal of Production Economics,2004,90(2):223-235.

[16]　Carr S,Duenyas I. Optimal admission control and sequencing in a make-to-stock/make-to-
　　　order production system. Operations Research,2000,48(5):709-720.

[17]　Iravani S M R,Liu T,Simchi -Levi D. Optimal production and admission policies in make-
　　　to-stock/make-to-order manufacturing systems. Production and Operations Management,
　　　2012,21(2):224-235.

[18]　Stidham Jr S. Optimal control of admission to a queueing system. IEEE Transactions on
　　　Automatic Control,1985,30(8):705-713.

[19]　Veatch M H,Wein L M. Optimal control of a two-station tandem production/inventory
　　　system. Operations Research,1994,42(2):337-350.

[20]　Ha A Y. Optimal dynamic scheduling policy for a make-to-stock production system. Opera-
　　　tions Research,1997,45(1):42-53.

[21]　Lippman S A. Applying a new device in the optimization of exponential queuing systems.
　　　Operations Research,1975,23(4):687-710.

[22]　Puterman M L. Markov Decision Processes:Discrete Stochastic Dynamic Programming.
　　　New York:John Wiley & Sons,1994.

[23]　Bertsekas D. Dynamic programming and optimal control. Volume Two. Nashua: Athena
　　　Scientific,1995.

[24]　Wang K,Jiang Z,Li N,et al. Optimal production and admission control for a stochastic
　　　som system with demands for product and PSS. International Journal of Production Re-
　　　search,2013,51(23-24):7270-7289.

[25]　Weber R R,Stidham S J. Optimal control of service rates in networks of queues. Advances

in Applied Probability,1987,19(1):202-219.

[26]　江志斌. 以服务型制造促制造业和服务业协调发展. 科学时报,2010-03-24.

[27]　江宏,赵皎云. 上海标五:物流助力企业转型发展. 物流技术与应用,2010,9:56-62.

[28]　汪应洛. 创新服务型制造业,优化产业结构. 管理工程学报,2010,24(S):2-5.

[29]　Li N,Jiang Z. Modeling and optimization of a product-service system with additional service capacity and impatient customers. Computers & Operations Research,2013,40(8):1923-1937.

[30]　Krishnamoorthy A,Narayanan V C. Production inventory with service time and vacation to the server. IMA Journal of Management Mathematics,2011,22(1):33-45.

[31]　Berman O,Kaplan E H,Shevishak D G. Deterministic approximations for inventory management at service facilities. IIE Transactions,1993,25(5):98-104.

[32]　He Q M,Jewkes E M,Buzacott J. Optimal and near-optimal inventory control policies for a make-to-order inventory-production system. European Journal of Operational Research,2002,141(1):113-132.

[33]　Schwarz M,Daduna H. Queueing systems with inventory management with random lead times and with backordering. Mathematical Methods of Operations Research,2006,64(3):383-414.

[34]　Yadavalli V S S,Sivakumar B,Arivarignan G. Inventory system with renewal demands at service facilities. International Journal of Production Economics,2008,114(1):252-264.

[35]　Baras J S,Dorsey A J,Makowski A M. Two competing queues with linear costs and geometric service requirements:The μc-rule is often optimal. Advances in Applied Probability,1985,17(1):186-209.

[36]　Zhao N,Lian Z. A queueing-inventory system with two classes of customers. International Journal of Production Economics,2011,129(1):225-231.

[37]　Zheng Y S,Zipkin P. A queueing model to analyze the value of centralized inventory information. Operations Research,1990,38(2):296-307.

[38]　Zipkin P. Performance analysis of a multi-item production-inventory system under alternative policies. Management Science,1995,41:690-703.

[39]　Vericourt F D,Karaesmen F,Dallery Y. Dynamic scheduling in a make-to-stock system:A partial characterization of optimal policies. Operations Research,2000,48(5):811-819.

[40]　Pena-Perez A,Zipkin P. Dynamic scheduling rules for a multiproduct make-to-stock queue. Operations Research,1997,45(6):919-930.

[41]　Veatch M H,Wein L M. Scheduling a make-to-stock queue:Index policies and hedging points. Operations Research,1996,44(4):634-647.

[42]　李娜,江志斌,郑力,等. 芯片测试环节质量重入随机系统建模与性能分析. 系统工程理论与实践,2011,31(8):1593-1599.

[43]　Berman O,Kim E. Stochastic models for inventory management at service facilities. Communications in Statistics-Stochastic Models,1999,15(4):695-719.

[44]　Berman O,Sapna K P. Optimal service rates of a service facility with perishable inventory
　　　items. Naval Research Logistics,2002,49(5):464-482.

[45]　Schwarz M,Sauer C,Daduna H,et al. M/M/1 queueing systems with inventory. Queueing
　　　Systems,2006,54(1):55-79.

[46]　Ancker Jr C,Gafarian A. Some queuing problems with balking and reneging. I. Operations
　　　Research,1963,11(1):88-100.

[47]　Singer G,Khmelnitsky E. A finite-horizon,stochastic optimal control policy for a produc-
　　　tion-inventory system with backlog-dependent lost sales. IIE Transactions,2005,42(12):
　　　855-864.

[48]　Hoel P G,Port S C,Stone C J. Introduction to Stochastic Processes. Boston:Houghton
　　　Mifflin,1972.

第9章　顾客参与对混合供应链价值传递机制的影响研究

顾客需求多样化和产品同质化使得一些制造企业将产品与服务进行集成,为顾客提供全面解决方案,例如,IBM 公司整合内外部资源,为客户提供硬件、软件、服务三位一体的解决方案;陕鼓与宝钢集团签订"TRT"工程成套项目,将产品连同配套设施、基础设施、厂房等一起捆绑完成"交钥匙"工程,为客户提供综合解决方案[1]。这种先进的商业模式就是服务型制造。在该模式下,由于服务的加入,需要考虑顾客参与行为影响产品和服务的质量、顾客感知价值以及顾客满意度的机理,这个问题的解决对于制造企业向服务转型具有重要意义。企业获得成功,确立竞争优势的一个关键因素就是提升服务质量、感知价值和顾客满意[2]。现有的相关研究主要以服务业为背景[3],关于制造业方面的研究,尤其是实证研究几乎还是空白。在制造业中,企业要提升竞争力,就要同时提升产品价值与服务质量,并考虑二者对顾客感知价值与顾客满意的影响。

人民生活水平逐渐提高,对教育、健身的需求越来越多,文体用品市场潜力巨大,为应对产品同质化及顾客需求多样化的挑战,企业既为顾客提供核心产品,也为顾客提供一定程度的服务(如选购建议、产品试用与更换等),进而为顾客提供综合解决方案,向服务型制造转型。在这个转型过程中,企业不仅需要深入了解顾客,注重顾客参与,还需要了解顾客参与对顾客价值传递的影响,因此本章选取文体用品制造业为调研对象,研究该行业内顾客参与对服务能力、感知价值与顾客满意的影响机理。顾客参与更多强调行为与过程因素[4],是顾客和企业在互动过程中所发生的实体接触以及信息与人际关系交流等行为。易英把顾客参与划分为工作认知、搜寻信息、付出努力和人际互动四个维度[5],该划分方式较为完善且通过了实证的信效度检验。因此,本章将顾客参与划分为工作认知、搜寻信息、付出努力、人际互动四个维度。服务能力表示制造企业通过提供产品与服务从而满足顾客需求的能力,包含产品价值与服务质量两个方面。产品价值主要涉及产品的种类、质量、价格以及是否物有所值等方面,服务质量即为消费者所认知的对于期望服务与实际感知的差距予以主观判断的结果[6]。顾客感知价值是顾客在获得产品或服务的过程中基于感知利得和感知利失的权衡,对于产品或服务效用的总体评价[7]。顾客满意可以从针对特定交易[8]或者是从整体性角度来界定,且后者更适于作为对企业绩效的一种评估[6]。本章将顾客满意定义为顾客针对某一产品或服务所有购买经历的整体评价。

在制造业中,顾客参与是否会对服务质量、感知价值、顾客满意产生正向影响,这需要实证数据的检验,服务能力中的产品价值与服务质量两个维度之间是否具有相关关系也同样需要检验,这样可以在一定程度上降低模型的复杂性,对变量间的关系进行固定,便于下一步同时研究顾客参与和顾客体验同服务能力、感知价值等因素之间的相互关系。

9.1　理论模型的构建

企业要满足顾客需求,确立竞争优势,顾客和顾客参与的重要性不言而喻。顾客参与最初是作为企业为顾客提供定制产品与服务的过程中,方便企业决策,发挥顾客自身对于需求的敏锐感知,进而同企业共同创造价值的一种重要途径。顾客参与不仅能提升企业绩效,为企业创造独特竞争力,也能为顾客自身创造价值。国内外的众多研究都表明,适度的顾客参与可以提高顾客对服务质量的感知程度以及顾客满意度,进而提升顾客的忠诚度,并最终导致良好的顾客行为意向[9]。但是,也有部分学者提出,顾客参与同服务质量、顾客满意之间呈负相关关系[10]。因此,企业更要慎重地对待顾客的参与行为。

由此可以看出,顾客参与同服务质量、顾客感知价值、顾客满意之间的具体相关关系,在学术界还存在争议,有待进一步研究。因此,顾客参与理论能否用来指导企业实践,还有待商榷。当前的研究仍然还大都局限于服务行业,以制造业为背景的实证研究还比较欠缺;在制造业的行业背景中,由于引入了产品价值的概念,多变量间的相互关系还有待探讨。

本章主要以文体用品业为背景,以最终消费者(高校学生)为调查对象,就顾客参与和产品价值、服务质量、顾客感知价值、顾客满意之间的关系进行实证研究。从顾客在交易活动伊始与企业或商家接触,参与到交易中,感知到企业提供的产品与服务的品质,进而形成对于整个交易过程的感知价值,并最终形成对于企业的满意情况,这就构成了一个顾客价值的传递过程。因此,本章要研究的实际上就是顾客参与影响顾客价值传递的机理。

9.1.1　顾客参与和服务能力的关系

传统的服务业中,顾客会在接受服务的过程中投入大量的时间、精力,了解服务提供者的信息,了解服务的类型与提供方式,搜寻与服务相关的各项信息,并与服务提供者实现信息的交流与共享,以使得服务提供者更加清楚地了解自身的需求,从而获得高质量的回报。Bateson 发现,顾客主动参与到服务中会让他们感觉更有控制感[11];File 等也认为,参与服务能使顾客在心理上增强对结果的控制感[12]；正是这种心理，驱使顾客在没有金钱激励的情况下，依旧会积极地参与到服务过程中。在制造业中，顾客接受到的不只有服务，还会获得产品，而且许多情况下，产品的质量才是顾客关心的第一要素。产品价值就代表了顾客对于产品的种类、价格、质量等方面的感知情形。虽然当前关于顾客参与和产品价值间关系的研究，尤其是实证研究，很少见，但考虑到产品价值同服务质量的相似性，顾客参与和产品价值之间应该也是呈正相关关系。因此，本节提出如下假设。

H1　顾客参与对服务能力具有正向影响：

H1.1　顾客参与对产品价值具有正向影响；

H1.2　顾客参与对服务质量具有正向影响；

H1.3　产品价值对服务质量具有正向影响。

9.1.2　顾客参与和顾客感知价值的关系

顾客感知价值代表的是顾客对于整个交易过程的感知程度。纵观已有的同顾客参与和顾客感知价值相关的研究文献，发现大都是探讨顾客参与对服务质量、顾客满意、行为意向以及企业组织绩效的影响，或者是探讨顾客感知价值同顾客满意、行为意向间的相互关系，对于顾客参与同感知价值间关系的研究较少，且较多的是从定性的角度进行探讨。Bitner 等以医疗保健行业为背景，通过调查患者在接受乳房摄像筛检时的感受，曾指出顾客参与会在一定程度上提升感知价值[13]。而刘文波也以武汉地区高校的本科生为样本，选取高等教育服务为行业背景，在实证中证明，顾客参与和感知价值之间具有正相关关系[14]，并对顾客参与的具体维度同感知价值间的相关性进行研究，最终结果也都呈现显著性特征。因此，本节提出如下假设：

H2　顾客参与对顾客感知价值具有正向影响。

9.1.3　服务能力和顾客感知价值的关系

在服务业中，服务本身就是顾客的需求目标，服务质量是顾客最为关注的方向，只有良好的服务质量的感知，才能带来顾客对于整个交易过程感知效果的满意。而到了制造业中，顾客所关注的就不只是服务，还要关注产品的质量，因此，既需要良好的服务质量，也需要令人满意的产品价值，只有这样，企业才能获得较好的顾客感知价值。因此，本节提出以下假设：

H3　服务能力对顾客感知价值具有正向影响；

H3.1　产品价值对顾客感知价值具有正向影响；

H3.2　服务质量对顾客感知价值具有正向影响。

9.1.4　顾客参与和顾客满意的关系

顾客参与缩小了顾客期望值同实际得到的服务的差距,从而带来了满意度的提升;同时,对于满意的服务,顾客又经常会归结为自身的努力、准备与信息交换等因素。Zeithaml 认为,顾客会把一些由不良服务造成的不满意,归结为自身在服务生产过程中没能担负起相关责任,不会因这种不良的服务而责备服务的提供者[7]。因此,顾客的参与水平越高,越可能将不满意的服务归罪于自身,而不是企业,从而提升顾客的满意度。因此,本节不仅要对制造业中顾客参与同顾客满意的关系进行假设与检验,还要通过顾客参与各具体维度同顾客满意的关系的分析中检验是否存在对顾客满意具有负面作用的因素。本节假设如下:

H4　顾客参与对顾客满意具有正向影响。

9.1.5　服务能力和顾客满意的关系

服务接触满意是服务质量的前因,而 Cronin 与 Taylor 提出了一个结构模型,并用实证证明服务质量同顾客满意间并不存在递归关系[15]。Rust 和 Verhoef 也认为,质量是"消费者对服务维度进行满意判断的一个因素[16]"。Oliver[17] 和 Cronin 等[18] 都是以传统的零售业为背景,证明了服务质量会对顾客满意产生正向影响。因此,本节提出如下假设:

H5　服务能力对顾客满意具有正向影响;

H5.1　产品价值对顾客满意具有正向影响;

H5.2　服务质量对顾客满意具有正向影响。

9.1.6　顾客感知价值和顾客满意的关系

感知价值是顾客基于整个交易过程中所获得产品或服务的效用的总体评价,涉及总收益与总投入之间的权衡比较;而顾客满意也是顾客基于消费经历对于实际的感知情形同期望值间进行权衡后做出的满意度评价,由顾客满意价值直接决定[14],即可以说是感知价值同期望值比较后的结果。一般来说,顾客对于某个产品或服务的期望值一开始就是确定的,并不会改变,如果感知价值提升,顾客的满意度理应相应地也会获得提升。因此,本节提出如下假设:

H6　顾客感知价值对顾客满意具有正向影响。

通过对以上各变量间的相互关系的总结,可以得出顾客参与影响顾客价值传递的一个整体概念模型,具体情况如图 9.1 所示。

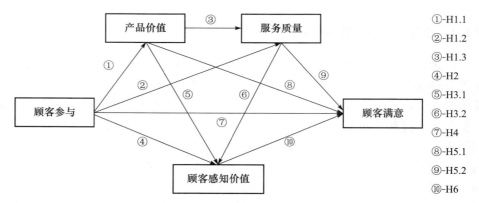

图 9.1　顾客参与影响顾客价值传递的理论模型

9.2　探索性因子分析

正式研究中的探索性因子分析(EFA)主要是为了检验理论模型的因子载荷系数以及量表的信效度是否符合要求,评估测量模型,为结构模型分析打下基础。针对图 9.1 提出的理论模型,对模型中各变量的所有题项进行因子分析。依据进行因子分析的指标,首先对模型的 KMO 值与 Bartlett 球体检验指标进行统计,结果如表 9.1 所示。

表 9.1　KMO 值与 Bartlett 球体检验结果

KMO(Kaiser-Meyer-Olkin)检验统计量		0.835
Bartlett 球体检验	卡方检验值	3558.000
	df	406
	Sig.	0.000

由表 9.1 可知,样本数据的 KMO 值>0.5,适于做因子分析,卡方值显著性概率为 0.000,小于 0.010,说明变量具有很高的相关性,适于做因子分析。该理论模型具体的探索性因子分析结果如表 9.2 所示。

根据表 9.2 中数据可知,各题项均达到了因子载荷大于 0.4 的要求,且 Cronbach α 系数也均大于 0.7,可靠性通过检验,同时因子个数也同原有理论假设相吻合,这就说明分析结果具有良好的信度与因子效度。

表 9.2　顾客参与影响顾客价值传递的理论模型的探索性因子分析结果

题项/因子	PE	TD	IS	PI	PV	SQ	CPV	CS
CP1	0.854							
CP2	0.689							
CP3	0.841							
CP5		0.794						
CP6		0.806						
CP7		0.709						
CP8			0.861					
CP9			0.760					
CP10			0.723					
CP11				0.763				
CP12				0.830				
CP13				0.581				
PV1					0.754			
PV2					0.768			
PV3					0.792			
SQ1						0.697		
SQ2						0.765		
SQ3						0.828		
SQ4						0.785		
SQ5						0.712		
CPV1							0.571	
CPV2							0.749	
CPV3							0.722	
CPV4							0.757	
CPV5							0.661	
CS1								0.633
CS2								0.727
CS3								0.787
CS4								0.739
Cronbach α*	0.758	0.819	0.866	0.682	0.842	0.880	0.840	0.849

* 此处使用的是 Cronbach's Alpha Based on Standardized Items。

9.3　验证性因子分析与结构方程模型分析

9.3.1　验证性因子分析

验证性因子分析（CFA）主要目的在于检验正式问卷的收敛效度、判别效度以及测量模型与数据的拟合程度。通过应用统计分析软件 SPSS 13.0 中的分析工具 P-P 图和去势 P-P 图，发现包括顾客参与、产品价值、服务质量、顾客感知价值和顾客满意各潜在变量在内，其各自所对应指标的数据实际分布与理论分布相比相差很小，且各指标的残差绝对值基本都低于 0.05。因此，可以通过 P-P 图近似判断样本数据服从正态分布。应用结构方程软件 Lisrel 8.70 中的极大似然估计程序,对模型中的各变量进行验证性因子分析。

1. 收敛效度分析

收敛效度分析主要是检验同一变量的不同指标(题项)之间的正相关程度。具体方法也就是考察每个指标对应于相应的变量上的标准化因子载荷系数,并考察每个因子载荷系数对应的 T 值是否显著。关于顾客参与变量的测量模型以及整体理论模型的测量模型中的各指标在变量上的因子载荷系数及其收敛效度的检验结果分别如表 9.3 和表 9.5 所示。根据各因子载荷系数及 T 值可以看出,各因子载荷都高度显著,因此,这表明正式问卷的计量尺度具有较高的收敛效度。

2. 判别效度分析

判别效度分析主要是检验某一特定变量与其他变量之间的差异程度。可以采用平均变异萃取量(AVE)这一指标对问卷的判别效度进行分析。平均变异萃取量就是指潜在变量的各指标对该潜在变量平均变异量的解释能力,判断标准为数值应大于 0.50,数值越大就表示潜在变量的信度与收敛效度越佳,而若每个潜在变量的平均变异萃取量数值大于各成对潜在变量间的相关系数的平方值,则可视为具有判别效度。此外,对于结构方程模型,有一个同 Cronbach α 系数类似的用来检验指标可靠性的标准,也就是组成信度(CR),可以用于判断潜在变量的信度,检验个别潜在变量对应的各测量指标间的内部一致性,信度越高则指标的内部一致性越高。Hair 等认为,其值应达到 0.70 才适宜。

组成信度(CR)和平均变异萃取量(AVE)可以通过以下两个公式计算出来:

$$\text{CR} = \frac{\left(\sum \lambda\right)^2}{\left[\left(\sum \lambda\right)^2 + \sum \theta\right]} \tag{9.1}$$

$$\text{AVE} = \frac{\sum \lambda^2}{\left[\sum \lambda^2 + \sum \theta\right]} \tag{9.2}$$

其中,λ 是因子载荷系数;θ 是测量误差。

根据式(9.1)、式(9.2),关于顾客参与变量的测量模型以及整体理论模型的测量模型中的具体各潜在变量的组成信度及平均变异萃取量的分析结果分别如表 9.3～表 9.6 所示。其中,PE 表示付出努力,TD 表示工作认知,IS 表示搜寻信息,PI 表示人际互动,CP 表示顾客参与,PV 表示产品价值,SQ 表示服务质量,CPV 表示顾客感知价值,CS 表示顾客满意,下同。

根据表 9.3 和表 9.4 中的统计结果可以看出,CR 与 AVE 两个指标均达到了标准要求,即顾客参与变量的测量模型具有足够的信度,并且顾客参与的四个维度因子,其各自的平均变异萃取量数值均明显大于各成对潜在变量间相关系数的平方值。因此,该测量模型也具有不错的判别效度。

表 9.3　顾客参与变量的测量模型检验结果

潜在变量	对应题项	因子载荷系数	T 值	组成信度
PE	CP1	0.79	11.22*	0.832
	CP2	0.59	8.48*	
	CP3	0.78	11.13*	
TD	CP5	0.68	10.58*	0.887
	CP6	0.89	15.00*	
	CP7	0.79	12.88*	
IS	CP8	0.90	15.83*	0.918
	CP9	0.81	13.58*	
	CP10	0.78	13.01*	
PI	CP11	0.68	9.37*	0.778
	CP12	0.76	10.38*	
	CP13	0.54	7.27*	

* 表示 T 值大于 3.291,$p < 0.001$。

表 9.4　顾客参与各潜在变量平均变异萃取量及相关系数平方值统计结果

变量	PE	TD	IS	PI
PE	**0.627***	0.053	0.096	0.029
TD	0.053	**0.726**	0.292	0.292
IS	0.096	0.292	**0.790**	0.185
PI	0.029	0.292	0.185	**0.544**

* 此相关系数平方值所组成的矩阵中对角线数值即为平均变异萃取量。

　　根据表 9.5 和表 9.6 中的统计结果可以看出,对于顾客参与影响顾客价值传递的整体理论模型,其测量模型的 CR 值基本上均达到了标准要求,即模型具有不错的信度;而测量模型各潜在变量的 AVE 值除 CP(顾客参与)变量外,均达到了0.5,模型的信度与收敛度进一步得到了验证,且包括 CP 变量在内,模型所包含的所有的潜在变量 AVE 值均大于各成对潜在变量间相关系数的平方值,因此该测量模型具有不错的判别效度。

表 9.5　顾客参与影响顾客价值传递的测量模型检验结果

潜在变量	对应的维度/题项	因子载荷系数	T 值	组成信度
CP	PE	0.36	4.83*	0.677
	TD	0.66	9.49*	
	IS	0.77	11.29*	
	PI	0.53	7.32*	
PV	PV1	0.75	12.14*	0.845
	PV2	0.86	14.84*	
	PV3	0.79	13.18*	

续表

潜在变量	对应的维度/题项	因子载荷系数	T 值	组成信度
SQ	SQ1	0.73	11.99 *	
	SQ2	0.82	14.24 *	
	SQ3	0.81	13.80 *	0.882
	SQ4	0.75	12.38 *	
	SQ5	0.75	12.48 *	
CPV	CPV1	0.76	12.45 *	
	CPV2	0.62	9.60 *	
	CPV3	0.73	11.83 *	0.838
	CPV4	0.65	10.17 *	
	CPV5	0.79	13.08 *	
CS	CS1	0.79	13.31 *	
	CS2	0.78	13.01 *	0.848
	CS3	0.71	11.38 *	
	CS4	0.77	12.70 *	

* 表示 T 值大于 3.291, $p<0.001$。

表 9.6　顾客参与影响顾客价值传递的测量模型中各潜在变量平均变异萃取量及相关系数平方值统计结果

变量	CP	PV	SQ	CPV	CS
CP	**0.359** *	0.292	0.325	0.160	0.048
PV	0.292	**0.645**	0.152	0.360	0.384
SQ	0.325	0.152	**0.599**	0.348	0.348
CPV	0.160	0.360	0.348	**0.510**	0.436
CS	0.048	0.384	0.348	0.436	**0.582**

* 此相关系数平方值所组成的矩阵中对角线数值即为平均变异萃取量。

3. 测量模型与数据的拟合程度

要评估理论模型与数据的拟合程度,首先是选择卡方统计量(χ^2 值)为依据,χ^2 值越不显著,则意味着模型与数据的拟合程度越好。Hair、Anderson 和 Tatham 认为,当样本量在 150～200 时,卡方统计量与自由度之比,也就是 $\chi^2/\mathrm{d}f$ 在 1.0～2.0,表明模型的拟合程度是可接受的。但是,卡方统计量容易受到样本规模的影响,当样本量超过 200 时,用 χ^2 值来检验模型的拟合程度的可靠性下降。针对这一不足,Hair 等建议综合考虑各种拟合指标,从而对模型与数据的拟合程度做出判断。各种拟合指标可以分为绝对指数、相对指数(也叫增值指数)和简约指数。表 9.7 和表 9.8 分别列出了各种常用的拟合指标及其评估标准,以及顾客参与测量模型和整体理论模型的测量模型,其各自的数据与模型的拟合程度。根据分析结果可知,其中大部分的指标均符合要求(GFI 与 AGFI 指标大于 0.80,可以接受),说明顾客参与测量模型和整体模型同数据的拟合情形是可以接受的。

表 9.7　顾客参与变量的测量模型各拟合指标分析结果

拟合指标分类	具体指标	评估标准	分析结果
绝对指数	卡方统计量(χ^2 值)		136.16
	卡方统计量与自由度之比(χ^2/df)	<5	2.837
	拟合优度指数(GFI)	>0.90	0.91
	调整后拟合优度指数(AGFI)	>0.90	0.86
	近似误差均方根(RMSEA)	<0.10	0.084
	标准化残差均方根(SRMR)	<0.08	0.066
相对指数	规范拟合指数(NFI)	>0.90	0.91
	不规范拟合指数(NNFI)	>0.90	0.92
	比较拟合指数(CFI)	>0.90	0.94
	增量拟合指数(IFI)	>0.90	0.94
	相对拟合指数(RFI)	>0.90	0.90
简约指数	简约规范拟合指数(PNFI)	>0.50	0.67
	简约拟合优度指数(PGFI)	>0.50	0.56

表 9.8　顾客参与影响顾客价值传递模型的测量模型各拟合指标分析结果

拟合指标分类	具体指标	评估标准	分析结果
绝对指数	卡方统计量(χ^2 值)		523.00
	卡方统计量与自由度之比(χ^2/df)	<5	2.922
	拟合优度指数(GFI)	>0.90	0.90
	调整后拟合优度指数(AGFI)	>0.90	0.85
	近似误差均方根(RMSEA)	<0.10	0.090
	标准化残差均方根(SRMR)	<0.08	0.069
相对指数	规范拟合指数(NFI)	>0.90	0.91
	不规范拟合指数(NNFI)	>0.90	0.93
	比较拟合指数(CFI)	>0.90	0.94
	增量拟合指数(IFI)	>0.90	0.94
	相对拟合指数(RFI)	>0.90	0.91
简约指数	简约规范拟合指数(PNFI)	>0.50	0.78
	简约拟合优度指数(PGFI)	>0.50	0.64

总而言之,包括顾客参与变量的测量模型以及顾客参与影响顾客价值传递的整体模型的测量模型在内,其模型的收敛效度、判别效度以及模型与数据的拟合程度基本上都达到要求,可以进行最终的结构方程模型分析。

9.3.2　结构模型分析

结构模型是用于描述不同潜在变量之间定量关系的模型。结构模型分析主要考察不同的潜在变量间的路径影响关系,进而对正式研究的理论假设与模型进行检验与修正。

结构模型可以用向量的形式写成方程式: $\boldsymbol{\eta} = \boldsymbol{B\eta} + \boldsymbol{\Gamma\xi} + \boldsymbol{\zeta}$。其中,$\boldsymbol{\eta}$ 表示由内生潜变量组成的向量;$\boldsymbol{\xi}$ 表示由外源潜变量组成的向量;$\boldsymbol{B}$ 表示内生潜变量间的关系;$\boldsymbol{\Gamma}$ 表示外源潜变量对内生潜变量的影响;$\boldsymbol{\zeta}$ 表示结构方程的残差项,反映了 $\boldsymbol{\eta}$ 在方程中未能被解释的部分。这里,针对顾客参与影响顾客价值传递的理论模型,分别用 ξ_1 和 $\eta_1 \sim \eta_4$ 表示理论模型中的外源潜变量顾客参与(CP)和内生潜变量产品价值、服务质量、顾客感知价值和顾客满意,而 CP 又划分为四个维度,其各个维度及内生潜变量是通过各自的指标来间接测量的。

为了便于解释,将由向量的形式写成的结构模型方程式 $\boldsymbol{\eta} = \boldsymbol{B\eta} + \boldsymbol{\Gamma\xi} + \boldsymbol{\zeta}$ 转换成矩阵的形式,具体表示如下:

$$
\begin{bmatrix} \eta_1 \\ \eta_2 \\ \eta_3 \\ \eta_4 \end{bmatrix} = \begin{bmatrix} 0 & 0 & 0 & 0 \\ \beta_{21} & 0 & 0 & 0 \\ \beta_{31} & \beta_{32} & 0 & 0 \\ \beta_{41} & \beta_{42} & \beta_{43} & 0 \end{bmatrix} \begin{bmatrix} \eta_1 \\ \eta_2 \\ \eta_3 \\ \eta_4 \end{bmatrix} + \begin{bmatrix} \gamma_{11} \\ \gamma_{21} \\ \gamma_{31} \\ \gamma_{41} \end{bmatrix} \begin{bmatrix} \xi_1 \end{bmatrix} + \begin{bmatrix} \zeta_1 \\ \zeta_2 \\ \zeta_3 \\ \zeta_4 \end{bmatrix} \quad (9.3)
$$

在进行结构模型分析时,仍旧是采用结构方程分析软件 Lisrel 8.70 中的极大似然估计程序,通过将样本数据转化为协方差矩阵,继而对结构模型,即图 9.1 所示的理论模型进行检验,分析结果如表 9.9 所示。

表 9.9　顾客参与影响顾客价值传递的结构模型分析结果

理论假设	变量关系	关系表达	参数	标准化路径系数	T 值	假设检验结果
H1.1	CP→PV	$\xi_1 \to \eta_1$	$\gamma_{1,1}$	0.53*	6.02	支持
H1.2	CP→SQ	$\xi_1 \to \eta_2$	$\gamma_{2,1}$	0.52*	4.96	支持
H1.3	PV→SQ	$\eta_1 \to \eta_2$	$\beta_{2,1}$	0.11	1.23	拒绝
H2	CP→CPV	$\xi_1 \to \eta_3$	$\gamma_{3,1}$	−0.10	−0.94	拒绝
H3.1	PV→CPV	$\eta_1 \to \eta_3$	$\beta_{3,1}$	0.47*	5.21	支持
H3.2	SQ→CPV	$\eta_2 \to \eta_3$	$\beta_{3,2}$	0.46*	4.97	支持
H4	CP→CS	$\xi_1 \to \eta_4$	$\gamma_{4,1}$	−0.42*	−4.13	拒绝
H5.1	PV→CS	$\eta_1 \to \eta_4$	$\beta_{4,1}$	0.42*	4.35	支持
H5.2	SQ→CS	$\eta_2 \to \eta_4$	$\beta_{4,2}$	0.41*	4.19	支持
H6	CPV→CS	$\eta_3 \to \eta_4$	$\beta_{4,3}$	0.45*	4.54	支持

结构模型与数据的拟合程度:$\mathrm{df}=363$;$\chi^2=879.48$;$\chi^2/\mathrm{df}=2.423$;NFI=0.90;NNFI=0.93;CFI=0.93;IFI=0.93;RFI=0.88;GFI=0.89;AGFI=0.85;RMSEA=0.075;SRMR=0.075;PNFI=0.80;PGFI=0.66

* 表示 T 值大于 3.291,$p<0.001$。

根据表 9.9 中对于理论模型各个理论假设的标准化路径系数的分析结果可以看出:在 10 条路径中,有两条路径的标准化路径系数没有通过显著性检验,其对应的研究假设 H1.3 和 H2 没有得到实证数据支持;另外有一条路径的标准化路径系数的绝对值通过了显著性检验,但路径系数为负,即研究假设 H4 也未得到实证数据支持,应该进行修正,变量间实际具有负向的相关关系;剩余的 7 条路径的标准化路径系数均通过了显著性检验,且其对应的研究假设 H1.1、H1.2、H3.1、H3.2、H5.1、H5.2、H6 都得到了实证数据的支持。

9.3.3　理论假设检验与模型修正

由于结构模型的一些假设路径的标准化路径系数未达到显著性要求,即研究假设未得到实证数据的支持,因此,需要对理论模型进行修正,删除在正式研究中不显著的假设路径。由此,可以得到修正后的顾客参与影响顾客价值传递的最终结构模型(图 9.2)。

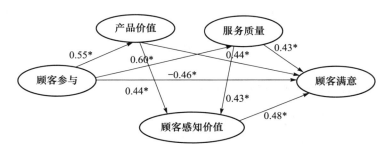

图 9.2　顾客参与影响顾客价值传递的最终模型

* 表示 T 值大于 3.291, $p < 0.001$

通过对最终模型的结构模型分析,检验结构模型与实证数据的拟合程度,将其拟合程度与正式研究的结构模型,即未修正前的模型进行对比,分析结果如表 9.10 所示。

表 9.10　正式研究模型与修正后的最终模型的比较分析

拟合指标	分析结果		拟合指标	分析结果	
	正式研究模型	最终模型		正式研究模型	最终模型
自由度(df)	363	365	相对拟合指数(RFI)	0.88	0.89
卡方统计量(χ^2 值)	879.48	881.93	拟合优度指数(GFI)	0.89	0.90
卡方统计量与自由度之比(χ^2/df)	2.423	2.416	调整后拟合优度指数(AGFI)	0.85	0.85
规范拟合指数(NFI)	0.90	0.90	近似误差均方根(RMSEA)	0.075	0.075

拟合指标	分析结果		拟合指标	分析结果	
	正式研究模型	最终模型		正式研究模型	最终模型
不规范拟合指数（NNFI）	0.93	0.93	标准化残差均方根（SRMR）	0.075	0.077
比较拟合指数（CFI）	0.93	0.93	简约规范拟合指数（PNFI）	0.80	0.80
增量拟合指数（IFI）	0.93	0.93	简约拟合优度指数（PGFI）	0.66	0.67

对比显示，与正式研究模型相比，最终模型的结构模型与数据的拟合程度相对更高一些；并且全部八条路径的标准化路径系数（绝对值）均通过了显著性检验，相应的研究假设除 H4 外均得到了实证数据支持，而 H4 应改为"顾客参与对顾客满意具有直接负向影响"。总体来说，最终模型的结构模型具有更高的模型与数据的拟合程度，而且不存在不显著的假设路径，相比正式研究模型具有更强的合理性。

9.4　研究结果

9.4.1　直接效应、间接效应与总效应分析

基于最终模型的结构模型分析结果，可以归纳并计算出顾客参与同产品价值、服务质量、顾客感知价值和顾客满意各个变量之间的直接效应、间接效应与总效应，具体结果如表 9.11 所示。结果显示，从各因素对顾客感知价值影响的总效应来看，从大到小依次为顾客参与（0.50）、产品价值（0.44）和服务质量（0.43）；从各因素对顾客满意影响的总效应来看，从大到小依次为产品价值（0.65）、服务质量（0.64）、顾客感知价值（0.48）和顾客参与（0.28），且顾客参与对顾客满意的总效应为正。因此，相比于服务能力，顾客参与对顾客感知价值影响的总效应更大；服务能力对顾客满意影响的总效应最大，顾客感知价值次之，顾客参与最小。

表 9.11　顾客参与、服务能力（产品价值和服务质量）、顾客感知价值和顾客满意间的直接效应、间接效应和总效应

变量关系 效应	CP→PV	CP→SQ	CP→CPV	CP→CS	PV→CPV	SQ→CPV	PV→CS	SQ→CS	CPV→CS
直接效应	0.55	0.60	—	−0.46	0.44	0.43	0.44	0.43	0.48
间接效应	—	—	0.50	0.74	—	—	0.21	0.21	—
总效应	0.55	0.60	0.50	0.28	0.44	0.43	0.65	0.64	0.48

9.4.2　顾客参与同服务能力和顾客满意的回归分析

根据结构模型与最终模型的分析结果可知,顾客参与对服务能力,也就是产品价值和服务质量都具有显著的正向影响,而对顾客满意具有显著的负向影响。但是,关于顾客参与的哪些方面(维度)会影响服务能力和顾客满意仍旧不清楚,因此,这里采用统计分析软件 SPSS 13.0 对顾客参与同服务能力和顾客满意间的关系进行回归分析。

1. 顾客参与对产品价值影响的回归分析

顾客参与具体的各维度对产品价值的影响关系如表 9.12 所示。由表可以看出,F 值为 24.088,$p=0.000$,即顾客参与的四个维度同产品价值之间具有显著的统计关系,顾客参与各维度可以解释产品价值的程度为 0.184。但由 T 值可以看出,虽然每个维度同产品价值之间都具有正向关系,但只有工作认知(TD)与搜寻信息(IS)两个因素对产品价值具有显著的正向影响,付出努力(PE)与人际互动(PI)并不会显著地影响产品价值,而且搜寻信息对产品价值的影响(0.338)要明显大于工作认知(0.146)。

表 9.12　顾客参与对产品价值因素的简要回归分析结果

顾客参与具体维度	标准化系数值	T 值	F 值
PE	0.075	1.154	
TD	0.146*	2.048	
IS	0.338**	4.747	24.088**
PI	0.075	1.074	

判定系数(R_2):0.184

* $p<0.05$。
** $p<0.001$。

2. 顾客参与对服务质量影响的回归分析

顾客参与具体各维度对服务质量的影响关系如表 9.13 所示。由表可以看出,$F=20.644$,$p=0.000$,即顾客参与的四个维度同服务质量之间具有显著的统计关系,顾客参与各维度可以解释服务质量的程度为 0.226。但由 T 值可以看出,并不是每个维度同服务质量之间都具有正向关系,只有工作认知(TD)、搜寻信息(IS)和人际互动(PI)三个因素对服务质量具有显著的正向影响,付出努力(PE)并不会显著地影响服务质量,且其影响服务质量的标准化系数值为负。在所有三个会显著地正向影响服务质量的因素当中,搜寻信息因素对服务质量的影响程度最大(0.244),其次为工作认知因素(0.196),人际互动因素对服务质量的影响程度最小

(0.161)。

表 9.13　顾客参与对服务质量因素的简要回归分析结果

顾客参与具体维度	标准化系数值	T 值	F 值
PE	-0.039	-0.613	
TD	$0.196 **$	2.678	$20.644 ***$
IS	$0.244 ***$	3.438	
PI	$0.161 *$	2.359	

判定系数(R_2)：0.226

$* p < 0.05$。
$** p < 0.01$。
$*** p < 0.001$。

3. 顾客参与对顾客满意影响的回归分析

顾客参与具体各维度对顾客满意的影响关系如表 9.14 所示。由表可以看出，$F = 7.162$，$p = 0.001$，即顾客参与的四个维度同顾客满意之间具有显著的统计关系，顾客参与各维度只可以解释顾客满意的程度为 0.063。但是，由 T 值可以看出，并不是每个维度同顾客满意之间都具有正向关系，只有工作认知（TD）因素对顾客满意具有显著的正向影响，而付出努力（PE）却对顾客满意具有显著的负向影响，而搜寻信息（IS）因素和人际互动（PI）因素虽然也会正向影响顾客满意，但其影响关系并不显著。这也说明虽然整体上顾客参与会对顾客满意具有显著的负向影响，但这并不代表顾客参与的各个维度都会对顾客满意产生负向影响，工作认知因素就会显著地正向影响顾客满意的程度。

表 9.14　顾客参与对顾客满意因素的简要回归分析结果

顾客参与具体维度	标准化系数值	T 值	F 值
PE	$-0.144 *$	-2.107	
TD	$0.242 ***$	3.552	$7.162 **$
IS	0.023	0.297	
PI	0.118	1.617	

判定系数(R_2)：0.063

$* p < 0.05$。
$** p < 0.01$。
$*** p < 0.001$。

9.4.3　研究结果讨论

通过对正式研究模型的结构模型进行分析与修正，对于各变量间的直接效应、间接效应和总效应的分析计算，以及对顾客参与具体各维度同服务能力、顾客满意等因素间的回归分析,可以得出以下结论。

（1）顾客参与有助于提升企业的服务能力。顾客参与对产品价值和服务质量具有直接的正向影响,即加大顾客参与有助于企业为顾客提供更为合适的产品与服务以及更流畅的交易环境;但是,产品价值与服务质量之间并不存在显著的相关关系。而顾客参与对产品价值影响的总效应（0.55）与对服务质量影响的总效应（0.60）差不多。这说明顾客参与对产品与服务的质量的影响程度差不多。然而,在具体维度上,只有工作认知和搜寻信息会显著地正向影响产品价值,且后者影响程度更高;而搜寻信息、工作认知和人际互动因素三方面会显著地正向影响服务质量,且搜寻信息对服务质量的影响程度最大。因此,要提升产品价值与服务质量,就要鼓励顾客参与,并且以加大顾客搜寻信息方面的行为为主。

（2）顾客参与有助于提升顾客感知价值与顾客满意。顾客参与同顾客感知价值之间并不存在显著的相关关系,但顾客参与会通过产品价值与服务质量因素对感知价值产生间接正向影响（0.50）。这说明文体用品业中顾客对整个交易过程的感知效果主要由产品或服务本身的质量来决定。顾客参与对顾客满意具有直接负向影响,且关系显著,但顾客参与通过产品价值、服务质量和感知价值对顾客满意具有间接正向影响,并且顾客参与对顾客满意的总效应（0.28）为正向。这或许是由于顾客事先了解了商家提供的产品与服务类型,心中形成的期望值过高,导致顾客满意度的下降,但同时,顾客参与通过对商家在提供的产品与服务质量上的施压使得商家不断改进自身,提升产品价值与服务质量,更好地满足了顾客需求,顾客满意度也就获得提升。具体到参与维度上,研究表明,工作认知会显著地正向影响顾客满意,而付出努力因素却对顾客满意产生显著的负面影响,因此,为了更有效地提升顾客满意,企业应当考虑多鼓励顾客工作认知方面的行为,尽量减少顾客时间与精力等方面的投入。

（3）服务能力有助于提升顾客感知价值与顾客满意。在文体用品业中,产品价值和服务质量对感知价值、顾客满意都具有显著的直接正向影响,而且二者还会通过感知价值对顾客满意产生间接正向影响,但以直接影响为主。此外,产品价值对顾客感知价值（0.44）和顾客满意（0.65）影响的总效应与服务质量对二者影响（0.43,0.64）的总效应基本相等,这说明在文体用品业,产品与服务是企业满足顾客需求的两个方面,对商家而言同等重要,更好的产品与服务质量会提升顾客对整个交易过程的感知效果以及最终的满意程度。最后,感知价值对顾客满意也具有直接正向影响,带给顾客整个交易过程的感知效果越好,顾客的满意度就越高。

参 考 文 献

[1]　林文进,江志斌,等.服务型制造理论研究综述.工业工程与管理,2009,14(6):1-6.

[2]　Patterson P G, Spreng R A. Modelling the relationship between perceived value, satisfaction and repurchase intentions in a business-to-business, services context: An empirical examination. International Journal of Service Industry Management, 1997, 8(5): 414-434.

[3]　Bettencourt L A. Customer voluntary performance: Customers as partners in service delivery. Journal of Retailing, 1997, 73(3): 383-406.

[4]　Kuo Y F, Wu C M, et al. The relationships among service quality, perceived value, customer satisfaction, and post-purchase intention in mobile value-added services. Computers in Human Behavior, 2009, 25(4): 887-896.

[5]　易英. 顾客参与与服务质量, 顾客满意及行为意向的关系研究. 杭州: 浙江大学硕士学位论文, 2006.

[6]　Berry L, Zeithaml V A, et al. SERVQUAL: A multi-item scale for measuring customer perceptions of service. Journal of Retailing, 1988, 64(1): 12-20.

[7]　Zeithaml V A. Consumer perceptions of price, quality, and value: A means-end model and synthesis of evidence. The Journal of Marketing, 1988: 2-22.

[8]　Woodruff R B, Cadotte E R, Jenkins R L. Modeling consumer satisfaction processes using experience-based norms. Journal of Marketing Research, 1983, 20(3): 286-304.

[9]　Dabholkar P A, Thorpe D I, Rentz J O. A measure of service quality for retail stores: Scale development and validation. Journal of the Academy of Marketing Science, 1995, 24(1): 3-16.

[10]　Bendapudi N, Leone, R P. Psychological implications of customer participation in co-production. Journal of Marketing, 2003, 67(1): 14-28.

[11]　Bateson J E. Self-service consumer: An exploratory study. Journal of Retailing, 1985, 61: 49-76.

[12]　Kelley S W, Donnelly J H, Skinner S J. Customer participation in service production and delivery. Journal of Retailing, 1990, 66(3): 315-335.

[13]　Bitner M J. Evaluating service encounters: The effects of physical surroundings and employee responses. The Journal of Marketing, 1990: 69-82.

[14]　刘文波, 陈荣秋. 基于顾客参与的顾客感知价值管理策略研究. 武汉科技大学学报: 社会科学版, 2009, 11(1): 49-54.

[15]　Cronin J J, Taylor S A. Measuring service quality: A reexamination and extension. The Journal of Marketing, 1992: 55-68.

[16]　Rust R T, Verhoef P C. Service Quality Insights and Managerial Implications from the Frontier. Thousand Oaks: Sage, 1994.

[17]　Oliver R L. Measurement and evaluation of satisfaction processes in retail settings. Journal of Retailing, 1981, 57(3): 25-48.

[18]　Cronin J J, Brady M K, Hult G T M. Assessing the effects of quality, value, and customer satisfaction on consumer behavioral intentions in service environments. Journal of Retailing, 2000, 76(2): 193-218.

第 10 章　顾客参与对混合供应链牛鞭效应的影响研究

随着全球化竞争压力越来越大而且产品的利润空间快速下降,越来越多的制造企业,如 IBM、GE、Interface、阿尔斯通、陕鼓集团和上海通用汽车集团等尝试通过向服务转型提升其核心竞争力[1]。然而,现实中这些制造企业在服务转型中容易忽略顾客的行为特征从而导致服务水平下降,而顾客对于不同服务水平的追订或退购行为又会导致供应链的不稳定性,即牛鞭效应,这种不稳定性进一步扩散至生产系统,如果制造企业生产策略不当,将会导致市场份额和品牌信誉的不断下降。众多行业,如计算机业、汽车业、装备制造业等正面临着这些挑战[2]。因此,采取有效的生产策略降低这种牛鞭效应的影响从而赢得市场份额具有重大意义。随着服务的重要性增加,服务供应链牛鞭效应的研究逐步出现[3-6]。顾客行为作为牛鞭效应放大的主要因素逐渐被发现,Nienhaus 等[7]认为导致牛鞭效应的顾客行为大致有两种:一种是安全规避行为;另一种是恐慌行为。但是上述研究对于顾客行为的研究仅停留在定性阶段,而且现有研究通常假定制造商的生产能力是无限的,然而现实中不然。

为研究生产能力限制和顾客行为对牛鞭效应的影响,本章基于系统动力学建立相应的供应链模型,通过对比历史数据和仿真数据验证模型的可靠性,分析顾客行为和生产策略对牛鞭效应的影响规律,进而提出通过库存策略和生产能力策略相互配合抑制牛鞭效应的方案。

10.1　问 题 阐 述

本研究选取的模型包括一个制造商和一个零售商。制造商采用如下的订货点流程:在每一个时期 t,零售商首先收到供应商送来的产品,然后根据现有的库存水平满足顾客订单需求 $d(t)$,此后,零售商清查当前的库存水平并向制造商下订单 $\mathrm{ps}(t)$。制造商的投产策略 $\mathrm{ps}(t)$ 考虑了需求预测 $d^*(t)$、库存调整 $I_{\mathrm{adj}}(t)$ 以及在制品库存调整 $\mathrm{WIP}_{\mathrm{adj}}(t)$ 的补货策略三个因素。

顾客的参与和体验行为主要体现在对制造商产品供应可靠性的反应上,顾客具有如下两类行为:①当产品不能及时供应时,顾客选择其他的替代品牌产品;②无论产品能不能及时供应,顾客仍然选择该产品。现实中,在生产能力限制导致产品不能及时供应给顾客的情况下,顾客对产品供应的可靠性反应进而影响产品的未来市场需求,制造商又根据市场行为进行排产。制造商具有如下两类行为:①根据顾客需求的波动灵活地进行排产;②不管顾客需求的波动,依据经验让工厂保持不变的产能进行排产。上述行为导致了供应链的不稳定,这些不稳定性包括:①不同顾客行为对产品供应可靠性的反应;②不同的生产策略;③不同的生产策略应对相应的顾客反应行为。

为便于研究,本节对顾客参与和体验行为以及生产策略等做如下假设:

(1) 非敏感型顾客对产品供应的可靠性反应可以通过非线性函数 f_{1A} 表示;

(2) 敏感型顾客对产品供应的可靠性反应可以通过非线性函数 f_{1B} 表示;

(3) 非反应型的生产策略可以通过非反应型的能力使用函数 f_{2A} 表示;

(4) 反应型的生产策略可以通过反应型的能力使用函数 f_{2B} 表示。

10.2　模型建立

10.2.1　模型描述

通常的制造过程包括制造和检测两个阶段,产品在制造过程中从半成品变成成品,经过检测进入成品库存,制造供应链模型具体包括如下四个部分:①顾客行为与订单执行;②库存控制;③生产控制;④能力使用计划与控制。

如图 10.1 所示,模型包括七个负反馈和三个正反馈,这些反馈反映了刀具制造商的管理者经验,具体包括如下四个流程:①顾客行为与订单执行;②库存控制;③生产控制;④能力使用计划与控制。其中库存拉动循环(loop inventory pull (B1))表明当成品库存充足时,企业运行在拉式系统中。附加的订单积压增加会导致需要的运输速率和运输速率增加,如果库存水平足够,订单积压就会相应减少。库存可得性循环(loop inventory availability(B2))是负反馈循环,这个循环决定了运输速率,还决定系统是否从拉式向推式转变,如果成品库存不够,系统就会从拉式系统向推式系统转变。企业的推式系统包括:①订单积压循环(loop backlog (B3));②补充循环(loop replenishment(R1));③成品库存控制循环(loop inventory control(B4));④在制品库存控制循环(loop WIP control (B6))以及生产推动循环(loop production push(R3))。其中生产系统的推动部分由在制品库存可得性循环决定(loop WIP availability(B5)),如果在制品库存充分,则系统仍然是拉式系统,如果在制品库存不够,则系统是推式系统。服务增长循环(loop growth through service(R2))是正反馈循环,此循环描述当顾客需求得到有效满足后企业的市场份额不断增长的过程,而市场份额减少循环(loop lost sales(B7))是负反馈循环,此循环表达与 R2 相反的过程,即企业不能充分完成顾客订单时,服务水平随之下降,最终导致企业的市场份额不断缩小。最后,企业供应链对顾客需求的反馈可以描述为生产推动循环(loop production push(R3)),该循环刻画了生产与顾客反应之间的时间延迟。当顾客需求下降时,企业将会降低需求预测和能力使用以避免过度的库存出现。由于长时间的生产延迟,过低的生产导致过低的库存水平,甚至过低的服务水平,而较低的服务水平导致顾客需求的进一步下降。这些系统行为在企业的调研过程中仍然出现,在模型仿真中也可以重复反映。

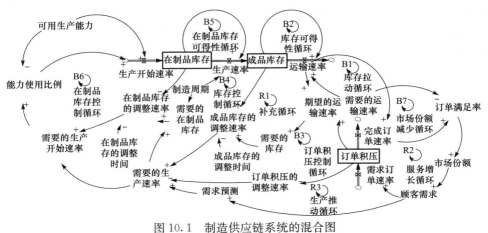

图 10.1　制造供应链系统的混合图

10.2.2　顾客行为与订单执行

因为生产决策最终依赖顾客需求,顾客对产品供应情况的反应将会影响实际的生产决策。在本节的模型中,顾客对产品供应情况的反应以刀具制造商的产品吸引力系数来衡量。当订单执行率较低时,顾客会寻找替代的供货源,此时顾客订单就会下降;当订单执行率较高时,顾客会持续增加订货或订货的顾客增加,此时顾客订单就会上升。据 Goncalves[2] 的研究表明,制造商的吸引力可以定义为顾客感知供应商供货可靠性的函数。订单积压的调整依赖于调整时间 τ_B 内现有订单积压水平 B 向期望订单积压水平 B^* 的调整速率。期望订单积压水平是顾客订单需求 $d(t)$ 与目标传递延迟 τ_{DD} 的乘积。现有订单积压水平的微分是顾客订单需求 $d(t)$ 与实际运输速率 $s(t)$ 之差。

$$B_{adj}(t) = \frac{B^*(t) - B(t)}{\tau_B} \tag{10.1}$$

其中

$$B^*(t) = d(t) \cdot \tau_{DD} \tag{10.2}$$

$$\frac{dB}{dt} = d(t) - s(t) \tag{10.3}$$

行业总需求 $d_o(t)$ 乘以相应的企业市场份额 $mss_1(t)$ 即是顾客订单需求。市场份额$mss_1(t)$即刀具制造商产品吸引系数$a_1(t)$与行业总体吸引力系数的比例,其中行业总体吸引力系数是刀具制造商产品吸引力系数$a_1(t)$与竞争对手的产品吸引力系数$a_c(t)$之和。当刀具制造商市场份额减少时,其竞争对手的市场份额必然增加,因此Goncalves[2]在研究中假设竞争对手的产品吸引力系数为常数是不合理的。尽管竞争对手的市场份额是改变的,总体的市场份额却没有改变。因此,本节假设总体的市场竞争力系数是5,刀具制造商具有20%的初始市场份额。刀具制造商的产品吸引力系数$a_1(t)$能够表示为与感知的订单执行率$\mathrm{Pfof}_3(t)$相关的非线性函数。

$$d(t) = mss_1(t) \cdot d_o(t) \tag{10.4}$$

其中

$$mss_1(t) = \frac{a_1(t)}{a_1(t) + a_c(t)} \tag{10.5}$$

$$a_1(t) = f_1(\mathrm{Pfof}_3(t)) \tag{10.6}$$

式中,f_1是凸函数,用以描述顾客对产品可得性的反应行为。其中,$f_1(0) = A_{1\min}$,$f_1(1) = a_{1\max}$,$0 \leqslant a_{1\min} \leqslant a_{1\max} \leqslant 1$,$f_1'(0) = f_1'(1) = 0$,$f_1'' \geqslant 0$,而且工具制造商的吸引力系数在0和1之间。如下所示,$\mathrm{Pfof}_3(t)$是顾客感知订单执行率$\mathrm{fof}(t)$的三阶平滑,用以描述顾客对订单执行率的反应行为特征。

$$\frac{\mathrm{dPfof}_3(t)}{\mathrm{d}t} = \frac{3(\mathrm{Pfof}_3(t) - \mathrm{Pfof}_2(t))}{\tau_F} \tag{10.7}$$

$$\frac{\mathrm{dPfof}_2(t)}{\mathrm{d}t} = \frac{3(\mathrm{Pfof}_2(t) - \mathrm{Pfof}_1(t))}{\tau_F} \tag{10.8}$$

$$\frac{\mathrm{dPfof}_1(t)}{\mathrm{d}t} = \frac{3(\mathrm{Pfof}_1(t) - \mathrm{fof}(t))}{\tau_F} \tag{10.9}$$

根据问卷调查可知,如果顾客感知的订单执行率低于0.5时,顾客将会选择竞争对手的同类产品;如果顾客感知的订单执行率高于0.5时,顾客继续购买原供货商产品的可能性越来越高。根据Goncalves[8]研究表明,总体的顾客反应函数是敏感型顾客和非敏感型顾客线性之和。

$$cr(t) = w_1 f_{1A} + (1 - w_1) f_{1B} \tag{10.10}$$

其中,如图10.2所示,f_{1A}是非敏感型顾客的产品吸引力函数,该函数表示顾客对于订单执行率不敏感,换言之,顾客对该制造企业忠诚度极高,即使订单执行率极低,仍然愿意等待,并选择该制造企业的产品。f_{1B}是敏感型顾客的产品吸引力函数,该函数表示顾客对于订单执行率比较敏感,即一旦顾客发现订单执行率有所下降,顾客会选择竞争对手的同类产品。此外,制造商过去传递产品的可靠性将进一步影响顾客需求。因此,当制造供应链能够实现较高的订单执行率时,其市场占有率就会不断攀升;反之,其市场占有率就会不断下降。

订单执行率$\mathrm{fof}(t)$是实际的运输速率$s(t)$和需要的运输速率$s^*(t)$之比。实

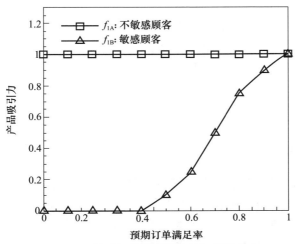

图 10.2　敏感与非敏感顾客的订单满足率

际的运输速率 $s(t)$ 是需要的运输速率 $s^*(t)$ 和最大的运输速率 $s_{max}(t)$ 的最小值。需要的运输速率 $s^*(t)$ 是订单积压 $B(t)$ 与目标传递延迟 τ_{DD} 之比。最大的运输速率 $s_{max}(t)$ 是库存 $I(t)$ 与最低订单处理时间 τ_{op} 的商。

$$\text{fof}(t) = \frac{s(t)}{s^*(t)} \tag{10.11}$$

其中

$$s(t) = \min(s^*(t), s_{max}(t)) \tag{10.12}$$

$$s^*(t) = \frac{B(t)}{\tau_{DD}} \tag{10.13}$$

$$s_{max}(t) = \frac{I(t)}{\tau_{op}} \tag{10.14}$$

10.2.3　库存控制

库存调整 $I_{adj}(t)$ 依赖于库存调整时间内 τ_{Iadj} 当前的库存水平 $I(t)$ 向需要的库存水平 $I^*(t)$ 的调整速率。需要的库存水平 $I^*(t)$ 是需要的运输速率 $s^*(t)$ 与需要的库存覆盖时间 τ_{IC}^* 的乘积。库存水平是生产速率与实际运输速率之差的积分。期望的运输速率是运输速率更新时间内 τ_{US} 运输速率的一阶平滑。需要的库存覆盖是最小订单完成时间和安全库存覆盖之和。生产速率满足 Little 定律，即等于制造周期时间内 τ_{CT} 在制品库存水平。

$$I_{adj}(t) = \frac{I^*(t) - I(t)}{\tau_{Iadj}} \tag{10.15}$$

其中

$$I^*(t) = s^*(t) \cdot \tau_{IC}^* \tag{10.16}$$

$$\frac{\mathrm{d}I}{\mathrm{d}t} = \mathrm{pr}(t) - s(t) \tag{10.17}$$

$$\frac{\mathrm{d}s^*}{\mathrm{d}t} = \frac{S(t) - S^*(t)}{\tau_{\mathrm{US}}} \tag{10.18}$$

$$\tau_{\mathrm{IC}}^* = \tau_{\mathrm{op}} + \tau_{\mathrm{SS}} \tag{10.19}$$

$$\mathrm{pr}(t) = \frac{\mathrm{WIP}(t)}{\tau_{\mathrm{CT}}} \tag{10.20}$$

10.2.4　生产控制

在制品库存调整 $\mathrm{WIP}_{\mathrm{adj}}(t)$ 依赖于在制品库存调整时间 τ_{WIP} 内当前在制品库存水平 $\mathrm{WIP}(t)$ 向期望的在制品库存水平 $\mathrm{WIP}^*(t)$ 的调整速率。需要的在制品库存水平是需要的生产速率 $\mathrm{pr}^*(t)$ 与制造周期时间 τ_{CT} 的乘积。在制品库存水平是生产开始速率 $\mathrm{ps}(t)$ 与生产速率 $\mathrm{pr}(t)$ 之差的积分。需要的生产速率 $\mathrm{pr}^*(t)$ 是库存调整 $I_{\mathrm{adj}}(t)$、预测需求 $d^*(t)$ 以及订单积压调整 $B_{\mathrm{adj}}(t)$ 之和,考虑到现实意义,生产速率不可能为负,因此需要的生产速率是非负数。模型中假设预测需求是顾客订单需求在一定时期内 τ_{DAdj} 的一阶平滑。生产开始速率 $\mathrm{ps}(t)$ 是能力使用水平 $\mathrm{cu}(t)$ 与可使用的生产能力 c_0 之间的乘积。

$$\mathrm{WIP}_{\mathrm{adj}}(t) = \frac{\mathrm{WIP}^*(t) - \mathrm{WIP}(t)}{\tau_{\mathrm{WIP}}} \tag{10.21}$$

其中

$$\mathrm{WIP}^*(t) = \mathrm{pr}^*(t) \cdot \tau_{\mathrm{CT}} \tag{10.22}$$

$$\frac{\mathrm{dWIP}}{\mathrm{d}t} = \mathrm{ps}(t) - \mathrm{pr}(t) \tag{10.23}$$

$$\mathrm{pr}^*(t) = \max(0, I_{\mathrm{adj}}(t) + d^*(t) - B_{\mathrm{adj}}(t)) \tag{10.24}$$

$$\frac{\mathrm{d}d^*}{\mathrm{d}t} = \frac{d^*(t) - d(t)}{\tau_{\mathrm{DAdj}}} \tag{10.25}$$

$$\mathrm{ps}(t) = \mathrm{cu}(t) \cdot c_0 \tag{10.26}$$

10.2.5　能力使用计划与控制

为了满足顾客需求,管理者综合考虑需要生产开始速率与可生产的能力比率,从而确定能力使用水平。能力使用水平 $\mathrm{cu}(t)$ 是需要的生产开始速率 $\mathrm{ps}^*(t)$ 与正常的生产能力 $c_0 \cdot \mathrm{cu}_n$ 之间比率的函数,该函数为能力使用函数,是一个非线性函数[2]。

$$\mathrm{cu}(t) = f_2\left(\frac{\mathrm{ps}^*(t)}{c_0 \cdot \mathrm{cu}_n}\right) \tag{10.27}$$

其中,f_2 是凹函数,用以刻画管理者根据需要生产速率与可使用的生产能力之间比率的反应行为。其中,$f_2 \geqslant 0$,$f_2' \geqslant 0$,$f_2'' < 0$,$f_2(0) = 0$,$f_2(1) = \mathrm{cu}_n = 0.9$,

$f_2(2) = \mathrm{cu}_{\max} = 1$。正常的能力使用水平是 90%，因为工厂通常的运行是不可能保持满负荷运营的，必须留有 10% 的裕量以应对突发情况。根据刀具厂的实际情况，刀具厂的最大能力使用水平是 100%，意味着工厂进行满负荷运转。需要的生产开始速率 $\mathrm{ps}^*(t)$ 是需要的生产速率 $\mathrm{pr}^*(t)$ 与在制品库存水平调整 $\mathrm{WIP}_{\mathrm{adj}}(t)$ 之和。

$$\mathrm{ps}^*(t) = \mathrm{pr}^*(t) + \mathrm{WIP}_{\mathrm{adj}}(t) \tag{10.28}$$

根据工具厂的实际调研可知，生产能力的使用具有两种极限状况：一是管理者将生产开始速率设定为需要的生产开始速率，二是管理者将生产开始速率设定为正常的能力使用水平。一般能力使用曲线是两种极限情况（f_{2A} 和 f_{2B}）的线性之和[2]。

$$\mathrm{cu}(t) = (1 - w_2) f_{2A} + w_2 f_{2B} \tag{10.29}$$

如图 10.3 所示，f_{2A} 是非反应型管理者的能力使用曲线，该函数刻画管理者无论需要的生产开始速率与正常的生产能力比率如何变化，管理者仍然按照正常的生产能力水平进行投产；f_{2B} 是反应型管理者的能力使用曲线，该函数刻画管理者依据生产开始速率与正常的生产能力比率，从而确定合适的生产能力水平，并进行相应的投产。

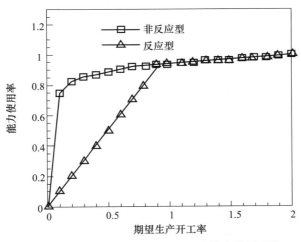

图 10.3　反应和非反应型的经理人能力使用函数

10.3　绩效评价指标

由于牛鞭效应是影响企业利润、成本和服务水平的重要因素，因此有必要对牛鞭效应的总体绩效进行综合评价。为了准确评估顾客行为和生产能力限制对牛鞭效应的总体绩效，本节从以下三个指标进行具体衡量：订单速率方差比率、库存方差比率和平均市场份额。其中订单速率方差比率通常用来衡量牛鞭效应，订单速率方差比率越大，牛鞭效应越大；库存方差比率用来衡量库存成本，库存方差比率越大,库存成本越高;平均市场份额用来衡量顾客服务水平,平均市场份额越大,缺货成本越低。

10.3.1 订单速率方差比率

订单速率方差比率由 Chen 等[9]提出,是至今最著名的牛鞭效应衡量指标,几乎成为牛鞭效应的同名词,但是这个指标仅仅衡量订单速率的放大。根据传统用法,订单速率方差比率意味着牛鞭效应。与传统用法不同,本节采用订单速率方差比率、库存方差比率和平均库存份额三个指标衡量牛鞭效应的总体绩效。因此,牛鞭效应的总体绩效包括牛鞭效应,而牛鞭效应不包括牛鞭效应的总体绩效。根据牛鞭效应的定义[10],牛鞭效应是订单速率的方差与平均订单之比和市场需求的方差与平均需求之比之间的比率。因此,订单速率方差比率是定量化衡量订单波动的有效工具。当订单速率方差比率高于 1 时,订单速率方差比率越大,牛鞭效应越大。式(10.30)中,下角标 o 表示生产开始速率,d 表示顾客需求。

$$\text{OVR}_i = \frac{\sigma_{o_i}^2 / \mu_{o_i}}{\sigma_d^2 / \mu_d} \tag{10.30}$$

10.3.2 库存方差比率

库存方差由 Disney 和 Towill[10]提出,用来衡量库存放大,是库存波动 $\sigma_{I_i}^2 / \mu_{I_i}$ 与需求波动 σ_d^2 / μ_d 之间的比例。库存方差比率越大,导致平均库存成本和订单积压成本越高[11]。

$$\text{IVR}_i = \frac{\sigma_{I_i}^2 / \mu_{I_i}}{\sigma_d^2 / \mu_d} \tag{10.31}$$

10.3.3 平均市场份额

订单执行率通常用于衡量顾客服务水平,顾客服务水平的上升意味着缺货成本的下降。然而在混合供应链中,顾客对于不同的订单执行率存在追订或退购行为,因而订单执行率不能直接衡量顾客服务水平,也不能直接反映缺货成本的变化[12]。为解决上述问题,市场份额用于衡量缺货成本,该指标的下降意味着缺货成本上升[2]。市场份额在每一个时间周期 τ_{Aadj} 内进行更新,市场份额随时间的变化反映制造系统传递产品的有效性。平均份额是有限时间区段 N 内市场份额的平均值。其中 N 是所有计算样本 ω 中市场份额低于初始市场份额的最大时间区段 $\tau'' - \tau'$ [13]。

$$\text{amss} = \frac{1}{N} \sum_{t=\tau'}^{t=\tau''} \text{mss}(t) \tag{10.32}$$

$$N = \max_{\omega} (\tau'' - \tau') \tag{10.33}$$

10.4　模　型　验　证

模型验证实际上就是确定仿真模型是否在一个可接受的准确度范围的过程[14,15]。模型验证的目标是比较和评估仿真结果与实际数据的差距[16]。本节采用上海刀具厂的供应链进行案例分析,该供应链包括一个制造商和一个零售商。考虑顾客行为和生产能力限制的供应链具有如下基本组成:生产控制、库存控制以及顾客基于产品供应情况的追订或退购行为。上海刀具厂的供应链包括上述基本构成,而且该公司与项目组具有良好的合作关系,数据易于获取。因此,本节选择上海刀具厂作为案例研究考虑顾客行为和生产能力限制的混合供应链牛鞭效应的影响因素和抑制手段。其他行业,如计算机、汽车、玩具制造以及药物制造等,同样存在顾客行为和生产能力限制等约束条件。因此,本机采用工具行业进行案例研究得到的结论具有一定的普适性和相当的应用范围。

模型验证的所有数据皆来自于上海刀具厂的实际运行数据,数据的收集手段包括:半结构式访谈、直接调查以及二手信息资料,如企业文档、公司网站以及内部刊物。信息的采访对象包括公司 CEO、售后服务经理、库存主管、物料计划主管以及经销商主管。访谈时间持续 10 个月,调查问卷发往 100 个经销商进行数据验证。据调研表明,切削刀具是这家上海刀具制造企业的主要产品,其制造过程可以分为如下两个阶段:制造和测试。制造阶段可以分为三个流程:①热前工序;②热处理;③热后工序。切削刀具在制造的第二个阶段被检测并放进成品库存。在仿真模型中,制造阶段的产品统一称为半成品,而经过检测进入库存的最终产品统一称为成品库存。上海刀具制造企业采用的是如下的订货点流程:在每一个时期 t,零售商首先收到供应商送来的产品,然后根据现有的库存水平满足顾客订单需求 d_t;此后,零售商清查剩下的库存水平并向制造商下订单 ps_t。制造商的补货策略是需求预测、库存调整以及在制品库存调整之和。因为缺货情况下的产品销售数据很难反映真实的需求,所以本节采用具有适当存货的产品作为实际的需求。仿真计算的模型参数如表 10.1 所示,不同的时间参数主要依赖于工具制造商的实际运行情况。

为方便理解,特将模型的具体运行过程做如下简述。

1) 模型构建

(1) 问题界定。

为有效解决考虑顾客行为和生产能力限制的牛鞭效应,首先需要界定问题和确定核心变量。本章的核心问题可以归纳如下:考虑顾客行为和生产能力限制的供应链核心流程是什么;如何定量刻画顾客的追订或退购行为;采用什么指标衡量牛鞭效应的总体绩效以及改善它们。

（2）动态假设。

开发因果回路，并解释不同变量之间的因果关系，并将这些因果关系转变成变量关系，包括状态变量、速率变量以及辅助变量。本章中，供应链模型具有四个动态假设：①顾客行为与订单执行；②库存控制；③生产控制；④能力使用计划与控制。此外，该模型包括七个负反馈和三个正反馈（图 10.1）。

（3）公式化。

将动态假设转变成包括状态变量、速率变量以及辅助变量的公式，具体公式见10.2.2 节～10.2.5 节。

2）模型验证

（1）基于上海刀具厂的实际运行数据设定供应链模型的仿真参数（表 10.1）。

（2）分析库存的统计数据。

（3）比较库存仿真数据和历史数据的趋近特征。

3）采用随机需求进行仿真

（1）不考虑顾客行为和生产能力限制，采用不同的订货点策略进行仿真。

（2）考虑顾客行为和生产能力限制，采用不同的订货点策略进行仿真。

（3）比较上述（1）和（2）产生的牛鞭效应。

4）分析考虑顾客行为和生产能力限制的牛鞭效应的总体绩效

（1）计算精益库存模式下的订单速率方差比率、库存方差比率和平均市场份额等指标。

（2）计算安全库存模式下的订单速率方差比率、库存方差比率和平均市场份额等指标。

（3）比较分析不同库存模式下的订单速率方差比率、库存方差比率和平均市场份额等指标。

表 10.1　供应链运行参数与来源

参数	数值	数据来源
τ_B 订单积压调整时间	30 天	访谈
τ_{DD} 目标传递延迟	60 天	访谈
τ_F 订单执行率感知时间	30 天	访谈
τ_{OP} 最小订单处理时间	2 天	访谈
f_{1A} 非敏感顾客的反应函数	1.0 Pfof$_3$	[8]
f_{1B} 敏感顾客的反应函数	0～1.0 Pfof$_3$	[8]
τ_{IA} 库存调整时间	30 天	访谈
τ_{IC}^* 需要的库存覆盖时间	12 天	访谈
τ_{US} 运输速率的更新时间	30 天	访谈

续表

参数	数值	数据来源
τ_{SS} 安全库存覆盖时间	10 天	访谈
τ_{CT} 制造周期时间	75 天	访谈
τ_{WIP} 在制品库存调整时间	30 天	访谈
τ_{DAdj} 订单速率更新时间	30 天	访谈
f_{2A} 非反应的能力使用函数	$0\sim0.9\left(\dfrac{ps^*(t)}{c_0 \cdot cu_n}\right)$	[8]
f_{2B} 反应的能力使用策略	$0\sim0.9\left(\dfrac{ps^*(t)}{c_0 \cdot cu_n}\right)$	[8]

　　模型认证就是将仿真结果与系统的实际数据进行对比,如果误差控制在 5% 以内,则证明模型是可靠的[17,18]。

　　表 10.2 中,$\overline{S}$ 表示仿真结果的平均值,$\overline{A}$ 表示历史数据的平均值。在特定顾客需求下,库存是系统的输出参数,因此将库存参数作为模型验证的主要参数。如表 10.2 所示,库存的平均仿真数值等于 61585,而平均历史库存等于 60665,误差在 0.14% 左右。此外,如图 10.4 所示,仿真数据与历史数据之间非常接近。由此判定,模型是可靠的。

表 10.2　仿真及历史数据的平均值

变量名	仿真值 $\overline{S}$	实际值 $\overline{A}$
订单速率	319700	319700
库存水平	61585	60665
库存误差	1.4%	

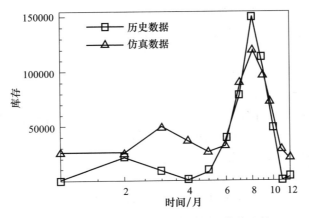

图 10.4　库存水平的仿真值与历史值的比较

10.5　仿真结果讨论

本节采用随机需求对系统的波动特征进行仿真,分红噪声通常被作为随机需求模式用于牛鞭效应的研究[19,20]。其中,顾客需求采用连续时间包以进行灵敏度的仿真研究,而且仿真的时间设定为 dt。为正确模拟高斯白噪声对系统的影响,顾客需求订单通过式(10.34)进行归一化[19]。方程(10.35)表示顾客需求订单通过粉红噪声的过滤,其中 dt 远小于粉红噪声过滤器的自相关时间。

$$d_o(t) \sim \text{Norm}(\bm{m}, s^2) \tag{10.34}$$

$$\text{Simulated } d_{ot} := \frac{d_o(t)}{\sqrt{dt}} \tag{10.35}$$

传统研究中一般假定生产能力是无穷的,其中研究结果表明订货点策略主要包括需求预测、在制品库存调整以及成品库存调整,该策略的使用能够有效平滑库存供应链的牛鞭效应[13,21,22]。然而由于顾客行为和生产能力限制,上述订货点策略不再适用。为了有效比较顾客行为和生产能力限制条件下的牛鞭效应与传统研究的区别。图 10.5 为不同生产能力约束条件下,订货点策略对牛鞭效应的影响规律。为了便于讨论,顾客需求的波动曲线标识为①,包含需求预测、在制品库存调整以及库存水平调整的订货点策略标识为②,包含需求预测、在制品库存调整、库存水平调整以及订单积压水平调整的订货点策略标识为③。

如图 10.5(a)所示,基于订货点策略②生成的订单 ps 偏离顾客需求 SD。当需求增长 20%,成品库存不足时,生产系统转入推式系统,此时运输速率受限。由于系统运行在推式系统,因而生成的订单 ps 经过长时间的延迟后,渐近趋近于顾客需求 SD。订货点策略③在策略②基础上增加了订单积压变量,这种微小的变动导致生成订单远远偏离实际需求。研究结果与 Dejonckheere[21]的结论一致。

如图 10.5(b)所示,具有生产能力限制的牛鞭效应与没有生产能力限制的牛鞭效应(图 10.5(a))具有非常明显的差异性。显而易见,订货点策略③比②更加适合消除牛鞭效应。这种情况下生成的订单 ps 小于顾客需求,导致牛鞭效应小于 1,这种现象呈现反牛鞭效应的特征。

此外,顾客行为会导致顾客需求的更大波动,而且这种波动是否会因为顾客行为以及生产能力策略的交互作用继续恶化,是后续研究中需要解决的问题,因而继续探讨顾客行为对牛鞭效应的影响以及如何区别对待顾客行为以及采用合适的生产能力策略来抑制牛鞭效应显得尤为重要。

为进一步研究顾客行为和生产能力限制条件下的牛鞭效应,订单速率方差比率、库存方差比率以及平均市场份额等三个指标用于衡量牛鞭效应的总体绩效。与此同时,不同的库存策略也用于消除牛鞭效应。本章研究中,精益库存模式意味

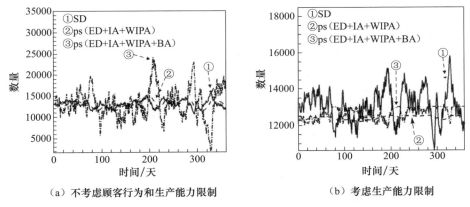

（a）不考虑顾客行为和生产能力限制　　　　　（b）考虑生产能力限制

图 10.5　不同生产能力限制下订货点策略导致的需求扭曲

着制造商为降低成本始终保持零库存,安全库存意味着制造商为保持市场份额始终将库存保持在需要的水平。

此外,通过将三维数据图映射成二维等值线图来说明由于顾客行为(计算中具体用顾客敏感度 w_1)和生产能力限制(计算中具体用能力使用参数 w_2)引起的牛鞭效应。在后续的数值实验中,w_1 和 w_2 取$[0,1]$数值区间等比例分布的 10 个数值。因此,在精益库存和安全库存模式下,总计有 $2 \times 10 \times 10$ 个算例进行数据分析。

图 10.6 为精益库存模式下,顾客行为和生产能力限制条件下订单速率方差比率、库存方差比率以及平均库存的变化规律。如图 10.6(a)所示,顾客行为和生产能力限制共同作用订单速率方差比率。w_1 表示顾客敏感度,w_1 越大顾客敏感度越高,意味着当订单执行率低于一定比例时顾客选择其他替代品牌产品的可能性越高。w_2 表示能力使用策略,w_2 越大表示能力使用策略变动性越强,意味着当顾客需求变动时制造企业通过生产能力的调整适应顾客需求的变化。当 w_1 增加时订单速率方差减小,而当 w_2 增加时订单速率方差不断增大,这就意味着顾客敏感度越高,越能抑制订单速率方差的变动,而反应性的能力使用策略反而加剧订单速率方差的变动。反应性的能力使用策略给系统带入了附加的扰动,进一步降低了系统的鲁棒性,故而反应性的能力使用策略加剧订单速率方差比率的变动。此外,顾客针对产品不能及时供应时的退购行为有效缓解了需求泡沫,故而顾客敏感度越高,订单速率方差比率越小。因此,就降低订单速率方差比率的变动而言,反应性的能力使用策略是不合适的,而中度反应性的能力使用策略非常合适,因为不管顾客敏感度如何变化,中度反应性的能力使用策略使得订单速率波动比率趋近于 1。

如图 10.6(b)所示,当 w_1 增加时,库存方差比率不断增大;而当 w_2 增加时,库存方差比率不断减小。当 w_1 取值最小而 w_2 取值最大时,库存方差比率达到最大值。这就意味着顾客敏感度越高,越加剧库存方差比率的变大,但是反应性的能力使用策略能够有效改善库存方差比率。当 w_1 趋近于 0 时,顾客对订单执行率不敏感,即无论订单执行率如何低,顾客始终保持对原有产品的忠诚,不选择其他替代品牌产品,因而市场份额不再减少,而反应性的能力使用策略能够有效降低不必要的库存浪费。同样地,当 w_1 趋近于 1 时,顾客的敏感度不断增加,而当顾客需求被非反应型的能力使用策略及时满足时,市场份额会不断增加。因此,顾客敏感度越高越恶化库存方差比率,而反应性的能力使用策略能够有效改善该参数。此外,当顾客为非敏感性顾客且采用反应型能力使用策略时,库存方差比率获得最小值,当顾客为敏感性顾客且采用非反应型能力使用策略时,库存方差比率获得最大值。

如图 10.6(c)所示,当 w_1 增大时平均市场份额不断减小,当 w_2 增大时平均市场份额变化不大。当 w_1 和 w_2 同时取最大值时,平均市场份额趋近于最低点。这就意味着顾客敏感度越高越能明显降低市场份额,但是能力使用策略对市场份额的影响不大。此外,当顾客是敏感性顾客时,非反应型的能力使用策略能够保持较高的市场份额。

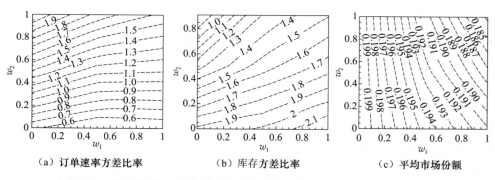

（a）订单速率方差比率　　　　（b）库存方差比率　　　　（c）平均市场份额

图 10.6　精益模式下,顾客敏感度和能力使用策略对订单速率方差比率、
库存方差比率和平均市场份额的影响曲线

如图 10.7 所示,安全库存模式下的订单速率方差比率的变化趋势与精益库存模式下的变化情况大致相似,而且安全库存模式对订单速率方差比率的影响不大。安全库存模式加剧恶化库存方差比率的放大,这点与精益库存模式下的变化规律有很大不同,原因在于安全库存能够及时满足顾客需求,市场份额不断增加,随着市场份额的增加,制造商又不得不加大安全库存系数以满足顾客的即时需要,因此库存方差比率不断持续增大。

综上所述,不管顾客敏感度的高低,反应型或中等反应型的能力使用策略能够有效地抑制牛鞭效应。对于敏感型的顾客,确定性的生产策略能够有效提高市场份额,但是在制品库存和成品库存水平的成本却居高不下。同样地,安全库存模式比精益库存模式更能让制造企业保持较高的市场份额,但是成品库存却较高。因

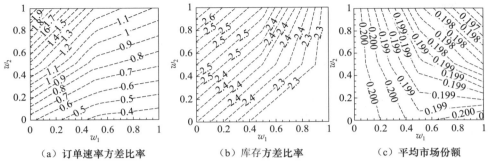

（a）订单速率方差比率　　　（b）库存方差比率　　　（c）平均市场份额

图 10.7　安全库存模式下,顾客敏感度和能力使用策略对订单速率方差比率、
库存方差比率和平均市场份额的影响曲线

此,需要对不同的顾客区别对待。对于敏感型的顾客,反应型的生产能力策略是最佳策略,该策略下,制造系统的总体绩效最优,其中牛鞭效应最小,市场份额、库存水平以及在制品库存水平最低。当缺货成本大于库存成本时,安全库存模式比精益库存更加合适。

参 考 文 献

［1］　Antioco M,Moenaert R,Lidgreen A,et al. Organizational antecedents to and consequences of service business orientations in manufacturing companies. Journal of the Academy of Marketing Science,2008,36(3):337-358.

［2］　Goncalves P,Hines J,Sterman J. The impact of endogenous demand on push-pull production systems. System Dynamics Review,2005,21(3):187-216.

［3］　Akkermans H,Vos B. Amplification in service supply chains:An exploratory case study from the telecom industry. Production and Operations Management,2003,12(2):204-223.

［4］　Anderson E G,Morrice D J,Lundeen G. The "physics" of capacity and backlog management in service and custom manufacturing supply chains. System Dynamics Review,2005,21(3):217-247.

［5］　Reiner G. Customer-oriented improvement and evaluation of supply chain processes supported by simulation models. International Journal of Production Economics,2005,96(3):381-395.

［6］　Viswanadham N,Desai V,Gaonkar R. Bullwhip effect in integrated manufacturing and service networks. Proceedings of the IEEE International Conference on Robotics and Automation,Barcelona,2005:2994-2999.

［7］　Nienhaus J,Ziegenbein A,Schoensleben P. How human behaviour amplifies the bullwhip effect. A study based on the beer distribution game online. Production Planning & Control,2006,17(6):547-557.

［8］　Akkermans H,Dellaert N. The rediscovery of industrial dynamics:The contribution of system dynamics to supply chain management in a dynamic and fragmented world. System Dynamics Review,2005,21(3):173-186.

[9] Chen F,Drezner Z,Ryan J K,et al. Quantifying the bullwhip effect in a simple supply chain:The impact of forecasting,lead times,and information. Management Science,2000, 46(3):436-443.

[10] Disney S M,Towill D R. On the bullwhip and inventory variance produced by an ordering policy. Omega,2003,31(3):157-167.

[11] Disney S M,Lambrecht M,Towill D,et al. The value of coordination in a two-echelon supply chain. IIE Transactions,2008,40(3):341-355.

[12] Wang K,Jiang Z,Li N,et al. Optimal production control of a service-oriented manufacturing system with customer balking behavior. Flexible Services and Manufacturing Journal,2012: 1-21.

[13] Ciancimino E,Cannella S,Bruccoleri M,et al. On the bullwhip avoidance phase:The synchronised supply chain. European Journal of Operational Research,2012,221(1):49-63.

[14] Suryani E,Chou S Y,Hartono R,et al. Demand scenario analysis and planned capacity expansion:A system dynamics framework. Simulation Modelling Practice and Theory,2010, 18(6):732-751.

[15] Oliva R. Model calibration as a testing strategy for system dynamics models. European Journal of Operational Research,2003,151(3):552-568.

[16] Martis M S. Validation of simulation based models:A theoretical outlook. Electronic Journal of Business Research Methods,2006,4(1):39-46.

[17] Barlas Y. Multiple tests for validation of system dynamics type of simulation models. European Journal of Operational Research,1989,42(1):59-87.

[18] Barlas Y. Model validation in system dynamics. Proceedings of the International System Dynamics Conference,Sterling,1994:1-10.

[19] Backus G,Schwein M T,Johnson S T,et al. Comparing expectations to actual events:The post mortem of a Y2K analysis. System Dynamics Review,2001,17(3):217-235.

[20] Sterman J D. Business Dynamics:Systems Thinking and Modeling for a Complex World. New York:McGraw Hill,2000.

[21] Dejonckheere J,Disney S M,Lambrecht M R,et al. Measuring and avoiding the bullwhip effect:A control theoretic approach. European Journal of Operational Research, 2003, 147(3):567-590.

[22] Cannella S,Ciancimino E. On the bullwhip avoidance phase:Supply chain collaboration and order smoothing. International Journal of Production Research,2010,48(22):6739-6776.

第 11 章　面向产品服务系统的供应链合同设计

供应链环境下产品服务系统的有效运行,既可以使客户利用供应商专业化服务和生产者责任在获得产品和服务使用价值的同时降低运营成本和风险,又能使供应商通过持续服务与客户建立长期良好的合作关系,从而获得更高的利润。然而,这种商业模式涉及的相关参与组织较多,这些组织的资源禀赋、预期目标、行为规则不尽相同;而且,产品服务系统的契约期较长,组织之间的交易同时包含有形产品和无形服务。因此,如何利用契约明确组织权责,约束和协调各组织行为,激励组织参与产品服务系统运作,促进产品服务系统的有效实施,就成为产品服务系统理论研究的一个重要方向。产品-服务组合供应以及对结果目标的追求,决定了产品服务系统契约构建具有与传统产品销售契约或服务供应契约不同的特征。

11.1　基于 Hotelling 模型的服务型制造价值增值研究

很多学者纷纷指出,制造和服务的边界已经变得模糊,制造业出现了明显的服务化趋势,用服务来增强企业竞争力并将其作为价值获取的重要来源已成为制造业发展的重要趋势[1-4]。制造业的发展历史就是企业不断满足消费者需求、提高自身竞争能力的历史。制造业拥有巨大的服务价值空间。服务型制造开创了一种新的价值创造视角,与企业传统制造管理流程方向相反的是,它从消费者满意度及其愿意支付的价值开始,逐渐向前理顺管理的关系。近年来,由于传统制造业的生产能力急剧扩张,绝大部分产品生产趋于饱和,产品平均利润率不断下降。当产品扩张到一定程度时,企业之间关于产品本身的性能、价格、质量等竞争日趋激烈,企业依靠产品的规模经济和范围经济实现扩展变得困难重重。为了拓展更大的增值空间,迫使制造企业不得不另辟他径,挖掘除产品以外新的获利空间,服务型制造就被认为是一条有效提供额外收益和利润的途径。

服务型制造是基于制造的产品经济和基于消费的服务经济的融合,是制造与服务相融合的新产业形态。服务型制造以服务提升制造,以制造促进服务,实现制造业与服务业的良性互动和协调发展。而以高能耗、高污染、低附加值、低劳动效率为主要特征的要素投入型经济迫切需要实现产业结构的调整、优化和升级。在这种情形下,服务型制造是推进我国产业结构调整的必由之路,也是世界制造业变革的方向。

服务型制造包括面向服务的制造和面向制造的服务,前者以满足消费者的服务需求为目的来组织生产与服务活动,如美国 Carrier 空调提供舒适性空气服务; HP 提供"打印先锋"金牌服务方案;陶氏化学提供溶剂服务。后者也就是通常所说的生产性服务,如制造企业的服务业务外包(如市场开发外包、IT 外包、物流外包等)等典型的生产性服务。

本章尝试从经济学角度构建服务型制造价值。当前实体产品已经不能满足消费者的需求,因此用服务来补充实体产品与需求之间的空缺,提升了客户满意度,从而创造价值。通过服务向制造渗透,制造向服务转移,企业之间的竞争已经不限于实体产品之间,而是扩展到了更高的服务维度。服务型制造通过将服务作为产品的一部分,差异化了竞争对手的产品,最大程度避免了价格竞争,从而获得了持久的竞争优势。当前关于服务型制造的研究大多集中于实证方面及概念方面的阐述[5,6],缺乏从经济学角度对服务型制造的价值形成机制的分析。

产品差异化问题是产业组织理论有关市场结构研究的重要内容。Hotelling 模型是研究产品差异化竞争的经典模型。Hotelling 首次提出基于线性空间上的地点差异,来表示产品差异进行的选址和定价的两阶段博弈模型[7]。Slop[8]将该模型扩展为环形市场上的产品差异竞争模型。d'Aspremont Thisse 等讨论了企业最优定址问题以及均衡的存在条件。顾锋等考虑了产品均衡价格与搜寻成本比值问题,均认为应采取最小差异化策略。曹温建等考虑了一类存在网络外部性的水平差异模型,证明了当存在网络外部性时社会福利水平将获得提高。蔺雷等应用 Hotelling 模型探讨了服务差异化战略下的服务增强机制。

上述文献中的 Hotelling 模型研究主要建立在传统经济的基础上,产品差异化策略通过厂商对线段或环上某个位置的选择来体现。然而现实当中,企业战略的选择并非是非此即彼的,例如,企业实施服务型制造战略,并非企业完全脱离原有制造转向服务,而放弃制造。针对当前研究的不足,本章构造服务型制造的差异化模型,通过构建和求解"产品竞争模型"和"服务差异化模型",从经济学角度阐述服务型制造的价值增值机理。

11.1.1 模型与假设

假设条件如下。

(1) 为了研究的方便,考虑市场中存在一个消费者,消费者均匀分布于 $x \in [0,1]$ 的"线型"市场中。消费者的住址反映了消费者最偏好的产品,用 x 表示。x^* 为消费者可能消费的非完全替代品(厂商的位置)。

(2) P 为在 x^* 处商品的价格,假设单位赶路成本为 1,则从 x 到 x^* 的赶路成本为 $|x-x^*|$,即最偏好产品与替代产品之间的差别。

(3) 消费者的购买行为:假定每个消费者最多购买一单位产品。处于位置 x 的消费者若能在 x 处买到产品,则他获得的效用为 u,即为消费者购买最偏好产品时的

效用价值。如果他必须到位于 x^* 的产品位置去购买,赶路成本为 $|x-x^*|$,这样该消费者在 x^* 处购买 1 单位的净效用为 $U(x,x^*)=u-|x-x^*|-P$。当 $U(x,x^*)>\underline{u}$ 时,其中 $\underline{u}$ 为消费者得到保留效用,消费者仅选择净效用值的产品;当可供选择的两个产品对消费者来说净效用值相等时,消费者选择的概率各为 50%。

(4) 当前制造业中,很多厂商开始积极谋求转型,而另外一些厂商坚持只进行产品制造。为了研究方便,假设存在 A、B 两个厂商,不失一般性,假设 A 厂商不改变战略,只提供制造产品,那么其行动集只是价格选择。B 厂商实施服务差异化战略,因此其行动集包括价格选择和位置选择。

(5) 在无差异的产品竞争阶段,A、B 均会处于原点。在服务差异化竞争模型中,A 厂商为参考厂商,移动距离为零,B 厂商实施服务型制造即开始向 1 点移动。

11.1.2　服务型制造案例与 Hotelling 差异化模型

案例一:20 年前 IBM 的服务业务只占总业务的 5%;10 年后,这一比例上升至 15%;截至 2010 年,服务业务占整个业务收入一半以上。IBM 已经成为世界上最大的商业技术服务公司。IBM 曾是典型的产品为基础的 IT 公司,拥有雄厚的技术力量和产品销售文化,但是郭士纳接任后,他感受到市场正在发生深刻的变化:消费者已经不能从昂贵的 IT 设备上得到预期财务收益,单靠产品已经不能满足客户的业务需求。2002 年 IBM 斥资 35 亿美元并购普华永道咨询,成为 IBM 历史上最大的并购;同时 IBM 还与商业创新部门合并组建了咨询服务公司。为整合资源实现更大程度地向服务转型,2005 年 IBM 将其全球 PC 业务出售给联想。目前 IBM 围绕 IT 提供了更为全面的服务,从低端的 IT 产品支持服务,到高端的管理咨询和整合。例如,IBM 可以为沃尔玛提供从射频识别标签的开发到超市供应链管理咨询不同层次的各种服务,其总目标是要为客户提供该行业内具有深度及广度的专业应用技术。

案例二:紧固件产品有上万种规格,属于低值微利产品,市场竞争残酷激烈。单个紧固件生产企业很难完全满足下游客户厂商对紧固件规格的全部要求,因此客户不得不向多家紧固件企业进行采购。本身价值很低的紧固件却消耗了客户企业很大的采购人力和成本。上海集优公司把握客户的服务需求,提出"不要客户东奔西走,而是企业东奔西走"的服务理念。通过整合上游生产厂商,为下游客户提供全规格的一站式配送服务。对于一般客户,上海集优为其提供配送到仓库的基本物流服务;而对于高端客户,则提供配送到工位的看板服务,实现了客户零库存生产运营,节约了成本;对于没有服务要求的客户,上海集优也可以只是出售产品而不提供服务。通过提供不同层次的物流服务,上海集优的紧固件市场以每年超过 20% 的速度增长。

传统 Hoteling 模型假设厂商处于线段中的某一个点,例如,家具卖场选择开在市区还是市郊,手机厂商将其定位为音乐手机或女性手机的行为都可以看成在市场线段中的某个点位置的选择。相对实体产品而言,服务产品具有异质性、无形性等特点。服务的异质性主要指不同的消费者对服务要求不一样,服务的效果受到消费者自身状况的影响。服务的无形性主要指服务生产要素投入的无形性和服务产出的无形性,厂商可以在制造上附加不同程度的服务。例如,IBM 为沃尔玛提供不同层次的技术服务,上海集优为客户提供的不同层次的配送服务。传统的Hotelling 模型不能很好地刻画实施服务型制造企业的差异化战略,因此本章提出区间 Hotelling 差异化模型(图 11.1)。在此模型中,服务型制造企业的差异化选择体现在某个区间的移动,而非传统模型中的点移动。

图 11.1 区间 Hotelling 模型示意图

线段右端代表"高服务附加产品",线段左端代表"低服务附加产品",厂商可以提供介于 B_L 和 B_H 之间多层次服务附加产品。本章只探讨存在两类服务附加产品,分别为高服务附加产品和低服务附加产品。

厂商的区间长度设为 L,反映了服务在制造中可延伸的最大距离。服务区间 L 为有限长度,因为随着企业向实施服务型制造转型,必然导致企业战略、内部组织结构、运营流程、资源的组织配置均向"服务"转移,因此在企业能力有限的情况下,企业的"低服务附加产品"与"高服务附加产品"的区间是有限的。众所周知,IBM 为了更大程度向服务转型,出售了传统的 PC 业务。

11.1.3 无差异化的产品竞争模型

在无差异的产品竞争模型中,A、B 均位于原点,A、B 提供无差异产品,固定成本为 0,边际成本为 c。该模型为两阶段博弈模型:第一阶段,同时博弈确定产品价格 P_A、P_B;第二阶段为消费者是否选择消费。采用逆向归纳法求解博弈均衡,首先求解第二阶段博弈均衡,当 $U(x,x^*)=u-|x-x^*|-P \geqslant \underline{u}$ 时,令 $\underline{u}=0$,消费优于不消费。从 $U(x,x^*) \geqslant 0$ 得到

$$P \leqslant u-\underline{u}-|x-x^*| \tag{11.1}$$

消费者消费的临界条件为 $u-|x-x^*|-P \geqslant \underline{u}=0$,因为厂商均位于 0 点,所以

$$x \leqslant (u-\underline{u}-P) \equiv x_0 \tag{11.2}$$

此时,消费者选择消费;当 $x \geqslant x_0$ 时,消费者消费非完全替代品的效用低于其保留效用,消费者放弃消费。因此,x_0 成为消费者是否消费的"临界距离"。如果

消费者认为市场上所有产品均不能满足预期需求,则放弃消费。反之,$x \leqslant x_0$ 时,消费者认为现有产品虽不是最理想的,但消费这些产品给他带来的效用仍高于保留效用,因此会选择消费。如果 $x_0 < 1$,将会有 $(1-x_0)$ 消费者放弃消费,此时放弃消费优于消费(消费获得的效用低于保留效用),这意味着至少存在部分市场未被完全覆盖。市场不完全覆盖是差异化的前提,否则差异化竞争策略将没有意义。在第一阶段的价格博弈中,如果 A、B 制定相同的价格,那么 A,B 将均分市场,博弈均衡为厂商制定相同的价格 $P_A = P_B = c$。因为对于同质化产品,任何 $P > c$ 将得不到任何市场份额;同样,$P < c$ 时,任何厂商都不会在市场生存。将 $P_A = P_B = c$ 代入式(11.2),结合 $0 < x_0 < 1$ 得 $c+1 > u > c$。

因此在均衡状态下,厂商赚取 0 利润,边际消费者获得保留效用,边际内消费者($x < x_0$)获得的净效用高于保留效用。此时的消费者剩余之和为

$$\int_0^{x_0} (u-x-c)\mathrm{d}x = (u-c)x_0 - \frac{x_0^2}{2} \tag{11.3}$$

11.1.4　服务差异化竞争模型

服务差异化模型如图 11.2 所示。假设厂商 A 不实施服务型制造,即仍在原点 $x_A^* = 0$,行动集为选择价格 P_A。厂商 B 实施服务型制造,即逐渐向右侧移动,行动集包括选择价格 P_B 和服务化的程度 x_B^*。随着 B 的移动,服务区间($B_L - B_H$)整体向右移动。

B_L:B 厂商提供的低服务附加产品;

B_H:B 厂商提供的高服务附加产品;

T:B_H 到原点的距离,用来衡量差异化的程度;

B_2:B_H 右侧边际消费者到原点的距离;

B_1:边际消费者到 B_L 与 B_H 之间等效用点到原点的距离;

B_0:边际消费者到 A 与 B_L 之间的等效用点到原点的距离;

m:差异化移动的单位成本;

C_A:厂商 A 的边际生产成本;

C_{B_L}:厂商 B 提供 B_L 的边际生产成本;

C_{B_H}:厂商 B 提供 B_H 的边际生产成本。

假设 11.1　市场未被完全覆盖,否则 B 的差异化将没有意义。

假设 11.2　B 提供两种产品将区间 L 完全覆盖,其中 B_1 是 B_L 与 B_H 之间的等效用点。在 B_L 和等效用点 B_1 之间被 B 的低服务附加产品覆盖,在 $B_1 - B_H$ 之间的市场被 B 的高服务附加产品覆盖。

随着厂商 B 向右移动,其右侧边际消费者外移,右侧边际消费者至 B_H 的距离为 $x-T$,且其效用等于保留效用:$U(x,x^*) = \underline{u} = 0$,即 $u - |x-T| - P_{B_H} = 0$。定

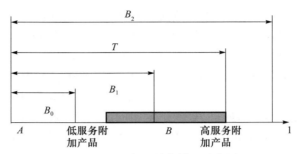

图 11.2　服务差异化模型示意图

义 B_2 为 B_H 右侧边际消费者至原点距离，$B_2 = u - P_{B_H} + T$。

由假设 11.2，在区间 L 内，市场被 B 的高服务附加产品与低服务附加产品完全覆盖，B_1 为 B_H 与 B_L 之间的等效用点：

$$\begin{cases} U_{B_L右}(x, T-L) = u - |x-(T-L)| - P_{B_L} \\ U_{B_H左}(x, T) = u - |T-x| - P_{B_H} \\ U_{B_L右}(x, T-L) = U_{B_H左}(x, T) \end{cases} \quad (11.4)$$

解得

$$B_1 = \frac{2T + P_{B_H} - P_{B_L} - L}{2} \quad (11.5)$$

接下来分析 B_L 左侧的消费者：在 B_L 左侧，当 B 移动距离较小时，B 厂商需要与 A 厂商竞争。当 B 移动距离较大时，B 厂商可以脱离与 A 厂商的竞争。因此，下面分两种情况探讨差异化移动对 B 的利润的影响。

1）移动距离较小，未脱离与 A 的竞争

距离原点为 B_0 的消费者对于选择 A 或 B_L 无差异，B_0 选择 A 或 B_L 的净效用均不低于保留效用。

$$\begin{cases} U_{B_L左}(x, T-L) = u - |T-L-x| - P_{B_L} \\ U_A(x, 0) = u - x - P_A \\ U_A(x, 0) = U_{B_L左}(x, T-L) \geqslant 0 \end{cases} \quad (11.6)$$

解得

$$B_0 = \frac{T + P_{B_L} - P_A - L}{2} \quad (11.7)$$

$$T \leqslant B_0 + U + L - P_{B_L} \quad (11.8)$$

此时，A 与 B_L 之间存在竞争，A 与 B_L 之间市场被完全覆盖。

B_H 的需求为

$$D_{B_H} = (B_2 - B_1) = \frac{2u - 3P_{B_H} + P_{B_L} + L}{2} \quad (11.9)$$

B_L 的需求为

$$D_{B_L} = (B_1 - B_0) = \frac{T + P_{B_H} - 2P_{B_L} + P_A}{2} \tag{11.10}$$

厂商 B 的利润函数为

$$\varPi_B(P_s, P_B, P_A, T) = D_{B_H}(P_{B_H} - C_{B_H}) + D_{B_L}(P_{B_L} - C_{B_L}) - mT \tag{11.11}$$

该模型存在两个阶段的博弈:第一阶段厂商决定移动距离;第二阶段,厂商决定价格。应用逆向归纳法,首先求解第二阶段博弈,在给定移动距离条件下求解最优价格。将 $\varPi_B(P_{B_H}, P_{B_L}, T)$ 对 P_{B_L} 和 P_{B_H} 求偏导并令其等于零,将 $\varPi_A(P_A, P_{B_L}, T)$ 对 P_A 求偏导并令其等于零,有

$$\frac{\partial \varPi_B}{\partial P_{B_H}} = u - 3P_{B_H} + P_{B_L} + \frac{L}{2} + \frac{3C_{B_H}}{2} - \frac{C_{B_L}}{2} = 0 \tag{11.12}$$

$$\frac{\partial \varPi_B}{\partial P_{B_L}} = \frac{P_A}{2} + P_{B_H} - 2P_{B_L} + \frac{T}{2} + C_{B_L} - \frac{C_{B_H}}{2} = 0 \tag{11.13}$$

$$\frac{\partial \varPi_A}{\partial P_A} = T + P_{B_L} - 2P_A - L + C_A = 0 \tag{11.14}$$

解方程得

$$P_{B_L} = \frac{9T + 4u - L + 10C_{B_L}}{17}$$

$$P_{B_H} = \frac{14u + 6T + 5L + 2C_A + C_{B_L} + 17C_{B_H}}{34}$$

$$P_A = \frac{26T - 18L + 17C_A + 4u + 10C_{B_L}}{34} \tag{11.15}$$

给定第二阶段的最优价格,求解第一阶段博弈,厂商决定移动距离

$$\frac{\partial \varPi^B(P_s, P_B, P_A, T)}{\partial T} = \frac{720T + 298u - 150L - 751C_{B_L} - 153C_{B_H} + 324C_A}{1156} - m$$

其中,$\dfrac{720T + 298u - 150L - 751C_{B_L} - 153C_{B_H} + 324C_A}{1156} - m$ 为 B 厂商移动单位距离带来的边际收益。

结论 11.1　当 $\dfrac{720T + 298u - 150L - 751C_{B_L} - 153C_{B_H} + 324C_A}{1156} - m > 0$,即 $T >$

$\dfrac{1156m - 298u + 150L + 751C_{B_L} + 153C_{B_H} - 324C_A}{720} \equiv T_0$ 时,B 厂商单位移动获得了正的边际收益,因此有继续移动的动机;当 $T < T_0$ 时,B 厂商的移动所带来的收益不能补偿其移动的成本,移动获得负的边际收益。

从结论 11.1 可以看出,厂商移动距离达到临界值 T_0 前,B 厂商的移动将获得负的边际收益;当达到临界距离 T_0 后,获得正的边际收益。从 T_0 表达式可以看出,随着移动,成本 m 和 B 厂商的生产成本会增加,临界点的值增大。A 产品的成

本和消费者最偏好产品效用的增加会降低临界点值。

2）当 $T > T_0$ 时，B 厂商继续移动直到脱离与 A 的竞争

$$U_{B_L左}(x, T-L) = u - |T-L-x| - P_{B_L} = 0$$

同样定义 B_0 为 B_L 左侧边际消费者到原点的距离，计算得

$$B_0 = P_{B_L} - u + T - L$$

B_H 的需求为

$$D_{B_H} = (B_2 - B_1) = \frac{2u - 3P_{B_H} + P_{B_L} + L}{2}$$

B_L 的需求为

$$D_{B_L} = (B_1 - B_0) = \frac{2u - 3P_{B_L} + P_{B_H} + L}{2}$$

A 的需求为

$$D_A = B_0(P_A - C_A) = (P_{B_L} - u + T - L)(P_A - C_A)$$

从 B_H 和 B_L 需求的表达式可以看出，当 T 继续增加时，不能带来市场的增加。而移动的单位成本为 m，继续移动将导致利润降低。因此，当边际消费者到 A 与 B_L 无差异，且消费与否无差异时，B 厂商获得最大利润。此时的 T 为差异化移动的最大距离。

由 B_0 表达式计算得

$$T = 2u + L - P_{B_L} - P_A$$

厂商 B 的利润函数为

$$\Pi_B(P_{B_H}, P_{B_L}, T) = D_{B_H}(P_{B_H} - C_{B_H}) + D_{B_L}(P_{B_L} - C_{B_L}) - mT$$

将 $\Pi_B(P_{B_H}, P_{B_L}, T)$ 对 P_{B_L} 和 P_{B_H} 求偏导并令其等于零，将 $\Pi_A(P_A)$ 对 P_A 求偏导并令其等于零，有

$$\frac{\partial \Pi_B}{\partial P_{B_L}} = u - 3P_{B_L} + P_{B_H} + \frac{L}{2} + \frac{3C_{B_L}}{2} - \frac{C_{B_H}}{2} + m$$

$$\frac{\partial \Pi_B}{\partial P_{B_H}} = u - 3P_{B_H} + P_{B_L} + \frac{L}{2} + \frac{3C_{B_H}}{2} - \frac{C_{B_L}}{2}$$

$$\frac{\partial \Pi_A}{\partial P_A} = u + c - 2P_A$$

解方程得

$$P_{B_L} = \frac{u}{2} + \frac{L}{4} + \frac{C_{B_L}}{2} + \frac{3m}{8}$$

$$P_{B_H} = \frac{u}{2} + \frac{L}{4} + \frac{C_{B_H}}{2} + \frac{m}{8}$$

$$P_A = \frac{u + C_A}{2}$$

代入(11.15)得，B 厂商移动的最大距离为

$$T = u + \frac{3L}{4} - \frac{C_{B_H}}{2} + \frac{C_A}{2} - \frac{m}{8} \equiv T_1$$

结论 11.2　当 $T_1 > T_0$ 时，厂商可以在 T_1 点实现最佳差异化程度；当 $T_1 < T_0$ 时，厂商移动的最大距离仍然小于差异化的临界距离，厂商的最佳策略是不进行差异化移动。

结论 11.2 给出了厂商实施服务型制造的获利条件。从 T_1 表达式可以看出，高服务附加产品的成本 C_{B_H} 和差异化移动成本 m 越小，T_1 越大，越可能大于 T_0，厂商实施服务型制造才有可能获利。消费者偏好产品的效用 u、服务延伸的最大距离 L 及 A 厂商的生产成本 C_A 都是外生给定的，它们越大，厂商实施服务型制造获利的可能性就越大。

在产品竞争模型中，均衡价格为 $P_A = P_B = $ 边际成本，A、B 厂商获得零利润。在服务差异化模型中，均衡价格与成本的关系：$P_{B_L} - C_{B_L} > \frac{L}{4} + \frac{3m}{8}$，$P_{B_H} - C_{B_H} > \frac{L}{4} + \frac{m}{8}$，$P_A - C_A > 0$。

结论 11.3　如果 $T_1 > T_0$，通过服务型制造可以缓和竞争，厂商的利润水平和收入水平随着差异化程度从 T_0 向 T_1 的移动而增加。

随着 T 从 T_0 向 T_1 移动，基于市场不完全覆盖的假设，$B_2 - x_0$ 数量的消费者进入市场，因此消费者获得更大的剩余，厂商的收入和利润都相应增加，所以总福利是增加的，这是一种帕累托改进。

11.1.5　比较静态分析

1. 厂商移动边际成本对均衡的影响

从 T_0 表达式可以看出，厂商移动边际成本越大，将导致获利的临界距离 T_0 越大，即厂商需要移动到更远的距离才能获利。从 T_1 的表达式可以看出，厂商移动边际成本越大，将导致最大移动距离 T_1 越小，厂商的获利空间 $[T_0, T_1]$ 变小。如果移动边际成本足够大，导致 $T_1 < T_0$，厂商的最佳策略是不进行任何移动。实践中，不同行业、不同厂商的差异化移动成本和产品成本不同，客户最偏好产品的效用价值不同，厂商的临界距离不同。联想在 2002 年拓展 IT 服务，但随后放弃了 IT 服务业务，原因就是其并未能拓展到临界距离之外，因此无法实现盈利。上海集优 2007 年实施服务型制造，在随后的两年未实现利润的增加，但随着服务的继续深入，在 2010 年实现了利润和收入的大幅增加。

2. 消费者偏好分布对均衡的影响

在"产品竞争模型"和"服务差异化模型"中，假定消费者均匀分布，且不随时间

变化。因为 0-1 线段代表了消费者偏好的所有可能,"均匀分布"的假定表明消费者对市场上任何一点的偏好都不比其他点强,即偏好分布是均匀的。这一假定还说明,某一消费者的偏好一旦给定,他就不会移动到其他位置。此外还假定,消费者的单位赶路成本足够大且为定常。这使得消费者不愿移动,市场中总存在未被填满的空隙,厂商因此有动力移向消费者,这与产业的发展过程实践也比较吻合。上述假定为模型的推演提供了方便。事实上,消费者的偏好并不总是均匀分布的,其单位赶路成本也并不总是定常的,它们会随时间发生动态变化。因为消费文化逐渐从产品需求向个性化和体验化需求转变,消费者也是动态变化的,即逐渐从线段的 0 端向 1 端移动。因此,在不均匀分布且动态变化的市场条件下,将会存在更大的服务空间,厂商将被激励向更大程度的服务转型。

消费者偏好与需求模式的变化是服务型制造出现的重要驱动因素。买方市场的形成、产品同质化竞争日益激烈和利润渐薄等使企业开始运用新的竞争手段以获取差异化优势和利润。而消费者需求向更广、更深层次发展,促使企业向价值链上其他位置拓展与延伸。服务成为联结消费者行为与企业行为之间的重要手段,它既提升了企业价值,又增加了消费者效用。

3. 消费者效用价值对均衡的影响

在"产品竞争模型"和"服务差异化模型"中,假定分布在市场中不同类型的消费者获取最佳产品的效用价值 u 相同且为定值。事实上,服务型制造企业为消费者提供的价值不同于传统制造企业,服务型制造企业提供产品服务系统(production service system,PSS),其价值构成包括产品价值和服务价值。传统制造企业出售的是产品,其价值在产品交付给消费者时通过现金购买一次性付清。服务型制造企业的价值包括产品价值和服务价值。产品是依据个性化定制服务而特殊设计的,消费者享受服务的过程是一个持续过程。服务的消费者和体验影响产品服务系统的设计和传递,是服务型制造的显著特征。而且消费者对使用产品的时间成本、体能成本、心理成本和感应成本等多种成本和收益体验的认知,最终决定了服务型制造综合价值的构成。

服务型制造的价值放大机制有别于传统制造业。传统制造业的价值放大来自于流程优化,是一个单极放大过程。而服务型制造的价值具有二级放大机制:生产性服务企业为企业客户提供全面解决方案,使企业客户可以从其不擅长的领域中解脱出来,专注于自己的核心竞争力。价值的二级放大包括:企业客户从生产性服务企业中获取全面解决方案的能力价值,还包括自身核心竞争力的提升价值。例如,陕鼓集团不仅为宝钢集团提供鼓风机,而且连同解决配套设备、基础设施、厂房等配套问题,为宝钢提供炼钢所需的送风系统,使得宝钢集团可以集中自己的资源发展其核心竞争力。因此,宝钢获取的价值不仅包括陕鼓提供的产品服务系统的价值,还包括其核心竞争力获得提高的价值,是一个二级放大过程。

效用价值 u 是变动的,越靠近 1 端值越大。随着厂商差异化移动,越靠近 1 端的消费者将获得更大的消费剩余。从 T_0 和 T_1 的表达式可以看出,u 越大,获利的临界距离 T_0 变得越小,而最大移动距离 T_1 将变得更大,厂商获利区间 $[T_0, T_1]$ 将变得更大。消费者效用价值的增加将使得双方福利均获得了增加。

11.2　服务型制造供应链产能计划与分配合同研究

11.2.1　问题背景

在服务型制造环境下,供应链不只提供产品,而且提供基于产品的服务。由供应商、分销商及客户组成的供应链中,供应商提供主要的产品和服务,分销商在供应商提供的基本产品和服务的基础上为顾客提供附加的服务。供应商可以选择通过分销商销售产品或服务,也可以选择直接销售给客户。在紧固件行业中,存在几万种产品规格,每个紧固件供应商提供的产品规格不超过 1000 种。为满足顾客需求,分销商则从多家紧固件供应商采购,确保可以满足客户企业的紧固件产品需求。基于成本的考虑,存在多产品需求的顾客往往选择从分销商购买,需求相对单一的顾客往往选择直接从供应商购买。因此,供应商拥有两个销售渠道:直接销售给顾客和通过分销商销售给顾客。随着网络经济的发展,很多企业纷纷投入相当多的资源,开始进行网络直销。当一个企业同时运用包括直销和分销渠道在内的多个销售渠道满足顾客需求时,即为多渠道供应链管理。直销模式的兴起使得供应链从单一销售渠道向分销与直销混合并存的多渠道方向发展。例如,联想通过分销模式向直销和分销相结合的模式发展,而戴尔则通过成功的直销模式向直销与分销相结合的模式发展,二者殊途同归。对很多企业来说,直销渠道有很多传统分销渠道无法比拟的优势,例如,能更好地控制价格,能够为顾客提供更多的产品选择和更好的服务,更易于收集顾客信息以及更有利于供应商与分销商进行谈判等。然而,传统渠道中的分销商更接近顾客,可以通过培训、广告、收集市场信息、订单跟踪以及品牌建设等措施有效地创造和维持顾客。因此,同时使用分销和直销渠道将比单一渠道更具竞争优势。企业应该有效发挥两种渠道之间的互补性,而不是替代性。在许多销售过程中,分销渠道与直销渠道往往可以同时发展。因此,有效地设计和运用多渠道销售模式可以增强企业的综合竞争力,给企业带来更多利润。

供应链本质上是由相互独立的决策主体构成的分布式系统,各决策主体一般根据其所掌握的信息做出相应的决策,因此共享精确的信息无疑是提高供应链运作效率的关键,然而信息不对称却普遍存在于供应链的运作过程中。在分散化决策的供应链(decentralized supply chain)中,由于分销商本身具有营销专长并且更接近客户群体,分销商往往会获得更多关于市场的私有信息。为了更好地规划产能,供应商希望分销商进行最大程度的需求信息共享,如促销和需求预测。然而,为了避免产能不足导致损失,分销商往往会夸大需求。考虑到牛鞭效应,供应商不会完全相信分销商提供的需求信息。缺乏可靠的预测信息,必然会导致产能不足或产能过剩并造成双方的收益损失。因此,为了合理进行产能计划,供应商需要建立有效的合同机制激励分销商提供更可靠的需求信息。当产能规划完成后,需求信息更新,供应商要重新考虑分销商与直销市场的产能分配。这时,供应商更倾向于满足直销市场,因为直销市场的价格普遍高于给分销商的批发价格。因此供应商的产能决策制定过程需要考虑不对称信息、双重边际化效应以及需求信息更新后的产能再分配。

基于供应链上下游需求预测和信息共享,以信息经济学和最优化理论为工具,提出并解决了信息不对称条件下产能计划与分配问题。本章的贡献体现在如下两点:①以最小化供应链效率损失为目标,提出了协调多销售渠道供应链的产能预定合同;②分析了四种预测需求信息与更新需求信息偏离的情景,提出了灵活的参数调整策略。

11.2.2 最优服务能力分配策略

考虑由一个供应商和一个分销商组成的两级供应链,供应商作为主要产品和服务的提供商,需要做出两个决策:总产能计划和分销商、直销市场的产能分配决策。作为拥有私有预测信息的分销商,为了最大化自身收益,需要决定多大程度共享私有需求信息。决策制定过程包括两个阶段:合同设计阶段和合同参数优化阶段。首先供应商向分销商提供合同菜单(分配产能、产能预定支付),供应商根据分销商选择的最优合同确定最优产能。在第二阶段,供应商建立最优产能后,需求信息更新,供应商调整合同的参数,重新分配产能和确定支付。然而,供应商在第二阶段的产能最优分配决策可能与第一阶段的分配决策冲突。因此需要根据更新需求调整供应商和分销商之间补偿支付,确保分销商获得不低于第一阶段的收益。

如上所述,在第一阶段,供应商通过合同设计确定最终产能计划。在第二阶段,需求信息更新后,通过合同参数再优化,重新确定产能分配和补偿支付。不失一般性,本节采用如下假设。

假设 11.3 供应商的产能计划与分配是单周期决策问题。供应商可以建立任意数量的产能。分销商不能建立产能,也就是说分销商只能向供应商采购产品与服务。

假设 11.4 供应链中只存在三个参与方:供应商、分销商和直销市场,且直销市场和分销商的客户需求无关联。所有成本和价格均为外生给定。直销市场的价格要远高于分销商的批发价格。

本章参数如表 11.1 所示。

表 11.1　参数符号

k	总的计划产能
ε	分销商需求的市场不确定性，ε 为零均值的连续型随机变量，累计分布函数（c. d. f）为 $G(\cdot)$，概率密度函数（P. d. f）为 $g(\cdot)$
ξ	分销商的私有信息，对分销商是确定已知的量。信息不对称条件下，供应商对私有信息的先验分布函数（c. d. f）为 $F(\cdot)$，概率密度函数（P. d. f）为 $f(\cdot)$
τ	直销市场不确定性，τ 为连续随机变量，累计分布函数（c. d. f）为 $Q(\cdot)$，概率密度函数（P. d. f）为 $q(\cdot)$
D^{Z}	直销市场的预测需求，$D^{Z}=\tau$，更新值为 d^{Z}
D^{F}	分销商的预测需求，$D^{F}=\xi+\varepsilon$，更新值为 d^{F}
γ	供应商对分销商的产能分配比例
h	供应商对分销商的产能分配数量 $h=k\gamma$
P	分销商对供应商的产能预定支付
c_{k}	供应商单位产能的建立成本
c	供应商单位产品或服务的生产成本
z	供应商在直销市场的价格
r	分销商销售产品或服务的价格
w	供应商批发产品或服务给分销商的价格

分销商销售产品或服务的价格为 $r>0$，并且 $r>c+c_{k}$，确保生产是有利可图的。此外，供应商对销售商的批发价格 $w\in[c+c_{k},r]$，确保了分销商是有利可图的。为了确保直销市场可盈利，供应商在直销市场出售的基本产品和服务的价格 $z>c+c_{k}$。因为分销商在供应商基本产品或服务的基础上附加了增值服务，所以 $z<r$。

1）模型

供应商利润、分销利润及供应链利润可以表示为

$$\Pi^{S}=(w-c)E[\min(\xi+\varepsilon,k\gamma)]+(z-c)E[\min(\tau,k(1-\gamma))]-c_{k}k$$

$$\tag{11.16}$$

$$\Pi^{D}=(r-w)E[\min(\xi+\varepsilon,k\gamma)] \tag{11.17}$$

$$\Pi^{T}=(r-c)E[\min(\xi+\varepsilon,k\gamma)]+(z-c)E[\min(\tau,k(1-\gamma))]-c_{k}k$$

$$\tag{11.18}$$

其中，期望是关于 ε 或 τ 的。

2）信息对称条件下的集中化供应链

在集中决策化供应链（centralized supply chain）中，分销商的私有信息是共同知识。对称信息条件下，分销商和供应商进行完全合作，供应商获得整个渠道的全部利润：

$$\Pi^{S} = (r - c)E[\min(\xi + \varepsilon, k)] - c_{k}k \qquad (11.19)$$

其中,期望是关于 ε 的。最大化可以得到对称信息条件下最优产能:

$$k^{C} = h^{C} = \xi + G^{-1}\left[\frac{r - c - c_{k}}{r - c}\right] \qquad (11.20)$$

3)信息对称条件下的分散化供应链

分散化供应链条件下,分销商和供应商的目标为最大化各自的利润。供应商可以获得分销商精确的私有预测信息,并且分配所有产能给分销商。此时供应商的利润表示为

$$\Pi^{S} = (w - c)E[\min(\xi + \varepsilon, k)] - c_{k}k \qquad (11.21)$$

其中,期望是关于 ε 的。最大化式(11.21),可以得到对称信息条件下最优产能为

$$k^{V} = h^{V} = \xi + G^{-1}\left[\frac{w - c - c_{k}}{w - c}\right] \qquad (11.22)$$

对比等式可知,因为 r 均大于 w,且 $G(\cdot)$ 为增函数,可知集中决策下的供应链最优产能数量高于对称信息条件下分散决策供应链产能数量。在双重边际化效应(double marginalization effect)的影响下,分散化供应链中的上、下游企业为实现各自利益的最大化而使整个供应链经历两次加价(边际化)。而以自身利润最大化为目的的下游倾向于采购对上游来说并非最优数量的产品。在这里,"双重边际化"涉及企业的产能预定决策。解决方法是建立产能过剩风险共享机制。信息不对称条件下,引入直销市场可以通过聚合风险降低由于信息不对称和双重边际效用导致的损失。

4)信息不对称分散化供应链

当供应商不能获得分销商私有预测信息时,为了确保客户需求被满足,分销商总会给供应商提供夸大的需求信息(牛鞭效应)。此时分销商的预测需求信息 $D^{F} = \xi + \varepsilon$,包含两个随机变量 ξ, ε。最大化式(11.19),可以得到对称信息条件下最优产能为

$$k^{W} = h^{W} = (F \circ G)^{-1}\left[\frac{w - c - c_{k}}{w - c}\right] \qquad (11.23)$$

其中,$F \circ G$ 是 $\xi + \varepsilon$ 的分布函数。

由于信息不对称的存在,供应商没有可靠的预测信息,k^{W} 不是 ξ 的函数,供应商不能根据真实预测信息 ξ 灵活调整产能决策。当 ξ 非常高时,供应链双方均遭受损失。当私有信息非常低时,供应商因为产能过剩而遭受损失。此外,分销商为了满足市场需求,往往夸大需求信息。因此解决方法是建立协调机制,引导分销商提供真实需求预测信息。

5)基于产能计划和分配的决策制定机制

本章聚焦在供应商产能计划和分配问题上,通过以下两个阶段进行描述。

阶段 1:产能计划阶段。供应商的解集 $\{k(\xi), \gamma, P(\xi)\}$,其中包括总的产能

$k(\xi)$、产能分配比例 γ 和产能预定支付 $P(\xi)$。收到供应商的合同菜单 $\{h(\xi)$，$P(\xi)\}$ 后，分销商依据私有信息选择最优合同 $\{h(\hat{\xi})$，$P(\hat{\xi})\}$，其中 $h(\xi)=k(\xi)\gamma$。供应商通过分销商选择的合同 $\{h(\hat{\xi})$，$P(\hat{\xi})\}$ 可以观察到分销商的需求信息 $\hat{\xi}$，确定最优产能 $k(\hat{\xi})$、产能预定支付 $P_0=P(\hat{\xi})$ 和初始分配产能 $h_0=k(\hat{\xi})\gamma_0$。

阶段 2：产能再分配阶段。所有需求信息在这个阶段被更新。因此，根据已建立的总产能 k、分销商的更新需求 d^{F} 和直销市场的更新需求 d^z，供应商优化最优产能预定支付 P^* 和分配比例 γ^*。

6）供应商产能计划阶段

供应商通过设计解集 $\{k(\xi)$，γ，$P(\xi)\}$，分销商通过选择合同 $\{h(\hat{\xi})$，$P(\hat{\xi})\}$，供应商的利润、分销商的利润以及供应链的总利润可以表示为

$$\Pi^{\mathrm{S}}(k(\hat{\xi}),\gamma,P(\hat{\xi}),\xi)=(w-c)E[\min(\xi+\varepsilon,k(\hat{\xi})\gamma)]+(z-c)E[\min(\tau,k(\hat{\xi})(1-\gamma))]$$
$$+P(\hat{\xi})-c_{\mathrm{k}}k(\hat{\xi}) \tag{11.24}$$

$$\Pi^{\mathrm{D}}(k(\hat{\xi}),\gamma,P(\hat{\xi}),\xi)=(r-w)E[\min(\xi+\varepsilon,k(\hat{\xi})\gamma)]-P(\hat{\xi}) \tag{11.25}$$

$$\Pi^{\mathrm{T}}(k(\hat{\xi}),\gamma,\xi)=(r-c)E[\min(\xi+\varepsilon,k(\hat{\xi})\gamma)]$$
$$+(z-c)E[\min(\tau,k(\hat{\xi})(1-\gamma))]-c_{\mathrm{k}}k(\hat{\xi}) \tag{11.26}$$

其中，期望是关于 ε 或 τ 的。

供应商的主要问题是通过设计合同菜单引导出真实预测信息以实现利润最大的目标。由显示原理得知，贝叶斯博弈的任何贝叶斯纳什均衡，都可以重新表示为一个激励相容的直接机制。在这种合同机制中，分销商显示了自己的真实信息才可以最大化利润。因此，供应商需要求解问题

$$\max_{k,\gamma} E\Pi^{\mathrm{S}}[k(\xi),\gamma,P(\xi),\xi] \tag{11.27}$$

s.t. IC：$\Pi^{\mathrm{D}}[k(\xi),\gamma,P(\xi),\xi]\geqslant\Pi^{\mathrm{D}}[k(\hat{\xi}),\gamma,P(\hat{\xi}),\xi]$，对于所有 $\xi\neq\hat{\xi}$

PC：$\Pi^{\mathrm{D}}[k(\xi),\gamma,P(\xi),\xi]\geqslant\pi^{\mathrm{D}}_{\min}$，对于所有的 $\xi\in[\underline{\xi},\bar{\xi}]$

第一个约束集为激励相容约束（IC），第二个约束为参与约束（PC）。IC 激励分销商向供应商显示他的真实信息，PC 保证分销商可以获得不低于其保留收益 $\pi^{\mathrm{D}}_{\min}$ 的利润，从而激励分销商参与合同。此外，$\underline{\xi}$ 和 $\bar{\xi}$ 反映了需求信息 ξ 的上下限。

由显示原理，定义分销商的最优利润和供应商的最优利润为

$$\pi^{\mathrm{D}}(\xi)\equiv\Pi^{\mathrm{D}}[k(\xi),\gamma,P(\xi),\xi]$$
$$\pi^{\mathrm{S}}(\xi)\equiv\Pi^{\mathrm{D}}[k(\xi),\gamma,P(\xi),\xi] \tag{11.28}$$

定理 11.1　合同菜单 $\{k(\xi),\gamma,P(\xi)\}^{\bar{\xi}}_{\underline{\xi}}$ 是可行解的充分必要条件是，对于所有的 $\xi\in[\underline{\xi},\bar{\xi}]$：

（1）有

$$\pi^{\mathrm{D}}(\xi)=\pi^{\mathrm{D}}_{\min}+\int_{\underline{\xi}}^{\xi}(r-w)G(k(x)\gamma-x)\mathrm{d}x \tag{11.29}$$

（2）$k(\xi)$ 为增函数。

证明 因为

$$\frac{\partial \Pi^{\mathrm{D}}(k(\hat{\xi}),\gamma,P(\hat{\xi}),\xi)}{\partial \xi} = (r-w)G(k(\hat{\xi})\gamma - \xi) \geqslant 0$$

所以对于 $\xi_1 < \xi_2$，有

$$\Pi^{\mathrm{D}}(k(\hat{\xi}_1),\gamma,P(\hat{\xi}_1),\xi_1) \leqslant \Pi^{\mathrm{D}}(k(\hat{\xi}_1),\gamma,P(\hat{\xi}_1),\xi_2)$$

当私有信息为 ξ_2 时，分销商显示自己的类型 ξ_2 实现最大化利润，因此

$$\Pi^{\mathrm{D}}(k(\hat{\xi}_1),\gamma,P(\hat{\xi}_1),\xi_2) \leqslant \Pi^{\mathrm{D}}(k(\hat{\xi}_2),\gamma,P(\hat{\xi}_2),\xi_2)$$

激励相容约束（IC）表明 $\hat{\xi}_i = \xi_i$。再结合以上两个不等式可以得出，$\Pi^{\mathrm{D}}(k(\xi_1),\gamma,$ $P(\xi_1),\xi_1) \leqslant \Pi^{\mathrm{D}}[k(\xi_2),\gamma,P(\xi_2),\xi_2]$。所以参与约束只需要对 $\xi = \underline{\xi}$ 时成立即可。此外，供应商通过控制 $P(\cdot)$ 使得分销商只得到保留收益 $\pi^{\mathrm{D}}_{\min}$。因此，参与约束可以由 PC$'$：$\Pi^{\mathrm{D}}[k(\underline{\xi}),\gamma,P(\underline{\xi}),\underline{\xi}] = \pi^{\mathrm{D}}_{\min}$ 代替。

分销商的最优利润为

$$\pi^{\mathrm{D}}(\xi) = \max_{\hat{\xi}} \ \Pi^{\mathrm{D}}[k(\hat{\xi}),\gamma,P(\hat{\xi}),\xi]$$

根据包络定理，有

$$\frac{\mathrm{d}\pi^{\mathrm{D}}(\xi)}{\mathrm{d}\xi} = \frac{\partial \Pi^{\mathrm{D}}(k(\hat{\xi}),\gamma,P(\hat{\xi}),\xi)}{\partial \xi} = (r-w)G[k(\xi)-\xi]$$

结合 $\Pi^{\mathrm{S}} = \Pi^{\mathrm{T}} - \Pi^{\mathrm{D}}$，对等式两端进行积分。由 $\frac{\partial \Pi^{\mathrm{D}}(k,\gamma,P,\xi)}{\partial k \partial \xi} = \gamma(r-w)g(k\gamma - \xi) > 0$ 和 $\frac{\partial^2 \Pi^{\mathrm{D}}(k,\gamma,P,\xi)}{\partial k^2} = -\gamma^2(r-w)g(k\gamma - \xi) < 0$ 得知，如果 $\xi_1 > \xi_2$，则 $k(\xi_1) \geqslant k(\xi_2)$。因此，$k(\xi)$ 是关于 ξ 的增函数。

下面证明如果定理 11.1 中两条件成立，那么 IC 和 PC$'$ 也成立。

当 $\xi = \underline{\xi}$ 时，PC$'$ 显然成立。分销商的利润函数可以分解为

$$\Pi^{\mathrm{D}}[k(\hat{\xi}),\gamma,P(\hat{\xi}),\xi] = \int_{\underline{\xi}}^{\xi} \frac{\partial \Pi^{\mathrm{D}}[k(\hat{\xi}),\gamma,P(\hat{\xi}),x]}{\partial x} \mathrm{d}x$$

$$= \Pi^{\mathrm{D}}[k(\hat{\xi}),\gamma,P(\hat{\xi}),\hat{\xi}] + \int_{\underline{\xi}}^{\xi} (r-w)G[k(\hat{\xi})\gamma - x]\mathrm{d}x$$

$$= \Pi^{\mathrm{D}}[k(\xi),\gamma,P(\xi),\xi] + \int_{\underline{\xi}}^{\xi} (r-w)\{G[k(\hat{\xi})\gamma - x] - G[k(x)\gamma - x]\}\mathrm{d}x$$

如果 $\xi > \hat{\xi}$，因为 $G(\cdot)$ 和 $k(\cdot)$ 是增函数，所以被积函数非正，$\Pi^{\mathrm{D}}[k(\hat{\xi}),\gamma,$ $P(\hat{\xi}),\xi] \leqslant \Pi^{\mathrm{D}}[k(\xi),\gamma,P(\xi),\xi]$。同理，如果 $\xi < \hat{\xi}$，结论同样成立。因此，若定理 11.1 的两条件成立，那么 IC 成立。

因为供应商的利润等于总的供应链利润减去分销商的利润 $\Pi^{\mathrm{S}} = \Pi^{\mathrm{T}} - \Pi^{\mathrm{D}}$，所以目标函数可以表示为

$$E\Pi^{\mathrm{S}}[k(\xi),\gamma,P(\xi),\xi]$$

$$= \int_{\underline{\xi}}^{\bar{\xi}} \left\{ \Pi^{\mathrm{T}}[k(\xi),\gamma,\xi] - \int_{\underline{\xi}}^{\xi} (r-w)G(k(x)\gamma - x)\mathrm{d}x \right\} f(\xi)\mathrm{d}\xi - \pi^{\mathrm{D}}_{\min}$$

对其进行分步积分得,上式的最大化问题可以表示为

$$\max_{k(\cdot),\gamma} \int_{\underline{\xi}}^{\bar{\xi}} \left\{ \Pi^{\mathrm{T}}[k(\xi),\gamma,\xi] - \frac{1-F(\xi)}{f(\xi)}(r-w)G[k(\xi)\gamma-\xi] \right\} f(\xi)\mathrm{d}\xi - \pi^{\mathrm{D}}_{\min}$$

(11.30)

令

$$H[k(\xi),\gamma,\xi] = \Pi^{\mathrm{T}}[k(\xi),\gamma,\xi] - \frac{1-F(\xi)}{f(\xi)}(r-w)G\{[k(\xi)\gamma-\xi]\}$$

函数 $H(k,\gamma,\xi)$ 的第一部分为供应链的总利润,第二部分为由于信息不对称导致的激励成本。供应商面临最大化总剩余 Π^{T} 及提取代理人信息租金之间的权衡。供应商希望选择合理的产能以获得最大化产出下的更多剩余,但必须提供信息租金以激励代理人真实地显示自己的私有信息。

定理 11.2　如果 $F(\cdot)$ 的风险率是增函数(increasing hazard rate,IHR),且 $g(\cdot)$ 也是增函数,那么 $\{k^r(\xi),P^r(\xi)\}$ 是问题的最优解。

证明　对 $H(k,\gamma,\xi)$ 求一阶条件得

$$\gamma(r-c)[1-G(\gamma k^r-\xi)] + (1-\gamma)(z-c)[1-Q((1-\gamma)k^r)]$$
$$- c_{\mathrm{k}} - \frac{1-F(\xi)}{f(\xi)}(r-w)g(k^r\gamma-\xi) = 0$$

可以解得 k^r。根据定理 11.1,为了说明 k^r 是最优解,必须证明 k^r 是 ξ 的增函数。

$$\frac{\partial^2 H(k,\gamma,\xi)}{\partial k^2} = -\gamma^2(r-c)g(\gamma k^r-\xi) - (1-\gamma)^2(z-c)q[(1-\gamma)k^r]$$
$$- \frac{1-F(\xi)}{f(\xi)}(r-w)g'(k^r\gamma-\xi)$$

(11.31)

如果 $g'(k^r\gamma-\xi) \geqslant 0$,那么等式小于零,$H(k,\gamma,\xi)$ 是关于 k 的凹函数。如果 $F(\xi)$ 的风险率是递增的,那么 $\dfrac{\mathrm{d}}{\mathrm{d}\xi}\left(\dfrac{1-F(\xi)}{f(\xi)}\right) \leqslant 0$,$H$ 对 k 和 ξ 求偏导得

$$\frac{\partial^2 H(k,\gamma,\xi)}{\partial k\partial\xi} = \gamma(r-c)g(\gamma k^r-\xi) - \frac{\mathrm{d}}{\mathrm{d}\xi}\left(\frac{1-F(\xi)}{f(\xi)}\right)(r-w)g(k^r\gamma-\xi)$$
$$+ \frac{1-F(\xi)}{f(\xi)}(r-w)g'(k^r\gamma-\xi) \geqslant 0$$

(11.32)

由不等式可知,k^r 是 ξ 的增函数。

给定最优 k^r,可以计算分销商最优利润 $\pi^{\mathrm{D}}(\xi)$。将其代入,可以得到最优支付

$$P^r(\xi) = (r-w)E[\min(\xi+\varepsilon,k(\xi)\gamma)] - \pi^{\mathrm{D}}(\xi)$$

(11.33)

正态分布、均匀分布或指数分布均满足风险率为增函数的条件。当分布函数为幂函数,且次数大于等于 1 时,概率密度函数为增函数条件也满足。然而这两个条件只是最优解的充分非必要条件。

7) 供应商产能分配

尽管存在大量关于供应链产能计划和分配的研究,但大多数优化模型主要是

基于静态而非动态的决策。然而，当需求预测存在明显错误时，基于静态的决策效率将显著降低。因为总的产能 k^* 已经建立，供应商将在第二阶段重新考虑产能分配比例 γ_0。如果第二阶段分配给分销商的产能高于预定产能 $k^*\gamma_0$，供应商将要从分销商收取额外的支付（$P^*\geqslant P_0$），否则（$P^*\leqslant P_0$）。因此在这个阶段，供应商需要解决下面的问题：

$$\max_{\gamma,P}\ \pi^S(\gamma,P) \tag{11.34}$$
$$\text{s. t.}\ \ \pi^D(\gamma,P)\geqslant\pi^D(\gamma_0,P_0),\quad \gamma\in[0,1]$$

上述问题可以详细表述为

$$\max_{\lambda,P}\ (w-c)\min(d^F,k^*\gamma)+(z-c)\min[d^Z,k^*(1-\gamma)]+P-c_kk^*$$
$$\text{s. t.}\ \ (r-w)E[\min(d^F,k^*\gamma)]-P\geqslant(r-w)\min(d^F,k^*\gamma_0)-P_0$$

因为分销商的约束将会是紧的，将约束等式代入目标函数，整理得

$$\max_{\lambda,P}\{(r-c)\min(d^F,k^*\gamma)-(r-w)\min(d^F,k^*\gamma_0)$$
$$+(z-c)\min(d^Z,k^*(1-\gamma))+P_0-c_kk^*\} \tag{11.35}$$

式（11.35）表明供应商将会根据已建立的总产能 k^*、分销商的更新需求 d^F 以及直销市场的更新需求 d^Z 重新分配产能。根据更新需求和总产能的数量将产能重分配问题分为四种类型进行讨论（图 11.3）：类型 1，分销商的需求预测小于实际需求并且供应商产能存在剩余；类型 2，分销商需求预测值小于实际需求并且供应商产能不足；类型 3，分销商的需求预测大于实际需求并且供应商产能存在剩余；类型 4，分销商的需求预测大于实际需求并且供应商产能不足。

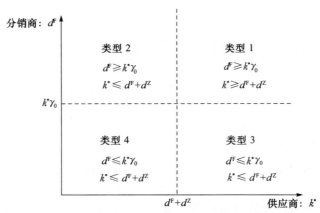

图 11.3　产能重分配的四种类型

分销商的需求预测值小于实际需求：

$$d^F\geqslant k^*\gamma_0$$

此时式（11.35）可以重新写为

$$\max_{\lambda,P}\{(r-c)\min(d^{F},k^{*}\gamma)-(r-w)k^{*}\gamma_{0}$$

$$+(z-c)\min[d^{Z},k^{*}(1-\gamma)]+P_{0}-c_{k}k^{*}\}$$

类型 1：供应商产能剩余，$k^{*}\geqslant d^{F}+d^{Z}$。

当产能过剩时，供应商可以满足分销商和直销市场的需求。由于分销商预测失误，分销商在第一阶段的预定产能小于实际需求，供应商可以增加对分销商的销售而收取超出预定产能部分的支付。供应商设定产能分配比例 $\gamma^{*}=d^{F}/k^{*}$ 满足分销商和直销市场的全部需求。此时供应商的利润为

$$\pi^{S}=(w-c)d^{F}+(z-c)d^{Z}+P^{*}-c_{k}k^{*}$$

简单起见，设定额外产能支付和预定产能支付之比等于额外产能与预定产能之比：$\Delta P/P_{0}=(d^{F}-k^{*}\gamma_{0})/k^{*}\gamma_{0}$，即 $\Delta P=P_{0}(d^{F}-k^{*}\gamma_{0})/k^{*}\gamma_{0}$，因此分销商对供应商的总支付 $P^{*}=P_{0}+P_{0}(d^{F}-k^{*}\gamma_{0})/(k^{*}\gamma_{0})$。

在类型 1 中，供应商和分销商的利润可以表示为

$$\pi^{S}=(w-c)d^{F}+(z-c)d^{Z}+P_{0}+P_{0}(d^{F}-k^{*}\gamma_{0})/(k^{*}\gamma_{0})-c_{k}k^{*}$$

$$\pi^{D}=(r-w)d^{F}-P_{0}-P_{0}(d^{F}-k^{*}\gamma_{0})/(k^{*}\gamma_{0})$$

类型 2：供应商产能不足，$k^{*}\leqslant d^{F}+d^{Z}$。

当产能不足时，供应商将不能满足分销商和直销市场的总需求。因为直销市场的价格要高于给分销商的批发价，所以供应商选择优先满足直销市场的需求。供应商通过设定产能分配比例 $\gamma^{*}=(k^{*}-d^{Z})/k^{*}$ 优先满足直销市场的需求，此时供应商的利润为

$$\pi^{S}=(w-c)(k^{*}-d^{Z})+(z-c)d^{Z}+P^{*}-c_{k}k^{*}$$

在产能不足的情况下，供应商优先满足直销市场，将导致分销商不能满足客户的需求。因此，供应商需要补偿分销商以确保分销商可以获得预定产能下的利润。这意味着 $\Delta P=-(r-w)[k^{*}\gamma_{0}-(k^{*}-d^{Z})]-\eta$，其中 η 反映了供应商对分销商因为产能短缺导致客户损失的部分补偿。因为分销商也存在预测失误，所以由分销商自己提供剩下部分的客户损失补偿。此时对应的分销商的支付为

$$P^{*}=P_{0}-(r-w)[k^{*}\gamma_{0}-(k^{*}-d^{Z})]-\eta$$

η' 表示因为产能短缺导致分销商客户损失的总补偿，所以 $\eta'\geqslant\eta$ 并且 $\eta/\eta'=[k^{*}\gamma_{0}-(k^{*}-d^{Z})]/[d^{F}-(k^{*}-d^{Z})]$，因此在类型 2 条件下，供应商和分销商的利润可以表示为

$$\pi^{S}=(w-c)(k^{*}-d^{Z})+(z-c)d^{Z}+P_{0}-(r-w)[k^{*}\gamma_{0}-(k^{*}-d^{Z})]-\eta-c_{k}k^{*}$$

$$\pi^{D}=(r-w)(k^{*}-d^{Z})-P_{0}+(r-w)[k^{*}\gamma_{0}-(k^{*}-d^{Z})]+\eta-\eta'$$

$$=(r-w)k^{*}\gamma_{0}-P_{0}-(\eta'-\eta)$$

从 π^{F} 的表达式可以看出，分销商会获得在预定产能下的利润，但会因为自身预测失误承担损失（$\eta'-\eta$）。

分销商的需求预测值大于实际需求，$d^F \leqslant k^* \gamma_0$，式(11.35)可以重新写为

$$\max_{\gamma} \{(r-c)\min(d^F, k^*\gamma) - (r-w)d^F$$
$$+ (z-c)\min[d^Z, k^*(1-\gamma)] + P_0 - c_k k^* \}$$

类型 3：供应商产能剩余，$k^* \geqslant d^F + d^Z$。

讨论过程与类型 1 相似。当存在产能过剩时，供应商的产能可以满足分销商和直销市场的总需求。供应商通过设定产能分配比例 $\gamma^* \in [d^F/k^*, 1-d^Z/k^*]$ 满足分销商和直销市场的全部需求。此时供应商的利润为

$$\pi^S = (w-c)d^F + (z-c)d^Z + P^* - c_k k^*$$

由于预测失误，分销商更新的需求低于预定产能。因此，分销商要独自承担这部分损失，分销商对预定产能的支付不会降低，即 $P^* = P_0$。

在类型 3 中，供应商和分销商的利润可以表示为

$$\pi^S = (w-c)d^F + (z-c)d^Z + P_0 - c_k k^*$$
$$\pi^D = (r-w)d^F - P_0$$

类型 4：供应商产能不足，$k^* \leqslant d^F + d^Z$。

讨论过程与类型 2 相似。当产能不足时，供应商将不能满足分销商和直销市场的总需求。供应商通过设定产能分配比例 $\gamma^* = (k^* - d^Z)/k^*$ 优先满足直销市场的需求，用剩余产能满足分销商的需求。此时供应商的利润为

$$\pi^S = (w-c)(k^* - d^Z) + (z-c)d^Z + P^* - c_k k^*$$

在产能不足的情况下，供应商优先满足直销市场，将导致不能满足分销商的更新需求。因此，供应商需要补偿分销商以确保分销商可以获得更新需求下的利润。这意味着 $\Delta P = -(r-w)[d^F - (k^* - d^Z)] - \eta$，其中 η 反映了供应商因为产能短缺导致客户损失的补偿。因为分销商的预定产能超出了更新需求 $k^* \gamma_0 \geqslant d^F$，而供应商没能满足分销商的更新需求，因此对分销商客户的补偿由供应商全部承担，即 $\eta' = \eta$。同时假设对客户未满足需求部分的补偿与类型 2 的补偿比例一致。此时分销商的支付为

$$P^* = P_0 - (r-w)[d^F - (k^* - d^Z)] - \eta$$

因此，在类型 4 条件下，供应商和分销商的利润可以表示为

$$\pi^S = (w-c)(k^* - d^Z) + (z-c)d^Z + P_0 - (r-w)[d^F - (k^* - d^Z)] - \eta - c_k k^*$$
$$\pi^D = (r-w)(k^* - d^Z) - P_0 + (r-w)[d^F - (k^* - d^Z)] + \eta - \eta'$$
$$= (r-w)d^F - P_0$$

通过上述分析，得到图 11.4 所示的合同参数的变化情况。

供应商作为供应链的主导者，通过调整合同参数使利润最大化。通过引入直销市场，供应商既可以扩大市场份额又能降低产能过剩的风险。公平起见，假设每一方都要为各自行为导致的损失负责。因此，分销商会为了减小损失而努力提高

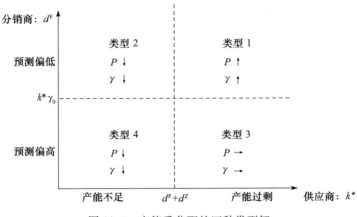

图 11.4　产能重分配的四种类型解

预测的精度。此外,通过产能的再分配和最优解的调整可以促成责权清晰的供应链伙伴关系:供应商负责合理地规划产能,分销商负责提供及时精确的市场信息和预测报告。

11.2.3　算例分析

1. 不同合作模式下绩效分析

本章采用类似的参数设置模式,假设所有的成本和价格均为外生给定。在信息不对称分散化供应链条件下,市场的不确定系数 ε 服从 -5 到 5 的均匀分布,零售商的需求信息 ξ 服从 10 到 20 的均匀分布,直销市场的需求 τ 服从 0 到 10 的均匀分布。根据 11.2.2 节计算集中化决策下及批发价格合同下的最优产能、能力分配系数及利润,根据定理 11.2 可以计算得出能力预定合同下最优产能、能力分配系数及利润。为了比较私有信息对最优决策的影响进而验证书中的定理,表 11.2 给出了低私有信息 $\xi_L = 12$ 及高私有信息 $\xi_H = 18$ 条件下,最优产能数量、分配比例、供应商利润、分销商利润及供应链总利润。

表 11.2　不同合作模式下决策和利润的比较

参数	集中化供应链		分散化供应链(批发价格合同)		能力预定合同	
	$\xi_H = 18$	$\xi_L = 12$	$\xi_H = 18$	$\xi_L = 12$	$\xi_H = 18$	$\xi_L = 12$
k	28.15	19.60	22.71	14.89	26.03	15.12
γ	0.79	0.73	0.72	0.72	0.67	0.63
π^S	—	—	45.42	35.96	86.96	93.18
π^D	—	—	65.15	53.05	31.35	1.51
π^T	121.42	101.32	113.7	89.01	118.31	94.69

从表 11.2 可以得出结论：①由于不存在信息不对称及双重边际效应的影响，集中化决策下的供应链总利润高于批发价格合同及能力预定合同下的供应链总利润。②相对于批发价格合同，制造商通过能力预定合同协调了零售商的决策，增加了制造商利润和供应链的总利润。此时，制造商目标为最大化总剩余及提取代理人信息租金之间的权衡。由于信息租金是分销商私有信息的增函数，因此为了降低信息租金，制造商将会向下扭曲产能，导致了代理损失。③批发价格合同下，由于制造商的能力设置不是私有信息的函数，因此批发价格合同下制造商将会设置独立于私有信息的常数生产能力。然而，在能力预定合同下，制造商的能力设置是零售商私有信息的函数，并且制造商的最优能力将随着私有信息的增加而增加。④在高私有信息条件下，供应商的能力决策随着私有信息的增加而更接近集中化决策数量。当私有信息由 12 增加到 18 时，与集中化决策解的差距由 $4.48(19.60-15.12)$ 降低到 $2.12(28.15-26.03)$。这一结果说明制造商为了降低零售商的信息租金而向下进行了更大程度的产能扭曲，与垄断定价中的"顶端有效率"现象一致。

2. 产能再分配

在产能预定合同下，当私有信息 $\xi_H=18$ 时，供应商需要为分销商和直销市场准备的产能为 26.03；当私有信息 $\xi_L=12$ 时，供应商需要准备的产能为 15.12。假设私有信息 $\xi_H=18$，供应商准备 26.03 的产能，当需求信息更新后，供应商需要根据分销商和直销市场更新的需求重新分配产能。根据 11.2.2 节所述，更新的需求必然属于四种类型中的一种，因此采用四个具有代表性的算例计算产能分配决策：①$d^F=19,d^Z=2$；②$d^F=19,d^Z=10$；③$d^F=14,d^Z=4$；④$d^F=17,d^Z=10$。表 11.3 给出了相应的最优分配比例 γ^*、分销商的最优支付 P^*、补偿成本 η、供应商的利润 π^S 和分销商的利润 π^D 的最优解。其中，假设分销商对客户的单位缺货补偿为 2。

表 11.3　四个典型算例

算例	需求更新值	γ^*	η	η'	P^*	π^S	π^D
例 1	$d^F=19,d^Z=2$	0.73	0	0	60.84	85.69	34.16
例 2	$d^F=19,d^Z=10$	0.62	2.82	5.94	52.71	144.55	28.34
例 3	$d^F=14,d^Z=4$	0.53~0.84	0	0	38.65	50.29	31.35
例 4	$d^F=17,d^Z=10$	0.62	2.00	2.00	50.80	131.65	31.35

当分销商和直销市场的更新需求为 $d^F=19,d^Z=2$ 时，相应的分配比例为 $\gamma^*=0.73$。当更新需求为 $d^F=19,d^Z=10$ 时，相应的分配比例为 $\gamma^*=0.62$。由于分销商市场需求没有得到满足，供应商对分销商的补偿成本为 2.82，分销商对客户补偿成本为 5.94。当更新需求为 $d^F=14,d^Z=4$ 时，市场需求完全满足，且存

在能力剩余,相应的分配比例 γ^* 在区间 $0.53\sim0.84$ 任意取值而不影响利润变化。当更新需求为 $d^F=17, d^Z=10$ 时,相应的分配比例为 $\gamma^*=0.62$,供应商对分销商的补偿成本等于分销商对客户的补偿成本,为 $\eta=\eta'=2$。

11.3　分销供应链合同理论与实验研究

企业通过关注服务实现价值增值,脱离了传统制造基于价格竞争的红海模式;服务的差异化和个性化以及顾客在服务过程的情感投入,可以增强顾客满意度和品牌忠诚度,增加市场占有率;服务型制造企业以提供产品服务系统的方式为顾客服务,有效地避开替代品的威胁,构筑了较高的行业壁垒,从而降低了企业的竞争风险;服务型制造通过对产品资源有效利用和回收管理,降低了企业的制造成本。因此,除了产品本身,与产品相关的服务业成为产品竞争力很重要的一部分。从满足顾客需求的类型看,服务型制造提供的是产品加服务,即所谓的产品服务系统(PSS)。PSS 是一个市场集合,既可以看成某一产品与相关服务的组合,也可以看成某一服务与相关产品的组合。从供应链角度看,供应链网络成员需要提供产品以及与产品相关的服务来优化提供 PSS 的效率。下面是一个关于供应链环境下提供 PSS 运作的例子:紧固件行业的典型特征是产品种类繁多(超过 10000 种),且每个种类还有不同的规格。每一个下游企业平均都需要采购超过 100 种紧固件来满足正常的企业生产。然而,每个制造商都不能完全满足任何一个下游消费者的生产需求。通常下游消费者不得不从许多紧固件制造商采购,因此下游生产企业需要花费相对于产品价值较高的采购成本。上海集优机械公司最初作为一家紧固件制造商,为解决这一个行业难题,将其市场定位从一个紧固件制造商转变为一个分销服务商。具体来说,上海集优不再参与紧固件生产,而是进行产品采购,然后以一种集成的客制化的方式配送到下游生产商。基于这种转型,上海集优进行了服务能力方面的投资,其中包括人员雇佣、车辆以及分拣设备的采购。尽管上海集优的服务转型是成功的,但其在运作过程中仍然面临很多问题。例如,上海集优很难确定一个合适的服务能力来匹配实施 VMI 的制造商的库存水平。下游订单的响应时间受到制造商的库存水平和分销商服务能力的共同影响。事实上,为了降低下游客户的订货提前期,上海集优希望制造商持有较高的库存。考虑到下游的投机可能,制造商也不愿意维持较高的库存水平。为了解决制造商可能缺货的问题,上海集优的目前的做法是如果发现制造商不愿意加大库存投入,就选择用新的制造商替换现有制造商。

上海集优与上游制造商共同提供 PSS 的过程中,制造商提供基本的紧固件产品,上海集优作为分销商为其提供与产品相关的服务,这包括产品的分拣、包装及配送至工位等服务。上海集优面临的问题实际上也是供应链环境下提供 PSS 普遍面临的问题。

PSS 与传统的产品生产系统不同体现在 PSS 由有形的产品和无形的服务组成。因此,PSS 的效率取决于供应链的库存决策和服务的决策。毫无疑问,跨职能协调库存和服务能力会增加供应链管理难度。此外,上海集优对于低库存水平的制造商采取了替换策略。很明显,这一策略不可避免地导致了频繁替换制造商。仅在过去五年,上海集优就替换了数十家紧固件制造商。

尽管这一策略可以短时间内改善双方不愿意加大投入的问题,但长期会有效吗? 到目前为止,还尚未对这一策略是否对 PSS 的效率提升有更清晰的理解。也许与制造商的长期合作关系可能从长期促进 PSS 的效率。为了解决这个问题,对 PSS 的运作进行了理论和实验研究。为了解决供应链环境下库存能力和服务能力的协调问题,设计了 PSS 成本分摊合同,并求解帕累托改进的最优合同结构。

考虑到人的行为对系统运作的影响,在实验室环境下进行了检验。实验结果表明:由于互惠效应的存在,基于补偿合同的长期合作会产生比短期合作(频繁的替换策略)更高的利润;上海集优采用的替换策略在解决效率低下方面是收效甚微的。也就是说,面对不愿合作的制造商,上海集优不应该进行频繁替换,相反应该通过成本分摊合同建立长期合作关系,期待长期可以获得较高的绩效。

考虑到问题的复杂性,较少有人考虑供应链环境下的多阶段生产-服务问题。本章采用的模型中,面对受订单提前期的外部需求,通过实施成本分摊合同并调整成本分摊系数,可以实现供应链成员的帕累托改进。服务提供商通过为上游制造商提供成本分摊合同实现了上游制造商的库存决策和下游服务商的服务能力决策的匹配与协调。

在某种程度上,理论模型无法完全解释说明企业运作实践,例如,制造商为何从最初的高库存逐渐降低以及上海集优频繁替换上游制造商是否会促进系统的效率等。实验经济学允许我们通过进行实验来检验各种理论措施的实践效果。此外,为了比较"长期合作"和"频繁替换"的效果,使用单次博弈和重复博弈来反映上述两种操作实践。此外,当满足了某种条件,互惠效应可以促成人们的长期合作,并且这种长期重复合作关系可以为企业利润最大化的目标服务。

理论上证明有效的复杂的合同形式在实践的应用过程不一定会产生预期的理论结果。在实验过程中,参与实验的主体在决策过程中往往会偏离理论的均衡解。ultimatum game 表明由于优先行动人有权利获得全部,因此后行动人则应该接受任何正的支付。通过设计实验表明,ultimatum game 的均衡解在现实博弈中并没有出现,最后 50-50 的均分策略成为实验博弈中的均衡解。在类似 ultimatum game 的分配博弈中,按照双方贡献进行分配成为双方最后的共同选择,这一发现称为公平理论。然而本章模型中使用的斯坦克伯格博弈的产出与分配过程并不是相互独立的两个过程,不是单纯的分配博弈。此外,公平理论也不能完全解释斯坦克伯格博弈中的均衡偏离。尤其是当双方存在多次重复博弈且互惠效应可能影响双方的行为决策时,公平理论对斯坦克伯格博弈就更加缺乏解释力度。

　　本章的主要贡献在于设计了成本分摊合同并通过实验过程比较了不同运作模式的差异。合同要求服务提供商需要分摊成本和设置更高的服务水平来激励制造商持有高的库存水平,从而实现总利润和个体利润的增加。此外,实验结果表明供应链的绩效在不同的实验条件下存在显著的不同,并且实验结果与理论结果的差异可以通过互惠效应进行解释。

11.3.1　成本分摊合同模型

　　假设某一类 PSS 由一单位产品以及相应的服务组成。制造商负责提供基本的产品,服务提供商负责提供与市场相关的服务,如产品分拣、售后和配送服务等。这个过程需要两个阶段:第一阶段制造商生产产品,第二阶段服务提供商在产品的基础上附加服务直至满足客制化需求。制造商的生产能力和服务提供商的服务能力是有限的。制造商的生产能力(目标库存水平)用 y 表示并且库存持有成本也表示为 y(不失一般性,假设单位库存的持有成本为 1)。类似地,服务提供商的服务能力和服务成本均表示为 x,制造商的边际利润为 ρ_M,服务提供商的边际利润为 ρ_S。

　　服务提供商的需求为 S,需求受到订单前置时间的影响(其中订单前置时间由制造商的库存水平 x 和服务提供商的服务能力 y 共同决定)。订单在如下两种情况发生延迟:①当订单到达,如果库存有货,服务提供商立即服务订单。如果发生缺货,订单前置时间需要包含产品的生产时间。因此,订单延迟时间主要受到制造商目标库存水平的影响,也就是说订单前置时间不只包括服务时间,还包括由于缺货导致的生产等待时间。②如果库存有货且服务能力不足,服务订单将会进入服务队列并发生延迟。这一阶段的延迟主要受到服务设施的服务能力影响。尽管服务提供商和制造商的投入方式不同,但任何一种投入方式都可以降低订单提前期,从而增加需求。

　　除了库存和服务能力的影响,还存在很多其他的因素影响订单提前期,如生产策略,采购策略以及订单执行策略等。为了研究生产与服务过程的协同效应的相互影响,假设其他因素不变,只有库存和服务能力影响提前期。采用 Cobb-Douglas 函数来反映这种关系。因此,采用如下方式来描述 x 和 y 对提前期的影响:

$$L(x,y) = \alpha x^{-\gamma} y^{-\delta} \tag{11.36}$$

其中,α 为一个已知的比例因子,γ, δ 作为已知的指数,这些参数可以通过需求和运作的历史数据进行估计获得。顾客的到达过程可以看成 λ 的齐次泊松过程。顾客是时间敏感的,顾客可能会由于过长的等待而离去。因此,期望的实际到达率函数为

$$S(x,y) = \lambda[1 - \eta L(x,y)] \tag{11.37}$$

参数 η 可以通过历史数据估计获得,因此被看成已知的。$S(x,y)$ 进一步的表

达式为

$$S(x,y) = \lambda(1 - \beta x^{-\gamma} y^{-\delta}) \tag{11.38}$$

其中，$\beta = \eta\alpha$。

　　直观来看，$S(x,y)$ 应该具备如下两个属性。第一，$S(x,y)$ 应该是一个非减函数，也就是说 $S(x_1,y_1) \geqslant S(x_2,y_2)$（对于 $x_1 \geqslant x_2$，和 $y_1 \geqslant y_2$）。第二，随着库存水平和服务能力趋近于无穷大 $\lim\limits_{x \to \infty, y \to \infty} S(x,y) = \lambda$，实际需求到达率 S 应该逐渐趋近于 λ。然后，现实情况是库存水平和服务能力都不是无限的。参数 δ 和 γ 被看成库存需求弹性和服务需求弹性。δ 越大，库存对需求的影响越大；同理，γ 越大，服务对需求的影响越大。

　　制造商的成本分摊比例 θ 反映的是服务提供商分摊制造商库存成本的比例。因此，服务提供商、制造商和渠道总的期望利润函数可以表达为

$$\pi_S(x,y,\theta) = \rho_S\lambda(1 - \beta x^{-\gamma} y^{-\delta}) - x - \theta y \tag{11.39}$$

$$\pi_M(x,y,\theta) = \rho_M\lambda(1 - \beta x^{-\gamma} y^{-\delta}) - (1-\theta)y \tag{11.40}$$

$$\pi(x,y) = (\rho_M + \rho_S)\lambda(1 - \beta x^{-\gamma} y^{-\delta}) - x - y \tag{11.41}$$

　　为了实现更高的系统绩效，服务提供商需要为制造商提供成本补偿合同。如果不对制造商的成本进行补偿，则制造商的库存通常低于系统最优库存水平。通过加入补偿机制，制造商的库存水平依赖于服务提供商对制造商的补偿程度。服务提供商作为博弈的领导者，首先选择服务能力和成本分摊比例。考虑到制造商的行为决策，服务提供商通过设置服务能力和成本分摊比例从而最大化自身利益。基于服务能力和成本分摊比例，制造商作为跟随者选择最大化其自身利润的库存水平。

　　使用倒退归纳法对斯坦克伯格博弈进行求解：当制造商可以观察到服务提供商的决策变量 x 和 θ 时，根据反应函数可以求解得到 y。假设 π 作为 x 和 y 的严格凹函数，最优的库存水平可以通过制造商利润 π_M 对 y 求偏导得到：

$$\frac{\partial \pi_M}{\partial y} = \rho_M\lambda\delta x^{-\gamma} y^{-\delta-1} - (1-\theta) = 0 \tag{11.42}$$

因此，最优反应函数表示为

$$y = \left(\frac{\rho_M\lambda\beta\delta x^{-\gamma}}{1-\theta}\right)^{\frac{1}{\delta+1}} \tag{11.43}$$

求关于 x、ρ_S 和 θ 偏导：

$$\frac{\partial y}{\partial x} = -\frac{\gamma}{\delta+1}\left(\frac{\rho_M\lambda\beta\delta}{1-\theta}\right)^{\frac{1}{\delta+1}} x^{-\frac{\gamma}{\delta+1}-1} < 0 \tag{11.44}$$

$$\frac{\partial y}{\partial \rho_M} = \frac{1}{\delta+1}\left(\frac{\rho_M\lambda\beta\delta}{1-\theta}\right)^{\frac{1}{\delta+1}} x^{-\frac{\gamma}{\delta+1}}\lambda\beta\delta > 0 \tag{11.45}$$

$$\frac{\partial y}{\partial \theta} = \frac{1}{\delta+1}(\rho_M\lambda\beta\delta)^{\frac{1}{\delta+1}}(1-\theta)^{-\frac{(2+\delta)}{\delta+1}} x^{-\frac{\gamma}{\delta+1}} > 0 \tag{11.46}$$

　　第一个等式表明如果服务提供商增加服务能力,制造商有更大的激励选择较少的库存水平。也就是说,制造商与服务提供商之间的合作不可避免地会产生搭便车效应。此外,等式表明制造商的边际利润会激励其增加库存投入。第二个等式表明服务提供商愿意分摊的成本比例越大,制造商就愿意投入更多的库存。因此,服务提供商可以使用成本分摊比例对制造商进行激励,从而促使其选择合适的库存水平。

　　根据倒退归纳法的逻辑,根据最优的反应函数 y,最优的 x 和 θ 可以由最大化服务提供商的期望利润获得。因此将等式代入目标函数,服务提供商的问题可以重新表示为

$$\max_{x,\theta} \quad \pi_{\mathrm{S}}(x,y,\theta) = \rho_{\mathrm{S}}\left[\alpha - \beta\left(\frac{\rho_{\mathrm{M}}\lambda\beta\delta}{1-\theta}\right)^{-\frac{\delta}{\delta+1}} x^{-\frac{\gamma}{\delta+1}}\right] - x - \theta\left(\frac{\rho_{\mathrm{M}}\lambda\beta\delta}{1-\theta}\right)^{\frac{1}{\delta+1}} x^{-\frac{\gamma}{\delta+1}}$$

$$\text{s. t.} \quad 0 \leqslant \theta \leqslant 1, x \geqslant 0 \tag{11.47}$$

对于等式,通过对 π_{S} 求解关于 x 和 θ 的一阶偏导,从而获得 x^{*} 和 θ^{*}。因此,最优 x^{*} 和 θ^{*} 为

$$x^{*} = \left[\lambda\beta\gamma^{1+\delta}\delta^{-\delta}(\rho_{\mathrm{S}} - \delta\rho_{\mathrm{M}})\right]^{\frac{1}{\gamma+\delta+1}} \tag{11.48}$$

$$\theta^{*} = \frac{\rho_{\mathrm{M}} - (1+\delta)\rho_{\mathrm{S}}}{\rho_{\mathrm{M}} - \delta\rho_{\mathrm{S}}} \tag{11.49}$$

最优库存水平 y^{*} 表示为

$$y^{*} = \left[\lambda\beta\delta^{1+\gamma}\gamma^{-\gamma}(\rho_{\mathrm{S}} - \delta\rho_{\mathrm{M}})\right]^{\frac{1}{\gamma+\delta+1}} \tag{11.50}$$

　　定理 11.3　①(x^{*},θ^{*},y^{*}) 是斯坦克伯格博弈的唯一均衡解,其中包括最优服务水平、最优库存水平以及成本分摊比例。②如果补偿条件 $\rho_{\mathrm{S}} > (1+\delta)\rho_{\mathrm{M}}$ 成立,服务提供商将会为制造商提供正的补偿。否则,服务提供商将不会补偿制造商。

　　根据等式,只有当服务提供商的边际利润很低时,服务提供商才会提供制造商成本补偿。否则,如果制造商的边际利润非常高,制造商本身将会有很强的激励进行库存投入,而不需要外在的激励。

11.3.2　伙伴关系模型

　　传统供应链中,制造商作为供应链的主导者通过激励合同协调其他成员的决策。然而最近的趋势表明,供应链的主导力量已经逐渐向供应链下游进行转移。在 11.3.1 节中,主要对两阶段非合作博弈进行了求解。在这个博弈过程中,服务提供商对制造商的决策具有控制力。但如果供应链成员处于平等的地位,那么双方均不能主导供应链。在这种状况下,分散化的决策将会导致系统成员的更低绩效,例如"因徒困境""公共地悲剧"以及"双重边际效应"。因此,集中化决策的产出会导致更优的系统结果。此外,PSS 的绩效与双方投入强烈相关联。因此,产品提

供商与服务提供商的伙伴关系将会改善 PSS 系统绩效。在这种伙伴关系下,假设一方拥有整个供应链,那么他将寻求最大化整个系统的期望利润。

$$\max_{x,y} \pi(x,y) = (\rho_{\mathrm{S}} + \rho_{\mathrm{M}})\lambda(1 - \beta x^{-\gamma} y^{-\delta}) - x - y \tag{11.51}$$

$$\text{s. t. } x \geqslant 0, y \geqslant 0$$

目标函数极值条件

$$H = \begin{vmatrix} \dfrac{\partial^2 \pi}{\partial x^2} & \dfrac{\partial^2 \pi}{\partial xy} \\ \dfrac{\partial^2 \pi}{\partial yx} & \dfrac{\partial^2 \pi}{\partial y^2} \end{vmatrix} = (\rho_{\mathrm{S}} + \rho_{\mathrm{M}})(1 + \gamma + \delta)\gamma^2 \delta^2 \lambda \beta x^{-2\gamma-2} y^{-2\delta-2} > 0 \tag{11.52}$$

$$\frac{\partial^2 \pi}{\partial x^2} = -(\rho_{\mathrm{S}} + \rho_{\mathrm{M}})(1 + \gamma)\gamma \lambda \beta x^{-\gamma-2} y^{-\delta} < 0 \tag{11.53}$$

因此,π 是一个关于 x,y 严格凹的函数,通过对 π 对 x 和 y 求一阶导:

$$\frac{\partial \pi}{\partial x} = (\rho_{\mathrm{S}} + \rho_{\mathrm{M}})\beta\gamma x^{-\gamma-1} y^{-\delta} - 1 = 0 \tag{11.54}$$

$$\frac{\partial \pi}{\partial y} = (\rho_{\mathrm{S}} + \rho_{\mathrm{M}})\beta\delta x^{-\gamma} y^{-\delta-1} - 1 = 0 \tag{11.55}$$

求解最优 (x^{**}, y^{**})

$$x^{**} = [(\rho_{\mathrm{S}} + \rho_{\mathrm{M}})\beta\lambda\gamma^{\delta+1}\delta^{-\delta}]^{\frac{1}{\gamma+\delta+1}} \tag{11.56}$$

$$y^{**} = [(\rho_{\mathrm{S}} + \rho_{\mathrm{M}})\beta\lambda\gamma^{-\gamma}\delta^{\gamma+1}]^{\frac{1}{\gamma+\delta+1}} \tag{11.57}$$

因此 x^{**} 和 y^{**} 是目标函数最大化的最优解并且 $\pi^{**} \geqslant \pi^*$。基于此等式,双方的合作空间为

$$x^{**} - x^* = [\beta\lambda\gamma^{1+\delta}\delta^{-\delta}(\rho_{\mathrm{S}} + \rho_{\mathrm{M}})]^{1/(1+\gamma+\delta)}\left[1 - \left(\frac{\rho_{\mathrm{M}} - \delta\rho_{\mathrm{S}}}{\rho_{\mathrm{S}} + \rho_{\mathrm{M}}}\right)^{1/(1+\gamma+\delta)}\right] \tag{11.58}$$

$$y^{**} - y^* = [\beta\lambda\delta^{1+\gamma}\gamma^{-\gamma}(\rho_{\mathrm{S}} + \rho_{\mathrm{M}})]^{1/(1+\gamma+\delta)}\left[1 - \left(\frac{\rho_{\mathrm{M}} - \gamma\rho_{\mathrm{S}}}{\rho_{\mathrm{S}} + \rho_{\mathrm{M}}}\right)^{1/(1+\gamma+\delta)}\right] \tag{11.59}$$

由于 $\dfrac{(\rho_{\mathrm{M}} - \delta\rho_{\mathrm{S}})}{\rho_{\mathrm{S}} + \rho_{\mathrm{M}}} < 1, \dfrac{(\rho_{\mathrm{M}} - \gamma\rho_{\mathrm{S}})}{\rho_{\mathrm{S}} + \rho_{\mathrm{M}}} < 1$,因此有 $x^{**} > x^*, y^{**} > y^*$。

然而,为确保双方合作,必须设计合理的分配机制。对双方来讲,必须实现帕累托改善,也就是说伙伴合作关系下的双方绩效至少不低于斯坦克伯格博弈下各方绩效。因此,为使得最优分配机制 (x^{**}, θ, y^{**}) 可接受,必须满足如下条件:

$$\Delta\pi_{\mathrm{S}} = \pi_{\mathrm{S}}(x^{**}, \theta, y^{**}) - \pi_{\mathrm{S}}(x^*, \theta^*, y^*)$$

$$= y^* - y^{**} - \theta^* y^* - \theta y^{**}$$

$$+ (p - w)\beta[(x^*)^{-\gamma}(y^*)^{-\delta} - (x^{**})^{-\gamma}(y^{**})^{-\delta}] \geqslant 0 \tag{11.60}$$

$$\Delta\pi_D = \pi_D(x^{**}, \theta, y^{**}) - \pi_D(x^*, \theta^*, y^*)$$
$$= x^* - x^{**} + \theta^* y^* - \theta y^{**}$$
$$+ (w-c)\beta[(x^*)^{-\gamma}(y^*)^{-\delta} - (x^{**})^{-\gamma}(y^{**})^{-\delta}] \geqslant 0 \quad (11.61)$$

为简化起见,有

$$t_1 = x^* - x^{**} + \theta^* y^* + \rho_M \beta[(x^*)^{-\gamma}(y^*)^{-\delta} - (x^{**})^{-\gamma}(y^{**})^{-\delta}] \quad (11.62)$$

$$t_2 = y^* - y^{**} - \theta^* y^* + \rho_S \beta[(x^*)^{-\gamma}(y^*)^{-\delta} - (x^{**})^{-\gamma}(y^{**})^{-\delta}] \quad (11.63)$$

等式隐含如下条件:

$$-\frac{t_2}{y^{**}} \leqslant \theta \leqslant \frac{t_1}{y^{**}} \quad (11.64)$$

定理 11.4　如果成本分摊比例 $-t_2/y^{**} \leqslant \theta \leqslant t_1/y^{**}$,成本分摊合同可以实现帕累托最优并且双方的投入从 (x^*, y^*) 增加到 (x^{**}, y^{**})。

总的利润增加为

$$\Delta\pi = \Delta\pi_S(x^{**}, y^{**}, \theta) + \Delta\pi_M(x^{**}, y^{**}, \theta) \quad (11.65)$$

当 $\theta = t_1/y^{**}$ 时,制造商获得所有的利润增加,$\Delta\pi = \Delta\pi_M$;当 $\theta = -t_2/y^{**}$ 时,服务提供商获得所有的利润增加,$\Delta\pi = \Delta\pi_S$。当 $\theta \in [\theta_{min}, \theta_{max}]$ 时,存在多个帕累托最优。

11.3.3　PSS 实验

在企业的运作实践中,成本分摊合同是否会更有效? 对制造商的频繁替换能否增加 PSS 的绩效? 为检验这两个问题,在实验室环境下进行检验。研究的框架就是基于不同合作模式(斯坦克伯格博弈和伙伴合作结构)的绩效比较,并对理论结果和实验结果的偏差进行解释。采用单次博弈来反映制造商的频繁替换行为。同理,如果服务提供商与制造商长期合作,用重复博弈过程进行刻画。在实验经济学领域,已经有很多研究对倒推归纳过程进行检验,实验的设计者认为重复博弈的均衡路径都是复制了多个单次博弈。也就是说,他们都没有对重复博弈和单次博弈进行区分。在现实世界的很多情形中,博弈双方的决策都会随着博弈次数的变化而发生改变。同一个博弈的多次重复既可以促进合作也可能使得合作破裂。重复博弈的产出取决于成员的角色和博弈的规则。

在针对斯坦克伯格和伙伴关系的实验设计中,首先需要检验是否新的合同关系增加个体的利润;其次,需要检验当前对制造商的频繁替换是否增加了 PSS 绩效;最后,到底哪种行为偏见(bias)可以对单次博弈和重复博弈的偏差进行很好的解释。

重复博弈过程需要博弈双方的固定的组合。单次博弈过程则需要每次博弈过程的双方随机匹配组合。斯坦克伯格博弈需要通过随机组和重复组进行对比分析,而伙伴合作关系则只需要单一个体同时均衡制造商和服务提供商双方的决策。

1. 实验设计

因为我们关心的是成本分摊下单次博弈和重复博弈的绩效结果，所以通过固定匹配和随机匹配的博弈双方来分离出重复博弈的效果。单次博弈和重复博弈的差异可以通过社会偏好进行解释。通过与单次博弈进行比较，可以看出社会偏好对重复博弈绩效的影响。实验过程存在两种设置（treatments）：第一，参与主体通过随机匹配执行 15 轮博弈；第二，参与主体通过固定匹配执行博弈 15 轮。

斯坦克伯格模型中，服务提供商首先决定服务能力和成本分摊系数，然后制造商决定库存水平。在伙伴合作模型中，集中决策者设置库存水平和服务能力。由于需求是随机的，双方的决策将会产生随机收益。为了检测实验的有效性，实验要求重复多轮。在这两个实验中，实验参数分别为 $\lambda=10, \beta=100, \gamma=1, \delta=1, \rho_M=3$ 和 $\rho_S=9$。表 11.4 给出了对相关决策的理论预测。

表 11.4 斯坦克伯格和伙伴合作模型的理论预测

参数	斯坦克伯格	伙伴关系
x	18.17	22.89
y	18.17	22.89
π_M	35.49	—
π_S	11.82	—
π_T	47.31	51.37

由于互利效应的存在，多次博弈的双方存在相互激励。通过效用函数对博弈双方的效用进行刻画，效用函数反映了各自的支付以及对手的支付。

$$U_i = \pi_i + \kappa_i \pi_{-i} \tag{11.66}$$

其中，系数 κ_i 反映了博弈双方关心对手的程度，这取决于对于对手类型的信念。接下来的问题是关心系数 κ_i 究竟是多少。公共品贡献博弈认为系数应该是正的，而最后报价谈判博弈认为系数应该是负的。与纯粹的分配博弈（如最后报价博弈）不同，Nash 博弈和斯坦克伯格博弈不属于完全分配博弈，博弈双方的行为仍然影响双方的产出。此外，如果博弈双方进行多周期博弈，很自然地会认为双方均有互惠动机，即 $\kappa_i > 0$。然而，互惠系数的大小取决于博弈双方的角色、类型以及实验设计等。因此，需要分别从制造商和服务商的角度来讨论斯坦克伯格博弈。

服务提供商和制造商的效用函数可以表示为

$$U_S = \pi_S + \kappa_S \pi_M \tag{11.67}$$

$$U_M = \pi_M + \kappa_M \pi_S \tag{11.68}$$

把等式代入 U_S 和 U_M，制造商和服务提供商的效用函数可以表示为

$$U_M = (\rho_M + \kappa_M \rho_S)\lambda(1 - \beta x^{-\gamma} y^{-\delta}) - \kappa_M x - (1 - \theta + \kappa_M \theta)y \tag{11.69}$$

$$U_S = (\rho_S + \kappa_S \rho_M)\lambda(1 - \beta x^{-\gamma} y^{-\delta}) - x - [\theta + \kappa_S(1 - \theta)] \qquad (11.70)$$

实验的目的在于研究博弈过程中双方的决策行为。服务提供商需要选择两个不同的参数:成本分摊水平和服务能力,为简化服务提供商决策制定的难度,实验固定分摊比例。当使用扩展的效用函数时,服务提供商的决策为

$$x = \left\{ \frac{\gamma}{1+\delta} \left[(\rho_S + \kappa_S \rho_M)\lambda\beta\Lambda^{-\frac{\delta}{1+\delta}} + [\theta + \kappa_S(1-\theta)]\Lambda^{\frac{1}{1+\delta}} \right] \right\}^{\frac{1+\delta}{1+\delta+\gamma}} \qquad (11.71)$$

其中,$\Lambda = \dfrac{\lambda\beta\delta(\rho_S + \kappa_S \rho_M)}{1 - \theta + \kappa_M \theta}$。

通过对 x 求关于 κ_M 的一阶导数可知,服务提供商最优决策是 κ_M 的增函数。类似地,制造商的最优决策 y 是 κ_M 的增函数。与随机匹配条件相比,可以预期固定匹配条件下双方的更高投入,因此给出了假设 11.5 和假设 11.6。

假设 11.5　伙伴关系条件下的总利润 π_T^p 高于斯坦克伯格条件下的总利润 π_T^S。

假设 11.6　斯坦克伯格博弈条件下,固定匹配条件下制造商和服务提供商的投入量高于随机匹配条件下双方的投入。

2. 实验程序

所有实验环节都遵循相同的协议。所有实验主体均可以看到相同的书面协议,这里包括博弈规则,软件使用以及支付程序。在阅读了相关规章后,实验组织者要通过 PPT 再次演示示例并解答疑问。实验过程中,实验参与者不允许相互交流。斯坦克伯格实验中,共有 40 人参与:随机匹配 20 人(10 组)和固定匹配 20 人(10 组)。10 人参与到伙伴关系实验。参与者需要完成 15 轮实验,每次博弈过程大约需要 30min。实验参与者基于实验绩效进行支付,对实验参与者最终的支付在 80 元到 160 元之间。

实验之前,参与者均已知需求函数且每轮实验开始前均可以看到上轮实验结果(包括双方决策、实现的需求以及各自的利润及累计利润)。

11.3.4　实验结果

1. 斯坦克伯格和伙伴关系模型的比较

图 11.5 给出了 15 轮博弈下伙伴关系和斯坦克伯格模型的总利润。分析单位为 15 轮的总利润均值。分别使用 Mann-Whitney U 对随机条件和固定条件的实验结果进行检验。相对于斯坦克伯格博弈,伙伴合作是否改善系统绩效? 这个问题的答案既可以说是也可以说不是。表 11.5 表明斯坦克伯格博弈双方的决策显著区别于完美的均衡解。结果表明,在随机匹配条件下,伙伴关系模型下的总利润高于斯坦克伯格模型下的总利润($p = 0.0095$)。这点符合假设的推断。然而,固定匹配条件下,斯坦克伯格模型的总利润却高于伙伴关系下的总利润($p = 0.03$),下

文对这一现象进行了解释。

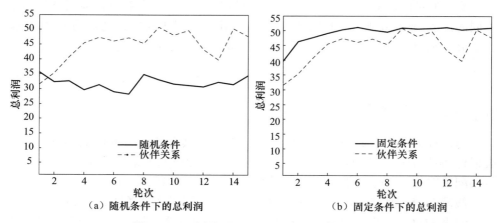

（a）随机条件下的总利润　　　　　　（b）固定条件下的总利润

图 11.5　不同设置（treatments）下的利润比较

表 11.5　实验统计结果（均值，标准差）

参数	斯坦克伯格		伙伴模型
	随机	固定	
x	15.58 (1.98)	21.10 (1.55)	16.71 (1.40)
y	12.86 (2.31)	17.94 (1.47)	17.47 (0.95)
π_M	23.07 (5.53)	36.90 (6.31)	—
π_S	8.60 (6.17)	13.34 (7.87)	—
π_T	31.67 (6.80)	49.24 (7.10)	44.71 (3.69)

因此，得出结论：如果双方多次博弈，斯坦克伯格博弈将比伙伴关系更有优势。在斯坦克伯格博弈中，随机匹配条件下的总利润从 31.67 增加到固定匹配下的 49.24。

2. 随机和固定条件下的决策比较

图 11.6（a）描述了在不同博弈环境下制造商的决策，图 11.6（b）描述了服务提供商的决策。统计分析单元为单个个体 15 轮决策的均值。表 11.5 报告了假设 11.6 的检验结果，其中包括随机设置和固定设置环境下的双方决策。在随机和固定条件下分别对制造商与服务商的决策使用 Mann-Whitney U 检验。结果表明，

固定组合条件下双方决策均高于随机环境下的双方决策（$p＝0.021$）。由图可以看出，固定组合条件下制造商和服务商的决策更接近集中决策下的最优解（22.89，22.89）。由此可见，相比于随机组合，固定匹配组合可以更好地协调供应链。

因为制造商总在观察到服务提供商决策后才做决策，所以服务提供商较高的服务率既对系统有利但也为制造商投机提供了机会。图 11.6(c) 表明在随机条件下，服务商相比于最佳反应表现得更谨慎（$p＝0.005$）。其中，最佳反应函数为 $y＝\left(\frac{\rho_{\mathrm{M}}\lambda\beta\delta x^{-\gamma}}{1-\theta}\right)^{\frac{1}{\delta+1}}$。然而，在固定组合条件下，服务提供商相比于最佳反应函数则表现得更为乐观（$p＝0.041$）。这表明制造商并未尝试利用服务提供商处于不利地位这一劣势，而是恰恰相反，制造商对服务提供商的决策给出了互惠反应：更高的库存投入。由此可见，斯坦克伯格博弈双方行为取决于双方匹配机制。由此可以推断，存在多周期博弈的环境下，互惠效应可能影响博弈双方，从而降低竞争的激烈程度。

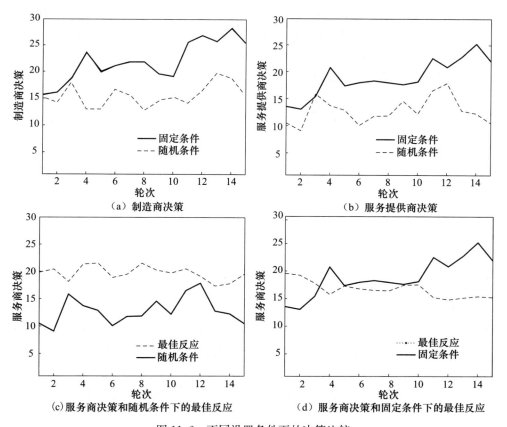

图 11.6　不同设置条件下的决策比较

3. 斯坦克伯格决策解释

大量研究表明,互惠效应对人类行为具有较强的解释和描述度。一个互惠的个体会对善意的行为给予善意的回报,对恶意的行为进行恶意的报复。重复环境下的博弈,决策主体在第 t 期的信念取决于 $t-1$ 双方的决策和行为结果,其他周期这种逻辑同样成立。因此,通过构建制造商和服务商的回归模型对理论预测偏差进行解释,从而达到预测双方决策的目的。

$$x_t = \text{Intercept} + \alpha_1 \times y_{t-1} + \alpha_2 \times (\pi_{D,t-1} - \pi_{S,t-1}) + \varepsilon_t \qquad (11.72)$$
$$y_t = \text{Intercept} + \beta_1 \times x_{t-1} + \beta_2 \times x_t + \beta_3 \times (\pi_{S,t-1} - \pi_{D,t-1}) + \sigma_t \qquad (11.73)$$

回归模型表明双方行为决策会受到各自利润和对手决策的影响。由于服务提供商先于制造商决策,制造商当期的决策要受到服务提供商当期决策的影响。模型的偏误用独立同分布的残差项 ε_t, σ_t 表示。表 11.6 给出了 x_t, y_t 的回归估计。首先,服务商对制造商的决策有显著的影响($\alpha_1 = 0.143$);同时,系数大于零则表明,如果服务商选择较高的服务水平,那么制造商也会选择较高的库存水平。同样,制造商对服务商的影响($\beta_1 = 0.091, \beta_2 = 0.13$)表明服务提供商并未尝试利用制造商的劣势。第二,与预测一致,上周期的双方的支付也显著影响了双方的决策。系数大于零表明上周期的支付将会对本周期的决策产生正的影响。获得较高支付的个体更愿意为系统做更大的投入。

表 11.6　x_t 和 y_t 的回归结果

参数	服务商的决策	参数	制造商决策
截距	18.91 (1.89)	截距	17.44 (2.23)
α_1	0.143 (0.0084)	β_1	0.0091 (0.0034)
α_2	0.056 (0.0044)	β_2	0.13 (0.0098)
		β_3	0.078 (0.0031)

注:截距 $\neq$ 最优解, $p < 0.05$; $\alpha, \beta > 0$, $p < 0.05$ 。

总利润在固定组合条件下接近 51.37,然而总利润在随机条件下低于 51.37。随机和固定组合设置的对比表明两种设置存在显著的差异($p = 0.0034$,Mann-Whitney U test)。从表 11.6 可以看出,理论与预测的偏差的可以通过互惠效应进行解释。

11.4　不对称信息下合作 PSS 最优合同设计

20 世纪中后期,随着制造业的快速发展,物质产品极大丰富,顾客的消费文化产生深刻的变革,需求趋于多样化,从传统的产品功能的需求转移到个性化、体验化等更高层次的需求,传统的制造模式已经不能满足这种需求形式,亟待新的制造模式来解决供需之间的新矛盾。传统意义上,制造商只提供有形产品。为了满足顾客深层次的需求,制造商通常选择在有形的产品基础上附加一些无形的服务。产品的总服务成本取决于有形的部分和无形服务成本之和,这种产品运作模式称为服务型制造(SOM)。此外,服务型制造通过提供产品服务系统满足顾客需求,使最终顾客可以享受到更加个性化、更加符合自身需求的服务和产品,获得更大的顾客价值,提升了顾客满意度和忠诚度。然而,许多公司无法提供全生命周期的产品服务包,因此需要与其他环节进行合作共同提供产品和服务。Marceau 和 Martinez 在 2002 年的调查显示:与提供单一有形产品的公司相比,提供产品加服务的公司更可能与其他机构合作。在他们的调查中,342 家既提供产品也提供服务的企业,超过 52% 的公司会选择与其他公司合作。相反,提供产品的 137 家公司中,只有 22 家公司会选择与其他组织合作。这一发现表明,提供产品服务系统(PSS)的公司更可能促成与其他公司的合作。在本节,主要讨论如何在供应链环境下提供 PSS:在这个过程中,制造商服务提供有形产品,而下游零售商在有形产品的基础上附加服务并出售给终端客户。

由于 PSS 由有形的产品和无形的服务共同组成,因此 PSS 的质量取决于制造商的产品质量和零售商的服务水平。在提供 PSS 的过程中,制造商在生产环节进行投资,而零售商在服务环节进行投入。双方的投入均可以增加 PSS 的质量,并且 PSS 质量越高,顾客将会获得更高的满意度。例如,在电梯市场,制造商选择电梯不同维度的产品质量,作为服务提供商的零售商选择服务水平,如产品运输、安装以及后期的设备维修和维护服务等。在快消品市场,终端的需求不仅受到特许销售的授权者在品牌方面投资的影响,也受到零售商的产品价格和服务的影响。在供应链中,制造商往往拥有主要的资源,如设备、工厂以及工人等;零售商则拥有市场营销方面的专长,可以与终端顾客建立长期的合作关系,并且可以提供产品之外的服务来扩大需求,而这一点往往是制造商做不到的。通常,制造商也会将提供价值增值的服务委托给更了解市场的零售商来更好地完成。因此,制造商通常销售给零售商一个最基本的产品,在此基础上,零售商在产品销售前后进一步附加服务。此外,在服务型制造供应链中,由于服务在最终消费之前很难被观察、听到或感受到,且服务过程不可观察,因此零售商的服务行为很难衡量。由于零售商的服务努力难以被合同化,合作 PSS 过程不可避免地产生了道德风险问题。此外,由于零售商更接近下游市场,这使得他们更熟悉服务过程,因此零售商拥有更多关于服务成本的私有信息。服务成本信息的不可观察导致了逆向选择问题,这使得零售商可以从销售过程中获得更大的利润。

本节采用委托代理范式对此问题进行研究。Mas-Colell 对委托代理模型进行了基本描述,并给出了两个主要的研究框架:代理人行为的不可观察导致的道德风险问题和代理人私有信息导致的逆向选择问题。对于道德风险问题,由于委托人不能完全观察到代理人的行为和意图,导致代理人的行为和意图成为私有信息。因此,代理人通常不会按照委托人意愿选择努力水平。逆向选择问题将会导致机制设计问题:委托人需要设计合适的机制来引导代理人揭示私有信息。本章按照委托代理框架对问题进行分析:在这个过程中,制造商作为委托人生产产品并将产品交给代理人进行销售,而零售商作为代理人在基本产品的基础上进行附加服务。

　　基于制造商和零售商共同组成供应链,本节提出三种形式的合同来协调供应链成员的行为:批发价格(WP)合同、特许费(FF)合同、零售价维持(RPM)合同,并比较不同合同模式下的激励绩效。WP合同下,零售商会以批发价格购买产品,并销售给下游顾客。FF合同是一个两部定价机制合同,合同中对每一个单位产品的批发价格和固定特许费用进行了规定。RPM合同要求供应链核心成员的制造商规定零售价格、需求量以及零售商需要支付的特许支付。提供PSS的过程中,制造商需要选择产品质量,服务提供商需要选择服务水平,因此制造商在订立合同时可以将产品质量作为合同参数列入合同。在合作提供PSS过程中,三种合同(WP、FF或RPM合同)有各自不同的优缺点:WP合同容易实施并且在供应链管理实践中被大量采用;FF相比WP合同复杂,但比RPM合同灵活,因为FF合同只固定了批发价格,零售商有权利选择服务水平和销售价格;相反,RPM合同不仅规定了销售数量,也规定了零售价格,因此RPM合同相当于对服务水平有了间接的控制。

　　本节检查三种合同在供应链环境下合作PSS的实施绩效。考察不对称信息条件下,上游制造商和具备私有信息的下游零售商之间的合同关系。所有供应链成员均为风险中性并且按照委托代理方式的范式对三种合同进行详细的比较。这部分的分析具有两层含义:第一,数量分析表明WP合同表现差于其他两种合同;第二,本节分别从个体利润和社会福利角度对不同合同进行分析。不对称信息条件下,RPM和FF合同对供应链成员的利润有着不同的影响。具体来说,RPM合同可以提高制造商的利润和消费者福利。FF合同可以提高零售商利润并且当零售商的服务效率较高时,总渠道利润高于RPM合同下的总渠道利润。这些结果表明,尽管RPM合同可以增加制造商利润,但因为合同对生产效率存在一定的扭曲,所以RPM合同会伤害到总渠道利润。

　　为了真实地揭示零售商的成本信息,本节从制造商的角度构建FF和RPM合同。具体来说,我们聚焦到两个重要的议题上:①甄别零售商的成本信息;②设定合理的生产质量和服务水平。

　　在FF合同环境下,零售商需要支付 $L^{f}(\theta)$ 以获得机会从制造商按照批发价格

$w(\theta)$ 采购产品。假设制造商允许零售商利用其在私有信息的上的优势来选择基于批发价格和特许支付用的 FF 合同。RPM 合同环境下,制造商会详细规定零售价格 $p(\theta)$,订单数量 $Q(\theta)$,特许支付 $L^r(\theta)$。通过使用零售价格和需求量促使零售商传递真实的成本信息。

当前主要研究仅考虑联合运作或不对称信息下的合同设计。本节的工作可以看成联合运作和不对称信息合同设计的混合研究。这部分研究的贡献主要体现在如下几个方面:第一,基于信息经济理论讨论了 FF 和 RPM 合同在 PSS 供应链中的应用。主要解决了如何使用两类合同最小化信息不对称和双重边际带来的损失。第二,在统一框架下,比较了不同成本结构和不同供应链成员地位对合同选择的影响。

11.4.1　问题描述与标杆设定

本节所用参数如表 11.7 所示。

表 11.7　符号标识

变量	含义
θ	零售商的成本类型,反映了零售商服务提供的效率
$F(\cdot)$	θ 的累积分布函数
$f(\cdot)$	θ 的概率分布函数
$\eta(\theta)$	hazard 比率,$\eta(\theta)=[1-F(\theta)]/f(\theta)$
t	制造商的成本类型,反映了质量改进的成本
e	制造商的产品质量
v	零售商的服务水平
$c(e)$	质量改进的成本函数
$c(v)$	服务提供的成本函数
s	PSS 的质量
Q	市场需求
p	零售价格
a	基本需求
w	零售商的批发价格
π_r	零售商利润
π_m	制造商利润
π_T	渠道利润,$\pi_T=\pi_r+\pi_m$
π_{min}^r	零售商的保留利润
$L(\theta)$	零售商支付给制造商的特许支付用
w,f,r	下标和上标 w,f 和 r 分别表示 WP、FF 和 RPM 合同

由供应商和零售商组成的供应链向终端顾客提供 PSS,其中制造商选择产品质量投入,具有私有信息的零售商负责在基本产品的基础上附加服务。制造商以

固定的单位可变成本生产产品,不失一般性,假设变动成本为零。制造商和零售商可以通过增加投入来提升产品质量和服务水平。最终 PSS 的质量由产品质量和服务水平共同决定,$s = e + v$。使用二次函数 $c(e) = \dfrac{e^2}{2t}$ 表示质量投入带来的成本,其中常数 t 表示质量改进的效率。质量改进成本函数作为递增的凸函数,背后反映的假设是质量改进的空间会逐渐消失并且边际改善效果会逐渐降低。与制造商的质量改进成本相似,使用 $c(v) = \dfrac{v^2}{2\theta}$ 表示零售商的服务成本,其中常量 θ 表示的是零售商的成本类型,反映的是零售商提供附加服务的效率。较高的 θ 意味着零售商可以以较低的成本提供服务。其中,θ 对零售商来说是一个已知量,对于制造商是个未知量。制造商总会要求零售商提供关于服务成本的私有信息。然而,只有当零售商没有激励去操纵成本信息的时候,信息共享才可能是可靠的。否则,制造商将会凭借先验的信念并使用区间范围为 $[\underline{\theta}, \overline{\theta}]$ 的服从分布函数 $F(\cdot)$ 和概率密度函数 $f(\cdot)$ 的随机变量表示。$Q(p, s)$ 表示受价格和 PSS 质量影响的需求函数,其中 p 为零售价格,s 为 PSS 的质量。其中需求是价格的减函数($Q_p < 0$),PSS 质量的增函数($Q_s > 0$)。具体来说,标准化后的需求函数表达为 $Q(s, p) = a - p + s$。将 PSS 质量用产品质量和服务水平 $s = e + v$ 代入 $Q(s, p)$,需求函数可以表示为 $Q(e, v, p) = a - p + v + e$。这种线性的需求函数在文献中也被广泛使用。给定需求函数 $Q(e, v, p)$,推导出服务水平的函数可以表示为 $v(p, Q, e) = Q + p - e - a$。

11.4.2　集中化供应链

首先求解最佳解"First-Best"。当制造商和零售商进行垂直整合后,既不存在信息不对称也不存在彼此间的转移支付。基于已知的成本信息对服务水平进行决策。对于给定的成本信息 θ,总渠道利润为

$$\pi_T = p Q(e, v, p) - \frac{v^2}{2\theta} - \frac{e^2}{2t} \tag{11.74}$$

对 π_T 求关于 p、v 和 e 的二阶偏导,可以得到 hessian 矩阵:

$$\boldsymbol{H} = \begin{vmatrix} \dfrac{\partial^2 \pi_T}{\partial p^2} & \dfrac{\partial^2 \pi_T}{\partial p \partial v} & \dfrac{\partial^2 \pi_T}{\partial p \partial e} \\[2mm] \dfrac{\partial^2 \pi_T}{\partial v \partial p} & \dfrac{\partial^2 \pi_T}{\partial v^2} & \dfrac{\partial^2 \pi_T}{\partial v \partial e} \\[2mm] \dfrac{\partial^2 \pi_T}{\partial e \partial p} & \dfrac{\partial^2 \pi_T}{\partial e \partial v} & \dfrac{\partial^2 \pi_T}{\partial e^2} \end{vmatrix} = \begin{bmatrix} -2 & 1 & 1 \\[2mm] 1 & -\dfrac{1}{\theta} & 0 \\[2mm] 1 & 0 & -\dfrac{1}{\theta} \end{bmatrix}$$

因为 $\dfrac{\partial^2 \pi_T}{\partial p^2} = -2 < 0$,$\begin{vmatrix} \dfrac{\partial^2 \pi_T}{\partial p^2} & \dfrac{\partial^2 \pi_T}{\partial p \partial v} \\[2mm] \dfrac{\partial^2 \pi_T}{\partial v \partial p} & \dfrac{\partial^2 \pi_T}{\partial v^2} \end{vmatrix} = \dfrac{2}{\theta} - 1 > 0$ 和 $|\boldsymbol{H}| < 0$,π_T 是 p、v 和 e

的严格凹函数,所以零售价格和订单数量是唯一的。通过 π_T 对 p,v 和 e 求导得

$$\frac{\partial \pi_T}{\partial p} = a - 2p + v + e$$

$$\frac{\partial \pi_T}{\partial v} = p - \frac{v}{\theta}$$

$$\frac{\partial \pi_T}{\partial e} = p - \frac{e}{t}$$

求解方程组可得 $p^* = \dfrac{a}{2-\theta-t}$,$v^* = \dfrac{a\theta}{2-\theta-t}$ 和 $e^* = \dfrac{at}{2-\theta-t}$。

将 p^*、v^* 和 e^* 代入 $Q(e,v,p)$,可得销售量 $Q^* = \dfrac{a}{2-\theta-t}$,总的渠道利润为

$\pi_T^* = \dfrac{a^2}{2(2-\theta-t)}$。因为垂直整合且对称信息是相对理想的状况,所以服务水平、销售量和零售价格的最佳解可以看成制造商绩效的标杆。为了确保 p、Q、v 和 π_T 大于零,设定参数范围为 $\bar{\theta} \leqslant 1, \bar{t} \leqslant 1$。

11.4.3 批发价格合同

在分散化供应链中,制造商和零售商的目标为最大化各自的利润。但是零售商的行为不可被验证,制造商只能预测零售商的行为。当存在不对称信息时,在给定的批发价格和产品质量下,零售商的目标函数为

$$\pi_r = (p-w)Q - c(v) = (p-w)(a-p+v+e) - \frac{v^2}{2\theta} \tag{11.75}$$

如果 θ 是零售商的已知信息,零售商通过选择服务水平和价格实现利润最大化 $p^w = \dfrac{a+w-\theta w + e}{2-\theta}$,$v^w = \dfrac{\theta(a+e-w)}{2-\theta}$。因此,制造商通过最大化目标函数来设定批发价格和产品质量。

$$\max_{w,e} \int_{\underline{\theta}}^{\bar{\theta}} \left[w(a - p(\theta) + v(\theta) + e) - \frac{e^2}{2t} \right] f(\theta) \mathrm{d}\theta \tag{11.76}$$

为最大化制造商利润,设定批发价格 $w^w = \dfrac{a}{2-\delta t}$ 和质量 $e^w = \dfrac{a\delta t}{2-\delta t}$,其中 $\delta = \displaystyle\int_{\underline{\theta}}^{\bar{\theta}} \frac{f(x)}{2-x} \mathrm{d}x$。

零售商服务水平和价格为

$$v^w = \frac{\theta(a+e-w)}{2-\theta} = \frac{a\theta}{(2-\theta)(2-\delta t)} \tag{11.77}$$

$$p^w = \frac{a+w-\theta w + e}{2-\theta} = \frac{a(3-\theta)}{(2-\theta)(2-\delta t)} \tag{11.78}$$

因此,WP 合同下的总渠道利润为

$$\pi_{\mathrm{T}}^{\mathrm{w}} = pQ - \frac{v^2}{2\theta} - \frac{e^2}{2t} = \frac{[3 - \delta^2 t(2-\theta)]a^2}{2(2-\theta)(2-\delta t)^2} \tag{11.79}$$

通过比较集中化供应链下的总渠道利润 π_{T}^* 和分散化供应链总渠道利润 $\pi_{\mathrm{T}}^{\mathrm{w}}$ 可以看出,缺乏信息共享和双重边际效应可以降低总渠道利润。

11.4.4　信息不对称条件下的最优合同设计

本节考虑当 θ 对制造商未知条件下的合同设计问题。在逆向选择和道德问题综合作用下,下游零售商通过信息优势获得信息租金。具体来说,如果没有甄别合同,零售商可以通过声称服务的高成本来促使制造商留给零售商更多利润。由于制造商不知道具体的 θ 值,因此无法确定最优的批发价格、销售量、特许支付等。为了降低支付给零售商的信息租金,制造商提供一系列基于零售商类型 θ 的甄别合同。

1. FF 合同

通过设计 FF 合同菜单(批发价格,订单量,特许支付)来甄别出真实信息并激励零售商。经过合同设计和选择,制造商和零售商的利润函数可以表示为

$$\pi_{\mathrm{m}}[w(\hat{\theta}), e(\hat{\theta}), L(\hat{\theta}), \theta, v, p] = w(\hat{\theta})Q[e(\hat{\theta}), v, p] - \frac{e^2}{2t} + L(\hat{\theta})$$

$$\pi_{\mathrm{r}}[w(\hat{\theta}), e(\hat{\theta}), L(\hat{\theta}), \theta, v, p] = [p - w(\hat{\theta})]Q[e(\hat{\theta}), v, p] - \frac{v^2}{2\theta} - L(\hat{\theta})$$

$$\tag{11.80}$$

销售实现之前,制造商需要制定如下三个决策:批发价格、产品数量和特许支付。委托代理模型下,制造商优先决策,零售商是跟随者。双方的博弈顺序为:①零售商了解服务成本信息,但制造商无法得知;②制造商对私有信息的信念服从先验分布 $F(\cdot)$;③制造商提供合同菜单,包括批发价格、产品质量和相应特许支付用的合同菜单;④零售商在所提供的所有合同菜单中选择合同来最大化总支付;⑤零售商观察到制造商的批发价格和产品质量后选择服务水平和零售价格并支付制造商,最后将 PSS 交付给客户。制造商设计的合同菜单为 $\{w(\theta), e(\theta), L(\theta)\}$,其中包括批发价格、产品质量和特许支付。根据显示原理,激励相容合同确保类型为 θ 的零售商选择 $\{w(\theta), e(\theta), L(\theta)\}$ 会优于合同 $\{w(\hat{\theta}), e(\hat{\theta}), L(\hat{\theta})\}$。这意味着零售商通过显示原理,可以真实揭示自己的信息来实现最大化其自身利润。因此,合同需要解决的主要问题是:确定合同菜单 $\{w(\theta), e(\theta), L(\theta)\}_{\theta \in [\underline{\theta}, \bar{\theta}]}$ 实现最大化制造商的期望利润

$$\int_{\underline{\theta}}^{\bar{\theta}} [\pi_{\mathrm{m}}(w(\theta), e(\theta), L(\theta), \theta, v, p)] f(\theta) \mathrm{d}\theta \tag{11.81}$$

在激励相容约束下(IC),信息类型为 θ 的零售商将会选择合同 $\{w(\theta), e(\theta), L(\theta)\}$。这意味着根据显示原理,零售商真实揭示自己的信息将会实现最大化利润:

$$\max_{v, p} \pi_{\mathrm{r}}[w(\theta), e(\theta), L(\theta), \theta, v, p]$$

$$\geqslant \max_{v, p} \pi_{\mathrm{r}}[w(\hat{\theta}), e(\hat{\theta}), L(\hat{\theta}), \theta, v, p], \quad \theta \in [\underline{\theta}, \bar{\theta}] \tag{11.82}$$

在参与约束下(PC),只有当与制造商合作获得的效用不低于外部选择的效用时,零售商才会选择参与到交易当中:

$$\max_{v,p} \pi_r[w(\theta),e(\theta),L(\theta),\theta,v,p] \geqslant \pi_{\min}^r, \quad \theta \in [\underline{\theta},\overline{\theta}] \tag{11.83}$$

零售商选择合同后会进一步选择服务水平和零售价格。因此,给定某一合同可以求解最优的服务水平和零售价格来实现最大化利润 $\pi_r[w(\theta),L(\theta),\theta,v,p]$。

由于 $\dfrac{\partial^2 \pi_r}{\partial v \partial p}=1, \dfrac{\partial^2 \pi_r}{\partial v^2}=-\dfrac{1}{\theta}<0$ 和 $\dfrac{\partial^2 \pi_r}{\partial p^2}=-2<0, \pi_r(v,p)$ 是 p 和 v 的严格凹函数。

实现利润最大化的服务水平和价格的解唯一: $v=\dfrac{\theta(a+e-w)}{2-\theta}, p=\dfrac{a+w-\theta w+e}{2-\theta}$。

将上述 v 和 p 的表达式代入式(11.80),零售商的利润可以表示为

$$\pi_r[w(\hat{\theta}),e(\hat{\theta}),L(\hat{\theta}),\theta] = \frac{[a-w(\hat{\theta})+e(\hat{\theta})]^2}{2(2-\theta)} - L(\hat{\theta}) \tag{11.84}$$

制造商利润最大化问题可以表示为

$$\max_{w,e,L} \int_{\underline{\theta}}^{\overline{\theta}} \pi_m[w(\theta),e(\theta),L(\theta),\theta]f(\theta)\mathrm{d}\theta$$

$$\text{s. t. IC:} \frac{[a-w(\theta)+e(\theta)]^2}{2(2-\theta)} - L(\theta) \geqslant \frac{[a-w(\hat{\theta})+e(\hat{\theta})]^2}{2(2-\theta)} - L(\hat{\theta}), \quad \theta \in [\underline{\theta},\overline{\theta}] \tag{11.85}$$

$$\text{PC:} \frac{[a-w(\theta)+e(\theta)]^2}{2(2-\theta)} - L(\theta) \geqslant \pi_{\min}^r, \quad \theta \in [\underline{\theta},\overline{\theta}] \tag{11.86}$$

引理 11.1　当 $w(\theta)$ 是 θ 的增函数且 $e(\theta)$ 是 θ 的减函数时,满足 PC 和 IC 时合同 $\{w(\theta),e(\theta),L(\theta)\}_{\underline{\theta}}^{\overline{\theta}}$ 的零售商利润和特许支付 $\pi_r(\theta)$ 和 $L(\theta)$ 为

$$\pi_r(\theta) = \int_{\underline{\theta}}^{\theta} \frac{[a-w(x)+e(x)]^2}{2(2-x)^2}\mathrm{d}x + \pi_{\min}^r \tag{11.87}$$

$$L(\theta) = \frac{[a-w(\theta)+e(\theta)]^2}{2(2-\theta)} - \int_{\underline{\theta}}^{\theta} \frac{[a-w(x)+e(x)]^2}{2(2-x)^2}\mathrm{d}x - \pi_{\min}^r \tag{11.88}$$

制造商不仅希望零售商选择最大化总利润的服务水平,而且想要尽可能抽取供应链利润增加后剩余。为达到这一点,制造商需要提供给零售商一定的信息租金。特许支付和零售商利润表明制造商从总渠道中抽取了所有的利润,只留给零售商信息租金和保留利润。信息租金会随着零售商私有信息值的增加而增加,说明具有高私有信息的零售商将会获得更高的利润。

定理 11.5　满足条件 $\dfrac{\mathrm{d}\eta(\theta)}{\mathrm{d}\theta}(2-\theta-t)+\eta(\theta)\leqslant 0$ 的合同 $\{w^f(\theta),e^f(\theta),L^f(\theta)\}$ 是制造商问题最优合同菜单:

$$w^f(\theta) = \frac{a\eta(\theta)}{\eta(\theta)+2-\theta-t} \tag{11.89}$$

$$e^f(\theta) = \frac{at}{\eta(\theta)+2-\theta-t} \tag{11.90}$$

$$L^{\mathrm{f}}(\theta) = \frac{[a - w^{\mathrm{f}}(\theta) + e^{\mathrm{f}}(\theta)]^2}{2(2-\theta)} - \int_{\underline{\theta}}^{\theta} \frac{[a - w^{\mathrm{f}}(x) + e^{\mathrm{f}}(x)]^2}{2(2-x)^2} \mathrm{d}x - \pi_{\min}^{\mathrm{r}}$$

(11.91)

其中，$\eta(\theta) = \dfrac{1 - F(\theta)}{f(\theta)}$。

由此可见，特许经营支付使得制造商获得了除去信息租金后的所有收益，并且通过合同中的批发价格和产品质量的选择降低了零售商对服务和价格决策的扭曲。

推论 11.1 在 FF 最优合同 $\{w^{\mathrm{f}}(\theta), e^{\mathrm{f}}(\theta), L^{\mathrm{f}}(\theta)\}$ 条件下：

（1）$w^{\mathrm{f}}(\theta)$ 是 θ 的减函数，$e^{\mathrm{f}}(\theta)$ 和 $L^{\mathrm{f}}(\theta)$ 是 θ 的增函数。

（2）$p^{\mathrm{f}}(\theta)$、$v^{\mathrm{f}}(\theta)$ 和 $Q^{\mathrm{f}}(\theta)$ 是 θ 的增函数，并且 $v^{\mathrm{f}}(\theta) \leqslant v^*(\theta)$，$Q^{\mathrm{f}}(\theta) \leqslant Q^*(\theta)$，$e^{\mathrm{f}}(\theta) \leqslant e^*(\theta)$，$p^{\mathrm{f}} \geqslant p^* (p^{\mathrm{f}} \leqslant p^*)$ 当 $\theta + t \leqslant 1 (\theta + t \geqslant 1)$。

（3）$\pi_{\mathrm{r}}^{\mathrm{f}}(\theta)$ 和 $\pi_{\mathrm{m}}^{\mathrm{f}}(\theta)$ 是 θ 的增函数。

（4）$\pi_{\mathrm{T}}^{\mathrm{f}}(\theta)\theta$ 的增函数，且 $\pi_{\mathrm{T}}^{\mathrm{f}}(\theta) \leqslant \pi_{\mathrm{T}}^*(\theta)$。

推论 11.1 阐述了 FF 合同的特征：

（1）为了降低特许支付，零售商需要接受较高的批发价格和较低的产品质量。由于批发价格的降低和产品质量的增加均会提高零售商的边际利润，从而增加零售商的信息租金。因此，制造商会利用这一优势来灵活提供批发价格和产品质量组合。因为 $w^{\mathrm{f}}(\theta)$ 是单调递减的函数，并且 $L^{\mathrm{f}}(\theta)$ 和 $e^{\mathrm{f}}(\theta)$ 是 θ 的增函数，所以合同的特征表现为：①低的批发价格、高的产品质量和高的特许支付，或②高的批发价格、低的产品质量和低的特许支付。高服务效率的零售商可以通过提供服务获得更高的边际利润，因此高效率的零售商倾向于选择低的批发价格、高的产品质量和高的特许支付。尽管高服务效率的零售商需要支付较高的特许支付，但仍会获得较高的剩余。

（2）表明高服务效率的零售商通过选择折扣批发价格和产品质量而选择更高的服务水平，从而卖出更多的产品以满足终端市场的需求。此外，当 PSS 改善效率较低时（$\theta + t \leqslant 1$），双重边际效应将会使得零售商设定一个更高的零售价格来实现最大化利润；当 PSS 改善效率较高时，双重边际效应得到缓解（$p^{\mathrm{f}} \leqslant p^*$）。零售商利润 $\pi_{\mathrm{r}}^{\mathrm{f}}(\theta)$ 作为零售商的信息租金是制造商需要付给零售商从而获得私有信息的价格，并且信息租金会随着零售商服务效率的增加而增加。

（3）表明零售商和制造商的利润会随着服务效率的增加而增加，因此制造商将会有很强的激励甄别真实的成本信息，从而提供零售商更多的信息租金。

从推论（2）可以看出，零售价格、服务水平和销售量均不等于最佳决策解，因此总利润要小于集中决策下的总利润。总利润的差异源于不对称信息导致的效率损失。通过使用 FF 合同，制造商可以决定批发价格和产品质量，零售商在此基础上自由选择零售价格。在双重边际效应的作用下，销售量、产品质量和服务水平均低于最佳解。

2. RPM 合同

本节研究了不对称信息条件下的 RPM 合同。制造商只获得特许支付,将 $L(\theta)$ 作为全部利润。零售商获得除特许支付外的所有剩余。零售商通过支付给制造商 $L(\theta)$,从而有权获得 $Q(\theta)$ 单位的产品。对于给定的 θ,制造商设计合同菜单 $\{p(\theta),Q(\theta),e(\theta),L(\theta)\}$ 实现最大化特许支付,即制造商利润。零售商的服务水平作为 θ 的函数被间接固定, $v(\theta)=Q(\theta)+p(\theta)-e(\theta)-a$,这导致 RPM 合同的灵活性会显著低于 FF 合同。事实上,只要零售商选择了零售价格、订单数量和产品质量,服务水平就被间接选择。RPM 合同包含了所有可能列入合同的选项,留给零售商最小的决策空间。制造商为每种服务效率类型的零售商设计了合同菜单 $\{p(\theta),Q(\theta),e(\theta),L(\theta)\}$。具有私有信息的零售商通过宣称服务效率类型 $\hat{\theta}$,从而定义了零售商利润:

$$\pi_r(p(\hat{\theta}),Q(\hat{\theta}),e(\hat{\theta}),L(\hat{\theta}),\theta)=p(\hat{\theta})Q(\hat{\theta})-\frac{v^2[p(\hat{\theta}),Q(\hat{\theta}),e(\hat{\theta})]}{2\theta}-\frac{e(\hat{\theta})^2}{2t}-L(\hat{\theta})$$

$$(11.92)$$

零售商通过选择合同,也定义了制造商的利润:

$$\pi_m[p(\hat{\theta}),Q(\hat{\theta}),e(\hat{\theta}),L(\hat{\theta}),\theta]=L(\hat{\theta}) \tag{11.93}$$

因此,制造商的问题可以表示为

$$\max_{p,Q,e,L}\int_{\underline{\theta}}^{\bar{\theta}}\pi_m[p(\theta),Q(\theta),e(\theta),L(\theta),\theta]f(\theta)\mathrm{d}\theta \tag{11.94}$$

s. t.　IC: $p(\theta)Q(\theta)-\dfrac{v^2[p(\theta),Q(\theta),e(\theta)]}{2\theta}-\dfrac{e^2(\theta)}{2t}-L(\theta)\geqslant p(\hat{\theta})Q(\hat{\theta})$

$$-\frac{v^2[p(\hat{\theta}),Q(\hat{\theta}),e(\hat{\theta})]}{2\theta}-\frac{e^2(\hat{\theta})}{2t}-L(\hat{\theta}),\quad 对于任意 \theta\in[\underline{\theta},\bar{\theta}]$$

$$(11.95)$$

PC: $p(\theta)Q(\theta)-\dfrac{v^2[p(\theta),Q(\theta),e(\theta)]}{2\theta}-\dfrac{e^2(\theta)}{2t}$

$$-L(\theta)\geqslant \pi_{\min}^r,\quad 对于任意 \theta\in[\underline{\theta},\bar{\theta}] \tag{11.96}$$

引理 11.2　若 $\dfrac{\mathrm{d}[p(\theta)+p(\theta)-e(\theta)]}{\mathrm{d}\theta}\geqslant 0$ 成立,满足 PC 和 IC 的合同菜单 $\{p(\theta),Q(\theta),e(\theta),L(\theta)\}_{\underline{\theta}}^{\bar{\theta}}$ 要求 $\pi_r(\theta)$ 和 $L(\theta)$ 满足

$$\pi_r(\theta)=\int_{\underline{\theta}}^{\theta}\frac{v^2[p(x),Q(x),e(x)]}{2x^2}\mathrm{d}x+\pi_{\min}^r \tag{11.97}$$

$$L(\theta)=p(\theta)Q(\theta)-\frac{v^2[p(\theta),Q(\theta),e(\theta)]}{2\theta}$$

$$-\int_{\underline{\theta}}^{\theta} \frac{v^2[p(x),Q(x),e(x)]}{2x^2} \mathrm{d}x - \pi_{\min}^{\mathrm{r}} \tag{11.98}$$

制造商的利润为 $L(\theta)$，零售商的利润可以改写为

$$\int_{\underline{\theta}}^{\bar{\theta}} \left[p(\theta)Q(\theta) - \frac{v^2[p(\theta),Q(\theta),e(\theta)]}{2\theta} - \frac{e^2(\theta)}{2t} - \int_{\underline{\theta}}^{\theta} \frac{v^2[p(x),Q(x),e(x)]}{2x^2} \mathrm{d}x \right] f(\theta) \mathrm{d}\theta \tag{11.99}$$

在实施 RPM 合同时，暂时忽略条件 $\dfrac{\mathrm{d}[p(\theta)+p(\theta)-e(\theta)]}{\mathrm{d}\theta} \geqslant 0$，最优合同可以通过求解而获得。通过改变积分顺序，问题可以改写为

$$\int_{\underline{\theta}}^{\bar{\theta}} \left[p(\theta)Q(\theta) - \frac{v^2[p(\theta),Q(\theta),e(\theta)]}{2\theta} - \frac{e^2(\theta)}{2t} - \eta(\theta)\frac{v^2[p(\theta),Q(\theta),e(\theta)]}{2\theta^2} \right] f(\theta) \mathrm{d}\theta \tag{11.100}$$

进行分析之前，需要强调的是甄别合同是一种平衡机制：制造商希望零售商选择 $p(\theta)$、$Q(\theta)$、$e(\theta)$ 最大化渠道利润，但同时也希望能获得更多自身利润的增加。为此，制造商需要提供给零售商信息租金，因此由制造商提供的 RPM 合同下的决策变量可能会不同于最佳解，因此总利润会低于最佳解下渠道总利润。

定理 11.6　通过求解制造商问题可以得到 RPM 合同菜单 $\{p^{\mathrm{r}}(\theta), Q^{\mathrm{r}}(\theta), e^{\mathrm{r}}(\theta), L^{\mathrm{r}}(\theta)\}$：

$$p^{\mathrm{r}}(\theta) = \frac{a[\theta+\eta(\theta)]}{[\eta(\theta)+\theta](2-t)-\theta^2} \tag{11.101}$$

$$Q^{\mathrm{r}}(\theta) = \frac{a[\theta+\eta(\theta)]}{[\eta(\theta)+\theta](2-t)-\theta^2} \tag{11.102}$$

$$e^{\mathrm{r}}(\theta) = \frac{at[\theta+\eta(\theta)]}{[\eta(\theta)+\theta](2-t)-\theta^2} \tag{11.103}$$

$$L^{\mathrm{r}}(\theta) = p^{\mathrm{r}}(\theta)Q^{\mathrm{r}}(\theta) - \frac{[p^{\mathrm{r}}(\theta)+Q^{\mathrm{r}}(\theta)-e^{\mathrm{r}}(\theta)-a]^2}{2\theta} - \frac{e^{\mathrm{r}}(\theta)^2}{2t}$$

$$-\int_{\underline{\theta}}^{\theta} \frac{[p^{\mathrm{r}}(x)+Q^{\mathrm{r}}(x)-e^{\mathrm{r}}(x)-a]^2}{2x^2} \mathrm{d}x - \pi_{\min}^{\mathrm{r}} \tag{11.104}$$

推论 11.2　最优 RPM 合同菜单 $\{p^{\mathrm{r}}(\theta), Q^{\mathrm{r}}(\theta), L^{\mathrm{r}}(\theta), e^{\mathrm{r}}(\theta)\}$，那么有

（1）$p^{\mathrm{r}}(\theta)$，$Q^{\mathrm{r}}(\theta)$，$e^{\mathrm{r}}(\theta)$，$L^{\mathrm{r}}(\theta)$ 和 $v^{\mathrm{r}}(\theta)$ 作为 θ 的增函数，并且 $p^{\mathrm{r}}(\theta) \leqslant p^*(\theta)$，$Q^{\mathrm{r}}(\theta) \leqslant Q^*(\theta)$，$e^{\mathrm{r}}(\theta) \leqslant e^*(\theta)$，$v^{\mathrm{r}}(\theta) \leqslant v^*(\theta)$。

（2）$\pi_{\mathrm{r}}^{\mathrm{r}}(\theta)$ 和 $\pi_{\mathrm{m}}^{\mathrm{r}}(\theta)$ 是 θ 的增函数。

（3）$\pi_{\mathrm{T}}^{\mathrm{r}}(\theta)$ 是 θ 的增函数，并且 $\pi_{\mathrm{T}}^{\mathrm{r}}(\theta) \leqslant \pi_{\mathrm{T}}^*(\theta)$。

通过实施合同 RPM，制造商可以像中央计划者那样进行决策，从而可以避免双重边际效应，使得零售价格不高于最佳解。由于 $\pi_{\mathrm{r}}(\theta) = \displaystyle\int_{\underline{\theta}}^{\theta} \frac{v^2[p(x),Q(x),e(x)]}{2x^2} \mathrm{d}x +$

$\pi_{\min}^{r}$ 和 $\dfrac{\partial \pi_{r}(\theta)}{\partial Q} \geqslant 0$，较高的订货量将会增加零售商信息租金。此外，质量的增加也会增加零售商的边际利润，从而增加信息租金。因此，为了降低信息租金，制造商将会设定订货数量低于最佳解。(1)表明，为了获得较高的零售价格和较高的产品质量，零售商需要接受较高的支付和订货量，这意味着零售商需要投入较高的服务。(2)表明，制造商和零售商的利润随着服务效率的增加而增加。因此，制造商将会有激励了解零售商的真实成本信息。由于(1)表明服务水平、价格和订单数量不同于最佳解，将导致(3)总利润低于最佳解条件下的总利润，利润上的差异可以看成不对称信息导致的系统损失。

3. FF 和 RPM 合同的比较

根据合同属性推导了不对称信息条件下的三种合同类型的均衡解。通过比较制造商利润可知，不对称信息在不同合同机制下产生的效率损失不同。从表中可以看出，所有合同类型都没能完全获得交易的剩余，从而留给零售商正的信息租金。

具体来说，每个合同都有不同的绩效表现：WP 合同对所有成本类型 θ 的零售商提供了混同合同。然而，FF 和 RPM 合同对任一成本类型 θ 的零售商提供了分离合同。WP 合同下制造商提供给所有零售商相同的采购价格 $w = \dfrac{a}{2 - \delta t}$，并未对零售商做任何区分。FF 和 RPM 合同提供给零售商的合同是 θ 的函数，因此对每个私有信息为 θ 的零售商将会获得不同的合同类型。为了衡量不同合同的效率，11.4.5 节的数值算例详细比较了三类合同的效率。基于合同结果，推论 11.3 总结并比较了 FF 和 RPM 合同的绩效，并提出了合同设计的管理启示。

推论 11.3 当制造商和零售商采用 RPM 合同而非 FF 合同时，服务水平、产品质量、PSS 质量、零售价格和订单量的关系：

(1) 两类合同的服务水平均低于最佳解下的服务水平，并且 FF 合同下的服务水平高于 RPM 合同下的服务水平，$v^{r}(\theta) \leqslant v^{f}(\theta) \leqslant v^{*}(\theta)$。

(2) 两类合同的产品质量均低于最佳解下的服务水平，并且 RPM 合同下的产品质量高于 FF 合同下的产品质量，$e^{f}(\theta) \leqslant e^{r}(\theta) \leqslant e^{*}(\theta)$。

(3) 两类合同的 PSS 质量低于最佳解下的值，$s^{r}(\theta), s^{f}(\theta) \geqslant s^{*}(\theta)$，并且 FF 合同的 PSS 的质量要高于(低于) RPM 合同下的 PSS 质量，$s^{f}(\theta) \geqslant s^{r}(\theta) (s^{f}(\theta) \geqslant s^{r}(\theta))$，如果 $t \leqslant \dfrac{(2-\theta)\theta}{\theta + \eta(\theta)} \left(t \geqslant \dfrac{(2-\theta)\theta}{\theta + \eta(\theta)} \right)$。

(4) FF 合同的零售价格高于(低于) RPM 合同的零售价格 $p^{f}(\theta) \geqslant p^{r}(\theta) (p^{r}(\theta) \geqslant p^{f}(\theta))$，如果 $t \leqslant \dfrac{(2-\theta)\theta + \eta(\theta)}{\theta + \eta(\theta)} \left(t \geqslant \dfrac{(2-\theta)\theta + \eta(\theta)}{\theta + \eta(\theta)} \right)$。

(5) 两类合同的订单数量均低于最佳解下的订单数量，并且 RPM 合同下的订单量高于 FF 合同下的订单量，$Q^f(\theta) \leqslant Q^r(\theta) \leqslant Q^*(\theta)$。

其中，(1)表明 FF 合同可以有效激励零售商从而提供更高的服务。在 FF 合同环境下，零售商可以自由选择服务水平和零售价格。这种灵活性将激励零售商提供相比于 RPM 合同更多的服务。相反，RPM 合同环境下，制造商更像是一个中央计划者，指定零售价格和订货数量。这种严格的控制策略将会使得 RPM 合同下的制造商选择相对于 FF 合同更高的产品质量。从 PSS 质量角度看，当质量改善效率低时，FF 合同可以产生比 RPM 合同更高的 PSS 质量，这样将会使得 FF 合同下的零售商向顾客收取更高的零售价格。因此，这种决策比较合理的解释是：面对更高的 PSS 质量，零售商可以收取终端顾客更高的零售价格，顾客也因此愿意支付更高的价格。此外，高的零售价格不仅因为 PSS 质量，FF 合同的双重边际效应也会对高价格产生影响（尤其是当 PSS 的改进成本较高时）。此外，在 RPM 合同环境下，由于制造商可以像一个中央计划者一样决策并且指定零售价格和订单数量，因此双重边际效应可以避免（$p^r(\theta) \leqslant p^*(\theta)$）。(4)和(5)的直觉阐述为：当实施 FF 合同时，制造商等同样也放弃对服务水平的控制，这使得下游企业通过提升服务水平从而抽取信息租金。具体来说，由于服务水平正向影响销售数量，制造商将会提供更多服务从而获得更多信息租金。通过提供高 PSS 质量和更高的价格，零售商会因此增加利润。在价格和 PSS 质量的共同作用下，FF 合同会产生低于 RPM 合同的销量。

通过上述分析，可以获得基于私有成本效率信息的最优合同解，并且详细对比了 FF、RPM 和完全信息条件下的运作绩效。推论 11.4 将详细比较对称信息和不对称信息合同对渠道利润及双方利润的影响。

推论 11.4　当制造商实施 RPM 合同时，制造商的利润、零售商的利润和渠道利润情况：

(1)制造商实施 RPM 合同获得的利润要 θ，$\pi_m^r(\theta) \geqslant \pi_m^f(\theta)$。

(2)零售商从 RPM 合同中获得的利润低于 FF 合同，$\pi_r^r(\theta) \leqslant \pi_r^f(\theta)$。

(3) FF 合同和 RPM 合同下的总利润均低于最佳解下的总利润，$\pi_T^r, \pi_T^f \leqslant \pi_T^*$；RPM 合同下的总利润要高于 FF 合同，$\pi_T^r(\theta) \geqslant \pi_T^f(\pi_T^r(\theta) < \pi_T^f)$，当 $t \geqslant t_c (t < t_c)$ 和 $\theta \leqslant \theta_c (\theta > \theta_c)$时，其中 t_c 和 θ_c 作为方程 $\eta(\theta) = \sqrt{\dfrac{\theta}{2-t}}(2-\theta-t)$ 的解。

FF 合同中，制造商规定了固定的批发价格和特许支付，从而留给零售商选择服务水平的权利。然而，在 RPM 合同将尽可能多的决策变量放到合同当中。推论 11.4 中，(1)和(2)的直观解释是：由于制造商在 RPM 合同中使用了尽可能多的合同菜单，制造商基于利润的考虑会愿意选择 RPM 合同。在 FF 合同中，批发价格是制造商唯一的甄别工具，因此零售商在批发价格机制下会有更大的灵活性选择服务水平，从而获得更多信息租金。(3)表明，由于信息不对称和双重边际效应，

RPM 合同和 FF 合同将不可能完全实现所有的交易机会,因此将导致总渠道利润的损失 π_T^r,$\pi_T^f \leqslant \pi_T^*$。不同合同的渠道总利润 π_T^r 和 π_T^f 的关系取决于不等式 $t \geqslant t_c$ ($\theta \leqslant \theta_c$)是否成立。当制造商的质量改进效率较低($t < t_c$)而零售商的服务效率较高($\theta > \theta_c$)时,FF 合同会产生更高的渠道利润;反之,当制造商的质量改进效率较高($t > t_c$)而零售商的服务效率较低($\theta < \theta_c$)时,RPM 合同会产生更高的渠道利润。当质量改进效率较低并且服务效率较高时,FF 合同的灵活性将导致高的服务水平(推论 11.3),导致整个渠道的利润增加。只有当质量改进效率较高且服务效率较低时,制造商通过实施 RPM 合同来施加严格的控制才可能增加整个渠道的利润。因此,当制造商的质量改进成本较高时,严格控制将会导致渠道利润损失。

4. 福利分析

前面讨论了不同合同机制对决策变量和各方利润的影响,本节将进一步检查了不同合同对消费者福利的影响。根据价格函数 $p(Q, v, e)$,消费者剩余 CS 为

$$CS = \int_0^Q (a - q + v + e)\mathrm{d}q - (a - Q + v + e)Q = \frac{Q^2}{2}$$

通过将需求量代入 CS,可以获得最佳解、FF 和 RPM 合同的销售者剩余:

$$CS^* = \frac{Q^{*2}}{2} = \frac{a^2}{2(2 - \theta - t)^2}$$

$$CS^f = \frac{Q^{f2}}{2} = \frac{a^2}{2[\eta(\theta) + 2 - \theta - t]^2}$$

$$CS^r = \frac{Q^{r2}}{2} = \frac{a^2(\theta + \eta(\theta))^2}{2\{[\eta(\theta) + \theta](2 - t) - \theta^2\}^2}$$

定理 11.7　与完全信息的最佳解相比,FF 和 RPM 合同都不同程度降低了消费者剩余,RPM 合同下的剩余要高于 FF 合同下的剩余,$CS^* \geqslant CS^r \geqslant CS^f$。

5. 渠道协调

存在的大量文献研究了完全信息环境下的供应链能力协调问题。表 11.8 表明,除非 $\theta = \bar{\theta}$,否则服务水平、价格、产品质量和销售量均不等于最佳解。只有当 $\theta = \bar{\theta}$ 和 $\eta(\bar{\theta}) = 0$ 时,FF 和 RPM 合同才可以实现完美协调,此时的决策变量等于最佳解:

$$p^r(\bar{\theta}) = p^f(\bar{\theta}) = p^*(\bar{\theta}), \quad Q^r(\bar{\theta}) = Q^f(\bar{\theta}) = Q^*(\bar{\theta}),$$

$$e^r(\bar{\theta}) = e^f(\bar{\theta}) = e^*(\bar{\theta}), \quad v^r(\bar{\theta}) = v^f(\bar{\theta}) = v^*(\bar{\theta})$$

因此,当零售商的效率达到最大化($\theta = \bar{\theta}$)时,FF 和 RPM 合同可以实现供应链协调,因此 $\pi_T^r(\bar{\theta}) = \pi_T^f(\bar{\theta}) = \pi_T^*(\bar{\theta})$。

对应效率低于最大值的($\theta < \bar{\theta}$)零售商,理论和数量分析结果均表明 FF 和 RPM 合同相比于 WP 合同可以一定程度上实现协调。随着双方效率的提升,FF 和 RPM 合同与最佳解逐渐接近,并且 WP 合同的解与最佳解逐渐远离。

表 11.8　合同的均衡结果

	WP合同 $\langle w^w, e^w\rangle$	FF合同 $\langle w^f(\theta), e^f(\theta), L^f(\theta)\rangle$	RPM合同 $\langle p^r(\theta), Q^r(\theta), e^r(\theta), L^r(\theta)\rangle$	First-Best 解
$v(\theta)$	$\dfrac{a\theta}{(2-\theta)(2-\delta t)}$	$\dfrac{a\theta}{\eta(\theta)+2-\theta-t}$	$\dfrac{a\theta^2}{[\eta(\theta)+\theta](2-t)-\theta^2}$	$\dfrac{a\theta}{2-\theta-t}$
$e(\theta)$	$\dfrac{a\delta t}{2-\delta t}$	$\dfrac{at}{\eta(\theta)+2-\theta-t}$	$\dfrac{at(\theta+\eta(\theta))}{[\eta(\theta)+\theta](2-t)-\theta^2}$	$\dfrac{at}{2-\theta-t}$
$p(\theta)$	$\dfrac{a(3-\theta)}{(2-\theta)(2-\delta t)}$	$\dfrac{a(1+\eta(\theta))}{\eta(\theta)+2-\theta-t}$	$\dfrac{a(\theta+\eta(\theta))}{[\eta(\theta)+\theta](2-t)-\theta^2}$	$\dfrac{a}{2-\theta-t}$
$Q(\theta)$	$\dfrac{a}{(2-\theta)(2-\delta t)}$	$\dfrac{a}{\eta(\theta)+2-\theta-t}$	$\dfrac{a(\theta+\eta(\theta))}{[\eta(\theta)+\theta](2-t)-\theta^2}$	$\dfrac{a}{2-\theta-t}$
π_r	$\dfrac{a^2}{2(2-\theta)(2-\delta t)^2}$	$\displaystyle\int_{\underline\theta}^{\bar\theta}\dfrac{a^2}{2[\eta(x)+2-x-t]^2}\mathrm{d}x+\pi_{\min}^f$	$\displaystyle\int_{\underline\theta}^{\bar\theta}\dfrac{a^2x^2}{2\{[(\eta(x)+x](2-t)-x^2\}}\mathrm{d}x+\pi_{\min}$	—
π_m	$\dfrac{[2-\delta^2 t(2-\theta)]a^2}{2(2-\theta)(2-\delta t)^2}$	$\displaystyle\int_{\underline\theta}^{\bar\theta}\dfrac{a^2[2+2\eta(\theta)-\theta-t-1]}{2[\eta(\theta)+2-\theta-t]^2}\mathrm{d}\theta$	$\displaystyle\int_{\underline\theta}^{\bar\theta}\dfrac{a^2\{(2-t)[\theta+\eta(\theta)]^2-\theta^3-\theta^2\eta(\theta)\}}{2\{[\eta(\theta)+\theta](2-t)-\theta^2\}^2}\mathrm{d}\theta$	—
π_T	$\dfrac{[3-\delta^2 t(2-\theta)]a^2}{2(2-\theta)(2-\delta t)^2}$	$\displaystyle\int_{\underline\theta}^{\bar\theta}\dfrac{a^2[2+2\eta(\theta)-\theta-t]}{2[\eta(\theta)+2-\theta-t]^2}\mathrm{d}\theta$	$\displaystyle\int_{\underline\theta}^{\bar\theta}\dfrac{a^2\{(2-t)[\theta+\eta(\theta)]^2-\theta^3\}}{2\{[\eta(\theta)+\theta](2-t)-\theta^2\}^2}\mathrm{d}\theta$	$\displaystyle\int_{\underline\theta}^{\bar\theta}\dfrac{a^2}{2(2-\theta-t)}\mathrm{d}\theta$

11.4.5　数值算例

在本节,通过数值实验进行计算,详细比较了所有合同的绩效。通过数值计算可以获得更多管理启示,从而对企业的现实运作给出更多的管理建议。通过对算例进行检验,决策者可以进一步明确合同的选择。

假设基本需求 $a=10$ 和制造商的成本系数 $t_L=0.5,t_H=0.9$,零售商具有制造商所观察不到的私有信息。零售商的私有信息 θ 取值在 0 和 1 之间,并且服从正态分布。

1. PSS 值、价格、数量以及福利比较

通过图 11.7,详细比较了不同环境下的最优 PSS 值、零售价格和消费者福利。从图中可见,PSS 值、零售价格和消费者福利随着 θ 增加,这意味着服务效率的提高会增加 PSS 值、零售价格和消费者福利(图 11.7(a))。在批发价格合同条件下作为服务效率函数的 PSS 值要低于 FF、RPM 合同和最佳解。当 $\theta > \theta_L^c = 0.29$ 时,

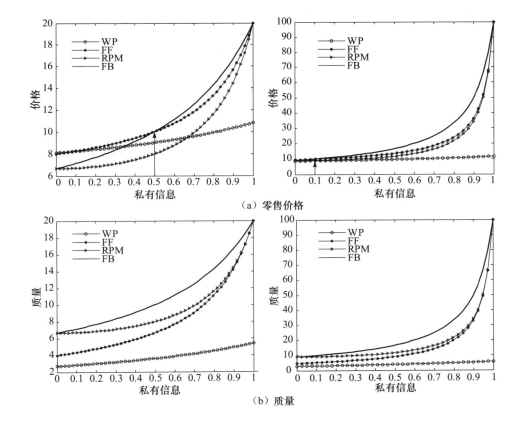

（a）零售价格

（b）质量

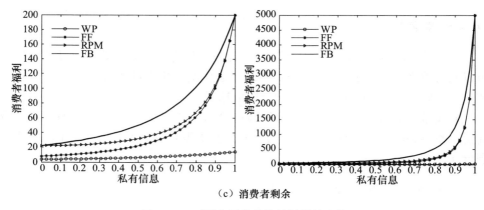

（c）消费者剩余

图 11.7　不同合同菜单的关键绩效比较

不等式 $t_L = 0.5 \leqslant \dfrac{(2-\theta)\theta}{\theta+\eta(\theta)}$ 成立，FF 合同下的 PSS 要高于 RPM 合同下的值，即 $S^f(\theta) \geqslant S^r(\theta)$，也就是说，当提高 PSS 值时，如果零售商比制造商更有效率，灵活的 FF 合同比 RPM 合同更能改善 PSS 值。然而，当制造商的质量改善效率和零售商服务效率很高时 $(t_H = 0.9)(\theta > \theta_H^s = 0.68)$，RPM 合同比 FF 合同更能改善 PSS 值。根据图 11.8 可以看出，只有当零售商的改善效率高于某一标准 $\theta(t)$ 时，灵活的合同控制才能确保实现较高的 PSS 值。从最大化 PSS 值的角度，提供了合同选择的一般化条件。

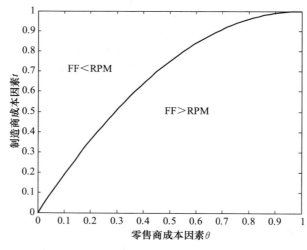

图 11.8　基于 PSS 值的合同选择

　　由于 RPM 合同可以完全规避双重边际效应问题（图 11.7（b）），因此零售价格要低于最佳解下的价格。当 $\theta + t < 1$ 时，FF 合同的零售价格要高于最佳解下零售

价格;也就是说,当 PSS 的改进效率偏低时,双重边际效应会导致零售商收取更高的价格。当 $t_L=0.5$ 时,零售商的服务效率高于 0.5 才能消除双重边际效应的影响;当 $t_H=0.9$,并且零售商的服务效率高于 0.1 时,才能规避双重边际效应的影响。因此随着制造商质量改进效率的提升,即 t 逐渐接近 1 时,FF 合同几乎可以规避双重边际效应。

在 PSS 质量和零售价格的综合影响下,尽管 FF 合同实现了较高的服务水平,仍然无法通过价格的降低实现销量的增加。在所有的合同中,批发价格合同的销量最小:$Q^* \geqslant Q^r \geqslant Q^f \geqslant Q^w$(图 11.7(c))。相类似地,完全信息环境下的消费者剩余最大,而批发价格合同下消费者剩余最小。有趣的是,FF 和 RPM 合同下的销量和消费者剩余的差异随着 t 的增加(从 0.5 增加到 0.9)而降低。相反,批发价格合同对销量和消费者剩余与 FF 和 RPM 合同的差异却越来越大。

因为合同问题强调的是通过甄别合同进行权衡,制造商需要在总渠道利润和自身抽取剩余之间进行比较。为达到这一点,制造商不得不提供零售商信息租金。如果制造商没能通过分离合同协调零售商的决策,为实现零售商的最大利润,在双重边际效应和不对称信息的影响下,零售商将会设置最低的 PSS 质量和销量。

2. 利润比较

图 11.9 对不同合同类型的利润进行了比较。图 11.9(a)给出了不对称信息条件下的总利润对比。从图中可以看出,与其他合同相比,WP 合同的总利润最低。当 $t_L=0.5$ 和 $\theta \geqslant \theta_L^f=0.43$($\theta_L^f$ 是方程 $\eta(\theta)=\sqrt{\dfrac{\theta}{2-t}}(2-\theta-t)$ 的解,其中 $t=0.5$)时,$\pi_T^f \geqslant \pi_T^r$,反之亦然。当 $t_H=0.9$ 和 $\theta \geqslant \theta_H^f=0.62$($\theta_H^f$ 是方程 $\eta(\theta)=\sqrt{\dfrac{\theta}{2-t}}(2-\theta-t)$ 的解,其中 $t=0.9$)时,$\pi_T^f \geqslant \pi_T^r$,反之亦然。从最大化渠道总利润的角度,提供了合同选择的一般化条件(图 11.10)。

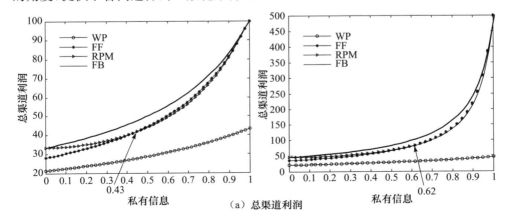

（a）总渠道利润

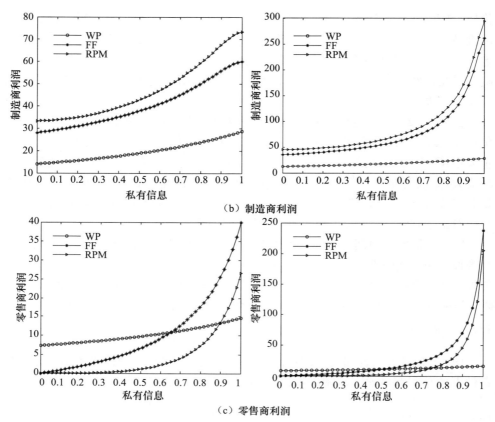

（b）制造商利润

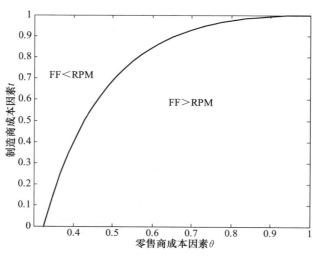

（c）零售商利润

图 11.9　不同合同菜单的利润比较

图 11.10　基于渠道总利润的合同选择

基于渠道利润的合同选择与基于 PSS 值的合同选择非常相似,也就是说,如果零售商的服务效率高于某一临界值 $\theta(t)$,相对灵活的 FF 合同可以实现更高的总渠道利润;如果制造商质量改善的效率高于某一临界值 $t(\theta)$,相对严格的 RPM 合同可以实现更高的渠道利润。通过图 11.9(b) 中制造商的利润可以看出,如果制造商没能协调零售商的决策,批发价格合同将实现最低的利润。由于制造商可以可以通过 RPM 合同实施更多控制,从而获得供应链的主导权,从而获得利润增值的更多剩余,因此制造商可以从 RPM 合同获得高于 FF 合同的利润(11.9(c))。同理,零售商的利润也会随着 RPM 合同控制力度的增加而降低 $\pi_r^F \geqslant \pi_r^r$。对于服务效率较高的零售商,甄别合同可以提供更高的信息租金。因此,相比于批发价格合同,零售商可以从 FF 和 RPM 合同获得更大的利润;对于服务效率较低的零售商,甄别合同可以通过设置较高的批发价格降低信息租金。因此,相比于批发价格合同,零售商可以从 FF 和 RPM 合同获得更低的利润。此外,根据图中零售商和制造商的利润可以看出,制造商和零售商的利润会随着服务效率的增加而增加。因此,制造商会被激励通过提供更多的信息租金从而甄别零售商的私有成本信息。因为信息租金也是随着服务效率的增加而增加的,所以零售商会通过合同选择真实揭示自己的成本效率类型。对于效率最低的零售商($\theta=0$),其获得的信息租金也为零,对于所有其他类型的零售商都将获得正的信息租金。

11.5　不对称信息下设备维护外包合同设计

在竞争环境下保持设备状态良好是企业获得成功的关键之一。设备故障及低效率将使企业遭受重大损失。例如,一台波音 747 停机一天将会导致超过 50 万美元的损失,而一幢大厦电梯故障将使得大厦近乎瘫痪。此外,一些关键设备,如电梯、飞机,如果在运行过程中出现严重故障将会导致不可估量的损失。对于新的设备,设备的状态是由设计和制造来决定的;当设备投入使用时,设备的状态则取决于运作的负荷及操作的环境,设备的可靠性将会随着设备负荷的增加及环境恶化而降低。通过有效的设备维护可以降低设备故障的概率并延长设备使用寿命。由于顾客购买/租赁设备的目的并非要获得产品而是要获得产品的功能,因此设备制造商为了确保出售/租赁的产品的正常使用,为客户企业提供其产品全生命周期的维护服务。设备制造商按照设备的正常使用时间和设备故障次数及报废数量收费,获得服务增值,实现向服务型制造的转型。为顾客创造价值的同时,也极大地增强了设备制造商的竞争力。在国内,一些电梯制造商、发电机制造商已经开始实施服务型制造,为客户提供全生命周期的维护服务。因为设备维护需要专门的劳动力与检查工具,对于很多设备制造商,对设备进行内部维护将是不经济的。Campbell 提供了一份详细的调查,35% 的企业对设备维护进行了外包。对于重要的复杂设备,为了确保设备的功能,设备制造企业通过服务合同将维护过程的部分或全部外包给专门维修机构。第三方提供专业化和集约化的服务,不仅提高服务效率,而且提高了服务水平,使得企业可以聚焦其核心业务。

11.5.1　委托代理模型

设备制造商作为委托人从独立非合作的服务提供商那里获得维护服务。新设备外生进入维护队列,代理人决定维护的策略,并引起相关的成本。委托人不能监控到代理人每个周期设备维护的策略,但可以观察到每个周期的设备状态结果,如设备正常运行的时间、设备故障的次数及设备报废的数量。故障设备、报废设备将会引起委托人的费用支出,因此委托人需要设计补偿机制来引导代理人最小化委托人费用支出的维护策略。委托人的问题就是要设计一个基于维护设备数量、设备故障数量、设备报废数量对代理人进行补偿的合同,从而激励代理人按照最符合委托人的目标来控制设备维护的策略。

假设存在无穷周期,$t=1,2,\cdots$。t 期设备系统的状态表示为 N_{t-1},反映了系统内待接收维护服务的设备的数量。每个周期新到达的机器(制造商本期销售/出租的设备则进入维护队列)数量 M_t 服从 λ 的泊松分布。在自然状态下,设备可靠性会逐渐降低,导致故障的发生和设备报废。为了提高设备的可靠性,每个周期的开始对设备进行维护,但设备维护并不能完全消除设备故障和报废,而是随着维护强度的增加以更大程度地降低故障概率和延长使用寿命。如果设备发生故障,则立刻对设备进行维修。如果发生报废,则退出维护队列。

在本章中,故障概率和报废概率由失败比例函数(proportional hazards function)表示。t 期的维护策略为 e_t,并引起成本 $g(e_t)$。与维护策略相关的故障概率 $P_B(e_t)=\overline{P}_B\exp(-\theta_B e_t)$ 和故障数量 B_t 服从 $(N_{t-1},P_B(e_t))$ 的二项分布;报废概率由 $P_O(a_t)=\overline{P}_O\exp(-\theta_O e_t)$ 表示,报废数量 O_t 服从 $(N_{t-1},P_O(e_t))$ 的二项分布。状态转移方程:$N_t=N_{t-1}-O_t+M_t$,其中 N_t 是一个生灭马尔可夫链。每个周期的结束,双方都能观察到 N_{t-1}、B_t、O_t、M_t。

委托人出售/租赁设备,顾客购买/租赁设备的目的并非要获得产品而是要获得产品的功能。因此,设备的使用者根据设备的使用状态,包括正常运行时间、设备故障次数及报废数量来对设备制造商,即委托人,进行支付。每个周期结束,对于仍在服务队列的设备,委托人每台收益 s。s 越大,表明设备报废的损失越大;对于发生故障的设备,委托人每台损失 u。图 11.11 描述了在第 t 期设备维护运作过程。基于产出的补偿机制,委托人对代理人的转移支付为 $Y_t=y_1+y_2N_{t-1}+y_3O_t+y_4B_t$。基于成本的补偿机制,委托人只按每期维护数量进行支付,因此 $y_3=y_4=0$,$Y_t=y_1'+y_2'N_{t-1}$。假设委托人是风险中性的,因此他的目标就是最大化期望收益

（其中 α 表示贴现率）：

$$E\Big[\sum_{t=1}^{\infty}\alpha^t(s(N_{t-1}-O_t)-uB_t-Y_t)\mid N_0\Big] \tag{11.105}$$

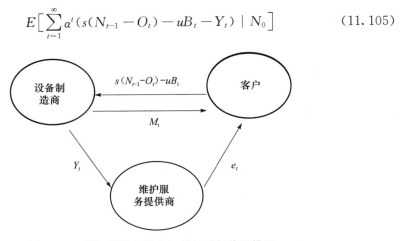

图 11.11　第 t 期设备维护过程的委托代理模型

　　因为代理人会获得补偿机制下随机的收入流，为了精确反映其偏好，允许代理人可以自由进出资金市场，通过自由借贷平衡收入的波动。在每个周期，代理人需要选择维护策略 e_t 和消费水平 c_t。代理人通过消费来最大化效用，且代理人在收入上的偏好独立于行动的选择。假设效用函数的形式是可加可分的，常数绝对风险规避（constant absolute risk averse，CARA）的偏好，由下面负指数函数效用期望表示（其中 r 为绝对风险规避系数）：

$$E\Big[-\sum_{t=1}^{\infty}\alpha^t\exp(-rc)\Big] \tag{11.106}$$

　　因为代理人的最优消费和维护策略将依赖于每个周期的财富，然而代理人每个周期的财富对委托人来说是不可观察的。Mas-Cole 证明了代理人的行为偏好将独立于他的财富，所以委托人的支付只依赖于代理人的维护策略，而不需要知道代理人财富。

　　因为考虑了多周期的收益支付问题，所以使用净现值函数来简化描述。用 $V_t(N_0,(e,c,Y))$ 表示当初始维护队列设备数为 N_0，维护策略为 e，消费决策为 c 且委托人转移支付为 Y 时，委托人 t 期至无穷期收益的净现值。当代理人初始财富为 W_0 时，用净现值函数 $V_t^{\mathrm{p}}(N_0,W_0,(e,c,Y))$ 表示代理人 t 期至无穷期期望效用值。委托人的问题就是在初始状态为 N_0 时，选择转移支付 Y 来最大化贴现收益：

$$V_1(N_0,(e,c,Y)) \tag{11.107}$$

　　激励相容约束：对于所有的 t，有

$$V_t^{\mathrm{p}}(N_0,W_0,(e,c,Y)) \geqslant V_t^{\mathrm{p}}(N_0,W_0,(\hat{e},\hat{c},Y)) \tag{11.108}$$

　　除了选择维护策略和消费决策，代理人还需要决定接受还是拒绝合同。如果代理人拒绝合同,将获得每期的固定工资 w,因初始财富而获得的利息为 $(1-\alpha)W_0$,为简化后面计算,假设保留效用为 $-\dfrac{1}{1-\alpha}\exp\{-r[w+(1-\alpha)W_0]\}$,由此可得代理人的参与约束为

$$V_1^{\mathrm{P}}[N_0,W_0,(e,c,Y)] \geqslant -\frac{1}{1-\alpha}\exp\{-r[w+(1-\alpha)W_0]\} \quad (11.109)$$

11.5.2　问题分析

1. 最佳合同设计

如果委托人可以观察到代理人的维护策略,那么将会获得维护策略的最佳解(first best);如果维护策略不可观察,那么在最优合同下,将会获得维护策略的次佳解(second best)。用最佳解作为参照解与行为不可观察时的次佳解进行比较。

当代理人的行为可观察时,委托人只需要将支付与代理人的可观察的行为进行直接关联,因此将不存在激励相容约束。那么委托人的问题就只存在参与约束。这样每个周期支付将包含两个部分:用来确保获得保留效用的固定工资 w 及代理人的努力成本 $g(e)$,以及 u 和 s 所代表的每台设备状态所引起的成本与收益。假设 t 期期初,设备数量为 n,$V_t^{\mathrm{FB}}(n)$ 表示最佳解 e^{FB} 下委托人 t 期至无穷期收益的净现值:

$$V_t^{\mathrm{FB}}(n) = \max_e\Big\{-w-g(e)-\alpha n u P_B(e)+\alpha n s(1-P_O(e))$$
$$+\alpha\sum_{j=0}^{n}\sum_{k=0}^{\infty}P_O(j\mid n,e)P_M(k)V_{t+1}(n-j+k)\Big\} \quad (11.110)$$

在最佳维护策略 e^{FB} 下,通过递推归纳委托人的净现值函数的最大值:

$$V^{\mathrm{FB}}(n)=-\frac{w}{1-\alpha}+\Big(n+\frac{\lambda\alpha}{1-\alpha}\Big)\{\alpha s[1-P_O(e)]-\alpha u P_B(e)$$
$$-g(e)\}/\{1-\alpha[1-P_O(e)]\} \quad (11.111)$$

此时,委托人从每台设备全寿命周期内获得的净现值为

$$Z^{\mathrm{FB}}=\{\alpha s[1-P_O(e)]-\alpha u P_B(e)-g(e)\}/\{1-\alpha[1-P_O(e)]\} \quad (11.112)$$

2. 次佳合同设计

当代理人的维护策略不可观察时,采用 Grossman-Hart 的两步法分析委托人的问题。第一步,计算给定维护策略下代理人的最小补偿支付。此时,委托人知道代理人的成本和效用结构并且可以推断代理人如何对任意补偿支付进行反应。通过第一步的求解获得补偿支付作为维护策略的函数。第二步,通过将补偿支付代入委托人的目标函数,便可解得最大化委托人总收益的最优维护策略。

第一步:代理人的问题。

因为代理人的效用函数是可加可分且可以自由借贷的,跨期调整其收入,所以每个周期参与约束都是紧的。给定代理人的维护策略 e,则最优解可以通过无记忆的单周期问题求解,并且合同是防止再谈判的。给定 t 期初始设备待维护数量为 n_t,设备维护策略 e,委托人对代理人的设备最优单周期支付由四部分组成:①固定支付 y_1;②对每台参与维护的设备的支付 y_2;③每台设备发生故障支付 y_3;④每台设备报废则支付 y_4。本期结束后,假设第 t 期有 h 台设备发生故障,k 台设备报废,那么委托人给代理人的支付 $Y = y_1 + y_2 n + y_3 h + y_4 k$。

根据 Plambeck 的结论,消费决策不影响最优维护策略,并且多周期的道德风险问题可以被无记忆的最小化单周期补偿支付所实施:

$$\min_y \ y_1 + y_2 n + \sum_{h=0}^{n} \sum_{k=0}^{n} P_O(h \mid n, e) P_B(k \mid n, e)(k y_3 + h y_4)$$

$$- \sum_{h=0}^{n} \sum_{k=0}^{n} P_O(h \mid n, e) P_B(k \mid n, e) \exp[-r(1-\alpha)[Y - \alpha^{-1} g(e) n]$$

$$= -\exp[-r\alpha^{-1}(1-\alpha)w], \tag{11.113}$$

$$e \in \arg\max_e \left\{ -\sum_{h=0}^{n_t} \sum_{k=0}^{n_t} P_O(h \mid n, e) P_B(k \mid n, e) \exp[-r(1-\alpha)[y - \alpha^{-1} g(e) n] \right\} \tag{11.114}$$

约束是单周期问题的参与约束,如果给定维护策略 e,代理人的期望单周期效用将等于保留效用。约束表明给定支付机制 Y 下,代理人选择最佳维护策略 e 最大化下面的目标:

$$-E\{\exp[-r(1-\alpha)(y_1 + y_2 n + y_3 h + y_4 k - \alpha^{-1} g(e) n)] \mid n, e\} \tag{11.115}$$

可以看出最优解 e 独立于 n,因此问题就是选择 e 最小化:

$$r\left(\frac{1-\alpha}{\alpha}\right) g(e) + \ln\{[1 - P_B(e)] + P_B(e) \exp[-r(1-\alpha)y_3]\}$$

$$+ \ln\{[1 - P_O(e)] + P_O(e) \exp[-r(1-\alpha)y_4]\} \tag{11.116}$$

当 $y_3, y_4 < 0$ 时,函数是 e 的凸函数,因此对于 e 的一阶条件是内点解的充分必要条件。对 e 求一阶条件:

$$r\left(\frac{1-\alpha}{\alpha}\right) \frac{dg(e)}{de} + \frac{\theta_B}{[1 - P_B(e)] + P_B(e) + \exp[-r(1-\alpha)y_3]}$$

$$+ \frac{\theta_O}{[1 - P_O(e)] + P_O(e) \exp[-r(1-\alpha)y_4]} = \theta_B + \theta_O \tag{11.117}$$

为了简化讨论,进行如下变量替换:

$$\Lambda_3 = \{[1 - P_B(e)] + P_B(e) + \exp[-r(1-\alpha)y_3]\}^{-1} \tag{11.118}$$

$$\Lambda_4 = \{[1-P_O(e)] + P_O(e)\exp[-r(1-\alpha)y_4]\}^{-1} \tag{11.119}$$

因此激励相容的一阶条件可以表示为

$$\frac{\mathrm{d}g(e)}{\mathrm{d}e} = \frac{\alpha}{r(1-\alpha)}\{\theta_B(1-\Lambda_3) + \theta_O(1-\Lambda_4)]\} \tag{11.120}$$

从 Λ_3, Λ_4 的表达式中可推导

$$y_3 = -\frac{1}{r(1-\alpha)}\ln\left\{\frac{\Lambda_3^{-1} - [1-P_B(e)]}{P_B(e)}\right\} \tag{11.121}$$

$$y_4 = -\frac{1}{r(1-\alpha)}\ln\left\{\frac{\Lambda_4^{-1} - [1-P_O(e)]}{P_O(e)}\right\} \tag{11.122}$$

代入参与约束得

$$y_2 = \frac{g(e)}{\alpha} - \frac{1}{r(1-\alpha)}(\ln\Lambda_3 + \ln\Lambda_4) \tag{11.123}$$

$$y_1 = \alpha^{-1}w \tag{11.124}$$

将 y_1, y_2, y_3, y_4 其代入目标函数中得

$$\min_{\Lambda_3, \Lambda_4} \left\{ -\ln\Lambda_3 - \ln\Lambda_4 - P_B(e)\ln\left[1 + \frac{1}{P_B(e)}\left(\frac{1}{\Lambda_3} - 1\right)\right] \right.$$
$$\left. -P_O(e)\ln\left[1 + \frac{1}{P_O(e)}\left(\frac{1}{\Lambda_4} - 1\right)\right]\right\}$$

$$\text{s. t. } \frac{\mathrm{d}g(e)}{\mathrm{d}e} = \frac{\alpha}{r(1-\alpha)}[\theta_B(1-\Lambda_3) + \theta_O(1-\Lambda_4)] \tag{11.125}$$

通过求解可以得到 Λ_3 和 Λ_4，将其代入，可求解在给定维护策略 α 下的补偿支付系数 y_1, y_2, y_3, y_4。

性质 11.1 在周期 t，根据每期维护设备的状态 (N_{t-1}, O_t, B_t)，委托人对代理人的最优支付为 $Y_t = y_1 + y_2 N_{t-1} + y_3 O_t + y_4 B_t$。其中最优补偿支付系数 y_1, y_2, y_3, y_4 是无历史记忆的，只依赖于每期设备的状态；最优支付机制可以防再谈判，委托人和代理人都将不会偏离补偿机制。

第二步：一旦补偿支付被确定，将委托人目标函数中 $w + ng(e)$ 替换为 y^* 得

$$V_t^{\text{SB}}(n) = \max_e \left\{ -y^* - \alpha nuP_B(e) + \alpha ns[1-P_O(e)] \right.$$
$$\left. + \alpha \sum_{j=0}^{n} \sum_{k=0}^{\infty} P_O(j \mid n,e)P_M(k)V_{t+1}(n-j+k) \right\} \tag{11.126}$$

经过类似式(11.110)的递推归纳得到在次佳维护策略 e^{SB} 下，委托人的净现值函数的最大值为

$$V^{\text{SB}}(n) = -\frac{w}{1-\alpha} + \left(n + \frac{\lambda\alpha}{1-\alpha}\right)\{\alpha\{s[1-P_O(e)] - uP_B(e) - y_2 - y_3 P_B(e)$$
$$- y_4 P_O(e)\}\}/\{1-\alpha[1-P_O(e)]\} \tag{11.127}$$

此时，委托人从每台设备全寿命周期获得的净现值为

$$Z^{\mathrm{SB}} = \alpha\{s[1 - P_{\mathrm{O}}(e)] - \alpha u P_{\mathrm{B}}(e) - y_2 - y_3 P_{\mathrm{B}}(e)$$
$$- y_4 P_{\mathrm{O}}(e)\} / \{1 - \alpha[1 - P_{\mathrm{O}}(e)]\} \tag{11.128}$$

由设备全生命周期净现值可知,对每台设备维护实际发生的成本为 $\alpha g(e)/$ $\{1 - \alpha[1 - P_{\mathrm{O}}(e)]\}$,在次佳条件下而委托人为每台设备维护支付的成本为 $\alpha[y_2 + y_3 P_{\mathrm{B}}(e) + y_4 P_{\mathrm{O}}(e)]/\{1 - \alpha[1 - P_{\mathrm{O}}(e)]\}$。因为在次佳条件下存在代理损失(对代理人的风险进行保险),所以 $y_2 + y_3 P_{\mathrm{B}}(e_{\mathrm{P}}^{\mathrm{SB}}) + y_4 P_{\mathrm{O}}(e_{\mathrm{P}}^{\mathrm{SB}}) - g(e_{\mathrm{P}}^{\mathrm{SB}}) > 0$。在最佳解条件下不存在代理损失,因此 $y_2 + y_3 P_{\mathrm{B}}(e^{\mathrm{FB}}) + y_4 P_{\mathrm{O}}(e^{\mathrm{FB}}) - g(e^{\mathrm{FB}}) = 0$。令 $H(e) = y_2 + y_3 P_{\mathrm{B}}(e) + y_4 P_{\mathrm{O}}(e) - g(e)$,由一阶导数可知 $\dfrac{\mathrm{d}H(e)}{\mathrm{d}e} < 0$,因此 $e^{\mathrm{FB}} > e_{\mathrm{P}}^{\mathrm{SB}}$。

性质 11.2　①委托人在最佳解支付下获得高于次佳解 PBC 支付下每台设备全寿命周期获得的净现 $Z^{\mathrm{FB}} > Z_{\mathrm{P}}^{\mathrm{SB}}$;②代理人在最佳解下付出高于次佳解 PBC 支付下的维护强度 $e^{\mathrm{FB}} > e_{\mathrm{P}}^{\mathrm{SB}}$。

当绝对风险规避系数 $r = 0$,贴现率 $\alpha = 1$ 时,即代理人为风险中性且可以无成本地通过自由借贷跨期调整收入,即不存在代理损失,最佳维护强度等于次佳维护强度。

采用同样的方式,可以比较 CBC 支付下与 PBC 支付下的净现值与维护强度,可得如下结论。

性质 11.3　①委托人在 PBC 支付下获得高于 CBC 支付下每台设备全寿命周期获得的净现,$Z_{\mathrm{P}}^{\mathrm{SB}} > Z_{\mathrm{C}}^{\mathrm{SB}}$。②代理人在 PBC 支付下付出高于 CBC 支付下的维护强度 $e_{\mathrm{P}}^{\mathrm{SB}} > e_{\mathrm{C}}^{\mathrm{SB}}$。

从性质 11.2 和性质 11.3 可知,$Z^{\mathrm{FB}} > Z_{\mathrm{P}}^{\mathrm{SB}} > Z_{\mathrm{C}}^{\mathrm{SB}}$ 且 $e^{\mathrm{FB}} > e_{\mathrm{P}}^{\mathrm{SB}} > e_{\mathrm{C}}^{\mathrm{SB}}$。最佳解支付下可以实现委托人收益和维护强度的最大值,因此实现了设备制造商以及客户企业的双赢。现实环境下,由于信息不对称和随机因素的存在,代理人的产出是其努力的不完全统计量,因此导致了代理损失。此外,由于代理人往往是风险规避的 $r > 0$ 且贴现率 $\alpha < 1$,风险规避的代理人不能进行无成本的跨期风险分担,因此最佳解无法实现。对比两种不同的补偿机制可知,PBC 支付下的解好于 CBC 支付下的解。在 CBC 支付下,由于委托人没能对代理人努力信息进行充分统计,加剧了信息不对称,导致了效率损失。

11.5.3　算例分析

委托人设计的 CBC 支付 $Y_{\mathrm{C}}^* = y_1' + y_2' n$ 与 PBC 补偿支付 $Y_{\mathrm{P}}^* = y_1 + y_2 n + y_3 k + y_4 h$,代理人根据相应的支付选择相应的维护策略。

根据表 11.9 的参数值,求解委托人最大化问题,得到次佳解 e,将 e 代入 $P_{\mathrm{B}}(e)$ 得到单台设备每期发生故障概率;将 e 代入,得到最优支付。表 11.10 给出了不同故障成本下,CBC 和 PBC 的最优支付形式。

表 11.9 算例参数描述

参数描述	数值
贴现率	$\alpha = 0.95$
每期未报废设备收益	$s = 2$
风险规避系数	$r = 1$
保留工资	$w = 1$
维护成本	$g(e) = e^2$
故障概率	$P_B(e) = 0.2\exp(-e)$
报废概率	$P_O(e) = 0.2\exp(-e)$

表 11.10 不同故障成本下 CBC 和 PBC 的最优支付

设备故障成本	CBC		PBC			
u	y_1'	y_2'	y_1	y_2	y_3	y_4
2	1.05	0.005	1.05	0.009	-0.85	-0.78
4	1.05	0.008	1.05	0.015	-1.86	-1.31
6	1.05	0.013	1.05	0.023	-2.42	-2.37
8	1.05	0.016	1.05	0.028	-2.72	-2.67
10	1.05	0.018	1.05	0.030	-3.35	-3.21

设备故障成本越高,设备可靠性越重要。随着 u 增加,设备故障的惩罚增加,委托人对代理人每台设备的补偿支付也相应增加。为了衡量不同条件下设备的状态,图 11.12 比较了随着 u 在 0~10 的变化情况,CBC、PBC 及最佳解下故障概率的变化情况。

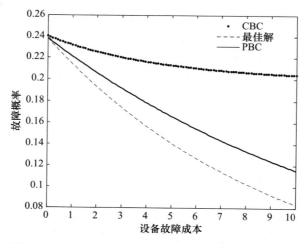

图 11.12 不同补偿机制下故障成本与故障概率的关系

　　由于故障惩罚变大,委托人会调整支付使得代理人随着故障成本的增加而增加维护强度。然而,三种支付模式下,代理人对故障成本增加而提高设备维护强度的程度不同。由性质 11.2 与性质 11.3 可知,CBC 支付下的维护强度小于 PBC 支付下的维护强度,且小于最佳解支付下的维护强度。由于故障概率是维护强度的减函数,所以对某一水平故障成本下,CBC 支付下的故障概率高于 PBC 支付下的故障概率,高于最佳解下的故障概率。从图中可以看出,CBC 并未有效地降低设备故障概率,这是因为代理人对设备维护策略是不可监督的,委托人对代理人的补偿依据代理人维护数量进行支付,这也是很多企业实施设备维护外包并没能有效降低设备故障的主要原因。相比于 CBC,PBC 可以有效地降低设备故障概率。最佳解与 PBC 的差距主要是因为委托人需要对代理人所承担的风险进行保险所带来的效率损失。

参 考 文 献

[1]　江志斌. 以服务型制造促制造业和服务业协调发展. 科学时报,2010-03-24.

[2]　汪应洛. 推进服务型制造:优化我国产业结构调整的战略思考. 西安交通大学学报(社会科学版),2010,30(2):26-31.

[3]　Pothenberc S. Sustainability through servicing. MIT Sloan Management Review,2007,48(2):83-89.

[4]　Mont O,Tukker A. Product-service systems:Reviewing achievements and refining the research agenda. Journal of Clear Production,2006,14(17):1451-1454.

[5]　林文进,江志斌,李娜. 服务型制造理论研究综述. 工业工程与管理,2009,14(6):1-7.

[6]　孔婷,孙林岩,冯泰文. 生产性服务业对制造业效率调节效应的实证研究. 科学学研究,2010,28(3):357-364.

[7]　Hotelling H. Stability in competition. Economic Journal,1929,39(153):41-57.

[8]　Salop S. Monopolistic competition with outside coods. Bell Journal of Economics,1979,10(1):141-156.